U0872192

证券法苑

第三十七卷
（2023年1月）

邱　勇　总编
蔡建春
王　红　主编

Zheng Quan Fa Yuan

法律出版社
LAW PRESS · CHINA
北京

图书在版编目(CIP)数据

证券法苑. 第三十七卷 / 蔡建春, 王红主编. -- 北京 : 法律出版社, 2023
ISBN 978 - 7 - 5197 - 8267 - 2

Ⅰ. ①证… Ⅱ. ①蔡… ②王… Ⅲ. ①证券法 - 中国 - 文集 Ⅳ. ①D922.287.4 - 53

中国国家版本馆 CIP 数据核字(2023)第 168452 号

证券法苑(第三十七卷)
ZHENGQUAN FAYUAN
(DI - SANSHIQI JUAN)

蔡建春　王　红 主编

责任编辑 彭　雨
装帧设计 贾丹丹

出版发行 法律出版社
编辑统筹 法律考试·职业教育出版分社
责任校对 晁明慧
责任印制 胡晓雅
经　　销 新华书店

开本 710 毫米 × 1000 毫米　1/16
印张 36.5　　**字数** 579 千
版本 2023 年 9 月第 1 版
印次 2023 年 9 月第 1 次印刷
印刷 固安华明印业有限公司

地址:北京市丰台区莲花池西里 7 号(100073)
网址:www.lawpress.com.cn
投稿邮箱:info@lawpress.com.cn
举报盗版邮箱:jbwq@lawpress.com.cn

销售电话:010 - 83938349
客服电话:010 - 83938350
咨询电话:010 - 63939796

版权所有·侵权必究

书号:ISBN 978 - 7 - 5197 - 8267 - 2　　**定价**:112.00 元

凡购买本社图书,如有印装错误,我社负责退换。电话:010 - 83938349

证券法苑 第三十七卷
（2023年1月）

主办单位：上海证券交易所

总　编

邱　勇

学术指导委员会

（按姓氏笔画排列）

王利明　卢文道　吴志攀　茆荣华　顾功耘　徐　明　郭　锋　黄　炜　焦津洪

编辑委员会

主　　任：蔡建春

副 主 任：王　红

委　　员：（按姓氏笔画排列）

叶　林　冯　果　邢会强　吕红兵　朱慈蕴

刘　燕　刘俊海　汤　欣　肖　凯　吴　弘

宋晓燕　张子学　陈　洁　陈　甦　陈黎君

罗培新　郑　彧　赵旭东　郭　雳　彭　冰

葛伟军　程合红

主　　编：蔡建春　王　红

执行编辑：吴明晖　武俊桥

编　　辑：宋　澜　姜沅伯　谢贵春　张　越　张倩红　严　琦

朱锡俊　徐安安　邹　莹　韩励豪　吴　琼　邹思思

邹　露　阎俊忆　吴紫君　徐伟浩

卷首语

岁末年初,《公司法(修订草案二次审议稿)》公开征求意见。中国资本市场法治建设在守正创新中不断前行。同时,为配合全面实行股票发行注册制这一重大改革,我们组织翻译了10篇美国证券市场信息披露经典文献,为注册制为什么要以信息披露为核心等基础性问题提供了参考,相关成果将分批刊载。本卷共分为5个栏目,简要介绍如下。

本卷就《公司法》修改组织了9篇专题约稿,分为"公司资本制度""关键少数责任制度"两个栏目。叶林、张冉在《无面额股规则的创新与守成:不真正无面额股——〈公司法(修订草案二次审议稿)〉规则评述》中探讨了无面额股规则与公司注册资本和资本公积金等规则之间的动态关系,建议将来在公司使用资本公积金弥补亏损、面额股和无面额互相转换等情形中,明确相关会计处理及程序性规则。高旭军在《中德公司资本认缴制比较及德国法的启示》中认为,现行《公司法》下的注册资本认缴机制偏向于股东利益保护而将交易安全风险转嫁给公司及其债权人,提出除名股东对未交部分股金承担连带清偿责任和不允许减资等建议。周林彬、吴劲文的《股权回购型对赌协议的规制路径评析与公司立法选择》梳理了以公司为回购义务主体的股权回购型对赌协议的司法规制困境,指出

《公司法(修订草案二次审议稿)》新设的类别股制度无力解决“事实类别股”的逃逸问题,建议将类别股有关规定上升为《公司法》的一般条款,设置“事实类别股”的强制公示制度及体系化的股权回赎制度。林蔚然的《略论资本公积转增资本的公司法规制》指出资本公积作为会计科目,仅能起到标识资金来源的作用,无法限制公司对该部分资金的使用,建议《公司法》明确资本公积构成的范畴,并限缩资本公积转增股本的来源仅限于股本溢价。宋澜的《允许劳务出资:资本、股份与市场的田野观察》指出,公司股权激励成本、在会计处理上计入职工薪酬,其本质是用已履行劳务进行股东出资;科创项目的风险投资溢价,其本质是对未履行劳务的股份支付。基于《公司法》不断推进的股份有限公司授权资本制改革,《市场主体登记管理条例》应取消对劳务作价出资的禁止。

张巍在《美国法上的董事谨慎义务与商业判断规则》一文中,分析了豁免董事违反谨慎义务的赔偿责任与董事高管责任保险制度之间的辩证关系,进而建议将司法资源集中在追查董事违反忠实义务的行为之上。周游、林晟的《重构公司法实际控制人规则论纲》从中国资本市场实控人中心的实际出发,指出《公司法》修改应当将实际控制人作为责任承担主体,并在公司资本流入及流出、公司治理结构选择、人格否认及关联关系等维度完善实际控制人规则。朱建海的《上市公司治理监管的组织法改革——以〈公司法〉修订为背景》基于上市公司的公共性及股权结构特征,主张应采取较为严格的治理机构立法,赋权监管机构适度介入上市公司治理领域,强化上市公司治理监管的外部约束机制。葛伟军、李攀的《限售股质权实现过程中的法益冲突解决——以〈公司法(修订草案二次审议稿)〉第 160 条为对象》认为,《公司法》中规定的限售期内设置质权的股份禁止转让在实践中存在不同理解,建议视限售股上所附转让限制的性质不同,进行类型化的区分对待。

“金融司法案例评注”栏目收录了 2 篇文章。林晓镍、朱颖琦、李瑶菲的《操纵新三板证券市场行为民事赔偿的司法认定——定向增发投资者诉上海阿波罗机械股份有限公司、邵某等操纵证券交易市场责任纠纷案评析》从全国首例定增投资者胜诉的操纵证券市场民事赔偿案件切入,对投资者损失因果关系归责原则、交易型操纵证券市场行为的损失计算进行了深入分析，一定程度上弥补了操纵证券市场民事赔偿案件的审判及理论不足。黄婧、苏煜、符望的《新三板挂牌公司以市值为对赌条件时的估值认定思考——绿岸公司诉沈某合同纠纷案评析》介绍了对于缺乏流通性市场的新三板企业估值方法，并建议交易主体应尽量避免在未明确估值方法的前提下将市值条件约定为对赌协议的回购条件。

“证券发行注册制信息披露专题”栏目收录了4篇译文。华盛顿大学的名誉院长和教授乔尔·塞利格曼在《公司强制性披露制度的历史需求》一文中，梳理了美国公司强制性披露制度的设立及演进过程，分析了强制性信息披露制度发展中的现实问题，论证了美国公司强制性披露制度的设立必要性。美国著名的公司法与证券法专家、芝加哥学派的代表人物弗兰克·伊斯特布鲁克法官及丹尼尔·费希尔教授的《强制性信息披露与投资者保护》一文，从公共利益的视角出发，对证券市场的运行机制进行了深度揭示，并研究了州法院执行的反欺诈规则和联邦政府颁布的强制披露规则的相互作用。弗吉尼亚大学法学院终身教授保罗·马奥尼在《论强制性信息披露作为代理问题的解决方案》一文中认为，证券强制信息披露的主要目的之一在于解决公司发行人和投资者之间以及经理和股东之间的代理问题，由于代理成本降低因而可以提高效率。《证券发行中的披露选择趋向》一文则讨论了证券发行中的披露选择问题，建议扩大发行人在发行披露上的权利，以便发行人根据具体发行类型和投资者的信息需求进行披露。

“优秀硕士论文选登”栏目收录了2篇文章。莫培艳的《单层制公司治理结构下董事会的定位及制度回应》以《公司法（修订草案二次审议稿）》允许公司选择治理结构为背景，指出单层制治理模式可能导致公司监督者不明，建议《公司法》根据不同类型公司的差异化需求，允许公司权力重新配置并优化配套机制。姚思静的《资管产品中差额补足协议效力的裁判路径构建》针对资管产品兑付违约事件频发而差额补足协议纠纷的司法裁判观点不一的情况，建议根据行为定性、效力分析和责任分配的逻辑顺序提出构建方案。

编　者

2022年12月

【公司法修改专题一:公司资本制度】

《证券法苑》(2023)
第三十七卷,第1~26页

无面额股规则的创新与守成:不真正无面额股

——《公司法(修订草案二次审议稿)》规则评述

叶　林* 　张　冉**

摘要:面额股有助于确保公平和协助债权人,无面额股则能提高融资效率。我国长期采用面额股,并与公司资本、登记和会计等关联。《公司法修订草案(二)》局部修正了面额股规则,发行无面额股的公司在遵循注册资本限额的前提下,可以将不少于一半的发行收入计入注册资本。从而出现两种注册资本计算规则。公司将发行收入计入注册资本和资本公积金时,可以劣后使用资本公积金弥补亏损,但需财政部门制定相应规则,并同时考虑面额股和无面额股转换的会计处理。

关键词:面额股　无面额股　注册资本　资本公积金

---

* 中国人民大学民商事法律科学研究中心研究员、法学院教授。

** 中国人民大学法学院博士研究生、民商事法律科学研究中心研究人员。

引 言

股票是股份有限公司股份的表彰形式,在理论上可分为面额股和无面额股。面额股系在股票票面上记载某个货币金额的股份,公司章程往往也载明公司股份总数和每股股份的票面金额。无面额股的票面仅载明所代表的股份数量,而不记载每股的票面金额。由于公司章程通常载明了公司股份总数和/或每个股东持有的股份数量,每个股份时常可换算成公司股份总额的一个比例,遂可将无面额股称为比例股。[1] 有学者将无面额股进一步区分为记载式无面额股和纯粹无面额股,前者指股票票面上不记载股票金额,但公司章程规定每股最低发行价格的股票,后者不仅具有了无面额股的表面特征,且在公司章程中亦不存在有关股票发行价格的规定,真正实现了股票的无面额、无限价。

现行《公司法》采用的是全面面额股规则。公司章程应当载明每股金额(第 81 条)。公司在发行股票时,招股说明书应当载明每股的票面金额(第 86 条);发行价格可以按票面金额,也可以超过票面金额,但不得低于票面金额(第 127 条)。在公司发行股票所得股款中,与票面金额相等的部分计入公司注册资本(第 80 条)、超过股票票面金额的发行价格发行股份所得的溢价款列为公司资本公积金(第 167 条)。由此可见,我国《公司法》不仅确立了面额股规则,还将面额股规则与公司资本、债权人保护、公司登记和财务处理等事项关联,已经形成一套相互牵连、运行稳定的规范体系。

我国本次启动的公司法修改工作首次承认了无面额股。按照《公司法(修订草案二次审议稿)》(本文以下简称《公司法修订草案(二)》)第 142 条的规定,公司章程可以“择一采用面额股或者无面额股”,从而创设了公司自由选择模式。但在我国《公司法》自 1993 年颁布至今均适用面额股规则的背景下,若全面采用无面额股,立法者需要

---

〔1〕 参见叶林:《公司法研究》,中国人民大学出版社 2008 年版,第 249 页。

设计一套崭新的规则体系;若采用自主选择模式,要么设置分别适合面额股和无面额股的两套规则,要么创设一套兼容两种股票面额的崭新体系,尤其在采用选择模式下,容易形成无面额股模式与面额股模式在实践中的竞争关系。因此,不仅应在理论上分析两种模式的优劣,还要关注两种模式并存时的实践效果,避免在形式上采用了面额股和无面额股的选择制,在实践中只有面额股模式的情况。本文在阐释《公司法修订草案(二)》之无面额股规则的基础上,结合我国面额股规则的成因和制度功能,分析《公司法修订草案(二)》无面额股规则的实质,探讨无面额股规则与公司注册资本和资本公积金等规则之间的动态关系,以完善《公司法修订草案(二)》的无面额股规则。

一、从"面额股"的历史中走来

域外各国各地区的实证法既未始终坚持面额股规则,也未全面接受无面额股规则,而是存在"面额股模式""无面额股模式""不真正无面额股模式"三种。在我国,《公司法》仅规定了面额股,《公司法修订草案(二)》拟定了无面额股规则,出现了从面额股向无面额股的转变趋势。

(一)股票票面金额的三种模式

1. 面额股模式

面额股曾是域外普遍采用的股份类型。[2] 英国则是最早规定面额股的国家,英国1844年《股份公司法》规定,依据该法设立的公司必须在设立协议中声明其拟议资本和任何额外资本的数额,资本(如果有的话)分成同等股份以及股份的总数;英国1855年《有限责任法》引入了"名义资本",并规定有限责任适用于每股股票名义价值不少于10英镑的公司。英国1862年《公司法》再规定,在设置股本的公司中,公司备忘录必须载明"公司拟注册并分成一定数额的股份的资本金额",

[2] See Stephen M. Bainbridge, *Corporate Law* (3rd ed.), St. Paul: West Academic, 2015, p. 463.

此后的公司法案都包括了类似内容。[3] 英国理论界质疑英国面额股,认为股份在最自然意义上就是无面额股,指出“股票票面金额是一个历史概念,可以认为,它不再代表股东对公司的真实投资,或者对债权人来说,很少是衡量公司不可分配股本的真实标准”,认为“英国公司法中的股本规则之所以如此复杂且令人费解,归因于面值股份。如果试图改变既有困境,可行的办法就是仿效美国与加拿大的做法,但除非这种引进是强制性的,否则将没有丝毫意义”。[4] 引入无面额股的主张得到了英国科恩委员会、葛茨委员会和詹金斯委员会的关注;2000年公司法评估指导小组则建议在封闭公司中引入无面额股。[5]

然而,英国2006年《公司法》依然坚持面额股制度。该法第542条是关于“股份的名义价值”的条款,第1款规定“具有股本的有限公司的每一股份,必须具有固定名义价值”。针对该条所称固定名义价值,学者将其解释为“名义价值”(nominal value),又称为票面价值(parvalue),是指在备忘录或章程中载明的每一股份的固定价值。股份的票面价值,代表了公司作为股份的交换,必须要求收到的作为出资额的最低价值[6]。该条第2款还规定“配售没有固定名义价值的股份,是无效的”,第3款进一步规定“具有股本的有限公司的股份,可以以任何货币计价并且不同的类别股份可以以不同的货币计价”。与该等面额股规则相关,该法第580条第1款规定“公司股份不得折价配售”,违反者应当按照第2款承担责任。此类面额股可称为“强制面额股模式”。

2. 无面额股模式

英国面额股规则曾深刻影响欧美公司法,但部分受到影响的国家和地区已转型到全面无面额股模式。这些国家和地区主要指美国的部

---

〔3〕 See Christopher Noke, *No Value in Par: A History of the No Par Value Debate in the United Kingdom*, Accounting, Business & Financial History, Vol. 10, p. 14, 2000.

〔4〕 英国公司法教授高尔语。转引自傅穹:《重思公司资本制原理》,法律出版社2004年版,第157页。

〔5〕 参见王心茹、钱凯:《公司资本制度功能转变背景下无面额股的引入》,载《西南金融》2018年第11期。

〔6〕 葛伟军译注:《英国2006年公司法》(第3版),法律出版社2017年版,第446页。

分州、部分英联邦国家（不含英国）和部分东亚地区国家和地区。一般认为，最早实行无面额股的是美国纽约州。纽约州律师协会委员会于1892年提出，股票面额只是一个人为设定的数值，具有欺骗性；1899年其再次提出以无面额股作为对掺水股等问题的解决方案；在1911年的报告中更是指出，“假如我们一开始就允许无票面价值体系存在，这也许是一个聪明的做法而且可以避免因为强制大家去执行无票面价值体系而招致的一些困难——很多人可能一开始会反对。我很有信心地说……假如允许两种方式都存在，一旦新体系运作起来，你很快就会看到公司在处理其财产的价值时，会主动地选择新的无票面价值体系”〔7〕。最终，无面额股被1912年纽约州公司法正式承认。〔8〕随后，比利时于1913年允许发行无面值股票；南非、加拿大、澳大利亚和新加坡等原英联邦国家也陆续采用无面额股。我国香港地区于2014年修改《公司条例》时引入无面额股制度，并在专门研究普通法系的做法时提出“在其他可资比较的普通法司法管辖区，无面值股份制度已越来越获认同和接受。澳洲、新西兰及新加坡已采纳强制性无面值制度，而且并无遇到任何明显困难。把配发股份须经股东同意的规定扩及授予认购股份或将证券转换为股份的权利（公司条例草案第135条及第136条）”〔9〕。在东亚地区，日本《商法》在2001年以前分别规定了面额股和无面额股，此后则“将有关面额股份或无面额股份的规定全部替换为有关股份的规定”〔10〕，从而形成“强制无面额股模式”。

3.中间模式

有些国家和地区则通过改造传统的面额股模式，形成一种介于面额股和无面额股之间的中间模式，即在法条上并列采用面额股和无面额股，授权公司自行选择面额股或者无面额股；同时，立法者特别设置了无面额股的发行价格限制条款。欧盟国家普遍采用这种“中间模

〔7〕《1911年纽约律师协会公告报告》，转引自官欣荣、李泫永：《公司法证券法诸改革与新探索》，人民法院出版社2006年版，第257页。

〔8〕See N. Y. Sess. Laws 1912 C 351. 11 Fletcher Cyc. Corp. §58,60.

〔9〕香港立法会CB(1)2221/11－12号文件，档号：CB1/BC/3/10。

〔10〕［日］前田庸：《公司法入门》（第12版），王作全译，北京大学出版社2012年版，第68页。

式"或选择模式。欧盟国家采用中间模式的普遍做法与《欧盟公司法第二号指令》规定有关。该指令第8条第1款规定,"股份的发行价格不得低于其票面价值。在无面值股份的情形下,股份的发行价格不得低于其记账金额"。此条款被称为"固定资本原则",通常认为"根据该原则,股份必须具有固定的票面(货币)价值(表面价值)或者根据固定的注册资本总额和份数可以间接计算得出的每股票面价值",因此不是真正的无面额股份制度。[11] 换言之,"欧盟法禁止真正的无票面价股份,即只记载所占公司股份数而不记载资本总额或仅记载最低资本额"[12]。《欧盟公司法第二号指令》的选择模式深刻影响了成员国。德国《股份法》于1998年修订之后允许股份公司选择发行有面额股或者无面额股。该法第8条规定,"股票可以作为有面额股或作为无面额股设定"(第1款),"无面额股不记载票面金额。一个公司的无面额股以同一范围参与股本。股数与各股的股本数额,不得低于1欧元"(第3款),[13]也即如果公司发行无面额股,每一股份在公司总资本中所代表的份额不得低于1欧元。[14] 德国引入无面额股的原因在于欧元的实施,"因为采用比例股就不用表明每股的面值,这样就无须将马克换算为欧元,也就不会出现换算中必然出现的余额折算问题了"[15]。与德国改革的原因相同,法国1998年也准许公司章程中不再保持股票面额的规定。[16] 在东亚地区,韩国于2011年修订商法时引入了无面额股,其第329条规定,"章程有规定的,公司可将股份全部发行为无面额股。但发行无面额股的,不得发行面额股;公司不得既发行面额股,又

---

〔11〕 See Ferran E. & Ho L. C. ,Principles of Corporate Finance Law [PDF e – book],Oxford University Press,2014,pp. 177 – 178.

〔12〕 [德]斯蒂芬·格伦德曼:《欧盟公司法(上册):基础、公司治理和会计法》,周万里主译,法律出版社2018年版,第198页。

〔13〕 参见《德国商事公司法》,胡晓静、杨代雄译,法律出版社2014年版,第68页。

〔14〕 See Cahn A. & Donald D. C. , *Comparative Company Law*. New York: Cambridge University Press,2010,p. 68.

〔15〕 [德]托马斯·莱塞尔、[德]吕迪格·法伊尔:《资合公司法》(上册),高旭军等译,法律出版社2005年版,第286、287页。

〔16〕 参见[法]伊夫·居荣:《法国商法》(第1卷),罗结珍、赵海峰译,法律出版社2004年版,第814页。

发行无面额股"[17]。允许公司择一选择发行面额股或者无面额股模式有时也被称为"不真正无面额股模式"。

美国和加拿大被认为是采用无面额股的典范国家，但这种说法并非绝对正确。美国公司法包括了50个州制定的公司法（以下简称美国州立公司法），自纽约州于1912年修改法律允许公司发行无面额股股票后，的确有许多州引入了无面额股，但是有的仍然采用面额股，从而形成美国法上特有的竞争关系，即由投资者自行选择在哪个州组建公司。同时，美国《示范公司法》未排除公司选择或创设面额股的做法。根据美国《示范公司法》第2章第2节(b)规定，"公司章程可以载明以下内容……(2)符合法律规定的关于以下内容的规定：……授权发行的股票或者各类股票的票面值"。官方评论指出，这一条款允许双方选择受票面价值条款的约束，如果仍愿意这样做的话。如果公司计划在一个以票面价值为依据计算特许税和其他税的州中开展业务，那么选择可以选择的票面价值可能是有用的。[18] 从美国州立公司法和美国《示范公司法》来看，美国公司法采用的是一种"以无面额股为原则、以面额股为例外"的特殊规范模式，而不是纯粹无面额股模式。[19] 与美国类似，加拿大1917年《公司法》规定了无面额股，不过无面额股在实践中并没有被公司广泛应用。根据统计，在1917年至1918年，574家公司中只有7家采用无面额股；1923年至1924年的639家公司中，仅有55家公司的股份属于无面额股。[20]

（二）我国面额股的历史成因

在我国，面额股规则自被纳入1993年《公司法》时起，就被注入历史基因并与其他公司法规范相协调，共同构造出一整套公司法规范。这套公司法规范兼有历史和时代的双重属性。立法者在决定引入无面

---

〔17〕［韩］崔埈璿：《韩国公司法》（上），王延川、崔嫦燕译，中国政法大学出版社2020年版，第159页。

〔18〕参见［美］罗伯特·W.汉密尔顿：《公司法概要》，李存捧译，中国社会科学出版社1999年版，第104页。

〔19〕参见刘连煜：《公司法理论与判决研究》，法律出版社2002年版，第171页。

〔20〕See R. G. H. Smails & T. D. Blair, *The No Par Value Share under the Dominion Companies Act*, Contributions to Canadian Economics, Vol. 7, pp. 7 – 20, 1934.

额股时需要考虑面额股依托的特定社会背景,否则无法逃避对既有公司法的路径依赖。

1. 始于注册资本管制

1993 年《公司法》出台前,我国普遍存在以“资金”数额衡量企业(公司)资本的做法,将“资金”、“注册资金”和“注册资本”等概念纳入当时的规定中。[21] 例如,1982 年《工商企业登记管理条例》第 5 条规定,“工商企业应当登记的主要事项:……资金总额……”1985 年《公司登记管理暂行规定》第 5 条则规定,“开办公司应当具备以下基本条件:……(三)与生产经营或服务规模相适应的资金(自有资金应占一定的比例,银行贷款不能视作自有资金)和设施”;该暂行规定再规定,“公司章程应载明下列事项:……(四)注册资金数额及来源……”1988 年《企业法人登记管理条例》开始采用“注册资本”的概念。根据该条例第 9 条规定,“注册资本”是“企业法人登记注册的主要事项”,第 12 条则将注册资本解释为国家授予企业法人经营管理的财产或者企业法人自有财产的数额体现。从上述规定来看,我国在股票和股票市场出现前,通常采用资金或注册资金等概念,未采用股份或份额等概念。

上述规则影响到刚刚起步的股票市场。在《公司法》出台前,股票发行系由中国人民银行及其上海市分行、深圳市分行负责管理。为符合当时企业登记的规定,上海市和深圳市仿照货币的观念,在股票上采用“一股一元”的做法。例如,中国人民银行深圳市分行《关于深圳市股票印制管理的暂行规定》第 1 条规定股票“实行一手一票制,全市各发行公司的股票统一规定每股面值为一元;按不同公司的股票,分别确定若干股为一手,每一手发出一张股票。每一手(张)股票的股数由发行公司提出意见,报我行审定”。1990 年上海市人民政府发布的《上海市证券交易管理办法》第 23 条第 2 款规定“股票不得折价发售”。与此同时,为适应大面额股票的发行和交易,获准发行股票的公司大多采

---

〔21〕 参见马庆泉、吴清主编:《中国证券史:1978～1998 年(第一卷)》,中国金融出版社 2009 年版,第 44～45 页。

用每张股票数百元或千元面值。[22] 上述规则和实践说明,早在“股份有限公司”和“股份”概念之前,我国就出现了股票的概念,国务院相关部委和地方政府在试验股票制度的过程中,已经开始推行面额股,以便保持与彼时的企业登记规则相协调。

2. 面额股的最终形成

20 世纪 90 年代初,我国正式引入股份有限公司、股份和股票等的概念。其中,原国家发改委 1992 年发布的《股份有限公司规范意见》和国务院 1993 年发布的《股票发行与交易管理暂行条例》是两个标志性立法。《股份有限公司规范意见》第 27 条第 1 款、第 2 款规定,“公司不得发行无面值股票。股票的发行价格不得低于股票的面值”。《股票发行与交易管理暂行条例》第 15 条规定,“本条例第十三条所称招股说明书应当按照证监会规定的格式制作,并载明下列事项:……(四)公司现有股本总额,本次发行的股票种类、总额,每股的面值、售价,发行前的每股净资产值和发行结束后每股预期净资产值,发行费用和佣金……”第 22 条第 1 款还规定,“拟公开发行股票的面值总额超过人民币三千万元或者预期销售总金额超过人民币五千万元的,应当由承销团承销”。该暂行条例第 30 条甚至提出了面额股股票的特别意义,“股份有限公司申请其股票在证券交易所交易,应当符合下列条件:……(三)持有面值人民币一千元以上的个人股东人数不少于一千人,个人持有的股票面值总额不少于人民币一千万元……”上述规定均反映了我国采用了面额股。

基于上述经验,1993 年《公司法》第 78 条第 1 款规定,“股份有限公司的注册资本为在公司登记机关登记的实收股本总额”。该条第 2 款规定,“股份有限公司注册资本的最低限额为人民币一千万元。股份有限公司注册资本最低限额需高于上述所定限额的,由法律、行政法规另行规定”。第 79 条规定,“股份有限公司章程应当载明下列事项:……(四)公司股份总数、每股金额和注册资本……”1993 年《公司

〔22〕 1984 年 11 月 18 日,中国上海第一家经中国人民银行上海市分行批准,向社会公开发行股票的股份制企业上海飞乐音响(600651)公司成立,并向社会发行每股面值 50 元的股票 1 万股。这是中国改革开放以来发行的第一张上市股票,也是新中国成立以来第一次公开向社会发行的股票。

法》第131条突出了面额股的地位，该条第1款规定“股票发行价格可以按票面金额，也可以超过票面金额，但不得低于票面金额”。随后3款分别规定了对溢价发行的批准、溢价款的财务处理和管理办法，形成了面额股与公司资本的结合。

在1993年《公司法》施行出台后，立法机关先后进行过5次修改或修订，但未改变股票票面金额规则。2013年《公司法》删除公司最低注册资本限额的规定，也未改变面额股规则。就此而言，1993年《公司法》正式确立且始终坚持的面额股规则，系如实反映既有规定和做法，但未见到立法机关针对面额股和无面额股作出取舍的论证意见。

二、股票票面金额的功能扩张

多数国家最初采用面额股规则，直到最近一二十年，部分国家和地区才从面额股转向无面额股。需要指出，面额股规则和无面额股规则有其特定目的和功能，功能的改变和再认识往往左右了立法者的选择。面对面额股规则的绵长历史，立法者在引入无面额股时，需要对面额股和无面额股的功能作出理性评价。

（一）面额股的传统功能：确保公平与协助债权人

通常认为，面额股规则承载了保护股东公平认购股份和协助保护债权人的制度功能。因每股股票的面额相同，股东若按照同等价格认购股份并获得同等保护，面额股便具备了“确保股东公平”的功能；[23]又因公司章程记载了股份票面金额和总数，以便公司债权人在直观了解公司股款或资本规模的基础之上决定是否与公司交易，面额股遂具有“协助保护债权人”的功能。[24] 理论界不乏对面额股规则上述功能的阐述。刘连煜教授认为票面金额的功能有二：一是确保公平性，即确保新设公司中股东间之平等对待；二是“协助公司债权人之功能”，即

[23] See Hamilton R. W., *The Law of Corporations* (4th), St. Paul, West Publishing Co., 1996, p. 128.

[24] See Manning B. & Hanks J. J., *Legal Capital* (4th), St. Paul, Foundation Press, 2013, pp. 27 – 30.

协助债权人评估公司风险。[25] 曾宛如教授也提出,面额股兼顾保护股东与债权人之双重功能:一是可确保所有股东均有认缴金额,防止低价认购稀释其他股东持股;二是面额乘以已发行股份数形成注册资本,该资本额非经特殊程序不得发还股东,形成清偿债权的安全垫。[26] 英国学者佩林斯也支持二功能说。[27]

从股东角度来说,面额股标注了股票票面金额,奠定了股东按照同等价格认购公司股票的基础,有助于确保股东的公平地位。然而,确保公平性的功能主要体现在公司设立阶段。在设立阶段,发起人或初始股东按照相同价格认购公司的全部股份,全部收入计入公司股本,没有折扣发行带来的困扰,无害于公司债权人,这种做法堪称简要而精确。但在公司发行新股时,这种简单明了的做法开始变得复杂。[28] 公司每次发行新股的时间和价格往往不同。例如,公司可能根据自身情况决定发行普通股或者优先股,也可以自行决定发行价格。因此,新股发行通常不同于公司在设立时向发起人发行股票,面额股无法迫使公司每次采用同等价格发行新股。在这个意义上,面额股有助于确保公平性,系指在公司在设立时按照同等价格向股东发行股票,但无法迫使公司在新股发行中公平对待所有股东。所以,不能将确保公平性简单扩张至公司发行新股。

从债权人角度来看,面额股显示了每股票面金额,辅之以公司章程记载的股份总数,可以显示公司在设立时的资本规模,这便于债权人直观识别公司偿债能力并据此判断是否与公司发生交易。但不能以此为据却推演出面额股具有保护债权人的功能。一个原因是,面额股只是一种记载形式,未必当然反映公司运行中的实际财务状况,如果债权人过分信赖票面金额,反倒容易被误导。另一个不容忽视的原因则是,债

〔25〕 参见刘连煜:《票面金额股与无票面金额股》,载刘连煜:《公司法理论与判决研究》,法律出版社2002年版,第174~175页。

〔26〕 参见曾宛如:《低面额股与无面额股对台湾地区公司资本制度之冲击与影响》,载朱慈蕴主编:《商事法论集》(第27卷),法律出版社2016年版,第157页。

〔27〕 参见[英]R. E. G. 佩林斯、A. 杰弗里斯:《英国公司法》,上海翻译出版公司1984年版,第169页。

〔28〕 同前注〔1〕叶林书,第250页。

权人保护规则涉及公司法和公司法以外的规则,其中,公司法主要涉及公司告知义务和公司财务制度,公司法以外的规则还包括合同、物权和破产等规则,面额股规则显然无法替代其他机制。因而更为妥当的说法是,面额股提供了一个帮助债权人了解公司财务信息的工具,但不应将保护债权人利益强加在面额股上。

仅从股东和债权人角度概括面额股功能的学术性总结带有天然的局限性,因其忽视面额股对公司资本的影响和功能。或许正因如此,朱慈蕴教授特别提出了"招徕投资者功能"[29]。这说明我国学者开始注意到股票面额对于公司的价值,已关注到公司发行股份的目的和效果。在理论上,股份代表了公司股本的一定份额。股东为了获得公司发行的股份,必须向公司缴纳股款;公司在收受股款后,要向股东授予股份,还要将股款分别纳入注册资本和/或资本公积金。由于股款是公司运营的财产基础,无论公司以折扣方式发行股票,还是股东出资不实,都将影响公司的信用和运行。因此,在总结票面金额的功能时,应当兼顾股东、债权人和公司三方利益,尤其不应忽视股份之于公司的融资功能。

(二)无面额股的新功能:融资功能

现代公司面临从自然成长向融资成长模式的转变,资本聚集功能已成为评价股票票面制度的重要指标。例如,上市公司通过发行新股筹资资金,不仅为投资者提供了新的投资渠道,也有利于提高资源配置的效率。应该承认,面额股也具有融资功能,却未能有效提高融资效率。一个好的股票票面金额规则应当是便利融资的规则。在此种分析路径下,便利公司融资和提高股份转让效率日渐成为票面金额的重要评价标准。[30]

现行《公司法》延续了面额股的传统规则,明确排除了无面额股且禁止公司采用折扣方式发行股票。从静态来看,禁止折扣发行是指不得低于票面金额发行股票,因此其自然成为面额股制度的重要组成部

〔29〕 参见朱慈蕴、梁泽宇:《无面额股制度引入我国公司法路径研究》,载《扬州大学学报(人文社会科学版)》2021年第2期。

〔30〕 同前注〔1〕叶林书,第251~252页。

分。禁止折扣发行规则看似提高了公司资本的稳定性，却形成了对公司再融资的不合理限制。汉米尔顿（Hamilton）教授曾就融资限制进行了分析。假设某公司在设立阶段以100美元/每股的价格发行了一批股票。一年后，该公司决定再次进行股权融资，但证券市场的交易价格为80美元/每股。在此种情景下，若该公司面临以下困境：如果仍以100美元/每股的价格发行，则将难以筹集资金；如果以80美元/每股的价格发行，则违反了禁止折扣发行规定。〔31〕事实上，禁止折扣发行规则也未必总是有利于债权人。因为债权人利益主要依赖于公司资产和信用，公司只要能够发行新股，即使采用折扣方式发行，通常也能提高公司的资产规模和偿债能力，从而有助于满足债权人利益。如果过度约束公司再融资，外部投资者无法以合理价格向公司投入资金，公司将难以改善财务状况和偿债能力。相反，允许公司再融资并以合理价格发行新股，将是同时有利于公司、股东和债权人的做法。因此，从动态来看，面额股与禁止折扣发行规则的叠加，导致发行价格不得低于票面金额，使得股票票面金额就演变成股票发行的最低价格，无法满足市场需求。

面额股规则实际上发挥着调整股票发行价格的功能，这本就是对股票市场定价机制的干预，其正当性容易受到质疑。公司在运行阶段拟发行股票筹资时，如果二级市场的股票交易价格低于股票票面金额，那么将会出现发行失败的结果。因为即使是有意向公司投资的投资者，也不会认购公司发行的新股，而会优先选择在交易市场上购买低于票面金额的股份。〔32〕面额股引发的融资难问题对于经营出现困难的公司尤为严重。在公司市况不好却需增资时，强调不能以低于面额的价格筹资，将置公司于或者通过债权方式融资或者破产的境地。所以在融资问题上，“无面额股没有面额，也就不存在折价发行问题，解决市价已低于面额之公司筹资难题”〔33〕。例如，某公司处于经营困境，每

---

〔31〕 See Hamilton R. W. , *The Law of Corporations*（4th）, St. Paul, West Publishing Co. , 1996, p. 129.

〔32〕 参见卢宁：《股份面额制度的式微与无面额股的引入》，载《东岳论丛》2018年第9期。

〔33〕 同前注〔26〕曾宛如文，第157页。

股净资产为0.8元并低于每股1元的票面金额,如果禁止公司以折扣价格发行新股,投资者至少要按每股1元的价格认购新股,而投资者多支付的0.2元/股则要与公司原股东按比例分享,从而影响投资者认购新股的热情。在此意义上,面额股及禁止折扣发行规则,在事实上降低了公司筹资能力,难以帮助公司脱离经营困境。但若允许公司采用无面额股,因股票无票面金额,也就无须适用禁止折扣发行的规则,公司可以经由董事会或股东大会根据市场情况决定发行价格,投资者也可以与公司商定其缴纳股款是否纳入资本公积金,从而避免投资者向原股东馈赠利益的情况。所以相较于面额股,无面额股有助于重新标定公司的融资能力,有助于挽救处于经营困境的公司,还有助于调整投资者与原有股东之间的利益关系。

三、《公司法修订草案(二)》中的无面额股规则

现行《公司法》强制采用面额股规则,《公司法修订草案(二)》允许公司选择采用“无面额股”,但禁止公司同时采用面额股和无面额股,并勾勒了一种独特的无面额股规则。公司可以选择面额股,也可以选择无面额股,但在选定无面额股后,有权决定无面额股发行价格,并免受禁止折扣发行规则的限制;在公司发行无面额股所得收入即股款中,1/2以上的部分计入公司注册资本并应办理注册资本登记,其余收入计入资本公积金并遵守与发行面额股公司相同的公积金规则。

(一)无面额股规则释义

1. 面额股与无面额股的并存

《公司法修订草案(二)》第142条创设了股份有限公司无面额股股票的选择模式,公司可以在设立时选择面额股股票或者无面额股股票,也可以在公司运行中将面额股转换为无面额股,或者将无面额股转化为面额股。

公司自主选择采用面额股或者无面额的模式,符合公司自治的精神,容易得到实务界的欢迎。然而,《公司法修订草案(二)》的任意选择模式意味着需要设置两套不完全相同的规则,以适应公司作出的选

择。例如,发行面额股的公司,应当遵循不得折扣发行的规则,若公司在实际上采用了折扣发行,登记机关可以在登记程序中予以拒绝登记,以督促公司遵守禁止折扣发行的规则。但在公司发行无面额股时,因股票没有票面金额,无法适用禁止折扣发行的规则,其股票发行价格应由股东大会或者董事会酌定。公司以不合理价格向第三人发行无面额股的,有可能减损公司现有股东利益,为此,需要同时考虑董事义务和股东大会的决议程序。就此而言,采用任意选择模式,不仅要求公司法分别规定面额股和无面额股的不同规则,在执行中两套规则的运行也较为复杂。

2. 无面额股的发行价格

《公司法修订草案(二)》第 148 条规定,“面额股股票的发行价格可以按票面金额,也可以超过票面金额,但不得低于票面金额”。该条有关禁止折扣发行的规则仅适用于面额股股票,公司在发行无面额股股票时,则无须遵守面额股股票禁止折扣发行的规则。根据《公司法修订草案(二)》第 154 条的规定,股份有限公司“发行无面额股的,股份发行价格”应当记入招股说明书。若无面额股发行系由董事会决定,其发行价格应由董事会决议确定;若无面额股发行系由股东大会决议,其发行价格则由董事会提出议案并经股东大会决议决定。

3. 无面额股与注册资本并存

2013 年《公司法》第 80 条废除了有限责任公司和股份有限公司的最低注册资本限额,仅保留从事特别行业公司的最低注册资本限额,仅对此类公司采用注册资本登记规则。[34] 此外,根据公司法规定,注册资本是公司设立时的必备事项,公司必须向公司登记机关办理注册资本登记。按照面额股发行规则,假如公司按照每股 10 元的价格发行股票,应将所得发行收入中的 1 元列入注册资本,9 元列入资本公积金,因此形成“每股发行收入 = 注册资本(面额款)+ 资本公积金(溢价款)”的结构。

《公司法修订草案(二)》重新规定了无面额股下注册资本的计算

〔34〕 此类公司包括商业银行、信托公司、证券公司、期货公司、基金管理公司、保险公司、融资性担保公司、劳务派遣企业、典当行、保险资产管理公司、小额贷款公司等。

规则，形成了一个有别于面额股下注册资本计算的崭新规则。根据《公司法修订草案（二）》第142条第3款“采用无面额股的，应当将发行股份所得股款的二分之一以上计入注册资本”的规定，如果公司按照每股10元的价格发行无面额股股票的，至少5元要进入公司注册资本，其余收入进入资本公积，由此形成“每股发行收入=注册资本（发行收入的50%以上）+资本公积金（发行收入中减去注册资本的余额）”的结构。因此，如果说股东出资义务主要体现缴纳注册资本，那么公司发行无面额股时，若每股价格高于1元，股东出资义务就高于面额股下的股东出资义务；若每股价格低于1元，股东出资义务则低于面额股模式下的股东出资义务。

4. 无面额股与资本公积金

根据《公司法》第167条的规定，公司采用溢价方式发行面额股时，发行溢价全部进入公司资本公积金，在公司以面值发行面额股时，发行收入应全额记入注册资本，资本公积金为0；如果公司采用溢价方式发行面额股，相当于票面金额的部分记入注册资本，溢价收入则记入资本公积金。对于记入资本公积金的股款，依照规定主要用于增加公司注册资本，有时也可用于弥补公司亏损。

在公司发行无面额股时，公司资本公积金之有无、形成乃至数额将发生重大变化。按照《公司法修订草案（二）》第142条第3款提取资本公积金的规定，公司发行无面额股股票时要将1/2以上的股款列入注册资本，余者才列入资本公积金。由于股份有限公司自主决定股款收入计入注册资本和资本公积金的比例，那么公司就有权决定是否设置资本公积金。换言之，公司章程可以规定股款全部计入注册资本，此时，无论股份发行价格或高或低，在公司财务上均无资本公积金；反之，如果公司章程明确规定要设置资本公积金，公司应当将不超过股款1/2部分列入资本公积金。

5. 无面额股与面额股的转换

按照《公司法修订草案（二）》规定的股份发行方式自由选择模式，我国未来将同时存在发行面额股和无面额股的两种公司，那么实践中难免出现面额股和无面额股的转换。公司在选择面额股和无面额股时，通常只关注哪种模式更有利于公司。然而，当公司所遇到场景发生变化时,难免考虑从面额股转向无面额股,或者从无面额股转换为面额股。《公司法修订草案(二)》既然允许转换,就应当提供必要的转换规则,并尽力降低转换成本。

在将面额股转化为无面额股时,意味着公司必须注销原来的面额股,并向全体股东换发新的无面额股股票,其可能是原有股票张数的简单换发,也可能是伴随着资本公积金转增股份。转增股份虽未改变公司股本结构和负债等,但会改变公司股份数量。在将无面额股转化为面额股时,也会遇到相似问题。因此,股份转换不仅牵涉股东权利的调整,还涉及股份发行规则,转换程序较为复杂。以无面额股转换面额股为例。在将无面额股转换为面额股时,一方面,未经法定程序,不得通过转换方式减少注册资本,但可能需要调整公司的资本公积金;另一方面,可能要采用无面额股股份的合并或者分拆等技术,以确保"票面金额/每股×股份总数≥公司注册资本"。由此可见,面额股和无面额股相互转换需要相对复杂的法律程序,从而提高了转换成本。

基于上述分析,可知《公司法修订草案(二)》引入无面额股并未照搬域外无面额股规则,而更像是对原有的面额股规则作出局部修正。一方面,《公司法修订草案(二)》采用无面额股的词语,废弃了票面金额的形式意义,甚至排除了禁止折扣发行的适用,有助于满足公司融资需求;另一方面,《公司法修订草案(二)》规定公司应将半数以上的股款列为注册资本、余者列入资本公积金,这增大了公司自主权,也保全了面额股规则的部分功能。在此意义上,《公司法修订草案(二)》通过对面额股传统规则的局部修正,延续了公司注册资本制度,缓和了面额股传统规则的刚性适用,形成了一种有别于多数国家和地区无面额股的特殊规则。

(二)自由选择模式的适用障碍

我们当然可以说股份发行方式选择制是一次模式创新,面对中国社会存在的诸多特殊问题,努力探索新模式是值得肯定的,但必须首先分析选择模式面临的特殊问题并提供合理的解决方案,否则,会使在理论上有价值的无面额股最终消亡,同样也会在立法上显得过于冒险和冒进。关于选择制的问题,我国香港地区在决定设置无面额股时,曾提出了这样的观点,即认为面额股和无面额股是无法并存的,采用选择制

模式,最终将导致无面额失去实际价值。虽然没有发现其中具体的原因,但从学术上大致可分为以下三点:

首先,面额股和无面额股反映了两种完全不同的观念,进而形成两个基于不同观念而形成的体系,在同一个法律文件中,如何把反映不同观念的具体规则整合在一起,这本身就是一个巨大的挑战。无面额股的优越性主要体现在消除误会和融资方面,面额股虽然保守但权利构造相对明确,也较为稳定。因此,对于多数公司来说,通常会寻求长期习惯了的安定规则为主,很少去选择无面额股这种崭新的做法。简言之,选择面额股的公司会倾向于安定性和稳定性,选择无面额股的公司会突出融资效率。

其次,面额股规则占据体系地位,无面额股的规则供给不足。现有的公司法框架建立在面额股基础上,并派生在面额股基础上,已经形成了相对稳定、完整的规则体系。此时,如果公司继续选择面额股,对应的配套制度是可以完全跟进的。但在选择无面额股时,可能面临其他规则无法匹配的问题,从而增加运行中的巨大风险和不确定性,甚至需要公司章程加以详细的规定。如果规则供给不足,以安全为己任的公司必然会谨慎对待无面额股。在此情形下,即使法律规定了可以选择无面额股,在实践中也未必被广泛采用,如果公司采用则需要面临高度的不确定性。因此,在理论上来说,为了保持整个法律体系的整体性,要么坚持无面额股,要么一并改造成为无面额股。对于既存公司来说,则要再仔细考虑。

最后,观念冲突和规则缺少的情况下,如果把选择权交给公司,公司必然要对比两者作出慎重考察,公司有的时候会考虑融资便利度,有的时候要考虑股权关系的稳定性,有些时候要考虑财务制度的衔接和处理。在观察两种规则的差异时,公司即使做出选择,或许也要在公司章程中创设一些新的约定,从而出现借助面额股和无面额股既有规则,进而创设出第三类型规定。然而,这种自主创设的规则往往又会诱发新的问题和冲突。

四、注册资本的重新解读

现行《公司法》在两个意义上使用"注册资本"的概念。一是指公司登记事项意义上的"注册资本"，也即由公司登记和公司章程共同表彰的一笔金额，如《公司法》第7条第2款规定，"公司营业执照应当载明公司的名称、住所、注册资本、经营范围、法定代表人姓名等事项"[35]。二是指《公司法》规定的最低注册资本限额，我国《商业银行法》、《证券法》和《保险法》等均有所体现。《公司法修订草案（二）》虽然延续了《公司法》关于注册资本和注册资本限额的规则，但允许公司设置无面额股的规定需要重新理解注册资本的含义。

（一）注册资本限额

现行《公司法》在限定范围内仍然执行注册资本限额的规定，既有历史原因，也有安全考量。一方面，规则惯性使然。我国自20世纪80年代开始逐渐恢复公司组织形式，公司数量快速增长。然而，由于缺少规范，实践中出现了"皮包"公司现象。中共中央、国务院1988年10月3日发出《关于清理整顿公司的决定》，重点清理自1986年下半年以来成立的综合性、金融性和流通领域的公司。1989年8月29日，时任工商局长任中林受国务院委托，在第七届全国人民代表大会常务委员会第九次会议上做《关于清理整顿公司情况的汇报》，并指出，"近几年来公司的发展过多过滥，扰乱了经济秩序，加剧了社会分配不公，干扰了为政清廉，影响了社会安定"。在此背景下，《股份有限公司规范意见》和《有限责任公司规范意见》明确采用了公司设立的最低注册资本限额的规则。为了稳定经济秩序，为了控制公司设立，1992年《股份有限公司规范意见》第12条第3款规定，"公司注册资本的最低限额为人民币一千万元。有外商投资的公司的注册资本不应少于人民币三千万元"。此后，1993年《公司法》第23条第1款规定了注册资本的定义，即有限责任公司的注册资本为在公司登记机关登记的全体股东实缴的

[35] 另参见《公司法》第25条、第81条，《市场主体登记管理条例》第8条等。

出资额,第 2 款规定了有限责任公司的注册资本最低限额为 50 万元至 10 万元,第 3 款则规定,特定行业的有限责任公司注册资本最低限额需高于前款所定限额的,由法律、行政法规另行规定。与此同时,1993 年《公司法》第 78 条第 2 款规定,股份有限公司注册资本的最低限额为人民币 1000 万元。股份有限公司注册资本最低限额需高于上述所定限额的,由法律、行政法规另行规定。2005 年修订《公司法》时,主要是降低了有限责任公司和股份有限公司的最低注册资本限额,分别降至 3 万元和 500 万元。[36]

另一方面,安全观念使然。2013 年《公司法》在原则上取消了多数公司的最低限额,然而,该法未全面取消注册资本最低限额的规则,并延续了公司注册资本必须登记的规则。这种状况与欧盟法律相似。《欧盟公司法指令二》专门提及了公司注册资本,[37]欧盟主要国家公司法均对公司注册资本作出明确规定。其中,比利时为 61,500 欧元,法国为 37,000 欧元,德国为 50,000 欧元,荷兰为 45,000 欧元,英国为 50,000 英镑等。对于欧盟国家普遍采用最低注册资本限额的规定,笔者曾就此专门询问科恩教授,得到的口头解释是,最低注册资本是为了提醒股东在设立公司时更为谨慎。姑且不论这是否是唯一理由,注册资本限额确实可以形成对股东设立公司的事先约束。

面额股或者无面额股的发行必须服从于注册资本最低限额的规则。面额股是表达注册资本并符合最低限额的最便捷方式。按照面额股规则,“注册资本 = 票面金额/每股 × 股份总数”,“公司发行收入(股款) = 股票发行价格/每股 × 股份总额”,从而形成面额股与注册资本的对应关系。然而,如果采用无面额股,在落实法律规定的最低注册资本限额时,难免遇到新的问题。由于最低注册资本限额是一个货币金额,在无面额股规则下,公司资本构成单位是股份而非货币金额,也就无法直观表达无面额股股份与最低注册资本限额的一致性,此时,必须先将无面额股转化为一种货币金额,才能保持与最低注册资本限额的协调。在这个意义上,究竟是为了引入无面额股而废弃最低注册资本

---

〔36〕 参见 2005 年《公司法》第 26 条、第 81 条。

〔37〕 同前注〔12〕斯蒂芬书,第 197 页。

限额规则,还是要坚持最低注册资本限额而修正无面额股的内涵和适用范围,遂成为立法者难以回避的问题。简言之,只有放弃最低注册资本限额,才能形成纯粹的无面额股,反之,所称无面额股必然是不真正的或修正后的无面额股。

(二)公司登记层面的注册资本

在面额股规则中,注册资本与发行收入系不同概念。《公司法》第80条第1款第1句规定,"股份有限公司采取发起设立方式设立的,注册资本为在公司登记机关登记的全体发起人认购的股本总额";第2款规定,"股份有限公司采取募集方式设立的,注册资本为在公司登记机关登记的实收股本总额"。按照上述规定,注册资本均指认购或者实收的股本总额。在公司以面值发行面额股股份时,注册资本、股本总额和股款一致,但在公司以溢价方式发行面额股股份时,注册资本与股本总额虽然一致,却有别于发行收入或股款。例如,在公司按照1.2元/股发行面额股时,发行收入或股款为1.2元,注册资本和股本总额均为1元,剩余0.2元在会计上列为资本公积金,但不列为注册资本或股本总额。换言之,在公司发行面额股股份所得收入(股款)中,依照票面金额计算的股款计入注册资本,依照溢价金额计算的股款计入资本公积金,从而形成"发行收入(股款)=注册资本(相当于面额部分)+资本公积金(相当于溢价部分)",仅在公司采用票面价格发行股份时,才形成"发行收入(股款)=注册资本"。

公司发行无面额股时可以不再将发行收入划分为注册资本和资本公积金,即使进行划分也将有别于面额股下的注册资本和资本公积金。由于无面额股没有面额和溢价,《公司法修订草案(二)》无法按照票面金额划分注册资本和资本公积金,而是采取一定比例的所得股款作为划分标准。该草案第142条第3款规定,"采用无面额股的,应当将发行股份所得股款的二分之一以上计入注册资本",第209条规定,"公司以超过股票票面金额的发行价格发行股份所得的溢价款、发行无面额股所得股款未计入注册资本的金额以及国务院财政部门规定列入资本公积金的其他收入,应当列为公司资本公积金"。那么,在公司登记上将存在两种不同意义的注册资本:(1)发行收入(股款)=注册资本,也即公司将全部收入列入注册资本;(2)发行收入(股款)=注册资本

(相当于股款的1/2以上)+资本公积金(股款减去公司所确定之注册资本的余额),也即公司将1/2以上的股款列入注册资本、余者列入资本公积金。因此,按照《公司法修订草案(二)》,注册资本已完全脱离了面额股下注册资本和资本公积金的表达逻辑,彻底改变了传统的注册资本概念。

五、资本公积金弥补亏损的会计处理

针对资本公积金〔38〕的用途,我国《公司法》曾进行了数次重大调整。从1993年《公司法》第179条规定的“弥补公司的亏损,扩大公司生产经营或者转为增加公司资本”到2005年《公司法》第169条规定的“公司的公积金用于弥补公司的亏损、扩大公司生产经营或者转为增加公司资本。但是,资本公积金不得用于弥补公司的亏损”,再到《公司法修订草案(二)》第210条第1款规定的“公司的公积金用于弥补公司的亏损、扩大公司生产经营或者转为增加公司资本”。整体而言,《公司法修订草案(二)》重回1993年《公司法》资本公积金的规制方向,但同时增加了对资本公积金弥补亏损之程序和比例的规定,即该草案第210条第2款、第3款规定,“公积金弥补公司亏损,应当先使用任意公积金和法定公积金,仍不能弥补的,可以按照规定使用资本公积金,法定公积金转为资本时,所留存的该项公积金不得少于转增前公司注册资本的百分之二十五”。在上述变迁中,应否允许公司用资本公积金弥补亏损、公司动用资本公积金弥补亏损之限制条件,是最主要的问题。

(一)资本公积金弥补亏损的理论依据

从1993年《公司法》允许资本公积金弥补亏损,到2005年《公司法》禁止动用资本公积金弥补亏损,再到《公司法修订草案(二)》有限

---

〔38〕 根据《公司法》的规定,资本公积金主要包括股票发行溢价款以及国务院财政部门规定列入资本公积金的其他收入,本文主要关注“溢价款”形成的资本公积金(以下简称资本公积金)。

地允许公积金弥补亏损,这段历史说明立法者已逐渐认识到公积金弥补亏损的重要性。

反对弥补亏损的理由甚多,可大致归结为两个方面:一是资本公积金不是公司利润,而是投资者投入的资本,用资本公积金弥补亏损会掩盖公司的真实盈利状况。因此,可以用盈余公积金弥补亏损,但不应用资本公积金弥补亏损。二是资本公积金弥补亏损,违反了传统公司法关于资本公积金不得分派股利的规则,危及资本维持原则和保护债权人利益的宗旨,只能在公司重整等特殊场景下允许弥补亏损,否则,会形成向公司股东变相分红的结果。不过,有的学者主张承认弥补亏损的做法。例如,刘燕教授提出,从税法角度对资本公积金补贴的批评是站不住脚的,它混淆了会计处理程序和纳税计算程序之间的界限,忽视了会计利润与应税所得的本质区别,资本公积补亏并不会导致企业丧失税前利润补亏的权利及相应的利益,更没有严重损害公司及其全体股东的利益。〔39〕公司法对公积金补亏的限制不在于绝对的禁止资本公积补亏,而在于明确公司亏损弥补的先后顺序,避免资本公积金变相进行利润分配。这种规制方法既能体现资本公积,补亏本身的逻辑也承继了公司法,保护债权人利益的传统,同时更体现了现代公司法对公司自身稳健发展的真正关注。〔40〕随后,谢德仁教授认为,反对资本公积金弥补亏损的分析忽视了股东对公司承担有限责任的价值边界的考虑,应当分析资本公积金在性质上是否属于股东可以自由合法行使的剩余追索权,站在这个立场上,资本公积金弥补公司亏损是具有经济和会计上的意义的,基于股东对公司承担有限责任的价值边界,公司法应当明确认可用公积金来自由地弥补亏损。〔41〕

首先,保护债权人利益是公司法的价值之一,凡是危及或损害债权人利益的,都应当尽量予以消除。即使公司法不以保护债权人为主要目的,但至少不能背离其他法律设置的保护债权人利益规则。在这个意义上,维护债权人利益的确可以作为公司法的第二宗旨。需要指出,

〔39〕 参见刘燕:《新〈公司法〉的资本公积补亏禁令评析》,载《中国法学》2006年第6期。

〔40〕 同前注〔39〕刘燕文。

〔41〕 参见谢德仁:《资本公积金可否用于弥补公司亏损?——基于股东对公司承担的有限责任之价值边界的分析》,载《会计之友》2022年第9期。

真正容易造成债权人利益受损的公司行为,实乃公司资金流出。公司资金流出在客观上降低了公司偿债能力,自然应当予以高度关注。然而,公积金弥补亏损直接消除的是公司以往年度发生的亏损,这种做法只产生账面修复的效果,消除了公司未来向股东分红的障碍,却并不产生公司资金流出的效果。例如,公司前一年度亏损,但第二年利润应当先弥补前一年的亏损,而不能直接将第二年利润予以分配,除非第二年的利润在弥补亏损后仍有结余,才可以分配。如果可以动用公积金弥补亏损,则意味着,以公积金弥补亏损后,公司可以将全部利润予以分配。在学术上,不应将亏损等同于无力偿还债务,进而为了保护债权人利益而反对弥补亏损。不能把亏损等同于无力偿还债务,亏损只是指一段时间内的收入无法覆盖该期间发生的成本,无力偿还债务则指公司无力向债权人清偿债务,因此,即使公司亏损,也未必说明公司无力偿债;即使公司盈利,也未必说明公司有能力偿还债务。由于亏损与偿债能力并不直接相关,因此,更不应简单基于债权人保护而否认公积金弥补亏损。

其次,公积金弥补亏损实际是将股东权益中的资本公积金调整为同属于股东权益中的未分配利润,这是一种在财务上表达出来的状况,并未产生公司的资产或资金流出。严格地说,只有现金或实物分配才会使公司资金流向股东,从而减少公司的资金,进而影响公司债权人利益。其实,资金流出未必直接影响债权人利益。因为债权人利益是依赖公司偿付能力实现的,只要公司资金周转良好,资金流出虽然可能加大债权实现风险,却不一定会减损债权人利益。简言之,保护债权人利益是必要的,甚至与公司资金流出是有关的,但禁止资金流出不等于保护债权人利益。在极端情况下,如果现金分配真的降低了公司资金并危及债权人利益,债权人可以申请公司破产,进而要求股东退回所取得的现金。

最后,公积金能够增资扩股却不能分配是相互矛盾的做法。广义上的分配包括现金分配和非现金分配,公积金转增股本本身就是一种合法的非现金分配方式,那么以资本维持为由禁止非现金分配的理由便无法成立。公司采用现金或实物方式分配股利时通常会影响公司的资产和负债,以股份方式分配利益时会出现公司资金或资产的外流,也即这两种分配方式会涉及债权人利益等复杂问题；公司以转增方式分配利益，则不会导致资金或资产的外流，一般不会影响债权人利益。因此，一个比较可行的处理方法是，针对现金分配采用限制措施，避免公司在亏损时向股东分配利益。事实上，亏损时也未尝不能送股，送股也是一种利益分配方法，区别仅在于送股时没有资金的流出。在这个意义上来说，公积金会影响到但不会决定利润分配。

（二）资本公积金弥补亏损的限制

公积金弥补亏损暴露一些问题。但站在公司的角度，也的确存在公司主张以公积金弥补亏损的需求，试图挡住公司以公积金弥补亏损将会使得众多企业处于不法状况，甚至是无法阻挡公司以公积金弥补亏损的内在动力。但是必须考虑，不能任由公司调控资本公积金弥补亏损进而调控股票价格乃至上市资格，否则会对市场投资者形成另外一种误导。

《公司法修订草案（二）》在公积金弥补亏损上设置了限制。按照《公司法修订草案（二）》第 210 条第 1 款和第 2 款的规定，公积金弥补亏损存在如下限制：

第一，劣后动用资本公积金弥补亏损。在公司需要弥补亏损时，应当首先动用公司的盈余公积金（任意公积金和法定公积金），在上述盈余公积金不足以弥补亏损时，才可以动用资本公积金，由此形成资本公积金劣后弥补亏损的规则。《公司法》对于用以弥补亏损的公积金顺序未做规定，按照第 168 条“公司的公积金用于弥补公司的亏损，扩大公司生产经营或者转为增加公司资本”的规定，盈余公积金和资本公积金均处于同等地位。换言之，公司在实施弥补亏损时，可以自主决定动用盈余公积金或者资本公积金。《公司法修订草案（二）》增加了适用条件的限制，因此公司动用资本公积金弥补亏损要受到比《公司法》更为苛刻的顺序限制。

第二，“按照规定使用资本公积金”。我国早在 2005 年《公司法》颁布后，即对资本公积金的使用作出了诸多限制，《公司法修订草案（二）》虽允许用资本公积金弥补亏损但未对公司如何使用资本公积金加以规定。那么在公司决定弥补亏损时，应否获得债权人的同意，或者至少应当向债权人发出通知？该等类似于通知的规则，是否属于资本公积金弥补亏损时的特别程序规则?所以在《公司法修订草案(二)》条款生效后,就需要由财政主管部门协调相关机构制定新的规则,包括更新原有的《企业会计准则》。需注意的是,若我国同时采用面额股和无面额股,财政部门或许应制定两套不同的程序规则,并同时考虑公司面额股和无面股转换时如何处理公积金的问题。

结　语

应否引入无面额股制度以及如何引入无面额股制度在我国长期属于热点课题,也是本次《公司法》修改的重要问题。现行《公司法》采用的面额股模式,并且与注册资本、资本公积金等规则相互结合,基本符合资本管制的时代需求,承载着确保股东公平和保护公司债权人的期待。但是伴随各国公司之间的竞争加剧,以及现代公司从自然成长模式转向融资成长模式,《公司法修订草案(二)》引入无面额规则顺应了从面额股模式转型到无面额股模式的动向,提高了公司融资效率,有利于优化营商环境。《公司法修订草案(二)》规定的无面额股规则不是简单地复制域外无面额股模式,虽然延续了注册资本规则,但也冲击了"发行收入=注册资本+资本公积金"的传统关系。因此,《公司法修订草案(二)》在引入无面额股时,需要妥善处理股票票面金额与注册资本、资本公积金的互动关系。

(编辑:宋　澜)

《证券法苑》(2023)
第三十七卷,第 27 ~48 页

中德公司资本认缴制比较及德国法的启示

高旭军*

摘要:我国已着手对现行《公司法》进行全面的修订,其中涉及一个问题是如何完善注册资本认缴制,尤其是如何引入要求股东提前履行出资义务的催缴机制,以强化对公司及其债权人的保护。围绕这一问题,本文首先介绍了我国学界的相关讨论,评析了《公司法修订草案(二)》拟采取的应对方案,然后详细分析了德国公司法中的规范认缴制、股金催缴的规定和司法实践;在对中德规定进行比较的基础上提出了完善我国注册资本认缴制的建议。

关键词:《公司法》修订　注册资本认缴制　提前履行出资义务　股东除名

我国正在对现行《公司法》进行全面修订,且已经取得了阶段性成果。2022 年 12 月,第十三届全国人大常委会第三十八次会议对《中华人民共和国公司法(修订草案二次审议稿)》(以下简称《公司

* 同济大学法学院教授、上海四维马乐律师事务所兼职律师。

法修订草案(二)》)进行了审议并向社会公开征求意见。此次修改涉及公司的设立和退出制度、公司治理结构的完善等多个问题。其中的一个问题是如何完善现有注册资本认缴制。我国现行《公司法》第26条、第28条和第83条等条款确认了这一机制。据此,股东可以在公司章程中自行确定公司注册资本的总额和出资的交付日期;在公司设立时,股东不必交付其认缴的出资,相反,他们仅需在章程规定的出资交付期限届满时履行其交付义务。这一机制无疑大大降低了公司的设立门槛,从而极大地方便了公司的设立;但它同时隐含着重大的交易安全隐患。因为股东可以充分利用以上规定,在公司章程中确定一个数额巨大的注册资本数额,同时规定一个很长的出资交付期限;当公司在经营过程中因没有足够的资金而无法清偿到期债务,要求股东提前交付出资时,股东则以章程规定的出资期限没有届满为由拒绝交付出资,其结果是使公司陷入不能清偿到期债务的困境,公司债权人对公司的债权也得不到及时清偿。事实上,确实有不少股东利用以上方式设立公司、拒绝提前交付出资,因此而产生了许多诉讼。由此产生了一个具有普遍意义的法律问题:在章程规定的出资期限未届满时,是否可以要求股东提前履行出资交付义务?这一问题十分重要,它不仅关系到在具体的个案中债权人利益是否能够及时得到保护的实务问题,而且关系到股东、公司及其债权人之间的利益平衡问题;此外还影响作为我国《公司法》基石的资本充实原则能否得到落实的问题。所以,这一问题引起了我国学界和实务界的广泛关注,《公司法修订草案(二)》也已经采取了相应的解决方案。鉴于此,本文将重点讨论我国未来《公司法》怎样才能更加科学和合理地规范这一问题。围绕这一问题,本文首先论述我国学界的讨论和《公司法修订草案(二)》的应对方案,然后阐述德国《有限责任公司法》和《股份法》的相应规定,然后对中德相关规定进行了比较并讨论德国立法经验和司法实践可能为我们带来的启示。本文之所以选择德国公司法作为参照,不仅因为我国《公司法》与德国公司法有着较深的渊源,还因为德国公司有着强劲的国际竞争力。据统计,德国各类公司的平均寿命为9年,在德国法兰克福证券交易所上市的所有上市公司中,约1/7的企业寿命为30年,1/20的企业寿命可以达到50年,1/2的企业设立于19世纪,德国许多酿酒企业已有超过

1000年的历史。[1] 相比较而言,我国约"有57%的企业存活时间不足3年"。[2] 德国公司具有如此强的竞争力,有多方面的原因,德国公司法确认注册资本认缴制应该是其中的一个因素。

一、我国学界的讨论和《公司法修订草案(二)》的改革方案

如上所述,围绕在章程规定的出资期间届满之前是否可以要求股东提前交付出资这一问题,不仅我国公司法学界进行了广泛的讨论,而且《公司法修订草案(二)》也提出了初步的应对方案。

(一)我国学界的讨论

对于这一问题,我国学界大致形成了三种不同的观点。第一种观点认为,公司股东之间的出资约定不能对抗债权人,因为股东所作出的认缴出资承诺是与公司达成的,属于公司内部关系,所以应该在《公司法》引入股东出资义务加速到期机制,授权董事会根据商业原则决定是否进行提前催缴。[3] 第二种观点则反对引入股东出资义务加速到期机制,其理由是:在注册资本认缴制下,股东原则上依法享有期限利益,债权人因此不得以公司不能清偿到期债务为由,请求未届出资期限的股东在未出资范围内对公司不能清偿的债务承担补充赔偿责任;此外我国目前还不具备引入这一机制所需的基本条件。[4] 第三种观点则认为,在确定股东无须加速出资这一原则的基础上,应当允许公司债权人在以下两种例外情形下直接向股东提出提前交付出资的要求:其

---

〔1〕 See WIKU: Unternehmen werden im Schnitt nur 9 Jahre alt, 17.06.2019, https://www.wirtschaftskurier.de/artikel/unternehmen-werden-im-schnitt-nur-9-jahre-alt.html,2022年7月9日访问。

〔2〕 参见《2020年第一季度全国企业大数据:新增322万家企业,同比减少28.9%》,载https://finance.sina.com.cn/roll/2020-04-02/doc-iimxxsth3283152.shtml,2022年7月14日访问。

〔3〕 参见朱慈蕴:《解构认缴制》,载《西北工业大学学报(社会科学版)》2021年第1期。

〔4〕 参见《全国法院民商事审判工作会议纪要》(以下简称《九民纪要》)(法〔2019〕254号)第二(二)6条。另见朱红飞:《认缴制下股东出资义务加速到期研究》,载《现代商业》2022年第12期;刘晓彬:《论资本认缴制下股东出资义务加速到期制度》,载《商业文化》2021年第31期。

一,公司作为被执行人的案件,人民法院穷尽执行措施无财产可供执行,已具备破产原因,但不申请破产的;其二,在公司债务产生后,公司股东会决议或以其他方式延长股东出资期限的;在以上两种情形下,法院应该支持债权人的这一要求。[5]

虽然以上几种观点均有各自的道理,但笔者总体认同上述第一种观点:在必要时公司应该有权要求股东提前履行出资义务,而且行使此种催缴权的并不是公司债权人,而是公司董事会。首先,公司债权人无权直接向股东提出此种要求。如果授予公司债权人此种催缴权,这便相当于适用《公司法》第 20 条第 3 款的规定否认了相关公司的法人资格。在公司不能清偿到期债务、股东还没有交付出资时,该款规定的否认公司人格的前提条件是否具备,《九民纪要》第二(四)条提及的“人格混同”、“过度支配与控制”或“资本显著不足”的情形是否存在,是值得怀疑的。其次,董事会应该行使这一催缴权。当然,比较合理的做法是董事会首先召集股东会,请股东会讨论修改章程中的相关规定,并作出有关要求股东提前交付出资的决议。基于《公司法》第 147 条第 1 款规定的忠实义务,董事会在公司面临不能清偿到期债务危险时有义务召集股东会。另外,基于《民法典》第 7 条确定的诚信原则和股东根据《公司法》第 21 条规定承担的诚信义务,股东也应该支持股东会通过此类决议。如果股东投票反对此种决议,这应该属于违反上述规定的不诚信行为。因为股东应该知道公司的经营和发展需要足够的资金,而且面临各种经营风险;法律要求股东将承诺的出资交付给公司,便是让股东以其出资为限承担经营失败的风险;股东在章程中约定一个很长的出资交付期,而且以此为由拒绝股东会通过有关提前交付出资的决议,便是将本应由自己承担的经营风险转嫁给公司债权人。所以,如果允许股东以章程约定为由拒绝提前交付出资,在实质上是鼓励股东的不诚信行为。

(二)《公司法修订草案(二)》拟采取的应对方案

《公司法修订草案(二)》对现行《公司法》下注册资本制度采取了多方面的改革措施,例如通过第 152 条和第 153 条为股份有限公司引

---

〔5〕 参见《九民纪要》第二(二)6 条。

入了授权资本制,并通过第142条、第144条和第145条确认了公司实践中广为采用的股份分类,即将股份分为面额股和无面额股、优先股和劣后股、特殊表决权股、转让受限股等;此外,还通过第221条引入了简易减资程序。针对股东的出资交付问题,《公司法修订草案(二)》也采取针对性的规范措施;这些措施不仅强化了股东的出资责任,而且肯定了在特定条件下股东的提前交付出资责任。下文将首先介绍《公司法修订草案(二)》采取的措施,然后对这些措施进行评析。

1.《公司法修订草案(二)》新增的相关措施[6]

为保证资本充实原则的落实,防止股东将经营风险转嫁给公司债权人,《公司法修订草案(二)》主要采取了以下几个方面的措施:

第一,新增的第51条确定了股东未按期缴纳出资时的除名机制。该条共有4款规定。其中第1款规定,在有限责任公司成立后,公司董事会应该对股东的出资情况进行核查,发现股东未按期足额缴纳出资的,应该向该股东发出书面催缴书,催缴出资;该条第2款进一步规定,在公司根据上款发出催缴通知书时,可以载明交付出资的宽限期,宽限期的长度不得少于60日,该期限从公司发出催缴书之日起算,如果某股东在该宽限期届满时依然没有缴纳其出资,公司可以向该股东发出书面失权通知,自公司发出通知之日,该股东丧失其未缴纳出资的股权;第3款则规定了失权股份的处置方式:公司应该依法转让依照前款规定丧失的股权,或者相应减少注册资本并注销该股权,6个月内未转让或者注销的,由公司其他股东按照其出资比例足额缴纳相应出资;第4款进一步规定了相关股东的赔偿责任,据此,“股东未按期足额缴纳出资,给公司造成损失的,应当承担赔偿责任”。

第二,在第52条中规定了高估非货币出资财产价值时的股东责任:该条第1款首先规定了股东的补缴差额责任,据此,在有限责任公司成立后,作为出资的非货币财产的实际价额显著低于所认缴的出资额的,应当由该股东补足其差额,设立时的其他股东承担连带责任。在此基础上,该条第2款进一步确定了对公司的损害赔偿责任。如果股

[6] 参见《中华人民共和国公司法(修订草案)(二次审议稿)》,载 https://law.esnai.com/upload_files/20/20221230204642277749.PDF,2023年2月12日访问。

东有上述行为,给公司造成损失的,应当承担赔偿责任,负有责任的董事、监事、高级管理人员应当与该股东承担连带赔偿责任。

第三,新增第 53 条确定了有限责任公司股东认缴出资的加速到期机制。据此,公司不能清偿到期债务,公司或者已到期债权的债权人有权要求已认缴出资但未届缴资期限的股东提前缴纳出资。

第四,新增的第 88 条明确规定瑕疵股权转让时转让方、受让方的连带出资责任。该条第 1 款规范了货币出资时瑕疵股权转让责任股东转让已认缴出资但未届缴资期限的股权的,由受让人承担缴纳该出资的义务;受让人未按期足额缴纳出资的,出让人对受让人未按期缴纳的出资承担补充责任。第 2 款则规定了瑕疵转让非货币出资时的股东责任。据此,股东未按期足额缴纳出资或者作为出资的非货币财产的实际价额显著低于所认缴的出资额转让股权的,受让人知道或者应当知道存在上述情形的,在出资不足的范围内与该股东承担连带责任。

最后应该强调的是:《公司法修订草案(二)》仅仅为有限责任公司规定了以上催缴、除名和责任机制,而没有为股份有限公司规定类似的机制。这主要体现在以下两方面:其一,以上条款均位于《公司法修订草案(二)》中专门规范有限责任公司的第三章和第四章,而专门适用于股份有限公司的第五章中没有相应的条款。其二,《中华人民共和国公司法(修订草案一次审议稿)》第 109 条第 1 款曾规定,"本法第四十六条关于有限责任公司股款缴纳情况核查、催缴出资的规定,适用于股份有限公司"[7],但《公司法修订草案(二)》删除了这一条。

2. 对《公司法修订草案(二)》新增措施的评价

《公司法修订草案(二)》规范了专门适用于有限责任公司的以上措施,其立法意图是好的,无论是第 51 条下的除名机制、第 52 条下的高估非货币出资财产价值时的股东责任,还是第 53 条引入的"出资加速到期机制",抑或第 88 条有关瑕疵股权转让时转让方和受让方承担连带出资责任的规定,它们显然都是为了强化股东的出资责任,保证公司能够收缴到足额的注册资本金,同时强化对公司债权人的保护。这

[7] 《〈公司法(修订草案)〉全文、说明及修改对照》,载 https://new.qq.com/omn/20211227/20211227A01O4500.html,2022 年 7 月 23 日访问。

无疑是值得肯定的。但通过这些措施,是否能够实现以上立法目的是值得怀疑的。客观分析,在《公司法修订草案(二)》以上新增措施中确实存在一些固有缺陷,主要缺陷有以下几点:

第一,第51条第3款下的减资规定使得公司资本充实原则难以落实。虽然第51条第2款规定的除名处分可以强化股东的出资责任,但是该条第3款又赋予公司"依法转让失权股份"或者"减资"的选择权,由于该款在这两种处分方式之间使用了"或"字,这表明公司有权选择任何一种处置方式。如果选择减资,这便意味着免除了该除名股东继续缴纳拖欠股金的义务,因为如果该股东依然承担着缴纳出资的义务,公司便无须进行减资。如果这样,这自然意味着公司在设立之初便未能足额收缴到章程规定的注册资本数额。这不仅不利于公司本身的发展,而且会对公司债权人的保护产生不利的影响。

第二,《公司法修订草案(二)》第51条第3款设计了两种对公司及其债权人影响不同的处分方式。"或"是法律法规中的一个常用字,立法者借以扩大法律的规范对象或实现其他立法目的,但"或"字连接的两个客体应该具有同质性;就《公司法》而言,"或"字连接的两个选择客体对公司、股东等产生的影响应该相同。事实上也是如此。例如,现行《公司法》第16条第1款规定,"公司向其他企业投资或者为他人提供担保,依照公司章程的规定,由董事会或者股东会、股东大会决议";此处的"公司向其他企业投资"或者"为他人提供担保"都涉及公司资产的使用,都可能会给公司带来收益,或者能带来风险;而该款中"董事会或者股东会、股东大会"都是公司的决策机构,根据《公司法》确定的章程自治原则,公司股东可以通过章程自行决定上述投资或担保事项是由董事会还是由股东会决定。这实际上蕴含着一个重要的立法惯例:通过"或"字连接的两种不同方式对公司及其债权人的影响应该一致或大致相同。而《公司法修订草案(二)》第51条第3款通过"或"字连接的"依法转让失权股份""减资"两种处分方式显然不符合这一惯例。如果选择"依法转让失权股份",则公司不进行减资;结合《公司法修订草案(二)》第88条规定,在股东瑕疵转让其股权时,无论涉及的是货币出资还是非货币出资,该股东还可能与受让人一起对未交部分出资承担连带清偿责任。这自然有利于公司收缴到足额的资本金,从而有利于保护公司债权人的利益。而如果公司选择减资,如上分析,这不仅损害了公司的利益,同样会损害公司债权人的利益。

第三,在第51条第3款下的减资规定与第53条确认的“出资加速到期机制”之间存在冲突,这有可能使得第53条的立法目的无法实现。如上所述,为了强化对公司债权人的保护,第53条确认了有条件的“出资加速到期机制”,据此公司或其债权人有权在特定条件下要求股东提前交付出资。如果我们仔细分析第51条和第53条之间的关系,便能发现在这两个条款之间存在一个让上述立法目的难以实现的立法漏洞。根据第51条第1款和第2款的规定,适用该条款的前提条件是:在公司设立后股东没有按期足额交付出资、公司向相关股东发出了限期交付出资的催缴通知、相关股东依然没有按期交付其出资。在具备以上条件下,将产生两种法律后果:相关股东失去其成员资格、出让该股东的股份或减资。而根据第53条规定,公司要求股东提前交付其出资,就必须首先向股东发出催缴通知书,此时的催缴无疑发生在公司设立后;而且无论是由公司还是由其债权人进行催缴,都会在催缴通知书设定一个交付出资的期限;而只要股东未按期履行这一义务,这便符合了第51条规定的除名条件,而除名带来两种结果:公司出让该股份或减资。如上所述,选择减资便在实际上免除了股东的出资义务。这样,《公司法修订草案(二)》新增的条款便起不到任何保护债权人的作用。另外,《公司法修订草案(二)》没有针对股份有限公司规定相应的救济措施。

第四,第51条第3款和第221条存在不协调的地方。《公司法修订草案(二)》分别通过第220条和第221条规定了普通减资和简易减资两种不同的程序,两者的主要区别在于:在适用前一程序时,公司必须在报纸等媒体上公告减资信息,而且公司债权人有权要求公司首先清偿债务或提供清偿担保,然后公司才能进行减资;而在适用后一程序时,则不存在此类要求。这就产生了一个问题,即第51条第3款下的减资究竟属于普通减资还是简易减资呢?如果属于普通减资,则程序十分复杂,进行减资有很大的难度。如果属于简易减资,第221条的规定也难以适用,因为该条第1款明确规定,在适用简易减资程序时,不得免除股东缴纳股款的义务;而根据第51条第3款的规定,在公司进行减资时,被除名的股东无须缴纳股金。第 51 条第 3 款后半句有关"六个月内未转让或者注销的,由公司其他股东按照其出资比例足额缴纳相应出资"的规定间接表明了这一点,它意味着:如果公司出让了该股东股份或进行减资并注销了相关的股权,便免除了被除名股东的交付出资义务。

第五,第 51 条第 4 款下的责任主体模糊不清。该款规定,如果"股东未按期足额缴纳出资,给公司造成损失的,应当承担赔偿责任"。该款规定对于促使股东如期足额交付出资有着重要意义,因为避免承担赔偿责任的唯一途径便是按时足额履行出资义务。所以,该款不仅直接保护了公司的利益,而且间接保护了公司债权人的利益。但该款存在的一个问题是责任主体不明。根据本条前四款的规定,这里责任主体应该涉及两类股东,其一,未按期足额缴纳出资但在催缴设定的宽限期内缴清出资的股东;其二,未按期足额缴纳出资、在催缴设定的宽限期内也未缴清出资最终被除名的股东。该款中的责任主体仅仅限于第一类股东呢,还是包括以上两类股东?该款没有明确规定这一点。客观分析,它应该包括以上两类股东,因为此两类股东的行为均会给公司带来损失。例如,在股东未按期足额缴纳出资时,公司借贷以开展正常的业务,由此而遭受了利息损失,或者公司因不能清偿到期债务而支付的违约金,这些同样属于公司遭受的损失。责任主体不明不仅会带来适用困难,而且有可能会影响该款下赔偿责任的落实,进而影响公司及其债权人的利益。

第六,缺失适用于股份有限公司的催缴和除名机制。

如上所述,《公司法修订草案(二)》删除了《中华人民共和国公司法(修订草案一次审议稿)》第 109 条,从而使《公司法修订草案(二)》缺乏专门规范股份有限公司的催缴除名机制。这一缺陷显然不利于公司资本充实原则在我国股份有限公司中的落实,以下因素说明了这一点。

首先,在设立股份有限公司的实践中,其发起人也可能不按时履行足额出资义务。《公司法修订草案(二)》第 99 条的规定也间接表明了这一点。根据该条规定,如果"发起人不按照其认购的股份缴纳股款或者作为出资的非货币财产的实际价额显著低于所认购的股份,应当按照发起人协议对其他发起人承担违约责任”。此处“发起人不按照其认购的股份缴纳股款”显然与第51条第1款中的“股东未按期足额缴纳出资”具有相同的内涵,它们均指股东或发起人没有在公司规定的期限内履行出资义务。

其次,《公司法修订草案(二)》针对上述行为设计的责任机制难以促使发起人按时足额履行出资义务,进而难以保证股份有限公司及时收缴到足额的资本金。因为第99条仅仅规定,在上述情况下,相关的发起人仅仅“应当按照发起人协议对其他发起人承担违约责任”。由于发起人的上述行为无疑违反了发起人协议中的约定,故其应该“对其他发起人承担违约责任”,这是理所应当的。但发起人未按约定履行出资义务,不仅违反发起人协议,而且违反了法律规定,损害了股份有限公司的利益,因为结合《公司法修订草案(二)》第98条和第49条的规定,出资款的收受者是股份有限公司,而且发起人应当将其出资款足额付入股份有限公司的账户中。故在发起人有第99条规范的情形时,第99条不仅应该规定发起人承担的违约责任,而且还应该确定股份有限公司所能采取的救济措施。遗憾的是,第99条没有规定此种措施,《公司法修订草案(二)》第五章第一节中的其他条款也未采取相应的应对办法。缺乏相应的救济措施很可能使得第98条第1款规定的发起人“应当按照其认购的股份足额缴纳股款”义务难以落到实处。这应该属于一个较大的缺陷,因为与有限责任公司相比,股份有限公司股东人数众多,规模更大,社会影响更大,因而也更加具有社会公众性;由此,法律也应该更加严格规范发起人的出资义务,注重保护股份有限公司的利益。但《公司法修订草案(二)》似乎作出了相反的规定。

根据以上分析,由于第51条本身存在设计缺陷,而且与《公司法修订草案(二)》的其他条款也存在一些难以调和的冲突,所以,这使得通过第53条引入的、专门适用于有限责任公司的“出资加速到期机制”难以实现强化保护债权人利益的目的。而由于《公司法修订草案(二)》没有规定适用于股份有限公司的催缴除名机制,这就使得股份有限公司依然无法要求股东提前交付拖欠的股金。

二、德国公司法中的认缴制

众所周知，德国没有统一的公司法，相反，德国立法者分别制定了德国《有限责任公司法》(GmbHG)和德国《股份法》(AGG)，前者专门规范有限责任公司，后者专门调整股份有限公司。尽管如此，与我国《公司法》一样，德国两个公司法均确定了以资本充实原则为基础的认缴机制。下文分别论述该两个法中的相关条款。

(一)德国《有限责任公司法》下的认缴制

德国《有限责任公司法》的认缴制主要由以下几个不同的条款组成。

1. 在公司设立时股东无须交付全部股金

根据德国《有限责任公司法》第5条的规定，除了企业家有限责任公司以外，有限责任公司的最低初始资本金不得低于25,000欧元；[8]另外，根据该法第7条第2款的规定，公司获准设立登记必须同时具备以下两个前提条件：股东就其认缴的股份必须至少缴纳1/4股金，股东交付的现金出资总数必须至少达到章程规定的初始资本金总数的一半。[9]公司章程可以另行规定设立时股东交付的股金比例，但不得低于上述法定要求。该条规定的立法目的依然是保证公司能够收到充足的资本金；之所以没有要求股东交付全部股金，是因为在设立阶段公司通常不需要很多资金。

2. 公司自行决定剩余股金的交付期限

对于剩余股金的交付时间，德国《有限责任公司法》没有作出统一的强制性规定。德国学界和实务界的主流观点认为：股东可以根据该法第19条的规定通过章程自行确定具体的剩余股金交付日期，在章程中没有作出此类规定时，则由股东大会决定该交付日期，在股东大会就

---

〔8〕 Noack/Servatius/Haas/Servatius, 23 Aufl. 2022, GmbHG § 5.

〔9〕 参见[德]托马斯·莱塞尔、[德]吕迪格·法伊尔：《德国资合公司法》(第6版)(下)，高旭军等译，上海人民出版社2019年版，第529页；Noack/Servatius/Haas/Servatius, 23 Aufl. 2022, GmbHG § 5 Rn. 5。

此进行表决时,所有相关股东均有投票表决权。股东仅需按照章程或股东大会决议规定的日期交付剩余的股金。[10]

3. 剩余股金的提前交付

在章程或股东大会决议规定的股金交付期限尚未届满时,公司是否可以不经股东大会决议而直接要求股东提前履行这一义务呢?德国《有限责任公司法》对此没有明确的规定。德国少数学者和法院认可这一点,认为在公司急需资金时,公司经理便可以向股东进行此种催缴。但是,德国学界和实务界的主流观点并不认同以上观点,他们认为:即使在公司面临无力清偿到期债务的威胁时,也应该由股东大会作出要求股东提前交付剩余股金的决议;但在这种情况下,股东已经失去了投票表决的自由决定权,基于其对公司承担的忠实义务,股东必须投票支持股东会通过此类决议。[11] 德国学界和实务界持这一态度的理由是:在股东通过在章程上签字认购股份时,公司便获得了向股东追讨股金的请求权。在股东会作出以上催缴决议后,由公司经理负责向股东发出相应的通知,要求股东在通知指定的日期前交付剩余的股金。

除此之外,德国学界和实务界一致认为,在以下三种例外情况下,无须由股东大会事前作出相应的催缴决议,股东便应该在收到催缴通知时立即交付剩余股金。第一,在公司已经将剩余股金交付请求权抵押给公司债权人时;第二,在公司破产时;第三,在对公司进行清算时。在以上三种情况下,公司债权人、破产管理人或清算人可以直接向股东发出交付剩余股金的通知,要求他们提前履行交付义务,而且股东必须在收到催缴通知后立即交付剩余的股金。[12]

4. 逾期未交付剩余股金时的除名处分

如果股东在收到上述催缴通知后,依然不交付剩余的股金,德国《有限责任公司法》第 21 条规定了相应的应对措施——除名处分。该条共有 3 款内容,其中第 1 款规定,在股东未按期交付出资时,公司应该向该股东发出催缴通知,该通知中必须载明以下两个内容:首先,另

---

〔10〕 同前注〔9〕托马斯书,第 581 页。

〔11〕 BeckOK GmbHG/Ziemons,52 Ed. 1. 3. 2022,GmbHG § 19 Rn. 14 – 27;同前注〔8〕,§ 19 Rn. 6。

〔12〕 同前注〔11〕,Rn. 21 – 27;Altmeppen,10 Aufl. 2021,GmbHG § 19 Rn. 10 – 13。

行设置一个不低于一个月的交付出资宽限期;其次,明确警告该股东,如果不在该宽限期内交付拖欠的出资,公司将取消其股东资格。该条第2款规定了除名的程序。据此,如果股东在该通知中设定的宽限期届满后依然没有交付其出资时,公司应该通过发出挂号信的方式向该股东发出一个声明,告知该股东其已经被公司除名,而且其持有的股份和已经缴纳的出资归公司所有,该除名股东对公司不再拥有任何权利主张。该条第3款进一步规定了除名的法律后果:尽管该股东已经被除名,但是如果公司也未能通过其他方式收缴到该未交部分出资,那么,该股东依然对其拖欠的出资承担清偿责任。〔13〕

5. 被除名股东拖欠股金的追缴

在将股东除名后,没收的股份属于公司,但这并没有改变公司依然没有收到该股份对应股金的事实。为了保证公司能够获得充实的资本金,德国《有限责任公司法》又规定了以下救济措施:第一,通过拍卖出售没收的股份。根据该法第23条的规定,公司可以通过拍卖的方式出售该股东的股份,如果公司有意采取其他方式出售这些股份,公司必须征得被除名股东的同意。〔14〕 第二,该法第22条和第24条确定了其他股东的连带责任。为了保证公司能够足额收到被除名股东未交部分出资,德国《有限责任公司法》又采取了3项措施。首先,该法第22条规定相关股份所有出让者的连带清偿责任。在被除名股东通过受让股份方式成为股东时,该股份的所有出让者都对未交付部分的出资承担连带清偿责任。据此,不论该股份此前已经经过几次转让,只要依然存在没有交清的股金,之前的所有出让者必须与被除名股东一起对公司就该拖欠部分的股金承担连带的出资责任。其次,该法第24条规定了其他股东的补充连带补缴责任。在被除名股东及其前任股东未足额履行出资义务,而且通过出售该股东的股份也没有筹足该缺失部分出资时,那么,其他股东应该根据认购比例对该欠缺部分承担连带补缴责任。〔15〕 最后,支付延迟交付股金利息的责任。根据该法第20条的规

〔13〕 同前注〔9〕托马斯书,第586页;Lutter Hommelhoff, GmbHG – Gesetz, 18 Auf. Dr. Otto Schmidt, 2012, § 21。

〔14〕 同前注〔13〕。

〔15〕 同前注〔13〕。

定,在股东收到交付剩余股金的通知后,必须在通知规定的期限内履行交付义务,如果逾期未交,必须就该未交部分股金向公司支付利息;不仅如此,在该股份被转让时,所有受让者也承担着以上利息支付责任。[16]

(二)德国《股份法》下的认缴制

德国《股份法》为股份有限公司规定了认缴制。与德国《有限责任公司法》类似,它也由几个不同的条款组成。

1. 在公司设立时股东无须交清全部股金

根据德国《股份法》第 7 条的规定,所有股份有限公司的最低资本金数额为 50,000 欧元。在此基础上,公司股东可以通过章程自行确定公司资本金的数额。[17] 根据该法第 36 条和第 36a 条的规定,每个股东在公司设立时就其认购的股份必须至少缴纳 1/4 的股金,如果股份是溢价发行,则还必须一次性交清全部溢价。这是公司获准注册的前提条件。[18]

2. 剩余股金的交付期限及其催缴

德国《股份法》第 63 条第 1 款明确规定,股东应该在董事会催缴时交付剩余的股金。德国学界和司法实务界据此一致认为:要求股东交付剩余股金,这是一项具体的经营措施,所以,它是董事会单独享有的职权。正因如此,股东可以在公司章程中规定剩余股金的交付日期,但这一规定对于董事会没有约束力,不仅如此,章程同样不能规定由股东大会行使这一催缴权,因为这样便剥夺了董事会的职权。可见,通常由董事会负责向股东进行催缴,但在公司破产时,则由破产管理人直接向股东发出催缴通知。[19]

根据该法第 63 条第 1 款的规定,公司在催缴时应该在章程指定的刊物上公布催缴通知,通知内容必须明确具体,不仅应载明每股应该交付的剩余股金、交付日期和收缴股金的账号,而且应明确载明应该履行

---

〔16〕 Altmeppen, 10 Aufl. 2021, GmbHG § 20 Rn. 8 – 10.

〔17〕 参见[德]托马斯·莱塞尔、[德]吕迪格·法伊尔:《德国资合公司法》(第 6 版)(上),上海人民出版社 2019 年版,第 96 页。

〔18〕 Hüffer/Koch, 16 Aufl. 2022, AktG § 36a Rn. 2, 2a; 同前注〔17〕托马斯书,第 113 页。

〔19〕 Hüffer/Koch, 16 Aufl. 2022, AktG § 63 Rn. 3 – 5.

交付义务的股东姓名或者股份的种类或号码。[20]

3. 延迟交付股金时的支付利息责任

如果股东没有在催缴通知规定的期限内履行其出资义务，将会出现何种法律后果呢？德国《股份法》第63条第2款明确规定了这一点，据此，相关的股东必须向公司就延迟交付的股金支付利息，利息按年利率5%计算，起算日期为催缴通知中载明的交付日期届满之时。此外，公司还可以要求该股东向公司支付其他损害赔偿金，公司章程也可以规定延迟支付剩余股金时股东应该承担的违约责任，以便保证公司能够及时收到足额的股金。[21]

4. 逾期不交时的除名处分

德国《股份法》第64条对逾期未交付出资的股东规定了同样的催缴除名机制，但由于股份有限公司具有公众公司的性质，所以德国《股份法》中确定的除名机制与德国《有限责任公司法》的规定有以下四个不同点：[22]

第一，通知的方式不同。如上所述，有限责任公司必须用挂号信的方式向逾期未出资的股东发出催缴通知；而根据德国《股份法》第64条第2款的规定，公司必须在章程指定的报刊上公布催缴通知。

第二，通知次数不同。有限责任公司经理仅需发出一次催缴通知；而股份有限公司董事会则必须在规定的刊物上连续发出三次催缴通知。第一次通知必须在规定的出资交付期限届满前3个月予以公告，最后一次通知则必须在上述期限届满前一个月予以公告，在两个公示通知之间必须至少间隔三周。

第三，宽限期的长度不一样。根据德国《有限责任公司法》第21条第1款的规定，公司设置交付出资的宽限期的长度至少为1个月，而德国《股份法》没有对宽限期的长度作出统一规定。

第四，出让没收股份的方式不同。有限责任公司应该采用公开拍卖的方式出让没收的股份。而如果为股份有限公司，那么，公司首先应

---

〔20〕 同前注〔19〕，Rn. 6。

〔21〕 同前注〔17〕托马斯书，第144页；同前注〔19〕，Rn. 7－8。

〔22〕 同前注〔21〕托马斯书；同前注〔19〕，§ 64。

该通过证券交易所以市场价格出让该股份，在没有市场价格时，则应该通过拍卖出让该股份（德国《股份法》第 65 条第 3 款）。[23]

5. 被除名股东未交付股金的追缴

在将股东除名后，公司依然没有收到该股东尚未交付的剩余股金。虽然公司可以通过证券交易所出让或拍卖出让该股份，但是所得的价款也可能低于该未交部分股金；为保证公司能够收到充足的资本金，德国《股份法》第 65 条第 1 款和第 2 款又明确规定，在此前两年内所有曾经持有该股份的前股东都对该未交部分股金承担连带的出资责任，只要这些前股东的姓名出现在公司的股份登记册中。[24]

（三）对德国公司法认缴制的评价

总体而言，德国公司法确定的认缴制比较均衡地考虑了股东、公司及其债权人的利益。这主要体现在以下几个方面：

第一，提前要求股东交付剩余股金并没有侵犯股东的利益。一方面，将承诺的出资交付给公司是股东应尽的义务，在股东认购公司股份成为公司股东那一时刻起，他便承担了这一义务。另一方面，德国《有限责任公司法》第 19 条第 2 款第 1 句明确规定，股东的出资义务不得以任何方式予以免除。[25] 德国《股份法》第 66 条第 1 款同样明确规定不得免除股东的出资义务，而且对于公司提出的支付出资的主张，股东不得以其对公司拥有的债权进行抵销。[26] 或许有人会认为，在章程规定的剩余股金交付期限还未届满时，提前要求股东交付出资，侵犯了股东按照原定日期出资的期待权。这一观点是不成立的。因为根据德国《有限责任公司法》规定，章程是由股东会通过，股东会自然有权修改章程条款，所以，德国学界和实务界均认为应该由股东会作出要求股东提前交付出资的决议；而根据德国《股份法》的规定，对股东进行出资催缴是董事会的职权范围，所以，股东无权在章程中规定剩余股金的交付日期，即使有此种规定，它们对董事会也没有约束力；另外，基于股东

---

〔23〕 同前注〔21〕托马斯书；同前注〔19〕，§ 65。

〔24〕 同前注〔21〕托马斯书；同前注〔19〕，§ 65 Rn. 2 - 4。

〔25〕 同前注〔9〕托马斯书，第 583 页；Noack/Servatius/Haas, GmbH - Gesetz 23. Auflage 2022, Rn. 16 - 18。

〔26〕 同前注〔21〕托马斯书；同前注〔19〕，§ 66 Rn. 2 - 7。

承担的忠实义务,股东应该在公司需要资金时交付剩余的股金。

第二,提前要求股东交付剩余股金的规定还同时考虑到了公司及其债权人的利益。公司的经营和发展离不开资金,上述措施显然有利于公司尽快解决资金需求。另外,对逾期未履行交付义务的股东进行除名处分,通过拍卖等方式转让被除名股东的股份,被除名股东、此前的出让者和此后的受让股东都对该拖欠部分股金承担连带清偿责任,也都有利于公司能够获得充实的资本金。只有公司机构才能向股东发出催缴通知,即使在破产中,也只能由破产管理人行使这一权利,这些也保障了公司的独立法人地位。当然这些措施也同样维护了公司债权人的利益,因为在公司获得股东交付的剩余股金时,公司债权人的利益便能得到相应的保护。

第三,德国公司法在提前缴纳股金催缴决定权和除名程序方面对有限责任公司和股份有限公司作出了不同的规定。一方面,法律本身便对它们作了不同的规定。以谁拥有要求股东提前缴纳股金的决定权为例,根据德国《有限责任公司法》第 37 条第 1 款的明确规定,公司股东会可以通过章程的规定或股东大会的决议对公司经理下达指示,而且经理有义务执行股东会的指示,否则经理必须对公司承担相应的法律责任。[27] 而根据德国《股份法》第 76 条第 1 款的规定,董事会独自负责公司的经营和管理;而且德国学界和实务界一致认为:这里的独自负责经营和管理是指董事会不仅可以确定公司的经营政策,而且可以决定采取具体的经营措施。[28] 另一方面,德国有限责任公司通常是一种小型家族性公司,同一公司的股东人数较少,而且均为亲朋好友,公司的人合性较重。所以,德国《有限责任公司法》在除名程序方面规定了简化的要求,例如仅仅要求通过挂号信方式发出一次催缴通知。而股份有限公司属于公众公司,股东人数众多,上市的股份有限公司更是如此,所以德国《股份法》规定了公告通知方式,而且对公告催缴通知的次数等作了与德国《有限责任公司法》不同的规定。

---

〔27〕 同前注〔9〕托马斯书,第 652 页;同前注〔13〕, § 46. Rr. 23。

〔28〕 同前注〔17〕托马斯书,第 184 页; Koch, Aktiengesetz, § 76, Rn. 8, 9 16. Auflage 2022, https://beck - online. beck. de/, 2022 年 7 月 16 日访问。

三、中德方案的比较及启示

(一)中德认缴制的比较

如果对中德两国公司法中的认缴制进行比较,便能发现它们既有共同点,又有不同点。

1. 两者的共同点

两者主要的共同点有以下几点:第一,均赋予股东自行通过章程规定资本金的数额以及剩余股金交付日期的权利;第二,均没有明文规定是否可以要求股东提前履行出资交付义务;第三,均规定在股东延迟交付出资时,其应该向公司承担其他损害赔偿责任;第四,均规定了在股东逾期未交付出资时的除名机制,而且在除名后,股东失去成员资格,其股份属于公司。

2. 两者的差异

在两者之间也存在一些重要的差异,主要差异有以下几点:第一,德国公司法规定了设立公司所必需的最低初始资本数额和股东在认购股份时必须缴纳的最低出资数额,而我国公司法则没有此类要求。第二,德国公司法为有限责任公司和股份有限公司均规定了相应的催缴和除名机制,但它们在内容上又略有差异。在有限责任公司,要求股东交付出资的催缴权掌握在股东会手中,而在股份有限公司,董事会拥有这一职权。但无论催缴权掌握在谁手中,在公司法没有明确规定的情况下,德国学界和实务界一致认为:在公司面临不能清偿到期债务的威胁时,公司有权要求股东提前交付剩余股金,而且在有限责任公司中,股东必须支持股东会通过这样的决议,在股份有限公司中,股东也无权反对董事会提出的催缴要求。而我国《公司法修订草案(二)》仅仅为有限责任公司规定了相应的催缴除权机制,而没有为股份有限公司设计相同或类似的补救机制。第三,在股东逾期未交付股金时,尽管中德两国公司法均规定了除名处分,但除名引发的法律后果并不完全一致,根据我国《公司法修订草案(二)》第 51 条第 3 款的规定,除了出让被除名股东的股份以外公司还可以进行减资,而德国公司法则不允减资,相反，它要求该被除名股东、该股份的所有出让者和受让者均必须对未交付股金承担连带的清偿责任。另外，德国公司法规定，相关的股东还必须因延迟交付出资向公司支付相应的利息，我国《公司法修订草案（二）》则没有规定这一点。

（二）德国公司法规定对我国的启示

通过以上分析，笔者认为德国公司法中的以下几点规定值得我国借鉴：

第一，催缴通知必须载明不按期交付出资所引发后果的规定。德国公司法明确规定：在具备除名条件时，公司必须在其向股东发出的催缴通知中发出明确的警告，即如果不在设置的限期内交付剩余的出资，公司将予以除名。而我国《公司法修订草案（二）》第 51 条中没有提出类似要求。比较而言，德国的规定不仅更好地维护了股东的利益，而且有利于资本充实原则的实现。众所周知，立法者之所以在法律中规定对特定违法行为进行处罚，其目的不在于真正实施处罚，而在于防止违法行为的发生。《公司法修订草案（二）》第 51 条下的除名处分同样如此。如果第 51 条明确规定：催缴通知中应该载明上述警示内容，这样便可以更加清楚地提醒股东在其不按期交付出资时将会面临的法律后果，从而有利于促使股东按期交付出资。

第二，除名股东对未交部分股金承担连带清偿责任和不允许减资的做法。如上所述，我国《公司法修订草案（二）》第 51 条第 2 款和第 3 款允许公司在将股东除名后选择减资，而德国公司法则在相同情况下根本不允许公司减资。此外，德国公司法规定，除名并不免除除名股东交付剩余股金的义务，相反，除名股东必须与其出让者、受让者对拖欠部分股金承担连带的清偿责任，此外，其他股东则必须承担补充的连带责任；而我国《公司法修订草案（二）》第 51 条第 3 款实际上免除了除名股东的交付拖欠股金的出资义务。比较而言，德国公司法的规定更能有效保护公司及其债权人的利益，也更加合理，因为这样可以促使股东在设立公司时严肃地考虑其所能承受的出资金额，防止其不根据自己的经济实力随意认购股份数量。所以建议我国《公司法修订草案（二）》第 51 条第 3 款确认除名股东对其未交付部分股金承担连带的交付责任，同时删除该款中“或者减少注册资本”的表述。

另外,从我国公司法系统性角度分析,也应该在《公司法修订草案(二)》第51条第3款中加入上述内容。一方面,不得免除股东的出资义务是作为我国《公司法》基石的“资本充实原则”的基本要求,目前第51条第3款中的减资、免除除名股东交付剩余股金义务的规定与此原则不符。另一方面,这也有利于立法者通过第53条引入的“股东认缴出资的加速到期制”立法目的的实现;《公司法修订草案(二)》增加第53条的目的是促使股东提前交付出资,以便公司能够及时清偿到期债务。而第51条第3款中的现有规定无疑使得立法者的上述立法目的无法实现。在我国公司实践中,股东交付出资通常分两个不同的阶段进行,即在公司设立之初,股东通常仅需缴纳一定比例的出资款,而另一部分出资款则在章程规定的出资期限届满时或公司催缴时交付。《公司法修订草案(二)》的现有规定没有任何理由表明第51条第2款和第3款下的除名规定仅仅只能适用于公司设立之初股东没有按期交付的那一部分出资款,而不能适用于公司根据第53条规定催缴而股东不按期支付的该部分出资款。所以,为保证第53条立法目的能够得以真正地实现,最好的办法便是在第51条第3款明确规定:除名并不免除相关股东的出资义务,公司也不得进行减资。

第三,仅仅允许公司机构向股东发出要求提前交付出资的催缴通知,启动除名程序。德国规定也较好地考虑到了公司的独立法人地位。根据德国法的上述规定,只有公司经理、董事会或破产管理人才有权启动催缴程序,即使在进入破产程序后,公司债权人也只能通过破产管理人向相关股东提出交付拖欠出资的请求。我国《公司法修订草案(二)》允许公司债权人直接向相关股东进行追讨,即使在公司还没有进入破产程序时也是如此,这在实际上否认了公司人格。如上所述,在股东逾期未交付出资时,是否具备《公司法》第20条第3款规定的否认公司人格的前提条件、是否存在《九民纪要》第二(四)条提及的“人格混同”、“过度支配与控制”或“资本显著不足”的情形,是值得讨论的。比较而言,德国公司法的做法比我国《公司法修订草案(二)》的规定更加尊重了公司法人的独立性,而且同时促使股东履行了其出资义务。在效果相同的情况下,德国的做法值得我们借鉴。

在这里应该考虑的是:哪一机构有权作出股东必须提前交付剩余

出资款的决定？如上所述，德国公司法对此没有明确规定，但法学界和实务界一致认为：在有限责任公司时，股东会拥有决定权，而且基于股东承担的忠实义务，股东必须同意经理提出的提前交付出资的建议；而在股份有限公司时，董事会拥有这一权力。我国可以借鉴德国的上述做法，如果这样，未来《公司法》也应该确认股东的忠实义务。基于这一义务，在公司业务需要股东提前交付出资时，股东必须投票通过相关的决议，否则，便违反了忠实义务，并应该承担相应的法律责任。当然，我国立法者也可以将这一决定权直接授予董事会。一方面是因为董事会更熟悉公司的资金状况，另一方面是因为交付出资是股东的法定义务。如果我国立法者选择将决定权授予董事会，那么，便应该将董事会是否在公司不能清偿到期债务时作出催缴决定，视为其是否履行《公司法》第147条第1款规定的忠实义务的一个重要判定标准；在董事会违反这一义务时，也应该承担连带的清偿责任。

第四，建议将催缴除名措施股东认缴出资的加速到期机制扩大适用于股份有限公司。如上所述，德国《股份法》中也规定，董事会有权根据公司经营情况决定要求股东提前交付出资；而在我国《公司法修订草案（二）》第五章第一节中未见有确定将其第51条和第53条规定的救济机制同样适用于股份有限公司的条款。笔者认为，应该在未来的《公司法》中规定：将《公司法修订草案（二）》中的以上两个条款的规定扩大适用于股份有限公司。因为现行《公司法》第83条、第84条和《公司法修订草案（二）》第91条将股份有限公司的设立方式分为发起设立和募集设立两种；而无论是采用何种设立方式，股东均无须在设立时足额交清其认购股份的所有股金，相反，公司章程可以自行规定股金的交付时间和方式。由此可见，在股份有限公司实践中，在公司设立时股东通常仅仅缴纳一部分出资款，而另一部分出资款在章程规定的交付日期届满时交付，在规定的交付日期到来之前，公司也可能遇到不能清偿到期债务的困境。解决这一困境的有效办法是：无论公司章程对于出资交付期限有何规定，公司董事会均有权要求股东提前交付出资款；为保证公司能够及时收缴到催缴的股金，应该同时赋予公司除名那些逾期未交付剩余出资款股东的权利。如上所述，与有限责任公司相比，股份有限公司通常更具有社会公众性，故更加需要将《公司法修订草案(二)》第51条和第53条下的救济措施同样适用于股份有限公司,这样才能保证公司能够按时收缴到足额的资本金,因而才能更加有效地保护公司及其债权人的利益。

第五,德国公司法为有限责任公司和股份有限公司规定了略有不同的除名程序的做法也值得我们参考。德国公司法分别为有限责任公司和股份有限公司规定了不同的除名程序,对催缴通知的内容、通知的方式和次数等均作了不同的规定,我国《公司法修订草案(二)》没有规定这一点。笔者认为,德国的做法值得我国参考,因为在我国的有限责任公司和股份有限公司之间也存在本质的差异,前者通常也为规模较小的公司,而后者则属于股东人数众多的公众性公司。

四、结语

注册资本认缴机制是任何一国公司法的核心条款,因为它不仅涉及公司及其管理机构和股东之间的关系,而且涉及公司与其债权人的关系。相关的条款是否均衡地考虑到相关各方当事人的利益,不仅会影响微观层面某一具体公司的健康发展,而且会在宏观层面对整个社会经济的稳定发展产生重要影响。现行《公司法》下的注册资本认缴机制比较偏向于保护股东利益,但它给公司及其债权人却带来了巨大的交易安全风险,因为在这一机制下,公司可以在仅仅收缴到小部分出资款时便开展经营活动,而且股东可以拒绝提前交付出资,这样便将经营失败的风险转嫁给了公司债权人。平衡股东、公司及其债权人之间关系的最好办法便是在未来公司法中确认股东的提前交付出资的义务,公司有权在股东不能按期交付出资时除名相关股东,而且除名并不免除该股东交付拖欠股金的义务,该股份的受让者和其他股东都应该对该部分股金承担连带的清偿责任。这样的规定可以在较大程度上限制股东在设立公司时的投机心理,提高股东在考虑设立公司、认购股份数量方面的严肃性。这自然可以在一定程度上更好地保证资本充实原则的实现,并保护公司债权人的利益。

(编辑:宋　澜)

《证券法苑》(2023)
第三十七卷,第49~69页

股权回购型对赌协议的规制路径评析与公司立法选择*

周林彬**　吴劲文***

摘要:以公司为回购义务主体的股权回购型对赌协议的规制路径选择问题困扰学术界和实务界弥久。《九民纪要》"创造"了区分合同效力和履行、要求公司履行减资程序的规制方法,具有一定法理基础,但本质上属于仅确认当事人利益协商结果的审慎干预,也存在法律解释问题。《公司法修订草案(二)》新设的类别股制度无力解决"事实类别股"的逃逸。公司立法可借鉴特拉华州公司法,明确"事实类别股"的特殊权利以公司章程登记的内容为限,以保护利益相关者的信息利益。

关键词:公司法　对赌协议　股权回购　股权回赎　类别股

* 本文系国家社会科学基金重点项目《民法总则制定后我国商法一般条款的立法完善研究》的阶段性成果之一。

** 中山大学法学院教授、博士生导师。

*** 中山大学法学院民商法专业博士研究生。

一、问题的提出:如何规制股权回购型对赌协议

对赌协议是以合同为载体,投资者与目标公司及其或其股东约定,以特定期限内实现某一经营目标(如达成业绩指标或实现上市)为条件的一系列权利义务安排。回顾对赌协议在我国的实践发展,这一源自境外投资者(尤其是美国投资者)对境内目标公司的投资操作,[1]目前已常见于人民币基金、创业投资基金(VC)和私募股权投资基金(PE)的投融资项目。[2] 作为"域外引入、域内生长"的产物,对赌协议空有"合同"之皮,实质却游离于我国传统民法上合同规则的约束之外,其行为类型归属和规制[3]路径选择在学理上仍处于焦灼状态,最高人民法院(以下简称最高法)发布的《全国法院民商事审判工作会议纪要》(以下简称《九民纪要》)相关裁判指导尚有可臻完善之处,亟待修订的《公司法》也有作出立法规制的施展空间。

其中,公司作为合同当事人签订对赌协议,约定条件未成就时直接或间接(如以担保形式)承担股权回购义务的,称为以公司为回购义务主体的股权回购型对赌协议(本文以下简称股权回购型对赌协议[4])。如何规制此类对赌协议,其法律和法理层面的构建和分析具有更高的

---

[1] See Lin Lin, Venture Capital Law in China 183(2021).

[2] 有行业组织调研显示,100%人民币基金使用了对赌协议,而近40%的VC、PE在总计50%投资组合项目中使用了对赌协议,参见中华股权投资协会《中国式"估值调整机制"的现状、风险和最佳实践》报告。也有律师事务所统计得出,93%左右采用境内架构的VC/PE项目设置了股权回购条款,该比例在采用境外架构的VC/PE项目中则为88%左右,参见汉坤律师事务所《汉坤2021年VC/PE项目数据分析报告》。

[3] 规制是指立法、司法、行政机关等有权创设有约束力规则的主体对私人领域的干预。本文聚焦于"规制"问题,而非"法律制定"或"法律适用"问题,主要考虑的是对赌协议的有效约束需要多样化的干预手段,而非依赖单一手段,同时还需要关注不同干预手段的体系化设计。

[4] 《九民纪要》已明确以股东或实际控制人为回购义务主体的股权回购型对赌协议仅需置于合同法规制框架中,其效力和履行等方面在实践上也无争议,故本文不讨论公司法对其的规制路径,公司法的立法和司法活动应更专注于以公司为回购义务主体的股权回购型对赌协议。

难度:此类对赌协议的交易相对方包括公司,因此这不仅是合同法问题,还需实现合同法与公司法的互动;同时,作为回购义务主体的公司是法人,而公司在意思表示的形成和表达、组织结构、内部制衡机制方面,与自然人相比都更为复杂;〔5〕此外,这一问题还将触及交易法的意思自治原则与组织法的法定强制原则的交叉领域。〔6〕而我国对股权回购型对赌协议的司法规制已从否定交易效力,到拒绝干预效力,再到消极干预履行,发展变化较快,法理逻辑上有其进步性,但也有其局限性。因此,当下我国《公司法》的修订应当关注和思量规制股权回购型对赌协议这一个重要的实务问题。

二、对赌协议无效的能动司法规制路径:不符合经济现实且有悖法律正当性

明确规制对赌协议的价值目标是设计立法或司法规制方案的首要问题。仅从经济角度,难以对任何一类对赌协议作出"一面倒"的负面评价。一方面,在股权融资市场及其配套法律制度相对于债权融资更为不发达的国内环境中,对赌协议是投资非上市公司股权的投资者适时〔7〕

〔5〕例如,在管理者的个人财务利益与公司实现最佳利益的目标存在冲突时,管理者可以通过控制公司的意志,使得公司做出"虚假"的意思表示,而这种意思表示与"自我意识"相分离的情形并不会在自然人形成和表达意思表示过程中产生,参见邓峰:《公司利益缺失下的利益冲突规则——基于法律文本和实践的反思》,载《法学家》2009年第4期。

〔6〕《公司法》中有相当一部分规则以其公法属性彰显着国家权力对公司运行、经营秩序的干预,意思不自治色彩较合同法更为浓厚。参见蒋大兴:《公司法中的合同空间——从契约法到组织法的逻辑》,载《法学》2017年第4期。

〔7〕统计显示,截至2020年年末,完全退出的私募股权投资基金(PE)投资案例的平均投资期限为37.12个月,完全退出的创业投资基金(VC)投资案例的平均投资期限为39.91个月,参见中国基金业协会《2020年私募基金统计分析简报》。由此可见,我国PE、VC的平均投资期限仅为3年左右,而初创企业能实现合格上市的期间一般远长于3年。

退出的重要保障。[8] 另一方面,在初创公司的发展前中期,为争取投资者对公司股权的更高估值,从而获得更高融资额,公司创始人一般会利用其实际控制人地位,令公司向投资者承诺或担保其股权投资在公司未能达成经营目标时,仍可获得“最低”收益。此外,对赌协议也能使投资者取得更高的风险溢价,[9]提升投资者的投资效益。虽有质疑对赌协议会过度激励公司冒险经营之可能,[10]或存在将视野局限于个别经营目标落空、引发当事人纠纷而当事人主张对赌协议有损公司利益的情形,现实却显示对赌协议令投资者和目标公司“双赢”的比例达七成。[11] 由此可见,对赌协议不具有内含交换的不正义性,相反,其具有一定的附加价值,这也能更贴切地解释对赌协议,尤其是股权回购型对赌协议为何能在我国的投融资领域成为广泛存在的商业安排。

基于此,“一刀切”地就对赌协议或者其中的某一类别采取否定效力或禁止履行的规制方法,缺乏正当性基础。同时,普遍性地将某一类别的交易安排认定为无效或不可履行的思路,即意味着相对人在交易中的任何事前风险控制手段都会被司法机关在事后归为无效,这无异于将有一定概率发生的利益损害风险通过法律转移至与公司交易的相对人身上。而恢复原状的法律救济也使得相对人的收益几乎为零(便考虑了资金占用利息),即剥夺了其获得风险不发生时的收益及其之上的风险溢价。

---

〔8〕 See Wei Shen, *Financial Regulations in China*, in Financial Services Regulation in Asia Pacific 37, pp. 44 – 45 (Andrew Halper & Carl Hinze eds., 2d ed., 2008). 有学者认为,那些既无法获得借贷融资又不能上市的成长型企业,其所面临的困境促成了使用私募股权融资的现实,而后者常用的对赌协议也随之成为这些企业不得不参与的合同交易方式,参见周传丽:《成长型企业的私募股权融资、对赌协议与财务绩效的路径依赖》,载《学术研究》2009 年第 9 期。

〔9〕 参见王茵田、黄张凯、陈梦:《“不平等条约?”:我国对赌协议的风险因素分析》,载《金融研究》2017 年第 8 期。

〔10〕 参见张凯:《股权投资中运用对赌协议的风险管理问题研究》,载《经济问题》2018 年第 8 期。

〔11〕 同前注〔2〕,中华股权投资协会报告。

三、对赌协议有效的合同法规制路径:落入向合同法一般条款逃逸的"俗套"

2010年以后,司法机关放弃对股权回购型对赌协议采取效力规制,一定程度上是受最高法司法政策的影响。在被冠为"对赌协议第一案"的(2012)民提字第11号案(以下简称"海富案")中,最高法援引"出资入股不得约定取得固定收益"规则,作出"投资者与目标公司对赌无效"的裁判后,招致了实务界和学术界的批评,使得最高法急转为对所有类型对赌协议的效力规制"开绿灯"。各级法院在对赌协议裁判中,也是几乎绝对遵从当事人的合同安排,克制司法介入。

但细究最高法相关裁判的释法说理,公司法依据(尤其是请求权基础)的欠缺、对合同法效力规则的依赖是司法机关放弃规制股权回购型对赌协议的更深层次原因。如在(2016)最高法民再128号(以下简称"强某延案")中,法官认为"合同无效的判定严格遵循法定主义",此时法官会先锚定对赌协议属无名合同的判断,再寻找《合同法》(现已失效)的规则。然而由于《合同法》对无名合同规制极少,[12]这一路径下法院容易接受对赌协议为有效:因为在立法明文规制对赌协议前,径直确认合同无效是解决无名合同纠纷的最劣救济方式。与此同时,当事人也有通过规避有名合同类型、争取进入无名合同"自由空间"的动力。而法官或学者的讨论一旦探入我国无立法成果的合同类型,如涉

---

〔12〕 法官一般能通过类推适用或"刺穿交易面纱"技术,将借贷合同规则用于测试对赌协议的约定内容是否存在瑕疵,如在富象油气技术服务有限公司与朴某明合同纠纷案中,法官认为该案外部投资者的收益约定符合法定范围,参见最高人民法院:富象油气技术服务有限公司与朴某明合同纠纷再审审查与审判监督民事裁定书,案号:(2018)最高法民申3046号,2018年8月21日。另如北京中金国联富盈投资发展中心与甘肃三洲实业集团有限公司、北京金丰科华房地产开发有限公司等股权转让纠纷案中,法官直接引用民间借贷的年利率上限规则以确认对赌协议中约定的延迟履行利息和违约金效力,参见最高人民法院:北京中金国联富盈投资发展中心与甘肃三洲实业集团有限公司、北京金丰科华房地产开发有限公司等股权转让纠纷二审民事判决书,案号:(2016)最高法民终205号,2016年5月10日。

幸合同,无论是借鉴外国法还是法理推演,得出的结果都不会与支持商事自治的逻辑相悖,从而落回无名合同"窠臼"。[13]

即便有法官联立《公司法》和《合同法》进行分析,也无法得出规制依据。"海富案"中法官否认对赌协议效力的法理逻辑,就基于对公司或债权人权益之保护,避免个别外部投资者以此攫取利益。[14] 然而,就目标公司与投资者签订对赌协议是否符合《公司法》问题上,(2018)最高法民申5504号的法官就认为该公司决议程序合法有效,而"强某延案"和(2017)最高法民再258号案由于涉及公司对外担保,因此法官的审查更为仔细,涵盖了公司决议程序、代表人授权程序,甚至包括外部投资者的交易形式审查程序,但上述案例也恰是《公司法》缺乏可直接适用于规制股权回购型对赌协议的条文、对股权回购型对赌协议本身的司法规制"无法可依"的体现:法官仅能适用公司与第三人订立一般合同或公司对外担保所需遵循的程序性规则。即便有法官论及股权回购程序,也未显强硬色彩,例如(2017)最高法民终309号案,法官对"法外"股权回购操作补充了合法性证成,认为依据对赌协议要求执行股权回购是解决公司僵局问题、避免公司解散,进而《公司法》上的股权回购情形限制可径由最高人民法院《关于适用〈中华人民共和国公司法〉若干问题的规定(二)》第5条获得豁免。大部分法官对公司依据对赌协议履行股权回购义务是否有违《公司法》强制性规范的问题"一笔带过",直接认定交易未违反任何法律、行政法规,可见股权回购型对赌协议纠纷中的"强制性规范"概念或理论没有实际指导意义,更多是法官释法说理时的"附注"。

《公司法》上可直接或间接适用于规制股权回购型对赌协议的规则缺位,是这一时期规制路径形成的重要原因。在法律依据上,我国《公司法》条文大多为不完全法条,其本身无法独立适用于解决公司行为的效

---

〔13〕 参见唐英:《甘肃"对赌协议案"判决之评析——以法律方法的运用为视角》,载《法学论坛》2015年第1期。

〔14〕 参见罗东川、杨兴业:《"对赌协议"纠纷的法律规制及裁判规则》,载《人民司法》2014年第10期。

力规制问题。[15] 即便后来司法机关意识到在某些纠纷案件中，对目标公司或其债权人施以法律救济才符合公平正义，但由于《公司法》中一般性的或具体针对股权回购型对赌协议的公司行为效力规则缺失，《民法典》及其生效前适用的《民法总则》将《合同法》中的合同效力规则上升为规制民商事法律行为效力的一般条款，以及法官惯常的合同法思维，[16] 使得法官在法律适用时将重点放在合同法等民事一般法上，而非公司法上，也无意通过法律解释或续造形成公司法独立的行为规制规则。[17] 而这一进路下所适用的"合同效力存疑时认定为有效"的效力规则，也符合对《民法典》第153条的一般理解，延续了自原最高人民法院《关于适用〈中华人民共和国合同法〉若干问题的解释（一）》第4条到原最高人民法院《关于适用〈中华人民共和国合同法〉若干问题的解释（二）》第14条逐步发展的否认合同效力之谦抑倾向，以及适应鼓励商事交易和尊重意思自治的政策导向。在解决公司股东与公司本身、公司债权人发生利益冲突的公司治理纠纷问题上，法官在面临《公司法》无法供给可适用的具体条款时，拒绝向公司法等商事一般法的一般条款或法理求助，而是选择向合同法等民事一般法的一般条款逃逸，最终致使司法机关对股权回购型对赌协议的规制力度显得过于宽松，也颠倒了民法与商法的适用顺序。[18]

四、回购必先减资的程序性规制路径：放弃救济实体利益的司法审慎和法律解释缺陷

因目标公司未达成经营目标而需其承担股权回购义务，并不符合

---

〔15〕 参见黄茂荣：《法学方法与现代民法》，法律出版社2007年版，第161页；杨峰：《商法思维的逻辑结构与司法适用》，载《中国法学》2020年第6期。

〔16〕 参见吴飞飞：《论中国公司法的供给侧结构性改革——兼论中国公司法的"服务型"转向》，载《北方法学》2020年第2期。

〔17〕 当法官认知规则的学习成本、适用规则的错误成本过于高昂时，拒绝规则是法官的一种智识回应，参见谢晓尧：《法律文本组织技术的方法危机——反思"互联网专条"》，载《交大法学》2021年第3期。

〔18〕 参见钱玉林：《商法漏洞的特别法属性及其填补规则》，载《中国社会科学》2018年第12期。

《公司法》第74条的有限责任公司异议股东回购规则、最高人民法院《关于适用〈中华人民共和国公司法〉若干问题的规定（二）》第5条的被诉解散公司协商回购规则和最高人民法院《关于适用〈中华人民共和国公司法〉若干问题的规定（五）》第5条第1项的分歧股东协商回购规则中的任一法定情形，加上股权回购存在侵蚀公司资本和损害债权人利益的可能，司法机关对股权回购型对赌协议纠纷中投资者一方的权利行使限度保持着警惕，偶有裁判也持否定效力态度，[19]说明此时法律适用的逻辑和方法尚未稳定。在否定交易效力和完全肯定效力的两个极端之间，或有其他精细化规制的路径选择，但法律是基于公共强制的利益分配，[20]如意图对各主体的实体利益进行分配而实现精细化规制，司法机关还需要先行对各主体的利益进行确定和权衡。

（一）由法律直接分配实体利益的操作困难

由法律直接分配各主体的实体利益，进而构筑规制路径，并非一件易事。在商事审判活动中，对于法律事实产生的究竟是利益还是不利益效果，法官无法作出简单判断：司法介入的事后评价难以精确溯及主体的事前与事中利益，而与显性利益相对的隐性利益、与短期利益相对的长期利益、与直接利益相对的间接利益也可能因未被成文法确认或超越司法认知，使法官对诉争利益状态的客观全面认定受到影响。因此，商法中的“利益”概念需保持其相对开放性和辩证性，[21]而立法或司法对可能引发不利益后果的商事法律行为的规制，应当保持审慎和克制。[22]此外，公司利益不仅涵盖有形财产，还包括无形的、预期的公司权利和权益。[23]这些因素使得通过直接比较股权回购型对赌协议

---

〔19〕 参见最高人民法院：新疆盘古大业股权投资有限合伙企业与梓昆科技（中国）股份有限公司与公司有关的纠纷再审审查与审判监督民事裁定书，案号：（2019）最高法民申4797号，2019年12月24日。

〔20〕 参见凌斌：《法律的性质：一个法律经济学视角》，载《政法论坛》2013年第5期。

〔21〕 参见傅穹：《商法营利性思维与民事主体制度》，载《南京大学学报（哲学·人文科学·社会科学）》2017年第3期。

〔22〕 参见徐式媛、李志刚：《民、商案件之区分：反思与重构》，载《法律适用》2014年第2期。

〔23〕 参见甘培忠、周游：《公司利益保护的裁判现实与理性反思》，载《法学杂志》2014年第3期。

纠纷中各主体的实体利益,再得出规制方案的思路面临巨大的障碍,至少在立法和司法活动中都难以克服获取各主体所受损益的信息成本。

(二)《九民纪要》要求公司履行法定减资程序的规制思路

在前述比较各主体实体利益的方案之外,《九民纪要》另辟蹊径,“创造”了精细化规制股权回购型对赌协议的一种新尝试,主要内容包括:投资者与目标公司签订的对赌协议需区分合同效力与合同履行,在效力层面应统一予以肯定;而在履行层面,在审查目标公司向股东给付款项是否符合“股东不得抽逃出资”规定的基础上,对于股权回购义务,还要求目标公司根据《公司法》第142条第2款,召开股东会并通过减资决议,同时审查目标公司是否履行法定减资程序,即决议通过后需及时通知或公告债权人。任何一个环节存在重大瑕疵的,法官即“类推适用”《合同法》第110条(对应《民法典》第580条第1款)的非金钱债务履行除外规则,[24]公司可依此提出抗辩以阻却股权回购义务的履行。最高法后续的裁判也落实了《九民纪要》相关指导要求。[25]

从司法效果来看,当前所采用的规制方法背后的价值目的,是通过要求股东会作出特别多数的同意表决,由股东“处分”自己可能受损的股权利益,并通过要求公司告知债权人公司资本减少的事实,使得债权人可以知悉其债权利益受损的风险,从而能够相应作出风险应对,要求公司清偿债务或者提供相应的担保。通过在《公司法》的明文规定之外设置减资程序这一道程序门槛,司法机关将公司利益、被回购股权的股东利益、其他股东的利益、公司债权人利益等众多难以事后确定、比

---

〔24〕 虽然《九民纪要》正式稿相比于征求意见稿删除了“法律上不能履行”与“《合同法》第一百一十条的规定”的表述,但征求意见稿中的表述能说明该指导意见起草时的法律适用逻辑或法理基础。也有学者认为,该解释适用的是“金钱债务无履行不能”之学理例外,参见贺剑:《对赌协议何以履行不能?——一个公司法与民法的交叉研究》,载《法学家》2021年第1期。

〔25〕 相关案例可参见最高人民法院:深圳市广华创新投资企业与大连财神岛集团有限公司请求公司收购股份纠纷再审民事判决书,案号:(2020)最高法民再350号,2020年12月29日;最高人民法院:新余甄投云联成长投资管理中心与广东运货柜信息技术有限公司新增资本认购纠纷、买卖合同纠纷再审审查与审判监督民事裁定书,案号:(2020)最高法民申1191号,2020年3月27日;最高人民法院:北京银海通投资中心与新疆西龙土工新材料股份有限公司股权转让纠纷再审审查与审判监督民事裁定书,案号:(2020)最高法民申2957号,2020年6月29日。

较和评价的实体利益问题,转变为由各主体自行决定利益得失,司法机关仅对各主体的协商结果进行确认的问题,其类似于股东诉请公司分配利润纠纷中的司法审慎干预态度。[26]

(三)法院仅事后确认各主体利益协商结果的法理缺陷

我国司法机关长期以来都倡导"公权介入的时机在于商事关系中自治机制失控或不足以避免滥权行为发生之时"[27],然而这一商事审判理念可能更适应于商事合同领域的纠纷解决,而不能普遍适用于公司治理领域的纠纷解决。

首先,从规则属性上来看,自《关于确认和处理无效经济合同的暂行规定》发展至《关于当前形势下审理民商事合同纠纷案件若干问题的指导意见》,商事合同的公权力规制要求都在单向朝着意思自治的合同法基本原理回归。[28] 与之不同的是,《公司法》的价值发展更为复杂,其内部存在的两大规则群:一是源自公有制企业的公法属性规则,这一部分正沿着强化自治和减少公权干预的方向发展,相关规则将会逐渐加重自由主义色彩;[29]二是在借鉴自外资商事法律的私法属性规则,因此加强这一部分法律规则的公法管制色彩同样是当下的制度面向,因而《公司法》及其司法适用不应被推入仅扩张意思自治的"单行道"。

其次,从救济方式上来看,克制公权力规制商事合同的目的是鼓励合同存续,进而将违反法律法规的交易行为背后的当事人利益冲突引入合同法规制框架内解决,特许当事人寻求违约救济,而不至于在法院宣告合同无效后陷入救济路径匮乏的窘境。[30] 然而《公司法》本身存在其他如内部合同(公司章程、股东协议等)约定、信义义务保护、派生诉讼、破产程序等立法或司法创设的救济方式,可供利益受损害的当事

---

〔26〕 参见最高人民法院民事审判第二庭编著:《〈全国法院民商事审判工作会议纪要〉理解与适用》,人民法院出版社2019年版,第120页。

〔27〕 江必新:《商事审判与非商事民事审判之比较研究》,载《法律适用》2019年第15期。

〔28〕 参见董万程、王继君:《〈民法总则〉中的效力性强制性规定立法问题研究》,载《法律适用》2017年第11期。

〔29〕 参见顾敏康:《反思公司法的几个基石问题》,载《法学》2013年第5期。

〔30〕 参见宁红丽:《民法强制性规范的反思与优化》,载《法学》2012年第4期。

人倚赖,同时公司法对于违反法律法规的公权力规制的路径选择也能更加多样化。

在立法滞后现状下,司法机关仅扮演股东会减资决议的确认和执行角色,实质上限缩了司法的能动功能,也未真正为任何主体提供救济,而这只会加重公司纠纷的不当解决。[31] 此外,《九民纪要》作为法官解释法律的指导意见,也存在超越解释限度的缺陷,[32] 产生了更多问题:

一是公司依据对赌协议履行股权回购义务,但未履行减资程序的法律效果与现行司法解释存在一定矛盾。按照《九民纪要》的规定,公司未履行减资程序,公司暂时不必履行股权回购义务,司法机关一般作出驳回投资者诉讼请求的判决。但根据最高人民法院《关于适用〈中华人民共和国公司法〉若干问题的规定(三)》第14条规定和相关司法实践,包括未履行减资程序在内的减资程序不当行为可能被认定为变相抽逃出资,公司债权人有权请求减资股东在其减资范围内承担补充赔偿责任。[33] 由此可见,对于同一个减资程序不当行为,存在司法解释中规定的承担补充赔偿责任与《九民纪要》中规定的履行义务阻却两种法律效果。

二是股东会通过减资决议的表决权比例要求难以确定。公司依据对赌协议定向回购特定股东持有的股权,并履行相应减资程序,属于定向减资。在公司定向减资时,在股东会决议层面,是否根据《公司法》的有关规定特别多数表决通过即可,还是需要全体股东同意,目前司法裁判观点存在分歧。[34] 《九民纪要》中设置的减资程序要求,究竟是采纳第一种观点还是第二种观点,目前尚不明确,倘若采纳第二种观点,则基本上意味着股权回购型对赌协议的"死亡",因为任何一名股东都

---

〔31〕 See Jonathan Macey, *Courts and Corporations: A Comment on Coffee*, Colum. L. Rev. Vol. 89, 1989.

〔32〕 参见杨铜铜:《论法律解释规则》,载《法律科学(西北政法大学学报)》2019年第3期。

〔33〕 参见余斌:《公司未通知债权人减资效力研究——基于50个案例的实证分析》,载《政治与法律》2018年第3期。

〔34〕 参见王毓莹:《对赌纠纷裁判的法律适用逻辑与诉讼体系定位》,载《华东政法大学学报》2021年第5期。

可阻止公司履行股权回购义务。[35]

三是设置减资程序作为公司履行回购义务的必要前提,不一定能实现让其他股东自行决定利益得失、让公司债权人了解风险的目的。实践中,投资者一般是以较高的溢价取得目标公司股权,在所投资金额中,只有较少一部分是用作增加公司注册资本,大部分是计入资本公积金,用以扩大公司生产经营。[36] 而司法实践一般认为,减资仅指公司注册资本的减少,并不包括资本公积金的减少。因此《九民纪要》中设置的减资程序,仅要求公司减少的是数额相对较小的注册资本,而公司回购股权时支付的价款远高于注册资本,其他股东在难以获知待减少注册资本额所对应资本公积金数额的情况下,难以对真正的利益得失进行判断;而公司债权人也仅能获知减少的注册资本额,并不能知悉公司履行股权回购义务所支付的真正价款,无法全面认识公司资本减少的风险。

五、将股权回购型对赌协议解释构成"事实类别股"的法律解释规制步骤

关于股权回购型对赌协议的立法或司法规制,可能还需回到公司法的基础理论。还需要强调的是,规制此类对赌协议的重点,不是合理性或效率性的问题,而是规范性和正当性的问题。此外,股权回购型对赌协议虽是我国特有的交易文件形式,但这一融投资交易的风险控制手段并非本土产物,而是来自美国等境外投资者所使用的融投资交易工具在我国法律环境下的特殊表现,因此我们需要拓展国外法与国内法沟通的视野。

---

〔35〕 仅关注是否履行减资程序的股权回购型对赌协议规制路径,无法解决目标公司股东拒绝配合的机会主义问题,参见潘林:《论公司机关决策权力的配置》,载《中国法学》2022 年第 1 期。

〔36〕 参见张先中:《私募股权投资中估值调整机制研究——以我国〈公司法〉资本规制为视角》,载《法学论坛》2013 年第 5 期。

《公司法》对有限责任公司“发行普通股”[37]的行为仅设置了相对较低的程序性要求，包括经过股东会代表2/3以上表决权的股东通过、记载于股东名册及公司章程、(公司成立后)向股东签发出资证明并进行工商登记。因此，签订股权回购型对赌协议的投资者在取得目标公司股权时，轻易就能符合认缴出资的程序性要求。但这是将公司发行普通股和公司签订此类对赌协议割裂为独立的两个法律行为的结果。机械地将“协议”理解为合同交易，而非依其目的和功能解释为股权交易中的合同性安排，这会导致对“任意规定的僵化套用”[38]。实践中，此类对赌协议和增资协议通常都包含在同一个合同内，[39]或者能够解释为具有主合同和补充协议的关系。此外，现代公司投融资工具一般兼具股和债的双重属性。因此，我们应当将普通股和附在其上的此类对赌协议进行体系性理解。但由于《公司法》第131条规定公司发行普通股以外的类别股需由国务院特别规定，国务院和中国证券监督管理委员会关于优先股试点的申令，[40]《公司法》中仅有第34条和第42条赋权有限责任公司于公司章程另行规定异于普通股的利润分红权、优先购买权和表决权安排，以及学理上对类别股的个别特征的强调，形成了优先股即对应优先分红权和优先清偿权、其他类别股仅对应差异表决权的思维“定式”。

然而类别股的首要属性，应当是合同(自治)性[41]或类合同(类自治)性，[42]类别股应当被理解为其在普通股的法定权利基础上，按照约

---

〔37〕“发行股份”以及“普通股”概念一般仅适用于股份有限公司，有限责任公司相对应的仅有“增资扩股”(从股东角度则称为“认缴出资”)概念，但本文所讨论的有限责任公司的“普通股”特指仅含有公司法中法定股东权利的股权。

〔38〕王文宇:《民商合一下的商法与商事契约》，载《月旦民商法杂志》2021年第73期。

〔39〕参见最高人民法院:南京诚行创富投资企业与江苏省盐业集团有限责任公司股权转让纠纷申诉、申请民事裁定书，案号:(2016)最高法民申410号，2016年3月31日。

〔40〕参见国务院《关于开展优先股试点的指导意见》、中国证券监督管理委员会《优先股试点管理办法》。

〔41〕See Charles Korsmo, *Venture Capital and Preferred Stock*, Brook. L. Rev., Vol. 78, 2013.

〔42〕See William Bratton & Michael Wachter, *A Theory of Preferred Stock*, U. Pa. L. Rev., Vol. 161, 2013.

定附加或限缩某单一权利或权利组合。[43] 因此,倘若从实质上判断该股权是否存在较普通股不同的其他权利,考虑到投资者与目标公司交易的普通股上附加了强制公司回购股权的权利,使之在功能上与类别股无异,[44]更宜将普通股和附在其上的股权回购型对赌协议整体解释为实质上的类别股,即“事实类别股”。在这一理解下,其与美国等国家的投融资活动中已有应用的可回赎优先股具有相似性。[45]

该规制步骤的目的,在于明确此类对赌协议的法律性质为股权交易的构成部分,为后续立法堵上其“钻”普通股发行程序要求低的“空子”,建立概念上的连接,由此立法可于类别股制度或就“事实类别股”问题作出整体规制,而不必设对赌协议专条。同时,该法律解释也有一定的体系价值:一是对于此类对赌协议的股权回购义务履行的理解,可从合同法视角的“合同义务履行”或“债的履行”,转变为公司法视角的股权的财产权行使,从而需适用《公司法》第34条、第166条的公司利润分配规则;二是将此类对赌协议的股权回购义务履行从以减资为必要前提,转变为公司履行义务后不必然进行减资,而是允许公司依法依规处理该库存股,提升公司融资安排的灵活性。

六、使《公司法》涵盖“事实类别股”的立法规制步骤

《公司法》作为商事一般法,一般不会对股权回购型对赌协议这一公司交易活动直接作出具体明文规定,尤其本次《公司法(修订草案二次审议稿)》(下文简称《公司法修订草案(二)》)保持的是相对审慎的修法理念。但受类别股传统理论的影响和试点经验的局限,《公司法修订草案(二)》第144条仅规定股份有限公司可依公司章程,发行优先分红或清算股、特殊表决权股、转让受限股或国务院规定的其他类别

---

〔43〕 参见李燕、郭青青:《我国类别股立法的路径选择》,载《现代法学》2016年第2期。

〔44〕 参见郭青青:《类别股的类型化建构及其适用》,载《河北法学》2016年第2期。

〔45〕 See Steven Kaplan & Per Strömberg, *Financial Contracting Theory Meets the Real World: An Empirical Analysis of Venture Capital Contracts*, Rev. Econ. Stud., Vol. 70, 2003.

股，将类别股的发行主体限于股份有限公司，同时相对有限地列举类别股具体种类的方案，会使得涉及股权回购型对赌协议的“事实类别股”再次逃逸出公司法的规制范畴，落入鼓励法律不干预的合同法规制框架。因此，需要考虑的更深层次问题是应当如何系统构造类别股制度，才能避免“事实类别股”规避公司法规制。

（一）将类别股有关规定上升为《公司法》一般条款

《公司法修订草案（二）》中，由《公司法》统一规范不同公司类型的立法模式仍会被保留，《公司法》需考虑如何容纳不同公司类型的共通性条款及其各自的专用性条款。现行《公司法》已允许有限责任公司和股份有限公司通过公司章程作出利润分红权的差异安排，二者于公司章程设置的特殊表决权亦被司法政策所支持，且二者于公司章程设置的优先清算权、转让限制权在司法实践中也不存在效力障碍，因此《公司法修订草案（二）》第144条所明文列举的三种类别股，并无区分由股份有限公司还是有限责任公司才得发行之现实必要。在我国《公司法》“将有限责任公司作为基础性规范，对股份有限公司设置特别规范”[46]的立法体例下，这一规定反而可能被体系解释为除法律明文规定外，有限责任公司不得发行类别股，限缩有限责任公司已有的对股东权利作出差异安排的合法空间，也不利于为法官留下法律解释或续造空间，以将类别股有关规定涵摄至规范有限责任公司的“事实类别股”问题。因此，我国《公司法》宜取消类别股的发行主体限制，或明文允许有限责任公司参照适用股份有限公司的类别股制度，或将类别股有关规定列入《公司法》的有限责任公司篇章。

（二）设置“事实类别股”的强制公示制度

需要重新审视维护交易安全这一规制公司回购股权行为应当秉持的基本理念：[47]交易安全不能简单等同于交易自由，而应更多体现公法性质的交易秩序规范价值。此类对赌协议实践中，交易安全的法律评价不能局限于某一投资者与某一目标公司的某一笔投融资交易，还应当扩展至交易可能波及的其他股东、债权人、劳动者等的交易稳定和

〔46〕 钱玉林：《公司法总则的再生》，载《环球法律评论》2019年第4期。

〔47〕 参见张勇健：《股份回购制度的完善与司法应对》，载《法律适用》2019年第1期。

安全。对此,许多国家和地区的公司法都明令发行的类别股应当记载于公司章程(或章程大纲),[48]以示利益相关者潜在风险。

我国《公司法》对有限责任公司设置包含非法定特殊权利[49]的"事实类别股"的行为虽未明文规定要记载于公司章程,但在只涉及股东间合同交易(属内部合同)、未直接影响公司资本结构的股东优先购买权问题上,变更普通股股东的优先购买权尚且须清晰规定于公司章程或由全体股东达成约定,在涉及公司与股东交易(属外部合同)、将直接影响公司资本结构的"事实类别股"设置问题上,举轻以明重,为普通股股东增设强制公司回购股权的权利更应当记载于公司章程。在股权回购型对赌协议中,外部投资者作为"普通股"股东能优于其他普通股股东先行取得公司剩余索取权,[50]而作为债权人又享有通过表决权参与公司经营决策的双重身份,此时再借由隐蔽的合同约定规避设置"事实类别股"的公开要求,难以保护利益相关者的交易安全。在《九民纪要》发布前,我国的此类对赌协议不载明于公司章程或其他公开文件,除非进入了诉讼或强制执行阶段,除公司创始人以外的其他股东、公司债权人基本上无从知悉公司资本减少的重大风险,而为解决交易安全问题、保障其他股东和公司债权人的信息利益,[51]就成为《九民纪要》增设减资程序的另一法理支撑。由此可见,《公司法》应依据交易安全原则,充分利用公司章程的公示性,将"事实类别股"纳入类别股制度的法治轨道,保障各主体享有公平的信息利益。

此前我国学者也主张类别股应按照"章程强制记载或者以其他合

---

[48] 例如,我国台湾地区"公司法"第130条、第157条、第356条之七,日本《公司法典》第108条,英国《2006年公司法》第685条,美国《特拉华普通公司法》第151条,美国《示范商业公司法》第6.01条,以及加拿大《商事公司法》第24条等。

[49] 即利润分红权、优先购买权和表决权安排。

[50] See Frank Easterbrook & Daniel Fischel, *Voting in Corporate Law*, J. L. & Econ., Vol. 26, 1983.

[51] 根据不完全契约理论中的相机控制理论,让公司债权人能获取"可验证信号"(公司偿债能力变化),才能够遏制公司股东的机会主义,以实现其对(公司整体财产或个别财产的)剩余控制权。See Generally, Philippe Aghion & Patrick Bolton, *An Incomplete Contracts Approach to Financial Contracting*, Rev. Econ. Stud., Vol. 59, 1992.

法的方式”进行公示[52],《公司法修订草案(二)》第95条亦增列了“类别股的股份数及其权利和义务”为股份有限公司的公司章程必要记载事项,但由于适用主体受限,且《公司法修订草案(二)》第144条仅法定许可了三种经典的类别股种类,仍无力解决有限责任公司“事实类别股”的法律适用逃逸和公示不足问题。

对于股权回购型对赌协议的规制,有学者开始引用SV Investment Partners v. Thoughtworks案,[53]并尝试将特拉华州衡平法院采取的“合法可用资金”规则移植至我国,作为此类对赌协议裁判的标准,[54]《九民纪要》也有部分借鉴这一规则。类似地,对于类别股的一般性规制方法,我们也可参考美国法的整体逻辑:对于类别股(美国法上称为优先股)的设置,《特拉华普通公司法》允许公司发行具有“特殊权利或资格、限制或约束”的股份。[55] 而对于类别股的登记要求和未登记类别股(及其特殊权利)的效力,特拉华法律要求优先股的特殊权利需直接记载于公司章程,[56]法院原则上仅依公司章程明文规定确认和保障股东的特殊权利。[57] 同时,在公司章程授权董事会发行优先股的情况下,董事会的同意发行决议应当按照公司章程修正程序进行登记方得生效。[58]

对于“事实类别股”股东的特殊权利未记载于公司章程的法律后果问题,《公司法修订草案(二)》第95条是将股份有限公司中类别股

---

[52] 沈朝晖:《公司类别股的立法规制及修法建议——以类别股股东权的法律保护机制为中心》,载徐明等主编:《证券法苑》(第5卷),法律出版社2011年版,第570页。

[53] See SV Investment Partners, LLC v. Thoughtworks, Inc., 37 A. 3d 205(Del. 2011).

[54] 参见刘燕:《对赌协议与公司法资本管制:美国实践及其启示》,载《环球法律评论》2016年第3期;潘林:《重新认识“合同”与“公司” 基于“对赌协议”类案的中美比较研究》,载《中外法学》2017年第1期。

[55] DEL. CODE ANN. tit. 8, § 151(a).

[56] 可直接记载于公司章程,或通过记载于指定证书(Certificate of Designation)而以修正案形式并入公司章程。See In re Appraisal of Metromedia Int'l Group, Inc., 971 A. 2d 893, 899(Del. Ch. 2009); Matulich v. Aegis Commc'ns Grp., Inc., 942 A. 2d 596, 600(Del. 2008).

[57] See In re Sunstates Corp. S'holder Litig., 788 A. 2d 530, 533(Del. Ch. 2001); Rothschild Int'l Corp. v. Liggett Group, Inc., 474 A. 2d 133, 136(Del. 1984).

[58] Del. Code Ann. tit. 8, § 151(g).

的基本事项设置为绝对必要记载事项,公司章程若未如实记载的,结合通说,将致公司章程整体无效,甚至公司会被认定为设立无效。〔59〕但无论是有限责任公司还是股份有限公司,公司章程中不可或缺的基础性事项一般包括公司的名称和住所、经营范围、资本总额、公司机关和法定代表人等,对应的是公司缺之就无法正常运行的事项。公司章程未记载法定类别股或"事实类别股"的情况下,公司其他股东和公司债权人只会形成公司股权结构为默认的"同股同权"模式的认识,公司仍可正常经营和对外交易,因此将公司章程中的类别股基本事项等同于其他绝对必要记载事项进行规制,实属过度严苛。

另外,就"事实类别股"股东的特殊权利在记载于公司章程后何时发生法律效力的问题,我国《公司法》未规定公司章程经修改后的生效要件,有案例将公司章程的生效问题参照适用合同法的相关规定,认为"股东达成修改章程的合意后即发生法律效力"〔60〕,实采最宽松之生效标准。但对于"事实类别股"在不加登记时特殊权利的效力问题,类别股制度设立的法理基础是法律对现实中股东异质性的确认,但其制度设立的价值是实现股东之间的实质平等。〔61〕因而对于股东权利往往不占优的普通股股东,他们对公司股权结构的善意认识不应当使其遭受反射性损失,而那些利用"事实类别股"而享有更优权利的股东不得因其"不当行为"甚至"恶意"而获得利益。

由此可见,在借鉴特拉华公司法的基础上,我国《公司法》应明确"事实类别股"的特殊权利以公司章程登记的内容为限,否则对公司不产生约束力。具体而言,可在当前《公司法修订草案(二)》第 144 条之外,另设条文规定"类别股的种类及其权利义务,未载明公司章程的,对公司不发生效力",以此倒逼特殊权利的公示化,未来可将工商资料中总结得出的常见特殊权利类型吸收为国务院规定,实现标准化。同时,还需在公司法的工商行政执法层面,完善配套的公司章程公示制度。

---

〔59〕 参见赵旭东主编:《公司法》(第 2 版),中国政法大学出版社 2013 年版,第 85 页。

〔60〕 参见最高人民法院:万某裕、丽江宏瑞水电开发有限公司股东资格确认纠纷再审审查与审判监督民事判决书,案号:(2014)民提字第 00054 号,2014 年 6 月 19 日。

〔61〕 参见冯果:《股东异质化视角下的双层股权结构》,载《政法论坛》2016 年第 4 期。

(三)设计体系化的股权/股份回赎制度

对于股权回购型对赌协议的规制问题,短期内司法“创造”的“履行不能”规制路径在化解公司治理纠纷“无法可依”困境、协调各主体实体利益冲突上有一定合理性,而以维护交易安全、分配信息利益为法理基础的“对赌协议不登记不生效”规制路径是更优选择,但这只是立法规制的第一步。长期来看,在建立了法律适应性强的类别股制度的基础上,股权回购型对赌协议的系统化规制还需在立法上设置与股权/股份回购制度并列的股权/股份回赎制度,[62]其主要是细化股权回赎型类别股的发行、回赎等程序性规则,以及董事会职责、类别股股东权利保护等实体性规则。而股权/股份回赎制度中实体性和程序性规则的整体框架,可选择采美国、日本等国家公司法和我国台湾地区“公司法”的“回赎权作为一类任何普通股或类别股都可附加的权利,由交易双方在法律框架内自由约定”模式,也可选择英国、澳大利亚等国家公司法的“回赎股作为一类法律明文规定的类别股,交易双方约定的自由受限”模式,两种模式各有利弊,但归根结底反映的是立法机关如何划定股东意思自治的边界,[63]在选择时也需考虑当下的投资者认识水平和司法能动能力。[64]

然概而观之,股权/股份回赎制度这两种立法模式,在实体性规则设计上,都是以适用普通股制度为原则,例外规则也均与其他类别股无本质差别,保护弱势方是其设计的核心要义。对于程序性规则,无论是围绕着特殊权利本身,还是对作为特殊权利载体的股权/股份进行制度设计,其中的要点都是特殊权利的强制力问题,即股东是否能强制公司履行回赎。

在现行规制框架下,回赎权在传统合同法或债法体系中对应合同

〔62〕 公司依据对赌协议履行股权回购义务的权利义务结构更接近于股权回赎而非股权回购:股权回购是公司在满足特定条件下享有的权利,而股权回赎是公司对相应股东承担的义务。另有学者提出股权回赎为公司的“被动回购”,而股权回购是公司的“主动回购”。参见彭丁带:《美国风险投资法律制度研究》,北京大学出版社2005年版,第250页;Eilís Ferran & Look Chan Ho, *Principles of Corporate Finance Law*(2d ed.),2014, pp. 178 – 202。

〔63〕 同前注〔43〕,李燕、郭青青文。

〔64〕 参见赵玲:《我国类别股创设的法律路径》,载《法学杂志》2021年第3期。

请求权基础,救济方式包括强制继续履行和承担违约责任,在霍菲尔德的基本法律概念分析中,权利关系(entitlement)可描述为相关股东享有的是请求回赎的权利(right),而公司对应承担的是履行回赎的义务(duty),因此回赎权具有高度甚至绝对的强制力。但在公司法体系中,将公司治理中各方的权利关系理解为权力(power)才更能符合其特征,因为"权力"一词才更能贴切解释权利方享有的不受法律强制的自由裁量权。[65] 审视美国法,决定是否回赎的权力被赋予了公司董事会,[66]董事会如决定不予回赎的,持有可回赎优先股的股东需举证证明公司有"合法可用资金"且董事会有恶意或欺诈行为,才得主张公司违反回赎条款而要求公司继续履行。[67] 我国《九民纪要》则将决定回赎的权力配置给股东会。[68] 由此可见,中国法和美国法均不再将决定回赎的权力归于特定股东,回赎权的强制力也非按照合同之债进行解读,而是认定回赎权在权利关系上实为董事会或股东会的权力,其自由裁量权受条款约定、法律规定的双重限制,形式上表现为股东提出请求、权力方作出决定、司法再审查该决定的互动结构,而股东的回赎请求的强制力有限。因此,股权/股份回赎制度应明确回赎条件满足且股东请求公司回赎时,有权决定回赎的公司决策机关善意决定公司不应当履行回赎的,公司不承担违约责任。

七、结语:《民法典》时代从司法规制到立法规制的公司法发展路径

公司法的现代化并不体现为冠某一国家公司法或某一公司治理模

---

〔65〕 See Marcel Kahan, *The Limited Significance of Norms for Corporate Governance*, U. Pa. L. Rev., Vol. 149, 2001.

〔66〕 参见刘燕:《"对赌协议"的裁判路径及政策选择——基于 PE/VC 与公司对赌场景的分析》,载《法学研究》2020 年第 2 期。

〔67〕 See Continental Investors Fund LLC v. TradingScreen Inc., et al., C. A. No. 10164 - VCL 1,36(Del. Ch. July 23,2021).

〔68〕 同前注〔35〕,潘林文。

式为“全球最佳”而盲目模仿。即使是同在一国的美国各州公司法，彼此的“异”也明显多于“同”。[69] 更深入地挖掘这一表面现象的成因后，有学者得出“公司制度是历史的创造”的结论。[70] 这一理念对我国《公司法》未来修法更具指导意义：在不同公司法发展阶段的纵向比较上，我国《公司法》不仅要顾及源自社会主义公有制企业立法的思维转变，又要考虑在国际竞争和国际法治一体化进程推动下外国公司法立法文本的本土化适应和改良，还需将构成公司法“历史”的证券规则和秩序的发展变迁等都要纳入考量。

股权回购型对赌协议是PE和VC等投资主体在股权融资法律制度不发达环境下的重要保障。为了实现对“事实类别股”的规制，公司法中的类别股需回归合同（自治）性，反之证券法律制度还应有所适应。这一历史发展进程中，国家立法、司法等正式规制无法绝对克服其滞后性，因此行业协会、证券交易所制定的行规、公司治理指导规则、标准公司章程、示范股东协议等作为非正式规制手段，应充分发挥其补充甚至替代作用。但可能更为重要的，是在《民法典》实现了基本法层面的民商合一时代，应当通过公司法立法和司法活动，恢复《公司法》在解决公司商事交易问题的独立价值和强制色彩，避免因过度依赖民事一般法和僵化适用意思自治原则导致《公司法》本身的体系价值减损而变为公司治理纠纷解决中的“配角”。

（编辑：张　越）

---

〔69〕 See Martin Lipton & Steven Rosenblum, *A New System of Corporate Governance: The Quinquennial Election of Directors*, U. Chi. L. Rev., Vol. 58, 1991.

〔70〕 See Zohar Goshen & Sharon Hannes, *The Death of Corporate Law*, N. Y. U. L. Rev., Vol. 94, 2019.

《证券法苑》(2023)
第三十七卷,第70~81页

略论资本公积转增资本的公司法规制

林蔚然*

摘要:我国对资本公积的用途严格限制于扩大公司生产经营和转增公司资本,以期达到“专款专用”。但从会计理论看,资本公积本质上属权益类会计科目,在复式记账的原理下仅起到标示资金来源的作用,事实上无法限制公司对该部分资金的使用。而随着资本公积的内涵与外延的发展变化,日益庞杂的资本公积成为上市公司资本运作的桥梁之一。我国《公司法》应明确限制资本公积的来源,并明确可用以转增资本部分仅限于股本溢价,以避免再度引发市场乱象。

关键词:公司法　会计准则　资本公积　破产重整

引　言

近些年,随着注册制改革和退市制度改革的不断深化,上市公司进入破产重整程序的现象逐渐增

* 深圳证券交易所员工。

多。根据统计,2019 年至 2021 年实施破产重整的上市公司多达 39 家,占历史总数将近一半。根据《企业破产法》的规定,债务人申请重整后可以通过权益调整的方式引入重整投资人以获得偿债资源。在上市公司重整领域,由于困境公司的控股股东所持股权多处于质押或者冻结状态,无法进行权益调整,市场演化出“资本公积转增股本”式的权益调整路径。由于该模式没有价格、锁定期上的限制,灵活性较大,且可以为上市公司带来增量偿债资源、谈判成本较低,已经成为上市公司破产重整模式中的通行做法,2015 年以来的破产重整上市公司均采用了该模式。但与此同时,权益调整中的资本公积转增股本也出现了天量转增、地板价认购甚至突击转增股份的现象,部分重整投资人认股价格甚至低于股票面值,〔1〕引起了市场的讨论与关注,也提出了如何认识资本公积转增的问题。

事实上,这已经不是资本公积转增首次成为资本市场的焦点问题之一,A 股市场曾经出现的“高送转”潮以及借道资本公积转增变相补亏等现象中,资本公积转增股本的魅影皆挥之不去,给市场和监管机构造成困扰。究其根本,前述问题的出现系资本公积〔2〕法律性质的不清晰以及相关规则的欠缺,本文旨在通过对境外经验的梳理,提出一定的解决思路。

一、来源繁杂与用途虚化是我国资本公积制度的两大弊病

从 1992 年股份企业试点伊始,公积金作为法定资本制的重要制度安排,就在《公司法》及其前身《有限责任公司规范意见》和《股份有限

〔1〕 参见《股价腰斩警报拉响,波及 3 万多投资者! 新股东或暴赚 1.28 倍,上市公司提示:原股东市值或损失》,载中国证券报微信公众号,https://mp.weixin.qq.com/s?src = 11&timestamp = 1661150691&ver = 3997&signature = r8ZLCxi2bvpN – IhJtz9zBFbVYbNvaNX – 0Uu * il6Rem6UEAdkEuNEUnEQQBSVIpmBudjt * Ra68RKzYOaTRPqfCVDukemkoYhFeK2QucCytfvq0EK6sV * uyrpdAuufQm6S&new = 1,2022 年 8 月 22 日访问。

〔2〕 对于资本公积的称呼,我国《公司法》与企业会计准则存在一定的差异,本文不做区分,下文将予以解释。盈余公积也存在此类现象,亦不做区分。

公司规范意见》中占据着重要的法律地位,并被之后历次的《公司法》立法所承认并延续至今。从规定内容看,我国《公司法》的相关规定主要针对公积金的构成和使用,尤其侧重明确了盈余公积金的提取来源、比例以及下限等,对资本公积的规定则较为疏漏,仅对其使用进行了一定的规定,如明确发行股份的价格超过股票票面金额的溢价款为资本公积内容之一,而将"充实"资本公积科目的权力赋予了我国财政部门:"国务院财政部门规定列入资本公积金的其他收入。"而我国财政部门则主要通过会计准则的方式明确资本公积的来源,但并未明确资本公积的概念以及使用方面的程序要求等内容,致使我国的资本公积制度在资本公积的使用和构成方面产生了以下两个问题。

(一)扩大生产经营:性质模糊带来的用途虚化

在资本公积的使用层面,《公司法》允许其用于扩大生产经营和转增资本。就扩大生产经营的目的看,资本公积似应当存在一笔特殊的现金与之对应,当公司需要扩大经营时,应能将该部分资金用以修建厂房或者购入原材料,因此资本公积的会计计量属性应为公司资产,在复式记账法下在资产负债表的左侧,扩大生产经营的会计处理则是将账目上的货币资金转为固定资产或者存货,属于资产负债表左侧资产类科目之间的转换。而会计学上的资本公积属于权益类科目,在资产负债表右侧列示,其意义在于标注企业资金来源的作用,但不能跨越资产负债表左右以实现科目的转换。如仅从《公司法》第168条字面理解,扩大生产经营需要资本公积能横跨资产负债表左右以充实公司资产,但这不仅没有实在的经济意义,也在实践中毫无可能。

事实上,出现上述"会计规则与法律制度"枘凿不入问题的原因,应该是立法移植中的一个遗留问题。从字面上看,我国《公司法》第167条采用的表述为资本公积金,而会计学上的表述则为资本公积,前者极易让人望文生义,认为指代的为一笔现实的货币资产。而根据我国台湾地区学者的研究,在欧美商事实践及会计处理中,公积金与公积本质上属于两类不同的会计科目:前者对应的是"reserve fund",属资产;后者一般为"reserve"或"surplus",属权益。而资本公积金制度的引入肇始于晚清时期,彼时并未建立起严格的复式记账制度,实践中公积金确实承担了一部分留存收益并用以扩大生产经营的作用,但在现代的会计制度建立后，已经归属于权益类科目的资本公积事实上无法实现该目的。[3]

(二)资本公积转增：规则缺位下的无序发展

如前所述，因扩大生产经营的用途事实上无法实现，资本公积的用途就仅剩转增公司资本。而由于我国公司法对于资本公积的构成、转增公司资本的性质等方面规定均付之阙如，造成了资本公积转增股本的“规制缺位”从而产生了极大的“灵活性”，资本公积转增股本随之成为我国资本市场中资本运作的方式之一。除前述提及的上市公司破产重整中蔚然成风的“资本公积转增股本式”的权益调整，还有以下两种表现形态：

一是类似于利润分配存在的资本公积转增股本。该方式即A股通俗称为“送转股”中的“转股”。尤其在2014～2018年，其以高比例送转股的面目出现，让监管部门尤为头疼。具体而言，尽管“转股”行为一般理解为分红，但是在A股市场依旧约定俗成、采用法定面值的背景下，因资本公积转增无任何经济利益流入，在分配结束后须按规定进行除权，会导致股价等比例下降。资本公积转增在该阶段事实上承担了境外市场股份拆细的功能，部分公司借此配合股东在二级市场炒作股价，进行所谓的“市值管理”。2018年，沪深两所发布关于高比例“送转股”的信息披露指南，对“高送转”的条件、格式以及程序进行了规范，该问题才得到一定的缓解。[4]

二是“资本公积补亏”路径的绕道陈仓。2005年《公司法》出台后，资本公积转增以弥补公司亏损的方式被明令禁止。但实践中，无论是拟IPO企业为了绕开《首次公开发行并上市管理办法》关于“最近一期

---

〔3〕 参见黄文颢：《公积制度的引进——“公积”现代涵义的认识与确立》，载《史辙》2016年第12期。

〔4〕 参见上海证券交易所发布的《上海证券交易所上市公司高送转信息披露指引》（该指引已于2022年被《上海证券交易所上市公司自律监管指引第1号——规范运作》吸收并废止），以及深圳证券交易所发布的《深圳证券交易所上市公司信息披露指引第1号——高比例送转股份（2021年修订）》（该指引已于2022年被《深圳证券交易所上市公司自律监管指引第1号——主板上市公司规范运作》吸收并废止）、《主板上市公司信息披露公告格式第38号——上市公司高比例送转方案公告格式》、《创业板上市公司信息披露公告格式第39号——上市公司高比例送转方案公告格式》。

不得有未弥补亏损”的禁止性规定,还是上市公司为美化财务报表,实施先“资本公积转增资本,后缩股弥补亏损”的操作屡见不鲜。[5] 对此,监管机构采取了相对差异化的方式对待:对于拟上市企业,中国证券监督管理委员会于监管实践中长期不认可该方式,但为适应注册制改革的要求,2019 年发布了《“发行监管问答”——关于首发企业整体变更设立股份有限公司时存在未弥补亏损事项的监管要求》,变相认可了这一操作,后在《首发业务若干问题解答(2020 年 6 月修订)》中彻底放开相关限制。[6] 对于上市公司,2001 年时,证券监管机构囿于《公司法》未禁止资本公积补亏,而发布规则明确了上市公司弥补亏损的顺序要求,[7]但在 2005 年《公司法》修订后,证券监管机构随后对该规则进行了调整,[8]径直禁止了间接补亏的操作。

由上可见,我国证券监管机构对于资本公积转增资本的监管,很大程度上是事件驱动型的,即由市场现象产生后推动监管机构通过监管规则的方式进行规制,存在应急性强、上位法依据不足等问题。例如,在对高比例转股的监管中,监管机构采用的监管进路事实上为“高送转”设置了类似于发行条件的门槛,但如公积金转增属公司利润分配,则应属公司自治范围,监管规则设置此类门槛的上位法依据存疑。但考虑到“高送转”引起的市场乱象,监管机构袖手旁观显然也不合理。究其原因,这主要因为理论方面上对于资本公积性质认识不充分以及《公司法》和《企业会计准则》对于资本公积科目构成和转增要求的缺位造成。

具体而言,我国《公司法》仅明确了股本溢价属资本公积,而资本

[5] 参见李美云:《资本公积金功能的立法完善》,载《国家检察官学院学报》2014 年第 5 期。

[6] 参见《首发业务若干问题解答(2020 年 6 月修订)》问题 52。

[7] 参见《公开发行证券的公司信息披露规范问答第 3 号——弥补累计亏损的来源、程序及信息披露》(已失效)。

[8] 参见《上市公司监管指引第 1 号——上市公司实施重大资产重组后存在未弥补亏损情形的监管要求》。

公积的其他范畴则交由财政部门明确。财政部在《企业会计准则》[9]中对于资本公积做了基本的划分,明细科目为"资本公积—股本溢价"[10]以及"资本公积—其他资本公积"。前者由《公司法》进行了明确,后者则随着会计准则的发展,逐渐由最初的捐赠,[11]慢慢地将权益结算的股份支付、权益法核算下被投资单位除净损益、其他综合收益以及利润分配以外所有者权益的变化、非公允关联交易的利得等内容纳入其中。其中,债务重组损益、投资性房地产变更会计政策产生的差额以及金融工具公允价值变动等[12]一度都列示在"其他资本公积"科目中。[13]

而在用途方面,考虑到《公司法》并未明确提出"其他资本公积"的概念,且该部分内容与股本溢价存在明显差异,对于该类科目能否用于《公司法》层面规定的用途似不明确,理论上由财政部通过企业会计准则的方式进行规定较为合理。而由于会计准则体系下未对该问题进行明确,仅在《企业会计准则应用指南附录:会计科目和主要账务处理(2007)》中有"经股东大会或类似机构决议,用资本公积转增资本,借记'资本公积——资本溢价或股本溢价'科目,贷记本科目"的规定,似乎表露出转增资本仅限于股本溢价或资本溢价科目的意图,但因并未明确表示其他资本公积不得转增资本,市场普遍认为其他资本公积可

[9] 此外,《企业会计制度》作为我国现行的另一套会计规则体系,其对于资本公积进行了详尽的罗列,主要包括资本(或股本)溢价、接受捐赠资产、拨款转入、外币资本折算差额等,因该套规则使用较少,本文不详细介绍。

[10] 有趣的是,《公司法》中仅规定了股份有限公司的资本公积科目内涵,即溢价款以及列入资本公积的其他收入,未对有限责任公司作规定。但会计中,两类公司的会计账目设置以及实践处理几无差异,唯一区别为超过股票面值(有限公司为每份出资额的面值)的部分,在股份有限公司的账目设置中,被称为"资本公积—股本溢价",而有限责任公司则称之为"资本公积—资本溢价"。因二者的经济实质没有区别,因此本文不做区分,统称为股本溢价。

[11] 现行准则体系下,非基于特殊身份(股东)的捐赠一般计入营业外收入科目的损益科目。

[12] 或是证券监管的需要,如一度因A股上市公司利用债务豁免产生的重组收益规避退市的情况,财政部曾明文要求债务重组收益进入资本公积,后又放开限制;或是因为相关内容无合适的科目存放,如汇兑损益等。

[13] 参见汪红玲:《资本公积会计制度变迁:历程、特点及效果》,载《财会月刊》2013年第17期。

依据《公司法》进行转增,从而造成了现实中的上述问题。

二、资本公积转增规制存在两种路径选择

如前所述,因扩大企业生产经营作为立法机构本意希望资本公积承担的功能在会计技术层面无法实现,资本公积转增资本已经成为资本公积科目事实上的唯一用途。因此,对于资本公积的规制问题就简化为对于资本公积转增的规制。从国际经验看,存在两种路径。

(一)路径一:严格限缩资本公积的来源

从境外的法律实践看,公积金制度一般与法定资本制有着密不可分的关系。有着公积金制度的国家和地区大多是采用法定资本制度的欧陆诸国以及东亚国家或地区,比如德国、法国、日本、我国台湾地区等。[14] 而英美法国家则因大多已经抛弃了资本维持以保护债权人利益的立场,故未采用资本公积制度,仅通过会计准则明确股东出资的溢价部分应放入股本溢价,其余的因权益交易而发生的、不应该影响损益表的内容则被划分入其他储备(other reserve)。

而因各国和地区的法律均未能对资本公积科目进行明确的定义,其内涵外延不清晰亦在实践中引起了不同程度的争议。例如,我国台湾地区的会计主管部门与证券主管部门则分别在会计规则中对其进行了界定,亦曾有过反复。前期,我国台湾地区的会计主管部门将资本公积科目的性质界定为“由非营业结果产生的损益”,后因这一界定过于模糊、与营业外收入有所重合,导致实践中各部门的认识差异较大,对诸如纳入资本公积的捐赠是否应课税等方面,税务部门与财政部门就产生了争议。后来,我国台湾地区的会计主管部门则将资本公积的定义改为“公司因股本交易所产生的权益”。[15] 但所谓的股本交易概念亦较为模糊,事实上难以揭示资本公积科目本身的性质。

---

〔14〕 同前注〔5〕李美云文。

〔15〕 我国台湾地区证券监管部门的定义则大同小异,大概为公司与股东之间的股本交易的溢价。参见前注〔11〕。

但无论如何，各国和地区对于资本公积的组成均较为限缩。例如，在经过多次变化后，目前我国台湾地区的资本公积范围限缩至股本溢价以及股东捐赠两类。[16] 类似地，日本法、德国法中对于资本公积的定义均较为限缩，主要是股本溢价、股东捐赠或者股东为获得额外利益而对公司的支付。[17]

（二）路径二：规范资本公积转增的条件及程序

传统上，我国监管部门更多地将资本公积转增资本视为利润分配行为。例如，深圳证券交易所的《上市公司规范运作指引》中，就将利润分配与资本公积转增并列，二者的信息披露格式公告也是在同一个文件中进行规定。类似地，国家税务总局也明确其他资本公积转增适用“利息、股息、红利所得”项目的纳税政策。[18]

但笼统地将资本公积转增视为利润分配存在一定的争议。除前文提及的，在利润分配属公司自治范畴的情况下，对于“高送转”进行事实上的条件限制存在一定的合理性瑕疵。税务领域的上述政策亦未能说明为何股本溢价的资本公积分配不属于利润分配。因此，简单将资本公积转增视为利润分配并不能解决理论及实践方面的难题。

从境外经验看，如何认识资本公积转增资本的问题也困扰着资本公积科目“发源地”的学者以及实务从业者。一种观点认为，资本公积转增属于股票发行，应按照发行新股进行监管。例如，我国台湾地区的“公司法”在1966年修订时，明确了公积金转增行为为新股发行，且允许公积金（含盈余公积和资本公积）进行扩充资本，但未限制扩充资本的范围。但2001年我国台湾地区“公司法”修订中，明确盈余公积和资本公积只能在公司无亏损时转增，且资本公积扩充资本的范围仅限于股本溢价和受赠资产产生的资本公积。2011年我国台湾地区“公

〔16〕 参见我国台湾地区“公司法”第242条。

〔17〕 对于德国、日本立法例的介绍，我国台湾地区学者对此有较为详细的介绍，参见叶新民：《论资本公积之意义与使用目的》，载《静宜法学》2016年第5期；邱秋芳：《二一年日本商法法定公积制度修正之研究》，载《月旦法学杂志》2003年第2期。

〔18〕 参见赵昱东、王婷：《资本公积转增股本自然人股东个税问题小议》，载中论网，https://www.zhonglun.com/Content/2020/07-17/1449123222.html，2021年8月23日访问。

司法”再次修订,进一步允许公司根据资本公积发放现金股利,且明确公积金转增行为属于发放股票股利,而未提及该行为是否属于公开发行新股。实践中,我国台湾地区证券监管机构将公积金转增行为视为发行新股进行监管。[19]

另一种观点则认为,资本公积转增资本属于股票拆细。这方面比较典型的是日本。1990年日本商法修订前,其所持立场为资本公积转增属于新股发行行为。但因为资本公积转增中,公司无任何经济利益流入,与新股发行会增加公司资金有着明显的区别,日本学界多认为资本公积转增在本质上属于股票分割,如增加程序要求则会导致程序的冗余、增加公司运行成本。于是,在1990年修订后,日本商法就放弃了公司必须经新股发行程序才得以进行资本公积转增的立场,允许其采股票分割的审议程序进行资本公积转增。

可见,资本公积本身性质的模糊在境外亦产生了诸多争议。在无法将该复杂的行为简单归拢于某一类行为的情况下,同时考虑到新股发行在我国属于行政许可事项,从保护投资者利益、提高上市公司资本运作效率的角度看,实在没有必要新增此类事项作为行政许可,可以在现行法律架构下将其作为豁免注册的情形之一。事实上,根据中国证券监督管理委员会《上市公司证券发行注册管理办法》的规定,公积金转增公司资本已经被允许豁免注册,可见,监管机构采取了相对务实、审慎的监管态度,值得肯定。

三、宜将资本公积转增股本来源限缩于股本溢价

无论是从资本公积转增股本的经济实质看,还是从防范监管套利的目的出发,应采用德、日立法的模式,由《公司法》明确资本公积构成的范畴,并限缩资本公积转增股本的来源仅限于股本溢价,理由如下:

从资本公积的经济实质看,将资本公积构成限缩至股本溢价及股

---

〔19〕 根据我国台湾地区“证券交易法”第41条第2项,公开发行证券公司欲申请公积金转增的,必须先以公积金弥补亏损。

东捐赠较为合理。《公司法》建立公积金制度主要是为了给公司留部分资产，防止股东过度分配。而资本公积转增股本的本质与净利润、盈余公积转增无实质区别，都是公司利益流向股东的过程，唯一区别仅仅为该利益来源是公司经营产生（未分配利润、盈余公积）还是股本溢价等特定情形产生。无疑，分配的前提是确实有经济利益流入公司。在其他资本公积科目复杂化的今天，其容纳了大量会计准则不希望反映在损益但又无处可去的内容，如果允许其进行“分配”，则存在逻辑的不自洽问题。

根据现有的《企业会计准则》，其他资本公积科目主要承载的是权益结算的股份支付、权益法核算下被投资单位除净损益、其他综合收益以及利润分配以外所有者权益的变化、非公允关联交易的利得、股东的捐赠等。其中，除了非公允关联交易的利得以及股东捐赠外，其他资本公积科目的内容基本上不代表任何经济利益的实质性流入，甚至在部分情况下，资本公积科目仅为过渡性科目（如权益结算的股份支付），很难代表所有者权益的实质性增长，将该部分转增出来的股份作为股利分配存在逻辑上的自洽困难。事实上，之所以市场及监管机构面对先转增后减资以弥补亏损的行为左右为难，也是因为其他资本公积导致资本公积科目复杂化的后果：理论上而言，如公司股东通过该方式以前期股本溢价抑或捐赠形成的实在的经济利益——资本公积来弥补亏损以达到分配的目的，那么立法者与监管者只需考虑是否应允许股东分配公司非营利行为产生的利润。但考虑到其他资本公积中令人眼花缭乱的内容，很可能会出现通过账面调节实现补亏进而分配的情况，这无疑是不合理的，也会产生过度分配问题。

那么，对于股东捐赠以及非公允的关联交易形成的资本公积，是否应允许转增呢？从德国以及我国台湾地区的相关规定看，因此类行为系股东向公司的单向支付，其所形成的资本公积有实在的经济基础，也符合资本公积为股本交易产生的利益的一般认识。但需注意的是，股东捐赠以及非公允的关联交易行为主要发生在资本市场，如允许其先捐赠而后随意进行转增，很可能诱发各种的监管套利行为。例如，在上市公司破产重整中，部分上市公司为增厚资本公积、获得更多的偿债资源，甚至解决股东前期的业绩补偿问题，在重整程序中通过大股东突击捐赠、豁免债务等手段,加大资本公积的账面数字,再通过转增以获得偿债资源,抚顺特钢以及飞马股份即采用的该种方式。[20] 这种行为事实上实现了定向增股,是对其他股东权利的严重侵害,也造成了不良的示范效应,部分市场人士甚至提出通过定向转增解决大股东资金占用[21]问题的思路。而 A 股市场曾出现的"高送转"乱象就源于此,监管机构则通过提高资本公积转增资本的门槛解决了这一问题。德国学者在讨论资本公积转增时的主要担心也是公司通过这种方式定向增股或者拆细炒作股份。因此,德国法仅允许公司基于前一会计年度的财务报告中资本公积金额实施转增。

事实上,对于将资本公积转增股本限缩在股本溢价范围的思路,已经在现有的规则中有迹可循。除了前述提及的会计准则指南中明确的会计处理要求,我国《企业会计制度》明确要求,因非现金捐赠、投资企业权益变动产生的资本公积准备科目,不得转增资本公积。[22] 现行 A 股市场的资本公积转增资本的分配中,监管层也明确要求,如果其资本公积来源不是股本溢价,上市公司需要专项说明。

因此,笔者建议《公司法》修订中,将资本公积的范畴明确限缩于股权溢价、股东捐赠等事项,并且将资本公积可以实施转增的范畴在此

〔20〕 参见李曙光、郑志斌主编:《公司重整法律评论(四)》,法律出版社 2015 年版,第 167 页。

〔21〕 事实上,该思路与部分公司采用的定向转增解决股东业绩补偿问题的方式异曲同工,均是通过账面数字游戏,对消了大股东对上市公司的债务。

〔22〕《企业会计制度》第 82 条规定:"资本公积包括资本(或股本)溢价、接受捐赠资产、拨款转入、外币资本折算差额等。资本公积项目主要包括:(一)资本(或股本)溢价,是指企业投资者投入的资金超过其在注册资本中所占份额的部分;(二)接受非现金资产捐赠准备,是指企业因接受非现金资产捐赠而增加的资本公积;(三)接受现金捐赠,是指企业因接受现金捐赠而增加的资本公积;(四)股权投资准备,是指企业对被投资单位的长期股权投资采用权益法核算时,因被投资单位接受捐赠等原因增加的资本公积,企业按其持股比例计算而增加的资本公积;(五)拨款转入,是指企业收到国家拨入的专门用于技术改造、技术研究等的拨款项目完成后,按规定转入资本公积的部分。企业应按转入金额入账;(六)外币资本折算差额,是指企业接受外币投资因所采用的汇率不同而产生的资本折算差额;(七)其他资本公积,是指除上述各项资本公积以外所形成的资本公积,以及从资本公积各准备项目转入的金额。债权人豁免的债务也在本项目核算。资本公积各准备项目不能转增资本(或股本)。"

基础上进一步限缩至股本溢价。

结　语

实事求是地说，资本公积作为一个普通的会计科目，之所以引起公司法和会计两个领域（甚至还有税法）、学界和业界两群专业人士的热烈讨论，其本质原因还是公司法层面对其立法的疏漏以及对其会计性质的不清晰，上述思路也仅为应急措施。但是在下一步公司法修订过程中，在资本公积本身无法承担公司扩大经营、拓宽资金来源的"专款账户"职责时，则必须厘清资本公积科目存在的必要性、资本公积转增行为的真实目的与法律性质，并在严格限制其资金来源的情况下，规范其使用，方能避免实践中的混乱。

（编辑：谢贵春）

《证券法苑》(2023)
第三十七卷,第 82 ~97 页

允许劳务出资:资本、股份与市场的田野观察*

宋　澜**

摘要:《公司法》及相关规则应放松对劳务出资的禁止,理由主要有三方面:一是上市公司实施股权激励本质上是对职工劳务的股份支付。二是因为禁止劳务出资而衍生出"同股不同权"等市场替代机制,实施效果欠佳有违技术专家引领的创业估值需求。三是比较法中以公司决议评估劳务出资比例、规定其他股东对公司的补缴义务等,可以对劳务出资"评估难""履行难"问题实现有效的规避与弥补。《公司法》修改后,可从理念上区分"资本"(capital)与"股份"(share),未履行劳务可不计入注册资本,但能参与股份比例分配,如此保障公司债权履行又符合公司授权资本制对股东自治的尊重。

关键词:未履行劳务　股权激励　职工薪酬　法国民法典

---

* 项目来源:上海市哲学社会科学规划课题《国际金融市场中"上海价格"能级提升研究》(2019EJB008)。感谢北京大学刘燕教授、华东政法大学姜影教授、麟毅资本陈智裕总监对本文的提示与支持。本文仅代表作者个人观点,与所在单位无关。

** 上海证券交易所员工。

一、"劳务出资"的禁止、争鸣及转机

一直以来,劳务因为无法用"货币估价"也无法"依法转让"而被明确排除在有限责任公司和股份有限公司的适格资本形式之外。[1] 其实,长期困扰国内学界的是公司设立阶段未履行劳务是否可以出资的问题——已经完成的劳务可以用价值来衡量,而未完成的劳务难以评判其是否履行以及履行的质量与程度。同时,反对劳务出资的理由还包括未履行劳务确实面临"无法强制履行"的难题,即人的自由意志是法律保护的最高价值,劳务具有人格属性,因此公司债权人无法强迫科技工作者、歌星、球星或任何人为其工作。2021 年《市场主体登记管理条例》第 13 条继续规定,"股东、非公司企业法人出资人、农民专业合作社(联合社)成员不得以劳务、信用、自然人姓名、商誉、特许经营权或者设定担保的财产等作价出资"。

对此,近年来学界对劳务出资的评估难与履行难的问题不断进行着辩证而深入的思考:

> 人力资源评估难题本质上是一个伪命题,股东之间约定的人力资源价格就是妥当的市场价格。人力资源履行中的移转难题也是伪命题,其本质相当于分期缴纳股款。虽然存在一定评估风险与履行风险,但可以通过股东补缴责任、其他股东承担连带责任、股份寄存与竞业限制等加以控制,实现公司资本充实的目的。[2]

的确,随着经济发展、社会变迁,传统观念对资本市场的田野考察

---

〔1〕《公司法》(2005 年)第 27 条第 1 款规定,"股东可以用货币出资,也可以用实物、知识产权、土地使用权等可以用货币估价并可以依法转让的非货币财产作价出资;但是,法律、行政法规规定不得作为出资的财产除外"。因此,我国公司适格的资本形式需要同时满足至少两个条件:一是可用"货币估价";二是可以"依法转让"。

〔2〕梁上上:《人力资源出资的利益衡量与制度设计》,载《法学》2019 年第 3 期。

略显匮乏:依据现行会计准则,上市公司股权激励本质就是公司存续期间,员工以偿付劳务为对价获得公司资本。放眼周遭,无论是上市公司的持续运营阶段还是一般实体的定增时期,劳务与资本的“事实婚姻”无处不在,如果不能以劳务出资,上市公司中“担任公司核心技术人员的股东”[3]是原本只是技术人员续而成为股东了,还是反之?其出资方式如何?劳务出资不能时其替代机制的运作情况又如何?新一轮《公司法》修改推进了股份有限公司的授权资本制改革,突破了法定资本制下“法定资本 = 面值 × 股份数”的范式。《公司法》允许股份有限公司择一采用面额股或者无面额股,使得股份(capital)和资本(share)的捆绑关系得以解除,关于劳务出资的长期争执也可随之破题。

二、已履行的劳务入股:股权激励与增资扩股

上市公司或拟发行人的“股权激励措施实质上是激励对象薪酬的一部分、是劳务出资的一种形式”已在相当程度上达成共识。因此,在股权激励的监管过程中,公司要求披露的信息核心并不是薪酬的金额(在规则上体现为科创板股权授予价格的放开),而是让市场充分了解薪酬的决策机制和潜在的稀释效应。[4] 同时,在公司增资扩股的持续运营阶段,劳务与资本的深度结合也无处不在。

(一)上市公司的股权激励本质是对员工劳动的薪酬支付

股权激励的本质是以公司利润补偿已履行的劳务,从而实现“员工

[3] 《首次公开发行股票时公司股东公开发售股份暂行规定》(中国证券监督管理委员会公告〔2013〕44 号)第 12 条规定:“首次公开发行时,拟公开发售股份的公司股东属于下列情形之一的,招股说明书及发行公告应当说明并披露此次股东公开发售股份事项对公司控制权、治理结构及生产经营等产生的影响,提示投资者就上述事项予以关注:……(三)本次公开发行前 36 个月内担任公司核心技术人员的股东……”

[4] 如中国证券监督管理委员会 2014 年制定的《关于上市公司实施员工持股计划试点的指导意见》,就上市公司员工持股计划的资金、股票来源和持股数量、期限,员工持股计划的管理,实施程序和信息披露要求等作出了规范;新《证券法》随后将发行人依法实施员工持股计划的员工人数从“向特定对象发行证券累计超过二百人”的范畴内扣除。

变股东"、达到"出资"目的。根据《上市公司股权激励管理办法》及股票发行上市规则,股份激励根据授予方式、时间节点(等待期、行权期等)、支付方式的不同而分为限制性股票、股票期权等不同形式,其中限制性股票又可分为先获得股票但在一定期限内限制转让的第一类限制性股票和在满足相应获益条件后分次获得并登记的第二类限制性股票。无论何种类别,股权激励费用属经常性损益,按照一定年限摊销,自授予后便开始影响公司净利润,公司在方案制定中一般会重点考虑。从科创板实践看,绝大部分公司将年度股权激励费用控制在净利润的20%范围内,确保公司不会因股权激励费用而业绩变脸或大幅下滑。

具体而言,会计准则对"股份支付"的定义是,企业为获取职工和其他方提供服务而授予权益工具或者承担以权益工具为基础确定的负债的交易。[5] 若公司以权益结算方式授予激励对象股票或期权,那么股权激励产生的当期费用在管理费用(借方)与资本公积(贷方)间调整。若以现金方式进行股份支付,假定公司最终以低于公允价格的价格向员工出售股权,那么该股权激励计划的会计分录为:

借:银行存款(员工实际支付的对价)

管理费用(同为利润表科目,企业通过扣减当期利润弥补差价)

贷:股本

应付职工薪酬—股份支付

税制方面,股权激励对象应当在取得激励股权时,按照"工资、薪金所得"项目适用3%~45%的超额累进税率缴纳个人所得税。对此,财政部、税务总局相关文件给出的解释非常清晰:员工从企业取得股权的实际购买价(行权价)低于购买日公平市场价的差额,是员工在企业的表现和业绩情况而取得的与任职、受雇有关的所得,应按工资、薪金所

〔5〕 参见《企业会计准则第11号——股份支付》第2条。该准则第15条同时规定,企业应当在附注中披露股份支付交易对当期财务状况和经营成果的影响,至少包括当期以股份支付换取的职工服务总额及其他方服务总额。

得适用的规定,计算缴纳个人所得税。[6]

上述会计及税务处理规则,足以说明上市公司股权激励是对员工劳动的薪酬偿付,充分彰显人力资本的重要性。除了已上市的股份有限公司,一般有限责任公司也可以通过增资扩股规避《公司法》对劳务的出资禁止。

(二)PE/VC 通过增资扩股、补偿初创团队的前期劳动及智识成果

早在 2017 年,人力资源和社会保障部印发《关于支持和鼓励事业单位专业技术人员创新创业的指导意见》,鼓励和支持科研人员离岗创业。2019 年 12 月,人力资源和社会保障部再次印发了《关于进一步支持和鼓励事业单位科研人员创新创业的指导意见》,鼓励事业单位的广大科研人员在职创办企业,无须离岗,从而大力夯实了我国大众创业、万众创新的制度根基。

然而,不同于家族企业或者集体改制企业,由科学家和技术专家引领的创业企业、往往只有技术积累和行业资源积累,但缺乏财富积累、更需要资本撬动与估值实现。案例显示,南方某知名三甲医院的骨科主任带领团队创办公司、研制有望成为进口替代的骨科医用新材料。该公司注册资本人民币 10 万元,无任何可供出资的知识产权(此前申请的专利皆为职务科技成果),此时科研团队的知识价值如何体现?

经商讨,风投资本出资 1000 万元购买该公司 10% 的股权,即将公司的估值提高到人民币 1 亿元,初始团队仍然占 90% 的股权。此番架构很好地为科研团队前期的知识积累及未来可能的收益实现了当下的溢价,满足了创业团队的融资需求,也无须再另外约定特殊的收益规则。如此增资的会计分录(万元)如下:

借:银行存款	1000
贷:股本	1
资本公积	999

此处,1 万元股本对应公司原始 10 万元注册资本的 10%,其余 999

[6] 参见财政部、国家税务总局《关于个人股票期权所得征收个人所得税问题的通知》(财税〔2005〕35 号)。同时,财政部、国家税务总局《关于完善股权激励和技术入股有关所得税政策的通知》(财税〔2016〕101 号)规定,股票增值权某次行权应纳税所得额 =(行权日股票价格 - 授权日股票价格)× 行权股票份数。

万元则是出资溢价，进入资本公积科目，彰显了风投对研发团队能力及信用的认可。换句话说，股东出资作为公司初始运作的财产基础，只要满足公司与股东各方的共同诉求即可；若非法律干预，出资形式本来是多元化的：个人的前期履历都可以构成公司的营运基础，公司法律法规对未来劳动"是否足额出资"的纠结显得徒劳而苍白。

（三）科创公司劳务入股的特征与趋势

2019 年试点注册制后，《科创板上市公司持续监管办法（试行）》扩大了科技类企业股权激励的主体范围、优化了股权激励实施程序。结合 2020 年科创板上市公司年报披露信息总体来看，科创板股权激励制度已经得到市场广泛认可，在授予价格与数量方面体现出市场化约束，对"硬科技"行业公司的人才激励提供了重要支持。截至 2021 年 4 月底，已有 109 家科创板上市公司推出 125 单股权激励计划。125 单股权激励方案共涉及激励对象 20,819 人，平均每单 166 人，占公司全体员工数量的比例平均为 23%，并展现出诸多特征，包括但不限于：

1. "硬科技"企业上市后快速推出股权激励计划。推进员工持股、认可人力资本是科创企业生存与发展的核心资源与必然要求。科创板开市两年来，股权激励制度在支持"硬科技"行业集聚人才、积蓄力量、助力不同类型科创板公司灵活运用制度吸引、留住、激励人才等方面已有所建树。目前，科创板 109 家公司激励方案推出的平均天数为上市后 232 天，在上市后 6 个月推出的有 45 家，占比约 41%，其中 19 家在上市后 3 个月内即推出，占比约 17%。从行业分布看，45 家公司中，半导体等新一代信息技术行业企业 22 家，占比近半，重视吸引人才的行业特点可见一斑。

其中，核心技术人员的去留不仅关乎企业在申请上市时是否符合"主营业务和核心技术人员稳定"的发行条件，[7] 更是上市公司持续经

〔7〕《科创板首次公开发行股票注册管理办法（试行）》（已失效）第 12 条要求"发行人业务完整，具有直接面向市场独立持续经营的能力：……（二）发行人主营业务、控制权、管理团队和核心技术人员稳定，最近 2 年内主营业务和董事、高级管理人员及核心技术人员均没有发生重大不利变化……"创业板也有类似规定。实际上，早在 2006 年，"高级管理人员和核心技术人员稳定"就已经是重要的发行上市条件之一，见 2006 年中国证券监督管理委员会令第 30 号《上市公司证券发行管理办法》。

营的重要风险及信息披露义务的重要方面。正如科创企业披露,“公司如果不能有效地留住核心技术人才,并激发员工的积极性,将面临核心技术人才流失、研发不及预期的风险,进而对公司的持续发展能力产生不利影响。为激励公司员工的积极性,公司设立以研发人员为主的员工持股平台,持股员工比例超过员工总数的50%。公司将进一步吸引及选拔优秀人才,在未来持续推出对核心员工股权激励、提升员工薪酬福利水平,以不断吸引和留住优秀研发人才……”〔8〕

2.激励对象覆盖面广、持续时间长、考核指标多样,已出现几乎“全员持股”的案例。注册制股权激励改革的一项重要内容便是允许单独或合计持有上市公司5%以上股份的股东或实际控制人及其配偶、父母、子女,在公司中担任董事、高级管理人员或者其他关键人员可以参与股权激励。至2022年,已有7家公司的激励人数超过员工总人数的90%,分别是澜起科技、微芯生物、晶丰明源、思瑞浦、中微公司、君实生物、金迪克。以最近进入“90%俱乐部”的金迪克为例,2021年8月28日,金迪克公司董事会发布《江苏金迪克生物技术股份有限公司2021年限制性股票激励计划(草案)》,其激励对象总人数为369人,约占公司员工总数395人的93.42%,包括公司公告本激励计划时在公司(含子公司)任职的核心技术人员、董事会认为需要激励的其他人员等。

此外,科创企业激励有效期及考核期较长,注重长效激励,授予股份的条件也往往具有科创特征。125单方案平均有效期为60个月,其中86单方案有效期在60个月以上,占比约70%,有效期最长的是九号公司,达到120个月。归属安排方面,119单方案设置了3年及以上的有效期,占比达95%,注重长效激励的特征明显。同时,部分科研实力较强、研发投入较高的公司,设置了研发投入增长率、特定研发项目进度等科创属性明显的考核指标。例如,澜起科技、微芯生物、君实生物在常规业绩考核指标之外,还分别设置研发项目产业化累计销售额、境外研发项目申请或进入临床试验阶段、临床前项目数等研发指标,如此也致使科技创新成果不断涌现。

〔8〕《首药控股(北京)股份有限公司首次公开发行股票并在科创板上市招股说明书(注册稿)》。

3. 授予股份价格即劳务价值由公司决议决定。如上文分析，公司以多少价格授予员工股份实质是公司的利润分配过程，因此，上市公司的股权激励计划经股东大会审议通过即可生效执行，法律不再对授予价格进行强制性规定，由此给予公司更多的灵活空间。试点注册制之前，《上市公司股权激励管理办法》第23条规定，上市公司在授予激励对象限制性股票时，应当确定授予价格或授予价格的确定方法。授予价格不得低于股票票面金额，且原则上不得低于股权激励计划草案公布前1个交易日、20个交易日、60个交易日或者120个交易日公司股票交易均价的50%。由于科创公司的高新技术行业特征，《上海证券交易所科创板股票上市规则》（2020年12月修订）第10.6条突破了授予价格不得低于市场参考价50%的原则，规定上市公司授予激励对象限制性股票的价格，低于股权激励计划草案公布前1个交易日、20个交易日、60个交易日或者120个交易日公司股票交易均价的50%的，上市公司应当聘请独立财务顾问，对股权激励计划的可行性、相关定价依据和定价方法的合理性、是否有利于公司持续发展、是否损害股东利益等发表意见。

实践中，不同公司因为发展历程、股票市价及行业背景等不同原因而实施不同的激励力度。比如，为与上市前股权激励价格、首发战略配售价格进行平衡，晶晨股份和固德威的授予价格都在市场参考价50%以下；又如，九号公司和石头科技均为小米生态链企业，深受互联网公司股权激励文化影响，且股票市价较高，故授予价格都低于市场参考价20%，折扣较大；作为中国原创新药领域的先行者，微芯生物所在行业对人才需求较大，两期股权激励年均费用合计数占2020年净利润的比重达到90%；主板上市公司海尔智家实施员工持股计划资金来自提取奖励基金，并以部分零对价的方式授予员工股份。

三、未履行的劳务出资：替代不能与理论可能

科学的新发现、技术的新发明、产业的新方向、发展的新理念需要人去开拓、需要人去践行。如前文所述，已履行劳务的估值已然完全交

由公司、PE/VC、劳务入股个人等市场主体自由协定。因此,“允许劳务出资”的议题只须继续讨论是否需要撤销未履行劳务,也即公司设立阶段的禁止性规定。目前,我国《合伙企业法》允许合伙人以劳务出资,[9]但因为法律明令禁止以劳务在公司组织入股,实践中已经探索出很多承认并激励智识资本的替代措施,可是影响有限。

(一)“同股不同权”及其税收激励局限

劳务出资的本质是解决公司内部的人员激励与约束问题。理论上,如果股东间约定专业技术人员以较少的出资、享有较高的分红收益,即“同股不同权”,是可以解决员工无法以智识资本出资的问题。实际上,资本市场对“未来性”具有极大的包容度,股票的估值与发行须基于发行人的预期未来收益,对于未履行劳务而设计出的“同股不同权”亦是如此。

然而,通过企查查等软件查阅公司工商登记文件发现,上述案件的数量非常有限。这是因为,如果企业想犒劳表现突出的专业技术人员,可通过“职工薪酬”、“研发支出”(在研发投入还不能资本化之前)这样的费用开支来实现。如此,可以降低公司的利润,进而减少企业所得税的应纳税所得额。反之,如果企业与员工约定“同股不同权”,将对员工的现金奖励以股东分红的方式支付,那么,股东分红是在支付企业所得税后的“可分配利润”中支取的,[10]企业无法实现合理避税的目的,成本较高。所以,实践中,尤其是对中小企业而言,费用类支出比无法抵税的股权类激励更普遍、更有吸引力。

上述方式高效经济,但其实不利于员工保护。薪资费用不超过一定的额度或比例,一般只是管理层召开董事会就可以决定的事项。而

---

[9] 《合伙企业法》第16条规定,“合伙人可以用货币、实物、知识产权、土地使用权或者其他财产权利出资,也可以用劳务出资。合伙人以实物、知识产权、土地使用权或者其他财产权利出资,需要评估作价的,可以由全体合伙人协商确定,也可以由全体合伙人委托法定评估机构评估。合伙人以劳务出资的,其评估办法由全体合伙人协商确定,并在合伙协议中载明”。

[10] 企业每年可供分配的利润=企业每年年初未分配的利润金额+当年的净利润(税后利润)+每年的其他转入。所以企业的纳税情况与可供分配利润关系紧密。同见上海证券交易所《上市公司定期报告工作备忘录第7号——关于年报工作中与现金分红相关的注意事项》(已失效)。

“同股不同权”属于股东权益的特殊安排，一般需要2/3以上的股东同意并明示于章程；倘若改变上述安排，还需变更已备案的公司章程。因此，从程序上，专业技术人员的股权性激励比薪资性激励更具稳定性。

(二)资本认缴制下注册资本难以代表公司信用

2013年我国实行公司资本认缴制改革。在实践层面，有限责任公司股东认缴资本公司即成立。除了追缴债务、股东出资义务加速到期的情形，股东的认缴期限也由公司设定，公司在法定资本制下实现了极大的自治空间。这其中，影响最大的便是对“注册资本”“公司信用”等概念的转变。注册资本(实收资本+未收资本)是全体股东出于公司经营需要，提供或承诺提供给公司的资金总数。曾经，注册资本的多寡是衡量公司资产信用的重要方面。[11] 在注册资本认缴制改革后，现行《公司法》第26条规定，有限责任公司的注册资本为在公司登记机关登记的全体股东认缴的出资额。同时，公司实收资本不再作为工商登记事项；公司股东(发起人)对其认缴出资额、出资方式、出资期限等皆自主约定，并记载于公司章程。更重要的是，公司登记时，无须再提交验资报告。

在商事登记实践中，公司资本的认缴制改革下，现有非货币资产的出资方式为施行劳务出资提供了参照——诸如专业使用权等知识产权的出资在设立阶段不再要求强制评估，而将非货币资产的估价交由公司自治。2019年修订的《证券法》也简化了债券公开发行注册申请文件，取消了“资产评估报告”和“验资报告”两项申请文件。促成上述变化的原因是多方面的。除了放松市场主体准入管制的“放管服”改革不断推进、优化营商环境工作的不断深入，规则层面的变化还包括：(1)非货币资产的出资情况采用登记公告制度，保障公司自愿债权人的知情权。现行《公司法》第30条、《注册资本登记制度改革方案》第2部分规定了公司非货币出资的价额应记载于公司章程；《企业信息公示暂行条例》第8条、第10条规定股东或发起人认缴和实缴的出资额、出资时间、出资方式等信息属于年度报告的内容，“应当向社会公示”。实际上，我国1993年《公司法》第24条第1款后半段规定，“对作为出

---

〔11〕 参见赵旭东：《从资本信用到资产信用》，载《法学研究》2003年第5期。

资的实物、工业产权、非专利技术或者土地使用权,必须进行评估作价,核实财产,不得高估或者低估作价。土地使用权的评估作价,依照法律、行政法规的规定办理”。而2005年《公司法》已将“必须进行评估”修改为“应当评估”。(2)未依法评估作价的后续再评估机制只在纠纷产生后的诉讼阶段实施。现行《公司法》及最高人民法院《关于适用〈中华人民共和国公司法〉若干问题的规定(三)》对非货币财产出资的不当估价设置了严格的连带责任,[12]以设置补足差额责任保障公司资本充实及公司被动债权人的权益。也就是说,如果非货币财产未依法评估作价,那么法院可以在事后认定出资人未依法全面履行出资义务。[13] 所以,公司设立时无须再施加提交评估报告的行政要求。上述规定已经适用于知识产权等非货币财产的出资及保障模式,亦可以完全适用于劳务出资。

四、劳务出资的制度纾困与构建

鉴于劳务与资本的结合已广泛存在,且为规避禁止劳务出资而派生出的替代实践亦存有诸多弊端,因此,允许劳务出资的必要性无须赘言,更为迫切的是完善劳务出资的配套机制。相较于已有文献,本文认为,更“透彻”的药方是,区分注册资本/资本、资本公积(出资溢价)与股份,不再纠结以何种方式或由何种主体评估劳务出资的“额”,而是由公司股东会决定股东以劳务出资的“股份比例”,以有效解决传统观念中劳务出资“评估难”及“转让难”的问题。由此,既可以在调动公司高管及核心员工积极性、稳定员工队伍、完善公司治理机制等方面发挥

〔12〕 如《公司法》第30条规定,有限责任公司成立后,发现作为设立公司出资的非货币财产的实际价额显著低于公司章程所定价额的,应当由交付该出资的股东补足其差额;公司设立时的其他股东承担连带责任。

〔13〕 如最高人民法院《关于适用〈中华人民共和国公司法〉若干问题的规定(三)》第9条规定,出资人以非货币财产出资,未依法评估作价,公司、其他股东或者公司债权人请求认定出资人未履行出资义务的,人民法院应当委托具有合法资格的评估机构对该财产评估作价。评估确定的价额显著低于公司章程所定价额的,人民法院应当认定出资人未依法全面履行出资义务。

积极作用,[14]又可以避免劳务出资在追缴债务、股东出资义务加速到期时不能强制履行的问题。

(一)境外的经验:允许劳务出资但不计入注册资本

纵览其他国家和地区的相关规定,不乏允许劳务出资并独具特色的典范。比如,我国台湾地区"公司法"第43条规定,"股东得以劳务或其他权利为出资",[15]但须在章程中载明以非现金方式出资的种类、数量、价格或估价之标准。又如,美国《示范公司法》允许"服务"及"将来履行的服务"(services to be performed)出资,董事会对出资的定价是终局性的(conclusive),且无须求助于第三方评估。[16]

法国2013年《民法典》及《商法典》对劳务出资的规定较为全面。首先,法国允许劳务出资。法国《民法典》第1832-1条[17]授权公司章程可自行约定是否允许以劳务(法文为industrie,本义为勤劳、勤奋、技艺)[18]出资;法国《商法典》第L223-7条则规定,有限责任公司公司章程可自行约定股东可否以劳务形式出资;若可以,相关条款及条件亦须在章程中予以说明。从而最大限度地尊重了公司的意思自治。

其次,法国规定劳务出资不得计入注册资本,且取得的股份不得再次投资,从而保护了第三方权益。法国《民法典》第1843-2条规定,劳务出资不构成注册资本。以劳务出资的股东可分享公司的净资产,享有在股东之间分配收益和亏损的权利。法国《商法典》第L225-3条规定,以劳务出资获得的股份不得再一次作为股份有限公司的出资

---

[14] 部分实证研究探讨了员工持股计划能否促进企业创新。参见孟庆斌、李昕宇、张鹏:《员工持股计划能够促进企业创新吗?——基于企业员工视角的经验证据》,载《管理世界》2019年第11期。

[15] 曾经,我国台湾地区"公司法"还规定"信用"也可以作为出资的方式。但是鉴于信用难以界定,且劳务或其他权利出资已足够股东使用,以至于现实中没有一家公司以信用出资。于是,我国台湾地区在2018年修订"公司法"之时,删除了"无限公司"可以信用出资之规定。

[16] Model Business Corporation Act § 6.21(c).

[17] 法国《商法典》有限责任公司第L223-7条规定,公司章程可自行约定股东可否以劳务形式出资;若可以,相关条款及条件亦须在章程中予以说明。

[18] 亦有观点认为法国法中区分了劳务与技艺,即"技艺属于劳务的范畴,但技艺是更高级形态的劳务"。参见薄燕娜:《股东出资形式多元化趋势下的劳务出资》,载《政法论坛》2005年第1期。

方式。

最后,法国法注重保障以劳务出资的股东的权益。法国《民法典》第1844-1条规定,股东间分享收益、承担亏损的比例依其出资额而定。股东以劳务形式履行出资义务的,其共负赢亏的比例应等于以其他形式出资的额度最小的股东,若另有约定可高于其他股东。该法第1843-3条进一步规定,股东对其承诺的出资比例负有出资义务,无论其承诺的出资方式是实物、现金还是劳务,劳务出资有权获得相应的收益。

(二)可行的路径:劳务出资约定"出资份额"而不计"出资额"

1. 向公司出资但不负有向外部人履行的义务

认缴制的本质不仅在于"缴"更在于"认"。因为认缴制下公司资本不再对应实缴出资而只对应未到期的出资请求权,即股东作出的认缴意思表示属于民法上为自己设定负担的行为,本质上是建立债权债务关系——股东成为出资关系中的债务人,公司则成为出资关系中的债权人。〔19〕 当然,《公司法(修订草案二次审议稿)》第50条、第51条、最高人民法院《关于适用〈中华人民共和国公司法〉若干问题规定(三)》第13条第1款还规定,不按规定缴纳出资的股东应当向已按期足额缴纳出资的股东承担违约责任;股东未履行或者未全面履行出资义务,公司或者其他股东请求其向公司依法全面履行出资义务的,人民法院应予支持。总之,出资债权的公司资产属性,无论债权人是公司还是其他股东,劳务出资债权都是承诺股东首先向公司内部承诺的负担。

同时,劳务出资可以从一开始便不纳入注册资本,以免对债权人产生危害。实际上,"注册资本"在现代公司制度中最重要的意义便是债权人给付——股东认缴出资构成公司的债权资产,并以此作为承诺出资但未到期股东应对公司债权人承担责任的重要理由之一。〔20〕 如此,劳务出资便进一步修正了认缴制下的"出资"内涵,即(1)设立时不转移劳务,这和认缴制下其他包括现金在内的资本形式一样,在设立时认

〔19〕 参见丁勇:《认缴制后公司法资本规则的革新》,载《法学研究》2018年第2期。

〔20〕 参见上海市普陀区人民法院:上海香通国际贸易有限公司与上海昊跃投资管理有限公司、徐某松、毛某露、接某建、林某雪股权转让纠纷民事判决书,案号:(2014)普民二(商)初字第5182号,2015年5月25日。

缴而不实缴；(2)追缴债务、股东出资义务加速到期时不强制履行，这也是本文预设的劳务出资实施机制中唯一特别的地方，因为不计入注册资本、不予公示，所以不对外部人负有给付义务，也不影响公司在减资、清算时的资本信用。[21]

2. 充分尊重股东协议对劳务出资比例的商定

劳务出资不计入注册资本额，但应允许公司股东约定以劳务出资的股东可分享的股份权利，并可约定参与决议的股东在劳务出资股东缴纳不能时的补足义务。事实上，非货币资产强制评估的制度逻辑是担心资产被高估或低估后，损害公司利益或债权人利益。但这样的“担心”显然已形同虚设。在司法实践中，最高人民法院支持部分股东以非法定的非货币财产出资并持有股权。因为股东认缴的注册资本是构成公司资本的基础，但公司的有效经营有时还需要其他条件或资源，因此，在注册资本符合法定要求的情况下，我国法律并未禁止股东内部对各自的实际出资数额和占有股权比例做出约定，这样的约定并不影响公司资本对公司债权担保等对外基本功能的实现，该约定并非规避法律的行为，应属于公司股东意思自治的范畴。[22]

3. 股份寄存并规定其他股东向公司的补缴义务

相较于评估价值，劳务出资的最大难题在于劳务的人身依附性，因而在行为人不愿向公司履行出资义务或履行不能时，无法强制执行。除了上文提到的公司股东及股东的差额补足义务，还可以从三个阶段、两个方面进行制度预设。

(1)预先对股份本身采取寄存措施。美国《示范公司法》第6.21(e)条规定：①劳务出资的股份可于第三方暂存保管；②设置其他安排来限制该股份转让；③将购买价格多对应股票的可分配收益计入公司贷方。这些措施可以延续到该出资人的服务期限完毕为止。

(2)当公司未破产清算时，以公司资产清偿公司债务。此时，劳务

---

〔21〕 参见朱慈蕴、皮正德：《公司资本制度的后端改革与偿债能力测试的借鉴》，载《法学研究》2021年第1期。

〔22〕 参见最高人民法院：深圳市启迪信息技术有限公司与郑州国华投资有限公司、开封市豫信企业管理咨询有限公司、珠海科美教育投资有限公司股权确认纠纷民事判决书，案号：(2011)民提字第6号，2011年6月21日。

出资是否充实并不直接影响债权人的受偿,尚未履行的服务义务只是转变为劳务出资股东对其他股东的金钱出资义务。至于劳务出资股东无法以金钱等其他资产形式偿付其他股东的风险,则是公司在选择劳务出资时应当默认承受的利益衡量结果。

(3)公司资产不足清偿债务时,劳务出资适用“股东出资义务加速到期”规则。我国《企业破产法》第35条规定,“人民法院受理破产申请后,债务人的出资人尚未完全履行出资义务的,管理人应当要求该出资人缴纳所认缴的出资,而不受出资期限的限制”。此时,如果劳务出资的期限尚未届满,属于“分期缴纳尚未届满缴纳期限”的出资状态,所以劳务出资亦应以金钱等其他资产形式履行义务。倘若劳务出资方无可执行的其他资产,则亦转化为其他股东代为缴纳、股东间相互追偿的权责方式。

五、结语:公司法重大修订与实现人才强国

20世纪60至70年代,当法经济学者写下现有公司法律的范式时,智识资本的重要性还未像现在这样凸显。当今世界正经历百年未有之大变局,生产技术与方式、社会结构与环境都处于重大变革之中。此时,鼓励创新、鼓励投资的商事原则更应当是本次《公司法》重大修订所秉持的基本理念。本文提议放松对劳务出资的强制性限制,取消《市场主体登记管理条例》对“劳务”的禁止性规定。允许以劳务出资的股东占有股份比例但劳务出资额不计入注册资本,可以在确保不影响公司债权人利益的前提下,将是否采纳劳务这一出资方式、劳务出资债权何时以及如何实现的问题“还给”公司自治。[23]

党的二十大报告将科技、教育、人才单列一部分,再次突出企业的科技创新主体地位;习近平同志同时指出,要采取特殊政策,把优秀人

---

〔23〕 有观点指出,现行《公司法》承担了许多破产法的功能。公司出资制度及细致入微的补缴义务就体现出对债权人太多僵化的保护,《公司法》修订应体现更多的工具性与自治性。

才聚集到技术部门、研究部门、管理部门中来，在人才入股、技术入股以及税收方面制定专门政策。[24] 恒产者恒心。如果允许劳务出资、让劳动者拥有更多股权资产，形成资本所有者和劳动者利益共同体，将会是本次《公司法》重大修订为实现人才强国做出的重要努力与突出亮点。

（编辑：张　越）

〔24〕 参见中共中央党史和文献研究院编：《习近平关于网络强国论述摘编》，中央文献出版社2021年版，第38页。

【公司法修改专题二：
关键少数责任制度】

《证券法苑》(2023)
第三十七卷,第98~122页

美国法上的董事谨慎义务与商业判断规则

张　巍*

摘要:值此《公司法》修订之际,如何完善公司治理——尤其是上市公司的治理,成为法律各界关注的焦点。董事的信义义务常被视为公司治理规制的核心。本文介绍了美国公司法有关董事信义义务的实践,分析了美国以商业判断规则等机制保护董事免受不合理责任风险的原因;强调基于市场竞争的公司治理机制才是促进董事为公司和股东利益谨慎行事、勤勉尽职的有效保障。法院应当认识到自身的局限,在形成对上市公司"关键少数"立体追责的同时,避免对专业人士经营管理公司的热情造成消极影响。

关键词:谨慎义务　义务豁免　监督义务

引　言

董事的信义义务(fiduciary duty)是公司法最重

* 新加坡管理大学杨邦孝法学院副院长、副教授。

要的内容之一,起源于英美法系的信托(trust)及代理(agency)制度,不过,现代美国公司法理论不再刻意追寻信义义务的信托法或代理法源头,转而注重公司本身的特质,发展符合公司治理需求的信义义务制度。以特拉华州公司法为代表的美国法将信义义务作了二分化——忠实义务(duty of loyalty)与谨慎义务(duty of care),这种简明的义务体系与其他普通法国家对信义义务的处理颇有不同。例如,在一本流行的英国公司法教材中,董事的义务被分为不越权、促进公司事业的成功、独立判断、尽到合理注意和发挥合理技能、避免利益冲突、不收受第三方好处等6项。[1]中国公司法规定了董事、高管等的忠实义务与勤勉义务,[2]虽然没有直接使用“信义义务”这个词,但显然类似于美国法的二分式信义义务,只不过是将“谨慎”转而表述为“勤勉”,学术界和实务界似乎都不认为这两个词有多少实质区别。

笔者曾经著文介绍过美国公司法上董事信义义务的大致情况,[3]不过,有关谨慎义务的具体规则,尤其是实践,或许还值得进一步厘清。在经历康美药业案后,董事究竟应该如何履行谨慎义务或者勤勉义务更成为各界关注的一个热点问题。当前正值中国《公司法》修订之际,鉴于中国公司法上董事信义义务的源流,以及美国发达的公司法实践,笔者认为有必要再对美国的情况作出说明,以供立法、司法与监管部门参考。方便起见,本文以下将duty of care统一译为“谨慎义务”。

一、谨慎义务与商业判断规则

(一)谨慎义务的一般原则

董事与律师、医生等其他为客户提供专业服务的专业人士地位相似,在处理股东委托的事务时,应当和其他专业人士一样尽到谨慎注意

---

〔1〕 See Alan Dignam & John Lowry, *Company Law* (11th ed.), Oxford University Press, 2020, pp. 329 – 376.

〔2〕 参见《公司法》第147条。

〔3〕 参见张巍:《上市公司董事会的信义义务:基础理论与美国实践》,载《投资者》2008年第1期。

的义务。美国早先的判例也确实如此描述董事的谨慎义务,即董事在管理公司事务时应当尽到一个通常的谨慎之人处理自身事务时尽到的注意;[4]或者说一个通常的谨慎之人面对类似情形,处于类似地位时,会被合理期待尽到的注意。[5]换言之,董事的谨慎注意标准类似于过失(negligence)侵权规则中的标准。

美国旧版的《示范商业公司法》(Model Business Corporation Act,MBCA)也有类似规定,但在1997年修订时去掉了这种过失侵权型的谨慎注意标准,取而代之的是:"董事会的每位成员在履行董事义务时,应当(1)基于诚信,并(2)以该董事能合理相信符合公司最大利益的方式行事。"[6]这一转变反映出在美国的司法实践中,对董事是否尽到谨慎义务的判断与普通的过失认定有很大区别。美国法院并不追究董事的过失责任,而只是要求他们避免重大过失(gross negligence),换言之,董事的谨慎注意标准低于侵权法要求的一般注意标准。

不过,美国成文公司法上规定的谨慎义务只是董事在处理公司事务时的行为标准(standard of conduct),而不是法官在审理案件时直接用以衡量董事是否谨慎的审查标准(standard of review)。前者表示一种法律的期待,用以激励形成一种良好的行为模式,而后者则是实际判定董事责任的标准,不像前者的要求那样高。[7]针对董事积极作出的决策,法院用以审查其是否符合谨慎义务要求的标准是商业判断规则(business judgement rule)。

(二)商业判断规则

商业判断规则最初是由法院宣示的规则,它被概括为"如果董事与经理人没有受到个人利益的影响,并且作出了诚信的判断,那么,美国的法院就将避免干预公司决策"。换言之,这条规则的背后是法院推

---

[4] Hun v. Cary,82 N. Y. 65(1880).

[5] Depinto v. Provident Security Life Insurance Co. ,374 F. 2d 37(9th Cir. 1967).

[6] MBCA §8.30(a).

[7] 最早提出区分行为标准与审查标准的是加利福尼亚大学伯克利分校的梅尔文·埃森伯格(Melvin Eisenberg)教授。See M. A. Eisenberg, *The Divergence of Standards of Conduct and Standards of Review in Corporate Law*, Fordham Law Review, Vol. 62, 1993.

定董事在作决策时尽到了合理的谨慎注意。[8]后来,美国《示范商业公司法》勾画了商业判断规则的轮廓,即对于独立且无利益冲突的董事作出的不违反法律的决策,股东不得起诉追究责任,除非能证明:(1)董事的决策有违诚信;(2)董事没有合理理由相信这种决策符合公司的最大利益,或在决策时未合理掌握恰当的信息。[9]

然而,在美国公司法实践中具有重要地位的《特拉华州普通公司法》(Delaware General Corporation Law,DGCL)则没有规定商业判断规则,而是交由法院用判例来形成规则。适用商业判断规则的结果是:法官将遵从董事会的决策,而不会以自己的判断来取而代之,即便由于这种决策导致公司和股东遭受损失,董事也不必为此承担责任。[10]换言之,这是一项保护董事的规则,也有人将其视作一种司法谦抑(judicial abstention)规则。[11]

参照司法实践——尤其是特拉华州法院的判决,商业判断规则的要件可以被归纳为这样几点。首先,作出决策的董事会必须拥有半数以上独立且没有利害冲突的董事,当然,何为独立与无利害冲突,对此美国的司法实践积累了大量的判例,因与本文主题并非直接相关,于此不赘。

其次,董事会必须作出一项判断,而不能疏于判断、不作为。[12]并且,这种判断应当属于董事会的专属决定权,也就是说,需要股东参与的决策——通常有关公司基本结构,比如并购等——不在适用商业判断规则之列,[13]不过,一旦这些决策得到了股东的追认则仍有可能适

---

[8] Miller v. American Telephone & Telegraph Co. ,507 F. 2d 759(3d Cir. 1974).

[9] MBCA §8.31(a)(2).

[10] See James D. Cox & Thomas L. Hazen, *Business Organizations Law*(4th ed.), West, 2016, p. 200.

[11] See Stephen M. Bainbridge, *Corporation Law and Economics*, Foundation Press, 2002, p. 243.

[12] See Bainbridge, *The Story of Smith v. Van Gorkom*, in Ramseyer ed., Corporate Law Stories, Foundation Press, 2009, p. 208.

[13] See Macey, *Judicial Review of Corporate Decisions*: *Kamin v. American Express Company*, in Macey ed., The Iconic Cases in Corporate Law, Thomson West, 2008, p. 125.

用商业判断规则。〔14〕这一要件使得商业判断规则的适用与后文要介绍的有关董事监督义务的规则适用区别开来。

再次，董事们作的判断必须为了诚信地促进公司的最大利益。在此，诚信首先是指不存在欺诈、违法，或者损害公司利益之故意。〔15〕此外，诚信也意味着从商业角度看，董事的决策不能完全不可理喻，无法用任何理性（rational）目的来解释其动机。〔16〕比如维护公司“价值观、文化”，投身“公共服务”，〔17〕此类完全与商业无关的目的不受商业判断规则保护。这是一个非常低的标准，只要法官能为董事的决策想象出任何说得通的商业理由，因而这种决策不是纯粹浪费（waste）公司资产，那就能够满足诚信要求。实际上，商业判断规则正是在宣示法官不会对董事决策的实质内容加以审查。〔18〕

最后，董事在决策之前必须针对其将要决策的事项合理地搜集信息，并在此基础上进行审慎斟酌。〔19〕假如董事存在重大过失，未能掌握所有能合理搜集到的重大信息，就将丧失商业判断规则的保护，构成违反谨慎义务。〔20〕而所谓重大信息，则是指在特定场景下，与董事谨慎决策深度关联的信息。〔21〕为此，董事可以聘请专家搜集信息，并合理地信赖专家意见，也可以合理信赖公司的内部记录，以及由员工和经理人提供的信息。〔22〕

以上所有关于商业判断规则的要件——董事具有独立性且无利害冲突、所作商业决策系出于诚信，并基于充分合理的信息——都将被法律推定，原告必须举证具体事实来推翻这些推定。〔23〕

（三）Van Gorkom 案

在商业判断规则的保护之下，美国公司的董事几乎从来没有因为

〔14〕 Corwin v. KKR Financial Holdings LLC, 125 A. 3d 304 (Del. Supr. 2015).

〔15〕 In re the Walt Disney Company Derivative Litigation, 906 A. 2d 27 (2006).

〔16〕 See Macey & Miller, *Trans Union Reconsidered*, Yale Law Journal, Vol. 98, 1988.

〔17〕 eBay Domestic Holdings, Inc. v. Newmark, 16 A. 3d 1 (Del. Ch. 2010).

〔18〕 See Gevurtz, *Corporation Law* (2nd ed.), West, 2010, p. 295.

〔19〕 同前注〔10〕，第 202 页。

〔20〕 同前注〔12〕，第 217 页。

〔21〕 Brehm v. Eisner, 746 A. 2d 244, 259 n. 49 (Del. Supr. 2000).

〔22〕 DGCL §141(e).

〔23〕 Aronson v. Lewis, 437 A. 2d 805 (Del. Supr. 1984).

违反谨慎义务而被要求承担损害赔偿责任，唯有的一次例外是 1985 年特拉华州最高法院对 Van Gorkom 案的判决，而这一次例外也促成了美国董事谨慎义务规则的再次重大转变，结果是实质上杜绝了董事为违反谨慎义务承担赔偿责任的可能性。以下简要介绍 Van Gorkom 案。

杰罗姆·范·戈尔科姆(Jerome Van Gorkom)先生是 Trans Union 公司的董事长兼首席执行官。20 世纪 70 年代末，Trans Union 公司为解决难以利用的税收优惠而考虑实施一项并购策略。1980 年 9 月 13 日，范·戈尔科姆与美国有名的金融家、凯悦酒店集团的老板杰·普里茨克(Jay Pritzker)会面，提议后者以每股 55 美元的价格收购 Trans Union 公司，普里茨克还价到每股 50 美元，范·戈尔科姆表示 55 美元是最低要价，并表示 Trans Union 公司有权接受更高的报价。此后，两人又进行了三次会谈，Trans Union 公司的总裁布鲁斯·赫伯格(Bruce Chelberg)、财务主管卡尔·彼得森(Carl Peterson)以及公司的顾问波士顿咨询集团的代表也参加了会谈。到 1980 年 9 月 19 日，范·戈尔科姆和普里茨克确定了收购方案，价格为每股 55 美元，以现金支付，相比那一周 Trans Union 公司股票的收盘价 37.25 美元，溢价率将近 50%。不过，普里茨克限定 Trans Union 公司的董事会必须在 3 天之内，也就是 1980 年 9 月 21 日星期天晚上、英国股票交易市场开市之前给予答复。

1980 年 9 月 19 日，范·戈尔科姆通知 Trans Union 公司的高管于第二天上午 11 点开会，通知董事于第二天正午 12 点开会。此前，除赫伯格和彼得森之外，公司的其他高管以及公司的外部董事对范·戈尔科姆与普里茨克谈判的交易均不知情，Trans Union 公司的财务顾问也没有被邀请参会。在高管会议上，范·戈尔科姆披露了与普里茨克的交易条件，但没有提供书面协议草案。公司的首席财务官唐纳德·罗曼(Donald Romans)则表示他的团队又对管理层杠杆收购方案进行了研究，认为每股价格应在 55 美元到 65 美元，因此，他认为 55 美元的出售价格过低。除赫伯格和彼得森外，Trans Union 公司的其他高管也悉数反对与普里茨克的交易。不过，范·戈尔科姆仍决定如期召开董事会。

Trans Union 公司的董事会有 10 名成员，其中 5 人是内部董事，包括范·戈尔科姆、赫伯格和白劳德(Browder)等,这些人都拥有法律和会计专业背景,他们在公司的供职时间总计116年,担任董事的时间总计68年。另外5名外部董事中的4人是美国大公司的首席执行官,另外一人则是芝加哥大学布斯商学院的前院长。这5个人总计担任大公司首席执行官的时间长达78年,出任Trans Union公司董事的时间总计50年。

1980年9月20日的董事会持续了大约2小时,其间,董事们听取了范·戈尔科姆约20分钟的口头说明,而协议的书面文本并没有及时发给董事们。范·戈尔科姆介绍了他和普里茨克会面的情况,以及并购方案的基本条款,还告诉董事们必须不迟于1980年9月21日晚上答复这项方案。但是,范·戈尔科姆没有披露他以什么样的方法得出每股55美元的售价,也没有披露这个价格是他率先向普里茨克提出的。

罗曼在会上告诉董事们,他没有参与谈判,在当天的高管会议之前也不知道有这项并购方案,他此前的研究既不反映公司股票的公允价格,也不是对公司的估值。他还告诉董事们,根据他的看法,55美元"在公允价格的范围之内",但"处于这个范围的初始端"。随后,赫伯格向董事们表达了他对这个并购方案的支持。此外,在会上发言的还有Trans Union公司的外部法律顾问布伦南(Brennan),他告诉董事们:假如他们不接受这些并购要约,有可能会被起诉;而有关并购价格的公允意见书(fairness opinion)则并非法律上所必需。听完上述人员的报告之后,Trans Union公司的董事会批准了并购协议。

1981年2月10日,Trans Union公司召开特别股东大会,占Trans Union公司全部已发行股票的69.9%的股东投票批准了交易,而投票反对的股东持股仅占7.25%。但原告B.奥尔登·史密斯(B. Alden Smith)先生则对这项并购交易强烈不满,他把公司的10名董事中的8名,外加首席财务官罗曼一起告上法院,指控他们违反了谨慎义务。在遭到特拉华州衡平法院驳回后,史密斯又上诉至特拉华州最高法院。

在上诉审判决中,特拉华州最高法院首先明确本案不存在"欺诈、背信或者自我交易",也就是说,法院推定董事们所作的商业判断出于诚信。于是,本案判决的焦点集中在1980年9月20日的董事会在决定批准 Trans Union 公司与普里茨克的并购方案时有没有充分掌握信息。

法院认为,根据案件的事实,在 1980 年 9 月 20 日董事会作出决定时,他们掌握的信息并不充分。具体而言,当天董事会主要依据范·戈尔科姆短短 20 分钟的演讲就批准了并购方案,而此前绝大部分董事都对这笔交易不知情。会上也没有向董事们提交书面的协议提要,董事们也没有得到任何足以支持 55 美元这个出售价格的书面依据。尽管特拉华州公司法允许董事会诚信依赖公司高管所做的"报告",但当天范·戈尔科姆和罗曼的发言都谈不上是"报告"——前者缺乏实质,因为范·戈尔科姆自己也不了解他说的那份文件中的必要条款,他根本没有通读过这份文件,而后者则明确表示不对公司价值作出评估,因此与董事会要决定的事项无关。

法院进一步表示,尽管相当比例的溢价也许是董事会推荐并购方案的理由,但如果缺乏其他估值信息,仅凭溢价本身不足以成为判断要约价格是否公允的依据。实际上 Trans Union 公司的董事会在 1980 年 9 月 20 日作出决定时并不知道公司作为一个持续经营实体(going concern)的"固有价值"(intrinsic value),也没有要求对现金收购中公司的公允价值进行研究——尽管法院无意表明"外部估值研究是支持(董事会)作出知情商业判断的必要条件",也无意宣示出具"独立的投行公允意见书是一项法律要求"。

然而,在本案中,董事会甚至没有要求公司的首席财务官对公司价值进行评估,也没有问他为什么 55 美元每股处于"公允价格范围"的底部。此外,董事会也没有发现 55 美元的价格是范·戈尔科姆提出的,更重要的是,没能发现范·戈尔科姆得出 55 美元这个价格只是基于对管理层杠杆收购可行性的计算。综合上述各项证据,法院认定 Trans Union 公司的董事会在 1980 年 9 月 20 日决定批准并购方案时未能掌握充分信息,未能作出知情商业判断,违反了谨慎义务,纵然法律推定董事们的决策系出于诚信,也不足以弥补其在决策时未能掌握充分信息的缺陷。

Van Gorkom 案的评价在学者中间呈现两极分化,有少数学者认为其体现了法院要求董事切实掌握信息,从而更负责任地采取行动的立场,是法院早就该做的。[24]但更多学者对此案持否定态度,实际上,这大概是特拉华州法院遭受批评最多的一则判决,著名商法学者 Fischel 教授甚至称其为"公司法历史上笃定最糟糕的判决之一"。[25]批评者的主要观点是此判决动摇了后文要详述的商业判断规则的根基,将大大冷却具有专业才能者出任公司董事的热情。

虽然学者们各执一词,但在实践中 Van Gorkom 案判决明显引起了两个直接后果,一是美国公司董事会决策趋于保守,采用了许多不必要的形式步骤,这最终增加了股东们要负担的决策成本。[26]二是由于董事责任的不确定性增加,董事高管责任保险(D& O insurance)的保费迅速高涨,1984 年到 1986 年,涨幅超过 10 倍,甚至根本买不到这种保险。[27]为应对这种情况,特拉华州的立法机构旋即修改了公司法,下面我们就来看这一修改。

(四)《特拉华州普通公司法》第 102 条第 b 款第 7 项

前文提到,1985 年 1 月 29 日,特拉华州最高法院作出了 Van Gorkom 案判决,董事高管责任保险危机随之而来。1986 年 3 月 10 日,特拉华州律师协会(Delaware State Bar Association)的公司法委员会(corporate law council)开会,提出为应对这场危机需要修改《特拉华州普通公司法》,以成文法改变特拉华州法院的判例法。1986 年 6 月 9 日,律师协会的议案被正式提交特拉华州议会,后者于 1986 年 6 月 18 日通过《特拉华州普通公司法》修正案,增加第 102 条 b 款第 7 项,同年 7 月 1 日起生效。[28]

《特拉华州普通公司法》第 102 条第 b 款第 7 项的主要内容翻译如下:

---

〔24〕 See Chittur, *The Corporate Director's Standard of Care: Past, Present, and Future*, Delaware Journal of Corporate Law, Vol. 10, 1985.

〔25〕 See Fischel, *The Business Judgement Rule and the Trans Union Case*, Business Lawyer, Vol. 40, 1985.

〔26〕 同前注〔12〕,第 224 页。

〔27〕 See McChesney, *The "Trans Union" Case: Smith v. Van Gorkom*, in Macey ed., The Iconic Cases in Corporate Law, Thomson West, 2008, p. 254 n72.

〔28〕 See Butler, *Smith v. Van Gorkom, Jurisdictional Competition, and the Role of Random Mutations in the Role of Corporate Law*, Washburn Law Journal, Vol. 45, 2006.

（公司章程可以包含）免除或限制董事个人因违反作为董事的信义义务，而需对公司或其股东承担金钱损害赔偿责任（monetary damages）的条款，但该条款不得消除或限制董事因以下原因而需承担的责任：（1）违反对公司或其股东的忠实义务；（2）有违诚信（good faith）的作为或不作为，或故意的不当行为或明知故犯的违法行为；（3）依据本法第 174 条的规定；（4）董事获得不当个人利益的交易。

此条内容有这样几点需要特别注意。第一，这是一条授权公司章程选择加入的规则，也就是说，只有经过股东同意将《特拉华州普通公司法》第 102 条第 b 款第 7 项的相关内容写进章程之中，公司的董事才能得到保护，因此，这是一条“选进”（opt in）规则。实践中，公司要给予董事此项保护，通常会在章程中加入包含这样一些元素的条款。首先，规定在法律允许的最大限度内免除董事对公司、股东的赔偿责任。其次，如果此后法律进一步减免董事违反信义义务的赔偿责任，在得到股东同意的条件下，公司也将相应减免董事责任。最后，即便令后法律废除了有关的免责规定，或者对免责加以限制，董事在法律发生上述变化之前的作为或者不作为，也不会受到这种法律变化的负面影响。[29]

第二，从结构上看，此条并未直接说可以免除董事违反谨慎义务的责任，而是以排除法，将其他一系列违反信义义务的行为排除在外，从而使得违反谨慎义务成为仅剩的可以免除责任的情形。在被排除的情况中，最主要的是违反忠实义务与违反诚信义务的情形，对此，后文将作简单介绍。

第三，《特拉华州普通公司法》第 102 条第 b 款第 7 项只是免除董事的金钱赔偿责任，但没有阻止原告寻求衡平法上的救济（equitable remedies），比如请求法院颁发禁制令或强制令（injunction），或者请求解除（rescission）交易协议[30] 等。实践中，股东作为原告寻求衡平法

〔29〕 See Sjostrom, *Business Organizations: A Transactional Approach* (3rd ed.), Wolters Kluwer, 2020, p. 490.

〔30〕 不过，在协议解除之后，董事仍然不用承担金钱赔偿责任。

救济最为常见的就是请求法院在并购交易交割(closing)前颁发禁制令,禁止交易的实施,或者要求对董事会的结构进行调整。

第四,这一条规定只免除董事的金钱损害赔偿责任,却不适用于公司的高管。对于同时兼任首席执行官等高管职务的公司内部董事而言,《特拉华州普通公司法》第102条第b款第7项不能免除其以高管而非董事身份实施的违反谨慎义务的行为。

第五,《特拉华州普通公司法》第102条第b款第7项免除的只是董事对公司以及股东的金钱赔偿责任,而不免除其他人对董事提出损害赔偿请求的权利。比如,要是构成董事违反谨慎义务的重大过失造成对他人的侵权,侵权受害人仍然可以要求董事赔偿。

2015年,特拉华州最高法院在In re Cornerstone Therapeutics, Inc. Stockholder Litigation案〔31〕的判决中进一步明确:如果股东仅以董事违反信义义务为由请求损害赔偿,就必须提出一项不受《特拉华州普通公司法》第102条第b款第7项免责条款保护的诉讼理由,否则,无论董事会的决策适用何种司法审查标准,法院都应当驳回原告的诉请。换言之,对于适用特拉华州公司法的公司而言,非但董事们不必担心会因为违反谨慎义务而被要求赔偿损害,甚至股东对这类案件提起诉讼的机会都没有,于是,董事们完全不必担心由此引发的讼累。

《特拉华州普通公司法》第102条第b款第7项很快成为美国其他州公司法仿效的对象,豁免董事违反谨慎义务的金钱损害赔偿责任,如今已经成为美国公司法的标准配置,其本质是使董事对公司及其股东承担的信义义务部分成为任意性规范,不再具有强制性,实际也是对商业判决规则的强化。有趣的是,在《特拉华州普通公司法》第102条第b款第7项通过一年之内,就有90%的特拉华州公司修改章程,增加《特拉华州普通公司法》第102条第b款第7项的保护措施,豁免董事未谨慎行事的金钱损害赔偿责任。〔32〕可见在实践中,这种减轻董事责任,限制股东权利的做法非但没有遭到股东们的抵制,相反还得到了广

〔31〕 In re Comerstone Therapeutics, Inc. Stockholder Litigation, 115 A. 3d 1173 (Del. Supr. 2015).

〔32〕 See Romano, *Corporate Governance in the Aftermath of the Insurance Crisis*, Emory Law Journal, Vol. 39, 1990.

泛的欢迎。要理解这一点，就需要从公司法采用商业判决规则的必要性谈起。

二、因何豁免董事违反谨慎义务的金钱损害赔偿责任？

（一）商业判断规则的理由

商业判断规则的合理性主要源自作为现代公司管理者的董事与作为公司产权人的股东在风险偏好上的显著差异。上市公司的股东们可以容易地分散自己的投资，多元的投资组合（portfolio）使得股东们不必承受各家公司的非系统性风险，包括经营决策失当的风险。即便是非上市公司的股东，也仍然有机会将资本投入不同类别的公司和资产。换言之，股东能方便地避免“将鸡蛋放进一只篮子里”，因此，他们的风险偏好更有可能趋近中性（risk neutral）。

然而，董事们没有分身之术，不可能将自己的人力资本轻易地分散到多家公司中去，这样一来，人力资本的投入就无法像金钱资本那样多元化。实际上，我们还恰恰希望董事、高管们的人力资本投入专一化，因为这样才能使公司的管理者们更有机会了解自家公司独有的特点，有针对性地实施商业策略。而这种高度专一化的投资的产出缺乏可转移性，也就是说，管理者一旦改换门庭，原来投入的人力资本很大程度上就白费了，很难把有关原先公司的特定知识用到新公司身上。[33] 由于董事的人力资本投入不易多元化，使得他们的风险偏好比股东更为保守（risk averse），一旦高风险的经营决策导致公司亏损乃至破产，他们的职位自然不保，从前投入的人力资本也就不再能有回报。

可是，恰恰是高风险才能带来高回报，因此，想办法降低董事们自身面临的决策风险，激励他们采用风险较高的经营战略，实际上也是股东的利益所在。当然，投资机会的固有风险难以通过法律来削减，但

〔33〕 这就是诺贝尔奖得主威廉姆森（Oliver Williamson）教授著名的资产专用性理论（Williamson, *Transaction Cost Economics*, in Schmalensee & Willig eds., Handbook of Industrial Organization, Elsevier Science, 1989, pp. 136 – 182）。

是,法律不针对经营决策的后果追究责任,至少可以消除由于法律责任引发的风险,商业判断规则便应运而生。

此外,美国法院采用商业判断规则也是出于承认商业判断的复杂性,法官没有能力来审查商业判断的实质内容,因此只能转而审查董事会决策的程序。于是,就像我们在 Van Gorkom 案中看到的那样,商业判断规则实际上将司法审查限定在程序审查的范围,只要董事们——实际上是他们的律师——设计出一套看似经过认真考虑得出结论的程序,那么,几乎一切商业决定都会被法院视为合理。〔34〕

对于上述理由,商业判断规则的反对者们表示,公司的管理者归根结底也是一类专家——就像律师、医生一样。既然律师、医生们要按照普通的过失标准承担专家责任,为何允许公司董事只为重大过失承担责任?律师和医生的职业判断同样复杂而面临风险,何况,现代社会中,律师、医生的客户们也可以利用保险来分散风险,恰如股东们利用多元投资组合分散风险一样,而董事高管责任保险也为公司的管理者提供了化解法律责任风险的机会。至于说法官没有进行商业判断的经验,则与法官没有经验进行医学判断并无分别。〔35〕

然而,反对者或许对公司管理者需要进行的专业判断的性质有所误解。这种判断与律师、医生等的专业判断至少有两点重要区别。首先,商业判断往往比其他专业人士的判断更具有异质性,尤其是针对大公司的商业判断,这些公司的商业策略各不相同,由此才可能在商业竞争中博得优势。商业成功的基础正是在于创新,这就意味着针对商业判断,不能像对律师、医生的判断那样建立起一套"行业标准",利用同行证言来裁定被告的判断是否谨慎。〔36〕其次,前文提到的股东与董事之间的风险偏好差异一般也不会存在于其他专业人士与他们的客户之间——客户们没有一个像股票市场那样易于分散风险的媒介。所以,运用法律规则来激励其他专业人士冒险就不如像激励公司董事冒险那样迫切。

---

〔34〕 同前注〔13〕,第 136 页。

〔35〕 同前注〔18〕,第 301、303 页。

〔36〕 See Spamann, *Monetary Liability for Breach of the Duty of Care*?, Journal of Legal Analysis, Vol. 8, 2016.

况且,即便承认董事与律师、医生是一样的专业人士,职业决策的本质没有区别,也不等于说就应该放弃商业判断规则,转而采用一般的职业过失规则,因为现有法律对律师、医生的专业责任要求未必是恰当的。虽然,笔者没有系统的经验证据来判断针对律师、医生等的专业责任规则是否恰当,不过,一些零散的证据似乎让人有理由怀疑这些责任规则的恰当性。

比如,在 Van Gorkom 案背离商业判断规则的初衷之后,董事会的决策陷入过度的形式化之中,而其中的一大推手正是董事会的律师。〔37〕其实,不只是律师的专业责任,在医疗事故责任规则之下,美国同样经历了医疗事故责任保险危机,令医生更多实施防御性医疗(defensive medicine)。〔38〕可见,即便在对专业人士的风险追求没有特别需求的领域,一般的过失责任尚且会使他们的行动变得过于保守,若要将类似规则适用到特别需要被鼓励冒险的公司董事身上,更会对商业活动造成不利影响。

(二)因何免除董事违反谨慎义务的金钱损害赔偿责任

前面提到,美国公司法不仅利用商业判断规则降低了董事的注意标准,还进一步豁免了董事在达不到这种低标准时的金钱损害赔偿责任。而且,这一规则还得到了股东们的普遍青睐,被各家公司纷纷选用,这是为什么?首先是因为要求董事承担赔偿责任的诉讼看上去并没有给股东带来多少实际好处。〔39〕一方面,耶鲁大学法学院罗伯托·罗曼诺(Roberto Romano)教授的研究发现,1966~1987 年,非但单纯以违反谨慎义务起诉董事的案件十分少见,只占所有起诉董事案件的 15%,而且以此为由起诉的案件中有 65% 采用和解结案,最重要的是,在 10% 的实际产生和解赔偿金的案件中,和解金用以支付原告律师费用的比例超过 98%,也就是说,股东能得到的赔偿不足

〔37〕 同前注〔12〕,第 224 页。

〔38〕 See Kessler & McClellan, *Do Doctors Practice Defensive Medicine?* Quarterly Journal of Economics, Vol. 111, 1996.

〔39〕 有关股东诉讼机制的缺陷,参见张巍:《美式股东集团诉讼问题与矛盾》,载《投资者》2020 年第 2 期。

2%。[40]

另一方面,股东诉讼也没有引起公司治理结构的实质改变。被诉公司对其董事会的结构顶多不过做了点粉饰性的改造,与没有被诉的公司相比,外部独立董事的比例并没有显著变化。[41]由此可见,针对董事违反谨慎义务的诉讼最大的后果恐怕只是增加了公司和董事应诉的成本,包括投入的金钱与精力。

之所以针对董事违反谨慎义务提起的诉讼往往令股东得不偿失,一个重要原因正是前面提到的商业判断具有高度的异质性,需要大量临机应变的现场决策,而决策的后果又更容易受随机因素影响。所以,法官们非但自身难以准确把握董事有没有勤勉尽责,也很难依赖其他公司董事的证言来认定被告董事在作出特定决策时勤勉与否。与医生之类的其他专业人士相比,要事先具体规定董事的行为方式比较困难,而且,公司经营决策结果更有可能受随机因素影响,因此,仅凭结果的好坏很难判断决策者在决策之时是否尽责。

与此同时,至少对上市公司而言,比起法院的裁决,股价的变化是展示董事经营管理质量高低的更为精确的信号。尤其是在董事获得股权激励并由此将自身经济利益与公司业绩绑定的时候,股价变动非但是经营质量好坏的标志,也是对董事谨慎勤勉与否的奖惩。再者,股价下跌触发的敌意收购、股东积极主义行动以及卖空交易等市场化的公司治理机制,比法院的裁判更有可能对那些不谨慎、不勤勉的董事形成震慑,却最大限度地避免累及无辜。[42]简言之,在一个资本市场运营良好的环境中,法院裁判对促进董事勤勉尽责的积极作用十分有限,而诉讼的各种成本却可能对公司和股东造成不必要的负担。[43]

---

〔40〕 同前注〔32〕,第1169页。

〔41〕 同前注〔32〕,第1171、1176页。

〔42〕 有关这些市场化的公司治理机制,参见张巍:《董事会中心主义公司治理模式的缺陷与出路》,载《商法界论集》2021年第2期。

〔43〕 同前注〔36〕,第355~358页。

三、董事的监督义务

董事的监督义务是与其谨慎义务关联的一项义务，在美国公司法上，违反谨慎义务的问题发生在董事会决策实施积极作为的场景下，而违反监督义务的问题则发生在董事会对经理人以及下级职员的不当行为漠视不管的场景下，属于针对董事消极不作为提起的指控。目前中国一些上市公司董事面临的对虚假财务报告审核不利的指控，从公司法角度看，正是对有关监督义务的违反。[44]

传统上，虽然美国法律认为所有董事都负有最低程度的注意义务，他们必须诚信地履行这一义务，但在整个20世纪中，对于董事单纯的不作为，也就是未能尽到监督下属、同僚的义务，法院较少追究董事个人的责任。尽管大多数美国法院认为董事监督失职类似于普通的侵权行为，因为两者都属于注意程度不足，不过，他们同时又通过狭义解释董事的监督义务，或者对原告科以严格的因果关系举证责任，来避免让董事承担责任。法院经常援引的原则是，董事并非公司经营成功的保证人，也不是雇员忠诚于公司的担保人。[45]

1996年，特拉华州衡平法院对In re Caremark International Inc., Derivative Litigation案[46]的判决改变了上述传统。在此案中，特拉华州衡平法院的首席法官(chancellor)威廉·艾伦(William Allen)表示，虽然法律只要求董事会对公司最重要的行动、交易作出决策，但是，“由经理人和公司组织中基层职员所做的普通商业决定也会对公司利益造成严重影响，并左右公司实现其各种战略和财务目标的能力”。为此，董事会应当“诚信地确保公司建立一套信息传递和汇报机制”，并“诚信地确认公司的信息传递和汇报机制在理念上和设计上足以保

---

〔44〕 在证券法上则是证券虚假陈述的责任问题。

〔45〕 See Kraakman & Kesten, *The Story of Francis v. United Jersey Bank: When a Good Story Makes Bad Law*, in Ramseyer ed., Corporate Law Stories, Foundation Press, 2009, pp. 164 – 166.

〔46〕 In re Caremark International Inc., Derivative Litigation, 698 A. 2d 959 (Del Ch. 1996).

证董事会在公司的日常运营过程中，能及时了解到适当的信息，从而履行自身职责”。

不过，尽管艾伦法官一方面扩大了董事的监督义务，另一方面，他也希望对此义务有所限制，创造一条给予董事更多保护的司法审查标准。为此，他表示董事肩负的“诚信知情”义务不等于要求他们“对企业运营的所有方面都拥有详细信息”，即便董事会出于过失，未能建立起这样一套信息传导机制，也仍然不足以向董事们追责。若要主张董事不知道公司内部的违规行为，由此给公司带来损失，从而需要负担法律责任，那么，“只有董事会持续性、系统性地忽略监督职责，以致够得上没有试图确保建立一套合理的信息传递和汇报机制，才能满足追究法律责任所必需的董事会缺乏诚信之要件”。Allen 法官还特别指出：指控董事未尽积极监督之责，也许是“原告在公司法上最难期待胜诉的一条法理”。

2006 年，特拉华州最高法院在 Stone v. Ritter 案〔47〕（以下简称 Stone 案）中一方面认可了 Caremark 案确立的董事监督义务，另一方面实际又进一步提高了违反监督义务的门槛。特拉华州最高法院认为，根据 Caremark 规则追究董事未尽监督义务之责的必要条件是，“a）董事们彻底没有设置汇报或信息传递机制；或者 b）虽然设置了这种机制，却明显没有监督、审查其运行状况，由此令董事们无法了解到那些需要他们注意的风险和问题”。同时，特拉华州最高法院还指出，无论在上述哪种情形下，只有证明“董事们明知自己没有尽到信义义务”，才能追究其法律责任。

与 Caremark 案将董事的监督义务视为谨慎义务的一部分不同，Stone 案认为董事违反诚信而未尽监督之责与违反谨慎义务有质的区别。也就是说，它并不是由重大过失引起的法律责任，而是属于违反忠实义务产生的责任。于是，在特拉华州公司法下，股东不能因为董事疏忽未尽监督职守而要求其承担责任——无论这种疏忽的程度多么严重，只有明知故犯，也就是故意不履行监督义务的董事才有责任。

Caremark 规则成立后的 20 多年间，虽然时而有股东提起董事违反

〔47〕 Stone v. Ritter, 911 A. 2d 362 (Del Supr. 2006).

监督义务的诉讼,却几乎没有任何股东胜诉。这种结果并不奇怪,因为艾伦法官在创造 Caremark 规则的时候就有意拔高责任认定标准,还明确称其为股东最难取胜的一种信义义务诉讼。直到 2019 年后,股东在指控董事违反监督义务的诉讼中才获得了一些胜利。从最近的这些判例看,有可能构成董事违反监督义务的案件往往涉及董事会比较荒谬的行为。比如,以冰激凌作为唯一产品的公司中,董事会没有为食品卫生问题采取任何监督措施,甚至在联邦和州的食品卫生监督部门几次调查并指出公司的食品生产卫生问题之后,董事会仍然对存在的问题毫不知情,最终,导致 3 名顾客因为感染冰激凌中的细菌而死亡。[48]又如,上述公司中负责监督的董事会审计委员会一年只开一次会,每次会议最长只有一小时,短的只有半小时,对公司的关联交易完全不加过问,听任经理层摆布,造成对关联交易信息的不实披露,甚至没有更换遭到美国公众公司会计监督委员会(Public Company Accounting Oversight Board,PCAOB)处罚的外部审计机构。[49]再如,在以安全为首要任务的飞机制造企业中,负责监督的董事会审计委员会却只关注财务风险,而确保飞机的安全甚至没有被列入该委员会章程规定的任务之中,董事会也没有获得飞机安全信息汇报的正式渠道;在发生一起坠机事故后,董事会依然无视这面强烈的“红旗”信号,继续维持原有的不关注飞机安全性能的做法,最终再次发生机毁人亡的惨剧。[50]

由此可见,对于董事的监督义务,特拉华州法院从来都对原告方提出了相当高的要求,需要原告方举证证明严重背离常态的事实,以致有可能推定作为被告方的董事明知自己应该做得更多却没有做到,由此将违反监督义务纳入了违反忠实义务——而非谨慎义务——的范畴。与此同时,无论 Caremark 案强调“持续性、系统性”,还是 Stone 案强调“机制”的设置与运作,实际上都是将监督义务当作了董事会的集体义务,而非个别董事的个人义务。显然,一套“机制”的设置,以及确保它“持续”“系统”地运作,都不可能是某个董事个人能实现的,所以,违反

〔48〕 Marchand v. Barnhill,212 A. 3d 805(Del. Supr. 2019).

〔49〕 Hughes v. Hu,C. A. No. 2019 – 0112 – JTL(Del. Ch. 2020).

〔50〕 In re the Boeing Co. Derivative Litig.,No. 2019 – 0907(Del. Ch. Sept. 7,2021).

监督义务的也不会仅仅是董事个人。

四、美国董事信义义务的体系与特征

以特拉华州公司法为代表的美国公司法将董事的信义义务作了二分化——忠实义务与谨慎义务,如前所言,这种简明的义务体系与其他普通法国家对信义义务的处理颇有不同,却也是中国法采用的体例。在特拉华州这种简明的体系之下,法院着重考察的是董事与公司发生利益冲突的案件,而且这种冲突主要限于经济方面——关联交易、侵夺公司机会以及同业竞争等。[51]假如存在经济性冲突,案件随即进入忠实义务的领域,法院会进一步考察是否有适当的程序来“洗净”冲突,当没有“洗净”程序时,法院将自主判断董事的行为是否实质公平。

此外,要是不存在利益冲突,则可以进一步区分董事是否积极实施了决策行为。董事消极不作为的情况可能进入董事监督义务的领域,也就是 Caremark 规则的审查轨道,在 Stone 案之后,这类案件也被当作忠实义务处理。对于董事积极的作为,法院会采用商业判断规则对董事给予保护,除非董事存在重大过失。而且,纵然有重大过失,只要公司章程选用了《特拉华州普通公司法》第 102 条第 b 款第 7 项的免责条款,董事就仍然不必负担金钱损害赔偿责任。这属于董事谨慎义务的领域。

以上总结了特拉华州董事信义义务的基本体系,接下来谈谈特拉华州法院处理董事信义义务案件的两个重要特征。第一个重要特征是把握底线,也就是守住董事和股东的利益冲突问题。当存在利益冲突——尤其是具体的经济利益冲突——之时,无论多么有能力、有经验的商业精英、管理天才,都可能丧失作出正确商业决策的动机。由此,法院必须成为公司与股东利益的保护者,以确保商业决策不会被不良

〔51〕 广义而言,董事偷懒不肯花时间认真处理公司经营事务也可以被视为一种利益冲突——为节省自己的精力、时间而损害公司利益,从这个角度看,实际上谨慎义务与忠实义务也可以被认为处在同一连续的光谱之中(同前注〔36〕)。不过,量变仍可能引起质的改变,为此,笔者在此强调直接的经济性冲突。

动机所污染。

一旦离开董事与公司正面利益冲突的领域,特拉华州的法官便退回到自己作为法律专家的地位上,不再愿意干预董事作为商业专家所作的决策。一个没有利益冲突的董事,要是作了一项令公司遭受损失的决策,大致无外乎三种可能,一是“懒”、二是“蠢”,三是运气差。假如纯粹是运气问题,显然法律不应该追究董事的责任。而要评判董事的决策是不是“蠢”,恐怕就得有比董事更加高明之人,法官并非作商业判断的行家,所以,若要法院对此作出裁判,少不了需要借助所谓的专家证人——其他公司的经营管理者。这样一来,判断董事信义义务的案件,就会转变成专家责任案件。然而,如前所言,传统的专家责任规则并不适合于董事的经营决策判断。

针对董事偷懒的情况,法院同样觉得很棘手。在一个难以形成统一的程序性标准的环境下,要分清董事没有采取行动,究竟哪些时候是因为“懒”,哪些时候是深思熟虑之后的明智选择,实在不是一桩容易的事情。不过,从概率上说,董事不作为更有可能违背其职守——公司聘用董事为的就是做事,否则也不用聘请董事。或许出于这样的考虑,特拉华州法院更愿意干预董事的不作为。但即便此时,特拉华州法院仍旧谨慎地将司法干预局限于足以借助极端的客观表现来推知董事有意偷懒的情况。

特拉华州有关董事信义义务的法律体系,还有第二个重要特征,那就是区分行为标准与审查标准,前者是法律期待的董事的模范行为模式,它更加具有抽象性,也并不是董事在实践中必须达到的标准。正如特拉华州最高法院所言,“实践优秀公司治理的远大理想是高度值得期待的,这种实践也常常会造福于股东,有时也能减少诉讼,一般总可以帮助董事避免法律责任,但是,这种实践同样超越了公司法对董事的最低要求……不是对法律责任的标准作出的定义”。[52]

真正被用来审理董事信义义务案件的是审查标准——商业判断规则、彻底公平(entire fairness)标准等,特拉华州的审查标准主要是守住遏制利益冲突这条底线。审查标准在司法实践中的作用是确定法官对

〔52〕 Brehm v. Eisner,746 A. 2d 244(Del. 2000).

董事行为的干预程度,而这种程度则取决于行为是否可能突破底线。通过调整法律的干预程度,反过来影响董事在决策时的行为模式,包括尽到的注意程度与隔离利益冲突的措施。这样一来,原本抽象的信义义务成为具有可操作性的行为指针。

在现代公司法上,董事的信义义务恐怕是各国普遍接受的原则,但并不是每个确立起这种义务的法域,都像特拉华州一样拥有一套具体化的审查标准,于是,信义义务也就未必能具体发挥作用。其实,即便在特拉华州,曾一度被作为第三项信义义务的董事诚信义务(duty of good faith)最终难以被赋予独立的实践意义,很可能也是缺乏独立的审查标准所致。

特拉华州董事信义义务体系的这两个特征体现了法律和司法审查在公司治理中的功能局限性。质言之,有经验的法官,在较为具体的审查标准引导下,辅以股东查阅权(inspection rights)以及强力的证据开示(discover)程序,有可能辨析出董事与公司、股东的利益冲突,进而借助自己的公平观念和经济知识,裁量交易条件对公司是否公平——显然这种裁量会有高度的主观性。然而,要法官来判断董事们是"懒"还是"蠢",就会让一个对自身能力有清醒认识的法官感到为难。换句话说,司法审查能做的——或许也是勉强为之——只是守住利益冲突的底线,而经营管理者的勤懒、贤愚,则唯有让市场来大浪淘沙,由股东"用脚投票",让"野蛮人"无情进击。〔53〕

五、美国经验对中国的启示

美国以往近四十年间有关董事信义义务的立法与司法实践为我们提供了一些启示。首先,要靠立法或者监管规则来划定董事行事的具体尺度将会比较困难。归根结底,信义义务不是一项泾渭分明的规则(rule),而是一种提纲挈领的标准(standard),其本质是承认人的认知局限。在公司这种长期存在的商业组织里,管理者与产权人处于持续

〔53〕 同前注〔42〕,张巍文。

互动关系之中。长期性使得无论是规则制定者,还是股东都不可能预测未来出现的所有情事,并据此规定好各方的行为方式。因此,人们在事前可以做的只是大体达成一个原则性共识,至于如何将此共识付诸实践,则要根据具体场景具体判断。这种共识就是管理者要为公司的利益服务,而不能因为自身利益损害公司利益,此即公司法上信义义务的核心。除此之外,法律能规定的或许仅仅是少数最基本的行为要求,比如必须亲自出席董事会,不能委托他人行使表决权(proxy voting)。[54]

既然无法事前规定好如何为公司利益服务,就只能在特定情事出现之后,再来评判管理者有没有兑现与产权人达成的共识,也就是让法院事后裁断信义义务有没有得到履行。信义义务的这种运行机制令公司的管理者得以自由判断,灵活处理经营事务,为股东创造价值;同时,它也为管理者划定了判断与行事的底线,避免恣意妄为。不过,如此一来,审查管理者是否遵守信义义务也只能依据具体事实作出场景化裁量。换言之,无论遵守还是违反信义义务,都可以有千万种形态;反过来,即便同样的判断与做法,放到不同的场景中,究竟是遵守还是违反信义义务,也难以一概而论。如此特定化、场景化的裁判,离不开法官的审判经验,也离不开法院的公信力。

其次,即便对于富有经验的法官来说,要审查董事是否谨慎勤勉仍然是一项具有挑战性的任务。这是因为要完成这项任务,法官将不得不在事后重复特定公司的特定董事在特定时刻作出的特定判断,从法官的专业能力来看,这几乎是不可能的。反过来说,假如法官能就此作出准确判断,那么,法官就将成为最佳的商业经营管理者,公司索性应该聘请法官来出任董事。况且,即便法官在事后能作出准确判断,以这种事后的判断来决定董事事前决策谨慎与否,对董事而言仍然不公。事后的判断非但能得益于事前不具备的更多信息,也不必受制于时间的压力——大量商业决策都具有时间上的敏感性,还会很容易受到人

---

〔54〕 这是美国普通法上的一项规则,不过,公司仍然可以章程排除[Perry v. Tuscaloosa Cotton - Seed Oil - Mill Co. ,9 So. 217(Ala. 1891);Greenberg v. Harrison,143 Conn. 519,124 A. 2d 216(1956)]。

类认知局限——特别是后见之明(hindsight bias)——的影响。

法官对于董事谨慎勤勉进行事后既不准确又不公平的审查难免会挫伤有经验、有能力的专业人士出任公司董事的积极性,即便担任了董事,他们的行动也会趋于保守,以自保无责为宗旨,而非积极大胆地谋求扩大公司的利润。其实,无论美国还是中国自身的经验都为此提供了有力的注脚。[55]到头来,遭受损失的还是公司的股东们,他们要么忍受经营管理水准的低下,要么为吸引有能力的人士出任董事并勇于任事而支付额外的报酬[所谓的风险溢价(risk premium)]。[56]何况,在具备其他准确度更高的市场化激励机制的情况下,法院的事后判断也未必能提升多少董事谨慎勤勉的程度。正是出于这样的原因,美国法律才以商业判断规则和豁免金钱损害赔偿责任来保护董事们不必担心触发违反谨慎义务的风险,美国的法院才将执行董事信义义务的焦点集中到违反忠实义务之上。

至于公司法上董事的监督义务,如前所述,尽管美国法院偶然有可能认定董事违反此项义务,但原告为此必须承担比较严苛的举证责任,证明董事会整体上具有持续而较高的懈怠,以致足以认定董事们有意不履行监督义务。美国的法院明言,对原告股东来说,追究董事违反监督义务之责,乃是有关信义义务最为困难的一项诉讼任务。之所以采取如此态度,原因仍然在于法官不适宜越俎代庖,为董事们厘定商业判断的准则——无论作为还是不作为,归根结底都是一种商业判断。

不过,作为例外,美国的《1933 年证券法》第 11 条对董事在发行虚假陈述中的注意标准有所强化,对于发行文件中的非专业性内容,董事

---

〔55〕 美国的经验参见前文所述范·戈尔科姆(Van Gorkom)案判决后的情况;中国的经验则可见于康美药业案判决独立董事承担赔偿责任后的上市公司董事辞职浪潮(陈悠然:《康美案宣判后 43 个 A 股独董辞职,离职潮真的来了吗?》,载新浪财经网,https://finance.sina.com.cn/stock/s/2021-12-02/doc-ikyakumx1433189.shtml,2021 年 12 月 2 日访问)。

〔56〕 这种风险溢价还可以表现为董事要求公司支付额外成本聘请外部专业人士辅助其作出判断,参见莱宝科技有关独立董事蒋某要求为其本人专门聘请注册会计师审查年报的公告。

的责任不再限于重大过失或故意,而是向一般过失靠拢。[57]但仍有三点值得强调。一是这种强化的注意义务仅适用于证券发行中的信息披露,这既是因为发行文件常常是发行人的第一份公开信息披露材料,需要特别确保其准确性,也是因为美国法允许一级市场的证券购买人基于虚假的发行信息披露而解除证券买卖合同,将购得的证券按原价退换给发行人,由此避免证券损害赔偿中最终出现由投资人自己赔自己的循环困境。二是在实践中,因此规则而承担赔偿责任的董事几乎都是内部董事,要独立董事承担责任的情况十分罕见。[58]三是对于董事是否符合美国的证券法上的这一注意标准的认定,仍然是由法官事后根据具体情事逐案分析,在立法上并没有就何种行为能(或不能)满足此标准作出规定。这是因为法律上无论如何规定,都难以避免当事人形式上符合标准,实质上却背离标准的情况。可以说,法律上对于遵循(或背离)信义义务的行为规定得越细,就越可能为违反信义义务提供一幅清晰的路线图,这乃是信义义务的本身特质所决定的。

最后,在立法和司法上对董事的信义义务采取"底线主义"的态度乃是出于对立法者和执法者自身局限的清晰认识,也是对市场交易的活跃离不开勇于冒险的专业人士这一事实的充分尊重。但是,这并不等于为董事的机会主义行为大开方便之门,因为公司治理不单依靠法律的监管,甚至可以说主要不依靠法律的直接监管,而是要建立起一套完善的市场化机制,让市场对董事们形成良性激励,促使他们为公司和股东利益勤勉尽职。

对此,概括而言,特别需要做的有三点。一是要鼓励公司以股权激励的方式向董事及经理人支付报酬,以便他们将自身经济利益与公司的利益更紧密地捆绑起来。二是要为敌意收购和股东积极主义(shareholder activism)行动提供便利,包括对双重股权结构的限制、对大额持股信息披露要求的弱化等。三是要为卖空交易创造条件,改变市场多空双方失衡的状态,包括放开个股卖空交易、便利证券经纪商出

---

〔57〕 有关美国证券发行中虚假陈述的责任规则,参见周淳:《证券发行虚假陈述:中介机构过错责任认定与反思》,载《证券市场导报》2021年第7期。

〔58〕 就此而言,著名的 Escott v. BarChris Construction Corp. ,283 F. Supp. 643(S. D. N. Y. 1968)案乃是一个例外。

借证券,以及减少市场流动性阻力等措施。[59]

结　语

《公司法》修订在即,完善上市公司治理、明确董事的信义义务,成为法律理论、实务各界关注的焦点与法律规则的核心。然而,有效的法律制度未必总是需要做加法,有时或许抓大放小地做减法反而更能发挥法律的作用,董事的谨慎义务很可能就是如此。对此,美国法经过几十年的实践,逐步形成了"底线主义"的法律模式。一方面,以商业判断规则、豁免董事违反谨慎义务的金钱损害赔偿责任和提高追究董事违反监督义务之责的门槛来弱化谨慎义务;另一方面,则把法官精力集中在追查董事违反忠实义务的行为之上。与此同时,保障市场的良性运行,便利投资人对公司控制权的竞争,促进经理人与股东的利益绑定,才能真正达到激励董事谨慎行事,造福公司与股东的目的。

(编辑:宋　澜)

〔59〕 有关敌意收购、股东积极主义行为以及卖空交易对上市公司治理的重要作用,同前注〔42〕,张巍文。

《证券法苑》(2023)
第三十七卷,第123~139页

重构公司法实际控制人规则论纲*

周　游**　林　晟***

摘要:比起股东会中心主义和董事会中心主义,实际控制人中心主义可能更契合中国公司治理的实况。然而,与实际控制人所享有的权利不相匹配的是,当前《公司法》对于实际控制人责任承担之规定比较薄弱,未能实现权利、义务与责任的一致性。《公司法》修改宜确定实际控制人作为承担责任的潜在主体,并在公司资本流入及流出、公司治理结构选择、人格否认及关联关系等维度完善实际控制人规则。

关键词:实际控制人　《公司法》修改　潜在主体　连带责任

引　言

现行《证券法》相较以往更加强调市场的过程

---

* 本文是教育部2021年度人文社会科学研究青年基金项目“实际控制人的识别标准及其规则革新研究”(项目编号:21YJC820054)的部分成果。

** 中央财经大学法学院副教授、企业合规与风险防控法律研究中心主任。

*** 中央财经大学法学院2023届法律硕士。

化监管,其强化信息披露规则,提高对证券违法行为的查处力度,奠定了新的市场监管基调。同时,为了进一步规范我国资本市场中上市公司的行为,中国证券监督管理委员会(以下简称中国证监会)及相关部门亦出台了大量规章及文件,从而在总体上呈现一种"缓和市场进入,严格过程监管"的趋势。而这其中,实际控制人相关规则便受到监管的充分关注,[1]并主要围绕实际控制人的主体认定、行为限定和责任承担等方面展开。然而,与证券法律制度相比,我国《公司法》对实际控制人规制问题的关注尤为有限,2005年《公司法》修改所增加的相关规则仍沿用至今。[2] 细看这些规则,其体系存在较大的不完整性,甚至可以称其为"不成体系"。

具体而言,《公司法》第216条对实际控制人这一概念作出了界定,但该定义却完全排除了股东身份,这与实践中的真实情况或许存在一定程度的背离;[3]第16条细化了关于实际控制人的关联担保决议规则;第21条对实际控制人利用关联关系损害公司利益的行为作出了禁止性规定;最高人民法院《关于适用〈中华人民共和国公司法〉若干问题的规定(三)》第14条规定了股东抽逃出资时实际控制人的连带责任,第27条规定了股份转让场合下实际控制人可能承担的法律责任。若以体系化思维审视上述规则,我们兴许能够发现这样一个现象,即《公司法》界定了实际控制人的概念,紧接着设置了与之相关的关联担保、关联交易、抽逃出资、股份转让四类具体行为的禁止性规定和法律责任,然而这些零散规则之间的逻辑何在?体系又何在?《公司法》并未就此提供一个合理的解释。2021年年底公布的《公司法(修订草案)》对与实际控制人相关的规定进行了微调,例如,其第259条对于

[1] 仅以我国《证券法》为例,"实际控制人"一词便出现了27次之多,具体包括第12条、第24条、第36条等20条条文,若将检索范围扩大到中国证监会及有关部门出台的各类规章及文件中,情况更是如此。

[2] 我国现行《公司法》中包含"实际控制人"表述的条文仅有3条,分为是第16条、第21条及第216条;而在公司法司法解释中,也仅在最高人民法院《关于适用〈中华人民共和国公司法〉若干问题的规定(三)》第14条、第27条中有所表述。

[3] 中国证监会对拟上市企业往往要求其先行自我认定是否存在实际控制人,而从现有的上市公司公示信息来看,绝大部分上市公司具有实际控制人,而实际控制人同时作为上市公司股东的情况也较为常见。

实际控制人的定义已删去“虽不是公司的股东”之前提,其他少数条款也有强化实际控制人责任的趋势,但并未从根本上完善实际控制人法律规则。规则体系的不完备、实际控制人责任主体定位的不明晰进一步导致司法实践障碍重重,甚至对于当事人的诉求不得不“舍近求远”,以推论或依原则作出裁判,对此,下文再以详述。

反思当前商事实践是进行法律规则架构的基础,或许存在以下问题值得我们思考:公司控制权一定以股权为表征吗?当侵害行为发生时,隐藏于公司大幕之后的实际控制人是否需要承担相应的责任?其又应以何种身份承担责任?一个简短的回应是:实际控制人是否控制公司与股权比例无关,股权控制仅是其实现控制的一种方式,特别是股东协议在实践中的大量运用改变了控制权的分配格局,[4]更是为实际控制人控制公司提供了更多选择。而作为隐藏于公司背后的潜在主体,实际控制人显然应在一定情形下承担对公司、其他股东或外部债权人的相应责任。法律虽在一定程度上允许“控制权利益”的存在,但控制权利益的攫取也应被限定在一定范围内。[5] 有学者认为,若将管理层或董事行权的行为比作放风筝,那么正如风筝无法完全自由飞翔一般,权力的行使也并非毫无限度,其背后仍存在“一根线”约束着前端的“风筝”,表决权便可以被视为这根“线”。[6] 或许我们可以再把目光进一步延长,延长至“风筝”的另一端,实际控制人或许就是这一端的端点。换言之,实际控制人掌握着最为核心的“控制权”且不必然以持有绝对优势表决权为表征。

近年来,实际控制人的相关问题逐渐引起学界关注,并有学者对其进行了体系化的研究,[7]这莫不值得庆幸。在此次《公司法》修订的背

---

〔4〕 See Gabriel Rauterberg, *The Separation of Voting and Control: The Role of Contract in Corporate Governance*, Yale Journal on Regulation, Vol. 38, 2021.

〔5〕 See Ronald J. Gilson & Jeffrey N. Gordon, *Controlling Controlling Shareholders*, University of Pennsylvania Law Review, Vol. 152, 2003.

〔6〕 参见梁上上:《股东表决权:公司所有与公司控制的连接点》,载《中国法学》2005 年第 3 期。

〔7〕 例如,学者叶敏所著《公司控制人的法律分析》、徐来所著《实际控制人法律制度研究——以上市公司为中心》、王守春所著《公司实际控制人诚信义务》等都已从不同视角系统性地研究了实际控制人制度。

景下,《公司法》能否予以足够的回应且应如何予以回应更值得深思。或许围绕"实际控制人"这一概念构建一套体系化的实际控制人规制制度方为解决之道。就下文的研究进路而言,公司独立人格首先包含两个面向:财产独立和人员独立,在与之对应的公司资本和公司治理的具体规则中均涉及实际控制人这一潜在主体的责任承担问题。而财产独立与人员独立之和便是公司法人人格之独立,进而法人人格独立所引申的"刺破公司面纱"规则同样与实际控制人的责任承担问题相关。此外,倘若我们将关注焦点从单个公司移至由关联关系所构建的公司群落中时,实际控制人作为群落内公司与公司间的连结点,同样可能成为其中潜在的责任主体。因此下文将主要围绕4个着眼点展开。

一、资本变动中的潜在责任

公司资本制度是公司法理论的核心之一,其本身又可以区分为资本流入与资本流出[8]两个阶段。这两个阶段贯穿了公司财产在公司内部从产生到退出的生命全过程。而按照一般公司法理论,公司的财产独立意味着股东的个人财产一经出资行为便转换为公司的财产,股东对其财产再无所有权,而是转换为股权进而影响公司之行为。同时,强调公司财产独立也意味着股东与公司之间相互独立的关系,对实际控制人而言更是如此。因此,公司资本的无序变动不仅将影响债权人的合法利益,更可能成为公司实际控制人牟取私利的手段。

(一)资本流入阶段的实际控制人责任

所谓资本流入阶段,在公司法的语境下主要包括出资行为和增资行为两类。以股东货币出资为例,由于认缴制的推行,股东无须在公司

[8] 此处所言"资本流出"与"资产流出"不同,"资本"是一个静态的概念,法律要求公司在设立之时就应确定其注册资本数额,不得随意变更;而"资产"指代的是企业在运行过程中所拥有的总资产,可能包括货币资金、银行存款、各类短期和中长期投资等。这一观点亦可参见赵旭东:《从资本信用到资产信用》,载《法学研究》2003年第5期。该文作者认为,"决定公司信用的并不只是公司的资本,公司资产对此起着更重要的作用"。

设立之时即缴纳全部认股款,而仅需将其股东身份及其所认缴的数额记载于公司登记机关处即可。然而,在放松准入门槛的同时,制度也有被恶意利用之可能,资本充实原则似乎因所谓"空包公司"等现象的频繁出现而受到了一定程度的破坏。为平衡商事主体间的利益,公司法的确为债权人和其他中小股东设置了特殊规则,例如在某股东出资不足的情况下,公司法允许已履行出资义务的其他股东向该股东要求承担违约责任,[9]以及在出资或增资不实情形下,未履行出资义务的股东、发起人及违背忠实义务的董事、高级管理人员应承担赔偿责任。[10]但细读上述条款,相关规则仅使得股东、董事及高级管理人员成为被追责的对象,而实践中隐藏于其背后的实际控制人却可能无须承担责任。[11] 即使是以隐名出资的相关法律关系处理,[12]实际控制人本身也并不必然等同于隐名股东。如果这些股东或董事实际上并无多少财产可供承担责任(这或许亦为实际控制人选择这部分主体以代表公司外观的原因之一),那么即便法院按照现行规则裁判,所得判决之可执行性仍有待商榷。[13]

《公司法》作为市场主体的基本法,在促进商事交易和债权人、其他利益相关者保护目标的实现等方面具有重要作用。而在出资阶段,实际控制人与其他股东、债权人等主体息息相关。一种非终端穿透的思维有助于厘清实际控制人在出资环节应承担何种责任:实际控制人

---

〔9〕 参见《公司法》第28条。

〔10〕 参见最高人民法院《关于适用〈中华人民共和国公司法〉若干问题的规定(三)》第14条。

〔11〕 实践中,亦存在当事人主张实际控制人对其所控制的公司在后者股东未出资范围内对公司不能清偿的债务承担连带责任的情形,而相关案例判决文书中,法院对该诉求并未予以回应。参见山东省东营市垦利区人民法院:广州市环能容器租赁有限公司增城第六分公司、东营威轼创汽车零部件有限公司等建筑设备租赁合同纠纷民事一审民事判决书,案号:(2021)鲁0505民初1120号,2021年8月9日。

〔12〕 参见最高人民法院《关于适用〈中华人民共和国公司法〉若干问题的规定(三)》第24~26条。

〔13〕 有学者就公司实际控制人规避执行的情形展开了论述,基本观点是认为"这些'老赖'利用法人独立人格制度和股东有限责任制度来规避执行……因其在公司独立人格这层面纱之外,还有名义股东这层面纱作为遮盖,所以规避执行行为的隐蔽性更强、追责难度更大"。参见王守春:《公司实际控制人规避执行之反制——从执行权主观范围扩张的角度》,载《学术交流》2017年第10期。

基于身份资质、个人风险规避等目的设立一家公司,并要求其他主体作为该公司的股东和董事,后因法律纠纷的出现,公司财产无法承担相应责任,以《公司法》第20条第3款亦无法使弱势的股东或董事承担全部的赔偿责任,而根据权利与义务相一致之原理,既然实际控制人通过滥用控制权获取了不当利益,那么要求实际控制人承担受其支配的股东、董事所不能承担的赔偿责任当然合情合理。具体到相关条文中,《公司法》第28条、[14]最高人民法院《关于适用〈中华人民共和国公司法〉若干问题的规定(三)》第13条[15]等均有适用实际控制人潜在责任规则的空间。由此,《公司法(修订草案)》第47条第2款、第52条第3款等有关董事、监事、高级管理人员确保股东出资到位的责任条款,也可考虑扩展适用于实际控制人。

(二)资本流出阶段的实际控制人责任

与资本流入相比,资本流出的形式和渠道呈现多样化的特征。一般情况下,企业资本流出主要通过回购、减资、利润分配等多种形式。然而,受限于资本维持原则之要求,并非所有的资本流出均具有合法性,与该原则相悖的这部分违法行为便可能打破股东(甚至是实际控制人)与债权人的利益平衡。换言之,回购、减资、利润分配等公司财产返还(return of capital)行为若受到违法性的苛责时,[16]便可能构成实质性抽逃出资,不当财产转移亦是如此。设想,公司或违反法定程序在未通知债权人的前提下进行减资,或编造虚假财务报表虚增利润等,相关行为俨然超出了"合法分配"的范畴而可能动摇了公司资本的根基,[17]这必然将对公司运营及债权人利益保护产生重大的负面影响。且不能否定的是,这一切的幕后操手可能就是公司的实际控制人。此

---

〔14〕 关于股东未按约履行出资义务的责任承担问题,本条中目前未见"实际控制人"之表述。参见《公司法》第28条。

〔15〕 关于股东未履行或未全面履行出资义务时相关主体的请求权,本条中亦未见"实际控制人"之表述。参见最高人民法院《关于适用〈中华人民共和国公司法〉若干问题的规定(三)》第13条。

〔16〕 参见最高人民法院《关于适用〈中华人民共和国公司法〉若干问题的规定(三)》第12条列举之情形。

〔17〕 参见刘燕:《重构"禁止抽逃出资"规则的公司法理基础》,载《中国法学》2015年第4期。

处试举一例，在邓某案〔18〕中，原告邓某因工伤而对被告的持股公司享有债权，且主张称公司实际控制人陈某已将公司财产不当对外转移，导致其债权无法实现，法院则以证据不足为由未予准许原告此项诉求，而仅是要求已因其他事由被羁押在狱的被告承担连带责任。这样的做法是否足以保障原告债权得以实现，对此我们不禁要打一个问号，毕竟从案件后续的发展来看，问题似乎并未得到解决。

诚然，我国最高人民法院《关于适用〈中华人民共和国公司法〉若干问题的规定（三）》第14条中已明确了实际控制人对股东抽逃出资损害公司、其他股东或债权人利益时的连带赔偿责任，这一点值得肯定。但应反思的是，这一规定在实践中可能存在过多漏洞，例如，就如何界定"抽逃出资"这一先决问题而言，现行规则是否涵盖所有资本不当流出的情形，我们似乎无法得到一个完美的答案。当前《公司法》的修改确有必要对目前如此零散且未体系化的规定加以统合。

二、公司治理中的潜在责任

何为"公司治理"？对该问题的讨论往往横跨经济学、管理学和法学三大学科。张维迎教授认为，"公司治理（结构）在狭义上是指有关公司董事会、功能、结构、股东和权力等方面的制度安排，广义而言其是指有关公司控制权和剩余索取权分配的一整套制度性安排"〔19〕。而崔勤之教授则基于法学视角解剖"公司治理"，其认为"公司治理是为维护股东、公司债权人以及社会公共利益，保证公司正常有效地运营，由法律和公司章程规定的有关公司组织机构之间权力分配与制衡的制度

---

〔18〕 参见广东省广州市白云区人民法院：邓某与陈某股东损害公司债权人利益责任纠纷一审民事判决书，案号：（2018）粤0111民初8169号，2018年10月30日。该案二审与再审的结果均与一审一致。

〔19〕 张维迎：《所有制、治理结构及委托－代理关系——兼评崔之元和周其仁的一些观点》，载《经济研究》1996年第9期。关于域内外公司治理的各种定义及多重内涵的梳理，参见费方域：《什么是公司治理？》，载《上海经济研究》1996年第5期。

体系"[20]。由此可见,社会科学视野下的公司治理均强调权力在公司内部组织机构间的配置,而其中更为核心的便是控制权的配置问题。诚如上文所言,控制权并不一定以股权为表征,实际控制人或许才是能够实现最有效控制的主体。[21] 而实践中的一种怪象是,实际控制人不一定是公司股东,甚至也不受其他一致行动协议的约束,其虽无法直接或间接行使表决权,但仍然能够通过向持有表决权的股东或拥有经营管理决策权的董事或高管施加非法律因素的影响,使自己的意志对外彰显,即"对内控制权与对外代表权的脱离"。[22] 当理顺了实际控制人如何通过决议制度影响公司行为的逻辑后,就更应考虑其相应责任问题。

(一)反思决议责任:逾越表决权治理的规制

决议制度系公司治理的核心之一,是实现组织内"人的自治"的重要机制,是对公司法或组织法之程式(formality)的重要体现。[23] 我国当前公司法规则尚未建立起一套完整的决议制度,仅规定了决议的未生效、不成立、可撤销和无效四种情形,[24]但就行为无效所可能引致的法律责任未有涉及。或许对于执行职务行为不符合忠实、勤勉义务规定的董事可以依法进行追责,[25]但对股东而言,其显然游离于法定责任约束的范围之外,而作为幕后推手的实际控制人更是如此。因而,将实际控制人纳入决议责任主体的范畴中或许是当下《公司法》修改时应予以解决的一大问题。

此外,言及法律责任,亦应言及违法行为。承担决议责任的基础在

---

〔20〕 崔勤之:《对我国公司治理结构的法理分析》,载《法制与社会发展》1999年第2期。

〔21〕 有学者在其文章中提出了"所有权的有效控制率"的概念,具体论述同前注〔6〕梁上上文。

〔22〕 参见王守春:《公司实际控制人诚信义务》,中国法制出版社2019年版,第20页;叶敏:《公司控制人的法律分析》,中国政法大学出版社2015年版,第174页。

〔23〕 参见周游:《公司法语境下决议与协议之界分》,载《政法论坛》2019年第5期。

〔24〕 参见最高人民法院《关于适用〈中华人民共和国公司法〉若干问题的规定(四)》第4~6条。

〔25〕 参见《公司法》第147~149条。学界对忠实义务和勤勉义务的争论较多,但至少《公司法》设置了如此规则,为当事人救济提供了可选择的方式。

于“违决行为”[26]，其导致的责任形态亦可区分为两类：其一，违反决议的责任，且需特别强调该决议系经合法程序作出的，本身并不存在瑕疵。例如，在实践中可能表现为实际控制人滥用控制权，超越合法决议指使公司管理层或员工为相悖之行为；其二，瑕疵决议责任，即决议因不成立、可撤销、无效等引致的责任，在实践中可能表现为实际控制人未充分提前通知而召开临时股东会形成决议或者在自行召集的程序中通过一份新的决议等，侵害了中小股东或公司的利益。同时从社会关系上来看，由于实际控制人与一般控股股东不同，其身份上所内含的权威性更强，弱势群体往往因无法有效反抗而被迫接受实际控制人行为的结果，这便是公司内部关系冲突的显现。这种冲突可能导致多方面的损失，例如对第三人而言，其期待与该公司订立的合同因公司内部冲突而无法订立，此时基于对第三人信赖利益的保护，将产生民法上的缔约过失责任；而此份交易的终结对公司而言意味着商业机会的错失，此时该损失所对应的责任判断问题已超出了商业判断规则所能适用的范畴，那么由因上述行为受益的实际控制人承担相应责任或许再合适不过。

（二）公司治理模式：实际控制人的风险选择

公司治理模式的内核在于“人的设计”，即使在公司法灵活性较低的国家，法律的预设也是人对商事可能性的预设，而在公司内部同样如此。我国当前公司法便存在灵活性低的缺陷。换言之，公司法提供的不应该是一套既定规范，而应是一套选择性规范。此次《公司法（修订草案）》亦赋予了公司在治理模式方面较为广阔的规则选择空间。公司既然生而为“人”，那么便应由其自主选择其成长的模式，即公司的组织结构。然而当前公司法管制色彩仍较为浓厚，即便其中“另有规定”条款的增加赋予了当事人自主选择的空间，但公司法中的默示条款也仍然常被商事主体“默视”为必备条款，照搬照抄至公司章程之中，导致“章程对公司内部权益配置及纠纷处理没有发挥应有作

---

〔26〕“违决行为”系指违反决议的行为，具体又可分为两类，详见文中论述。该词之词义并非本文首创，参见陈醇：《论决议的民事责任——超越传统二元责任体系》，载《学术论坛》2010年第3期。

用"[27]。因此,在谈及实际控制人的"选择"时,我们更应系统性地提供更多的"可选项",重新定义公司法的功能,提供一种选择型公司法供商事主体参考。[28]

在选择型公司法的框架下,股东会等三会结构可由商事主体自行设计,商事主体享有较为充分的选择权。有观点认为,"公司控制权的配置取决于公司的治理结构"[29],这或许意味着公司治理结构的设计决定了控制权的配置。然而该观点似乎仅重视了"股董监高"之间的权力配置,却忽略了实际控制人的权力中心地位。当前学界围绕股东会中心或是董事会中心的观点争论已久,但实际控制人中心或许是另一种更贴近现实的景象。的确,公司设立后成为独立的"人",但在此之前,行公司之事者仍是具体的人,或说是一众围绕实际控制人建立的团队,他们对治理结构的选择决定了公司将成为怎样的"人"。因此,控制权与公司治理结构之间并无绝对的"谁决定谁"的关系:在设立之时,控制权影响着公司治理结构的基本构造,但由于人与人之间并非绝对的控制关系,实际控制人也需要考虑其他主体的利益诉求,这种博弈又影响着控制权所能覆盖的范围。如此看来,至少在一定程度上,公司成立之时的治理结构基本体现了实际控制人的私人意志。

既然实际控制人对公司的治理结构享有充分的选择权,至少在公司设立之时是如此,甚至在将来的一段时间内亦会如此,那么因其享有较大的控制权利益,理应在损害发生时,适当揭露其潜在主体的身份。试举一例,若实际控制人认为公司规模较小或其他原因而没有设置监事会的必要,那么当公司内部因监督不力导致治理失灵之时,实际控制人就应承担其选择引致的不利后果。通过在公司法中设置使权利与义务相对应的法律规范,使实际控制人这一潜在主体无法游离于法网之外而为任何机会主义行为。《公司法》修改应在扩化公司治理结构选择权的同时,相应地完善实际控制人这一实质意义上的选择权主体的潜在责任。

---

〔27〕 周游:《从被动填空到主动选择:公司法功能的嬗变》,载《法学》2018 年第 2 期。

〔28〕 关于选择型公司法规则的系统构建,参见周游:《从被动填空到主动选择:公司法功能的嬗变》,载《法学》2018 年第 2 期。

〔29〕 同前注〔22〕王守春文。

三、人格否认中的潜在责任

公司法在改实缴制为认缴制之后，股东仅需认缴注册资本即可设立公司，而公司法对注册资本的数额在所不问。有观点认为，认缴制改革后商事自由化的程度进一步提升，但与此同时可能减损公司法维护交易安全之价值。〔30〕实践中存在大量公司、股东与债权人之间的利益冲突，这在一定程度上反映了股东有限责任制度被滥用的现实。而各种利益冲突的出现必然需要得到解决，但司法实践中却可能存在这样的难题：即便适用《公司法》第20条第3款公司人格否认制度，倘若表面上应承担责任的股东或董事实际上并无财产可供执行，那么债权人的利益又该如何保护？这亦为下文所探讨的问题所在。

（一）立场坚守：公司独立人格之维护

使公司作为独立法人的意义在于区分组织体与其成员之间的财产范围与责任边界，这一制度远可追溯至罗马时期的法律。〔31〕然而，财产独立和人员独立仅是公司独立性的两个面向，更重要的是，公司作为一个独立的组织体被法律拟制为“人”，〔32〕从而产生了“公司的行为不被认为是所有者的行为”的效果，〔33〕因此其本身也具有独立的意志。

此外，在实践中，特别是证券市场监管中往往要求上市公司对其实际控制人作出准确界定，甚至需要层层穿透到“最终控制人”，以落实证券违法行为发生时的个人主体责任。例如，中国证监会曾发布《首发业务若干问题解答》。该文件现已失效，而最新的《监管规则适用指引——发行类第4号》未对实际控制人的认定问题作出规定。但实践

---

〔30〕参见黄耀文：《认缴资本制度下的债权人利益保护》，载《政法论坛》2015年第1期。

〔31〕参见甘培忠、周淳、周游：《企业与公司法学》（第10版），北京大学出版社2021年版，第115页。

〔32〕See Larry S. Bryant, *Piercing the Corporate Veil*, Commercial Law Journal, Vol. 87, 1982.

〔33〕See Leonard W. Hein, *The British Business Company: Its Origins and Its Control*, University of Toronto Law Journal, Vol. 15, 1963.

中,注册制下对实际控制人的认定仍然以《首发业务若干问题解答》的规定为主要原则,监管机构规定了实际控制人认定的基本原则和具体参考因素,强调拟上市公司不应通过实际控制人认定而故意规避发行条件和监管的立场,这种行政监管式的思维在证券监管领域的确能够发挥其作用,对上市公司的不当行为产生威慑力。然而,公司法不仅面向上市公司,也面向众多的非上市公司,将监管领域的穿透思维贸然移植于公司法领域,或许与公司法所提倡的公司独立性原则相悖,难免产生排异反应。基于此,在公司法中谈实际控制人,不可依据"穿透到底"的观念。公司法人人格否认制度以保护债权人利益为主,是对滥权主体私法责任的追究,[34]其理念或目标在于找寻一个存在过错的主体以弥补利益受损一方的损失,只要损失填补到位,当事人的诉求便得到了解决。因此,公司法上对实际控制人的认定不应采"穿透"之式,而应是"揭露",类似"揭开公司面纱"一般,找到最内层的潜在主体承担相应责任即可。唯有如此,公司的独立性才能够得到保障,由此亦能降低司法机关将面对的实际控制人认定问题的复杂程度,提高司法效率。

(二)"揭开实际控制人的面纱"

股东有限责任制度隔绝了债权人对股东财产直接追索的可能,[35]虽其意在鼓励投资,但同时增加了股东为机会主义行为的动机。为应对股东滥用有限责任损害其他利益相关者的行为,《公司法》第20条设置了法人人格否认制度,而对该制度最为传统的表述便是,"在个别处于支配地位的股东滥用股东有限责任和公司法人资格的情况下责令其直接承担责任"[36]。然而商事经营主体与立法者之间或许总存在一种博弈状态,实际控制人试图通过摆脱股东身份并转而以其他方式控制公司即体现了这一点。[37] 例如,在丰亿公司与力天公司买卖合同

[34] 参见赵旭东主编:《公司法学》(第4版),高等教育出版社2015年版,第7页。

[35] 参见施天涛:《公司资本制度改革:解读与辨析》,载《清华法学》2014年第5期。

[36] 朱慈蕴:《公司法人格否认制度理论与实践》,人民法院出版社2009年版,第37页。

[37] 参见周亮:《论滥用公司人格之实际控制人对公司债权人的责任——兼评我国〈公司法〉第20、21条》,载《南京大学法律评论》2007年第Z1期。

纠纷案〔38〕中便存在类似情形(当事人间法律关系以图1展示),法院认定梁某利用其实际控制人地位,转移力天公司财产,致使力天公司无力偿还丰亿公司债务,严重损害了债权人丰亿公司的合法权益,判令梁某对力天公司案涉债务承担连带赔偿责任。以结果观之,法院的做法应予肯定,但应进一步思考的是,以类推适用《公司法》第20条第3款规则作为解决此类案件的办法是否就是最优解?在现行规则下,这或许只是某种"无奈"。

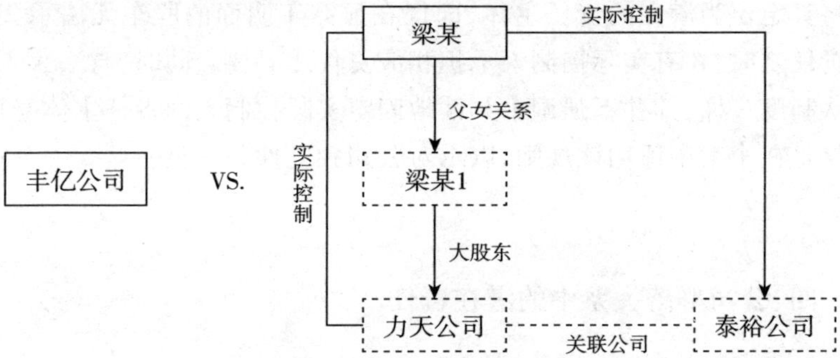

图1　丰亿公司案法律关系

回到规则来看,既然法人人格否认制度强调了"处于支配地位"这一核心因素,那么相对于股东而言,幕后的实际控制人显然更有能力支配公司的行为。进而,因为实际控制人能够对公司施加有效控制并能从中受益,那么同样根据权利与义务相一致之原则,要求其承担一定责任不无道理。但翻遍整部《公司法》,鲜有关于实际控制人责任的条款。正如在第20条人格否认条款中,第2款规制的是股东滥权行为,第3款规制的是股东滥用有限责任和法人独立地位的行为,却未见"实际控制人"之表述。然而,公司人格之所以被滥用,正可能是由于公司之独立意志受实际控制人影响而动摇。〔39〕在一般情形中,若股东滥用公司独立人格构筑有限责任屏障以牟取私利,则须揭开其面前法人的

〔38〕　参见最高人民法院:梁某等与日照丰亿国际能源有限公司买卖合同纠纷再审民事裁定书,案号:(2021)最高法民申4488号,2021年8月30日。

〔39〕　同前注〔31〕甘培忠、周淳、周游书,第307页。

面纱,[40]相应的逻辑亦可推论适用至实际控制人的相应情形之上。

结合域外经验来看,与我国实际控制人概念相近的如美国的"控制人"(controlling person)一词,根据美国《1934年证券交易法》的相关规定,控制人应承担滥用法人独立人格的连带责任,且其对于控制人的认定更多采用了实质认定的方式。[41] 若将视角切换至我国现行规则框架下,对法人人格否认制度的适当改造或许能够实现这一目的。换言之,将实际控制人纳入《公司法》第20条第3款的责任主体范围之内,并将其定位为潜在的责任主体,即仅在显露于明面的股东无法承担赔偿责任之时,才有实际控制人承担相应责任之必要。同时,与法人人格否认制度一样,其并不强调永久性地固定实际控制人的责任主体身份,而仅是在个案中适用该规则,以示对公司独立性的尊重。

四、公司群落关系中的潜在责任

当今商事活动已然呈现一定的规模化特征,公司在发展的过程中通过设立子公司、收购其他公司、建立商业合作关系等方式扩张自己的商业版图,并由此形成了多个企业通过股权和协议等方式联结于一体的企业集群,或可称为公司群落[42]。而随着实践中公司发展形态的多样化,我国也相应地增设诸如金融法、竞争法等法律规范,对市场中可能出现的不当行为予以规制。正是基于应对公司群落普遍化现象的目的,此类规范虽同样强调对市场的保护,但若具体分析其条文的逻辑结构便可发现:金融法或竞争法的大量规定着眼于公司或集团之间的关系。以我国《反垄断法》为例,受其规制的主要行为便是公司与公司

[40] 参见南振兴、郭登科:《论法人人格否认制度》,载《法学研究》1997年第2期。

[41] 参见郑彧:《论实际控制人的法律责任:公法的路径依赖与私法的理念再生》,载《财经法学》2021年第3期。

[42] 此处所采"公司群落"一词与管理学中"企业群落"不同,前者仅在于表示多数个体之间的联合,是对事实状态的描述,且并不强调企业间的地理位置;而后者强调一定地域内企业群落内部各主体间的互利互补,是对产业规模化后企业间互动关系的动态表达。See Michael E. Porter, *Clusters and the New Economics of Competition*, Harvard Business Review, Vol. 76, 1998.

之间的垄断行为,目的之一在于限制强势企业财团之间的过度集中。基于对此种立法目的的考量,金融法或竞争法采无限穿透的做法也就不足为奇。但公司法与此不同,其更为关注并规范的是单个公司的组织和行为,[43]这种观察视角的差异进一步导致了监管方式的不同:金融法、竞争法强调公司间的关联关系,在执法方面强调穿透以及对最终控制人责任的追究;而公司法立足于公司个体,规制关联关系往往是对例外情形之考量,同时基于公司独立性的价值取向,亦不强调穿透方法的适用。然而,公司法的这般做法似乎与商事实践发展的趋势有所背离,而实际控制人制度恰恰提供了一种解决方案,或者可以称其为协调单个公司与公司群落间关系的连接点,这种连接点的功能实际上便是实际控制人潜在责任主体的体现。例如在廊坊华森与汉威公司等建设工程施工合同纠纷案中,经法院查明事实可知,廊坊华森实际控制人刘某通过操纵廊坊华森及其关联公司鹰潭华森,使二者配合并将后者的财产不当转移,导致汉威公司的债权无法实现。刘某作为连接其所控制公司的中心点,理应为自己滥用控制权的行为承担相应责任,但或许是由于公司法实际控制人规范的缺失,法院最终仅能以"公平原则"作为论理依据,认定实际控制人刘某应承担连带责任。[44]

需提及的是,虽然《公司法》第21条对实际控制人滥用关联关系损害公司及其他主体利益的行为进行了规制,且最高人民法院《全国法院民商事审判工作会议纪要》第11条第2款亦指出,"控制股东或实际控制人控制多个子公司或者关联公司,滥用控制权使多个子公司或者关联公司财产边界不清、财务混同,利益相互输送,丧失人格独立性,沦为控制股东逃避债务、非法经营,甚至违法犯罪工具的,可以综合案件事实,否认子公司或者关联公司法人人格,判令承担连带责任"。这

---

〔43〕 参见《公司法》第1条关于立法目的之表述,虽未明确提出"单个公司"这一概念,但结合整部公司法内容来看,对公司群落间关联关系的规则数量不多,主要体现在《公司法》第21条。

〔44〕 参见最高人民法院:廊坊市华森集团有限公司等与江西省汉威建设工程集团有限公司等建设工程施工合同纠纷再审民事裁定书,案号:(2016)最高法民申1055号,2016年6月27日。

主要是受到最高人民法院指导案例15号[45]的影响。《公司法(修订草案)》第21条第2款也是这一规则的再次呈现。然而,这些规定并非旨在要求实际控制人承担人格否认后对公司债务的连带责任,而仅强调其作为控制者的"连接"功能——因实际控制人这一关键连接点的存在,赋予本应作为独立主体的子公司或关联公司以关联性,进而要求子公司或关联公司承担连带责任。此外,若实际控制人利用非关联公司实施侵害公司及其他利益相关者利益的行为,上述规范更是失去了适用的空间。这应当说是一种缺憾,据此也更凸显前一部分所述问题的症结。因此,在《公司法》中增加相应规则使得实际控制人作为潜在主体承担人格否认后对公司债务的连带责任,是系统性构建实际控制人制度的又一关键因素。而此类规则的构建,为监管机构和司法机关缓解金融机构因被问题实际控制人违规控制所引致的金融风险(如"明天系"事件[46])提供了有力工具,即一方面通过在法律层面预设实际控制人潜在主体责任以降低其从事机会主义行为的动机,另一方面亦能够通过"揭开实际控制人的面纱"的方式事后追究公司群落背后实际控制人的责任。

结　语

实际控制人常因隐匿于公司架构的背后而不易被察觉,故而定位实际控制人主体身份并非解决纠纷之必需,若是如此反而徒增司法成本,更可能增加权利人的维权成本。由此,本文所指的实际控制人作为责任承担的潜在主体身份,旨在突出制度设计的风险防范功能。一旦表面上本应承担责任的主体无法满足权利人权利救济的需要时,拥有

---

[45] 参见江苏省高级人民法院:徐工集团工程机械股份有限公司诉成都川交工程机械有限责任公司等买卖合同纠纷二审民事判决书,案号:(2011)苏商终字第0107号,2011年10月19日。该案同时为最高人民法院指导案例15号。

[46] 参见中国人民银行金融稳定分析小组编:《中国金融稳定报告(2021)》,中国金融出版社2021年版,第84~85页。在"明天系"事件中,实际控制人便通过刻意构建"隐蔽+分散"的控制结构规避监管,最终导致风险爆发。

实质性控制权并享有控制权利益的实际控制人理应基于其行为及过错程度承担相应责任。这一点在《公司法(修订草案)》第 191 条已有所体现,但草案并未将实际控制人责任细化至各种具体场景之下,仍有进一步完善的空间。

公司法学界关于公司治理结构及其他公司制度的讨论似乎总忽视了实际控制人这一重要主体,然而在证券监管领域却呈现完全相反的取向,这或许是由不同部门法的理念差异导致的。由于资本市场具有开放性特征,使得企业商事活动的风险链条连接着更多主体,一旦危机发生将对国家整体经济产生重大影响,因而证券法为了维护我国资本市场的稳定,为了保护中小投资者的利益,防止发生损害中小投资者的重大事件,更强调事前预防的立场和手段。而在公司法理念中,其更重视公司本身之价值,强调公司对经济社会发展的重要性,同时为了维护社会秩序,将债权人保护的价值取向纳入其中。在此价值导向下,当争议发生时,若表层责任人因某种"事先的私下安排"实际丧失责任承担的能力,那么在幕后操纵一切的实际控制人就应浮出水面,承担其作为潜在主体的相应责任,以真正实现公平交易之目标。当前公司法或将因时代之大变局而迎来一场大变革,从法的协调性与社会实践的统一性来看,以体系化思维完善实际控制人制度应成为此次变革中的重要落脚点之一。

(编辑:谢贵春)

《证券法苑》(2023)
第三十七卷,第 140 ~161 页

上市公司治理监管的组织法改革

——以《公司法》修订为背景

朱建海*

摘要:如何有效完善上市公司治理监管一直以来都是资本市场聚焦的重点议题。从组织法角度来看,基于上市公司的公共性及股权结构特征,为保护中小投资者等公众利益,应采取较为严格的治理机构立法,加强立法的强制性,进一步强化上市公司治理监管的外部约束机制。可考虑赋权第三方监管机构介入上市公司治理领域,突破监管介入的制度困境,推动提高上市公司质量。

关键词:上市公司治理　规范强制性　投资者本位　监管介入　上市公司质量

一、问题的提出

上市公司治理是一个全球化的难题,无论是 2001 年美国的"安然事件",还是国内的"五粮液虚假陈述案"等事件,抑或实践中上市公司的财务造假、虚假陈述、高管违法关联交易、侵占公司利益等

* 北京大学法学院博士研究生。

各种问题,在某种程度上都可以被归为上市公司治理之弊。[1] 是以,如何有效完善上市公司治理监管,一直以来都是资本市场聚焦的重点议题。不同于其他普通公司,上市公司具有更强的公众属性,其治理运作关涉广大投资者权益等公众利益,而不只是简单的公司内部问题。有鉴于此,以保护投资者权益为核心来完善上市公司治理监管的制度体系,成为提高上市公司治理水平、因应提高上市公司质量需求的关键。

当前,我国《证券法》和《公司法》都对上市公司治理进行了规范,构成了主要包括任意性规范和强制性规范的制度框架。在资本市场改革不断深入的背景下,该框架亦不断得以优化和完善。但是,前述框架仍然存在一定的制度性缺陷:一是《公司法》作为组织法,是构建公司治理结构和运行机制的法律规范。但是《公司法》忽视了上市公司治理的特性,未能发挥应有的组织法功能,导致实践中上市公司治理监管制度难以保护广大投资者的合法权益。[2] 二是《证券法》作为交易法,其规范重点主要在于发行行为和交易活动,证券监管部门依据《证券法》授权尽管已构建起一套涵盖公司治理、信息披露、并购重组等在内的监管制度规则,但由于《证券法》以信息披露为核心,而信息披露不能从根本上解决公司治理问题。同时,中国证券监督管理委员会(以下简称中国证监会)在《证券法》下得到的授权也有所不足。

2021 年 11 月 26 日,中国证监会就上市公司监管法规体系整合涉及相关规则公开征求意见,这是资本市场上市公司监管法规体系 30 年来的首次全面整合修订,已于 2022 年年初完成。[3] 本次整合范围为上市公司监管领域的规范性文件及其以下层级的监管法规,例如《上市公司独立董事规则》《上市公司股东大会规则》《上市公司章程指引》等。整体而言,此次整合修订工作重点在于简化监管规则体系、压缩规则数量并使相关规则内容更为规范合理。就上市公司治理监管而言,本次整合可以称得上"修补"。中国证监会面临的上市公司治理监管问题依然存在,并未得到实质性解决。此外,基于不同类型公司对监督

---

〔1〕 参见王军:《中国公司法》,高等教育出版社 2015 年版,第 4 页。

〔2〕 参见范健:《资本泛滥时期的公司治理与金融监管》,载《法学杂志》2019 年第 2 期。

〔3〕 参见程丹:《上市公司监管法规体系迎来全面整合修订》,载《证券时报》2021 年 11 月 27 日,A002 版。

力量配置的差异化需求,已经征求意见的《公司法(修订草案二次审议稿)》[以下简称《公司法修订草案(二)》]中已有单层监督模式与双层监督模式可供选择,此为立法一大进步。但就目前发布的草案来看,其和社会各界对于《公司法》修改的热切关注(公司治理改革、中小股东权益保护、公司类别改革等)不够相称,《公司法修订草案(二)》在上市公司治理制度上的改进也难言成熟。

总之,上市公司治理监管制度作为现代公司法的重要组成部分,时值《公司法》修订之际,有必要重新审视上市公司治理的特殊需求,进一步革新上市公司治理监管制度,满足多元化的公司治理需求。关键是要补足上市公司治理监管强制性规范不足的短板,授权中国证监会介入上市公司治理监管,从组织法层面加强对相对弱势且分散的中小投资者的保护力度。故此,本文将先阐述上市公司的特性及其治理监管逻辑,然后具体分析实践中的上市公司治理监管的制度缺陷,并进一步探寻上市公司治理监管的组织法向度,最后呼吁以投资者权益为核心完善上市公司治理监管框架,并在此基础上提出可供参考的规范改革建议。

二、不同类型公司治理监管逻辑

我国《公司法》将公司分为有限责任公司和股份有限公司两种类型,其中,有限责任公司多以小型公司为代表,其股东人数少,股东身兼经营之职,公司所有权和经营权合一。主要特征可概括为:(1)股东人数少;(2)股权没有成熟的交易市场;(3)多数股东参与公司经营管理。而根据《公司法》第120条〔4〕可知,上市公司〔5〕脱胎于一般的股份有

〔4〕《公司法》第120条规定:"本法所称上市公司,是指其股票在证券交易所上市交易的股份有限公司。"

〔5〕上市是一个证券市场术语。狭义的上市即首次公开募股(Initial Public Offerings, IPO)指企业通过证券交易所首次公开向投资者增发股票,以期募集用于企业发展资金的过程。以募集设立方式成立的股份有限公司,可以依照法律规定的条件,申请其股票在证券交易所内进行交易,成为上市公司。以发起设立方式成立的股份有限公司,在公司成立后,经过批准向社会公开发行股份后,又达到《公司法》规定的上市条件的,也可以依法申请为上市公司。

限公司,其必须是已向社会发行股票的股份有限公司。相比于有限责任公司,上市公司的主要特征即在于其股票必须在证券交易所开设的交易场所公开竞价交易,故其股东众多且投资者以散户为主,因之又衍生以下特征:(1)公众属性更强;(2)风险外溢性更强;(3)公众投资者参与公司治理程度低。

不管是有限责任公司还是股份有限公司,完善的公司治理监管规范始终是公司健康发展的根基。尽管有学者认为,相关各方在政府放任状态下自由商定的公司治理架构是最佳模式。〔6〕但是,伴随现代公司的发展,所有权与经营权分离产生的代理问题、控股股东与中小股东的利益平衡都需要公司治理监管制度予以规范。特别是上市公司往往规模较大,股东分散而数量众多,为了形成决策和实施决策都能有效率,公司的职权通常委诸董事会和经理,因而所有权和控制权的"两权分离"是此类公司的基本特征。〔7〕如何在信息不对称和契约不完备的情况下设计最优的激励和约束机制,促使管理层的经营行为符合股东利益最大化的要求,进而降低代理成本,是传统上市公司治理监管所要解决的根本性问题。〔8〕需要指出的是,与大多数发达国家的上市公司股权结构不同,我国上市公司的股权结构相对集中,带来控股股东与中小股东的利益冲突问题。〔9〕因此,我国的上市公司治理的主要问题除了"两权分离"问题之外,还存在控股股东与中小股东的利益平衡问题。

从公司治理监管逻辑来看,应否针对不同类型公司之不同性质与需求制订各自的治理监管规范,成为各国公司治理制度之基本议

---

〔6〕 See Frank H. Easterbrook & Daniel R. Fischel, *The Corporate Contract*, Columbia Law Review, Vol. 89, 1989.

〔7〕 美国学者伯利和米恩斯(Berle and Means)通过对美国大型企业的考察,提出了著名的"两权分离"理论,对现代企业治理理论和实践产生了深远的影响。详见[美]阿道夫·A. 伯利、[美]加德纳·C. 米恩斯:《现代公司与私有财产》,甘华鸣、罗锐韧、蔡如海译,商务印书馆2005年版,第56~138页。

〔8〕 See Michael Jessen & William Meckling, *Theory of the Firm: Managerial Behavior, Agency Costs and Ownership Strucure*, Journal of Financial Economics, Vol. 3, 1976.

〔9〕 参见赵旭东:《公司治理中的控股股东及其法律规制》,载《法学研究》2020年第4期。

题。[10] 从各国经验来看,对以上市公司为代表的公众公司均有强化监管的倾向,但侧重点和具体制度设计上具有一定的差异;相反,针对封闭性公司的特殊结构,大多采取降低公司的设立门槛、简化公司设立和运行程序的措施,削减强行性规范而增加任意性规范。[11] 对此,我国学界亦普遍认同,公司形态立法应当遵循差别对待的要求,对于公司内部权力机关、经营管理机关、监督机关等公司治理结构要素,通过对不同规模、不同功能的公司设置不同的组织结构规则来实现科学合理的分类调整。[12] 在公司治理机制的设置方面,我国公司法宜针对不同类型公司之不同需求量身定做不同的公司治理监管规范,以求人合与资合、强制规范与任意规范之妥当平衡点。[13] 换言之,上市公司与有限责任公司并不适宜适用相同的公司治理监管制度。

针对有限责任公司的公司治理监管规范,应尽量尊重与鼓励公司自治与股东自治,而对于股东众多、影响较大的公众型公司尤其是上市公司而言,其公司治理监管规范应尽量划一。具言之,为提升其竞争力,对于我国数百万之众的有限责任公司(其中绝大部分为中小企业)而言,公司治理监管制度不宜繁杂滋彰或窒碍难行,以免增加其遵法成本,或者迫使它们采取表里不一的政策。有限责任公司和非公众公司的股份公司都具有封闭性,应加强对股东意志的尊重,在内部治理机构上可以适当简化,在立法上赋予其尽可能多的自由,可以结合公司的需要灵活设计组织机构,重视公司治理的自治性。

相对地,对于公众公司尤其是上市公司而言,因为涉及公众融资问题,其公众性关涉利益主体众多,应受到法律严格规制,相较于封闭公司拥有更多的强制性规范。[14] 具体如下所述。

第一,强制性规范更能贯彻立法者实现良好上市公司治理监管的

---

〔10〕 参见王文宇:《公司法论》,台北,元照出版有限公司2006年版,第290页。

〔11〕 参见周友苏、李红军:《现代化视野下中国公司法改革前瞻——以公司形态调整为主线》,载《社会科学》2012年第4期。

〔12〕 参见刘斌:《公司类型的差序规制与重构要素》,载《当代法学》2021年第2期。

〔13〕 参见李建伟:《公司组织形态重构与公司法结构性改革》,载《财经法学》2015年第5期。

〔14〕 See Paul Davies & Sarah Worthington, *Gower and Davies' Principles of Modern Company Law*, Thomson Reuters, 2012, pp. 1 – 13.

意图。对股份制公司相关立法的考察显示,三类法律条文适用于公司的运行和组织:授权性规范、补充性规范和强制性规范。[15] 其中,强制性规范强加了一些当事人不得违背的治理规则,决定了其是最能贯彻立法者意图的规范类型。如在《公司法修订草案(二)》中,若立法者基于公司内部监督机制单层制改革背景下,认为引入董事会审计委员会能够有效促进对公司财务、会计的监督,则最能实现其意图的监管手段自然是强制性规范。若此种引入是“任意性”的,则可能存在大量“偏离”规则的情况出现,导致立法者的意图难以全部实现。因为根据这种放任的方法,公司治理的准则来自其成员的压力。更具体而言,对于上市公司,市场和社会的压力要求公司采用那些能使他们证券价值最大化的准则。在产生这些压力的机制能够有效运作的情况下,治理准则的制定能提高公司成员的地位。然而,美国财政丑闻质疑了有关这些机制的有效性,从而质疑了这种方法。[16]

第二,通过更多的强制性规范来限制控股股东的行为,能减少管理者和控股股东的机会主义风险,更好地保护中小股东利益。不同于有限公司股东人数少,而实质上多数股东参与公司治理,公众公司尤其是上市公司往往股东人数众多,且大多数参与公司治理程度低。同时,囿于信息不对称、协调和集体行动等方面的困境,广大中小股东往往难以对公司控制人或管理层形成有效约束,导致公司权力过于集中、利益冲突等问题凸显,管理层或者控股股东存在事后“机会主义”行为。例如,假设公司内部治理条款可以通过章程修改的方式加以改变,如果这种改变导致公司治理质量的下降,股东持有的股权的价值便会随之下

〔15〕 美国学者爱森伯格将公司法规则分为三种类型:赋权性规则(enabling rules),补充性或缺省性规则(supplementory or default rules),强制性规则(mandatory rules)。See Melvin Aron Eisenberg, *The Structure of corporation Law*, Columbia Law Review, Vol. 89, 1989.

〔16〕 [法]韦罗妮克·马尼耶主编:《金融危机背景下上市公司治理——旨在更好地保护公司利益》,姜影译,法律出版社2014年版,第180~181页。

降。[17] 虽然我国立法规定了股东派生诉讼等诉讼救济措施,但是由于举证难、诉讼成本高等,中小股东往往维权积极性不高,司法救济途径保护力度有限。然而,如果法律将那些若被修改就可能导致股权价值下降的治理条款设定为强制性规范,不允许公司事后修改,则股东的利益便能得到保障。研究表明,位于公司治理标准较高的国家的公司往往比位于标准较低的国家的公司表现更好。如果一个国家的法律制度提供更多的投资者保护,投资者将更愿意投资。这种意愿反过来将转化为:公司能够更快、更便宜地筹集更多资金,进入更深、流动性更强的资本市场,并最终转化为更大的经济增长。[18] 是以,为了保护公众利益、小股东利益等,应该适用较为严格的治理机构立法,加强立法的强制性或第三方监管机构介入上市公司治理领域,完善上市公司的制衡模式。

三、现行上市公司治理监管制度的缺陷

有学者指出,我国公司治理制度的立法大多是借鉴与移植境外法律制度,而缺少对中国特定社会条件下企业发展规律的深入总结和国情分析。[19] 目前,虽然我国《公司法》与《证券法》都对上市公司治理监管进行了规范,但因为《公司法》对上市公司治理监管制度供给不足,而《证券法》身为交易法,又不便对上述组织法内容作出太多规定,导致实践中形成有限公司治理监管以《公司法》为基准,上市公司治理监管则主要由证券监管机构的规范性文件来统领的制度"双轨制"。

---

〔17〕 根据公司合同理论,从市场有效假设出发,公司治理条款会被市场有效定价。因而,股东会按照公司内部治理的质量,付出或高或低的对价。参见[美]弗兰克·伊斯特布鲁克、[美]丹尼尔·费希尔:《公司法的经济结构》,张建伟、罗培新译,北京大学出版社2005年版,第17~25页。

〔18〕 See Robert A. Prentice & David B. Spence, *Sarbanes – Oxley as Quack Corporate Governance: How Wise Is the Received Wisdom*, Georgetown Law Journal, Vol. 95, 2007.

〔19〕 参见邓峰:《中国公司治理的路径依赖》,载《中外法学》2008年第1期。

(一)《公司法》对上市公司治理制度供给不足

承上所述,上市公司与有限责任公司并不适宜适用相同的公司治理监管制度。但是现行《公司法》忽视了不同公司的治理需求,以“公司自治”为基本原则,不同类型的公司无差别适用同一套治理监管规则,立法缺乏适应性和选择性,导致公司立法脱节于实践,上市公司治理监管制度供给严重不足。[20]

一方面,对于公司内部治理结构而言,现行《公司法》对所有公司统一适用了分权模式,即引入法人治理结构的概念,在公司中设置股东会、董事会和监事会三个职能机构,对资本所有者、公司经营者以及公司监督者之间的权责关系进行规制,以此来规范公司内部不同利益相关者之间的付出与回报、利益与风险、激励与约束等问题。问题是,不同公司的股权结构与经营模式可能存在很大的差异,“一刀切”地强制要求公司按照分权的模式建立公司组织机构并不合理。特别是对于上市公司而言,其与非上市股份有限公司以及有限责任公司的股权结构和经营方式可能存在较大的差别,不同类型公司的需求可能各异。然而现有立法却并没有在公司组织机构的设置方面体现差别性安排,也无法满足公司在内部组织机构设置方面的多样性需求。

另一方面,对于规范供给而言,现行《公司法》以公司自治为基本原则,漠视上市公司治理的公众属性更强、风险外溢性更强等特性,导致任意性治理占据主导,而强制性治理则缺乏规范供给,未能发挥应有的组织法功能。[21] 随着“公司契约论”在我国理论界的引入,强化公司自治的见解在我国学界和实务部门得以深入研讨并取得广泛共识。[22] 2005 年以后我国《公司法》的发展增加了许多任意性规范,使《公司

---

〔20〕 参见刘俊海:《新公司法的制度创新:立法争点与解释难点》,法律出版社 2006 年版,第 421 页。

〔21〕 有关强制性规范、任意性规范的经典论述,详见《哥伦比亚大学法律评论》第 89 卷第 7 辑专刊。1989 年《哥伦比亚大学法律评论》组织了一次主题为“Contractual Freedom in Corporate Law”的研讨会,当时美国主要的公司法学者大多出席,参会论文发表于该刊物第 89 卷第 7 辑,综述参见 Lucian Bebchuk, *Foreword: The Debate on Contractual Freedom in Corporate Law*, 89 Columbia Law Review 1395 (1989)。

〔22〕 参见罗培新:《公司法强制性与任意性之边界厘定:一个法理分析框架》,载《中国法学》2007 年第 4 期。

法》的强制性得以弱化,任意性得到明显加强。学界一般认为,《公司法》仅增加任意性规范即可,然而实际上这种做法非但不能有效维护中小投资者合法权益,抑亦可能会成为侵犯中小投资者权益的“帮凶”。[23] 特别是对于中国这样的发展中国家来说,其公司法立法需面对众多的利益冲突问题,无法简单地依靠移植英美国家以任意性规范为主的公司法来解决。规范上市公司的公司法应以任意法抑或强行法为基调,取决于上市公司决策机制的运行规律及其可能出现的问题。[24] 而如前所述,我国上市公司因其公众属性及控股股东滥权问题,更需要加强立法以保护中小投资者。

(二)《证券法》侧重点不在公司治理

作为现代公司治理中心的上市公司治理监管制度供给严重不足,为了支撑资本市场的良性发展,公司治理、并购重组以及关联交易等原本应由公司法调整的内容,不得不交由《证券法》填补。[25] 目前,我国《证券法》对上市公司的规范主要体现为证券监管机构依据《证券法》建立起的一套涵盖公司治理、信息披露、并购重组等的监管规范体系。从制度现状看,证券监管机构多年来一直在努力完善关于上市公司治理的监管规则,制定并出台了一系列规范性文件。同时,对于上市公司治理违规行为,实践中中国证监会亦采取了相应监管措施。问题是,《证券法》作为交易法,其规范重点主要在于发行行为和交易活动,主要以信息披露制度为核心,要求上市公司全面、真实、准确地披露公司重大信息。如果存在虚假陈述、重大遗漏、欺诈披露等情节,相关不法行为主体则要承担严格的法律责任。我国证券法主要以信息披露制度为核心的立法体例可追溯到美国证券监管体系的发展。基于对20世纪30年代大萧条(The Great Depression)教训的深入总结,美国《1933年证券法》和《1934年证券交易法》确立了证券发行注册制和以信息披

---

〔23〕 参见郭锐:《商事组织法中的强制性和任意性规范——以董事会制度为例》,载《环球法律评论》2016年第2期。

〔24〕 参见汤欣:《论公司法的性格——强行法抑或任意法?》,载《中国法学》2001年第1期。

〔25〕 参见冯果:《整体主义视角下公司法的理念调适与体系重塑》,载《中国法学》2021年第2期。

露为中心的监管制度框架,并明确了法律责任。[26] 此后,经过不断发展与完善,这一制度体系日趋成熟,其成功的立法理念和技术先后被包括中国在内的其他国家广泛借鉴。总而言之,我国《证券法》虽授权证券监管部门对上市公司的证券业务活动进行监管,[27]但其监管重点在于证券发行和交易活动,在其法律框架下主要围绕上市公司的信息披露进行监管,没有对上市公司自身的组织和行为进行全面规制。而涉及上市公司治理的监管制度主要也是以部门规章或行业规则等低位阶规范加以填补,于立法层面位阶较低,威慑力不足,导致执法上也缺乏威慑力。

(三)中国证监会的监管主体授权不足

如上所述,公司法的基本原则之一是公司自治,其并未赋予证券监管部门对上市公司的监管权限,实践中产生争议问题时往往通过司法途径解决(提交法院进行解释、裁决)。但是,证券监管机构对于公司法的实施亦具有重要意义。[28] 对于上市公司而言,其治理运作关涉广大投资者权益,强公众属性导致更强的风险外溢性,有必要加强对它们的监管力度;出现争议也不仅仅是简单的公司内部问题,更需要证券监管部门及时介入,以防止损害中小投资者利益。实践中,中国证监会通过在各地的派出机构对上市公司进行监管并加强对上市公司的一些特殊行为进行监管的方式,严格监管上市公司,初步建立了一个以中国证监会外部监管为主的上市公司监管体系。但是,囿于《公司法》并没有授权证券监管机构对上市公司治理进行监管,中国证监会对上市公司的监管可能受到学者质疑。例如,有学者指出,《证券法》虽然授权国

---

〔26〕 See John Coffee, *Market Failure and the Economic Case for a Mandatory Disclosure System*, Virginia Law Review, Vol. 70, 1984.

〔27〕 《证券法》第 7 条第 1 款规定,"国务院证券监督管理机构依法对全国证券市场实行集中统一监督管理"。

〔28〕 参见夏小雄:《公司法现代化:制度改革、体系再造与精神重塑》,载《北方法学》2019 年第 4 期。

务院证券监督管理机构依法对上市公司进行监督管理,[29]但“依法”是指《证券法》,证券监管机构对上市公司的监管不能超出《证券法》宗旨所定的范围,因此,只能限于上市公司的证券发行和交易活动,例如上市公司的信息披露,上市公司收购等。[30]

四、上市公司治理监管的组织法向度

上市公司治理监管制度的设计和完善需要考虑制度的价值取向。上市公司治理监管的目标是保护股东利益还是投资利益?上市公司治理是否应尊崇公司自治原则?不同的认识产生了不同的上市公司治理监管制度。面对实践中上市公司治理监管制度与实践脱节的范式危机,有必要从理论认识上调适与变革公司治理监管理论,以更好适应上市公司治理监管的实践诉求。

(一)上市公司治理监管的本位认识问题:投资者本位观念的确立

传统公司法以“股东至上”为基本原则,并以此为轴心进行包括上市公司治理监管在内系列制度安排。从上市公司的角度来看,其股东和投资者的法律地位相互交织,是股东意味着一定是投资者,但是投资者并不一定意味着是股东。[31] 这是因为随着资本市场的发展,为满足上市公司的融资需求,上市公司不单单只有股权投资者,还存在大量债权投资者、混合证券投资者等。而且考虑到资本市场的高度流动性,上市公司往往股东人数众多,且大多数参与公司治理程度低,普通股东往往很难享有参与重大决策和选择管理者等权利。对此,从某种程度上

---

〔29〕 我国《证券法》第169条对于国务院证券监督管理机构的职责授权涉及上市公司的只包括:“……(二)依法对证券的发行、上市、交易……进行监督管理;(三)依法对证券发行人、证券公司……的证券业务活动,进行监督管理……(五)依法监督检查证券发行、上市、交易的信息披露……”

〔30〕 参见陈甦:《论〈公司法〉和〈证券法〉的立法协调——对〈公司法〉中证券法律规范的修改建议》,载王保树主编:《商事法论集》(第5卷),法律出版社2000年版,第70~118页。

〔31〕 股东概念表征的是公司的所有者地位,而投资者概念表征的是资本市场的交易主体地位,二者不是同一概念。

而言，这些普通股东与债权投资者之间实际上已并无根本性区别，这也意味着普通股东沦为“消极意义上的投资者”[32]。是以，投资者的内涵比股东更丰富，更能顺应资本市场发展。[33] 从公司治理监管角度而言，无论是股权投资者还是债权投资者等，这些投资者作为上市公司的资本提供者和风险承担者，理应受到公司治理监管的关注与保护。特别经过几十年的探索和发展，债券市场已成为我国资本市场的重要组成部分，债券融资也成为上市公司常态化的主要融资方式之一，公司治理监管有必要将债权投资者利益纳入必要考虑因素。对此，公司法应完善特定情形下债券持有人或其代表机构介入公司治理的制度供给，为债券投资者保驾护航。[34] 但现实是我国公司法对除股东以外的其他类型投资者保护存在严重不足。[35] 因此，就上市公司治理领域而言，应转变传统公司法“股东至上”的原则，调整保护对象和范围，确立“投资者本位”的理念，以容纳更多的与上市公司发展攸关的利益主体的利益诉求。

概言之，之所以倡导由“股东至上”转向“投资者本位”的理念，是因为投资者是资本市场发展的核心基础，良好的投资者保护是资本市场健康发展的基础和前提。特别是对于上市公司而言，广大投资者不仅是资本市场的交易主体，也是上市公司发展的重要助力，更是上市公司面向资本市场的落脚点，公司管理层对所有投资者负起信义义务远比仅对股东负责更为科学、严谨。对此，中国证监会前副主席曾指出，无论资本市场怎么改革发展，无论改什么、改到哪一步，“中小投资者至上”的价值取向绝不能变。[36] 当然，上述探讨从“股东至上”到“投

---

〔32〕 我们通常所说的股东利益保护意义上的“股东”，并非指可以掌控公司的控股股东，而是作为普通意义上的投资者（消极股东）。See Iman Anabtawi, *Some Skepticism about Increasing Shareholder Power*, UCLA Law Review, Vol. 53, 2005.

〔33〕 参见冯果：《整体主义视角下公司法的理念调适与体系重塑》，载《中国法学》2021 年第 2 期。

〔34〕 参见郑丁灏：《论公司债券治理的组织法构造——以〈公司法〉修订为进路》，载《证券市场导报》2021 年第 8 期。

〔35〕 参见冯果、李安安：《金融创新视域下的公司治理——公司法制结构性变革的一个前瞻性分析》，载《法学评论》2010 年第 6 期。

〔36〕 参见王永生：《证监会：“中小投资者至上”的价值取向绝不能变》，载新浪财经网，http://finance.sina.com.cn/7x24/2018-01-17/doc-ifyqtycw8809015.shtml。

资者本位”的转向仅在资本市场和上市公司的视域下才有意义,否则妄谈“投资者本位”是非理性的,也是难以自洽的。

(二)上市公司治理监管的制度定位问题:任意性规范趋势的修正

如何有效完善公司治理监管制度一直以来都是公司法立法聚焦的重点议题。从我国上市公司治理监管的实践来看,我国的上市公司治理监管制度不尽如人意。究其原因,最主要的一点就是,上市公司治理监管规范的强制性和任意性的定位出现了偏差。本该以强制性为特征的上市公司治理监管制度与以任意性为特征的有限公司治理监管制度之间的差别并不明显,造成法律资源的浪费。〔37〕公司法中的任意性规范和强制性规范各有其存在的价值,对于公司治理监管规范的定性问题,学界研究中有主张应属任意性规范的,〔38〕亦有认为公司治理监管规范具有“公共政策”地位,主要应作强制性定性的。〔39〕但是总的来说,由于任意性规范能够促进公司参与各方缔约、促进私人信息披露、降低交易成本,其备受学界和实务界的关注和认同,明确肯定和规定更多的任意性规范已成为现代各国公司法发展的趋势。〔40〕在我国公司法发展的早期阶段,强制性过度而任意性不足是我国公司法的突出特点和严重缺陷。随着我国市场经济的不断改革,“公司契约理论”〔41〕在我国得以引入并广泛传播,将公司理解为“合同的联结体”、将治理规范视为公司参与各方之间的格式合同的理论成为主流观点。2005 年以后,我国公司法不断扩大公司自治空间、弱化管制,自治型公司法雏

〔37〕 同前注〔24〕汤欣文。

〔38〕 参见赵旭东:《中国公司治理制度的困境与出路》,载《现代法学》2021 年第 2 期。

〔39〕 参见蒋大兴:《公司法中的合同空间——从契约法到组织法的逻辑》,载《法学》2017 年第 4 期。

〔40〕 See Ian Ayres & Robert Gertner, *Filling Gaps in Incomplete Contracts: An Economic Theory of Default Rules*, The Yale Law Journal, Vol. 99, 1989.

〔41〕 “公司契约理论”以经济学“代理理论”和“交易成本 理论”为基础,将公司视为一系列契约的联结。根据“公司契约理论”的观点,公司的本质是一组“契约的联结”——一个在公司众多参与者之间的相互关联的契约网络,在这一框架下,股东及公司的其他利益主体之间的权利、义务和责任应当由合同加以确定,公司治理就是一套任意性的自治规则。See Frank H. Easterbrook & Daniel R. Fischel, *The Corporate Contract*, Columbia Law Review, Vol. 89, 1989.

形显现。[42]

问题是,"公司契约理论"在有限责任公司中具有一定的解释力,但对于解释资本市场中的上市公司而言则不够周全。一方面,基于股权相对集中的现实,我国上市公司股东之间的地位并不平等,中小股东往往为控制股东所征服,难以凭借公司契约谈判的手段维护自身利益,作为股权投资者之外的其他投资者更是被排除在公司契约之外。[43] 另一方面,在资本市场法律中,公司自治与行政管制交织在一起,例如对于关联交易、重大资产重组等,如果只是一味地强调公司自治,那么可能会导致公司利益受损的情况发生。为此,就需要适当的强制性规范[44],通过外部的行政干预予以约束。是以,我国公司法应避免盲目尊崇任意性治理,必要时应通过强制性治理监管来保护广大投资者的合法利益。特别是对上市公司而言,公司自治不是万能的,投资者信心和管理层行为的高标准至关重要。[45]

近年的比较公司法成果表明,对中国等发展中国家公司法立法而言,要解决资本市场的众多利益冲突,单靠通过移植英美以任意性规范为主的公司治理监管规范是无法完成的。[46] 而且即使是在美国,其公司治理监管规范也经历了由任意性到强制性的转变。受限于美国《1933 年证券法》和《1934 年证券交易法》的立法目的、州与联邦之间的立法权分配,美国公司治理问题主要受各州公司立法的管辖。[47] 而

---

〔42〕 参见施天涛:《新公司法是非评说:八二分功过》,载王文杰主编:《最新两岸公司法与证券法评析》,清华大学出版社 2006 年版,第 47 页。

〔43〕 参见冯果、艾传涛:《论控制股东的诚信义务》,载王保树主编:《投资者利益保护》,社会科学文献出版社 2003 年版,第 338 页。

〔44〕 其中,围绕上市公司关联交易的主要有《上市公司信息披露管理办法》《上海证券交易所股票上市规则》《深圳证券交易所股票上市规则》《上海证券交易所上市公司自律监管指引第 5 号——交易与关联交易》《深圳证券交易所上市公司自律监管指引第 7 号——交易与关联交易》等;围绕上市公司重大资产重组的主要有《上市公司重大资产重组管理办法》《上市公司收购管理办法》《关于进一步加强资本市场中小投资者合法权益保护工作的意见》《上市公司信息披露管理办法》等。

〔45〕 See William L. Cary, *Insider Trading in Stocks*, Business Lawyer(ABA), Vol. 21, 1966.

〔46〕 同前注〔23〕郭锐文。

〔47〕 See Stephen M. Bainbridge. *The Short Life and Resurrection of SEC Rule* 19*c* - 4, Washington University Law Quartly, Vol. 69, 1991.

以特拉华州为代表的州普通公司法,普遍具有浓厚的赋权性色彩,公司治理监管也主要交由公司自治。对此,威廉姆·L. 卡瑞(William L. Cary)教授指出,只要在资本市场中运作,且对管理层的信心是其继续存在的先决条件,美国联邦政府就应该关注公司自身的正当行为以及证券市场利益。没有理由允许公司法继续恶化,应加强联邦管制提升其标准,以提高公众对于美国公司的信心和投资。[48] 为了应对资本市场空前的诚信危机,美国于2002年颁布了《萨班斯·奥克斯利法案》。该法不仅将许多上市公司治理监管问题纳入联邦立法的层面,且针对上市公司更具有鲜明的强制性。[49] 我国亦有学者指出,"上市公司不仅是一种经济组织,还是一种解决利益冲突的社会组织"[50]。基于此,面对复杂利益关联中的恃强凌弱,立法者如果拒绝强制性规范,不啻自缚双手。是以,在强调上市公司经济性的同时更应凸显其社会组织属性,通过强制性的制度安排使其成为资本市场发展和社会进步强大的推动力。

五、《公司法》修订背景下上市公司治理的规范进路

优化顶层制度安排,是提高上市公司治理水平、因应提高上市公司质量需求的关键。对此,《公司法》作为组织法,其本应成为有效规范上市公司治理的不二之选,但囿于现行《公司法》的制度不足,致使其始终未能为上市公司治理监管提供有效的制度供给。现代公司法应该是能够面向并有效利用资本市场的公司法。[51] 通过公司法的变革和

---

〔48〕 See William L. Cary, *Federalism and Corporate Law: Reflections upon Delaware*, Yale Law Journal, Vol. 83, 1974.

〔49〕 例如,该法案要求上市公司的董事会必须下设审计、薪酬、提名等各专门委员会,且各该专门委员会必须全部由独立董事组成。参见楼秋然:《上市公司治理的监管模式选择——向"遵守或者解释"规则转变》,载《证券市场导报》2017年第1期。

〔50〕 蒋大兴:《公司法的政治约束——一种政治解释的路径》,载《吉林大学社会科学学报》2009年第5期。

〔51〕 参见[日]上村达男:《公司法改革——公开股份公司法的构想》,中国证券监督管理委员会组织编译,法律出版社2015年版,第298页。

完善,向投资者权利提供强的法律保护,在未来相当长一段时间仍是解决我国上市公司治理监管问题的根本途径和努力方向。[52] 从已公布的《公司法修改草案(二)》来看,草案对于上市公司治理制度有所调整,包括董事会和经理职权的调整;基于单层制改革设计了可选审计委员会模式;对可能继续存在的监事会,进一步强化其法律地位与职权。总体而言,这些调整契合了公司治理单层监督模式与双层监督模式的改革和优化,兼顾了制度的创新和稳定,降低了制度转换成本。但是,这些并没有从根本上改变上述上市公司治理监管组织法供给不足的局面,上市公司治理监管制度的根本缺陷在于我国《公司法》的公司分类问题,没有考虑到以上市公司为代表的公众公司的特殊治理规范需求。以此次难得的修法机会为契机,《公司法》在后续的修订过程中还可以考虑进一步完善公司分类,补足上市公司治理监管强制性规范不足的短板,以弥补上市公司治理监管制度的不足,更好发挥公司法的组织法功能,维护广大投资者权益。

(一)上市公司与公司类型的改革

要解决现有上市公司治理监管的问题,我们需要正视粗放式公司分类立法的弊端,完善和细化公司类型的立法,在科学分类的基础之上针对上市公司制定适用性更强的公司治理监管规范。无论是在传统的大陆法系框架下还是英美法系框架下,二者的公司法中都没有上市公司这样一种独立的公司形态。前者将公司形态划分为有限责任公司与股份有限公司两种基本类型,上市公司被包含在股份有限公司之中。后者则是以公司的股票是否公开发行及股票是否允许自由转让为标准,将公司区分为封闭公司(或称私人公司)与公众公司(或称公开公司)。而在我国,考虑到在公司法之外,无论是中国证监会的监管性规则还是证券交易所的上市规则、交易规则等都对上市公司及非上市公众公司的公司治理和其他行为发挥着正式的制度约束作用。从某种程度而言,前述证券市场的法律规范在实践中已经起到了将我国公

〔52〕 参见郑志刚、孙娟娟:《我国上市公司治理发展历史与现状评估》,载《金融研究》2009年第10期。

司类型划分为公众公司与封闭公司的作用。[53] 申言之,就我国正式制度层面而言,实际上已将股份公司划分为公众公司(包括上市公司和非上市公众公司)、封闭公司两种类型,并受到不同监管规范的差序规制。

从实践来看,公众公司作为股份有限公司的一种升华形态,其已然发展成为一种相对独立的公司形态,我国《公司法》所划分的公司类型似乎也需要予以适当改革。详言之,我国公司的法律规范结构是以有限责任公司制度为基础,股份有限公司制度一般参照适用有限责任公司制度,并结合部分特殊规范。股份有限公司中的公众公司形式上虽然也采取一般(股份有限公司制度)加特殊(证券监管机构的监管性规范)的规范方式,但实践中更多是参照中国证监会制定的规范性文件,而这些资本市场的法律规范又很难完全地归入公司法的体系中。因此,对于公众公司尤其是上市公司而言,虽然得以股份有限公司特别规定的形式保留其在《公司法》中的地位,但其实质上与我国《公司法》规定的股份有限公司有所差异。由此带来的问题是,无论是有限责任公司还是发起设立股份有限公司,都与公众公司在公众性程度上存在质的区别,却适用同样的公司法规范(包括公司治理规则),导致公司法制度与实践脱节问题乃至公司法制度的异化。[54] 有鉴于此,针对不同类型公司,无论是公司治理规则还是其他运行规则,立法者都有必要予以差异化设置。而解决这个问题的前提条件就是需要对现行《公司法》所构建的公司类型进行改革。

对于公司类型改革问题,我国有大量学者进行了探讨并提出了不同的改革思路。例如,有学者建议以公司是否公开发行股份为标准,区分公开发行股份公司和不公开发行股份公司,其中,不公开发行股份公司可以进一步区分为有限责任公司和不上市的股份有限公司。[55] 还有学者则进一步建议,废除有限责任公司与股份有限公司的两分法,以公司股份是否在证券交易所公开流通为标准,将公司分为上市公司与

〔53〕 同前注〔12〕刘斌文。

〔54〕 参见郑若山:《公司制的异化》,北京大学出版社2003年版,第107~115页。

〔55〕 参见张穹主编:《新公司法修订研究报告》(上册),中国法制出版社2005年版,第10~15页。

非上市公司(将现行法上的有限责任公司纳入非上市公司调整)。[56] 部分学者则认为前述方案过于激进,立法成本过高,应借鉴英美法系中封闭公司(私人公司)与公众公司的概念体系与制度设计,将股份有限公司"瘦身"定位于公开公司,而有限责任公司"扩容"(非公众性股份有限公司归入有限责任公司)。[57] 如此设计,即于制度层面将发起设立的股份有限公司与有限责任公司一体化,将发起设立的股份有限公司制度并入有限责任公司制度。[58] 总体而言,上述学者的观点有一点是共同的:股份有限公司中的上市公司与非上市公司,二者名义上虽然都是股份有限公司,但它们在法律特性方面差异巨大。公募设立的股份有限公司,尤其是上市公司,应划入公众公司类型。

本文认为,原来那种将上市公司等同于股份有限公司,与一般股份有限公司适用同一套法律规则的做法确有其不妥之处,不过这并不意味着需要彻底调整公司类型以及公司法的结构。德国著名制度经济学家斯蒂芬·沃依格特(Stefan Voigt)曾指出,选择性保留有时候亦是消弭错误的可靠工具。[59] 鉴于我国存量达数千万之众的有限责任公司的客观存在,有限责任公司这一公司形态有其制度供给上存在的合理性和必要性。同时,出于立法成本的考量,为便于《公司法》的解释和适用,我国公司类型的改革可循沿此前《公司法》的修订方向继续推进,在保留有限责任公司及股份有限公司的基本分类基础上,对股份有限公司的内部形式作进一步区分,分为股份自由流通的公众公司和非公众公司(封闭公司)。其中,对公众公司尤其是上市公司[60]则以强制性规范的严格规制来保护公众投资者的利益。此种改革的现实意义在于,封闭型股份公司股东内部具有较强的人合性,外部又没有证券市

[56] 参见刘俊海:《建议〈公司法〉与〈证券法〉联动修改》,载《法学论坛》2013 年第 4 期。

[57] 同前注[13]李建伟文。

[58] 参见王保树:《公司法律形态结构改革的走向》,载《中国法学》2012 年第 1 期。

[59] 参见[德]斯蒂芬·沃依格特:《制度经济学》,史世伟等译,中国社会科学出版社 2016 年版,第 124 页。

[60] 可将公众公司进一步分为上市公司和非上市公众公司,对上市公司继续沿用目前《公司法》、《证券法》及其相关法规对其进行专门立法的调整方式,使之受到更为严格的监管与规制;非上市公众公司由于其向社会公开发行股票的性质,也要将其纳入仅次于上市公司严格规制的范围。

场的监督需求,因此类似于有限责任公司,须加强对股东意志的尊重。而公众公司股东更为广泛而分散,股份也具有高度自由流通性,内部人控制现象非常普遍和严重,因此中小股东的利益需要得到特别保护。

(二)授权证券监管机构介入上市公司治理

从公司法层面出发,立足于我国上市公司治理中的主要矛盾,需加强对控股股东或实际控制人的监管。[61] 这是因为有效的外部监管机制会对公司内部控制人和管理层权力产生重大影响,进而提高公司内部控制的有效性。[62] 是以,我国上市公司治理监管的公司法规范除了强调上市公司自身的特性,加强规范强制的被动应对以外,是否亦可采取更为积极和主动的规范措施?可否将证券监管机构作为上市公司的外部监督主体,如由《公司法》直接授权证券监管机构,并辅以一定机制协调外部监督机制与内部监督机制的关系等?毕竟,制度的生命力在于执行,公司治理监管制度也不例外,这确是我国《公司法》未来发展应予考虑的一个重要问题。对此,本文提议的一大设想即基于“投资者本位”的观念,可以通过证券监管机构来强化投资者的博弈能力,对处于弱势地位的广大中小投资者给予倾斜性保护。换言之,通过建立外部监督机制,由《公司法》通过授权性规范为证券监管机构介入上市公司治理领域提供明确法律依据,使证券监管机构成为上市公司治理监管制度的执行机构。理由如下所述。

一方面,从公司法规范执行的角度分析,授权证券监管机构成为上市公司治理制度监管的执行机构能有效解决《公司法》执法资源不足的问题。虽然《公司法》现有的执行权主体众多,例如有公司股东、公司登记机关、相关主管部门、仲裁机构以及法院等。然则通过考察市场实践情况可知,除股东直接诉讼或派生诉讼外,上市公司治理问题大多

---

〔61〕 与传统上市公司治理问题不同,我国虽然也存在“两权分离”的代理成本问题,但在股权高度集中的情形下,我国上市公司治理的主要内容是控股股东或实际控制人控制权的滥用和大股东之间控制权的争夺。参见艾博:《监管介入上市公司治理问题研究》,载《证券市场导报》2021 年第 12 期。

〔62〕 参见郝旭光、贺小刚、张嘉祺:《证券监管机构与上市公司的博弈分析》,载《中央财经大学学报》2013 年第 8 期。

通过证券市场呈现出来，集中表现为关联交易、财务造假、操纵并购等证券市场违法行为。[63] 是以一般由证券监管机构立案调查并处罚，证券监管机构因而事实上成为上市公司治理制度的执行机构。该事实深层次上亦反映了我国《公司法》执法资源匮乏的现实。

另一方面，从法律规范调整的角度来看，由《公司法》通过授权性规范为证券监管机构介入公司治理领域提供明确法律依据，能有效化解证券监管机构制定监管法规的合法性问题。考虑到上市公司治理常常出现问题，出于解决问题的实际需要，证券监管机构频繁介入上市公司治理。而当上市公司治理问题不再局限于具体公司，逐渐发展成为上市公司的普遍问题时，为保护投资者利益和维护证券市场秩序，证券监管机构往往通过立法的形式（制定规范性文件）以及时解决问题。随着这种介入更主动地、更普遍地推行，证券监管机构制定的上市公司治理监管规范在《公司法》之外已经渐成体系，并渐进替代《公司法》成为上市公司治理的主导性规范。[64] 我国《上市公司监督管理条例》制定工作已经历时多年，迟迟未能制定出台，一个重要原因就是缺乏《公司法》方面的授权依据。在全面实行注册制、提高上市公司质量的大背景下，考虑到我国证券监管机构介入上市公司治理缺少组织法依据，有必要由《公司法》通过授权性规范为这些证券监管机构制定的资本市场监管性规范的介入提供明确法律依据。

在美国，囿于没有统一的联邦公司法，美国证券交易委员会（SEC）对上市公司治理的监管差不多都是反射性的、渐进的，没有权限主动介入上市公司治理。[65] 不同于美国，我国有统一的《公司法》，完全可以在《公司法》中通过授权性规范明确证券监管机构对上市公司治理的监管权限。囿于资本市场规范需求的多样化及变化性，公司法无疑具有滞后性。考虑到现行体制下证券监管机构介入原属公司法调整范畴的实际情况，上市公司其信息披露、并购重组、公司治理等之监管多委

〔63〕 参见张辉：《证券市场与中国公司法的发展》，载《中州学刊》2008 年第 5 期。

〔64〕 参见张辉：《中国公司法制结构性改革之公司类型化思考》，载《社会科学》2012 年第 9 期。

〔65〕 See Joel Seligman, *A Modest Revolution in Corporate Governance*, Notre Dame Law Review, Vol. 80, 2005.

诸证券监管机构,故亦可于《公司法》内明确授权证券监管机构对上市公司进行监管,合法化其监管介入,赋予公司法以更大弹性应对资本市场整体环境之变迁。如此之立法设计,通过在公司法层面授权立法的技术手段,似较能契合公司法之规范目的,防止证券监管规范有过多合法性争议之弊病。[66]

六、结论

公司治理具有复杂性,针对不同类型的公司,应设计不同的治理监管规范。如果说对有限责任公司而言任意性的立法是对私法精神的尊重和对经营成本的考量,赋予公司和股东更大的自主选择权,那么对于上市公司,为了保护公众投资者利益,则需要加强立法的强制要求。特别是考虑到上市公司的公众性和现实矛盾,更需要规范的强制性来保护公众投资者的利益和维护资本市场秩序。而我国现行《公司法》既不区别公司的类型,也不考虑上市公司治理的个体需求,“一刀切”的立法造成了上市公司治理制度脱节于资本市场实践,导致公司法规范供给不足。实践中上市公司治理监管主要参照证券监管机构的规范性文件,但是因为《证券法》作为交易法,其侧重点不在公司治理监管,而公司法层面又缺少明确的监管介入依据,导致证券监管机构的监管主体地位存在合法性问题。

为排除前述障碍,有必要从理论认识上调适与变革上市公司治理监管理论,树立“投资者本位”的理念,确立上市公司治理监管强制性的组织法向度。在具体的制度改革方面,《公司法》不应将上市公司笼统地划归为股份有限公司,而应考虑到其自身的特性,细化公司类型立法,对股份有限公司的内部形式作进一步区分,分为股份自由流通的公众公司和非公众公司(封闭公司),并通过授权性规范明确证券监管机构介入上市公司治理的公司法依据。通过建立统一的“公众公司治理”制度架构,填补上市公司治理监管制度的不足,更好发挥《公司法》

〔66〕 参见刘连煜:《公司法制的新开展》,中国政法大学出版社2008年版,第22~23页。

的组织法功能，保护公众投资者权益。当然，上市公司治理监管制度的改革过程是逐步的。期待本轮修法能进一步考虑不同类型公司治理对监管规范的差异化需求，对有限责任公司治理实行自由的立法，而对上市公司治理作出严格的强制性规制。

（编辑：严　琦）

《证券法苑》(2023)
第三十七卷,第162~178页

限售股质权实现过程中的法益冲突解决

——以《公司法(修订草案二次审议稿)》第160条为对象

葛伟军[*]　李　攀[**]

摘要:《公司法(修订草案二次审议稿)》[以下简称《公司法修订草案(二)》]第160条第3款对限售股质权人在限售期届满前的质权行使进行限制,旨在避免因质权实现导致的限售股权属变动结果与限售规范间的冲突。该规定不当扩大了《公司法》股份限制规定应然的约束范围和效力射程。本文从规制对象、法益保护的优先性和比例原则以及权属变动的后果等方面进行了分析。针对限售股质权的实现问题,规范重心应从限制质权实现转移到基于变价取得限售股的买受人对限售负担的继受上。限售股的买受人是否继受股份转让限制,应视限售股上所附转让限制的性质不同,作类型化的区分对待。

关键词:限售股　减持规范　股份转让　限售股质押　执行变价

---

* 复旦大学法学院教授。

** 上海财经大学法学院民商法学专业博士研究生。

一、问题的提出

审议过程中的《公司法修订草案(二)》第160条第3款规定:“股票在法律、行政法规规定的限制转让期内出质的,质权人不得在限制转让期内行使质权。”该款直指实践中存在的巨大争议:特定股份持有人在法定或承诺期限内被禁止转让股份,以限售股出质的行为虽不同于股份转让,但如约定债务履行期早于限售期届满,且到期债务未得清偿,质权人即可通过主张对限售股变价以实现质权,导致类似于股份转让的权属变动结果,并因此引发与转让限制规范间的紧张关系。举例而言,按现行《公司法》第141条第2款规定,上市公司董监高在任职期间每年转让的股份不得超过其所持有本公司股份总数的25%。如董监高以所持股份出质担保个人债务,至其违约时质权人可主张变价的股份数额是否以25%为限?对此理论界和实务界存有不同认识。部分观点认为限售规范不仅针对主动的股份转让行为,还包括因其他任何原因导致的股权变动结果,即“因司法强制执行、执行股权质押协议、赠与、可交换债换股、股票权益互换等减持股份的,应当按照本规定办理”〔1〕;广东省深圳市中级人民法院《关于强制执行上市公司股票的工作指引(试行)》也认为针对上市公司董监高的执行应以《公司法》第141条规定的可用额度为限。〔2〕 相反观点则认为,股份转让限制规定是对公司创办者自主转让其股权的限制,其目的是防止发起人借设立公司投机牟利,损害其他股东的利益,而“人民法院强制执行不存在

〔1〕 中国证券监督委员会(以下简称中国证监会)于2017年发布的《上市公司股东、董监高减持股份的若干规定》(以下简称《减持规定》)第4条。

〔2〕 广东省深圳市中级人民法院《关于强制执行上市公司股票的工作指引(试行)》第18条:“依据《中华人民共和国公司法》第一百四十一条第二款的规定,上市公司董事、监事、高级管理人员在任职期间每年转让的股份不得超过其所持有本公司股份总数的25%;所持本公司股份自公司股票上市交易之日起一年内不得转让;上述人员离职后半年内不得转让其所持有的本公司股份。执行中可以向上市公司、证券公司或证券登记结算机构查询该董事、监事、高级管理人员的可用额度,执行时应以该可用额度为限。”

这一问题”[3],将限售规范的效力范围仅限于持有人基于意思进行的主动转让行为。这也是司法实践中大部分法院采纳的做法。[4] 监管机构与司法机关在某一具体问题上的观点如此针锋相对,这在法律领域中并不多见,其部分原因来自对某些基础概念和问题本质的认识分歧。如限售规范旨在禁止的“股份转让”究竟是指股份转让行为还是包括股权变动结果?因司法执行导致的股权变动结果是否等同或相当于限售股“解禁”?《公司法修订草案(二)》第160条第3款采取的限制质权人期内行权的立法意图有无正当性和必要性?对这些问题的分析和回答,有助于精确定位矛盾症结,并为限售股的司法执行提供规范思路和处理方法。

二、限售规范的目标对象范围界定

(一)针对上市公司股份的转让限制规范体系

股份的可转让性是商事公司区别于其他商事组织形式的显著特征之一。[5] 现行《公司法》第137条规定,“股东持有的股份可以依法转让”,确立了股份自由流动的原则,这在理论上契合股份公司的资合品性和证券市场的流通要求。[6] 但股份的流通性并非绝对的,某些特殊场合,为规范股份交易行为,维护市场运行秩序,需要对特定种类的股

[3] 参见最高人民法院执行办公室《关于执行股份有限公司发起人股份问题的复函》([2000]执他字第1号)。

[4] 北京市高级人民法院于2014年1月1日施行的《北京市法院执行工作规范》第390条规定:“被执行人作为发起人持有本公司股份的,人民法院对该股份可以强制进行转让,不受《中华人民共和国公司法》第一百四十二条‘发起人持有的本公司股份,自公司成立之日起一年内不得转让’的限制,有关单位应当按照人民法院的裁定书和协助执行通知书办理转让股份的变更登记手续。”上海金融法院于2021年1月4日实施的《关于执行程序中处置上市公司股票的规定》第18条第2款规定:“处置上市公司限售流通股、存托凭证,根据限售条件、解禁条件、案件情况可选择适用大宗股票司法协助执行方式或网络司法拍卖方式。”江苏省高级人民法院于2018年6月出台的《关于执行疑难问题的解答》则采取了“划转+期满抛售”的处置模式,即对限售股先进行司法划转,将被执行人(出质人)股票先行划拨至申请人账户,然后待限售期满后在二级市场进行抛售。划拨环节实际上已经导致了股权的变动。

[5] 参见刘俊海:《现代公司法》(第3版),法律出版社2015年版,第541页。

[6] 参见甘培忠、欧阳泽蔓:《股份有限公司章程限制股份转让法律问题分析》,载《法律适用》2015年第2期。

份转让进行约束。因此我国公司法对于上市公司股份的转让实质上采取的是“自由流通为原则,限制转让为例外”的态度。[7]

从分类上来看,目前的上市公司限售股类型包括在股权分置改革后由上市公司原非流通股转化而来的限售股份、新老划断后公司首次公开发行前已发行的股份,以及因上市公司非公开发行、配股、股权激励、大股东追加承诺和监管部门要求等情形形成的限售股份。有学者依据限售形成原因不同,将限售股区分为“被动型限售股”和“主动型限售股”。[8] 前者系指依据法律、监管机构制定的规范性文件限制转让的股份,限售义务主体为上市公司大股东、实际控制人、董监高以及存量股股东或定增股股东;后者指特定主体如上市公司大股东和董监高在法律、规范性文件的限售规定之外自主公开承诺转让条件的股份。

股份转让限制从规范位阶上可分为三个层级:第一层级为《公司法》和《证券法》下的概括性限制规定,主要是《公司法》第 141 条对发起人持有股份、存量股或定增股、董监高持股的期限限制和数量限制,[9]《证券法》第 36 条对股份限制交易期限的原则性限定和第 44 条的短线交易限制规定。[10] 此即为《公司法修订草案(二)》第 160 条

---

[7] 参见李欢:《资合性标准的转向——上市公司章程限制股份转让效力判断》,载《烟台大学学报(哲学社会科学版)》2020 年第 6 期。

[8] 参见张异冉:《限售股的司法强制执行研究——强制变价的类型化处理》,载《商法界论集》2021 年第 1 期。

[9] 《公司法》第 141 条规定,发起人持有的本公司股份,自公司成立之日起一年内不得转让。公开发行股份前已发行的股份,自公司股票在证券交易所上市交易之日起一年内不得转让。董监高所持本公司股份自公司股票上市交易之日起一年内不得转让,任职期间一年内只能对外转让 25%,离职后半年内不得转让。

[10] 《证券法》第 36 条规定:“依法发行的证券,《中华人民共和国公司法》和其他法律对其转让期限有限制性规定的,在限定的期限内不得转让。上市公司持有百分之五以上股份的股东、实际控制人、董事、监事、高级管理人员,以及其他持有发行人首次公开发行前发行的股份或者上市公司向特定对象发行的股份的股东,转让其持有的本公司股份的,不得违反法律、行政法规和国务院证券监督管理机构关于持有期限、卖出时间、卖出数量、卖出方式、信息披露等规定,并应当遵守证券交易所的业务规则。”第 44 条第 1 款规定:“上市公司、股票在国务院批准的其他全国性证券交易场所交易的公司持有百分之五以上股份的股东、董事、监事、高级管理人员,将其持有的该公司的股票或者其他具有股权性质的证券在买入后六个月内卖出,或者在卖出后六个月内又买入,由此所得收益归该公司所有,公司董事会应当收回其所得收益。但是,证券公司因购入包销售后剩余股票而持有百分之五以上股份,以及有国务院证券监督管理机构规定的其他情形的除外。”

第3款所称的"法律、行政法规规定"的限售情形。第二层级主要是指中国证监会颁布的行政规章以及证券交易所的自律规则等,如《上市公司证券发行注册管理办法》和《减持规定》等。[11] 这些规范对法律和行政法规规定的限售情形进行了细化和扩展。第三层级为上市公司特定内部主体针对股份转让限制作出的公开承诺。《上市公司股权分置改革管理办法》、上海证券交易所(以下简称上交所)与深圳证券交易所(以下简称深交所)的实施细则等针对这种公开承诺的履行制定了监管框架,主要内容涵盖了承诺担保义务、上市公司的信息披露义务、保荐机构的持续督导和报告义务、证券交易所的专项监控等手段。[12]

(二)限售规范旨在禁止的"股份转让"概念界定

无论是《公司法》还是《证券法》的限售规定,其规制对象均明确表述为股份的"转让",而引发观点分歧的首要原因恰在于对"转让"概念的混乱认识。

从文义解释角度来看,"转让"这一法律概念,在我国民事法律体系中主要在"民事权利"或者"民事法律行为"的范畴或意义上使用。[13] 有学者认为应从狭义和广义两个角度界定股权或股份的"转让"。狭义上的"转让"专指当事人之间因协议关系而发生的股权转让,即基于转让意思进行的股份转让行为;而广义上的"转让"除协议转让外,还包括因司法强制执行或因企业合并、继承、离婚、财产分割等而发生的转让,即非基于转让意思达成的权属变动结果。[14] 如限售规

---

〔11〕《上市公司证券发行注册管理办法》第59条规定,向特定对象发行的股票,自发行结束之日起6个月内不得转让。发行对象属于该办法第57条第2款规定情形的,其认购的股票自发行结束之日起18个月内不得转让。上交所和深交所在相应的上市规则中均明确首次公开发行股份的控股股东和实际控制人承诺股份上市36个月内不得转让股份。如《上海证券交易所股票上市规则(2023年2月修订)》第3.1.10条规定:"发行人向本所申请其首次公开发行股票上市时,其控股股东和实际控制人应当承诺:自发行人股票上市之日起36个月内,不转让或者委托他人管理其直接和间接持有的发行人首次公开发行股票前已发行的股份,也不由发行人回购该部分股份。发行人应当在上市公告书中披露上述承诺。"

〔12〕参见陈彬、陈娟、张子炜:《从域外经验看我国限售股制度的问题与改革》,载《证券市场导报》2014年第12期。

〔13〕参见钱玉林:《股权转让行为的属性及其规范》,载《中国法学》2021年第1期。

〔14〕参见王欣新:《公司法》,中国人民大学出版社2008年版,第209~210页。

范的目的在于禁止基于意思发生的股份转让行为,则因质权实现等导致的权属被动变更即处于其效力射程之外;但如"转让"概念在广义上泛指任何原因导致的股份权属变动结果,那么限售股的质权实现即可能构成与限售规范目的的冲突。从法律条文的规范表达来看,《公司法》第141条与《证券法》第36条的表述均为特定股份在特定期间届满前"不得转让"。作为法律用语,"不得"是法律规范对行为模式作出限制的虚词,"未满足某种条件,不得……"这样一种表达范式,体现了立法者将民事法律作为一类行为规范的意图,其目的是对某种行为予以禁止或限制,但就功能而言无法杜绝某项客观事实之确实发生。

从体系解释角度来看,《公司法》第139条第1款规定"记名股票,由股东以背书方式或者法律、行政法规规定的其他方式转让;转让后由公司将受让人的姓名或者名称及住所记载于股东名册"。从该规定可以看出,股份"转让后",才开始发生股份登记等权属变更,可见《公司法》本身已对股份转让行为和权属变动结果进行了区分;《证券法》下,第36条限售规定被安排在"证券交易"章节,而按第35条规定"证券交易"系指"证券买卖行为"[15]。从条文设置的逻辑关系上理解,第36条所限制的"转让"行为,以具备转让意思的证券买卖行为为对象,不包括非因约定原因导致的股份权属变动结果。

基于目的解释方法可得到相同的结论。可转让性本为上市公司股份的核心属性,法律之所以对部分转让行为进行限制,原因在于防止上市公司大股东和公司内部主体通过非公开市场套利而破坏市场机制和中小投资者利益。[16] 禁止股份转让、抹除股份流动性本身并非目的,而仅是防止不法目的实现的手段。限售制度本身体现了法律对风险概率和风险程度的判断:即使并非所有的限售股转让情形均为实现不法目的之手段,但这起码构成大概率事件,故法律有必要进行干预或限

[15] 《证券法》第35条第2款规定:"非依法发行的证券,不得买卖"。

[16] 参见《证监会就减持新规答记者问:作出七大修改》,载新浪财经网,http://finance.sina.com.cn/roll/2017-05-27/doc-ifyfqvmh9305504.shtml,2022年7月4日访问。

制。[17] 就规范效力的指向而言,主体对象为上市公司内部持股人,行为对象是基于意思发生的主动转让,防范对象是以转让为手段的不法套利结果及对证券市场公众利益的损害。但在以司法执行语境下,限售股的权属变动结果并非基于股份持有人的转让意思而发生,股份权属变动结果与作为被执行人的限售股持有人的意图无关,因此不会成为其不法套利的手段。考察比较法下相关问题的规制趋势,也是在不损害投资者整体利益的前提下重视交易效率和经济效益,减少行政监管或司法对股份转让设置的障碍,便利中小企业通过证券市场融资。[18] 在 Witte v. Beverly Lakes 投资公司案中,法院认为股票份额的基本属性仍然是股票的可转让性,只有合理的善意转让限制才是有效和可执行的。[19] 在 Tu – Vu Drive v. Ashkins 案[20]中,布林纳大法官提出,股份转让可被施加合理的限制,但"合理"是双重要求。除非迫不得已或别无他法,否则不得对股权转让进行不合理限制,并且不得无理剥夺股东的实质转让权利。从中可以看出,对股份转让进行限制的正当性建立在主动转让行为可能导致溢出危害的判断上,转让限制的必要性和强度与风险成真的概率成正比;如果限制规范的前提假设——限售股权属变动必然或大概率将损害公众利益——无法被证实或甚至可被证伪,限制规范发挥效力的正当性基础即不复存在。因此,现行《公司法》和《证券法》下的限售规范,无论从立法意图、教义解释还是实证研究上均以主动转让行为为对象,[21] 其效力不应被扩张到对非因转让意思发生的股权变动结果的禁止上。

---

[17] See Louis Loss, Joel Seligman & Troy Paredes, *Fundamentals of Securities Regulation* (6th ed.), Wolters Kluwer Law& Business, 2011, p. 231.

[18] 比如,美国《1933 年证券法》第 144 条(Securities Act of 1933, Rule 144)对法定限售股的转让限制的减少以及第 144A 条对转让途径的拓展,以及欧洲国家从法定限售股到约定限售股的转变和多边电子配对系统等交易平台的发展。参见陈彬、陈娟、张子炜:《从域外经验看我国限售股制度的问题与改革》,载《证券市场导报》2014 年第 12 期。

[19] Witte v. Beverly Lakes Inv. Co., 715 S. W. 2d 286 (Mo. Ct. App. 1986).

[20] Tu – Vu Drive – In Corp. v. Ashkins, 61 Cal. 2d 283, 391 P. 2d 828 (1964).

[21] 参见曹廷求、张光利:《上市公司高管辞职的动机和效果检验》,载《经济研究》2012 年第 6 期;李维安、李慧聪、郝臣:《高管减持与公司治理创业板公司成长的影响机制研究》,载《管理科学》2013 年第 4 期等。

三、限售股质权实现过程中的法益冲突分析

从上述分析可得,因质权实现导致的限售股权属变动在类型上不同于基于意思发生的股份主动转让,不属于现行《公司法》和《证券法》下限售规范的调整目标。但仅此不足以得出限售期内的质权实现即为正当的结论,其是否可能引发与其他法益的冲突,或因此造成的溢出风险是否处于法律权衡后可予容忍的范围,有赖进一步的分析。

(一)《公司法修订草案(二)》第160条的问题所在

《公司法修订草案(二)》第160条第3款规定所体现的态度是认为质权实现导致的权属变动同样构成对限售股安定的威胁,规制方法是将限制环节前移,通过禁止质权人在限售期内基于质权请求变价,消除引发限售股权属变动的原因,避免司法执行环节发生冲突。姑且不论这种限制是否具有必要性和正当性,其立法意图能否实现就值得怀疑。盖因当限售股持有人成为被执行人时,其所持限售股属于法律规定的可供执行财产。[22] 除质权人外,其他一般债权人也可通过申请执行查封限售股并请求对限售股进行变价以清偿债权,结果同样将触发限售股权属的变动,不同之处无非是一般债权人不能就变价所得款项主张优先受偿而已。因此如欲达成《公司法修订草案(二)》第160条的立法意图,除禁止质权人行使质权外,还需禁止限售股持有人的所有债权人——包括优先债权人和一般债权人——对债务人所持有的限售股提出执行变价主张,这显然并非《公司法修订草案(二)》第160条或《公司法》任何一条规范所能完成的任务。换一个角度来看,质权内容在司法执行环节体现为“变价请求权”和“优先受偿请求权”的结合:前者为担保物权人处分权的司法实现,是担保物权人处分行为的替代——担保物权人在物权实现条件成就时对抵押物虽有处分权,但为

〔22〕《民事诉讼法》第249条第1款规定:“被执行人未按执行通知履行法律文书确定的义务,人民法院有权向有关单位查询被执行人的存款、债券、股票、基金份额等财产情况。人民法院有权根据不同情形扣押、冻结、划拨、变价被执行人的财产。人民法院查询、扣押、冻结、划拨、变价的财产不得超出被执行人应当履行义务的范围。”

确保公正,须借助于司法执行程序行使处分权;[23]后者则使担保物权人可优先于其他一般债权人受偿。那么《公司法修订草案(二)》第160条所谓"质权人不得在限制转让期限内行使质权",是仅指不得行使变价权,还是优先受偿权亦不得主张?按规范语义逻辑,既然限制限售期内质权行使,应同时包含两者。但如此一来,假设限售股持有人的其他一般债权人申请查封其名下限售股并主张执行变价,而这与第160条旨在实现的限售股权属安定间毫无关系,盖因无论质权人是否行使质权(优先受偿权),限售股的权属变动都可能因其他一般债权人的变价申请而发生。进一步的问题是,《公司法修订草案(二)》第160条将引发公司法与其他部门法规范的严重冲突。理论通说和司法实践均已认可限售股为适当的质押标的,[24]既然如此,一旦质权有效设立,变价权即构成质权不可分割的内容,质权人当然可在实现条件成就时依据《民法典》和《民事诉讼法》主张对质物变价以受偿债权。对请求变价限售股的质权人而言,尽管该请求权实现的结果导致可限售股股权的客观变动,但其目的仅在于优先取得变价款以清偿自身债权,而并不关心限售股由谁受让;司法实践中的以股抵债情形,对质权人而言不过是变价失败后的被动后果,并非所主动追求的目的。

造成《公司法修订草案(二)》第160条立法意图和潜在后果南辕北辙的原因,在于其基于公司法视角,却试图对公司关系外的其他法律关系进行规范。从不同部门法的调整范围上来看,公司法主要以调整公司关系为己任,其基本特征是内部性,即公司内部相关主体之间的法律关系。在与限售股权属变动相关的法律关系中,限售股股东与上市公司和其他股东之间的关系属于内部关系,限售股股东与质权人之间属于外部关系。有学者正确地指出,公司法的转让限制规范是规定对外转让股东与公司、与其他股东之间关系的,其甚至无法调整转让股东

〔23〕 参见杨代雄:《抵押合同作为负担行为的双重效果》,载《中外法学》2019年第3期。

〔24〕 参见洪艳蓉:《股票质押式回购的法律性质与争议解决》,载《法学》2019年第11期。

与作为公司股东之外第三人的受让人之间的关系。[25] 基于此,当股东违反股权转让限制规定对外转让股权时,对外的股权转让合同效力不受影响,但对内可使该转让不对公司和其他股东发生效力,公司可以不为受让方办理股权变动手续。[26] 以此类推,股份质押对公司而言属于外部关系。股权质押设立的目的在于维护债权的安全,即维护交易的安全或维护"动的安全",[27] 而上市公司股份转让限制规范的目的主要在于保护公司治理安定和其他股东利益。两者无论在制度价值、规范功能、规制方法上均存在较大差异。从比较法下关于股权转让的规定及司法实践上来看,其关于股权转让的规定本意也并非约束转让方与受让方,而是强调不遵守法定和章定股权转让限制者对于公司不生效力,从而不产生股权变动的效果。[28] 这都明白无误地区分了与股份权属变动相关的内外部关系。《公司法修订草案(二)》第160条将效力范围突破至公司外的股份质押关系上,将约束主体对象扩张至转让关系之外的质权人甚至一般债权人身上,已超出其应然射程。

(二)质权实现的变价方法及后果

从冲突法益保护的迫切程度上进行比较,如质权人在限售期内不得主张变价,实际后果相当于质权无法实现,合法债权受损为确定事实;相比较而言,因实现限售股质权导致的股份权属变动对上市公司或其他股东的不利影响仅为潜在可能性。两害相权,质权实现主张具有更为迫切和现实的保护需求。从利益衡量角度来看,比例原则要求最轻微侵害手段,在保护较优越法益时,侵害另一种法益不得超过必要限度。如前所述,股份转让限制的所有正当性来自对更值得保护的公众

---

〔25〕 如有观点认为在有限公司股权转让案例中,《公司法》第71条旨在调整内部关系,即拟对外转让股权股东与公司和其他股东之间的关系,故公司可据此不确认股权转让合同对公司的效力;但股权转受让双方之间的关系属于外部关系,并非《公司法》的调整范围,故转让合同的效力应依据合同法等进行判断。参见徐强胜:《股权转让限制规定的效力——〈公司法〉第71条的功能分析》,载《环球法律评论》2015年第1期。

〔26〕 北京新奥特公司诉华融公司股权转让合同纠纷案,载《最高人民法院公报》2005年第2期。

〔27〕 参见林建伟:《股权质押制度的反思与重构——以制度价值为中心的考察》,载《现代法学》2005年第5期。

〔28〕 同前注〔25〕徐强胜文。

利益的妥协,属于私益保护需求向公众利益保护需求的妥协;当私益保护需求更为迫切,或公众利益并无特别保护需求,或可通过其他方法进行保护时,通过"一刀切"方式限制股权变动的正当性依据即不复存在。事实上,司法实践已充分关注到执行过程中的市场秩序和公众利益保护问题,司法执行导致的限售股变动未必引发限售规范旨在防范的不利后果,部分法院还分别出台内部指引对处置方法、处置额度、拆分方法等进行规定,以实现对证券市场交易规则的维护和对公众利益的保护。限售股的司法处置方法包括指令托管券商强制卖出、大宗交易、司法拍卖、非交易过户待限售期满后卖出等。如上海金融法院出台过《关于执行程序中处置上市公司股票的规定(试行)》,通过上交所搭建的大宗股票司法协助执行平台,对大宗股票进行司法强制处置,其目的正在于"大宗股票强制卖出易影响股票价格,影响投资者和上市公司利益"。[29] 具体到变价方法上,现行上海金融法院《关于执行程序中处置上市公司股票的规定》针对拟处置数量超过上市公司股份总数的1%,或虽不到1%但受到减持限制无法通过二级市场集中竞价方式售出的上市公司股票,优先选择适用大宗股票司法协助执行方式;[30]深圳中级人民法院《关于强制执行上市公司股票的工作指引(试行)》规定只有"拟变价股票数量占上市公司总股本比例为5%以下……不符合大宗交易条件或者大宗交易后的剩余股票",才指令托管证券公司通过集中竞价方式卖出。[31] 这些具体变价方式的采用从最大程度上兼顾了合法担保物权实现和证券市场公众利益维护间的平衡,较之不区分原因地禁止限售股的任何股权变动,显然更具合理性和正当性。

事实上,限售规范的制度目标与强制执行的价值取向并不存在冲突,前者通过对转让期限和数量的限制避免大量抛售打压个股市场价格,后者则需要通过选择合理的变价方式来维持变价价格,从而提升执行效率,两者具有相当的目标一致性。需要厘清的是,限售股司法执行导致的权属变动在效果上不同于限售股的解禁流通。前者仅为司法强

---

〔29〕 黄亮、郑岗:《上市公司大宗股票的司法处置》,载《人民司法》2020年第14期。
〔30〕 上海金融法院《关于执行程序中处置上市公司股票的规定》第17条。
〔31〕 深圳市中级人民法院《关于强制执行上市公司股票的工作指引(试行)》第14条。

制力导致的权属单次变动，附于股份上的转让限制并不因司法执行而当然涤除；[32]后者则指对股份上所附转让限制的完全去除，后续的自由转让不再受任何限制。在孟某、中信证券股份有限公司保证合同纠纷执行审查类执行案中，深圳市福田区人民法院认为"本院采用在淘宝网拍平台上整体处分涉案股票，拍卖成交的买受人将取得涉案股票的所有权益，包括大股东的身份及控股权，不属于减持的情形"[33]；《深圳证券交易所上市公司自律监管指引第2号——创业板上市公司规范运作》第7.4.10条则规定："承诺人作出股份限售等承诺的，其所持股份因司法强制执行、继承、遗赠、依法分割财产等原因发生非交易过户的，受让方应当遵守原股东作出的相关承诺。"上述司法判例及监管指引均对司法执行导致的限售股权属变动与限售股解禁进行了正确的区分：前者系因司法公权力行使导致，且原则上并不改变限售股本身的性质，这种单次性、强制性变动对证券市场的影响有限，且处于司法执行特定变价方式的控制范围内，不同于限售股解禁导致的消除股份转让限制使其完全进入市场流通的后果。

四、限售负担的涤除和继受

因质权实现导致的股份权属变更并不意味着限售股上所附转让限制的自然涤除。最高人民法院认为，通过执行变价取得限售股的"股份受让人应当继受发起人的地位，承担发起人的责任"；上海金融法院《关于执行程序中处置上市公司股票的规定》第41条第2款规定，"买受人或因抵偿协议取得股票的申请执行人在股票过户后处置上市公司股票的，应遵守法律法规、司法解释和证券监管部门规章、规范性法律文件、证券交易所规则中关于股票限售、股票减持等相关规定"。法理上，对限售股的司法执行变价旨在保护和实现限售股持有人与外部债

---

〔32〕 针对受让人是否继受转让限制的问题，本文作者认为应做类型化区分。详见本文第四部分。

〔33〕 广东省深圳市福田区人民法院：孟某、中信证券股份有限公司保证合同纠纷执行审查类执行裁定书，案号：(2018)粤0304执异1号，2018年1月8日。

权人之间的债权债务关系,这属于公司外部关系,处于限售规范的约束射程之外;但在变价完毕后,限售股买受人进入上市公司成为新的股东,其与上市公司、其他股东的关系构成新的公司内部关系,因此,买受人是否应继受股份转让限制的问题,重新进入限售规范约束效力射程讨论范围内。

(一)附着于股份上的转让限制

这一类限售股主要指上市前发行股份和定增股份。司法实践中的观点认为,《公司法》下的转让限制从性质上可分为"对人(转让人)"附随义务〔34〕和对"标的(股权)"本身的限制〔35〕。从法条规范的表述上来看,现行《公司法》第141条第1款表述为"发起人持有的本公司股份,自公司成立之日起一年内不得转让。公司公开发行股份前已发行的股份,自公司股票在证券交易所上市交易之日起一年内不得转让",限制效力指向作为物的股份本身,而非针对持有该股份的人,故转让限制实质上构成该类限售股的固有财产属性,随物一并流转,司法处置并不改变其作为限售股的财产性质。针对上市前发行股份和定增股份的转让进行限制,主要是出于两方面的考量:一是防止有关股东过早"套现""跑路",损害其他投资者的利益;二是防止有关股东大量抛售所持股份,对市场行情造成过大压力,影响市场运行的正常秩序。尽管股东"套现""跑路"的可能性在司法执行语境下已遭最大程度压制,但允许该类股份在变价完毕后立即流入市场依然可能形成较大冲击,因此存在对其继续施加转让限制的必要性。比较法下,该种限售股性质上相当于美国证券法下的"受限证券"(restricted securities),除非经公开转售(public resale)后去除股份上所附的特殊标签,否则无论股票持有人如何变化,股份的性质不会改变,任何主体一旦取得该类股份权

〔34〕 参见陕西省高级人民法院民二庭《关于公司纠纷、企业改制、不良资产处置及刑民交叉等民商事疑难问题的处理意见》(陕高法〔2007〕304号)。

〔35〕 江苏省高级人民法院:刘某与季某股权转让纠纷再审民事判决书,案号:(2015)苏商再提字第00042号,2015年10月23日。

属,即自动成为转让限制规范的义务主体。[36] 最高人民法院在批复意见中认为,针对股份公司发起人股份的执行不受《公司法》转让限制规定的约束,但受让人应继受发起人地位、承担发起人责任,[37] 以此作为对维护证券市场秩序需求的回应,该观点具有正当性。

(二)基于身份形成的转让限制负担

通常而言,身份行为发生在身份法领域,但财产行为与身份行为会相互渗透,财产行为可能具有身份色彩。广义的身份行为就包括形成的身份行为、附随的身份行为以及支配的身份行为。与附着于股份上的对物本身限制不同,部分转让限制产生于股份持有人的特定身份。故买受人是否继受转让限制负担,应作具体分析。

1. 董监高所持股份

根据现行《公司法》第 141 条第 2 款的规范表述,“公司董事、监事、高级管理人员应当向公司申报所持有的本公司的股份及其变动情况,在任职期间每年转让的股份不得超过其所持有本公司股份总数的百分之二十五;所持本公司股份自公司股票上市交易之日起一年内不得转让。上述人员离职后半年内,不得转让其所持有的本公司股份。公司章程可以对公司董事、监事、高级管理人员转让其所持有的本公司股份作出其他限制性规定”。这与第 141 条第 1 款对上市前发行股份和定增股份的限制不同,该种限制并非附着于股份上,而是指向特定义务主体,限制原因来自股份持有人所具有的特定身份。法律之所以对董监高持有的股份转让进行限制,正向激励目标是期使管理层的利益与公司的利益结合为一,产生休戚相关,利害与共的观念;[38] 反向预

---

〔36〕 美国《统一商法典》第 8 - 204 条明确规定:“发行人对证券转让所做的限制,即使在其他方面是合法的,对不知道该种限制的人是无效的,除非:(1)证券是凭证式的,而且该种限制醒目批注在证券凭证上;或者(2)证券是无凭证式的,而且记名所有人已经得到该种限制的通知。”SEC 的《144 号条例》将有关股份定义为受限证券(restricted securities),要求受限证券持有人与任何后续持有人(subsequent holder)遵守持有期间(holding period)的限制规定,并要求受限证券持有人遵守转售数量的限制规定。

〔37〕 参见最高人民法院执行办公室《关于执行股份有限公司发起人股份问题的复函》(〔2000〕执他字第 1 号)。

〔38〕 参见廖大颖:《证券市场与股份制度论》,中国政法大学出版社 2002 年版,第 30 ~ 31 页。

防目标是董监高是内幕信息知情人,转让限制部分出于防范内部交易和内部持股人不法套利等考虑,[39]限售措施施加的原因和正当性均来自股份财产性权利和股东特定身份的结合。但通过司法变价取得股份的受让人仅取得股份上的财产利益,并不当然继受股份所对应的董监高身份地位。该类股份上原本相结合的财产要素和身份要素分离,原本限制措施旨在实现的正向激励目标和反向预防目标都丧失现实可能性,法律都不再具有对受让人继续实施转让限制的必要。

2. 大股东所持股份

大股东系指上市公司控股股东和持股5%以上的股东。[40] 针对大股东所持股份的转让限制措施主要是指三类禁售和一类转让数量限制。其中,三类禁售针对的是被调查或侦查、受到处罚或刑罚、被公开谴责等情形产生的不利信息对市场造成不良影响之时,将大股东固定在持股状态,使其承受不利信息影响下股份价格下跌的损失。需要注意的是,大股东与小股东并非天然处在对立面,造成我国如此情况的原因无疑就是两点:一是大股东与小股东之间存在权利上大小的区别;二是中国小股东无法也没有途径团结起来,无法参与公司的治理。从立法目的上来看,对大股东转让股份进行限制的原因在于大股东在公司重大事项上享有更多表决权,并且掌握信息优势,对其股份转让施加限制,有利于防范其利用信息优势抛售股份,并防止大股东抛售对股价形成下行压力,从而保护投资者特别是中小投资者权益,维护市场平稳运行。[41] 这种限制措施并非附着于股份本身,而是来自大股东因持股数量形成的特定身份,以及随之而来的信息优势和权利优势。因此,受让人取得的限售股上并不应附着任何转让限制,除非其受让股份数量与其原本持有股份数量达到5%以上,否则对其进行转让限制缺乏必要性。而如果受让人因持股数量达到"大股东"的认定标准,则其自然应

---

〔39〕 参见巫文勇:《论公司股份转让中的限制性规定与瑕疵股份转让的法律效力》,载《西部法学评论》2010年第2期。

〔40〕 《减持规定》第2条第1款规定:"上市公司控股股东和持股5%以上股东(以下统称大股东)、董监高减持股份,以及股东减持其持有的公司首次公开发行前发行的股份、上市公司非公开发行的股份,适用本规定。"

〔41〕 同前注〔8〕张异冉文。

受现行限售规范约束,但这种约束并非来自对买受限售股的继受,而是因为其因受让股份而取得了大股东的新身份。

(三)公开承诺限制转让的股份

对于经司法变价取得限售股的受让人是否继续受原股东作出的公开承诺限制,监管机构存在不同态度。深圳市福田区人民法院于2018年12月30日拍卖王某1名下800万股美丽生态股份公告中,登载了深交所关于该限售股承诺承继及解限的复函,针对美丽生态(000010)股份的司法拍卖中,深交所出具了态度明确的书面复函。深交所认为该股份因负有承诺不能被解限,否则将影响上市公司利益,“不建议对王某1所持股份做解限操作”。相比较而言,上交所的态度则较为宽松。其监管案例显示竞得股东可以不受前任股东的相关公开承诺限制。如在建设机械(600984)案例中,建设机械发行股份购买资产,原资产方股东王某2的对价股自2015年9月11日上市后锁定36个月,后在业绩对赌期王某2未能实现完成业绩承诺,其所持限售股于2018年7月和9月分别被司法拍卖并分别转给刘某、南通金玖锐信创业投资基金合伙企业(有限合伙)、薛某,根据上市公司公告,前述限售股司法拍卖后于2018年10月11日上市流通,没有受王某2业绩补偿承诺的影响。公开承诺本质上属于私法自治范畴,应根据公开承诺的形成过程来判断其法律性质,公开承诺或为合同要约,或为单方法律行为。[42] 从性质上来看,股东承诺的实质是非流通股股东与流通股股东之间的合同,是为保护相对弱势的流通股股东的利益,压缩非流通股股东的流通成本而设计的。与针对发起人、大股东或特定股东、董监高的法定转让限制不同,公开承诺限制的义务主体和约束范围按私法规则均具有特定性,即指向承诺人本人。换言之,限售承诺作为单方法律行为,具有单方性、有效性和无条件性,非因不可抗力等法定免责事由,承诺人不得撤销承诺;而承诺人外的其他持有人,如未作出承受承诺的意思表示,则缺乏以他人承诺对其进行约束的法律依据。在(2019)粤0106执异1003号案中,法院认为,《利润补偿协议》的业绩承诺依附于

〔42〕 参见袁坚:《论限售股司法拍卖的法律效果——以“公开承诺承继”为视角》,载《北方法学》2020年第2期。

特定义务主体,而不应无原则地扩张至承诺人之外的任何买受人或持有人。至于被执行人因无法履行限售承诺的法律责任则是另一个问题,如果被执行人明知所持股份可能被强制执行却故意作出公开的限售承诺,属于违反信息披露义务,遭受损失的投资者可以向其追索责任。

五、结语

对上市公司股份转让进行限制,其实质在于平衡证券市场上自由流通原则与公众利益保护间的关系。从上市公司股份的性质来看,可转让性应为原则,转让限制为原则之例外,限制措施的正当性和必要性来自转让行为对公众利益的潜在危害,限制措施的范围和强度取决于潜在危害发生的现实性和紧迫性。限售制度的规范目标并非旨在消除股权变动现象,而是震慑利用股权转让获取不法私益的有害动机,因此在判断某种股权变动情形是否应纳入限售规范效力范围时,应依据目的性解释、合理性标准和手段比例原则进行类型化区分。司法执行过程中的限售股变价,一方面,已在最大可能上排除了公司内部持股人不当套利的可能性;另一方面,上市公司和其他股东的利益可通过其他替代救济方法或使买受人继受限售负担得到保护,其与限售制度之间并不构成规范目的或制度价值上的冲突。《公司法修订草案(二)》第160条第3款禁止限售期内质权行使的规定缺乏必要性和正当性,故笔者建议该款删除。

(编辑:张　越)

【金融司法案例评注】

《证券法苑》(2023)
第三十七卷,第 179 ~195 页

操纵新三板证券市场行为民事赔偿的司法认定

——定向增发投资者诉上海阿波罗机械股份有限公司、邵某等操纵证券交易市场责任纠纷案评析

林晓镍*　朱颖琦**　李瑶菲***

摘要:《证券法》几经修改后对证券违法行为人的行政责任和刑事责任的规定日趋完善,而相关民事责任规定则相对缓进。相较于虚假陈述民事赔偿制度的完善和实践的丰富,操纵市场民事责任在操作层面缺乏法律法规、司法解释配套规定,支持投资者索赔案例更是寥寥。本文从全国首例定向增发投资者胜诉的操纵证券市场民事赔偿案件切入,对投资者损失因果关系归责原则、交易型操纵证券市场行为的损失计算进行了分析探讨,以期丰富操纵市场民事赔偿领域的司法实践。

关键词:操纵证券市场　新三板　定增投资者　推定因果关系　损失赔偿计算

---

* 上海金融法院副院长。

** 上海金融法院综合审判一庭副庭长。

*** 上海金融法院综合审判一庭法官助理。

操纵证券市场是资本市场严厉打击的违法行为典型形式之一,也是严重损害投资者合法权益的易发多发行为,依法追究操纵证券市场行为人的民事责任是投资者权益保护的重要环节。我国司法实践长期面临操纵证券市场民事责任具体法律适用规则缺失的问题。2022 年 7 月,上海金融法院对全国首例涉新三板操纵证券交易市场民事赔偿案进行公开审理并宣判,判决后双方均未上诉,判决生效。该案是新三板定向增发投资者向操纵行为人(也是挂牌公司实际控制人)索赔的案件,案件涉及定向增发投资者在操纵证券市场交易民事侵权认定中可否适用推定因果关系以及如何证明存在因果关系的热点问题,同时作为首例涉交易型操纵证券交易市场行为的民事赔偿责任案,该案对交易型操纵市场行为作了有别于证券虚假陈述赔偿损失认定规则的探索。该案还根据新三板市场的交易特点,通过专业支持努力寻求新三板股权公允价值的科学方法,具有一定前瞻性、实践性和典型意义。

一、案情及裁判理由介绍

被告阿波罗公司是一家经相关部门批准可以从事民用核安全设备设计安装、特种设备制造加工以及技术开发、技术咨询、技术转让的企业。2015 年 6 月 17 日起,被告阿波罗公司成为新三板市场挂牌公司。2015 年 8 月 3 日起,被告阿波罗公司在新三板市场的股票转让方式由协议转让变更为做市转让。2015 年 7 月,6 家证券公司作为机构投资者认购阿波罗公司首次发行的股票,在 2014 年 12 月 31 日每股净资产(1.24 元/股)的基础上根据公司未来盈利预期协商得出发行价格为每股 14.21 元。2015 年 8 月 7 日至 9 月 30 日,阿波罗公司股价从 20.26 元增长至 30.79 元,其间最高价格为 36.50 元。

2017 年 11 月 20 日,被告阿波罗公司发布《关于收到中国证券监督管理委员会对控股股东、实际控制人调查通知书的公告》,内称因涉嫌证券市场操纵,中国证券监督管理委员会(以下简称中国证监会)决定对阿波罗公司实际控制人陆某、邵某进行立案调查。2020 年 9 月 7 日,中国证监会作出〔2020〕61 号行政处罚决定书,认定被告邵某、案外人左某、案外人胡某于2015年8月7日至9月30日对被告阿波罗公司进行了股价操纵,上述期间内,新三板市场做市指数从1515.4点下跌到1322.15点,跌幅为12.75%,而同期阿波罗公司股价从20.26元上升为30.79元(期间成交价最高为36.50元),涨幅为51.97%。邵某通过其控制的证券账户在操纵期间大量买卖阿波罗公司股票,其成交量占同期市场交易量的比率为54.03%。被告邵某影响阿波罗公司交易量和交易价格的主要手段是通过连续主动买入,主动与做市商成交,迫使做市商不断提高双向报价中枢,进而推动成交价格不断上升。上述交易行为影响了该股交易量,也对其价格走势产生了重大影响。行政处罚决定书认定,邵某与案外人胡某存在沟通串联,胡某利用做市商报价即为成交价的定价优势,使用广发证券做市专用账户多次在尾盘操纵阿波罗公司收盘价格,从2015年9月14日(阿波罗公司定增投融资对接会召开时间为2015年9月17日)开始,共8个交易日,有7个交易日的申买价最终成为当日收盘价,造成收盘价明显上涨,收盘价较前一笔成交价格的上涨幅度最高达7.79%。结合行为人违法事实、性质、情节与社会危害程度,中国证监会对被告邵某处以150万元的罚款,对其他案外人亦有相应处罚。行政处罚决定书还认定,被告邵某等行为人利用控制账户在操纵期间买入的股份已全部卖出,“刘某英”账户组产生亏损5,860,795.04元,“小左1号”账户组产生亏损1,142,066.92元。

2015年9月17日,阿波罗公司召开定增投融资对接会,各机构投资者参加会议。2015年11月,23家机构投资者及2名自然人投资者与阿波罗公司签订《股票发行认购协议》,以20元/股的价格购入阿波罗公司发行的股份,股票发行数量为2500万股,其中该案原告朱雀珠玉橙投资中心购入150万股,共计投资3000万元。

原告朱雀珠玉橙投资中心是一家从事证券及股权投资的私募基金。2015年7月,原告员工黄某向阿波罗公司发送朱雀珠玉橙投资中心投资简介。2015年9月17日,原告参加定增投融资对接会,同期原、被告展开线上线下多轮谈判,2015年9月21日,原告员工黄某向阿波罗公司发送邮件,提及:“在价格方面,目前的做市交易量非常小,并且公司股东人数较少,因此将做市价格作为增发价格的标准,参照意义不大……20 元的发行价格相对于做市商成本已经溢价 40%，时间仅为半年，价格的上涨幅度已经比较大，投资机构在筹码上的劣势已经非常明显。”

2015 年 9 月 15 日，阿波罗公司与东北证券股份有限公司签订了《关于上海阿波罗机械股份有限公司首次公开发行境内人民币普通股（A 股）并上市之辅导协议》。2015 年 10 月 8 日至 2016 年 1 月 28 日期间，阿波罗公司股票处于停牌状态，2016 年 1 月 29 日，复牌后第一个交易日的股票价格为 20.2 元。2016 年 3 月 24 日起阿波罗公司第二次停牌，并至 2018 年 11 月 13 日长期停牌。2016 年 4 月 7 日，阿波罗公司领取了中国证监会行政许可申请受理通知书（160695 号），公司首次公开发行 A 股股票并上市的申请被中国证监会受理。2017 年 8 月 17 日起，阿波罗公司股票转让方式由做市转让变更为协议转让。2018 年 8 月 20 日，阿波罗公司向中国证监会递交了撤回首次公开发行 A 股股票并上市申请的材料。2018 年 11 月 14 日，阿波罗公司复牌，第一个交易日的股票价格为 2.4 元。2020 年 9 月 7 日，即行政处罚决定书公告之日，阿波罗公司股票价格为 5 元。

庭审中，原、被告就原告的投资损失与操纵证券交易市场行为是否存在因果关系、投资损失应当如何认定及阿波罗公司是否需要承担共同赔偿责任等问题展开辩论。在损失认定方面，原告主张按照虚假陈述民事赔偿方法，以定增价格每股 20 元与基准价 5.22 元的差值乘以相应股数计算投资差额损失，具体为 22，170，000 元加佣金、印花税和利息等。为充分听取专业意见，法院两次委托专业机构对损失进行核定、对股权价值进行追溯评估。

法院经审理认为，根据 2014 年《证券法》第 77 条，操纵证券市场行为给投资者造成损失的，行为人应当依法承担赔偿责任。原告系以“面对面”签订认购协议方式参与投资，应对行为人实施的操纵证券交易市场行为与其遭受的损失之间存在因果关系进行举证。本案中原告通过其定增投资与操纵行为高度关联等具体事实证明了邵某操纵市场行为对投资者的诱导是导致原告最终决定投资的重要因素之一，邵某拉升股价的行为影响了原告参与投资的定价，法院据此认定原告的投资损失与被告邵某操纵市场行为之间存在因果关系。在损失认定方面,证券虚假陈述侵权行为造成投资者的差额损失既包括行为实施后投资者买入价格虚高的损失,还包括虚假陈述行为揭露后股价下跌造成的投资者损失。交易型操纵市场行为下,操纵行为对投资者损失产生的影响集中在操纵行为实施期间及随后的影响时期,经过一定的消弭时期,操纵行为带来的影响会被市场所消化。法院充分考虑交易型操纵证券交易市场行为的特点,选取净损差额法原理作为基础,通过比较原告投资阿波罗公司股票的实际价格与公允的基准价格之间的差值计算原告的投资差额损失。据此,法院以专业评估机构评估的每股17.88元作为基准价格计算原告的投资差额损失,判决由行为人邵某承担318万元赔偿责任。阿波罗公司因并非操纵市场行为人而不承担共同侵权责任。

二、操纵证券交易市场行为民事赔偿的理论基础及法律依据

操纵证券市场与证券市场的兴起和发展如影随形,世界主要发达经济体都通过立法的方式禁止任何人操纵证券市场。通说认为,操纵市场本质上是一种证券欺诈行为,其目的是以异常的交易行为影响市场价格,制造交易假象,诱导或致使其他投资者在不了解真实的情况下作出证券投资,其本质特征在于制造虚伪的市场行情从而诱使投资者在对行情误解的情况下作出错误的投资决定。[1] 多数操纵行为在根本上通过诱导他人交易来实现非法牟利目的,而其他人被诱导交易是由于被欺诈,即对交易价量产生误判,而非屈服于操纵人的市场力量。[2] 由于操纵证券市场行为违背公平原则,扰乱市场秩序、引发市场波动,侵害市场投资者的权益,世界各国规定禁止操纵证券市场行为,并制定了行政、刑事方面的罚则。美国《1934年证券交易法》在第9节、第10节第b款以及第15节第c款规定了反操纵行为条款,禁止

〔1〕 参见汤欣、高海涛:《操纵市场行政处罚案例全景观察》,载上海证券交易所编:《证券法苑》(第18卷),法律出版社2016年版。

〔2〕 参见缪因知:《信息型操纵市场行为执法标准研究》,载《清华法学》2019年第6期。

对交易所挂牌股票的交易活动进行操纵;禁止洗售和相对委托交易;禁止连续交易引诱他人买卖证券;禁止恶意传播信息引诱他人买卖证券;禁止虚假陈述误导投资者;禁止限制价格(pegging)、固定价格(fixing)或者稳定价格(stabilizing)等。

我国《证券法》自1998年颁布以来便对虚假陈述、内幕交易、操纵证券市场三大危害证券市场正常秩序的违法行为作出明令禁止,《证券法》几经修改后对证券违法行为人的行政责任和刑事责任的规定日趋完善,而相关民事责任规定则相对缓进。从法律功能的角度上说,行政与刑事责任更侧重于规制、惩摄违法,而民事责任最主要的功能是补偿受害人的损失。在证券市场上,投资者损失能否得到合理补偿、投资者权益能否得到有效维护不仅关系到证券市场的公平公正交易机制的构建,也关乎市场平稳发展的信心。因此,从这个意义上讲,证券和投资市场不可缺少民事赔偿机制。

近年来,我国证券领域侵权赔偿司法实践有了长足发展。2001年最高人民法院曾发布《关于涉证券民事赔偿案件暂不予受理的通知》,规定对于内幕交易、欺诈、操纵市场等行为,“受目前立法及司法条件的局限,尚不具备受理及审理这类案件的条件。经研究,对上述行为引起的民事赔偿案件,暂不予受理”。2003年,最高人民法院首次出台了《关于审理证券市场因虚假陈述引发的民事赔偿案件的若干规定》(以下简称《证券虚假陈述司法解释》),人民法院开始受理并审理证券市场因虚假陈述引发的民事赔偿案件。随着我国证券市场的飞速发展以及资本市场法治建设的日益完善,特别是2015年中央加大对证券市场违法行为打击力度后,全国各地中级人民法院陆续审理了大量证券虚假陈述责任纠纷案件,并不断在损失与侵权行为的因果关系认定、专业化损失核定、系统风险等其他因素扣除等方面积累经验。全国各级法院还通过探索“示范判决机制”“代表人诉讼规则”等在证券群体性纠纷的程序规则领域不断实现突破。2020年至2022年,最高人民法院出台《关于证券纠纷代表人诉讼若干问题的规定》,并对《证券虚假陈述司法解释》进行了全面修订和完善。至此,证券民事赔偿领域新一阶段的规则基本形成。

相较于虚假陈述民事赔偿制度的完善和实践的丰富,我国操纵证券市场民事责任主要体现在《证券法》中的原则性规定,《证券法》第55条第2款规定,“操纵证券市场行为给投资者造成损失的,应当依法承担赔偿责任”,而具体到操纵行为民事赔偿的归责原则、因果关系认定、损失赔偿计算则无其他法律法规、司法解释配套规定。审判实践中首次尝试是在2021年1月四川省高级人民法院对恒康医疗案作出的二审判决,实现了操纵市场民事赔偿审判实务领域投资者获赔“零的突破”。但该案属于“信息型”操纵市场行为,法院在判决时更多沿用了虚假陈述民事赔偿的规则逻辑,并未真正体现操纵证券市场行为特殊的赔偿规则。操纵市场行为分信息型、交易型等多种表现形式,不同类型操纵市场行为导致投资者损失的原理和逻辑存在差异,不能一概而论,这也是相应配套规则难以出台的一大原因。司法实践中,投资者损失因果关系认定、损失计算规则等法律问题始终是操纵市场行为民事赔偿责任案件的核心争议焦点,本文研究的案例为典型的交易型操纵市场民事索赔案件,同时由于投资者身份、交易方式和所处交易市场的特殊性,在探索操纵证券行为司法认定共性问题的基础上又面临诸多复杂方面。

三、投资者损失与操纵市场行为之间因果关系的司法认定

(一)因果关系推定规则的适用及例外

操纵市场行为人实施操纵行为往往主观上存在过错、客观上具有违法性,而认定其是否需要对投资者损失承担赔偿责任主要在于因果关系的判断。因为并非证券市场投资人的所有损失都与证券侵权行为关联,只有那些直接由侵权行为造成的损害才是侵权行为人承担民事责任的范围。[3] 关于证券侵权行为与投资者损失之间因果关系的认定,最高人民法院《关于审理证券市场虚假陈述侵权民事赔偿案件的若干规定》(以下简称《证券虚假陈述若干规定》)承继了2003年《证券虚假陈述司法解释》规定的推定因果关系原则,即虚假陈述行为对市

〔3〕 参见贾纬:《证券市场侵权民事责任之完善》,载《法律适用》2014年第7期。

场产生的诱导影响始于实施日,终于揭露日,只要是在此期间买入与虚假陈述直接关联的证券的,推定其受到虚假陈述行为的诱导,交易因果关系成立。该原则渊源于美国证券法律制度中的"欺诈市场理论",旨在保护以集中竞价方式进行交易的证券市场上不特定的市场投资者的权益。

操纵市场民事责任中是否能类推适用因果关系推定原则在理论与实务界存在争议。主张在操纵证券民事责任认定中采用推定因果关系的理由在于,操纵行为对价格造成了影响,误导了投资者,但投资者对此很难举证,故应对举证责任进行重新分配,降低操纵市场案件原告的举证难度。相反观点则认为推定因果关系的正当性在于基础事实之间具有因果关系的客观逻辑性,而不能仅因为一方难以举证而作出。操纵市场行为与投资交易行为之间的关联实际上是模糊的、不确定的,因此操纵市场民事责任中推定因果关系的正当性较弱。[4] 本文认为,推定因果关系适用于以集合竞价方式进行交易的证券市场,旨在保护公开有效证券市场上不特定投资者的权益,这点与虚假陈述行为并无二致,但不同类型的操纵行为对投资者交易及损失的影响存在逻辑差异,需进行具体分析。就信息型操纵行为来说,由于行为人以信息误导操纵股价,信息的发布类似于虚假陈述行为,该信息必然会在相关的股票价格中得到反映,所以投资者受信息误导而投资可视为受操纵行为的影响。信息型操纵行为可适用因果关系推定原则,即认为信息误导直到信息更正的时期为信息操纵期间,在此期间交易的投资者交易损失与操纵行为之间存在因果关系。而交易型操纵行为系以行为影响股价,具体表现为以各种交易手段拉高或打压股价,行为人对投资者的欺诈体现在对价格的影响上,在证券市场上,股票价格是公司各项经营指标的集中反映,行为人对价格的影响会误导投资者作出投资决策。并且,交易型操纵行为中,如果没有行为人对价格的人为影响,投资者就有可能不会买入或卖出股票,说明在交易型操纵证券市场行为上存在符合"but…for…"特征的交易因果关系,也可以适用因果关系推定原

---

〔4〕 参见缪因知:《操纵证券市场民事责任的适用疑难与制度缓进》,载《当代法学》2020年第4期。

则。具体而言,在交易型操纵证券行为中,可以操纵证券市场交易影响时期作为因果关系判断标准,即认定在交易影响时期内进行相应交易的投资者其交易损失与操纵行为之间存在因果关系。

当然,因果关系推定规则的适用存在例外情形。一般认为,"欺诈市场理论"仅适用于股价能够立即并且充分反映公司所有公开信息的"信息有效率"的市场,虽然市场效率很难存在可靠的测量标准。[5] 同时,对于通过协议转让方式进行的证券交易,由于投资者主体确定且通常为大宗交易,往往存在单独议价磋商过程,也一般不认为适用交易因果关系的推定。2003 年《证券虚假陈述司法解释》第 3 条第 2 项规定,其适用范围不包括通过协议转让的方式进行的交易。尽管 2022 年《证券虚假陈述若干规定》不再将协议转让、定向发行等交易方式排除在外,但考虑到《证券虚假陈述若干规定》在适用范围上的广阔性,并非纳入《证券虚假陈述司法解释》适用范围的交易均适用因果关系推定的规则。《证券虚假陈述若干规定》对于以实施日到揭露日区间判断因果关系认定的情况,只限于以集中竞价方式进行的证券交易。

2020 年,广东省高级人民法院审理的"保千里案"[6] 直接体现了非公开进行的证券交易不适用因果关系推定的规则。该案判决明确指出,公开募集股份的发行市场和通过证券交易所报价系统进行的"非面对面"证券交易才需要适用交易因果关系推定原则,以减轻不特定投资者的举证责任,实现实质公平。向特定投资者发行股票、协议转让等"面对面"证券交易属于普通侵权,应由原告自行举证证明交易决策受到虚假陈述行为影响。

本文所举之案例也沿用了该判决的观点,并认为这一观点在学理上也有足够的支持性论据。研究指出,在"推定信赖原则"发源的美国,该原则本就是用来解决在"非面对面交易"(impersonal market)的证券市场上,投资者经由交易所的集中竞价系统或者做市商交易机制

---

〔5〕 参见耿利航:《欺诈市场理论反思》,载《法学研究》2020 年第 6 期。

〔6〕 广东省高级人民法院:中车金证投资有限公司、江苏保千里视像科技集团股份有限公司证券虚假陈述责任纠纷二审民事判决书,案号:(2019)粤民终 2080 号,2020 年 12 月 15 日。被评为 2020 年全国人民法院十大商事案例之一。

进行证券交易,此时其客观上无法负担举证交易因果关系这一问题。[7] 而从另一角度,在“面对面交易”中,价格是由双方自行磋商决定的,不存在竞价系统中价格与公开信息/行为的高度关联性。在本文所举案例中,原告是新三板市场参与挂牌公司定向增发的机构投资者,其系以“面对面”签订《股票发行认购协议》的方式参与投资。与中小投资者相比,机构投资者具有专业的投资背景和资金信息优势,在投资前对目标公司进行了全面尽职调查并对价格进行磋商。证券侵权中依据“欺诈市场理论”,旨在保护不特定投资者合法权益而确立的因果关系推定原则对于定增投资者并不适用。在这类案件的索赔中,原告作为特定投资者,应对行为人实施的操纵证券交易市场行为与其遭受的损失之间存在因果关系进行举证。

(二)定增投资者对其损失和行为之间因果关系的证明

在推定因果关系不适用的情况下,特定投资者在民事索赔中要举证证明存在因果关系,具体在交易因果关系上,原告应举证证明其投资决定受到了操纵行为的影响。这种证明应当特定并具体,并符合逻辑和一般交易常识。在该案中,原告证明了以下事实。

首先,原告证明了其定增投资与邵某的操纵行为在同时期同步进行,高度关联。根据中国证监会的行政处罚决定书,行为人邵某在2015年8月7日至9月30日与案外人合谋拉升了阿波罗公司股价。原告系于2015年7月起开始与被告阿波罗公司开展投资接洽,从双方往来邮件看出,2015年9月是定增投资谈判及投资决策作出的最关键时期,原告参与被告阿波罗公司定增投融资对接会的时间是2015年9月17日,而几乎同一时期,邵某与案外人串联,自2015年9月14日开始连续8个交易日进行了尾盘操纵。尽管双方最终签署《股票发行认购协议》是在同年11月,但由于阿波罗公司的股票于2015年10月8日起就一直处于停牌状态,股价长期间定格在31元,直至2016年1月复牌后股价才回落到20元左右,因此原告定增入股时正处于操纵行为结束后的影响期内,操纵行为对市场产生的影响尚未消弭。

---

〔7〕 参见樊健:《我国证券市场虚假陈述交易上因果关系的新问题》,载《中外法学》2016年第6期。

其次,原告还证明了操纵市场行为对投资者的诱导是导致原告最终决定投资的重要因素之一。各方证据显示投融资各方前期进行了沟通,原告参与阿波罗公司定增投融资对接会与看好目标公司的行业前景和A股上市转板预期有关,同时原告还对公司基本面经营情况等展开尽职调查,但未有证据表明原告在操纵行为开始前已经决定投资。邵某作为阿波罗公司实际控制人,直接参与并主导定增计划,公司能否顺利完成定增对其自身利益关系密切。证据显示,邵某实施大量主动买入迫使做市商提高双向报价的行为最终没有获利反而产生大额亏损,而其在庭审中对此行为意图亦未作出合理解释,很大程度上表明邵某操纵股价的行为意图即在于诱导或影响同期进行的定向投资。中国证监会也在行政处罚决定书中将邵某与案外人连续8个交易日拉升尾盘的行为与原告参与的定增投融资对接会进行了关联认定。可见,目标公司实际控制人在同期不断拉升股价的行为客观上造成了公司在新三板市场股价走势强劲、交易热络的表象,对正在考虑定增决策的原告产生了心理影响,导致其作出投资决定。

最后,原告还证明了操纵行为影响了它的投资定价。原告系专业的投资机构,在该轮定向投融资中,原告与阿波罗公司经过"面对面"接洽、充分协商最终确定定增价格。这一投资价格受到公司基本面、财务指标、行业前景及成长性等多种因素综合影响。但由于阿波罗公司当时为新三板市场挂牌公司,且已经采用做市转让方式交易,具备一定价格发现功能,一旦该时期公司股票交易频率稳健、流动性高,股票市场价格就会成为影响投资者协议定价的参考因素之一。邵某在定增同期的操纵行为恰好造成了公司股票在新三板市场挂牌交易中量价齐升、走势稳健的局面,此时的市场价格会使投资者产生合理信赖。案件证据显示,双方在谈判过程中也相互提及了二级市场价格,并对此展开价格谈判。在其他原告投资者的案件中,还有专业机构提供证据证明其在内部的投资意见决策书中将目标公司同期的二级市场价格纳入了考量范围,并作为公司投资前景预测的依据。法院由此认定,被告邵某在定增定价的关键时期,长达近两个月的过程中一直主动维持股票交易量、不断拉升公司股价,影响了同期的定向增发价格。关于被告主张原告投资完全是因为看好公司前景和A股转板预期的抗辩,法院认为,当时阿波罗公司仅仅是进行上市辅导,A股转版的预期可靠性还很薄弱,投资者对公司前景的预测系基于公司当前的整体情况,其中公司的市场交易情况很难被排除。综合上述因素,法院最终认定原告投资损失与被告邵某操纵证券交易市场行为之间存在因果关系。

值得一提的是,关于专业投资者在证券侵权的认定中是否应考虑其负有更高注意义务的问题,实践中存在争议。该案中,被告律师围绕这一观点也展开论证,他们反复指出原告作为专业投资者,在对新三板挂牌公司的股权投资中应自行展开调查独立决策,对新三板市场价格无法反映真实股价的情况应有充分认识,甚至应当觉察出当时股价存在人为操纵的情况。本文认为,在证券虚假陈述侵权中,对于集中竞价方式开展的证券交易,一般不区分专业投资者和普通投资者,这是因为虚假陈述行为人公开进行的信息误导对于整个市场的全部投资者都是一样的,专业投资者的投资决策也是基于对公开信息的信赖。而交易型操纵市场行为主要是通过操控证券交易价格和交易量对投资者形成误导和欺诈,投资者的注意义务因其专业能力、所处的交易市场和交易方式而有所差别。与普通投资者相比,专业投资者在证券交易量价判断上能力更高,注意义务应与其专业能力相匹配。同时,新三板市场流动性和定价功能的特点也影响投资者在价格判断上的注意义务。对于向特定投资者发行股票的"面对面"证券交易,因投资者的交易决策主要通过财务分析、前景预测、尽职调查等方式对投资可行性进行分析,同时由于投资门槛高、期限长,定增投资者在投资时应负有更高的注意义务。需要指出的是,一旦原告完成对交易因果关系的举证证明义务,则举证责任发生相应转移,如果操纵市场行为人认为专业投资者未尽到注意义务,应由操纵市场行为人承担举证证明义务,从而推翻投资者合理信赖的主张。该案中,法院认为被告并未提供证据证明原告作出投资决策系因自身的重大过错,原告作为专业投资者即便能够注意到股价和交易量的异常波动,也无法完全排除个股市场行情造成量价齐升的可能性,更无法辨别该异常波动是因人为的虚假交易所引起。由此,对于行为人造成的股价拉升,该案认为原告虽为专业投资者,但是对该股价情况产生了一定的合理信赖,影响了投资决策和定价。

四、交易型操纵证券市场行为民事赔偿的损失计算规则

（一）交易型操纵行为侵权赔偿损失计算宜采用净损差额法

《证券虚假陈述若干规定》采用了毛损益法作为证券虚假陈述侵权赔偿损失计算的基础方法，其逻辑在于证券虚假陈述侵权行为造成投资者的差额损失既包括行为实施后投资者买入价格虚高的损失，还包括虚假陈述行为揭露后股价下跌造成的投资者损失。因此投资者的投资差额损失应为其实施日到揭露日期间买入价与揭露日后卖出价（或基准价）的差额。本文所举案例中，原告也主张以此方法计算损失，原告认为，操纵行为推高了定增价格，操纵违法行为的揭示又导致公司股价大幅下跌，两项叠加造成了投资者损失。操纵行为揭露日为阿波罗公司公布《关于股东邵女士收到行政处罚决定书的公告》之日即2020年9月17日，基准日为揭露日后第30个交易日，原告主张其投资差额损失为20元/股的买入价格与揭露日至基准日期间每个交易日收盘价的平均价格5.22元之差乘以150万股。被告则指出操纵行为发生在2015年9月，而随后阿波罗公司股票长期停牌，股价下跌主要系因2017年公司撤回首次公开发行A股申请并在新三板市场长期无流动性所致，与操纵行为无关，因此原告的投资损失并非由操纵行为造成。

在损失认定方面，交易型操纵证券交易市场侵权与证券虚假陈述侵权存在不同，交易型操纵行为对投资者损失的影响主要在于交易行为的影响期，在该期间内，操纵行为影响了股价，导致投资者买入或者卖出股票的价格偏离了正常价格。而在交易行为影响期后，由于操纵行为不再继续进行，操纵行为的影响逐渐消弭，股价逐渐回归正常价格。本文所举案例中，行为人操纵证券交易的行为表现是在一定时期通过连续主动买入的方式单方面拉升股价，属于交易型操纵证券市场的行为。该行为将人为的错误信息反映到证券价格上，扭曲了证券价格，释放了虚假的市场信号，导致投资者受操纵行为误导而买入虚高价格的股票。从这一角度上讲，投资者的投资差额损失应为其实际买入

价格与没有操纵行为影响时股票的真实价格的差额。在交易型操纵市场行为下,操纵行为对投资者损失产生的影响集中在操纵行为实施期间及随后的影响时期,操纵行为结束后,经过一定的消弭时期,操纵行为带来的影响会被市场所消化。股价后期因其他经营性因素、市场因素以及操纵行为被监管处罚所产生的负面因素造成的影响,均非操纵行为对投资者需要承担的损失赔偿范围。

以本文案例为例,邵某的操纵行为集中发生于2015年8月7日至9月30日,随后公司停牌至2016年1月,第一次复牌后股价回落到20元左右,此时操纵行为的影响已近消弭。后阿波罗公司股票自2016年3月24日至2018年11月13日长期停牌,并经历从首次公开发行A股股票并上市的申请被中国证监会受理到递交撤回申请、交易方式从做市转让到协议转让等重大变动。因此,公司股价在2018年第二次复牌后直接下跌至2.4元并长期缺乏流动性,并非由操纵市场行为造成,而是受到阿波罗公司重大经营环境变化的影响。由此,该案判决考虑到交易型操纵证券交易市场行为的特点,选取了净损差额法原理作为基础,通过比较原告投资阿波罗公司股票的实际价格与公允的基准价格之间的差值计算原告的投资差额损失,这是对交易型操纵市场行为民事赔偿损失计算基础方法的有益探索,实践中可以推广。

值得一提的是,该案中法院委托的第三方专业支持机构在损失核定中也运用了净损差额法的原理。法院曾委托中证资本市场法律服务中心对投资者损失进行核定,该中心出具的损失核定意见书载明:证券市场的股票价格遵循价值规律,受市场供求关系等因素影响围绕真实价值上下波动。受到操纵证券交易市场行为影响的股票,在行为操纵期间其交易价格并不是真实价格的反映。操纵证券交易市场行为致使阿波罗公司股价在操纵期间异常上涨,投资者原本应当以较低价格获取股票,因操纵行为不得不高成本获取股票,致使投资者买入成本被垫高而发生了损失。投资者因操纵行为所受到的损失应当为买入被操纵股票的实际价格与股票未被操纵状态下的"真实价格"之间的差值。该报告以同行业对比的方法拟制出剥离操纵行为影响后的"真实价格"作为净损差额的基准。尽管这份损失核定意见书最终因不符合新三板市场定增交易特点而未被采纳,但其中的净损差额基础方法是可取且可行的。

(二)新三板市场的投资差额损失计算具有特殊性

运用净损差额法计算操纵行为造成投资者投资差额损失的重点在于“真实价格”的拟制,一般认为,投资差额等于实际投资价格与“真实价格”的差值。在流动性强、定价充分有效的证券市场中,“真实价格”可以操纵行为消弭后一定时期股票的平均价格作为基准,也可根据该股票所在同行业同类相关股票进行收益率对比等方法计算获得。但在新三板市场,特别是定增交易过程中,真实价格的拟制方法需要考虑市场和交易的特点。2022 年 6 月 23 日,最高人民法院印发《关于为深化新三板改革、设立北京证券交易所提供司法保障的若干意见》,意见指出要充分理解、深刻认识多层次资本市场“层层递进”市场结构的多层次司法需求,尊重新三板市场流动性及价格连续性与交易所市场存在较大差距的客观实际,在损失计算上应充分听取专业意见,以对相关行业企业进行投资时的通常估值方法等为参考,综合考量各项因素,合理确定投资者损失。

本文所举案例特殊之处在于被告阿波罗公司系新三板市场挂牌公司,法院充分考虑到了新三板市场在交易量、流动性及定价能力上与成熟的主板市场有较大差距。原告系定增投资者,其并非直接从新三板市场买入证券,而是通过“面对面”协商方式议定投资价格。基于此,法院在最终核定损失时,并未采纳中证资本市场法律服务中心的损失核定意见,认为新三板市场同类可比公司数量有限且类比公司在特定时期亦存在流动性较差、定价能力不强等情况,因此股价和收益率对比的方法从客观上无法保证“真实价格”的科学性和准确性。同时,损失核定意见书在计算得出阿波罗公司拟制的“市场真实价格”后,直接采用正向同比例计算方法换算出“真实定增价格”,容易放大市场交易价格对定增价格影响,不符合证券投资行业投资新三板挂牌公司的普遍实际情况,因此没有采纳其结论。法院认为,在对新三板挂牌公司的投资合理价格进行判断时,应参考对该行业企业进行投资时的通常估值方法,而资产评估公司对阿波罗公司在 2015 年 11 月的股权价值进行的追溯评估更符合新三板定增投资的现实情况。

股权价值追溯评估是资产评估的一种类型,其目的在于对目标公司过去某一时期的股权价值进行综合性评定。负责股权追溯评估的机构必须是具有合法的证券类资产评估资质的资产评估公司,且必须依照相关资产评估行业准则,通过组成评估项目小组、收集资料、数据清查、财务分析、调查访谈、编制评估报告等步骤得出专业结论。实践中,资产评估机构的选定往往通过司法机关在具有资质的企业中随机抽取选定,权威性和可靠度较高。股权价值评估须根据企业特点,采用两种以上的评估方法。本文案例中评估公司用了资产基础法和市场法两种评估方法,最终根据阿波罗公司在2015年的盈利能力、行业前景、管理水平、竞争优势等综合情况,选用市场法的结果作为评估结论。在市场法评估中,该报告将阿波罗公司与同行业同类A股企业进行对比,A股企业的交易数据较为全面可靠;同时分别对类比公司在财务指标和非财务指标上的差异点进行数据调整纠正,其中在非财务指标中统筹考虑了公司当时的团队竞争力、发行A股转板预期及行业板块优势等综合因素,尽可能保持类比科学性;在估值结果上还考虑了新三板市场挂牌公司与A股上市公司的差异,通过建立期权定价模型计算两者的折扣率,最终还原阿波罗公司合理的股权价值为每股17.88元。法院认为这一评估过程逻辑完整,分析较为全面,相较于阿波罗公司在2015年7月6家证券公司定增入股时的协议价格每股14.21元和同年8月3日(开始做市转让之日)至6日(操纵行为发生前一交易日)阿波罗公司在新三板市场每日收盘价平均值为18.24元,评估结论尚在合理区间范围之内,由此认定该追溯评估具有公允性。

五、结语

与证券虚假陈述民事赔偿相对统一的执法标准相比,操纵市场民事赔偿案件的个案差异更大,需要法官综合运用法律逻辑,更加注重不同市场的交易规则和特点。本文所举案例发生在新三板市场的定增机构投资者和挂牌公司实际控制人之间,在规则判定、利益衡量等方面确实存在诸多复杂特殊的情形,并非典型的欺诈证券市场普通投资者的案件。作为首例新三板市场操纵证券交易市场责任纠纷,该案对操纵证券交易市场民事赔偿中的因果关系认定、损失计算规则等诸多新颖法律问题进行了前瞻性的探索和尝试。判决结果最终支持投资者索赔,体现了人民法院贯彻落实中央对资本市场违法行为"零容忍"要求,有效引导、教育证券参与主体敬畏市场、敬畏法律,共同构建中小企业健康发展的良性生态,维护新三板市场交易秩序。

(编辑:张　越)

《证券法苑》(2023)
第三十七卷,第196~217页

新三板挂牌公司以市值为对赌条件时的估值认定思考
——绿岸公司诉沈某合同纠纷案评析

黄　婧[*]　苏　煜[**]　符　望[***]

摘要:本案对赌条款涉及新三板挂牌企业估值问题,由于条款的模糊性以及新三板的缺乏流动性,如何认定是否符合回购标准引发了争议,需要法院进一步判断回购的条件以及认定企业的估值。本案中,法院综合考量挂牌企业的经营状况、财务数据信息,参考不同的估值标准,结合各方提供的专家意见,从专业角度、形式要件、程序完整性方面进行认定,最终认定该企业的市值区间满足了回购的条件,原股东应履行对赌协议中的回购义务。

关键词:新三板企业　估值方法　专家辅助人

一、案情简介

上诉人(原审原告):上海绿岸网络科技股份有

* 上海金融法院法官。
** 上海金融法院法官助理。
*** 上海金融法院法官。

限公司(以下简称绿岸公司)。

被上诉人(原审被告):沈某。

原审第三人:深圳市豹风网络股份有限公司(以下简称豹风公司)。

豹风公司为一家在全国中小企业股份转让系统(以下简称新三板)上挂牌的手机游戏公司,该公司的控股股东和实际控制人为沈某。2016年5月12日,绿岸公司与豹风公司签订《股份认购协议》,约定绿岸公司以现金方式按照每股15元认购豹风公司发行的股票333,333余股,共计5,000,000元。同时,绿岸公司与沈某签订《补充协议》,约定若豹风公司在绿岸公司增资完成后3年内达成以下任意条件,绿岸公司无权要求沈某回购绿岸公司所持有的全部或部分豹风公司股份或股权:(1)2016年、2017年经审计归属于母公司净利润2年合计大于或等于8000万元;(2)在本次增资完成之后3年内实现IPO(指豹风公司取得中国证监会或其他IPO审核部门关于其IPO申报材料的受理通知书);(3)在本次增资完成之后3年内进入全国股份转让系统创新层;(4)在本次增资完成之后3年内再融资的市值超过6.5亿元。若上述任一条件未成就,则绿岸公司有权要求沈某回购。

2017年6月6日,豹风公司与新的定增投资者欢乐时刻公司签署《股票认购协议》,欢乐时刻公司按每股22元认购豹风公司发行的股票181,818股,共计3,999,996元,该次投资占总股数的0.57%。对此次定增,主办券商东吴证券出具了股票发行合法合规的意见书,其中"关于发行定价"部分载明:"豹风公司采取协议转让方式,挂牌以来仅进行四次交易……交易活跃程度低,交易价格不具参考性;本次发行价格综合考虑了豹风公司所处行业、成长性、每股净资产、前次融资价格等多种因素,并与投资者沟通后最终确定为每股22元;2016年度财务数据每股净资产为1.83元,基本每股收益为0.23元,本次股票发行价格对应2016年发行市盈率为95.65倍,发行市净率为12.02倍,发行价格高于每股净资产,估值水平与豹风公司目前发展阶段相适应,发行价格公允。"

2019年7月,绿岸公司向沈某寄送股权回购通知书,认为按市场协议交易价格计算,豹风公司在增资之后3年内未能满足市值条件以及其他条件,已经触发回购条件,要求沈某回购绿岸公司持有的全部豹风公司股份。沈某则认为,以欢乐时刻公司定增价格22元为基准,豹风公司向欢乐时刻公司再融资时的公司估值已经超过6.5亿元,即应免除回购义务。双方就是否满足回购条件存在争议,绿岸公司遂向法院起诉。

在一审、二审审理过程中,法院还查明如下事实。

1.豹风公司自2015年12月挂牌以来至2017年6月增资时,采取协议转让方式的交易共有5次,成交价格分别为20元/股、22元/股、30元/股、11元/股、10.18元/股,成交数量分别为3000股、5000股、2000股、3000股及8000股。

2.在2016年5月豹风公司向绿岸公司以每股15元定向增发时,该轮融资以15元/股的价格共计增发1,806,666股,占总股数的5.99%,融资总金额为27,099,990元。该轮融资涉及的投资人包括三家机构和一名自然人,其中案外人苏州市历史文化名城发展集团创业投资有限公司(以下简称名城创投公司)及绿岸公司为新投资人,案外人北京华盖卓信股权投资合伙企业(有限合伙)(以下简称北京华盖公司)与沈某为原股东。上述投资人认购豹风公司股份情况如下:名城创投公司认购1,333,333股、绿岸公司认购333,333股、北京华盖公司认购70,000股、沈某认购70,000股。名城创投公司在投资前自行委托了江苏中天资产评估事务所有限公司对豹风公司的市值进行评估,江苏中天资产评估事务所有限公司采取资产基础法、收益法对豹风公司市场价值作出判断,于2016年5月10日出具苏中资评报字(2016)第2019号评估报告。该报告载明:经协商确定本项目资产评估基准日为2015年12月31日。本次评估中选取的价值类型为市场价值。评估中采取了资产基础法、收益法进行。(1)资产基础法是以被评估企业评估基准日的资产负债表为基础,合理评估企业表内及表外各项资产、负债价值,确定评估对象价值的评估方法。评估后的豹风公司总资产价值为3456.81万元,总负债为868.39万元,净资产为2588.42万元,净资产增值为157.39万元,增值率为6.47%。(2)收益法是指将预期收益资本化或者折现,确定评估对象价值的评估方法。针对豹风公司,本次收益法评估采用现金流量折现法,并采用股权自由现金流折现模型。本次评估取6年,即预测期为2016年1月至2021年12月,用折现率对未来6年预测的收益进行折现,然后假设以后各年度的年收益相等,从而求得6年以后永续期的年金现值,将未来6年的折现值加上期后永续期的年金现值,求得收益现值法评估结果。评估结论为股东全部权益价值为46,560.81万元。两种评估方法的结果两者相差43,972.39万元,最终评估机构认为采用收益法的评估结果更适用于本次评估目的。

3.豹风公司相关的财务数据变化如表1所示:

表1 豹风公司财务数据变化

项目	2016年上半年	同比增减	2017年上半年	同比增减
营业收入	16,091,112.66元	124.59%	14,209,708.77元	-11.69%
毛利率	60.24%		27.73%	
净利润	2,869,062.74元	111.37%	-19,260,946.78元	-771.33%
权益净利率(ROE)	11.14%	—	-39.50%	—
每股收益(EPS)	0.1元	-23.08%	-0.6元	-700%

二、审判结论

一审法院认为,第一,基于双方的专业认知能力,“再融资”不仅具有时间节点的含义,还包括再融资行为对公司市值的影响,即争议条款的免除条款应当理解为豹风公司在本次增资完成后3年内发生再融资,且再融资行为或行为后果对豹风公司市值的影响达到使其超过6.5亿元。第二,从再融资行为的发行程序、发行价格、发行对象、出资情况、融资款用途角度来看,豹风公司向欢乐时刻公司再融资的价格具有公允性,能够反映豹风公司的市场价值。根据《证券期货业统计指标标准指引(2019年修订)》(以下简称《证券期货业统计指引》),按照再融资发行价格22元乘以总股数计算市值具有行业依据。第三,考虑到豹风公司是在新三板挂牌的公司,与竞价交易机制下的收盘价意义不同,不能以再融资时点的收盘价确定豹风公司的市值。综上,一审法院认为沈某回购义务依约免除,驳回绿岸公司的全部诉讼请求。绿岸公司不服上诉至上海金融法院。

上海金融法院二审认为:第一,豹风公司为新三板挂牌的非上市公司。结合我国新三板市场现状,豹风公司股票流动性差,交易极不活跃。以豹风公司收盘价格 10.18 元乘以总股数的方法计算公司市值难以反映公开市场对豹风公司价值的认同。第二,案涉再融资采取了定向增发的融资方式,仅涉及一位新投资者,亦未引入做市商参与。投资金额不大,占总股本比例较低,也无法反映市场情况。第三,豹风公司系一家以游戏研发业务为主的企业。该行业竞争激烈、不确定性高、盈利波动较大。但若公司后续自行研发游戏项目上线表现达不到预期,则公司存在持续亏损的风险。结合豹风公司 2016 年上半年及 2017 年上半年的财务数据,毛利率在 2017 年下降很多,许多反映公司盈利能力的指标已呈现出连续下行的态势。结合 2016 年融资时的公司资产评估报告,2017 年再融资时的公允市值不应高于 2016 年的评估结果。第四,在约定不明、双方各执一词的情形下,应当依据合同法关于约定不明的相关规则予以确定。为此,法院综合考虑到以下两个估值标准:(1)《证券期货业统计指引》中的计算方法。该指引设立专章对股转系统挂牌公司市值的计算方法作了明确规定,引入了市盈率概念,并提出了净利润为正值或负值时应采取不同统计方法。该指引中的估值方法已经适当考虑了挂牌公司特点,虽然《证券期货业统计指引》主要用于统计而非直接用于投资估值,但仍具有相当的参考价值。这些统计方法表明单纯地依据个别交易进行估值,忽略净利润、市盈率等指标,可能会产生较大的偏差。(2)《私募投资基金非上市股权投资估值指引(试行)》(以下简称《私募基金投资估值指引》)中的投资估值方法。本案当事人沈某主张的估值方法即《私募基金投资估值指引》中的"参考最近融资价格法"。《私募基金投资估值指引》规定,运用参考最近融资价格法时,应当对最近融资价格的公允性作出判断,如果没有主要的新投资人参与最近融资,或最近融资金额对被投资企业而言并不重大,或最近交易被认为是非有序交易,则该融资价格一般不作为被投资企业公允价值的最佳估计使用。第五,本案审理中各方均就估值问题提供了专家意见。其中绿岸公司聘请金融研究专家团队提供专家意见书,认为豹风公司市值在再融资时点上的公允市值在2.96~3.2亿元,法院采纳该意见,二审改判沈某履行股权回购义务。

三、裁判评析

(一)对赌协议与市值挂钩带来的不确定性

本案对赌协议中,投资者与融资方设置的对赌条件有四,若目标公司满足任意条件,则免除融资方的回购义务。其余条件均比较明确,系较为常见的对赌条件,比如条件一"目标公司的净利润指标",可以依据目标公司出具的利润表中相关数据径直得出结论。条件二、三所设置的挂牌主板条件,亦可依据官方出具的审批材料得以判断。但条件四划定了公司市值目标,要求在本次增资完成之后3年内再融资的市值超过6.5亿元。相对于投融资的实践,这种约定较为罕见,因为市值涉及估值,而估值方法、标准的多样化,会导致完全不同的结果。

本案中,对于如何认定一家新三板上市的网游公司的市值有无超过6.5亿元,各方在合同中并没有约定特别明确的标准,导致投融资双方对于市值计算方法产生了巨大的分歧,互不认可对方所主张的以转让成交价格或股票发行价格乘以总股本的计算方法。此外,双方亦表达了对相对方操纵公司市值的担忧,如投资方担心融资方可利用关联方进行个别高价定增成交少量股权,借机快速抬高公司市值,逃脱回购义务。对融资方而言,投资方也可以利用关联方报低价通过公开市场竞价成交,并以此压低市值以满足回购条件。[1]

笔者认为,如果没有约定特别明确的标准,新三板挂牌公司的估值确实是仁者见仁,智者见智。因为此类公司属于非上市公众公司,缺乏足够的市场流动性。不同投资者会赋予其股份以不同的价格,个性化的价格无法准确反映该公司的公允价值。因此,各方应避免将估值约定为

---

〔1〕 虽然关联方的认定有相关的规定,但在实务中要规避关联方认定却不难,主要依靠当事人的自律。

对赌条件,如果约定,也要明确约定估值的方法与标准,即便约定了估值的方法,相同方法在参数(如折现率)选择上的不同也会导致不小的差异。

本案中,首先是合同解释的问题。“再融资的市值”是指再融资时点的市值,还是融资方再融资行为所代表的市值?市值是指市场公允价值,还是投资方或者融资方自己认定和计算的市值?这些问题,站在不同的立场,可能有不同的看法。比如,本案判决之后,有观点认为:二审法院是把简单的问题复杂化了,有改写双方合同的嫌疑,故应从合同的文本出发,解释为再融资时新投资者认定的市值为6.5亿即可。[2] 笔者并不同意这一观点,理由如下。

1. 在合同解释方面,需要考虑当事人的真实意思表示。从对赌协议整体来看,4项回购条件的设置初衷均是期待目标公司在3年时间内显著成长,并由目标公司净利润指标、挂牌板块、市值等指标来反映。这4项条件相互关联、有机结合,代表了目标公司净利润高、经营向好的局面,这是当事人的真实意思表示。如果将这些条件分拆开来、离开整体去单独地咬文嚼字,从而随意采用一种估值方法,并不可取。否则,有可能得出目标公司在经营状况明显下行,甚至净利润为负的情况下,市值仍不断攀升的结论,有悖于市场投资者的通常认知。而且本案中对于豹风公司曾有过一次资产评估报告,一对比便会发现问题。

2. “市值”从文义角度解释即公司的市场价值。上市公司的市值一般用上市公司发行的股票价格与其各自对应的股本计算的权益价值表示。但新三板挂牌公司无法简单采取这一方法,因其交易量不活跃,但其又不同于普通的有限责任公司,有其特殊的市场交易制度,包括做市商制度等。因此,估值的认定,需要综合考虑目标公司的具体情况。本案中,双方当事人没有约定具体估值方法,又互不认可对方的方法。故本案争议并非一个简单的合同解释问题。笔者认为,这种情况应视为约定不明,此时可适用1999年《合同法》第61条规定的“按照合同相关条

[2] 参见《法院定“市值”:一个把简单问题复杂化的判决》,载微信公众号“uncle 莱斯利”,https://mp.weixin.qq.com/s/2eV8L4wuK4UaNpOzc7_ShA,2022年8月25日访问。

款或者交易习惯确定”。故法院可选择适合的估值方法以保证估值结论的客观公允。

(二)司法实践中的估值方法与应用

对赌协议中因估值争议引发诉讼在中国司法中较为罕见,本案可能系第一起案件。但公司股权回购争议中,估值方法的运用却十分广泛。这方面,美国特拉华州公司法诉讼当中的估值方法变化与发展,可以拓宽我们的视野。

1. 司法估值开启多元化的重要案例:Weinberger v. UOP 案[3]

Weinberger v. UOP 是美国司法史上关于估值的重要案例。该案基本案情如下:1975 年,Signal 公司决定购买 UOP 公司的大部分股份。Signal 公司以每股 21 美元(当时的市场交易价格约为 14 美元)获得 UOP 公司的 50.5% 的股份。1978 年,Signal 公司考虑到手头仍有大量资金,决定进一步收购 UOP 公司的所有剩余股份。此时,由于前次购买股份,Signal 公司在 UOP 公司 13 人的董事会中已经安排了 7 名董事,包括总裁兼首席执行官 James Crawford。两位同时在 Signal 公司和 UOP 公司董事会任职的董事 Charles Arledge 和 Andrew Chitiea 利用从 UOP 公司获得的信息进行了研究,研究结果是买下 UOP 公司剩余股票,只要价格不高于每股 24 美元,就是符合 Signal 公司利益的(该研究报告简称 Arledge - Chitiea 研究报告)。最后,Signal 公司董事会决定出价在 20 ~ 21 美元。Signal 公司与总裁 Crawford 讨论了这个提议,价格获得了总裁 Crawford 的认同,Crawford 聘请了雷曼兄弟公司的 James Glanville 来提供公平意见(fair opinion)。Glanville 在同时受聘于 Signal 公司的情况下,在较短时间内出具了意见,认为 21 美元是合理价格。基于该份公平意见,UOP 公司董事会在不知晓 Arledge - Chitiea 研究报告的情况下,表决一致通过收购安排。由此引发了争议,Weinberger 代表小股东在美国特拉华州提起了集体诉讼,认为 Signal 公司作为大股东,未向 UOP 公司的董事和小股东披露相关信息,违反了信义义务。

特拉华州最高法院最终认定,Signal 公司未披露相关价格研究报告,违反了信义义务。董事会成员没有提供 Arledge - Chitiea 研究报告,

[3] Weinberger v. UOP, Inc., 457 A. 2d 701(Del. 1983).

也违反了他们作为UOP公司董事的职责。在这种情况下,小股东有权获得更大的价值,因为这次交易并非公平交易。除了公平交易这个标准之外,特拉华州最高法院还重点考虑了另一个争议问题,即公平价格的问题。如何确定每股的价格离不开公司价值的判断以及估值方法的应用。对于估值方法,该案之前的数十年,经常采用的方法是“特拉华州区块法”(Delaware block method),这种方法是一种加权平均方法,针对公司价值的要素,包括资产、市场价格、盈利等,分配了特定的权重系数,以此为基础计算每股价值。[4] 但在这个案件中,法院进行了突破,提出“公平价格显然需要考虑所有涉及公司价值的相关因素”。

法院认为,对估值方法应采取更宽松自由的态度,必须允许通常在金融界普遍认为可接受的任何技术或方法。该案法官在裁判文书中还专门强调:在企业并购之日已知的或者能够被确定的市场价值、资产价值、股息、盈利前景、企业性质,以及对于合并公司的未来前景有影响的任何其他事实,不仅与提出异议股东的利益有关,而且必须由估值机构考虑。

该案之后,开始了估值方法的自由化阶段,各种方法在法院纷纷亮相,比如现金流折现法、可比公司法等,当然也伴随着各种争议。比如现金流折现法中折现率的认定,可比公司如何选取。据统计,至2003年,特拉华州的类似案件中,约半数采取了现金流折现法,19%、14%的案件则分别采用资产评估法和类似“特拉华州区块法”的加权平均法,可见现金流折现法较受青睐。[5] 在确定公司价值案件中,各方会聘任专家证人,设计的模型往往也是有利于自己的当事人,不仅增加了成本,让法官评判也变得不容易。[6]

2. 中国司法实务中估值方法的运用

相对而言,公司估值方法在我国的公司相关诉讼中较少涉及,《公司法》第74条规定了异议股东可以请求公司按合理价格收购其股权。但此类案件设定了较为严苛的条件(如5年不分红),在程序上也要求异议

---

〔4〕 In re General Realty & Utilities Corp., 52 A. 2d 6, 14 - 15(Del. Ch. 1947).

〔5〕 See Jr. Rutheford B. Campbell, *The Impact of Modern Finance Theory in Acquisition Cases*, Syracuse Law Review, Vol. 53, 2003.

〔6〕 参见罗莉娅:《异议股东股份公平价值的确定》,载《金融法苑》2008年第1期。

股东起诉,基于诉讼时间及成本的考虑,异议股东往往接受公司的报价,不愿耗时耗力去诉讼,因此此类案件引发诉讼的较少。即便有少许案件,也没有上升到估值方法的争议,而往往是公司财务资料的争议。比如有一起案件中,目标公司提供的会计账簿表明其控股股东与公司关联往来较多,金额巨大,法院认为目标公司的会计账簿不能客观反映其资产状况,也不能作为确定张某股权现有价值的依据,故判决按原出资金额收购异议股东的股权。[7] 应当说,这种判决是法院的无奈之举,如果股权实际有溢价,按原出资额计算异议股东反而吃亏。在另一起案件中,目标公司拒绝提交财务资料,导致事实无法查清,上级法院只好发回重审。[8] 从已有的司法实践来看,在有争议的情况下,法院倾向于要求对目标公司进行资产评估,通过摇号方式确定资产评估机构,将评估报告作为鉴定结论。由于仅有一家评估机构的一家之言,不太会出现评估方法上的争议,即便提出此类争议,法院往往也不会采纳。

本案的争议则有所不同,并非一个异议股东收购合理价格的争议。本案关于公司价值的争议,首先反映在"评估"与"估值"是否有区别。根据我国资产评估法对于评估的定义,评估是具有评估资质的评估人员依据特定的评估规则、程序进行评定、估算的专业行为。[9] 估值没有确切定义,所指的是对目标公司或股权所作的价值判断,并没有资质的要求。其实,每个投资者在证券市场上进行买卖之时,都是在对某家上市公司估值之后作出决策。评估与估值两者英文均为 appraisal,在现有研究资料中,也未把估值和资产评估进行过明确的区分。在功能上,两者都体现为为委托人的特定经济目的进行的价值发现。在技术方法的运用方面,两者也是具有共性的,即采用国际通用的市场法、收益法和成本法及相关衍生方法。因此,在投融资领域,两个词语在实践中均予以运

〔7〕 江苏省宿迁市中级人民法院:江苏秦安置业有限公司与张某请求公司收购股份纠纷二审民事判决书,案号:(2018)苏13民终4838号,2018年12月28日。

〔8〕 最高人民法院:青岛厚德房地产开发有限公司与杨某请求公司收购股份二审民事裁定书,案号:(2016)最高法民终699-4号,2019年6月28日。

〔9〕《资产评估法》第2条规定:"本法所称资产评估(以下称评估),是指评估机构及其评估专业人员根据委托对不动产、动产、无形资产、企业价值、资产损失或者其他经济权益进行评定、估算,并出具评估报告的专业服务行为。"

用,甚至出现混同的现象。

但实务中,在许多领域的准入资格方面,评估与估值还是存在一定区别的。一般来说,评估报告的出具标准更严格。具体来说,资产评估机构须按照资产评估相关准则和规范开展执业,评估程序、评估方法的选择及应用、评估假设、评估报告披露的内容要符合资产评估相关准则的规范性要求。[10] 在证券法监管要求下,对于从事证券评估业务的评估机构须进行证券服务业务备案,评估机构成为中国证券监督管理委员会(以下简称中国证监会)、财政部、中国资产评估协会共同监管对象,这对资产评估质量提出了更高的要求。一些特殊交易行为必须以评估报告为依据,在上市公司重大资产重组中,资产交易定价以资产评估结果为依据的,必须由具备证券服务资质的资产评估机构出具报告,而不能以估值报告替代。[11] 在私募投资基金领域,估值是较为常见的做法,但监管方面对估值要求较低。

在司法领域,如果把"评估"作为鉴定意见,也要求相应的准入资格,如进入法院的评估机构名册。而对于"估值",目前并没有特别的规定。这也是为什么在本案二审阶段,沈某质疑绿岸公司委托专家所作的专家意见书,认为绿岸公司委托的金融专家团队(均为大学金融学教授或研究员)不具有评估资质,无权出具名为"估值",实为"评估"的意见,而且专家意见书中对于纵向对比估值与横向对比估值两种评估方法的选择,亦不是获得承认的评估方法。

笔者认为,"评估"与"估值"本质并无不同,在市场中具有不同的应用场景与规范标准,不应全盘否定各自存在的合法、合理性。同样地,要求估值报告的出具机构或个人去遵守资产评估的相关准则也是不符合实际的。首先,在本案中,对于目标公司,曾经存在一个先前的资产评估报告可作历史参考,后面的财务资料又不断更新,故无须再次启动资产评估程序。其次,在本案中,目标公司为第三人,并非本案原、被告,法院对其约束力较弱,能否提交会计资料配合评估具有不确定性。在这种情

〔10〕 参见赵林、毛群:《关于评估报告和估值报告的监管思考》,载《中国资产评估》2022年第1期。

〔11〕 参见《上市公司重大资产重组管理办法》(2023年修订)第17条第3款。

况下，不宜排斥估值方法的运用，估值意见属于《民事诉讼法》中规定的具有专门知识的人所提出的意见，可以视为当事人陈述。我国《资产评估基本准则》第16条第1款规定，“确定资产价值的评估方法包括市场法、收益法和成本法三种基本方法及其衍生方法”，也给评估方法留下了空间。其实，有的估值方法，即便名称不同，其实质并无不同。比如本案中专家意见书所运用的横向对比估值法，提出“对标公司可从新三板或A股上市公司中寻找业务类似、规模相当的公司”，究其实质就是资产评估中的市场法。

（三）本案挂牌公司如何估算市值

1. 估值标准的思考与取舍

本案中，结合具体的案情，合议庭参考了不同的估值方法或标准。

（1）《证券期货业统计指引》中统计方法的对比与分析

中国证监会于2019年发布了《证券期货业统计指引》，主要用于规范证券期货监管系统内部的数据统计工作。该指引作为投资估值的功能尚需讨论，但是特别为新三板挂牌公司股票市值作了明确规定。在估值标准方面，区分不同情形分别将成交价格、发行价格、净利润、市盈率等指标纳入计算考量的方法，对于本案估值具有一定的参考性。根据该指引的定义，挂牌公司股票市值是指统计期末根据挂牌公司股票价格和总股本计算的股权价值合计。同时，该指引对于计算方法有专门的规定。一是股票价格通常以收盘价计算；无转让成交记录但有股票发行记录的，按最近一次发行价格计算。二是在计算挂牌公司股票市值时，既无转让成交记录又无股票发行记录的挂牌公司股票，市值估算方法为：①对于净利润为正的挂牌公司股票，股票市值通常按平均市盈率估算（$CAP = \overline{PE} \times NP$）[12]；②对于净利润为负的挂牌公司股票，股票价格按每股面值估算。

本案中，一审法院援引了该指引，认为本案中，豹风公司转让成交较不活跃，根据上述规定，沈某以再融资股票发行价格作为豹风公司股票

〔12〕 CAP：挂牌公司股票市值。$\overline{PE}$：以全市场有转让成交记录的股票为样本计算的平均市盈率（剔除无成交或净利润为负的挂牌公司股票）。NP：该类型股票归属挂牌公司母公司股东的净利润。

价格计算市值,具有行业依据。但笔者认为,这一认定存在不足:其一,《证券期货业统计指引》关于挂牌公司股票市值的计算方法在第1条列出了收盘价与发行价,是有优先顺序的,市场具有价值发现功能,市场成交收盘价格是外部价格,应优先于内部定向增发的价格。其二,如果认为市场成交量较小(合计万余股),例如本案中欢乐时刻公司参加再融资的成交量较小,仅有总股本的0.57%,从成交量上面否认收盘价而认可定向增发价,有五十步笑百步之嫌。其三,一审法院没有注意到《证券期货业统计指引》关于挂牌公司股票市值的计算方法的第2条,比如对于净利润为负的挂牌公司股票,股票价格按每股面值估算。在再融资时,豹风公司净利润已经为负值。如果以成交量否认收盘价与发行价,则豹风公司的市值统计只能按股票面价估算,将会大大缩水。其四,无论如何,《证券期货业统计指引》只是用来简便统计,而不是精确地估值。比如在净利润为负时,不考虑公司的所有者权益/每股净资产,而只是考虑股票面值,就是一种最简单的统计方式。

(2)市场交易收盘价能否直接用于认定新三板公司市值

《全国中小企业股份转让系统业务规则(试行)》第3.1.2条规定,股转系统挂牌公司的股票可以采取协议方式、做市方式、竞价方式或者其他中国证监会批准的转让方式。本案中目标公司是新三板普通层挂牌的非上市公众公司,自挂牌以来至涉案增资时,仅有几次交易,成交量限于几千股,交易极不活跃。而且值得一提的是,这些股票交易均通过"协议方式"转让,而非做市方式或竞价方式。再融资时,协议方式的收盘价为每股10.18元,与定向增发的22元差别较大。

根据法院查明的事实,该交易系小股东卞某为筹钱为其父亲治病而将其持有的8000股股票愿意按成本价出让,为此寻求豹风公司帮助。豹风公司回信建议其挂牌交易。但卞某挂牌时间长达半年后无人问津,在这种情况下,最后由豹风公司原股东青岛蓝海方舟创业投资基金合伙企业(有限合伙)与其达成协议转让。因此,该交易价格的形成有其特殊的背景及偶然性,且成交量极小,难以客观反映豹风公司在特定时间节点的市场公允价值。但该小股东报出交易意向时隔较长却无人问津的情况,从侧面表明了豹风公司的股票处于这一相对较低的价格仍难以得到市场青睐。

（3）《私募基金投资估值指引》对估值方法的细化

中国证券投资基金业协会制定、经中国证监会批准的《私募基金投资估值指引》对于投资估值的原则与方法作出了更加详细的规定。《私募基金投资估值指引》系行业规定，该指引“总则”部分第3条规定：本指引所称的非上市股权投资，是指私募基金对未上市企业进行的股权投资。对于已在全国中小企业股份转让系统挂牌但交易不活跃的企业，其股权估值参考本指引执行。《私募基金投资估值指引》规范的是私募投资基金管理人进行股权投资时的股权估值行为，本案中估值对象豹风公司即为交易不活跃的全国中小企业股份转让系统挂牌公司，故该指引对本案估值具有重要参考价值。

根据《私募基金投资估值指引》，估计非上市股权的公允价值时，应当充分考虑市场参与者在选择估值方法时考虑的各种因素，采用多种分属不同估值技术的方法。本案中，沈某提出的估值方法即市场法中的参考最近融资价格法。对此，《私募基金投资估值指引》“估值方法”部分第1条规定，在运用参考最近融资价格法时，应当对最近融资价格的公允性作出判断，如果没有主要的新投资人参与最近融资，或最近融资金额对被投资企业而言并不重大，或最近交易被认为是非有序交易，则该融资价格一般不作为被投资企业公允价值的最佳估计使用。此外，该条款还规定：“基金管理人还应当结合最近融资的具体情况，考虑是否需要对影响最近融资价格公允性的因素进行调整，相关因素包括但不限于：……④最近融资价格中是否包括了新投资人可实现的特定协同效应，或新投资人是否可享有某些特定投资条款，或新投资人除现金出资外是否还投入了其他有形或无形的资源。”

本案中，豹风公司最近融资即2017年6月向欢乐时刻公司的定向增发。该轮融资金额较小，增发新股数量占比仅0.57%，对被投资企业而言并不重大。与此同时，该轮融资价格中还包含了欢乐时刻公司的其他商业目的。根据庭审中当事人的陈述，欢乐时刻公司投资豹风公司除了希望获取投资回报外，还包含商业合作机会比如获得游戏发行权的考量。这种商业合作机会可视为本次投资的协同效应，属于影响公允性需要调整的因素。因此，在未对上述影响该估值方法公允性的因素进行调整的情况下，直接以22元/股的定增发行价计算豹风公司市值缺乏公允性。故以最近融资价格法计算得到的市值，不能视为豹风公司最佳的公允估值。对于此次定向增发，主办券商发表了“豹风公司发行定价方式及定价过程公平公正、定价结果合法有效”的结论，但笔者认为，券商意见主要着眼于整个定增程序的公正性、合法性，而不是定增价格对于整个市场的合理性。对于股票的估值，不同投资者的结论会大相径庭。因此一个投资者的定增价格本身仅涉及该名投资者对特定股票的估值，尤其在定增规模较小的情况下，该定增价格难以代表整个市场的认知。除此之外，还需要注意的一点是，券商发表意见的基础是2016年财务数据，而本案争议的再融资时点为2017年6月，如果需要重新确定此时的公司估值，应依照2017年半年报数据倒算。

值得关注的是，近几年来最近融资价格法被市场错误地理解与使用，国际规范开始剔除该方法作为单独可选择的估值方法，而将其作为估值模型的输入值的一种“校对”。〔13〕

2. 本案估值应综合考虑的因素

本案中，因为无法简单套用任一标准，因此需要对公司的市值进行一个初步分析。这虽然不是法官必备的专业技能，但作为金融法官，如果能具备相关的技能，则能够更好地理解与解读需要专业人士（比如评估公司、金融估值专家）出具的报告或者专家意见。在本案中，合议庭综合考虑了以下因素。

（1）目标公司的经营状况

公司成长具有生命周期，从最早的创业公司开始，逐步实现高成长，进入成熟阶段并最终衰退。在生命周期的不同阶段，公司的收入和利润情况不同，其价值来源也不同，因此确定估值变量的难度也各有不同。〔14〕 从发展阶段来看，本案目标公司豹风公司尚处于成长期。目标公司于2008年成立，2015年在新三板普通层挂牌。自挂牌以来，目标公

---

〔13〕 See IPEV Board, *International Private Equity and Venture Capital Valuation Guidelines*, https://www. privateequityvaluation. com/Portals/0/Documents/Guidelines/IPEV%20Valuation%20Guidelines%20 – %20December%202018. pdf? ver = 2018 – 12 – 21 – 085233 – 863&timestamp = 1545382360113, visited August 6, 2022.

〔14〕 参见[美]阿斯瓦斯·达莫达兰：《估值：难点、解决方案及相关案例》，刘寅龙译，机械工业出版社2019年版，第8页。

司的财务数据处于一个持续且快速的变化状态，除了呈现出一定的成长活力外，还隐含着发展前景不稳定的风险。

从所处的行业来看，目标公司属于轻资产、智力密集型的游戏研发企业，诸如土地、设备等实物资产较少，主要经营活动为网络游戏的开发和发行。目标公司通过与各地运营商签订授权运营网络游戏协议收取版权费，以及在合作运营模式中按比例取得游戏运营分成为营业收入来源。游戏研发具有一定的周期性，依据会计准则所呈现的财务数据会受到相应影响。目标公司年报显示，公司研发新游戏时分为研发、开发、商业化不同阶段，不同阶段的记账标准也不同，如将研发阶段的支出计入当期损益，游戏进入开发阶段时予以资本化，直到游戏进入商业化运营时，才能转入无形资产栏目核算。针对无形资产的会计处理方式降低了当期收益和账面价值的可信度，这对估值的基本参数影响巨大。

（2）目标公司的财务变化状况

目标公司的财务变化情况能反映出企业的过往，能间接说明企业未来价值趋势。从豹风公司公布的相关财务数据入手，通过对比 2016 年 6 月与 2017 年 6 月目标公司半年报中主要会计数据和关键指标，可以推断 2017 年上半年较 2016 年同时期的市值变化。具体财务数据对比参见前文所载明表格。除此之外，图 1、图 2、和图 3 更明显地反映出公司的盈利能力、成长能力以及偿债能力的变化。

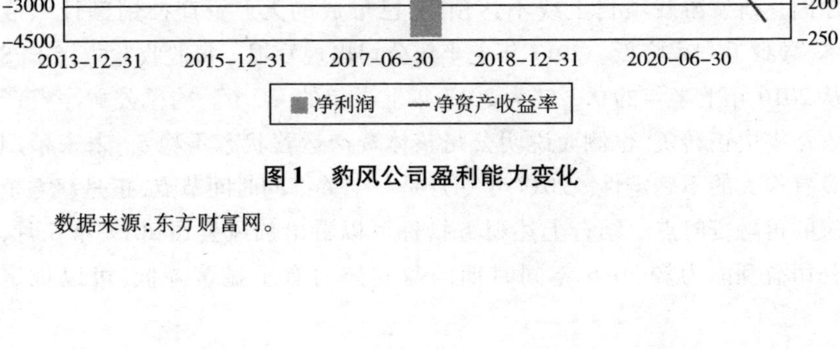

图 1　豹风公司盈利能力变化

数据来源：东方财富网。

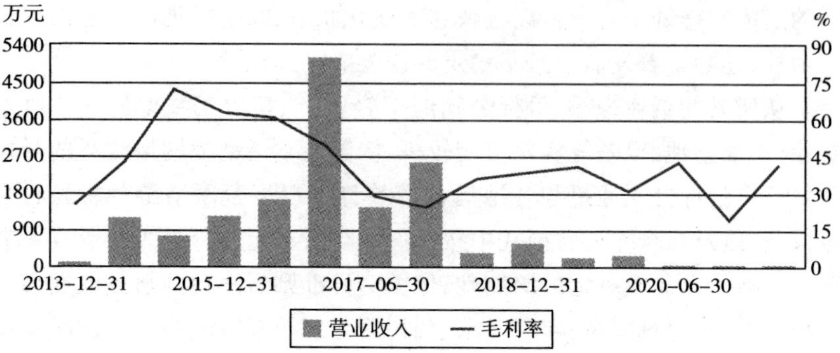

图2　豹风公司成长能力变化

数据来源：东方财富网。

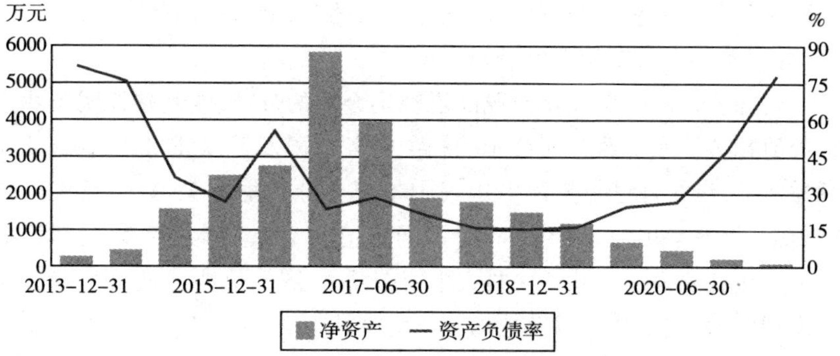

图3　豹风公司偿债能力变化

数据来源：东方财富网。

从图1、图2、图3反映的数据变化可以看出，在豹风公司营业收入变化不大的情况下，毛利率出现大幅下滑。豹风公司在半年报中给出的原因是研发游戏项目上线不达预期，已形成的无形资产摊销额计入成本，导致毛利率降低。2017年上半年公司出现亏损。每股收益指标EPS从2016年上半年的0.1转为2017年上半年的-0.6。豹风公司净资产收益率由正转负，也侧面说明公司整体资产运营状态不稳定，未来预期具有很大的不确定性。2017年6月是一个关键的时间节点，正是双方争议的再融资时点。结合上述财务指标可以看出豹风公司2017年6月，公司盈利能力较2016年同时期的盈利能力有了显著降低，可以推定

2017年6月的公司市值低于2016年同时期的市值。

(3)可以综合多种估值方法考虑估值区间

每一种估值方法都有其特点和局限性,而且可能相差比较大。比如,在名城创投公司2016年5月投资时,相关评估报告(评估基准日为2015年12月31日)载明:采取资产基础法评估后的股东全部权益价值是2588余万元,而若采用收益法评估后的股东全部权益价值为46,560余万元,两者差异率达1,698.81%。笔者认为,资产基础法能够为公司股价设定底价(floor price),也是衡量股票公平价值的一个重要参数。[15] 但是,它无法反映公司资产的收益能力或营业的真实价值,特拉华州法庭特别指出"它不能作为评估股票价值的唯一标准",其地位并不能过分突出。[16] 相比之下,收益法更关注企业的整体盈利能力,该方法通常是基于过去一段时间(一般为5年)收益记录,确定公司年平均收益,再选择一个资本比率或收益乘数,将之前所确定的年均收益折现为现值。目前对于资本比率或收益乘数的确定,美国大多数州采纳的是行业市盈率比率标准。[17] 名城创投公司相关评估报告中采用的收益法稍有不同,但该报告可以用来进行纵向对比。在2015年年底时,收益法估值为4.6亿元,在2016年6月,如果估值要达到6.5亿元,则企业许多重要财务指标应该相对更好。

笔者认为,在估值的过程中,如果被估值企业的特征允许、财务数据可得,应比较考察多种估值方法的结果,能够一定程度上避免单独估值方法的局限性。《国际财务报告准则第13号——公允价值计量》中写道:"在一些情况下,单一估值方法是合适的(例如,在活跃市场中适用报价来评估某一资产或负债);而在其他情况下,则应适用多种估值方法。若以多种估值方法来计算公允价值,其结果(分别代表公允价值)应考量该结果所代表价值范围的合理性。公允价值的衡量是在该范围

---

〔15〕 See Vern Krishna, *Determining the Fair Value of Corporate Shares*, Canadian Business Law Journal, Vol. 13, 1987.

〔16〕 See William Meade Fletcher, *Fletcher Cyclopedia of the Law of Corporations*, Thomson Reuters, 2012, § 5906.140.

〔17〕 See David Cohen, *Valuation in the Context of Share Appraisal*, Emory Law Journal, Vol. 34, 1985.

内确定最能代表该特定情形下公允价值的某一点。"[18] 会计准则上没有区分不同估值方法的层级效力,在使用上允许使用多种估值方法。美国实务界一度非常流行的"特拉华州区块法",也是综合了不同的计算方法分别来评价该公司的价值,再依据公司产业特点、发展潜力等,分别赋予计算结果不同权数,经加权复合最终得出公司股权价值。同样地,国内《私募基金投资估值指引》也鼓励管理人采用多种估算方法估值,综合判断后确定最合理的估值结果。[19]

(四)专家辅助对于估值的作用

估值毕竟是一项专业的技能,涉及财务数据的解读、资产折旧的规则(如账面资产的现值),还涉及市场数据(如可比公司的选取需要万得数据),这些并不是法官的专长,因此,需要在专家辅助的基础上作出判断。就如同上文介绍的美国特拉华州许多确定公司估值案件中,各方往往会聘任专家证人,推出各种估值模型,令人眼花缭乱。在中国法庭中,因为此类诉讼较少,尤其是需要估值专家出具专家意见并出庭接受质询,对他们而言更是一个陌生的领域。[20] 因此,有必要专门介绍。

1. 本案中各方提供的专家意见

由于涉及专业的估值问题,本案各方就关于 2017 年 6 月目标公司市值问题向合议庭提供了专家意见,以证明各自的主张。

沈某在本案一审中提交了两份专家意见,均以"访谈笔录"的形式作出。在两份访谈笔录中,访谈人先就案情作了背景介绍,然后向受访人提问如何理解协议中约定的"再融资的市值",以及如何进行估值。受访人一认为,"再融资的市值"应该是企业再融资的发行价乘以当时的总股本计算出来的总价值。次年公司发行股票的行为属于再融资。"再融资的市值"应该是指该企业次年融资时的发行价乘以其当时的总股本所计算出的总价值。受访人二认为,"再融资的市值"是指公司再次进行融资的时候投资人对公司的估值。公司次年发行股票的行为符

---

〔18〕 Para. 63 of the IFRS 13—Fair Value Measurement.

〔19〕 参见《私募基金投资估值指引》"估值原则"部分第 6 条。

〔20〕 相对而言,法律界比较熟悉专家证人这一概念,我国知名的学者、律师经常出席外国法庭担任本国法的专家证人。

合约定中的再融资行为，本次发行的价格是公司与投资方对公司市值的一致认可，体现了公司的客观市值，“再融资的市值”为本次发行价格乘以公司总股本。在访谈记录中，受访人还提到新三板市场单次交易量较小，不能以单次交易价格完全体现公司的客观价值，也不能作为“再融资的市值”的计算依据。

绿岸公司在二审中提交了两份专家意见。第一份意见认为，新三板挂牌公司的市值一般应以股票交易价格为依据。在特定情形下可以非股票交易价格为依据，即定向增资情形下做市商参与产生的股票价格计算市值、公开发行情形下向不特定合格投资者公开发行的股票价格计算市值。第二份意见以公司财务数据、经营业绩为参考，采用了不同的估值方法进行测算。该专家意见书采用纵向对比估值法，通过对比分析2016年上半年及2017年上半年目标公司的经营业绩、财务指标以及公司游戏产品的市场表现和潜力，得出2017年6月再融资时该公司的公允价值应低于2016年5月的市值(4.5亿元)。同时，该专家意见还采用横向对比估值法，通过与新三板创新层中以游戏研发为主业的3家对标公司的对比，得出目标公司的公允市值为1.4亿～1.7亿元；与A股上市公司中以游戏研发为主业的6家对标公司对比，得出目标公司的公允市值在2.96亿～3.2亿元。综合判断目标公司的公允价值在2.96亿～3.2亿元。

2.本案专家意见的分析与认定

法院针对专家意见，可以从专业角度、形式要件、程序完整性方面进行比较分析与认定。(1)从专业背景的角度来看，各方聘请的专家均达到“有专门知识”的标准。我国民事诉讼法对于专家辅助人的资格问题没有提出特别要求，法院结合专家辅助人的个人基本信息、履历情况以及可以证明其具有相关知识的职业资格、专业职称、从业经验等材料进行了判断。比如，沈某聘请了新三板挂牌委员会委员、某证券公司投行部执行副总，绿岸公司聘请了某证券公司场外市场部总经理、某金融学院教授及研究人员作为各自的专家辅助人。法院认为，上列的各位专家具有专业的金融学背景、丰富的投融资实践经验，均符合“专门知识”的条件。(2)从形式要件上来看，一般要看各方专家意见的作出形式、相关的数据和材料基础、判断的依据等，有的专家意见只是简单的访谈结论，属于个人对条款的理解与意见,而绿岸公司提供的金融学院研究团队的专家意见采信度更高,因为该专家意见以2016~2017年豹风公司相关财务数据为基础进行纵向数据对比分析,同时自新三板创新层、A股市场选取对标公司进行数据对比分析(市场法分析)。(3)从程序完整性看,专家辅助人到庭,其意见在程序方面当然更具有完整性和充分性。但在本案诉讼过程中,三名专家仅仅是出具书面意见或者访谈记录,仅有绿岸公司金融学院团队专家出庭陈述并接受了质询。(4)对于具体的估值方法与结论,绿岸公司专家辅助人的专家意见书采用了纵向估值法和横向估值法。这两种从本质上来讲属于市场法,也属于相对估值法。在纵向估值法方面,专家意见书以游戏生命周期为基础分析,认为2017年6月时目标公司预期潜力明显低于2016年5月时的水平,公允市值应低于2016年5月融资时的《评估报告》所给出的市值(4.5亿元)。在横向估值法方面,专家意见书从新三板创新层挂牌公司中10家业务与游戏相关的公司中进行筛选,并根据规模接近、成交量接近、主营业务收入占比接近等标准选取了3家公司进行对比。此外又从2017年37家A股游戏行业上市公司中选择了主营业务为游戏研发、收入规模相对较小的6家公司进行对比。对比指标为动态市盈率、市净率、市销率,据此认为豹风公司的公允市值在2.96亿~3.2亿元。

合议庭认为,每种估值方法都有其优先和局限性,结果可能相差较大。绿岸公司提供的专家意见书中运用两种估值方法,给出的判断结论并非一个具体数值,而是一定的价值区间,这种结论更具有可信度。这两种方法,表明了豹风公司估值无论如何不会高于6.5亿元。

四、结论

在缺乏流通性市场的新三板企业估值问题上,法院的审查范围不仅限于合同文本的法律判断,而且要借助金融市场普遍认可的估值方法判断企业的公允市场价值。法院在判断目标公司的价值时,应当保持足够的谨慎与周全,着眼于目标公司的特定情形,适用不同估算方法反复验证,并在具备条件的情况下听取相关专家的意见,才能得出符合市场和投资者预期的结论。当然，由于这一过程的复杂性和不确定性，交易主体应尽量避免在未明确估值方法的前提下将市值条件约定为对赌协议的回购条件。

（编辑：张　越）

【证券发行注册制信息披露专题】

《证券法苑》(2023)
第三十七卷,第218～297页

公司强制性披露制度的历史需求[*]

[美]乔尔·塞利格曼[**] 著　刘　怿[***] 译

译者评注:乔尔·塞利格曼(Joel Seligman),现任罗切斯特大学名誉校长和教授,华盛顿大学的名誉院长和教授,学术研究集中在证券监管领域,代表性成果有《华尔街变迁史:证券交易委员会及现代公司融资制度的演化进程》、合著《美国证券监管法基础》等。

自20世纪60年代以来,美国学界围绕公司强制性披露制度必要性这一问题掀起了新一轮批判热潮,这些批判性研究涉及制度存续的根本,可能会减少证券监管技术所能得到的政治性支持。但是,现有的批判性观点都未充分考虑该制度设立的历史证据,因而存在对其论证周延性的疑问。评判某种理

---

* Joel Seligman, *The Historical Need for A Mandatory Corporate Disclosure System*, The Journal of Corporation Law, Vol. 9, 1983. 作者的这篇文章旨在纪念威廉·L. 盖瑞(William L. Cary),他是公司强制性披露制度的拥护者,也是作者在公司法研究方面的一位杰出好友。摘要及关键词为译者所加。

** 加利福尼亚大学洛杉矶分校学士,哈佛大学法学博士,西北大学法学院教授,乔治华盛顿大学访问学者(1983～1984年)。

*** 武汉大学法学院博士研究生。

论的关键在于其假设能否契合现实情况。本文通过梳理该制度设立的整个立法过程及研究报告等相关历史材料,还原了美国公司强制性披露制度的设立及演进过程,并对公司强制性披露制度的5个主要支持性论点进行了依次验证,以此分析促成该制度形成并发展的现实问题,从而证明了美国证券交易委员会(SEC)公司强制性披露制度的设立必要性。

随着经济形势和理论研究等方面的发展变化,公司强制性披露制度的具体规则固然需要作出相应调整,但是公司强制性披露制度是否有改革必要,在很大程度上还应当受到导致该制度设立的各种问题的影响。这不仅要了解那些导致其授权法规颁布的详细情况,而且要意识到这些问题可能会再次出现。20世纪70年代关于小额发行豁免和私募发行豁免的相关披露规则研究中,SEC在对相关影响进行充分研究之前就建议大幅增加美国《1933年证券法》第3(b)条的豁免范围。本文认为,此举忽视了那些促使制度设立的历史问题,是对公共利益和投资者保护的履职不足。

美国公司强制性披露制度的演进过程,是一系列历史妥协和博弈的结果。该文较为全面地整理了当时学界、实务人士和政府部门的考量因素和争议焦点,无论是对公司强制性披露制度演进过程中历史需求的关注,还是对当下规则调整过程中如何运用历史性研究范式的呈现,都对提升我国证券监管能力、完善信息披露制度具有较大的借鉴意义。

摘要:自20世纪60年代以来,围绕公司强制性披露制度必要性这一问题掀起了新一轮批判热潮。本文强调了历史性研究对于证券监管工作的重要性,指出相关的批判性观点大多从理论角度展开,未充分考虑该制度的历史证据。本文是从历史角度考察SEC公司强制性披露制度的必要性,回顾了美国构建该制度的整个立法过程及相关材料,分析了导致该制度形成并发展的现实问题,并就该制度实施前后的证券市场信息披露状况进行了对比研究,不仅验证了该制度支持者的相关观点,回应了对制度必要性的疑问,而且为相关的制度改革提供了思路。

关键词:公司强制性披露制度　历史证据　虚假陈述　证券欺诈

自美国《1933 年证券法》(Securities Act of 1933)[1]出台以来,公司强制性披露制度[2]频频成为争论焦点。最初,饱受批判的是其中的民事责任条款。[3] 在该条款被美国《1934 年证券交易法》(Securities Exchange Act of 1934)修订之后,美国《1933 年证券法》的法定静默期(statutory waiting period)制度和小额发行注册豁免(small issue exemptions)制度的批评则贯穿整个"新政"期间(New Deal period)。[4] 事实上,这些在"新政"期间对 SEC 的公司强制性披露制度持批评态度的人都没有质疑过公司强制性披露制度的必要性,他们只是认为美国《1933 年证券法》的某些条款太过严厉,将不必要地阻碍资本形成。[5] 然而,第二次世界大战后新股发行市场的强势复兴,[6] 直接驳斥了有关公司强制性披露制度及其 SEC 执行机制严重阻碍新股发行(至少对大公司而言)的说法。

1964 年,经济学家乔治·斯蒂格勒(George Stigler)发表了一篇被大量引用的论文[7],掀起了针对 SEC 公司强制性披露制度的新一轮批判

---

〔1〕 15 U. S. C. §77a – 77aa (1976 & Supp. V 1981).

〔2〕 就本文而言,"公司强制性披露制度"或者"SEC 公司强制性披露制度"是指在按照美国《1933 年证券法》规定发行新股和按照美国《1934 年证券交易法》规定向股东提交年度报告和定期报告的时候,商业公司应当公开的信息。15 U. S. C. §78a – 78m (1976 & Supp. V 1981). 本文不是要分析美国《1934 年证券交易法》的要约收购和公司回购条款,也无意试图分析其他法规规定的强制性披露制度。

〔3〕 J. Seligman, *The Transformation of Wall Street*, Houghton Mifflin, 1982, pp. 77 – 81.

〔4〕 同前注〔3〕,第 160 页、第 235 ~ 237 页。有一次,富兰克林·D. 罗斯福(Roosevelt)总统也催促 SEC 简化其"加快中小企业融资……"的规定。同前注〔3〕,第 204 页。

〔5〕 同前注〔3〕,第 77 页。参见公司律师亚瑟·迪恩的代表性意见,他是当时《1933 年证券法》的主要批判者。

〔6〕 1935 ~ 1944 年,证券交易委员会共登记了价值 240 亿美元的证券。在 1945 ~ 1954 年的 10 年中,已登记证券有 670 亿美元。在 1955 ~ 1964 年的 10 年中,已登记证券有 1550 亿美元。在 1965 ~ 1974 年的 10 年中,已登记证券有 5430 亿美元。在接下来的 6 年又 1/4 年的时间里,即 1975 ~ 1980 年,已登记证券价值 5200 亿美元。46 SEC ANN. REP. 132 (1980). 换句话说,平均每年已登记证券的价值从 1935 ~ 1944 年的 24 亿美元增长至 1945 ~ 1954 年的 67 亿美元,再增长至 1955 ~ 1964 年的 155 亿美元,再增长至 1965 ~ 1974 年的 543 亿美元,最后增长至 1975 ~ 1980 年的 832 亿美元。

〔7〕 See George Stigler, *Public Regulation of the Securities Markets*, Business Lawyer (ABA), Vol. 37, 1964.

热潮。斯蒂格勒、乔治·本斯顿(George Benston)[8]和亨利·曼尼(Henry G. Manne)[9]对公司强制性信息披露制度的必要性提出了疑问。尽管他们的著作在学界获得了相当多的关注,但是直到目前,对证券监管的实际影响似乎很少或者几乎没有。例如,《1977 年 SEC 咨询委员会关于公司信息披露的报告》(1977 Report of the SEC's Advisory Committee on Corporate Disclosure)(以下简称《1977 年咨询委员会报告》)的部分内容受到斯蒂格勒和本斯顿观点的启发,其中的结论"基于 SEC 在 1934 年产生以来对其的执行和发展,由国会通过美国《1933 年证券法》和美国《1934 年证券交易法》建立的信息披露制度是合理完备的,无须进行彻底改革或者革新",含蓄地驳斥了他们对公司强制性披露制度的批判。[10]

SEC 的《1977 年咨询委员会报告》没有终结这场关于公司强制性披露制度的争论。在它出版后的 6 年期间,对公司强制性披露制度的批判

〔8〕 本斯顿批判 SEC 公司强制性披露制度的主要文章和书籍按照时间顺序排列如下: *The Value of the SEC's Accounting Disclosure Requirements*, The Accounting Review, Vol. 44, 1969(以下简称《会计价值》); *The Effectiveness and Effects of the SEC's Accounting Disclosure Requirements*, in H. Manne ed, Economic Policy and the Regulation of Corporate Securities, American Enterprise Institute for Public Policy Research, 1969. p. 23(以下简称《有效性与影响性》); *Required Disclosure and the Stock Market: An Evaluation of the Securities Exchange Act of* 1934, The American Economic Review, Vol. 63, 1973(以下简称《披露要求与股票市场》); Corporate Financial Disclosure in the UK and USA, Lexington Books, 1976 (以下简称《公司财务披露制度》); *Required Periodic Disclosure under the Securities Acts and the Proposed Federal Securities Code*, University of Miami Law Review, Vol. 33, 1979; *The Costs and Benefits of Government - Required Disclosure: SEC and FTC Requirements: An Appraisal*, in D. DeMott ed., Corporations at the Crossroads: Governance and Reform, McGraw - Hill, 1980 (以下简称《成本和收益》)。

〔9〕 See H. Manne, *Insider Trading and the Stock Market*, The Free Press, 1966; H. Manne & E. Solomon, *Wall Street in Transition*, New York University Press, 1974.

〔10〕 See House Comm. on Interstate and Foreign Commerce, 95th Cong., 1st Sess., Report of the Advisory Committee on Corporate Disclosure to the Securities and Exchange Commission (Comm. Print 95 - 29, 1977)(引用其中第 2 页的附件)(以下简称咨询委员会报告). SEC 有一份关于强制公司披露制度的早期报告,俗称"小麦报告"(The Wheat Report),实际上具有明显的技术性,只简短地讨论了授权披露制度的必要性。SEC, *Disclosure to Investors: A Reappraisal of Administrative Policies under the* 33 *And* 34 *Securities Acts* 5 - 6, 49 - 51 (1969)(以下简称小麦报告).

几乎成为家常便饭。克里普克(Kripke[11])、菲利普斯(Phillips)、泽克(Zecher[12])和卡梅尔(Karmel[13])以及沃尔夫森(Wolfson[14])、斯科特(Scott[15])和贾雷尔(Jarrell[16])的文章篇幅较长,其批判性内容全部或大部分集中于SEC的公司强制性披露制度。当时对这一制度的批判性研究中有两个方面特别值得关注:首先,克里普克、菲利普斯、泽克、卡梅尔、沃尔夫森对公司强制性披露制度持批判态度,但他们都是SEC的前雇员。一个机构如此多的前雇员几乎同时发表对该机构重要项目的批评,这很令人震惊,特别是该机构历史上一直像SEC[17]那样备受好评,该项目长期以来一直都被视为该机构管理得最成功的项目之一。[18] 其次,这些针对公司强制性披露制度的批判性研究可能已经对证券监管产生了影响。自《1977年咨询委员会报告》发布以来,美国国会和SEC对《1933年证券法》项下的小额发行注册豁免范围进行了大幅扩展。[19] 美国国

---

[11] See H. Kripke, *The SEC and Corporate Disclosure: Regulation in Search of A Purpose*, Law and Business, Inc. /Harcourt Brace Jovanovich, 1979.

[12] See S. Phillips & J. Zecher, *The SEC and the Public Interest*, MIT Press, 1981.

[13] See R. Karmel, *Regulation by Prosecution: The Securities and Exhange Commission vs. Corporate America*, Simon & Schuster, 1982.

[14] See Wolfson, *A Critique of the Securities and Exchange Commission*, Emory Law Journal, Vol. 30, 1981.

[15] See Scott, *Insider Trading: Rule 10b-5, Disclosure and Corporate Privacy*, The Journal of Legal Studies, Vol. 9, 1980.

[16] See Jarrell, *The Economic Effects of Federal Regulation of the Market for New Securities Issues*, Journal of Law & Economics, Vol. 24, 1981.

[17] See e. g., The Observation of the 1949 Hoover Report on Regulatory Commission,证券交易委员会是"最好的一个独立委员会的杰出例子"。See Task Force Report on Regulatory Commissions [Appendix N] Prepared tor the Commission on Organization of the Executive Branch of the Government 144 (1949).

[18] 同前注[3],第561页的讨论部分。

[19] 1978年5月21日和1980年10月21日通过的三项法案,国会将SEC依照第3(b)条规定的完全豁免权限中的证券发行金额上限从50万美元增加至500万美元。See Securities Investor Protection Act Amendments of 1978, Pub. L. No. 95-283, §18, 92 Stat. 249, 275 (1978); Act of Oct. 6, 1978, Pub. L. No. 95-425, §2, 92 Stat. 962 (1978); Small Business Investment Incentive Act of 1980, Pub. L. No. 96-477, §301, 94 Stat. 2275, 2291 (1980). SEC在豁免基础上增加了证券可销售数量,以此作为D条例(Regulation D)的构成部分。See Regulation D, 17 C. F. R. §§ 230.501-506 (1982).

会还否决了 SEC 关于市政债券的立法动议[20]和美国联邦贸易委员会(FTC)关于每份人寿保险保单的销售相当于美国《1933 年证券法》招股说明书的倡议[21]。尽管美国国会和 SEC 作出这些决定的缘由很复杂，但是之后的20 年里对 SEC 强制性公司披露制度的根本性批判可能减少了强制披露监管技术所能得到的政治性支持。

之后对 SEC 公司强制性披露制度的批评大多是基于金融理论(特别是有效市场假说[22]和投资组合理论[23])的重大发展,或者是基于代

---

〔20〕 See the SEC's Legislative Proposals Were Published in Final Report in the Matter of Transactions in the Securities of the City of New York (1979).

〔21〕 See FTC, Life Insurance Cost Disclosure Appendix X (1979),一项由 FTC(联邦贸易委员会)的消费者保护局和经济局提交的工作报告,用于详细拟定关于人寿保险成本披露的州政府规定。次年,国会大大缩减了联邦贸易委员会在商业保险方面的研究开展和报告编制的权力,“只有在得到参议院商业、科学和运输委员会或者众议院州际和外商委员会的多数成员同意后,联邦贸易委员会才可以批准相关申请。对于在国会期间提出的研究申请,相关批准将在国会结束时终止”。Federal Trade Commission Improvements Act of 1980, Pub. L. No. 96 - 252, §5, 94 Stat. 374, 375 (1980).

〔22〕 但是,应当注意的是,现有的有效市场研究是能够支撑强制公司披露制度的必要性。价格总能“完全反映”所有可用信息的市场被称为“有效市场”。按照法玛的理论,有效市场研究主要有三类:弱式检验研究市场价格是否充分反映历史性价格数据;半强式检验用于测量市场价格是否反映所有公开的可得信息;强式检验关注市场价格是否充分反映了包括非公开信息在内的所有信息。See Fama, *Efficient Capital Markets: A Review of Theory and Empirical Work*, The Journal of Finance, Vol. 25, 1970. 如果能够证明存在有效市场假设的强式状态(证券价格能够反映所有信息,包括非公开信息),那么强制公司披露制度的实例会受到质疑。这些结果将表明,强制披露并不能显著改善投资状况。

但是,强式检验的结果显示,公司内部人士和证券交易所专家都受益于其信息优势。有几个强式检验还关注了公司高管、董事或持有公司普通股 10% 或以上的股东的交易记录。显然,这些检验都是不完整的。例如,根据美国《1934 年证券交易法》第 516 条[《1976 年美国法典(U. S. C.)》第 15 卷第 578 条]的规定,与朋友或者亲戚之间的交易需要报告他们的交易。这些遗漏将使检验结果发生偏差,即认为公司内部人士的交易记录与仅依赖公开数据的交易者相似。尽管如此,洛里和尼德霍夫利用这些数据报告说,“内部人士是价格大幅变化的超前预测者”。See Lorie & Niederhoffer, *Predictive and Statistical Properties of Insider Trading*, The Journal of Law and Economics, Vol. 11, 1968. 最近的研究也发现内部人士比非内部人士更能成功地交易自己公司的股份。See *Pratt & Devere*, *Relationship between Insider Trading and Rates of Return from NYSE Common Stocks*, in Lorie & Breasley eds. , Modern Developments in Investment Management, Dryden Press, 1978; Jaffe, *Special*

理理论和公司理论。[24]本文的主旨在于指出这些批评观点都忽视或者

Information and Insider Trading, The Journal of Business, Vol. 47, 1974; and Finnerty, *Insiders and Market Efficiency*, The Journal of Finance, Vol. 31, 1976. 类似地,尼德霍夫和奥斯本通过一个小样本表明,交易所专业人士对自己账户的交易有80%以上都是获利的。See Niederhoffer & Osborne, *Market Making and Reversal on the Stock Exchange*, Journal of the American Statistical Association, Vol. 61, 1966. 许多研究发现,关于公司营业范围的数据披露能够使投资者做出的盈利预测优于他们依靠综合数据做出的预测。See Collins, *SEC Product – Line Reporting and Market Efficiency*, The Journal of Financial Economics, Vol. 2, 1975; Collins, *SEC Line – of – Business Reporting and Earnings Forecasts*, The Journal of Business Research, Vol. 4, 1976; Collins & Simonds, *SEC Line – of – Business Disclosure and Market Risk Adjustment*, Journal of Accounting Research, Vol. 17, 1979. 总体而言,这些研究表明,相较于公众,拥有未公开重大投资信息的人群是具有交易优势的。

〔23〕 投资组合理论没有驳斥强制披露制度的必要性。See W. Sharpe, *Portfolio Theory and Capital Markets*, McGraw – Hill Book Company, 1970. 夏普模型设想将每个证券(和每个投资组合)的风险分为α(非市场预期回报)和β(证券超额回报对市场投资组合的敏感性)两个部分。由于证券的大部分或全部α风险可以分散开来,β系数提供了投资组合的预期回报。采用投资组合理论的投资者信息需求可以在很大程度上简化为确定β值。

但是,投资组合理论不能直接解决投资者的全部信息需求。虽然该理论表明了投资决策在很大程度上是取决于历史股价情况,但它没有解决允许欺诈行为的增加将对证券价格造成的影响,以及如果不强制公布重大投资信息,可能会导致管理层薪酬或承销成本过高。从逻辑上讲,只要披露所防止的欺诈和不公平的金额超过披露的成本,披露就是合理的。投资组合理论也没有解决投资者对证券市场的信心问题。但是,由于投资组合中有相当一部分证券是由个人持有的,而这些证券由于规模太小而无法得到投资组合理论的帮助,这一事实有力地表明,披露信息量的大幅减少将导致投资者数量减少。

投资组合理论之所以不影响重大投资信息需求,还有其他的技术性原因。投资组合理论依赖于β系数的准确预测。历史股价数据对贝塔系数的预测显然是很有价值的。但是也存在一个争议,即β预测既基于股价数据,又基于投资组合中特定证券的基本信息,那么这种预测是否可能像β系数的预测那样准确。See Rosenberg & Guy, Prediction of Beta from Investment Fundamentals, Fin. Analysts J. 60 May – June 1976 and 62 July – Aug. 1976. Rosenberg 和 Guy 辩称,"投资组合的修正决定使得投资组合中的特定证券被出售并购买其他证券,因此,预测个别证券的β值就变得很有必要。"62 Id. July – Aug. 1976; at 69. 他们对公司财务结构或多元化等基本特征的研究使得他们得出这样的结论:"基本变量……实际上能比β值的历史数据更好地预测(风险),因为它们实现了更小的测量误差。" See also, Hakansson, *Information Needs for Portfolio Choice: Some Normative Aspects*, in Duke Second

Accounting Symposium, Abdel - Klakik & Keller eds., Financial Information Requirements for Security Analysts, 1976.

〔24〕 理论上,可以认为公司强制性披露制度是没有必要的,因为已经有足够的激励让公司经理自愿地向投资者披露所有或几乎所有重要信息。这些激励措施对于新股发行而言最为必要。克里普克写道:“当资本市场上的资本供应商或者其他交易者共识性地都认为这些信息对于他们的借贷和投资决策有必要的时候,对资本市场感兴趣的发行人将自愿披露这些信息。”他还强调,“发行人之所以提供这些信息,是因为另一种选择就是放弃进入资本市场。”同前注〔11〕,第119页。

理论上,新股发行人的自愿披露也是有可能的,因为发行人之间存在对投资者资金的竞争关系。See W. Beaver, *Financial Reporting: An Ac counting Revolution*, Pearson, 1981, p. 13;而且更充分的披露有降低公司融资成本的可能性,Dhaliwal, *The Impact of Disclosure Regulations on the Cost of Capital*, in Financial Accounting Standards Board, Economic Consequences of Financial Accounting Standards, 1981, pp. 74 – 75;以及有些投资者能够通过谈判获取他们认为的重要信息,同前注〔11〕,第121 ~ 123页。关于对股东的定期报告,理论上公司也会提供信息,因为金融分析师通常对披露信息的公司比不披露信息的公司更感兴趣,分析师的兴趣会使证券价格更高。参见咨询委员会报告,同前注〔10〕,第XVII ~ XIX部分。管理层为公司普通股寻求较高市场价格的理由是显而易见的,而且也是强有力的。不仅因为公司经理经常会获得股票、股票期权或各种形式的股票增值权作为他们报酬的一部分,而且因为经理们在股东满意时可能会获得更高的工资和附带福利,在他们的任期内也会更有保障。同前注〔11〕,第123页。在新股发行时的自愿披露和定期向股东报告方面,管理层将努力披露重大信息来避免承担证券欺诈责任。理论上,基于自己利益而规避欺诈责任的这一考虑,不仅会激励管理层进行披露,还将激励其他可能负有责任的人(承销商、律师、会计师等)基于自己利益这样做。参见咨询委员会报告,同前注〔10〕,第XX部分。

近年来,几位金融理论家一直在强化这样一个理论,即公司强制性披露制度是不必要的,因为已经有足够的激励让公司经理自愿地向投资者披露所有或几乎所有重要信息。See Jensen & Meckling, *Theory of the Firm: Managerial Behavior, Agency Costs and Omership Structure*, The Journal of Financial Economics, Vol. 3, 1976. 詹森和麦克林的这篇文章经常被引用。例如,该文认为,大多数大型公共公司的所有权和控制权分离的特点有助于解释“为什么会自愿向债权人和股东提供会计报告,以及为什么管理层要聘请审计师来证明这种报告的准确性和正确性。”同前注〔10〕,第306页。他们的论点实际是始于这样一个前提,即管理者拥有的公司股权比例越小,他们“以特权形式去侵占更多公司资源”的意愿就越强。同前注〔10〕,第313页。这个前提的逻辑基础非常简单。拥有公司100%股份的经理将直接获得公司的所有利益。持股比例较低的经理将不得不与其他股东分享对公司的直接利益。股权占比在100%以下的股东—经理显然会被诱使去寻求最大限度的特权利益或其他非金钱利益;依照定义,这种利益是以牺牲其他股东的直接利益为代价的。

由于在一个以理性预期为特征的股票市场中,公司经理和外部股东的利益冲突是显而易见的,因此外部股东会假定由内部人和外部人共同拥有的公司的股票价值将低于由单一所有者和经理持有的这些股票的价值。但是,詹森和麦克林认为,仅停留在这一点的分析是忽略了"通过监测和其他控制活动来控制所有者—管理者行为的潜力。在实践中,通常可以通过资源消耗来改变所有者—管理者获得非金钱利益的机会。这些方法包括审计、正式的控制机制、预算限制以及建立能够将管理者的利益与外部股权持有人的利益紧密关联的激励性薪酬制度等"。同前注〔10〕,第323页。通常情况下,外部股东和公司经理都会有动机去签订一份能限制经理特权花销的合同。这样的合同应当会使得公司股票的价值增加。因此,外部股东会发现,只要公司价值的增长幅度超过了监测或激励性薪酬制度的成本,那么签订这样的合同就会符合他们的利益。同样地,"经理发现只要这些成本产生的财富净增量(通过降低代理成本,从而增加公司价值)比放弃的特权利益更有价值,那么这些成本就符合他的利益"。同前注〔10〕,第326页。由于必须公布重要信息来确保管理人员不会以牺牲外部股东的利益为代价为自己账户进行交易或者确保其不会利用各种其他利益冲突,因此从逻辑上讲,管理人员与外部股东的监督合同有一个标准化特点,即自愿公布这些数据。

罗斯在《信息经济学与披露监管之争》(*The Economics of Information and the DisclosureReguda tion Debate*, in F. Edwards Ed., Issues In Financial Regulation, McGraw-Hill, 1979)一文中运用信号理论得出类似的结论:"在竞争市场(没有强制披露),公司的管理者……在披露相关信息方面有着强烈的自身利益。"同前注〔10〕,第184~185页。与詹森和麦克林一样,罗斯以"所有权和控制权的分离是现代公司的核心特征"为前提,认为这种分离意味着管理层的经济命运取决于公司的经济命运。有很多原因来解释为何会如此。最为明显的是,公司业绩受到管理层行为的影响,并将作为成员业绩的衡量标准。因此,与公司业绩挂钩的薪酬是对管理层业绩的激励。管理层薪酬不一定要通过某种特定公式直接与公司的收益或整体业绩挂钩。管理活动对公司业绩的影响仍然会将经理的命运与公司的命运联系在一起:如果公司业绩不佳,管理人员将被认为负有一定的责任,对他们服务的需求将会减少。相反,如果公司盈利,管理层将分享部分荣誉,竞争激烈的市场将推动他们的工资上涨。同前注〔10〕,第183~184页。

但是,经理的薪酬将受到"他们在竞争性工作中所获工资水平的限制。没有一家公司会在当前工资为10万美元的情况下以100万美元的年薪聘用经理"。同前注〔10〕,第184页。因此,与詹森和麦克林一样,Ross假设经理和外部股东的自愿合同将能够防止管理层滥用重大内幕信息。"股东不会允许一位年薪10万美元的经理自由地为自己账户在公司进行交易进而获得百万美元的收益……这是对经理所提供服务的一种过度补偿……与其说经理们将不再有动机利用内幕消息谋取自己的利益,不如说是股东们关注到了这种动机,并将签订惩罚此类活动的合同。"同前注〔10〕,第184页。

罗斯的激励信号理论解释了此类合同可能如何运作。从他的前提来看,披露好消息显然符合经理们的利益。信息披露将提高公司的价值,随之而来的是经理薪酬。"那些消息不好,或者根本没有消息的公司呢?正如掌握好信息的经理人有动机向市场发出信号来将自己公司与其他公司区分开来,那些没有信息的经理人也有发出信号的动机。"同前注〔10〕,第186页。这就是说,收益稳定的公司将有动机通过发布诚实的财务报告和保持稳定的股利水平来发出"没有消息"的信号,以避免与有坏消息的公司发生混淆。"有坏消息的公司就将失去依靠。它们无法与'好消息'和'无消息'公司的担保相提并论;因此,它们将被视作收到坏消息。"同前注〔10〕,第187页。会不会有一些公司发布虚假的好消息呢?罗斯认为,这是不太可能的。为了让"警惕的公众"相信,他们没有虚假地传播好消息,拥有真正"好消息"的经理人将不得不提供担保或进行保证。例如,一位经理可能会宣布"如果收入没有像他预测的那样增长,他将减薪20%。"同前注〔10〕,第185页。或者采取更平淡一点的做法,签订一份众所周知的绩效合同或者聘请外部审计师。没有那么好消息的公司的经理们将无法与这些担保或保证相匹配。因此,从理论上讲,会得到与格雷欣法则(Gresham's Law)相反的结果。正如罗斯所说,一般来说,公司有一个从最好到最差的等级制度,如果他们的内幕信息被公开,他们的价值会发生相对变化。激励信号机制将提供一种结构,经理们将利用这种结构以一种让市场外部人士相信的方式披露他们的信息。那些拥有最好消息的公司将与那些拥有次佳消息的公司区分开来,以此类推。最底层的是那些有最坏消息的人,他们想要压制它,但由于提供那些有好消息的人提供的担保不符合他们的利益,所以最坏的消息也将有效地发出信号。同前注〔10〕,第187页。至少来说,信号理论假设,先前已披露具体数据的公司的经理或其他公司披露这些数据的行业经理将知道,不公布这些数据将被市场视为未公布不利数据的信号。从逻辑上讲,这将产生强大的披露动机。事实上,从理论上讲,即使是有"坏消息"的公司也可能会主动自愿披露,而不是让市场认为他们的消息更糟糕。

这些关于管理层披露信息动机的理论在很大程度上解释了为什么公司可能会自愿向投资者披露重要信息。但是,正如将要证明的那样,这些理论与现有的经验证据不够一致,这不能令人完全满意。在其他方面,这些理论既没有考虑到20世纪证券欺诈的发生率,也没有解释为什么证券欺诈发生率在某些时期会急剧增加。为什么小公司不受SEC公司强制性披露制度的约束,但却要对委员会提起的大多数欺诈案件负责,这些理论对这一问题也不能充分解释。这些理论还不能充分解释为什么有这么多公司采用"收入平滑"之类的做法来掩盖坏的经济消息。

那些能够解释管理层自愿披露动机的理论,其背后的几个假设都不太现实。这些理论通常假设公司经理将从长远的角度做出关于信息披露的决定。但是,正如《1977年SEC咨询委员会报告》所指出的那样:通常情况下,公司高管至少暂时隐瞒不良信息这一做法是有重大动机的。通常,管理层总薪酬的一大部分,如股票期权或股票红利计划的收益,取决于公司证券的价格水平。通常,他们的直接薪酬(工资和奖金)将取决于公司的收益,这就提供了人为扩大公司收益的强烈动机。此外,人们往往只是希望坏消息是暂时的,因此不需要披露。参见咨询委员会报告,同前低估了与证券欺诈、承销商或内部人士的过高薪酬、证券市场的公众信心相关的证据,而正是这些使美国国会在1933年、1934年和1964年相继形成了现行公司强制性披露制度的立法基础。[25]在某种程度上,这些批评者没能注意到这一问题也是情有可原的。无论是在1933年和1934年证券法律对该制度的确立初期,还是在美国《1934年证券交易法》披露条款的适用范围被大幅拓宽的1964年,对公司强制性披露制度的反

注〔10〕,第XXVII部分。同样地,新公司的发起人将有明显动机去在新股发行期间相对较短的时间内隐瞒不利的重大信息,然后出售他们在公司的全部或部分权益。

那些能够解释管理层自愿披露动机的理论也通常假设,公司关于披露的决定纯粹是出于股票市场价格和资本成本等财务考虑的结果。这种假设似乎特别不切实际。在1933年以前,许多商业公司不愿披露今天被认为是基本的资产负债表和损益表数据,而最近许多公司不愿披露(或有效地披露)业务线数据或盈利预测,商业代表经常将其解释为害怕向竞争对手披露有用的数据。同前注〔10〕,第XXI部分。See Foster, *Externalities and Financial Reporting*, The Journal of Finance, Vol. 35, 1980. 这样的合理化凸显了一个关键点。许多公司的披露做法,如果不受强制性规则的约束,将是财务考虑(如股票市场价格、资本成本等)的产物以及对该公司竞争地位的担忧。出于对竞争市场对重大财务信息传播的反应的现实或不切实际的担忧,一些公司假设宁愿承受较低的股票市场价格或支付较高的资本成本,也不愿承担激励更多或更早的公司进入其产品市场的风险。财务和竞争考虑之间的平衡可能会因公司对新资本的需求、对新竞争的恐惧以及公司财务和运营主管的相对影响力等因素而有所不同。这表明,尽管信号传递理论预测投资者会得出不利的推论,但一些公司会采取与其行业所采用的披露政策截然不同的披露政策。事实上,如果投资者认为隐瞒重大信息的一个原因是为了保护公司在产品市场的份额,那么从逻辑上讲,经理人在任何情况下都不会有自愿披露重大数据的动机。在某些情况下,拥有相同逻辑的投资者可能会假设,未报道的消息是如此之好,以至于公司试图压制它,而不是激励新的竞争对手,而不是假设未报告的消息如此糟糕,以至于公司试图压制它,因为它们的股价会受到影响。

〔25〕 即便是曼尼这样对SEC强制披露制度如此坚定的批评者,他也承认在关注那些批评他自己的"学术经济学家":"迄今为止,在几乎所有关于证券监管特定方面的实证研究中,都存在着明显的法律或事实误区。如果作者能够更了解该领域的法律,这些误区是可以避免的……"参见《华尔街转型》,同前注〔9〕,第96~97页。

对都相对较少。[26] 这就使公司强制性披露制度的支持不必像其他基础性证券法律那样去大费周章地证明这一制度的必要性。[27]

但是,批评者们未能充分考虑到这些关于公司强制性披露制度必要性的历史证据,这将引发对其所提出批评的疑问。正如罗斯所写,“理论从来无关对错……关键在于理论所仰赖的假设是否或多或少地能够契合现实情况。换句话说,这是一个实证性问题”[28]。

历史上,SEC公司强制性披露制度的支持者提出了5个主要论点用以证明该制度的合理性。第一,在缺乏公司强制性披露制度的情形下,一些会隐瞒或虚假陈述对投资决策至关重要的信息。第二,在缺乏公司强制性披露制度的情形下,承销成本和内部人员的薪水及补贴将会过高。第三,在缺乏公司强制性披露制度的情形下,市场中的“公众信心”将减少。第四,在缺乏构建公司强制性披露制度的法律机制的情形下,无论是州法律还是纽约证券交易所等民间协会都无法确保公司披露的

---

〔26〕 在美国《1933年证券法》出台之前,几位国会议员就美国民主党和共和党几乎一致支持美国《1933年证券法》这一事宜展开了议院辩论。See e. g., 77 Cong. Rec. 2913 (1933) (statement of Rep. Greenwood); 77 Cong. Rec. 2914 (1933) (statement of Rep. Shannon); 77 Cong. Rec. 2915 – 2916 (1933) (statement of Rep. Pou); 77 Cong. Rec. 2924 (1933) (statement of Rep. Bulwinkle). 类似地,美国《1964年证券法修正案》出台的时候,几乎整个证券行业高层都表示支持。例如,在1963年6月的参议院听证会期间,纽约证券交易所、美国证券交易所、中西部证券交易所、全国证券交易商协会和股票交易所公司协会都无条件地支持证券法案。投资银行协会对此也表示“强烈支持”,但是希望对法案适用范围进行某些特定修改。正如美国证券交易所总裁Etherington所说,“这是我们行业内部前所未有的意见一致”。同前注〔3〕,第311~312页、第630页n.50的脚注部分。

〔27〕 在1935年《公共事业控股公司法》[15 U. S. C. 79 (1981)]通过之前,美国联邦贸易委员会公布了篇幅较大的《公用事业公司报告》。See Federal Trade Commission, Utility Corporations Report, S. Doc. No. 92, 70th Cong., 1st Sess. (1935). 在1938年《钱德勒破产法》(52 Stat. 883)和1939年《信托契约法》[15 U. S. C. 77aaa (1976)]通过之前,SEC公布了《关于保护和重组委员会(1936~1940)工作、活动、人员和职能的研究和调查报告》(以下简称《关于委员会的报告》)。在《1940年投资公司法案》[15 U. S. C. 80a – 1(1976)]和《投资顾问法案》[15 U. S. C. 80b – 1 (1976)]通过之前,也发布了《投资信托和投资公司报告(1938~1942)》。

〔28〕 同前注〔24〕,罗斯文,第188页。门德尔松和本斯顿也有类似观点。See Mendelson, *Economics and Assessment of Disclosure Requirements*, University of Pennsylvania Journal of International Law, Vol. 1,1978. 参见本斯顿的《披露要求与股票市场》,同前注〔8〕,第132~133页。

最佳水平。第五,在没有公司强制性披露制度的情形下,民事或刑事诉讼都无法确保公司披露达到最佳水平。

本文对上述支持者的5个主要论点进行了验证,用以证明SEC公司强制性披露制度的合理性。通过聚焦美国《1933年证券法》项下的小额发行豁免范围和私募发行豁免(private placement exemptions)范围的变化,本文总结论述了如何将关于强制公司披露制度必要性的历史性研究纳入规则变更的分析之中。

一、对重大投资信息的隐瞒或者虚假陈述

斯蒂格勒和本斯顿收集了实证数据来支撑公司披露制度没必要由SEC强制实施这一论点。斯蒂格勒的研究〔29〕旨在证明美国《1933年证券法》的新股发行注册要求“对出售给公众的新股质量不会产生重大影响”。〔30〕斯蒂格勒采用了一个“简单”的测试来对比SEC在获得新发证券监管权前后的投资者表现。他的研究考察了1923~1928年发行的价值超过250万美元的所有产业类新发股票和1949~1955年发行的价值超过500万美元的所有产业类新发股票的5年内价格历史情况。斯蒂格勒测试出股票价格的市场平均水平用来消除一般市场状况的影响。“因此,如果一只普通股在1926~1928年从20美元涨到30美元,价格比率是150%或者说上涨50%,但是,相较于在这两年期间上涨了68.5%的市场平均水平而言,这只新发股票的价格比则是下降了12%。”〔31〕

这个测试可以采用两种衡量方式。第一种衡量方式是衡量新股价格方差与整个市场价格方差之间的关联性。价格方差的降低意味着投资者在SEC后监管时期(1945~1955年)能够获得他们在SEC前监管时期(1923~1928年)所不能获得的重大信息。正如斯蒂格勒在其1961

〔29〕 同前注〔7〕,第120~124页。
〔30〕 同前注〔7〕,第124页。
〔31〕 同前注〔7〕,第120页。

年所写的名为《信息经济学》[32]的文章中明确指出,"价格离散既是市场无知的表现,也是一种测量手段"[33]。同样地,相较于投资者在初期就获取完整且准确的重要数据,如果投资者由于缺乏重要数据而无法对新股作出准确估值,那么新股价格将更有可能与市场价格发生偏差。但是,斯蒂格勒的研究发现,在 SEC 开始实施其公司强制性披露制度之后,价格方差比率(the variance of price ratios)实际有所下降。这就引发一个将会驳斥前述研究结果的猜想,即该数据下降是 SEC 将高风险公司排除出去的结果,而非公司强制性披露制度带来的积极影响。[34]

弗兰德(Friend)和赫尔曼(Herman)则对这些数据提供了一个更为合理的解释,他们称"随着披露制度的全面实施,我们预计经济信息的初始披露水平越高(以及假定该信息来源发生意外的可能性也有所降低),那么对给定证券发行的预期盈利判断所发生的剧烈变动也将越小"[35]。弗兰德和赫尔曼认为,"高风险"发行在 SEC 后监管时期的减少,"是风险披露改善的结果,也将促使购买高风险新发证券的投资者数量减少"[36]。

斯蒂格勒测试使用的第二种衡量方式是观察新股发行价格在 SEC 前监管时期(1923~1928 年)和 SEC 后监管时期(1945~1955 年)两个时期相较于市场平均价格所发生的变化。如果发现新股发行价格相较于市场平均价格而言没有发生变化,那么意味着 SEC 新股发行强制披露要求没有产生实质性影响。相比之下,如果发现新股发行价格在 SEC 后监管时期相较于整个市场的平均价格表现更好,那么意味着强制披露要求能够防止投资者以过高价格购买新发证券。

但是,在当时所处的 20 世纪 80 年代,还不能确定斯蒂格勒的研究设计是否足够成熟,能否有效衡量价格表现结果。通说认为,证券价格

---

〔32〕 See Stigler, *The Economics of Information*, Journal of Political Economy, Vol. 69, 1961.

〔33〕 同前注〔7〕,第 214 页。

〔34〕 同前注〔7〕,第 122 页。See Stigler, *Comment*, The Journal of Business, Vol. 37, 1964(以下简称《评论》).

〔35〕 See Friend & Herman, *The SEC Through A Glass Darkly*, The Journal of Business, Vol. 37, 1964.

〔36〕 同前注〔35〕,第 390~391 页。

发生变化的部分原因在于这只证券对整个市场价格波动的敏感程度(β系数)。为了准确测试新发行证券的价格相较于整个市场在SEC公司强制性披露体系运行前后是否发生了变化,斯蒂格勒本应选择对市场价格波动具有同等敏感性的证券。但他不是这样做的。[37] 同样,斯蒂格勒忽略了股利收益。与股利收益比例较低的证券相比,股利收益比例较高的证券的长期价格上涨幅度应当更小。除非样本公司在斯蒂格勒测试期间均采用相同的股利政策,否则可以预见到他们将出现不同的价格效应。

但是,即便将其研究设计的弱点搁置不谈,并忽略斯蒂格勒自己承认[38]的在其测试结果的首次出版中存在的大量计算错误,斯蒂格勒的结论仍可能基于更基础的原因而遭到否定,因为这一结论没有得到来自他自己测试结果的验证。弗兰德和赫尔曼纠正了斯蒂格勒在结果表格中的数据错误,并且通过观察新发行普通股在发行后5年内每年的价格

---

〔37〕 贾雷尔在1981年发布了对新发行证券价格的后续研究,这项研究既采用了更大的数据样本,也考虑了对整体市场价格变化的安全敏感性(β系数)。参见贾雷尔的相关论述,同前注〔16〕,第627~632页。贾雷尔发现,发行后第一年的业绩始终表明"SEC后发行的新股表现优异"。同前注〔16〕,第641页。然而,当在研究发行后五年的情况时,SEC成立前后的新发行之间几乎没有统计差异。同前注〔16〕,参见关于研究结果的讨论,第637~646页。贾雷尔的研究设计存在的显著缺陷使人们很难对这些结果赋予更多的意义。有点奇怪的是,贾雷尔的研究集中在1926~1939年的制造业和铁路发行。但是,铁路证券发行从1920年开始由州际商务委员会监管,并被1933年的《证券法》豁免发行。See L. Loss, *Securities Regulation*, Little, Brown and Company, 1961, pp. 118–119, 570–572; Securities Act of 1933, Pub. L. No. 73–22, §3(a)(6), 48 Stat. 74, 76 (1933). 因此,包括铁路发行在内的样本会使研究结果偏向于认为监管没有影响。See Smith, *Comments on Jarrell*, Journal of Law and Economics, Vol. 24, 1981. 专注于制造业发行也可能会使研究结果发生偏差。在1933年以前,证券法的支持者认为,非制造业企业(特别是矿业企业)、公用事业、投资信托和外国债券等发行的披露问题最为严重。同前注〔16〕,第682页。Smith的评论指出了许多关于贾雷尔研究设计的其他问题。See also, Friend, *Economic and Equity Aspects of Securities Regulation*, 13–16 (Working Paper 7–82, Rodney L. White Center For Financial Research, University of Pennsylvania).

〔38〕 相关数据错误在弗兰德和赫尔曼的论文中有所描述,同前注〔35〕,第396~397页;也被斯蒂格勒承认,参见他在《评论》中的相关论述,同前注〔34〕,第418页。See also Friend & Herman, *Professor Stigler on Securities Regulation: A Further Comment*, The Journal of Business, Vol. 38, 1965. 另见门德尔松的相关论述,同前注〔28〕,第57页。

相较于整个市场的价格,发现其在1949~1955年的价格表现整体上要优于1923~1928年的价格表现。[39] 斯蒂格勒在重新计算自己的表格后也同样发现,在为期5年SEC后监管时期的前4年期间,相较于整个市场,普通股平均价格表现更好。[40] 尽管在SEC后监管时期的部分年份中,这种价格波动优势在统计意义上并不十分显著,但是经纠正后的研究结果至少说明了新发证券通过强制信息披露改善了其价格表现。

本斯顿对美国《1934年证券交易法》项下持续披露要求的疑问远比斯蒂格勒对美国《1933年证券法》的攻击更为雄心勃勃。本斯顿的研究工作在公司披露争论中显得特别重要,这不仅是因为本斯顿对美国《1934年证券交易法》项下披露条款提出了诸多观点,还因为其他几个学者的观点都以他的研究发现[41]为基础。通过对他的几篇相关著作进行概括总结,本斯顿提出了3个主要论点用来支撑"美国《1934年证券交易法》的强制披露条款是没有必要的"这一结论。

首先,本斯顿认为,1933年之前的公司财务报表几乎不能证明欺诈或虚假陈述行为。相较于其他,本斯顿用于支撑其论点的研究结果(如果有效)对评估"反欺诈"法规具有根本意义,本斯顿的研究发现值得被重点关注。1969年,本斯顿在以下引文中介绍了其关于欺诈和虚假陈述的研究发现(脚注省略):鉴于其他人(尽管较少)有盗窃行为的存在,很难相信公共会计师编制的财务报表中没有故意虚假陈述。然而,经检索几个图书馆的可用文献,只发现了关于欺诈或虚假会计的轶事报告。例如,有一些知名公司要么不披露任何信息要么向现任股东提供令人困

---

〔39〕 同前注〔35〕,第397页和第403页。

〔40〕 参见乔治·斯蒂格勒在《评论》中的相关论述,同前注〔34〕,第418页。

〔41〕 参见《华尔街转型》,同前注〔9〕,第27页。参见咨询委员会报告中比弗(Beaver)的文章《强制性披露制度的本质》,同前注〔10〕,第622页n.5;菲利普斯&泽克,同前注〔12〕,第32~36页和第38页;Saari, Christopher Paul, *The Efficient Capital Market Hypothesis, Economic Theory and the Regulation of the Securities Industry*, Stanford Law Review, Vol. 29, 1977. 相较于其他,这些文献都是直接以本斯顿的历史性研究结果为基础,比弗后来可能改变了自己的观点。参见比弗的相关论述,同前注〔24〕,第197~200页。See Gonedes & Dopuch, *Capital Market Equilbrium, Information Production and Selected Accounting Techniques*, Studies on Financial Accounting Objectives, Vol. 48, 1974.

惑的报告,威廉·Z. 里普利(William Z. Ripley)在《主街和华尔街》(*Main Street and Wall Street*)中对这些公司进行了严厉斥责。在更早的一项研究中,他还批评了用资本分派股利来使股东相信公司已经开始盈利的做法。他所描述的大部分做法都发生在1910年以前。此外,他还提到了过度资本化和掺水股。亨利·克卢斯(Henry Clews)在1908年声称"从平均水平来看,国家铁路的资本化程度已经超过了其成本支出的50%左右"。大多数诉讼似乎与发起人以股票交换资产的"真实"价值有关。大卫L. 多德(David L. Dodd)对1929年以前的美国法院记录开展了全面调查,列出了其中与掺水股有关的将近300个案件。但是,大多数案件在资产价值方面的观点差异都与欺诈无关。甚至,虚假财务报表似乎也不是证券法案实施的直接决定因素。经仔细审查发现,美国《1933年证券法》通过前的参议院听证会和美国《1934年证券交易法》通过前的十分繁复的佩科拉听证会(the Pecora Hearings)仅有一份编制虚假财务报表的引证。因此,作为美国《1933年证券法》"核心"的财务披露规定,就欺诈和虚假陈述而言,其制度需求是源于金融领域在20世纪初的通常做法,而非因为立法之前的20世纪20年代事件。[42]

---

〔42〕 参见本斯顿的《会计价值》,同前注〔8〕,第517~518页。本斯顿在其他著作中以基本相同的措辞重复过这一论点。参见本斯顿的《有效性与影响性》,同前注〔8〕,第51~53页;参见《披露要求与股票市场》,同前注〔8〕,第135页;参见《公司财务披露制度》,同前注〔8〕,第19页、第29页、第105~106页、第108页、第121~127页;参见《成本和收益》,同前注〔8〕,第54~55页和第58~59页;本斯顿所提出的三个相关观点可以概括为一个论点。紧接着所引内容,他在文中写道:"在1935年发布的一项关于会计师法律责任的全面研究中,Wiley D. Rich指出,'经过广泛调查,发现在美国没有一个关于公共会计师因欺诈而被追究刑事责任的案件'。"参见本斯顿的《会计价值》,同前注〔8〕,第518页。Rich的这一发现实际上无关紧要。当发生证券欺诈时,1933年之前和之后最有可能发生的诉讼是针对一家公司或者发起人的民事诉讼,而不是针对会计师的刑事诉讼。正如该文的引文所说,本斯顿已经认识到,针对公司或者发起人的欺诈行为或者不公平行为的民事诉讼在1933年之前是很常见的。

本斯顿在其他地方指出,"此外,最近的巴瑞克斯建筑公司、耶路运输公司、格林百货公司、马牌轮胎公司和其他案件都表明,财务报表中的欺诈虽然相对罕见,但并没有被驱逐出这片土地。"参见本斯顿在《披露要求与股票市场》中的相关论述,第135页。参见本斯顿在《成本和收益》中的类似论述,同前注〔8〕,第55页。另见《华尔街转型》,同前注〔9〕,第26页;参见克里普克的相关论述,同前注〔11〕,第29~30页(提及欺诈实例)。但是,应当理性地意识到,反欺诈法规不能因为没有将欺诈驱上述引文提到的诸多限定性条件都提醒人们不要轻易接受本斯顿关于1933年之前几乎没有欺诈或虚假陈述的结论。本斯顿开展的"文献搜索"针对"财务报表中的误导性陈述"和"虚假财务报表",显然这两者都属于虚假陈述行为。他没能找到证明欺诈的证据,这并不奇怪。显然他没有去寻找关于欺诈性遗漏的案例或者基于重大非公开信息的内幕交易案例,这两类欺诈行为至少在第二次世界大战结束后似乎远比虚假陈述类的欺诈行为更为普遍。同样地,由于其检索范围被限定为财务报表造假,他显然也不会在招股说明书或股东报告的文本部分中寻找。但是,投资者可能被无根据的盈利预测、关于管理层或承销商薪酬的讨论遗漏以及财务报表中的虚假陈述所欺骗。此外,虽然本斯顿阅读了"一些图书馆文献",但是他的文献检索明显是不完整的。用几个明显的不足之处来举例,其参考文献不仅没有涉及47个州在1911~1933年

逐出这个国家而受到指责,就像杀人法不能因为没有废除谋杀而受到指责一样。有一个重要问题是,公司强制性披露制度建立之后的欺诈发生率是否比该制度建立之前要低。本斯顿对此没有研究。就文中来看(注释133~138及其相关正文部分),现有证据已经强烈表明美国公司强制性披露制度已经降低了欺诈发生率。

本斯顿在1976年出版的著作《公司财务披露制度》(Corporate Financial Disclosure,同前注〔8〕)一书中指出,SEC在执行证券法案时的"主要利益"是服务于"它是代理公众需求的持续性组织。其中,最突出的是证券分析师、股票经纪人、投资银行家、注册会计师、财务主管和商业组织"。同前注〔8〕,第169页。为了支持这一结论,本斯顿引用了《华尔街转型》(*Wall Street in Transition*,同前注〔9〕)中的观点。该书认为,美国《1933年证券法》得到了华尔街主要公司的支持,它能够作为一种机制来限制来自"新的或效率较低的降价公司"的竞争。同前注〔8〕,第34~36页。正如弗兰德和赫尔曼在评论斯蒂格勒1964年关于证券监管的文章时所写的那样,这些说法代表着"意识形态对战学术的胜利"。同前注〔35〕,第382页。华尔街的主要公司不仅为美国《1934年证券交易法》所作出的法案重大修正而游行,而且这些公司在美国《1934年证券交易法》修正案通过后的9个月期间继续针对1933年法案进行"资本罢工"。同前注〔8〕,第114~115页。令人难以置信的是,如此强烈反对一项法律的商业利益集团反而帮助促成了这项法律的通过。本斯顿的指控有点模糊。他的意思是,SEC对证券法的近期管理是"主要"针对证券行业的"持续性组织",有效的分析只能在逐个问题的基础上进行。但有一点是明确的。金融界不是一个单一的庞大整体。例如,提高披露要求的规定通常会受到证券分析师和投资经理的欢迎,因为它们降低了投资风险,同时也会遭到商业公司、承销商、会计师和律师的反对,因为它们会增加直接成本和欺诈责任的可能性。鉴于这种现实,如同本斯顿在其他地方所批评的那样,从逻辑上讲,美国SEC为提高披露要求所作出的努力可能是一个室内"圈养"机构的产物。

期间证券立法情况,而且没有涉及美国《1933 年证券法》通过前的众议院听证会,还没有涉及作为美国早期在整个经济范围内的证券监管项目的一战资本发行委员会。

本斯顿的第二个基本论点是在美国《1934 年证券交易法》生效之前,公司自愿披露制度为投资者作出知情的投资决策已经提供了足够的重大财务信息。经查验《穆迪手册》(Moody's Manuals)〔43〕的相关卷册,本斯顿研究了纽约证券交易所的 508 家上市公司在按照美国《1934 年证券交易法》提交申请前的 1935 年 6 月所披露的 1934 年财务会计信息。他发现所有公司都提供了一份资产负债表并列明流动资产和负债。其中,公开销售数据的公司占比 62%;公开所售商品成本的公司占比 54%;公开折旧数据的公司占比 93%;公开净收入的公司占比 99.6%。通过将 1934 年自愿披露的公司所占比例与 1926 ~ 1933 年自愿披露的公司所占比例进行比较,本斯顿认为自愿披露信息的纽约证券交易所上市公司所占比例有所上升(例如,"公开销售额的公司所占比例在此期间从 55% 上升至 62%")。〔44〕

---

〔43〕 参见本斯顿的《会计价值》,同前注〔8〕,第 519 页。

〔44〕 同前注〔8〕,第 519 ~ 520 页。本斯顿总结了这些研究结果,参见《披露要求与股票市场》,同前注〔8〕,第 133 页;参见《公司财务披露制度》,同前注〔8〕,第 28 ~ 29 页。

本斯顿提出的关于 1934 年以前公司自愿披露做法的某些相关观点可能会被视为仅仅是在掰扯而不予理会。举例说明,本斯顿发现,在 1929 ~ 1933 年的纽约证券交易所 100 多家实施集中经营的公司披露销售和销售商品成本数据的比例,与该交易所这几年的公司披露销售数据的比例大致相同。参见《披露要求与股票市场》,同前注〔8〕,第 136 页。这些数据并不能证明受资金池约束的公司与其他在交易所上市的公司披露了相同数量的重要信息。它们只涉及两个基本的会计类别。这些数据也不能说明所披露的信息是准确还是虚假。这些数据也与联合操纵市场价格的方式没有任何关系,这些方式据称是最常见的操作方式,即通过编造虚假的未来财务回报,或者参与虚假销售、对销交易等方式。See e. g. , S. Rep. No 1455, 73rd Cong. , 2d Sess. 30 – 45 (1934).

本斯顿声称,如果公司经理不主动提供重大财务信息,"股东或潜在投资者……可以像购买其他商品一样在市场上自由购买"。参见《会计价值》,同前注〔8〕,第 516 页。本斯顿列举了两种可行的方法。"大股东通常都有权利去检查所持股票的公司账簿,小股东也有一定的权利这样做。"同前注〔8〕,第 516 页。但无论大股东还是小股东,都不可能拥有无限审查的权利。See W. Gary & M. Eisenberg, *Cases and Materials on Corporations*, Foundation Pr(5th ed), 1980, pp. 344 – 353. 机构投资者不会公开其为了获得业绩预测、业务链等相关数据而行使检查权的行为。

表面上,这项特定研究受到了相当明显的批评。第一,对于没有在纽约证券交易所上市的公司,本斯顿的分析对象不包括这些公司的自愿披露情况。然而,在美国《1934 年证券交易法》生效之前,纽约证券交易所的上市公司可以通过退市或者在要求较为宽松的交易所或场外市场开展交易来规避交易所的各项要求。[45] 因此,本斯顿的样本只包括那些自愿遵守当时最严信息披露要求的公司。那些规模相当的、通过在其他场所交易来规避这些信息披露标准的公司,被当然地排除在他的样本范围之外。第二,本斯顿以 1934 年财务报表为研究重点的行为,也会影响他的结论。在那个时候,至少有一些纽约证券交易所的上市公司已经开始按照美国《1933 年证券法》的强制要求披露财务数据。这就使他的公司样本所披露的数据并非都是自愿披露的。第三,本斯顿自己也默认,仅仅披露这类基础财务数据将不会削弱公司强制性披露制度"可能将减少发生欺诈、自我交易和业绩不佳"[46] 的效果。公司管理层是否会向投资者自愿披露关联交易、内幕交易、高管津贴,甚至是除了列出的少量基础会计类别之外的其他信息材料,这都与他的研究无关。此外,这项研究结果(如果有的话)也将说明构建公司强制性披露制度的必要性。在那些遵守当时最严自愿披露标准的公司之中,仅 62% 的公司公开了

又或者,本斯顿写道,"如果规模经济通过收集金融信息所获得的收益将超过个人投资者通过不与他人分享信息所获得的收益,那么人们会期待信息收集服务的涌现。"参见《会计价值》,同前注〔8〕,第 516 页。参见《成本和收益》,同前注〔8〕,第 60 页(讨论披露条例的经济效率)。这很难被视作一个严肃的论点。穆迪投资者服务公司和其他金融信息收集机构在美国《1933 年证券法》和《1934 年证券交易法》通过之前就已经成立。See Twentieth Century Fund, *The Security Markets*, 1935, pp. 610 - 615. 这些机构能够在多大程度上确保美国公司自愿披露信息这一问题研究的开展,可以像本斯顿本人那样直接审阅 1933 年之前诸如穆迪等机构出版物,或者研究 1933 年以后不受 SEC 公司强制性披露制度约束的公司的披露实践。这两项研究都无法支持本斯顿的判断,即股东或潜在投资者通过穆迪等机构可以自由购买公司信息,就像他们购买其他商品一样。

〔45〕 1928 年,美国国家城市银行从纽约证券交易所退市,开始在场外交易市场交易。参见乔尔·塞利格曼对此的讨论部分,同前注〔3〕,第 28 页和第 138 ~ 144 页。See Hawkins, *The Development of Modern Financial Reporting Practices among American Manufacturing Corporations*, Business History Review, Vol. 37, 1963.

〔46〕 参见本斯顿的《公司财务披露制度》,同前注〔8〕,第 153 页和第 189 页。

销售数据。这就有力说明了,即便是最负责任的公司也不可能通过自愿披露制度达到最佳信息披露水平。

本斯顿质疑美国《1934 年证券交易法》项下强制性规定的第三个依据是他开展的测试研究,用于论证 SEC 公司强制性披露制度对投资者既不及时也不重要。本斯顿对其第一个测试结果进行解释时称,提交给 SEC 的定期报告中所披露的大部分数据对投资者而言都没什么用,因为它们早已被公开。[47] 相比之下,其他学者的测试发现,SEC 披露的数据确实包含新信息,而且本斯顿的研究设计和其测试结果都受到了相当多的批评。[48] 但是,即便本斯顿的研究正确性无可争议,SEC 披露文件所包含的新信息很少,甚至没有,但是仅一个这样的发现也证明不了什么。真正的问题在于,SEC 的公司强制性披露制度能否迫使本不会被公开的重大投资信息得以公开。如果这个制度能够强制披露本不会被公开的重大投资信息,那么研究这些数据是否一开始就被公开在 SEC 备案文

---

〔47〕 参见本斯顿的《会计价值》,同前注〔8〕,第 520 ~ 522 页;参见本斯顿的《有效性与影响性》,同前注〔8〕,第 30 ~ 41 页中对本斯顿关于公司披露及时性的研究结果的描述部分。还有更为详细的数据介绍。See Benston, *Published Corporate Accounting Data and Stock Prices*, Journal of Accounting Research, Vol. 5, 1967. 另见本斯顿在《公司财务披露制度》中对几项类似研究的总结,同前注〔8〕,第 127 ~ 134 页。

〔48〕 本斯顿时效测试的矛盾性研究结果和相关批评。See Friend & Westerfield, *Required Disclosure and the Stock Market: Comment*, The American Economic Review, Vol. 65, 1975; Friend, *Economic Foundations of Stock Market Regulation*, Allingham, M., Burstein, M. L. (eds.) Resource Allocation and Economic Policy. Palgrave Macmillan, 1976, pp. 16 – 18; Beaver, *The Information Content of Annual Earnings Announcements*, Journal of Accounting Research, Vol. 6, 1968; May, *The Influence of Quarterly Earnings Announcements on Investor Decisions as Reflected in Common Stock Price Changes*, Journal of Accounting Research, Vol. 9, 1971; Martin, *An Empirical Test of the Relevance of Accounting Information for Investment Decisions*, Journal of Accounting Research, Vol. 9, 1971;参见比弗(Beaver)的相关论述,同前注〔24〕,第 130 ~ 136 页。See G. Foster, *Financial Statement Analysis*, Prentice – Hall, 1978, pp. 343 – 350.

件或者更早的新闻稿的意义就不大。〔49〕 重点是这些新数据已经公开了。

本斯顿进行的第二项测试声称,美国《1934 年证券交易法》要求强制披露的信息"对投资者没有明显的价值",因为对于在纽约证券交易所交易的证券样本而言,这些信息"不会减少其中的回报方差"。〔50〕 这项测试结果如果是有效的,那么它将远比本斯顿的时效性测试结果更有意义,因为这些结果表明美国《1934 年证券交易法》无法强迫向投资者披露新信息。但是,这项测试结果并不能支持本斯顿的结论。对于在美国《1934 年证券交易法》实施前已经公布了销售数据的 290 家"已披露"纽约证券交易所上市公司和在美国《1934 年证券交易法》实施前未公布销售数据的 176 家"未披露"公司,本斯顿比较了这两类公司的相对价值和投资组合风险。鉴于美国《1934 年证券交易法》强制要求所有公司公开销售数据,本斯顿作出了一个假设,即除非这些"未披露"公司所增加的信息披露对投资者评估证券风险或者价值的能力提高,将超过该法案对投资者评估"已披露"公司证券风险或价值的影响,否则不能说美国《1934 年证券交易法》向投资者强制披露了有价值的信息。本斯顿发现,在美国《1934 年证券交易法》开始实施后的 90 个月时间里,在对证券风险及价值的各种测试性评估方面,"已披露"和"未披露"公司之间没有显著差异。由此,他得出一个结论,美国《1934 年证券交易法》对公开销售数据的强制性要求"不会减少是否在纽约证券交易所交易的证券回报差异……也不会减少证券剩余回报的标准差"〔51〕。但是,正如弗

---

〔49〕 参见咨询委员会报告,同前注〔10〕,第 XLV – XLVI 部分。这项报告承认了 SEC 文件的很多信息是多余的,但也指出了申请程序的其他好处:首先,发行人将知悉,如果信息被纳入证监会的备案文件中,它就可能成为证券法规定的严重责任主体,从而使其最初发布的信息更加可信和可靠。因此,随后的信息归档可能会被视为一种约束作用,以确保早先的公示是准确的。此外,申请文件所包含的信息通常比之前公布的要广泛得多。由此,它为分析人员和其他人员提供了一种方法。他们通过这种方法可以对更简短的公示信息进行定性审查、分析和评估。在某种程度上,详细信息的本身将可能成为各种存档表格的所载要求之外的其他必要信息。同前注〔8〕,第 91 ~ 92 页。

〔50〕 参见本斯顿在《披露要求与股票市场》中的相关论述,同前注〔10〕,第 149 页。关于这项研究的说明,参见第 141 ~ 149 页。

〔51〕 同前注〔8〕,第 149 页。

兰德和韦斯特菲尔德(Westerfield)所指出的,本斯顿对“已披露”公司和“未披露”公司的划分是人为的。除了一个例外情况外,193 家未披露销售数据的“未披露”公司全都披露了净收入“这一更具理论性的相关变量”,“以至于本斯顿在其第二组测试中不再区分‘未披露’公司和‘已披露’公司,而是对在纽约证券交易所上市的公司采取披露多少的划分”〔52〕。更重要的是,弗兰德和韦斯特菲尔德还发现,“市场模型在第二组测试中的残差……‘已披露’公司和‘未披露’公司的剩余风险都发生了减少,似乎表明这两类公司在 SEC 后监管时期的表现都要优于 SEC 前监管时期的表现”〔53〕。该结果证实了这一结论,即美国《1934 年证券交易法》对所有数据的强制披露要求,能使投资者通过更为准确地评估风险而从中受益。其他研究也得出了类似的结论。〔54〕

因此,即便是对本斯顿的批评意见进行粗略地考察,也足以反驳其作出的“美国《1934 年证券交易法》的披露要求对在(纽约证券交易所)交易的证券没有产生可量化的积极影响。这项立法似乎既没有依据,又无法证明其必要性或者可行性”〔55〕这一结论。但是,还可以作出更深层次的回应。本斯顿对美国《1934 年证券交易法》中的持续性披露要求作出了具有对抗性的批评,这引发了较大的异议,因为他的观点不仅忽视了最初说服国会在 1934 年颁布该项法律的大部分历史证据,也忽视了说服美国国会在 1964 年大幅扩大该法案适用范围的所有历史证据。在关于公司信息披露制度的争论中,这是最重要的证据。与本斯顿为数不多、具有争议性的研究不同,这实际上是说服美国国会通过法律来制定 SEC 公司强制性披露制度的证据。诚然,按照后来的标准,美国国会的这些行动可能将被认为是“错误的”。但是,如果没有首先考虑推动

---

〔52〕 参见弗兰德和韦斯特菲尔德的相关论述,同前注〔48〕,第 468 页。See Benston, *Required Disclosure and the Stock Market*: *Rejoinder*, American Economic Review, Vol. 65, 1974. 参见弗兰德的相关论述,同前注〔48〕,第 18 ~ 20 页。

〔53〕 参见弗兰德和韦斯特菲尔德的相关论述,同前注〔48〕,第 469 ~ 470 页。另见本斯顿的相关论述,同前注〔52〕,第 475 页。

〔54〕 See e. g. , Friend, *The Economic Consequences of the Stock Market*, The American Economic Review, Vol. 62, 1972; Deakin, *Accounting Reports*, *Policy Interventions and the Behavior of Security Returns*, The Accounting Review, Vol. 51, 1976.

〔55〕 参见本斯顿在《披露要求与股票市场》中的相关论述,同前注〔8〕,第 153 页。

该制度制定的证据，那么将无法对公司强制性披露制度的必要性进行公正分析。

（一）1934年以前隐瞒或虚假陈述重大投资信息的证据

本斯顿认为，财务披露制度是美国《1933年证券法》的“核心”，该制度的必要性是源于金融领域在20世纪初的通常做法；曼尼则声称，反对1933年以前制度的大部分证据都是出自在法案通过前所举行的参议院的佩科拉听证会[56]上的证词和文件。[57] 与之相反，1933年和1934年证券法律的披露条款是在长达30年的间歇性证券欺诈浪潮之后颁布的。证券欺诈被视为一个严重问题，使除了内华达州以外的其他州在1911~1933年都颁布了证券监管法规。[58] 这些法规被证实无法制止发生于1917~1920年和20世纪20年代末的证券欺诈浪潮，这主要是因为州级证券法规无法跨州执行。公司强制性披露制度之所以被通过，不是出于对金融传统做法或者佩科拉听证会[59]上“可怕游行事件”的回应，而是因为人们普遍认为证券欺诈盛行，而州法律往往无法阻止或惩罚它。

借用一位商业历史学家毋庸置疑的话，大多数公司在1900年以前所自愿披露的财务信息数量是“贫乏的”。[60] 在20世纪初的并购浪潮中，这似乎已成为一个受到较大关注的问题。经常有这样的指控：发起人将买下这个行业的竞争性工厂，然后向公众出售“掺水股”，这类股票发行的票面价值将超过其资产价值。一般情况下，发起人既不会披露其支付给竞争性工厂的原始金额，也不会披露企业合并后这些工厂的准确估值。这使公司内部人士或推动者能够以远远高于其价值的价格向公众出售证券，就像他们常被指控的那样。多德重点关注了8个州（纽约州、新泽西州、特拉华州、密苏里州、科罗拉多州、加利福尼亚州、伊利诺伊州和华盛顿州）的判例法，找出了79个发生在1897~1910年的“掺水

〔56〕 Rep. No. 1455, 73rd Cong., 2d Sess. 3 (1934).

〔57〕 参见《华尔街转型》，同前注〔9〕，第25页。

〔58〕 参见L. 洛斯的相关论述，同前注〔37〕，第30页。

〔59〕 参见《华尔街转型》，同前注〔9〕，第25页。

〔60〕 参见霍金斯的相关论述，同前注〔45〕，第135~145页。See also W. Ripley, *Main Street and Wall Street*, Little, Brown, and Company, 1927, pp. 156-207.

股”判例。[61] 这些案例中的发起人或其他利益相关方已经暗中承认了,他们是通过允许以低于新发组合证券的现金金额购买资产的方式,来实现对出售给公众的股票的过高估价。[62]

美国工业委员会(the United States Industrial Commission)在1902年的最终报告中尖锐地批评了“秘密营销”(secrecy in promotion),并得出一个结论:“毫无疑问,正如之后的市场实践所示,组合证券的发起人在很多情况下都能够以远高于其价值的价格公开发售大量股票。”[63]在1900年提交给美国国会的一份初步报告中,美国工业委员会建议,“为了防止公司或行业合并的组织者通过重大隐瞒或者误导性陈述来欺骗投资者和公众”,除非向公众出售股票的公司或行业合并的发起人提供“关于股票或证券发行的主体、财产或服务、数量等类似事项的全部细节,以及安全、理性投资所必需的所有其他重大信息”,否则其招股说明书应当被视作欺诈。美国工业委员会还建议,“对于所谓信托的较大公司,应当要求其每年发布适当的审计报告,合理详细地展示其资产和负债,以及利润或亏损;经宣誓形成的报告和审计事宜应当受到政府检查”。[64]

1903年,美国国会成立了公司局(Bureau of Corporations),用以回应美国工业委员会的上述以及其他建议。公司局专员在其1904年发表的第一份报告中指出,“当前行业状况”的“主要弊病”包括“秘密营销和不诚信营销”“隐瞒公司管理状况”“误导性或不诚信的财务报表”。[65] 这些

---

〔61〕 See D. Dodd, *Stock Watering*, Columbia University Press, 1930, pp. 315 -325. 多德重点关注了前述八个州的判例,找出了在1930年以前报道的288个判例。

〔62〕 同前注〔45〕,第225~262页。

〔63〕 See 19 Industrial Commission, Final Report, H. R. Doc. No. 380, 57th Cong., 1st Sess. 619 (1902).

〔64〕 同前注〔45〕,第649~650页。

〔65〕 See Report of the Commissioner of Corporations, H. R. Doc. No. 165, 58th Cong., 3d Sess. 30 (1904). 此外,参见Garfield专员的建议,第45~48页、第60页。

观点被广泛接受,〔66〕并在1905~1914年促成了20个提议实施联邦注册或联邦许可制度的独立法案〔67〕的出台。之后的联邦贸易委员会研究报告称,其中的"一些"法案是"通过公开来遏制过度资本化"的。〔68〕西奥多·罗斯福(Theodore Roosevelt)总统在1901年坚持认为,公开是"我们可用的唯一可靠的补救办法",向公众筹集资金的公司应当对其资本所投资的财产价值进行真实说明。〔69〕1908年共和党政纲提出,开展州际贸易的公司具有垄断能力和机会,应当对其施以更强的公开性要求。〔70〕"有效公开"的可行性同样促使塔夫脱总统在1910年和1911年都建议将其适用于联邦公司,尽管他在1912年撤回了他的支持。〔71〕

在上述期间,并没有成立联邦公司或者通过许可制法规。但是,在1911~1933年,47个州和夏威夷领土都制定了证券监管法规。在一位州议员投诉一些证券骗子十分无耻地"出售蓝天中的建筑地块"后,这

〔66〕 See F. Horack, *The Organization and Control of Industrial Corporations*, Philadelphia, Pa. : C. F. Taylor, 1903, p. 80. 参见霍金斯的相关引用,同前注〔45〕,第147页。近年来,公司对事实的隐瞒和虚假陈述误导了投资者和投机者,使他们购买那些公司财务不健全和濒临破产的股票。防止股票"掺水"或者向投资者提供判断企业状况的依据,已经引起了"公众"关注一段时间了。"保密"被认为是邪恶的;"公开"被视为一种补救办法,这也就不足为奇。在过去的3年里(1900~1903年),没有什么词能比"公开"更频繁地出现在美国公众的嘴边。

南达科他州的国会议员E. W. Martin也持有类似的观点。1905年,他提出了一项联邦许可法案,除了其他事项外,该法案要求每个州际公司提交一份年度报告,说明其组织架构、资本状况、财产、收入、利润、股利和经营方式。这位国会议员解释称:公开不只是一种理论;它是一种实际、实用且重要的补救办法,如果运用及时,它肯定能成为对过度资本化的一项核查方式。坏事是在黑暗中完成的。如果人们知道股票被掺水,他们就不会买掺水股。Martin quoted in 69 - A FTC, Utility Corporations, S. Doc. No. 92, 70th Cong., 1st Sess. 35 (1935).

〔67〕 引用的法案出自FTC的《公用事业公司》报告,同前注〔66〕,第32页。第32~42页对这些法案进行了简要分析。此外,1913年《资金信托》调查报告建议通过立法要求任何公司的证券在证券交易所上市前,都必须向交易所提交申请前至少3年的资产负债表和损益表,并在上市后每年向交易所和邮政署署长提交一份损益表和关联交易说明。H. R. Rep. No. 1593, 62nd Cong., 3rd Sess. 170 - 73 (1913).

〔68〕 See 69 - A FTC Utility Corporations, 同前注〔66〕,第42页。

〔69〕 参见对西奥多·罗斯福总统的引用部分,同前注〔66〕,第106页。

〔70〕 参见对共和党纲领的描述,同前注〔66〕,第44页。

〔71〕 参见对议员塔夫脱观点的描述,同前注〔66〕,第8~10页。L. 洛斯对此也有相关论述,同前注〔37〕,第107~109页。

些法规被普遍称为蓝天法案。[72] 目前还没有关于蓝天法案在1911～1933年实施情况的全面研究,但一些二手资料中的少数数据有力地表明,证券欺诈是一个重大问题。例如,纽约州的证券局仅在1932年就对1522个自然人和公司实施了禁令,任命了144名接管人,提起了146起刑事诉讼。[73] 加利福尼亚州公司部门在其1926年发布的两年期报告中指出:“被拒绝或在调查过程中撤回的证券销售申请的票面价值为417,167,707.48美元”[74]。马萨诸塞州公共事业部门在其1926年年度报告中指出:“自该法案生效之日(1921年8月26日)起至1926年11月30日期间,在公司、信托、协会或其他机构试图发售的证券中被驳回申请的票面价值共计1,683,055,846美元。”[75]密歇根州证券委员会在一份涵盖1913年至1918年的报告中估计:“在本报告涵盖的期间内,蓝天法案的实施使得超过2亿美元的可疑证券被禁止在密歇根州销售。”[76]在1923～1925年,密歇根州证券委员会依据其蓝天法案提起了

---

〔72〕 同前注〔3〕,第44页。参见L.洛斯对蓝天法案情况的论述,同前注〔37〕,第23～107页。See L. Loss & E. Cowett, *Blue Sky Law*, Michigan Law Review, Vol. 57, 1958; F. Ashby, *The Economic Effect of Blue Sky Laws*, Philadelphia, 1926; M. Parrish, *Securities Regulation and the New Deal*, Yale University Press, 1970, pp. 5 – 41; V. Carosso, *Investment Banking in America*, Harvard University Press, 1970, pp. 156 – 164, 181 – 190; and H. Cherrington, *The Investor and the Securities Act*, American Council on Pub lic Affairs, 1942, pp. 51 – 57.

〔73〕 See Federal Securities Act: Hearings on H. R. 4314 Before the Comm. on Interstate and Foreign Commerce, 73rd Cong., 1st Sess. 166 (1933)(1933年众议院听证会)。

〔74〕 See State Corporations Department of California, *Biennial Report* (1926) *quoted in Note*, *Uniform Sale of Securities Act*, Columbia Law Review, Vol. 30, 1930.

〔75〕 See Annual Report of the Department of Public Utilities (Mass. 1926). 同前注〔74〕,第1196页n. 45。

〔76〕 See Report of Michigan Securities Commission (1913 – 1918). 同前注〔74〕,第1196页n. 45。

大约400项刑事诉讼。[77]

然而,到1917~1920年证券欺诈浪潮结束时,很明显,仅仅依靠蓝天法案的实施对遏制证券欺诈的作用有限,这主要是因为没有哪个州的法律可以通过直接行动或引渡方式对居住在其他州的欺诈性证券承销商发生效力。欺诈性证券的流动性销售商或通过邮件有效运作的销售商将不会受到蓝天法案的影响。[78] 从1917年和1918年自由贷款销售运动开始,许多广告或推销员成功地说服自由债券的购买者将其置换成欺诈证券,使证券欺诈的案件数量显著增加。在第一次世界大战期间,美国国会授权资本发行委员会管理自愿性的联邦证券监管制度,以确保财政资源被用于国防。该委员会在其1919年2月的最终报告中"保守"估计,每年有5亿美元的欺诈性或无价值股票被出售。该委员会建议制定联邦证券法律,用以"防止通过批量分销数百万欺诈性或无价值股票

〔77〕 参见F. 阿什比的相关论述,同前注〔72〕,第38页。美国司法部长多尔蒂(Daugherty)几乎在同时发布了一项声明,称联邦法院正在审理的证券欺诈交易索赔案件日益增多,涉案金额超过1.4亿美元。See Regulating Sales of Securities: Hearings on H. R. 10598, Before a Subcomm. of the Senate Comm. on Interstate Commerce, 67th Cong., 4th Sess. 63 (1923). 这是针对证券欺诈行为的联邦邮政欺诈法案实施的高峰时期。参见F. 阿什比的相关论述,同前注〔72〕,第50~53页。See also Ashby, *Federal Regulation of Securities Sales*, University of Illinois Law Review, Vol. 22, 1928.

〔78〕 参见1933年众议院听证会,同前注〔73〕,第100~101页;参见L. 洛斯的相关论述,同前注〔37〕,第105页。投资银行家协会(当时主要投资银行家的行业协会)完全理解这一点。1920年,该协会的法律顾问宣称,州监管不力是因为它无法触及那些随意游荡,在州际"夜航"的奸商。See Reed, "*Blue Sky*" *Laws*, The Annals of the American Academy of Political and Social Science, Vol. 88, 1920. 有些评论人士指出,蓝天法案在1911~1933年有三个其他缺陷。第一,这些法规有很多豁免情形。F. 阿什比,同前注〔72〕,第45~47页;参见L. 洛斯的相关论述,同前注〔37〕,第32~33页和第64~65页。第二,蓝天法案管理人员往往缺乏经验,有的甚至会腐败。参见F. 阿什比的相关论述,同前注〔72〕,第40~45页;参见H. 彻林顿的相关论述,同前注〔72〕,第55~56页。第三,遭受欺诈的投资者往往会签订"和解"协议。依照该协议,欺诈性证券的销售方将返还部分或全部钱款以换取免于刑事起诉。参见1933年众议院听证会,同前注〔73〕,第100页;参见F. 阿什比的相关论述,同前注〔72〕,第47~49页;参见H. 彻林顿的相关论述,同前注〔72〕,第55页。

来进行变现或者换取自由债券”〔79〕。该委员会关于投资者每年被骗5亿美元的“保守”估计被普遍认为是准确的。〔80〕 例如,投资银行家协会(Investment Bankers Association)的法律顾问在1921年作证反驳严厉型联邦证券法律的可行性,他估算出欺诈或无价值的证券在所有融资中的占比为5%~10%。〔81〕

在威尔逊(Wilson)总统、财政部长格拉斯(Glass)和联邦贸易委员会分别对资本发行委员会所提出的联邦证券法律提案表示支持的情形下,〔82〕国会议员爱德华·泰勒(Edward Taylor)在1919年提出了一项受到威尔逊政府支持的法案。〔83〕 后来,国会议员沃尔斯特(Volstead〔84〕)

---

〔79〕 See H. R. Doc. No. 1836, 65th Cong., 3d Sess. (1919). 资本发行委员会此前的一份报告也提出了大体相同的建议。See H. R. Doc. No. 1485, 65th Cong., 3d Sess. (1918). 资本发行委员会的相关工作。See W. Willoughby, *The Capital Issues Committee and War Finance Corporation*, Johns Hopkins Press, 1934;参见L. 洛斯的相关论述,同前注〔37〕,第112~116页;参见V. 卡罗索的相关论述,同前注〔72〕,第231~234页;参见M. 帕里斯的相关论述,同前注〔72〕,第15~17页。

〔80〕 例如,“美国财政部估算,这几个月有价值4亿美元的自由债券被中西部一些州的认购者用来换取了无价值证券或者可疑证券”,《世界工作》杂志受此启发,刊登了一个名为“快速致富的营销活动”的系列文章,受到很多关注。See World's Work, October 1918, at 584. 国会议员爱德华·泰勒在1921年作证支持以其名字命名的联邦蓝天法案时,引用了马萨诸塞州委员会的一份报告,来佐证资本发行委员会的估算结论。这份报告估算称,在过去一年里,马萨诸塞州出售了3000万至5000万美元的欺诈性证券。See “Blue - Sky Bill”, Hearings on H. R. 7215 Before the Comm. on Interstate and Foreign Commerce, 67th Cong., 1st Sess. 25 (1921)(以下简称丹尼逊法案听证会)。整个19世纪20年代都充斥着类似这样的估算结论。发布于1924年11月的一篇新闻报道总结了美国银行家协会、商业改善局和纽约大学作出的独立估算,即小型投资者因快速致富营销计划和无价值证券将每年损失10亿美元。该报道转载于H. R. REP. No. 34, 69th Cong., 1st Sess. 5 (1925)。纽约州总检察长Bennett估计,仅在该州的被欺诈投资者每年损失的金额约为4亿美元。See Dawson, *In the Blue Sky Blues*, The American Mercury, Vol. 25, 1932.

〔81〕 参见丹尼逊法案听证会,同前注〔80〕,第5~6页(Paul Keyser的证词)。

〔82〕 Wilson总统和财政部长的支持。See Annual Report of the Secretary of the Treasury (1919) 95 - 96 and 426 - 27; Annual Report of the Secretary of the Treasury (1920), pp. 177 - 180. 联邦贸易委员会的支持。See FTC, Annual Report (1919), pp. 47 - 48. 另见1933年众议院听证会,同前注〔73〕,第10~11页和第103页。

〔83〕 See H. R. 188, 66th Cong., 1st Sess. (1919).

〔84〕 See H. R. 12,603, 66th Cong., 2nd Sess. (1920).

在1920年以及国会议员丹尼逊(Denison)〔85〕在1921年以后的数年里都提出了相关法案。对于州级蓝天法案无力管控证券欺诈行为这一事实,1919年泰勒法案和1921年丹尼逊法案的听证会都提供了强有力的证据予以证明。国会议员Taylor对当时有蓝天法案的38个州的相关官员展开了民意调查,发现除一个之外的所有州都支持其联邦证券法提案。〔86〕1921年,国会议员Denison同样收到了来自33个州的官员给他的法案的支持信。所有这些信件都被复制呈给了1921年丹尼逊法案听证会。蓝天执法官员在解释他们为什么支持制定联邦法案时,几乎无一例外地表示,他们无力阻止通过美国邮政或其他方式跨越洲界进行的欺诈性证券销售。〔87〕

---

〔85〕 See H. R. 7215, 67th Cong., 1st Sess. (1921). 参见L. 洛斯引用的关于丹尼逊对其他法案的介绍,同前注〔37〕,第117页n. 14。

〔86〕 See Proposed Federal "Blue Sky" Law: Hearings on H. R. 188 before the Comm. on the Judiciary, 66th Cong., 1st Sess. 7-10 (1919).

〔87〕 参见丹尼逊法案听证会中的蓝天法案执法人员信件,同前注〔80〕,第50~63页。在解释他们支持联邦蓝天法案的原因时,亚拉巴马州证券专员写道,"有一类证券是通过美国邮政手段能够使得州法律无法触及",同前注〔80〕,第50页。乔治亚州证券委员会表示,"具有欺诈性的证券发行文件通过邮件系统在这个州里泛滥这一事实,成为了我们州委员会在执法中必须处理的最棘手的障碍",同前注〔80〕,第51页。印第安纳州证券专员写道,"据我们所知,没有任何一项立法能够对公众购买者带来更大的好处……事实证明,联邦法律的缺乏不仅给各州委员会带来了麻烦,还使得他们的大部分工作变得无效",同前注〔80〕,第53页。艾奥瓦州秘书长报告称,他"无力阻止通过邮件实施的欺诈性证券销售",同前注〔73〕,第53页。肯塔基州的银行和证券部门坚持认为,"在缺乏国会协调的情况下,各州将永远无法应对外国公司的欺诈方案",同前注〔80〕,第53页。类似地,密西西比州秘书长也认为,"这项法案的迅速通过,将在监管证券销售等方面,给我们蓝天法案的实施带来不可估量的好处。我们能够管控那些比较好的公司,他们来到本州能遵守我们的法律。根据我们的经验,真正存在'欺诈'担心的是那些专门通过邮件来运营的公司。从表面上看,这个法案的优点非常明显,以至于我认为没有什么必要去讨论,即便是为了处理它而开展的讨论",同前注〔80〕,第54页。蒙大拿州审计员报告称,"我们民众每年因邮件传递的文件而损失成千上万美元",同前注〔80〕,第55页。内布拉斯加州的证券局局长对这项联邦法案表示支持,认为它能"禁止欺诈性邮政手段营销,我们在过去的时间里发生太多此类行为了",同前注〔80〕,第55页。新罕布什尔州的保险部门写道,"我们在本州已经注意到,那些被禁止出售证券的公司和那些未经批准的证券,都已经通过邮政系统销售给了不幸和无辜的购买者。因此,国会为纠正这种滥用行为所能做的任何事情都将得到我们的真心支持",同前注〔80〕,第56页。俄亥俄州的证券专员表示,"对于那些当事人没有前往我们州,但通过邮件系统或者

在20世纪第三次证券欺诈浪潮之后,先后通过了1933年和1934年证券法律,这在时间上大致与20世纪20年代末的牛市遥相呼应。第73届国会清楚地认识到,州级蓝天法案无法控制证券欺诈。美国《1933年证券法》颁布前的众议院听证会中有一份商务部的《关于拟议联邦证券法案的经济和法律方面的研究》(*A Study of the Economic and Legal Aspects of the Proposed Federal Securities Act*)。[88]这份研究总结了资本发行委员会的调查结果和蓝天法案失败的原因。此外,联邦贸易委员会的首席法律顾问罗伯特·希利(Robert Healy)作证说,联邦贸易委员会最近收到了一封来自宾夕法尼亚州的蓝天法案官员的信,该信件称,"到目前为止,在宾夕法尼亚州销售的蓝天证券中,至少有90%是通过邮件完成的"[89]。希利还解释说,联邦贸易委员会收到的第二封信来自"一位执行蓝天法案的加利福尼亚州官员,他说对于在加利福尼亚州发生的最为严重的证券欺诈犯罪,很多或绝大多数都是发起人利用州界保护来免于适用法案"[90]。罗得岛州和蒙大拿州的官员也寄来了类似的信件。[91]

该州报纸的广告来进行发售的未经批准的证券,我们在对其进行核查时遭遇了巨大的困难",同前注〔80〕,第57页。正好相反,俄克拉荷马州的秘书长解释称,"我们收到许多来自其他州民众的投诉,那些州的发起人获得了所在州的经营特许证但没有获得销售股票或证券的许可,因而前往其他州或地区并在市场上出售其投机证券,但是我们对这种违反我们州法律的行为几乎不可能拥有任何追索权",同前注〔80〕,第57~58页。俄勒冈州的公司专员发现,收到来自那些通过邮件系统而被骗购买了无价值证券的人的投诉,"这几乎是每天都发生的事",同前注〔80〕,第58~59页。弗吉尼亚州的公共事务秘书长总结道,"我们的法律无法触及那些通过邮件销售股票、债券等的当事人",同前注〔80〕,第60页。基于同样的原因,怀俄明州的副秘书长写道,"我们很无助……"同前注〔80〕,第62页。丹尼逊法案于1922年4月22日在众议院"几乎全票通过",但在参议院未能获得通过。See H. R. Rep. No. 132, 68th Cong., 1st Sess. 1 (1924). See also H. R. Rep. No. 760, 67th Cong., 1st Sess. (1922); H. R. Rep. No. 34, 69th Cong., 1st Sess. (1925).

〔88〕 参见1933年众议院听证会,同前注〔73〕,第87~111页。

〔89〕 同前注〔73〕,第228页。

〔90〕 同前注〔73〕,第229页。

〔91〕 同前注〔73〕,第228~229页。美国《1933年证券法》颁布前的场内辩论体现了国会对蓝天法案这一弱点的担忧。See e. g., 77 Cong. Rec. 2931 and 2935 (1933)(代表Wolverton和Chapman的相关陈述).

在1933年和1934年证券法律信息披露条款颁布之前分别开展的三次不同的国会听证会汇集了发行人和承销商遗漏或虚假陈述重大投资信息的证据。最令人吃惊的地方在于,这些听证会几乎全都聚焦在主要投资银行的业务上。他们证明,在20世纪20年代末的牛市热潮中,主要承销商发布的牛市招股说明书经常保留应公开的数据,而这些数据在任何合理的定义下都将被视为对投资者十分重要。

在1933年和1934年证券法律颁布前的一段时间内,外国政府债券是这个国家最富争议的证券,尤其是拉丁美洲的债券。美国投资者在1923~1930年购买了近63亿美元的外国债券,[92]这一金额大约相当于这段时间里美国新发证券销售数额的近10%。[93] 这些销售大多是由美国主要投资银行完成的。销售活动往往试图说服不成熟的投资者将其自由债券换成利息更高的外国债券。20世纪20年代末和30年代初的世界经济崩溃导致在美国销售的大多数外国债券大幅贬值。例如,1932年3月,参议员海勒姆·约翰逊(Hiram Johnson)计算出有16个欧洲国家的债券是以票面价值的57%出售。[94] 拉美政府债券的损失则更为严重。截至1931年12月31日,14个拉美政府债券的市场总价值是其票面价值的26%。秘鲁债券的售价约为票面价值的7%。[95]

自1931年12月起,参议院的财政委员会就在美国销售的外国债券或证券举行了很多听证会。[96] 这些听证会集中讨论了美国投资银行通过销售外国债券所赚取的异常高昂的佣金,以及随之而来的美国投资银

〔92〕 S. Rep. No. 1455, 73rd Cong., 2d Sess. 89 (1934).

〔93〕 See U. S. Bureau of the Census, Historical Statistics of the United States: Colonial Times to 1970, 1975, p. 1006.

〔94〕 See 75 Cong. Rec. 6055 (1932).

〔95〕 同前注〔73〕,第6057页。1935年12月31日,外国债券持有人保护委员会报告称,有76%的未偿付拉丁美洲政府债券不再支付约定利息,由此发生违约。参见《关于委员会的报告》,同前注〔27〕,第6页。

〔96〕 See Sale of Foreign Bonds or Securities in the United States: Pursuant to S. Res. 19 before the Senate Comm. on Finance, 72nd Cong., 1st Sess. (1931 - 1932)(以下简称外国债券听证会). 另见参议员海勒姆·约翰逊关于这次听证会的演讲,75 Cong. Rec. 6052 - 62 (1932)。

行之间就外国债券发行管理的激烈竞争。[97] 参议院财政委员会举行的外国债券听证会也讨论了信息披露问题。9 家主要投资银行[98]在 20 世纪 20 年代受雇销售了 100 多个外国政府债券和大约 40 个外国公司证券。在财政委员会的要求下,这 9 家主要投资银行提供了这些募集说明书或发行公告以供听证会记录。一般来说,外国债券的募集说明书都比较简短,许多债券在听证会打印文件所占用的篇幅都不到一页。他们通常更强调债券卖点而非投资风险。例如,由库恩勒伯公司组织的 1923 年阿根廷债券发行被如此描述:"就气候和土壤而言,阿根廷是世界上最适合生产谷物和养牛的国家。"[99]外国债券的募集说明书经常忽略那些显然对评估投资风险很重要的信息。例如,在参议院财政委员会记录的 37 份拉丁美洲政府债券募集说明书中,没有一份说明了投资银行的总费率,只有 4 份说明或暗示了其他贷款的到期日,只有 6 份说明或暗示了其他贷款的年化利息或偿债能力,只有 4 份说明了政府发行的债券是否曾有贷款违约,只有 15 份募集说明书披露了政府最近几年的收支总额,没有募集说明书做到像在公司损益表中那样将收入和支出数字细

〔97〕 外国债券听证会,同前注〔96〕,第 615 ~ 622 页、第 743 页、第 852 页、第 1273 ~ 1274 页、第 1356 页;75 Cong. Rec. 6054 – 6057 (1932)。有的情形是银行家的方式不够正当。例如, J&W 塞利格曼公司(本文作者与该公司没有亲属关系)向秘鲁总统的儿子支付了 41.5 万美元,以换取他帮助该公司获得出售秘鲁债券的权利。外国债券听证会,同前注〔96〕,第 1279 ~ 1280 页、第 1772 ~ 1773 页;75 Cong. Reo. 6060 (1932)。

〔98〕 这九家投资银行分别是:库恩勒伯公司(该公司提供的招股说明书和发行公告,外国债券听证会,同前注〔96〕,第 184 ~ 289 页和第 294 ~ 298 页);花期公司(该公司提供的招股说明书和发行公告,外国债券听证会,同前注〔96〕,第 163 ~ 183 页);利德瑞公司(同前注〔96〕,第 463 ~ 464 页和第 480 ~ 489 页);斯派尔公司(同前注〔96〕,第 648 ~ 723 页);纽约担保公司(同前注〔96〕,第 1001 ~ 1115 页);哈尔加滕公司(同前注〔96〕,第 1140 ~ 1156 页);J&W 塞利格曼公司(同前注〔96〕,第 1327 ~ 1355 页);李海琴森公司(同前注〔96〕,第 1503 ~ 1553 页);大通国家银行(同前注〔96〕,第 2039 ~ 2043 页)。库恩勒伯公司的部分招股说明书是和摩根大通公司(J. P. Morgan & Company)共同管理的。其他招股说明书被化工基金会置于听证会记录的第 527 ~ 604 页,该贸易协会对外国化工生产的融资行为持批评态度。

〔99〕 参见外国债券听证会,同前注〔96〕,第 226 页。

分为具体科目。[100]

对于拉美政府债券的募集说明书或发行公告始终未能披露其重大投资风险这一问题，佩科拉听证会开展了进一步调查。[101] 这些听证会文件显示，国家城市公司在1927年和1928年分别发行了3只秘鲁政府债券，但都没有披露秘鲁在收税、支付政府拖欠工资、履行合同义务、平衡预算以及应对在房地产、棉花行业和证券市场的经济疲软状况方面的历史困难。在1921～1928年，国家城市公司驻秘鲁的代表们曾多次向他们自己的公司发出警告，秘鲁已经"无法安全地继续发放国家贷款"。但是，国家城市公司在募集说明书或发行公告中从未说明为何其高层认为秘鲁债券具有"不合要求的道德风险"[102]。在1928年和1929年，国家城市公司分别发行了3只巴西的米纳斯吉拉斯州政府债券。尽管米纳斯吉拉斯州拒绝按照先前的契约要求用金法郎对法国债券持有人进行偿还，国家城市公司专员也明白有一只债券募集的部分资金被用于偿还短期贷款而非用于其募集说明书所称目的，并且国家城市公司的当地专员还坚信"州政府当局（对早期贷款的）的宽松程度近乎荒谬"，但是

---

〔100〕 文中这些结论的依据是外国债券听证会对相关募集说明书的审查。其中，3份阿根廷募集说明书，同前注〔96〕，第225～230页和第1151～1152页；7份巴西的募集说明书，同前注〔96〕，第463～464页、第649～651页、第655～656页、第686～687页、第704～705页、第720～722页和第1328～1329页；7份智利募集说明书，同前注〔96〕，第231～243页和第1142～1147页；7份哥伦比亚募集说明书，同前注〔96〕，第1018～1024页、第1147～1155页、第1511～1516页、第1533～1534页、第1537～1540页；1份哥斯达黎加募集说明书，同前注〔96〕，第1519～1523页（该募集说明书还出现在第1534～1536页）；5份古巴募集说明书，同前注〔96〕，第279页（该募集说明书还出现在第1342页）、第280～284页、第2039～2043页；1份多米尼加共和国募集说明书，同前注〔96〕，第716～720页；4份秘鲁募集说明书，同前注〔96〕，第1523～1526页、第1529～1532页、第1545～1553页；2份乌拉圭募集说明书，同前注〔96〕，第1140～1141页和第1155～1157页；在这些债券募集说明书中，27份是由外国政府发行，12份是由外国城市或者外国政府部门发行的。在这12份由城市或部门发行的证券中，有2份是由外国政府提供保证担保。同前注〔96〕，第1529～1532页和第1328～1329页。对于这两个债券实例，文中的计算依据是地方或国家的披露数据。因此，如果地方或者国家披露了任何一年的收入和支出，都将作为披露结果被纳入表格之中。其余10份未获外国政府担保、由城市或政府部门发行的证券，其制表依据是发行所在地的披露数据。

〔101〕 See Rep. No. 1455, 73rd Cong., 2d Sess. 3 (1934).

〔102〕 See S. Rep. No. 1455, 73rd Cong. 2d Sess. 126－131 (1934).

每只债券发行的募集说明书都仍在宣称“审慎且仔细的州财政管理是米纳斯吉拉斯州历届政府的特点”〔103〕。在1928年和1929年，大通国家银行分别管理了两只古巴政府债券的发行。第一只上市债券的募集说明书中写道：“在截至1927年1月30日的前五个会计年度里，政府的普通收入超出支出22,500,000美元。”3个月后的第二只债券在上市时出现了类似的声明。参议院银行和货币委员会随后报告说，这些表述与古巴债券于1930年7月21日作出的纽约证券交易所上市申请中的表述大相径庭。上市申请显示，在截至1928年6月30日的前四个会计年度里，古巴政府的支出超出收入大约400万美元。〔104〕在1925~1929年，库恩勒伯公司为智利抵押银行发行了5只债券，智利政府为每只债券都提供担保。在这5只债券中，库恩勒伯公司都未曾披露过该国正处于军事委员会的统治之下，没有宪法、国会和普选。在第一只债券发行之时，当时的军事委员会执掌政权才6个月，就被之前的军事委员会推翻了。截至1931年7月，这5只债券已经全部违约。〔105〕

在富兰克林·D.罗斯福（Franklin D. Roosevelt）总统的首个百日任期庆典期间，众议院和参议院举行了简短的听证会，随后通过了美国《1933年证券法》。其中众议院和参议院的报告都声称，参议院报告中提到的“不完整、不仔细以及虚假陈述”使投资者在过去10年里蒙受了250亿美元的损失，这显然是凭借州政府蓝天法案官员的估算。〔106〕由于众议院和参议院报告都无法解释这一估算的依据，故而无法评估其准确性。这也不是特别重要。这一估算结果与在自资本发行委员会发布其最终报告的1919年起至参议院财政委员会完成外国债券听证会的1932年为止的期间内投资者所受证券欺诈损失的几项估算都大致相符。无论是1933年和1934年证券法律通过前的听证会和议院辩论，还是当时的技术性文献中，都未曾质疑投资者损失250亿美元这一估算

---

〔103〕 同前注〔102〕，第131~133页。

〔104〕 同前注〔102〕，第135页。第133~142页还讨论了古巴政府债券发行材料的其他重大遗漏。

〔105〕 同前注〔102〕，第148~150页。

〔106〕 See S. Rep. No. 47, 73rd Cong., 1st Sess. 2 (1933); H. R. Rep. No. 85, 73rd Cong., 1st Sess. 2 (1933).

结果。

此外,证券法律的官方立法历史并不只是包括对投资者所受证券欺诈的损失估算。联邦贸易委员会的首席法律顾问希利作证表示,在众议院和参议院为证券法律举行听证会之前,联邦贸易委员会在其公用事业公司研究的前6年里一直在记录具体的会计欺诈行为,该项研究目前仍在继续。希利强调他的证词本意是解释说明。事实上,他的说明几乎没有提到公用事业行业发生会计欺诈的严重程度,而这将在1935年被记录在联邦贸易委员会的《公用事业公司摘要报告》中。[107] 尽管如此,希利也确实提供了一个公用事业公司上市公告存在重大虚假陈述的例子。[108] 他还举了几个例子来说明公用事业资产如何在不披露其原始成本或评估依据的情况下实现过高估评。希利估计,联邦贸易委员会在整个1933年已经调查发现有超过10亿美元的前述资产高估行为,并且联邦贸易委员会所研究的公共事业公司有大约75%的比例都实施了资产高估。对公用事业财产的重新评估,有些可能是基于当时市场或再生产价值,其他的则明显不是。例如,当时全国最大的公共事业控股公司Electric Bond and Share曾多次收购当地经营公司,创建了当地控股公司,并以远高于成本的价格将这些当地经营公司入账,但没有对这些当地经营公司采取任何可能提高其价值的举措。[109] 希利还举了几个公用事业公司编制损益表时实施欺诈的例子。其中一个例子牵涉到英萨尔公用事业投资公司,该公司声称通过出售特定股票认购权获得了1200

---

〔107〕 See FTC Summary Report on Utility Corporations, S. Doc. No. 92, pt. 72 – A, 70th Cong., 1st Sess. (1935).

〔108〕 参见1933年众议院听证会,同前注〔73〕,第229~230页。See Securities Act: Hearings on S. 875 before the Senate Comm. on Banking and Currency, 73rd Cong., 1st Sess. 211 – 12 (1933)(以下简称1933年参议院听证会).

〔109〕 参见1933年众议院听证会,同前注〔73〕,第230~232页;参见1933年参议院听证会,同前注〔108〕,第215~220页。Healy认为资产应当按成本计入资产负债表,该观点具有一定争议,参见1933年参议院听证会,同前注〔108〕,第218页。在为证券法案听证会作证时,他的基本观点却有所不同。在参议院听证会之前,他作证:"我已经证明了缺乏支持性声明的资产负债表是没用的,即便没有我也能够证明。"参见1933年参议院听证会,同前注〔108〕,第220页。公用事业公司的增记之所以具有异议,不仅是因为资产增记超过了成本,还因为公用事业公司始终没有在其财务报表附注中披露原始成本和增记基础。

万美元的收入。这项权利的原始成本是1600万美元，但公司从未将这1600万美元的支出视作一项费用。希利说："因此，该公司发生了400万美元的损失，而不是获得利润1200万美元。"〔110〕

与提供1934年以前隐瞒或虚假陈述重大投资者信息证据有关的最后一场重要听证会，是1932～1934年参议院银行和货币委员会对证券交易行为的调查，被世人称为"佩科拉听证会"。需要强调的是，佩科拉听证会的主要关注点不是公司信息披露，而是投资银行、商业银行、证券交易所会员和投资信托公司的行为。但是，在这漫长的调查过程中，〔111〕"佩科拉听证会确实记录了几起夸大公司强制性披露制度必要性的事件"。

佩科拉听证会显示，包括几位结盟的资深公司高管在内实施了股票联合，并在其联合操作过程中定期聘请公关人员向报纸和电台记者植入新闻故事和消息。〔112〕这些揭露令人震惊，不仅是因为虚假和误导性信息被散布的可能性，还因为其中一位公关人员的行为。牛顿·普卢默（Newton Plummer）被发现与《纽约时报》（*The New York Times*）、《华尔街日报》（*The Wall Street Journal*）、《纽约先驱论坛报》（*The New York*

---

〔110〕 参见1933年参议院听证会，同前注〔108〕，第220～221页；参见1933年众议院听证会，同前注〔73〕，第232～233页。Healy的证词被联邦贸易委员会《公用事业公司摘要报告》夸大很多，参见联邦贸易委员会的《公用事业公司摘要报告》，同前注〔107〕，第282～304页和第845～848页的实例及关于增记的详细讨论。该报告还记录了其他公用事业公司的欺诈行为。例如，控股公司将子公司的未分配收益记为收入，参见联邦贸易委员会的《公用事业公司摘要报告》，同前注〔107〕，第468～473页；整个行业对折旧入账的误导性做法，参见联邦贸易委员会的《公用事业公司摘要报告》，同前注〔107〕，第496～512页。

SEC在1934年以后的两份主要报告也记录了在1934年之前发生重大隐瞒或虚假陈述的证据。参见《关于委员会的报告》，同前注〔27〕，第507～508页和第571～576页、第63～80页、第135～136页。See SEC, Investment Trusts and Investment Companies Report. 同前注〔27〕，第70～71页、第195～205页、第645～647页、第1507～1023页、第1942～2406页。

〔111〕 参议院银行委员会于1934年6月6日举行听证会，其报告指出："该委员会迄今进行的调查过程中，已编制了一份超过12,000页的书面记录，收到了超过1000件证据。"Rep. No. 1455, 73rd Cong., 2d Sess. 3 (1934).

〔112〕 同前注〔111〕，第44～45页。

Herald Tribune）以及其他几家主要报纸的记者都有过现金交易。[113]

美国商业酒业公司、大通国家银行、辛克莱联合石油公司、通用沥青公司、水蟒铜业公司、智利铜业公司、安第斯铜业公司、福克斯电影公司等公司的高管都被发现曾秘密联合开展其与所在公司证券的交易。[114]

听证会记录了股东被要求签署委托书去授权现任管理层代表其投票，同时不向股东披露管理层对投票所涉交易所具有的管理利益。[115]

鉴于据以经营的协议要求以外国债券提供抵押担保，克鲁格与托尔公司设计了一系列替代方案来将初始担保物替换为市值特别低的证券。在 1930 年，2450 万美元的法国政府债券被替换为 1000 万美元的南斯拉夫政府债券便是一个典型的应用实例。[116]

据透露，大通国家银行的董事长阿尔伯特·威金（Albert Wiggin）利用其关于大通国家银行经营的内幕信息，组建了 3 家公司与该银行开展股票交易。在 1927～1932 年，这 3 家公司一共赚取了 10,425,657 美元的利润。其中，有超过 400 万美元的利润是来自 1929 年秋季对大通国家银行的卖空交易，威金当时认为该银行股价"高得离谱"。[117] 在威金任职期间，大通国家银行始终"混淆银行事务的真实状况"。例如，在 1930 年至 1932 年发布的损益表中，该行反复出现从资本账户和盈余账户中转增收入的情形，但未曾披露这种营业外收入的来源。[118]

听证会最具影响力的证词是与摩根大通公司有关。该公司长期以来不仅是美国一流投资银行，而且还是采取保守承销做法的典范。然而，就连摩根财团也被发现在 20 世纪 20 年代末的牛市中采用了挣快钱（get – rich – quick）策略。1929 年 1 月，摩根（Morgan）公司和邦布瑞特

---

〔113〕 参见乔尔·塞利格曼对此的讨论和引用部分，同前注〔3〕，第 16～17 页。

〔114〕 同前注〔111〕，第 55～68 页。

〔115〕 同前注〔111〕，第 74～76 页。类似的证据表明，国家城市银行的投资附属机构曾多次组织销售其持有期权的证券，而不向潜在投资者披露其相互冲突的利益。同前注〔111〕，第 163～168 页。

〔116〕 同前注〔111〕，第 121～124 页。参见《关于委员会的报告》中关于 Kreuger & Toll 和其他替代担保物的论述，同前注〔27〕，第 16～23 页。

〔117〕 同前注〔111〕，第 185～229 页。威金交易直接促成了美国《1934 年证券交易法》第 16(b)条的制定，该条款在当时被普遍称为"anti – Wiggin"条款。

〔118〕 同前注〔111〕，第 211～219 页。

(Bonbright)公司成立了联合公司,这是当时美国最大的公共事业控股公司之一。两家公司都以其所拥有的其他公用事业公司股票和大约1000万美元现金,来换取联合公司的初始优先股和普通股。联合公司在其纽约证券交易所上市申请中表示,截至1929年4月23日,它已对外发行了1,435,251股优先股和5,184,284股普通股。此外,摩根公司和邦布瑞特公司总共得到了3,994,757份永续认股权证(perpetual option warrants)。每个认股权证都赋予持有者在任何时候以27.5美元的每股价格购买普通股的权利。这意味着,当联合公司普通股的市场价格超过27.5美元时,摩根公司和邦布瑞特两家公司就可以行使其认股权证,并获得与认购价27.5美元和市场价之间的价格差大致相当的利润。同时,由于普通股总数的增加,所有对外发行的普通股价值都将被稀释。举个极端的例子,当联合公司的普通股价格在1929年夏天达到高值73美元时,如果摩根公司和邦布瑞特两家公司认购了所有的3,994,757期权,那么对外发行的普通股价值将被稀释约25%。

摩根公司和邦布瑞特公司都没有将其重大投资信息有效地披露给联合公司普通股的首次公开发行购买者。1929年1月11日,一份关于公司资本化状况的新闻稿被分发至各大报纸,稿件写道:"目前还将发行认股权证,授权持有者可以在任何时候无限制地以每股27.50美元的价格认购不超过400万股的普通股。"该稿件还表示,该公司的组织者已经购买了200万认股权证。在联合公司普通股的交易开始之前,几乎没有公开联合公司的其他信息。起初,摩根公司和邦布瑞特两家公司的公开发售股票是按照"优先名单"私下交易,这份名单的大部分是商业和政治人士。这些人反过来又通过转售股票创造了一个联合公司证券市场。招股说明书或发行公告从未对外分发过。首发上市股东知道联合公司投资组合中的一些证券,但不知道联合公司的持股规模。首发上市股东从未见过联合公司的资产负债表。他们不知道的是,联合公司的注册证书授权其董事"有权在任何时候……不需要本公司股东采取任何行动……授予[额外的]权利或选择权……请考虑……"事实上,这些首发上市股东很大程度上是基于对摩根大通公司的信任才购买联合公司股票。他们缺乏充分信息来理性地评估联合公司的股票价值。[119]

对于管理层或投资银行隐瞒或谎报重大投资信息的上述证据以及其他类似证据,大部分都具有偶发性质。这些证据之所以能够被广泛认可用来说明公司强制性披露制度的必要性,其中一个原因就在于佩科拉听证会中的例证是1934年以前金融界常见问题的典型代表,这一情况已经被一些独立的私人研究和投资界知情人士所证实。标准统计公司(Standard Statistics Company)副总裁劳伦斯·斯隆(Laurence Sloan)在1927年财务报告中指出,在545家主要工业公司中有57%的公司没有上报其毛收入;有235家公司能够对比其毛收入和净利润的公司,占比43%;只有219家公司能有数据显示其在1926年和1927年的折旧及损耗总额。[120] 在此之后,斯隆在1927年财务报告基础上开展的一项研究发现,580家主要公司中只有323家上报了毛收入;有257家公司则没有,占比44%。[121]

---

〔119〕 同前注〔111〕,第103~104页和第117~119页。See Stock Exchange Practices: Hearings on S. Res. 84 (72nd Cong.) and S. Res. 56 and S. Res. 97 (73rd Cong.) Before the Senate Comm. on Banking and Currency, 73rd Cong., 1st Sess. 308-309, 328-335, 357, 365-384 and 453-455 (1933). 随后,《哥伦比亚法律评论》发表了一份由三个部分构成的联合公司研究报告。See Note, *High Finance in the "Twenties": The United Corporation*, Columbia Law Review, Vol. 37, 1937; and *High Finance in the "Thirties": New Deal Legislation*, Columbia Law Review, Vol. 37, 1937; and *On the Morgan and Bonbright "Preferred Lists"*, Columbia Law Review, Vol. 37, 1937. 同前注〔3〕,第34~35页。

证券交易所实践听证会(Stock Exchange Practices Hearings)的最初公开新闻稿描述了联合公司的组织架构,同前注〔3〕,第365~366页。参见分发给"优先名单"股东的备忘录,其内容略微更详细一些,同前注〔3〕,第368~369页。联合公司的公开交易至少在1月16日就已经开始了,同前注〔3〕,第378页。

当联合公司普通股在1929年夏天以73美元的价格出售时,摩根公司和邦布瑞特公司行使3,994,757个认股权证,将使得联合公司的普通股被稀释约25%,这个估算结果的计算依据如下:如果股票市场对联合公司5,184,284股普通股的估值为每股73美元,而联合公司发行的3,944,757新股为每股27.50美元,那么联合公司普通股的每股价值乘以新股发行后的股票总数量(5,184,284+3,994,757)将得出这些股票的总价值(5,184,284×$73+3,994,757×$27.50),和接近53美元的每股价值。

〔120〕 See L. Sloan, Corporation Profits 62 and 42 (1929).

〔121〕 See L. Sloan, Everyman and His Common Stocks 66-74 (1931).

在1935年,二十世纪基金组织(Twentieth Century Fund)在其被大量引用的研究报告《证券市场》[122]中得出了几乎相同的结论。该基金组织批评了投资银行在编制招股说明书时所使用的销售策略,该组织称:“发起人的主要目的是诱导客户购买,而不是告知客户……这些指导性原则和手段已经被成功运用在广告和推销领域。”[123]该基金组织对其中一类“不良行为”的例子作出了如下描述:1929年,S. W. 施特劳斯公司在一次较大发行规模的营销性招股说明书中这样写道:“在过去三年半中,公司已实现和未实现的平均收益已达37.5%以上。”这里有两处明显的不合理:第一,将“未实现”收益与“已实现”收益合并一起的计算是毫无根据的;第二,使用“平均收益”的概念将让读者无法知晓该时期的利润趋势。[124]

该基金组织的研究对公司定期报告提出了更严厉的批评。在注意到发布股东季报的纽约证券交易所上市公司比例在1923~1933年发生大幅增长后,[125]该基金组织得出结论认为:“这些报告所包含的信息往往十分贫乏以至于对股东几乎没有用处。在很多情况下,这些报告事实上不仅没有完成披露,反而成功地隐瞒了公司真实状况。”[126]具体而言,该基金组织认可斯隆关于公司没公布毛收入数据的结论,并指出:“有些公司将折旧费用与一项或多项其他费用合并起来,这导致哪怕是最有经验的分析师也绝不可能查明甚至都无法估计这些费用的数额和适当性。”[127]资产负债表往往不会区分“资本盈余”和“营业盈余”,不会披露存货的计算方法,也不会列明其他流动资产。[128] 该基金组织还特别谴责了一些母公司既不将子公司数据纳入合并财务报表,也不为子公

---

〔122〕 参见二十世纪基金组织的报告,同前注〔44〕。

〔123〕 参见二十世纪基金组织的报告,同前注〔44〕,第566~567页。

〔124〕 参见二十世纪基金组织的报告,同前注〔44〕,第567页。

〔125〕 参见二十世纪基金组织的报告,同前注〔44〕,第589~591页。

〔126〕 参见二十世纪基金组织的报告,同前注〔44〕,第580页。

〔127〕 参见二十世纪基金组织的报告,同前注〔44〕,第580~582页。

〔128〕 参见二十世纪基金组织的报告,同前注〔44〕,第583~584页。

司发布单独报告的做法。[129]

投资界的知情人士对 1934 年之前的公司信息披露做法也持批评态度。例如,柯史莫律师事务所的律师哈勒兰(Halleran)和考尔德伍德(Calderwood),他们都在 1959 年这样写道:在 1933 年法案出台之前,即便是由声誉卓著的机构发行的债券,其公开的信息在今天看来往往都相当粗略。在那个时期具有代表性的发行公告中,财务信息很少或者根本没有,关于款项用途的信息非常少,对证券本身的描述相当简短,与发行人业务有关的重要事实(如果有的话)也很少。此外,今天所要求披露的承销价差、管理层薪酬以及内部人士在融资活动或与发行人的近期交易的可能利益等事项在当时也都几乎不为人知。[130]

SEC 研究部负责人戈德里奇(Gourrich)曾担任库恩勒伯公司的首席经济学家,他在 1937 年对 20 世纪 20 年代的证券发行作出了如下解释:证券购买者、证券分析师和帮助购买者作出理性判断的专家都经常性地缺乏足够的信息,这就使低质量高价格的证券销售更为便利。有时,甚至银行家都无法获得足够信息,以至于他们的判断虽然诚实但是仍可能因信息不足而并不准确;无论该公司是否可以获取信息,很多情况下都没有向公众进行明确披露。[131] 就连阿瑟·迪恩(Arthur Dean)这个自美国《1933 年证券法》最初颁布以来最顽固、明确的反对者也承认,"经审查在法案颁布前的招股说明书,可以发现其中一些招股说明书的信息缺失到多么荒谬的程度"[132]。

---

[129] 参见二十世纪基金组织的报告,同前注[44],第 586~589 页。霍金斯曾在 28 年后写过关于 1933 年以前会计实践的类似文章:"会计实践对行业管理几乎没有限制。存在各种有吸引力的替代方案能被会计师认可并被商人所用。例如,还有很多不同的折旧理论。对于所有权的合并程度,尚未达成一致意见。营业收入和其他收入之间经常不作区分。一直都存在各种记录资产价值的方法。与资产价值记录有关的各种方法持续存在。不幸的是,这种会计自由诱使很多管理层通过对盈余和利润的可疑调整来虚增公开利润,而这些调整很少向公众透露。"

[130] See Halleran & Calderwood, *Effect of Federal Regulation on Distribution of and Trading in Securities*, George Washington Law Review, Vol. 28, 1959.

[131] See Gourrich, *Investment Banking Methods Prior to and Since the Securities Act of 1933*, Law and Contemporary Problems, Vol. 4, 1937.

[132] See Dean, *The Lauyer's Problems in the Registration of Securities*, Law and Contemporary Problems, Vol. 4, 1937.

(二)1934年以后隐瞒或虚假陈述重大投资信息的证据

通过此前对国会最初据以建立公司强制性披露制度的证据进行考察,可以明显发现商业公司和外国政府在1934年之前发行的债券经常会遗漏或虚假陈述重大投资信息。事实上,鉴于证券欺诈在1919~1934年给投资者造成的损失情况、州级蓝天法案被公认发生失败、在1932~1934年国会听证会上公布的重大遗漏和虚假陈述的具体实例以及独立私营研究所记录的20世纪20年代主要公司在财务报告中存在的大量缺陷,构建公司强制性披露制度的必要性似乎已无可否认。

在1934~1964年(该期间内受到SEC公司强制性披露制度约束的公司数量大幅增加)的历史证据中最引人注目的是,不受该披露制度约束的公司在1934年以来的实践表现似乎并没有改善。在此期间,会计准则制定取得了重要进展。证券法为投资者提供了新的欺诈救济途径。SEC作为该领域最重要的执法机构开始运作。SEC表格提供了信息披露标准。尽管如此,对于规模太小而无法受到公司强制性披露制度约束的公司和属于该制度豁免范围的公司来说,遗漏和虚假陈述重大投资信息的情形仍是常态。这一结论得到了国会听证会和SEC在1941~1964年公司报告的认可,这些报告研究了不受公司强制性披露制度约束的公司在1934年以后的披露实践。该结论还得到一项1963年关于银行信息披露的独立研究和1980年美国政府问责局的欺诈案件调查研究的进一步印证,这些欺诈案件所涉公司都主张将美国《1933年证券法》的注册要求对私募发行予以豁免。经考察发现,SEC年度报告也能证明了其对注册声明的售前审查能大大减少由受到SEC公司强制性披露制度约束的公司开展的重大遗漏或虚假陈述行为。

政府部门在1934年以后基本开展了两类关于遗漏或者虚假陈述重大信息的研究。第一类研究聚焦于被SEC公司强制性披露制度要求部分或全部豁免的发行人所实施的欺诈状况。第二类研究是关于被SEC强制性披露制度要求部分或全部豁免的公司所实施的重大投资信息遗漏行为。

1941年,SEC首次公布了不受其公司强制性披露制度约束的公司实施欺诈的数据。在针对1933年和1934年证券法律的一系列拟议技术性修正案所举行的大范围听证会上,SEC主席珀塞尔(Purcell)向众议院州际和对外贸易委员会(House Interstate and Foreign Commerce Committee)作证说,“总的来说,欺诈行为最多的是在小额发行领域”[133]。当时美国《1933年证券法》第3条第b款允许SEC对不超过10万美元的发行采取完全或部分豁免。不超过10万美元的私募发行往往也能够获得完全豁免。在1940~1941年的会计年度里,珀塞尔报告称,在SEC根据美国《1933年证券法》所开展的484起欺诈调查中,共有266起(占比55%)调查的发行金额不超过10万美元。同样地,在该会计年度中因欺诈涉及刑事指控和定罪的所有案件中,有66起(占比45%)案件的发行金额不超过10万美元。珀塞尔强调:“我认为这些数字很好地说明了小额发行相较于大额发行的欺诈数量……实际数据可能比这个数据高很多,因为证券销售所涉及的小额发行将被法案自身施以注册要求的完全豁免而不必受到该规则约束。委员会无法收到这些信息,因此也没有进行调查。”[134]

1946年,SEC在开展另一项研究后也有类似的发现:“未注册证券和大部分采取保护性披露的已注册证券所涉及的欺诈案件,将得到委员会的更多关注,这显然会使得欺诈图谋难以实现或者无法实现。”[135]“1949年的一项补充研究也得出了相同的结论。”[136]1963年,SEC再次记录了不受其公司强制性披露制度约束的公司实施欺诈的高发生率,以此作为《证券市场专项研究》(*Special Study of Securities Markets*)的一部

---

[133] See Proposed Amendments to the Securities Act of 1933 and to the Securities Exchange Act of 1934: Hearings on a Comparative Print Showing Proposed Changes in the Securities Act of 1933 and the Securities Exchange Act of 1934 and H. R. 4344, H. R. 5065 and H. R. 5882 Before the House Comm. on Interstate and Foreign Commerce, 77th Cong., 1st Sess. 659-660 (1941).

[134] 同前注[133],第660页和第1386页。另见乔尔·塞利格曼对这些听证会的背景说明,同前注[3],第235~237页。

[135] See Securities and Exchange Commission, Proposal to Safeguard Investors in Unregistred Securities, H. R. Doc. No. 672, 79th Cong., 2d Sess. 5-6 (1946)(以下简称SEC的1946年提案). 同前注[3],第5~9页和第32~37页。

[136] See Committee on Banking and Currency, 81st Cong., 2d Sess., Sec, A Proposal to Safeguard Investors in Unregistered Securities: Supplemental Report 9-10 (Comm. Print 1950)(以下简称SEC的1950年补充报告). 另见L. 洛斯的相关论述,同前注[37],第1155页。

分。这项研究依据美国《1933年证券法》或《1934年证券交易法》规定调查了从1961年1月开始的18个月内通过诉讼或者其他SEC文件所记载的所有欺诈案件。在提及证券名称的107起诉讼中,有99起诉讼(占比93%)涉及的发行人不符合美国《1934年证券交易法》的持续性披露要求。[137]

由于申请豁免的私募发行中欺诈发生率很高,美国政府问责局向国会建议缩小美国《1933年证券法》对私募发行的豁免范围。[138] 该局报告称,在截至1978年9月30日的前三年期间,SEC调查了142起涉及欺诈的私募发行。"该委员会的调查文件显示,在前述142起调查中,其中的95起欺诈发行使得约有3万名投资者被骗金额共超过2.55亿美元。

---

[137] See 3 Report of Special Study of Securities Markets of the Securities and Exchange Commission, H. Doc. No. 95, 88th Cong., 1st Sess. 10 (1963)(以下简称SEC的专项研究).1963年,SEC的交易与交易所部门主任Loomis向参议院银行与货币委员会作了类似报告。他说:"在过去这些年里,委员会面临的绝大多数欺诈案件所涉公司都不符合《证券交易法》的报告要求。"See SEC Legislation, 1963: Hearings on S. 1642, Before a Subcomm. of the Senate Comm. on Banking and Currency, 88th Cong., 1st Sess. 288 - 307 (1963) (statement of Philip A. Loomis, Jr). See also Amendments to Securities Act of 1933 (Exemptions): Hearings on H. R. 5701, Before the Subcomm. on Commerce and Finance of the House Comm. on Interstate and Foreign Commerce, 84th Cong., 4 - 5 (1955 - 1956). SEC公布的数据显示,在这波证券营销欺诈浪潮中,被A条例(Regulation A)豁免的43个铀行业发行样本中的推销员经常在不付现金或者付出很少现金的情形下为自己谋取很大比例的新公司股票;例如,发起人、管理人员和董事在不付现的情况下获得了62.5%的Pioneer Uranium Corp.公司股票。SEC公司融资部主任Baldwin Bane在更早时候对这类实践曾有总结:我认为依照A条例注册来欺诈投资者的可能性比正式注册的可能性要大得多。随着豁免范围的扩展,投资者无法得到国会认为其应有的保护,以及无法得到我认为通过信息充分准确方式来实现的保护的可能性自然也就越大。投资者也当然无法根据A条例获得与发行有关的信息。但是,SEC主席德姆勒(Demmler)在1954年4月1日的一封信中写道:"虽然没有全面的统计研究,但经咨询相关知情的工作人员,我们的观点是依照A条例的发行行为没有发生重大欺诈。"1年后,德姆勒明显改变了这一观点,并要求国会增加SEC的人员规模,其部分原因是A条例的有些豁免发行给委员会带来了"很多"担忧。See Stock Market Study: Hearings before the Senate Comm. on Banking and Currency, 84th Cong., 1st Sess. 943 - 45 and 966 (1955).

[138] See General Accounting Office, Action Needed to Better Protect Investors from Fraud in Purchasing Privately Placed Securities (1980).

其余47项调查则因为记录不足而无法估算公众投资者的损失。"[139]特别困扰美国政府问责局的是,"委员会调查获悉的信息披露损失可能只是冰山一角"[140]。美国政府问责局向各州证券专员发放了一份问卷,并发现"有28名专员报告称仅其1978年调查就显示他们所在州的投资者被骗3.3亿至3.5亿美元。43名州专员称在其1978年开展的关于私募发行豁免的528起调查中,有462起存在欺诈"[141]。

在1946~1963年,SEC对不受公司强制性披露制度约束的公司的重大遗漏行为开展了较为详尽的研究,最终以此研究成功说服美国国会将美国《1934年证券交易法》项下持续性披露条款的适用范围扩展至规模达到最低限度以上的所有公司。

1946年,SEC提议美国《1934年证券交易法》第12条、第13条、第14条和第16条规定应当扩展适用于拥有300万美元以上资产和300名以上股东的未注册公司的证券。[142] 为了调查未注册公司财务报告的实践情况,SEC筛选出70个资产至少300万美元、股东超过300人的公司来研究其年报。一般来说,这些公司都不会提供重要的非财务数据,也不会提及公司管理层、董事或大股东是否参与了重大关联交易。公司内部人士也不会透露公司股票的交易情况。一般来说,他们也不会讨论高管薪酬或利润分享安排的细节性事宜。至于公司财务报表,1946年SEC研究发现,13%的公司没有提供任何损益表,超过1/3的企业没有披露销售额或销售成本。按照美国《1934年证券交易法》的标准来判断,约52%的资产负债表被认为存在重大缺失。例如,有些公司没有说明计提存货金额的计算基础。此外,还有一些财务报表做法具有明显的误导性。例如,有一家公司有大量的累积赤字,但其"商誉"科目所列金额占其总资产的60%。[143]

SEC在1946年的报告还调查了76家资产超过300万美元的样本公司在1943年和1944年的投票代理权征集行为(proxy - soliciting

〔139〕 同前注〔138〕,第6页和第10页。
〔140〕 同前注〔138〕,第10页。
〔141〕 同前注〔138〕。
〔142〕 参见SEC的1946年提案,同前注〔135〕,第vii部分。
〔143〕 参见SEC的1946年提案,同前注〔135〕,第11~16页和第37~75页。

practices)。由于他们是在纽约路边交易所(New York Curb Exchange,即现在人们熟知的美国证券交易所)进行的非上市交易,在当时不受该委员会代理披露规则的约束。在与年度会议有关的委托书材料中,约有89%的委托书材料没有提名董事人选;所有委托书都没有提到管理层薪酬状况,无论是以单独还是合并方式;约有95%的公司不允许其股东对具体业务进行"同意"或"反对"的表决;有42%的代理人要求股东认可和批准自上次年度大会以来的所有经营行为,但又不向其披露这些行为的性质。[144]

4年后,SEC再次提议美国《1934年证券交易法》第12条、第13条、第14条和第16条规定应当扩展适用于拥有300万美元以上资产和300名以上股东的未注册公司的证券。[145] 为了验证1946年的研究结论,SEC于1949年开展了一项新研究。[146] 1949年研究的范围不仅包括1946年所调查的61家公司,还新增了98家拥有300万美元以上资产和300名以上证券持有人的公司。[147] 1949年的这项研究发现,"这些公司普遍没有披露非财务信息,所有公司都未曾提及其与管理层之间的重大交易"[148]。在被调查的159家公司中,没有公布损益表的公司占比7%;没有披露销售额和销售成本的公司为79家(占比50%);两者均未披露的公司为40家(占比25%)。"按照证监会对注册公司的标准来判断,这159家公司中有89家(占比56%)的资产负债表存在明显缺陷。""股本(capital stock)和库存股(treasury stock)常常被施以误导性陈述和不充分披露。16份报告都没有说明股本的数量或类别,也没有将股本负债与盈余账户合并计算……"[149]

经审查96家公司在1948年和1949年的委托书,SEC的1949年研究对1946年关于投票代理权征集行为的研究结果进行了更新。前述96家公司不受SEC代理规则约束,就召开股东大会方面在纽约路边交易

[144] 参见SEC的1946年提案,同前注[135],第18~19页和第75~86页。
[145] 参见SEC的1950年补充报告,同前注[136]。
[146] 参见SEC的1950年补充报告,同前注[136]。
[147] 参见SEC的1950年补充报告,同前注[136],第3页。
[148] 参见SEC的1950年补充报告,同前注[136]。
[149] 参见SEC的1950年补充报告,同前注[136],第3~4页。

所享有非上市特权。该研究发现:“在就董事选举以外的行动事项进行审议的 114 次会议中,股东仅在其中 10 次会议中对其中具体事项享有投票权。在其余 104 次会议中,股东被迫要么全权授予代理人酌情决定要么被剥夺投票权。”在所有涉及董事选举的会议中,未披露董事候选人情况的投票代理情形占比 84%。“事实上,连高管和在任董事都没有披露的投票代理情形有 33 个,占比 16%。”在董事选举的 191 次股东大会中,未以单独或合并方式披露管理层薪酬状况的情形占比 97%。有 28% 的年度会议代理人要求股东认可和批准自上次年度大会以来的所有经营行为,但又不向其披露这些行为的性质。“在退休金计划的股东批准案例中,约有 80% 的情形是管理层未以单独或合并方式披露董事和高管的退休金金额,以及给公司带来的成本花费。”〔150〕

SEC 开展的第三项研究是关于未注册公司的信息披露实践,并于 1956 年就参议员詹姆斯 · 威廉 · 富布莱特(J. William Fulbright)提出的一项法案发布了研究报告〔151〕。该项法案将美国《1934 年证券交易法》第 12 条、第 13 条、第 14 条和第 16 条规定扩展适用于两类发行人:一是拥有超过 200 万美元的总资产且所持权益证券具有至少 750 人以上的持有记载;二是所持有债务证券是按照美国《1933 年证券法》注册且证券未偿付金额超过 100 万美元。如果富布莱特的提案得以颁布,1205 家非上市公司将被要求遵守美国《1934 年证券交易法》项下的持续性披露规定。有 617 家非上市公司已被要求按照美国《1934 年证券交易法》第 15(d)条规定定期向股东提交报告;其余未被强制向股东提交

---

〔150〕 参见 SEC 的 1950 年补充报告,同前注〔136〕,第 3 ~ 8 页、第 14 ~ 29 页的前述缺失的详细分析。在参议院银行和货币委员会之前,SEC 副总法律顾问 L. 洛斯已经在其证词中提到了对 SEC 在 1946 年和 1949 年的研究分析。See Securities Exchange Act Amendments: Hearings on S. 2408, before a Subcomm. of the Senate Comm. on Banking and Currency, 81st Cong., 2d Sess. 7 and 19 – 23 (1950). 参见 L. 洛斯的相关论述,同前注〔37〕,第 1153 ~ 1155 页。

〔151〕 See Senate Comm. on Banking and Currency, 84th Cong., 2d Sess., Securities and Exchange Commission. Report on S. 2054 (Comm. Print 1956).

定期报告的 588 家公司将被要求这样做。[152] 与 1946 年和 1949 年的研究相比,关于给股东报告的 SEC 调查结果在其 1956 年研究报告中的体现还不够详细。SEC 报告称,如按照 SEC 的会计准则标准,在当时不受美国《1934 年证券交易法》项下持续性披露规定约束的 588 家公司的年度报告中,将有 21% 的财务数据被认为存在重大缺失。相比之下,"在依据第 15(d)条规定向委员会报告的公司所提供的所有给股东的年度报告中,按照委员会的会计准则标准判定存在财务数据重大缺失的年度报告仅占比 5%"。[153]

如果富布莱特的提案被采纳,前述 1205 家公司将被要求遵守美国《1934 年证券交易法》项下的持续性披露规定,其中的 634 家公司将披露其投票代理权征集行为的更多详细数据。该结果与 SEC 在 1946 年和 1949 年的研究结果基本一致。在为年度股东大会征集投票代理权时,有 73% 的公司没有向股东披露董事候选人情况。有 52% 的委托书表格使得股东无法就提案具体事项进行投票支持或者反对,进而要求股东对整个提案要么投票支持要么投票反对。在与奖金、分红、薪酬方案相关的投票代理权征集时,有 3/4 的征集行为没有披露这些方案的预计成本。同样地,在涉及证券修改或者变更时,有 76% 的征集行为未能按照代理规则的要求说明将对拖欠股利、本金或利益违约造成的影响。有 74% 的征集行为未能按照要求提供财务报表。[154]

---

〔152〕 同前注〔151〕,第 2 ~ 3 页。正如报告所解释的:只有在已登记证券的公开发行总价格加上以该价格计算的同类所有其他已发行证券的总价值,合计数额超过 200 万美元时,才需要按照证券法第 15(d)条规定实施相关披露行为,该条规定要求按照 1933 年证券法注册的证券发行人参照该法第 13 条对已上市证券的规定提交信息和报告。如果合计数额确定将减少至 100 万美元以下,或者由于发行人证券上市的原因使无法适用这些披露要求,那么可以中止前述披露行为。《证券交易法》第 15(d)条规定不要求发行人遵守该法第 14 条的代理要求或者该法第 16 条关于"内幕交易"的规定。同前注〔151〕,第 2 页 n.2.

〔153〕 同前注〔151〕,第 3 页。在不符合美国《1934 年证券交易法》连续报告要求的公司报告中存在重大缺陷,"104 家公司(17.7%)未能在损益表中单独显示销售和/或销售成本;20 家公司(3.4%)遗漏了损益表或盈余表,或未能遵守会计准则并对报告结果产生重大影响"。同前注〔151〕,第 11 页。

〔154〕 同前注〔151〕,第 3 ~ 9 页。参见 L. 洛斯对该项报告的背景说明,同前注〔37〕,第 1158 ~ 1162 页。

在富布莱特参议员的要求下，SEC 于 1957 年准备了一份关于保险公司披露实践的补充报告[155]，这类保险公司应当拥有超过 200 万美元的总资产且所持权益证券具有至少 750 人以上的持有记载。前述 1956 年报告所审查的 1205 家公司不包括保险公司和银行，这是因为富布莱特的提案特别豁免了保险和银行证券。SEC 在 1957 年研究了 169 家保险公司的股东报告和投票代理权征集文件，其中有 44 家公司已被要求按照美国《1934 年证券交易法》第 15(d)条规定制作年度报告；有 125 家公司在当时不受美国《1934 年证券交易法》的约束。在当时未受美国《1934 年证券交易法》项下持续性披露规定约束的保险公司中，有 63% 的公司被发现财务报表存在重大缺失，有 55 家公司（占比 44%）向股东仅提供了资产负债表，没有提供损益表或营业盈余表。由于在豁免适用美国《1934 年证券交易法》项下持续性披露制度的 74 家保险公司中，公司规模可高达 30 亿美元，因而前述研究结果变得尤为重要。但是，SEC 发现："在总资产低于 500 万美元的 11 家公司中，有 10 家公司被列为具有重大缺失。此外，没有明确的迹象表明公司规模对报告质量具有重大影响。"[156]

针对被公司强制性披露制度完全或者部分豁免的公司所实施的重大投资信息遗漏行为，SEC 在 1963 年开展了史上最为全面的调查，以此作为 SEC 的《证券市场专项研究》的一部分。[157] 该文件调查了随机选择的 556 家场外交易工业公司的披露实践，几乎检查了 1961 年报告的

---

[155] See Senate Comm. on Banking and Currency, 85th Cong., 1st Sess., Securities and Exchange Commission, Supplementary Report on S. 2054 (Comm. Print 1957).

[156] 同前注[155]，第 9～11 页。但是，在 44 家保险公司根据美国《1934 年证券交易法》第 15(d)规定所发布的股东报告中，有 30% 报告被发现存在重大缺失，同前注[155]，第 9～10 页。1957 年的补充报告也研究了受拟议法规约束的 142 家保险公司的投票代理权征集材料，其研究结果与 1956 年较大规模的研究结果相似。有 70% 的委托书材料没有披露董事候选人；49% 的委托书材料所涉股东不能就会议具体事项进行投票支持或者反对，所有材料都没有说明修改或变更证券将对拖欠股利、本金或利益违约造成的影响，同前注[155]，第 2～8 页。

[157] 参见 SEC 的专项研究，同前注[137]。

方方面面。[158] 该研究报告称,“最重要的发现可能是,超过25%的受访发行人反馈称其没有向股东发布任何财务信息”[159]。《证券市场专项研究》在发行人向股东提供财务数据的报告中发现的信息缺失,与前述SEC的1946年、1949年、1956年和1957年报告所发现的信息缺失十分相似。[160] 有44%的报告没有对存货进行分类;有26%的公司未能说明其存货估价方法;事实上,还有33%的公司未作任何注解。[161] 这一发现意味着,在被调查的556家场外交易公司中,大约只有半数公司向股东提供了包含注解的财务报表。《证券市场专项研究》对这些公司在1961年的主要委托材料进行分析后也有类似的发现,即在就董事选举征集投票代理权的所有情形中,股东未被告知董事候选人姓名的情形占比73%,[162]未披露管理层薪酬状况的情形占比95%。[163] 在就公司章程或条款修改征集投票代理权的征集情形中,50%以上情形不会说明修改原因。有48起是涉及证券变更;有2/3的比例不会告知该变更对当前证券持有人权利的影响。涉及对期权、权证或类似权利的授权有25起;其中有14起没有提名未来管理的被授权人,有21起没有说明具体计划安排。[164]

《证券市场专项研究》将这些开展场外股权交易的171[165]家银行和

---

[158] 为了筛选这些样本,研究小组检查了1962年1月全国报价局(National Quotations Bureau)的场外公司每月简报。这份简报在当时被认为是在场外市场开展交易的最全面的公司名单。1962年1月简报列出了13,335家发行人,经纪—交易商界在1961年最后3个月内对这些发行人的证券表示出兴趣。SEC的专项研究挑出了其中的1/5的发行人(2667家发行人)。其中,有427只国内上市证券和275只海外上市证券被撤回,原因不明。该项研究随后向其余的1965家发行人分发了调查问卷。同前注[137],第18~19页。这1965位发行人中,有一半被要求提交他们在1961年提交给股东的所有财务报告副本。同前注[137],第11页。总共有771家发行人完成了问卷,即要么按照要求提交了财务报告,要么表明他们没有向股东发送任何材料。同前注[137],第11页n.23。

[159] 同前注[137],第11页。

[160] 同前注[137]。

[161] 同前注[137],第12页。

[162] 同前注[137],第13页。

[163] 同前注[137],第14页。

[164] 同前注[137]。

[165] 同前注[137],第38页。

44家保险公司区分开来，各自分析其信息披露的实践做法。[166] 当时，在联邦和州的银行监管机构中，只有货币监理署（凭借近期通过的法规）试图监管对投资者的信息披露行为。[167] 大部分银行监管机构都关注对储户的保护。[168]《证券市场专项研究》发现，这些银行的信息披露实践类似于在场外市场交易的工业公司的信息披露实践。20%的受访银行没有向股东发送任何财务资料。在137家提供财务数据的银行中，有67%的银行没有提供损益表。在就董事选举征集投票代理权的银行中，有92%的银行没有披露候选人姓名。在所有的被研究银行中，有98%的银行没有披露管理层薪酬状况；有93%的银行没有说明公司章程或条款的修改原因。[169] 1964年，众议院国内金融小组委员会在就3000家银行的信息披露行为开展的一项独立研究中，也得出了类似的结论。该研究发现，只有不到50%的银行发布了年度报告。其中，36%的银行没有披露其税前收入；34%的银行没有公开其税后收入；29%的银行没有透露其估值储备的规模。[170]

对于保险公司对其股东的信息披露情况，《证券市场专项研究》的研究能够证实全美金融分析师协会（National Federation of Financial Analysts Societies）的一个小组[171]在1960年作出的结论，即人寿保险公司的年度股东报告是“在美国所有重要行业中最差劲的”。在被调查的44家保险公司中，有6家公司没有向其股东发送任何财务报告，占比14%；在提交报告的38家公司中，有19家公司的报告没有包括损益表，占比50%；有33个公司的报告没有包括注解，占比87%。[172] 换句话说，在这44家保险公司中，只有5家公司提供了包括损益表和注解在内的财务报告，占比11%。与投票代理权征集相关的信息披露情况也不好。

---

[166] 同前注〔137〕，第41页。

[167] 同前注〔137〕，第38页。

[168] 同前注〔137〕。

[169] 同前注〔137〕。

[170] See Subcommittee on Domestic Finance, House Comm. on Banking and Currency, 88th Cong., 2d Sess., The Market for Bank Stocks (Comm. Print 1964).

[171] 该分析小组曾被L. 洛斯的著作提及，同前注〔37〕，第2742～2743页。

[172] 参见SEC的专项研究，同前注〔137〕，第41页。

典型来说,70%的董事选举情形没有披露其董事候选人姓名。[173] 该研究还发现:“有15个公司对除选举董事外的其他事项都进行了投票表决,企业合并、期权、退休计划等;没有一份征集材料的所载信息能够达到委员会代理规则的要求。”[174]

SEC年度报告所公布的数据也提供了一些关于公司遗漏或虚假陈述重大投资信息行为的间接证据。在受到美国《1933年证券法》注册要求约束的证券公开发售之前,应当向SEC提交注册声明,并由SEC审查其准确性和完整性。美国《1933年证券法》第8(b)条和第8(d)条授权SEC在注册声明存在重大遗漏或虚假陈述的情形下能够发出阻止证券公开销售的阻止令。从历史上看,SEC很少发布阻止令,[175] 而是采用不太正式的不合格意见书[176] 来说服发行人进行全面准确的披露或者撤回其注册声明。在1933~1934年至1970~1971年,SEC年度报告在每个会计年度都公布了其收到的注册声明数量、撤回数量和责令暂停的数量。在这些年里,共有44,285份注册声明被提交给SEC,其中4989份(占比11.27%)被撤回,251份(占比0.57%)被责令停牌。[177] 并非所

---

〔173〕 同前注〔137〕。

〔174〕 同前注〔137〕。另参见美国SEC公司融资部的工作人员开展的一项关于保险公司投票委托书和征集材料的独立研究。See Investor Protection: Hearings on H. R. 6789, H. R. 6793, S. 1642 before a Subcomm. of the House Comm. on Interstate and Foreign Commerce, 88th Cong., 1st Sess. 1209 - 1212 (1963).

〔175〕 在美国SEC的成立初期,人们就认识到,仅是阻止令的发布通常就足以让发行人重新编制其注册说明,用以符合SEC的标准。See generally, J. Landis, The Administrative Process, 1938, pp. 107 - 109(对阻止令发布威胁的一般性影响研究).

〔176〕 “不合格意见书”(letters of deficiency)被称为“意见书”(letters of comment)。See e. g., 15 SEC Ann. Rep. 2 (1949). 另见L. 洛斯的相关论述,同前注〔37〕,第272~273页。

〔177〕 **表1 已撤回或者收到阻止令的注册声明数量**

单位:份

年份	已提交的注册声明	撤回	阻止令	年度报告	页码
1933~1934 *	1093	153	49	1	29
1934~1935 * *	440	72	42	1	29

续表

年份	已提交的注册声明	撤回	阻止令	年度报告	页码
1935 ~ 1936	781	69	36	2	31 ~ 32
1936 ~ 1937	967	128	14	3	9
1937 ~ 1938	459	156	10	4	40
1938 ~ 1939	375	69	6	5	28
1939 ~ 1940	338	57	13	6	124
1940 ~ 1941	337	50	3	7	170
1941 ~ 1942	235	48	7	8	2
1942 ~ 1943	150	29	0	9	3
1943 ~ 1944	245	24	0	10	18
1944 ~ 1945	400	22	0	11	2
1945 ~ 1946	752	36	0	12	6
1946 ~ 1947	567	123	1	13	8
1947 ~ 1948	449	57	2	14	8
1948 ~ 1949	455	52	0	15	9
1949 ~ 1950	496	23	0	16	8
1950 ~ 1951	544	34	1	17	9
1951 ~ 1952	665	31	1	18	9
1952 ~ 1953	621	26	0	19	5
1953 ~ 1954	649	38	0	20	13
1954 ~ 1955	849	35	0	21	10
1955 ~ 1956	981	67	3	22	55
1956 ~ 1957	943	70	6	23	38
1957 ~ 1958	913	71	3	24	33
1958 ~ 1959	1226	65	6	25	31
1959 ~ 1960	1628	131	5	26	35
1960 ~ 1961	1830	118	5	27	29
1961 ~ 1962	2307	264	7	28	28
1962 ~ 1963	1159	491	3	29	26

有的注册撤回都是因为被 SEC 认定存在重大遗漏或虚假陈述。在 1955～1956 年至 1970～1971 年,SEC 的年度报告在每个会计年度都公布了申请人的撤回原因。这些会计年度内,有 3657 份注册报表被撤回。总体来看,其中 546 个申请人(占比 14.9%)在收到 SEC 意见书或者在面临停牌威胁后撤回了注册声明;其余大部分注册声明被撤回是因为其财务计划或市场情况发生变化。[178] 当然,有些申请人可能是以其自身原因

续表

年份	已提交的注册声明	撤回	阻止令	年度报告	页码
1963～1964	1192	129	5	30	32
1964～1965	1376	82	4	31	28
1965～1966	1697	148	1	32	27
1966～1967	1836	152	3	33	26
1967～1968	2906	148	2	34	26
1968～1969	4706	202	2	35	33
1969～1970	4314	650	9	36	30
1970～1971	3404	869	2	37	35
共计	44,285	4989	251		

* 1933～1934 年覆盖的时间段是截至 1934 年 9 月 1 日,当时 SEC 开始执行美国《1933 年证券法》。

* * 1934～1935 年为包括 1934 年 9 月 1 日至 1935 年 6 月 30 日。此后的财政年度都是 7 月 1 日至次年 6 月 30 日。

[178] **表 1　注册撤回的原因**

单位:份

年份	撤回总数量	收到意见书后的撤回请求	可能面临阻止令的撤回请求	财务计划变化	市场情况变化	其他
1955～1956	67	23	11	18	4	11
1956～1957	70	10	17	23	16	4
1957～1958	71	13	13	16	14	15
1958～1959	65	12	5	36	7	5
1959～1960	131	17	29	50	7	28
1960～1961	118	23	9	45	6	35

来解释其撤回行为的。但是，从表面数据来看，在1955～1956年至1970～1971年，在向SEC提交的注册声明中，大约有2%的撤回行为是发生在收到SEC的意见书或者面临停牌威胁或者被实行停牌之后。[179]

提交给SEC的注册声明中存在重大遗漏或虚假陈述的实际占比，以及SEC在保护投资者免受法定招股说明书重大遗漏或虚假陈述损害的实际作用，都很大。SEC在美国《1933年证券法》规定的静默期内对注册声明的审查，主要是为了发现明显的重大遗漏或虚假陈述，并说服拟发行人去更正它们，而不是发布阻止令或让发行人撤回申请。在1952年众议院商业小组委员会的听证会上，SEC的公司融资监管部门表示，在绝大多数情况下，技术性不合格意见书的运用"在确保注册声明和招

续表

年份	撤回总数量	收到意见书后的撤回请求	可能面临阻止令的撤回请求	财务计划变化	市场情况变化	其他
1961～1962	264	61	24	95	56	28
1962～1963	491	44	5	167	237	38
1963～1964	129	14	2	84	15	14
1964～1965	82	8	3	57	8	6
1965～1966	148	20	1	86	25	16
1966～1967	152	5	3	87	44	13
1967～1968	148	9	7	90	26	16
1968～1969	202	36	1	118	23	24
1969～1970	650	56	0	276	258	60
1970～1971	869	60	5	344	373	87
共计	3657	411	135	1592	1119	400

数据来源：美国SEC第22份年度报告，第55页；第23份年报，第38页；第24份年报，第34页；第25份年报，第32页；第26份年报，第36页；第27份年报，第30页；第28份年报，第28页；第29份年报，第26页；第30份年报，第32页；第31份年报，第29页；第32份年报，第28页；第33份年报，第27页；第34份年报，第26页；第35份年报，第34页；第36份年报，第30页；第37份年报，第35页。

〔179〕 结合前注〔177〕〔178〕的数据，在1955～1956年和1970～1971年提交了32,412份注册声明，其中有546份在收到SEC的意见书或在阻止令威胁下被撤回，有66份收到了阻止令。

股说明书完成适当修改方面最为成功,以便于向投资者提供足够和准确的信息……"〔180〕这些听证会所公布的数据说明了技术性不合格意见书在防止招股说明书发生重大遗漏或虚假陈述方面发挥着多么重要的作用。在1946年7月1日至1952年12月31日宣布生效的2634份注册声明中,超过96%的文件在生效前需要通过信息更正来回应至少1份不合格意见书。有17%的申请是回应了两份;有4%的申请是回应了3份及以上不合格意见书。〔181〕毫无疑问,有相当部分的不合格意见书所对应的是技术性更正。但是,注册期间的许多更正明显是实质性的。〔182〕此外,由于知道SEC在允许证券公开发售前将仔细审查注册声明,这将

---

〔180〕 See Study of Securities and Exchange Commission: Hearings Before Subcomm. of House Comm. on Interstate and Foreign Commerce, 82nd Cong., 2d Sess. 424 (1952).

〔181〕 同前注〔180〕,第423~432页。

〔182〕 意见书样本,同前注〔180〕,第417~422页。在前25份年报中,SEC公布了在注册声明中发现的存在重大缺失的实例。其中,一部分重大遗漏和虚假陈述情形触发了阻止令程序,其余情形则是在意见书流程中加以更正。SEC在静默期间发现的注册声明信息缺失的实例如下:1 SEC Ann. Rep. 27-28 (1935); 3 SEC Ann. Rep. 2-7 (1937); 4 SEC Ann. Rep. 36-40 (1938); 5 SEC Ann. Rep. 25-28 (1939); 6 SEC Ann. Rep. 119-22 (1940); 7 SEC Ann. Rep. 166-69 (1941); 9 SEC Ann. Rep. 3-6 (1943); 12 SEC Ann. Rep. 10-13 (1946); 13 SEC Ann. Rep. 20-23 (1947); 14 SEC Ann. Rep. 15-17 (1948); 15 SEC Ann. Rep. 17-25 (1949); 16 SEC Ann. Rep. 15-18 (1950); 17 SEC Ann. Rep. 15-20 (1951); 18 SEC Ann. Rep. 13-18 (1952); 19 SEC Ann. Rep. 7-9 (1953); 20 SEC Ann. Rep. 13-16 (1954); 21 SEC Ann. Rep. 17-19 (1955); 22 SEC Ann. REP. 68-71 (1956); 23 SEC Ann. Rep. 38-40 (1957); 24 SEC Ann. Rep. 34-35 (1958); and 25 Sec Ann. Rep. 32-35 (1959). 参见在通过意见书更正注册声明的情况下对这些信息缺失的讨论。See E. Mccormick, Understanding the Securities Act and the S.E.C. 239-281 (1948).

SEC在对注册声明的静默期审查中发现重大遗漏或虚假陈述的类型,在该委员会的第15份年度报告中得到了说明。在这份报告中,SEC举了一些例子,包括:(1)发行人未能披露重组计划实际上会使其母公司受益,第18~19页;(2)三名公司高管未能披露公司承担了他们出售自己的公司个人股份的费用,第18~19页;(3)矿业公司未说明矿石储量的估算依据,或者公司未能披露自己被好几个州叫停和不再出售股份,第19页;(4)以自己的名义或以某些内部人士的名义发行股票的公司,未能披露其被内部人士销售的部分股票是内部人士掌握内幕信息(公司1948年收益已经增加至1947年收益的大约三倍)时通过行使期权所获得的,第19~21页;(5)按照合同有义务提供年金的发行人未能披露自己对年金的未来支付责任,第

激励公司管理层、承销商[183]和律师[184]在初期就需更为审慎地准备注册声明，以避免发生重大遗漏或虚假陈述。

结合可用数据，在按照美国《1933年证券法》要求准备的招股说明书中，因SEC的静默期审查而避免重大遗漏或虚假陈述的情形占比是纯靠推算来得知。但是，关于阻止令、注册声明撤回和不合格意见书的可用数据明显说明，如果没有SEC的公开发售前审查，被销售的证券存在重大遗漏或虚假陈述的比例将会更高。

二、内部人士或承销商的过高薪酬

对1933年和1934年证券法律的支持者来说，防止内部人士或承销

20页；(6)虚报存货价值，经更正后，公司在特定会计期间的经营损失从78.3万美元增加到200万美元，第21页；(7)未披露特定土地的原始成本，第21页；(8)合伙企业少报折旧费用，这使最近六个月的利润被夸大了100%，第21～22页；(9)公司没有摊销商誉，第22页；(10)外国金矿公司未披露矿石的估算依据，未披露其被剥夺在许多州出售证券的权利的事实，或者未披露其试图以每股1美元的价格向公众出售的股票可能在外国是以每股0.5美元的价格买入的事实，第22～23页；(11)联合公寓公司的发起人未能披露其向新公司出售该建筑的所获利润，第23页；(12)在准备一份新的招股说明书之前，公司最近未能报告重大经营亏损和进行实物盘点的存货冲销行为，第23～24页；(13)发起人未能明确披露他们将以少于该公司总资本1%的投资金额换取了该公司50%有表决权的股票，第24～25页。

[183] 例如，在一份关于《1933年证券法》的1938年备忘录中，摩根士丹利公司的承销公司解释：所有的这些调查和所有关于签署完整准确事实的声明的要求，共同造就了该项法案最有价值的副产品。在一段时期内不时地自我内省，对公司和个人都是有益的。那些在承销公司专门准备注册声明和招股说明书的人可以复述出很多例子，这些都是在前期工作中被长期忽略或无视的问题或情况，已经被推出来由高级管理人员和董事会进行公开审查。这些问题包括，例如，资产负债表中的资产估值、准备的充足性、折旧政策、会计方法、对产权问题的纠正等。在一些情况下，拖延已久的相关补救或纠正行动甚至发生在提交注册声明之前；在其他情况下，则将在经过一段时间之后才会启动困难消除的行动。参见麦考密克的相关论述，同前注[182]，第300～301页，对摩根士丹利公司的引用部分。

[184] See e. g., Fiflis, *Economic Analysis as One Phase of Utilitarianism*, in D. Demott ed., Corporations at the Crossroads: Governance and Reform, McGraw-Hill, 1980, p. 96, n. 5.

商的薪酬过高与防止欺诈一样,都是这些法案制定的重要依据。他们认为,如果内部人士意识到必须披露此类交易的重要细节,那么发生内部利益冲突、自我交易、浪费或不公平交易的可能性将会降低。

这一理论最常被引用的话,无疑是布兰迪斯(Brandeis)法官所说的:“公开是现代社会及工业疾病的救生药,阳光是最好的防腐剂,电灯是最有效的警察。”〔185〕布兰迪斯在其 1914 年著作《别人的钱》中写下这些话,在证券法新政支持者最为关注银行家佣金过高问题的背景下讨论了内部人士的薪酬过高问题。在描述了几个他称之为“怪物佣金”的例子后,布兰迪斯呼吁,公开是对这些银行家所受指控进行监管的适当“方式”。这是因为“投资者身上的奴性某种程度上……归因于其对事实的忽视。如果每个投资者都知道他从银行家那里购买的证券被过度的承销、佣金和利润稀释到什么程度,难道不能通过资本罢工来对抗这些不公平压榨吗”〔186〕。此外,布兰迪斯还试图“迫使银行家在发行证券时公开他们所获得的佣金或利润”〔187〕,这则是基于另一个原因,“这将有助于投资者判断投资的安全性”〔188〕。

在 1931 ~1932 年的参议院财政委员会外国债券听证会〔189〕和 1932 ~

〔185〕 See L. Brandeis, *Other People's Money*, Frederick A. Stokes Company, 1914. 证券法的改革者早已提出了类似观点。例如,格莱斯顿(Gladstone)在 1844 年支持英国公司法的披露条款时提出,“公开是唯一必要的。把坏事情都展示出来,它就无害了”。See Knauss, *A Reappraisal of the Role of Disclosure*, Michigan Law Review, Vol. 62, 1964. 亨利·克卢斯在 1908 年的一次演讲中写道,“在公司身居高位的人经常以欺骗的方式秘密地做一些如果他们公开实施会感到羞耻和害怕的事情。” See H. Clews, *Fifty Years in Wall Street*, Arno Press, 1973, p. 1053.

〔186〕 同前注〔185〕,布兰迪斯文,第 98 ~99 页。

〔187〕 同前注〔185〕,布兰迪斯文,第 101 页。

〔188〕 同前注〔185〕,布兰迪斯文,第 102 页。

〔189〕 参议院财政委员会进一步证明了外国债券销售的总费率最高可达 14%。See Sale of Foreign Bonds or Securities in the United States: Hearings Pursuant to S. Rep. 19 before the Sen. Comm. on Finance, 72nd Cong., 1st Sess. 1356 (1932).

1934年的佩科拉听证会[190]期间，出现了很多关于内部人士或承销商未公开薪酬的重大传闻证据。受到特别关注的是国民城市银行主席查尔斯 E. 米歇尔(Charles E. Mitchell)的薪酬除了每年25,000美元的基本工资之外，还于1927年、1928年和1929年获得每年超过100万美元的"奖金"。[191] 当时各方正致力于削减部分联邦雇员的1600美元年薪，相比之下，米歇尔的薪酬似乎是天文数字。

1933年[192]和1934年[193]证券法律的披露条款都在强调公开内部人员的薪酬。[194] 1934年之后，那些关于佐证信息披露能够预防内幕交

[190] 例如，针对库恩勒伯公司为推动潘恩路公司两次股票发行并提供建议所收取的费用和股票期权而展开的讨论。S. Rep No. 1455, 72nd Cong. 2d Sess. 114 - 115 (1934). 摩根公司和邦布瑞特公司收到的联合公司期权被部分披露的事例，同前注[119]；阿尔伯特·威金根据内幕信息获取收益的事例，同前注[118]；以及在摩根大通—库恩勒伯公司和国家城市公司的"优先名单"中受到青睐的个人所获得的收益。See S. Rep. No. 1455, 72nd Cong., 2d Sess. 101 - 110 (1934).

[191] See S. Rep. No. 1455, 73rd Cong., 2d Sess. 206 - 208 (1934).

[192] 在美国《1933年证券法》附表A中的32条披露规定中，有20项明示或暗示地涉及内部人士或承销商薪酬或者利益冲突。See items 4 - 7, 10, 13 - 22, 24 - 25, 27 - 28 and 30. Securities Act of 1933, Pub. L. No. 22, 48 Stat. 74, 88 - 91 (1933). 国会报告也同样强调了要披露内部人士的薪酬。See S. Rep. No. 47, 73rd Cong., 1st Sess. 3 (1933).

[193] See § 12(b) items D - H and § 13(a)(1). Securities Exchange Act of 1934, Pub. L. No. 291, 48 Stat. 881, 893 - 94 (1934).

[194] 1932年的民主党全国纲领专门提出"要求所有国外和国内的股票和债券发行在营销广告和政府申请中披露诸如奖金、佣金、投资本金和卖方利益的真实信息，以此保护投资大众"。See Platform quoted in 77 Cong. Rec. 2923 (1933). Felix Frankfurter 在当时最常被引用的关于1933年法案的评论中，也特别提到了内幕报酬。他说："奖金、过高的佣金和薪水、优先名单等类似事宜的存在，可能在知情人士中是公开的秘密，但知情人士很少。这类交易会缩水；强迫知情人士将这些公开，主要是为了抑制其发生。"See Frankfurter, The Federal Securities Act: II, Fortune 55 (August, 1933).

易或利益冲突的传闻证据都已经公开了。[195] 关于信息披露对承销商佣金的作用,还开展了更为严格的调查。

从现有数据来看,承销商的平均薪酬在《1933 年证券法》[196]颁布前

〔195〕 参见《小麦报告》的相关论述,同前注〔10〕,第 51 页(脚注省略)。登记过程有时被称为“大扫除”:其中一个最有价值的登记后果,就是消除利益冲突和可疑商业行为,这些行为暴露在公众视野中,被法兰克福特(Frankfurter)法官一度称为“质量缩水”。可以举出很多例子:一个典型例子出自一份按照美国《1933 年法案》提交的注册声明中的一段话:在过去三年中,某些职员、董事和股东不时从[公司名称]处获得不附利息的贷款,所有这些贷款都在 1968 年 9 月 30 日之前已经偿还。这种做法已经停用,今后也不会再发放这类贷款。类似的传闻证据也出现在麦考密克的著作中,同前注〔182〕,第 302 ~ 304 页。

〔196〕 关于 1926 年以前承销费率的数据相对较少。1923 年,Dewing 公布了 1911 ~ 1915 年的承销费率数据。表 1 总结了他的发现。

表 1　1911 ~ 1915 年不同类型证券的平均承销费率

证券类型	案例数量/个	每 1000 美元债券或股票票面价值的毛利润/美元
马萨诸塞州连续市政债券	12	8.60
中西部县和市政债券	30	28.53
西部和南部县学区,城镇和城市债券	23	42.78
标准化铁路的重新发行	7	32.34
新铁路发行	13	46.70
新关闭或严格限制的燃气和电灯运营公司债券(明显是同类别中最好的)	16	53.65
公共服务控股公司的再融资和新的大额开放式发行(中低等级公共公用事业债券)	12	67.80
燃气和电灯运营公司的优先股	16	76.35
公共服务控股公司的优先股(首次发行,在有可能排除或评估普通股额外股利的时候)	9	93.50
本地工业优先股(首次发行,在有可能排除或评估普通股额外股利的时候)	15	142.50

See 2 A. Dewing, *The Financial Policy of Corporations* 147 – 50 (1923) *quoted in T. Haven*, *Investment Banking under the Securities and Exchange Commission*, The Ronald Press, 1940, p. 32.

的20年里有所下降,并在法案颁布后的近20年里继续降低。[197] 长达

---

〔197〕 尽管SEC已经发布了几份发行成本研究,但这些研究在比较一段时间内的成本方面价值有限,因为不同研究采用的方法不同、通货膨胀的影响、偶尔的小样本容量,以及任何一年数据都将包括与其他年份具有不同风险或者发行规模的证券。尽管如此,从表1可以看出,根据1933年法案注册的证券公司的承销商薪酬在20世纪50年代初期以后整体下降,此后的相关支出趋于稳定。这种概括有一个明显的例外,即优先股在1951年、1953年和1955年的平均承销商薪酬和在1971~1972年的承销商薪酬数据都在大幅下降,这主要是由1971~1972年有超过90%的优先股是由公共公用事业公司发行所造成的。与其他行业相比,公共事业类股的承销费率一直较低。

表1 承销商薪酬与按照《1933年证券法》注册的发行收益之间的百分比

年份	债券	优先股	普通股
1938	2.0	4.4	18.7
1939	2.0	6.4	16.9
1940	1.9	7.2	16.4
1941	1.8	4.1	14.4
1942	1.5	4.1	10.1
1943	1.7	3.6	9.7
1944	1.5	3.1	8.1
1945	1.3	3.1	9.3
1946	0.9	3.1	8.0
1947	0.9	2.8	9.3
1948	0.6	4.5	10.2
1949	0.8	3.8	7.1
1950	0.6	2.7	6.4
1951	0.8	3.6	6.1
1952	1.0	3.2	5.8
1951年、1953年、1955年之间的平均水平	0.8	3.3	8.8
1971~1972	1.1	1.5	9.4

数据来源:SEC, Cost of Flotation for Registered Securities 1938 - 1939 A1 - A2 (1941); SEC, Cost of Flotation 1945 - 1949 73 (1951); 18 SEC Ann. Rep. 8 (1952); SEC, Cost of Flotation of Corporate Securities 1951 - 1955 37 (1957); and SEC, Cost of Flotation of Registered Issues 1971 - 1972 17, 24 - 25 and 29 (1974).

在1945~1972年,根据《1933年证券法》规定注册的,通过证券交易商发行的主要普通股的发行成本趋势,如表2所示。

40年的承销商薪酬持续降低,在很大程度上可以归因于SEC公司强制性披露制度以外的其他原因,包括发行规模的上涨、机构销售的增加、承销商之间的竞争加剧,以及SEC和其他机构的竞争性投标要求。[198]

尽管如此,关于美国《1933年证券法》实施前后承销商费率的几项研究已经有效表明,美国《1933年证券法》对承销商薪酬的强制披露要求也是导致承销商薪酬减少的一个因素。海温(Haven)将1926年7月1日至1929年12月30日公开发行的104只债券和1934年至1937年发行的307只债券所对应的承销商佣金进行了比较研究,并于1940年公布了这些数据。对于这两个时期的研究数据,海温都按照穆迪债券评级的标准将发行的债券进行细分。平均来看,海温发现,这些债券发行的承销商薪酬从1926~1929年的3.088%下降到1934~1937年的2.226%。aaa级债券的承销商平均薪酬下降23.6%;Aa级债券下降了

表2 1945~1973年的普通股发行成本趋势

发行规模(按百万美元计算)	总成本与收入之间的百分比				薪酬与收入之间的百分比			
	1945~1949年	1951~1955年	1963~1965年	1971~1972年	1945~1949年	1951~1955年	1963~1965年	1971~1972年
0.5以下	24.1	27.2	18.5	23.7	19.6	21.0	11.3	13.3
0.5~1.0	18.3	21.8	14.6	20.9	15.2	17.1	9.7	12.6
1.0~2.0	14.0	13.6	11.6	16.9	11.8	11.3	8.6	11.0
2.0~5.0	10.0	10.0	9.1	12.4	8.6	8.5	7.4	8.6
5.0~10.0	10.0	10.0	9.1	12.4	8.6	8.5	7.4	8.6
10.0~20.0	7.2	4.7	6.9	5.9	6.6	4.2	6.2	5.0
20.0~50.0	8.3	5.4	5.6	4.6	7.8	5.0	4.9	4.1
50.0以上	—	—	2.6		—	—	2.3	
50.0~99.99				3.7				3.5
100.0~499.99				3.0				2.8

数据来源:SEC, Cost of Flotation of Registered Equity Issues 1963 - 1965 10 (1970); and SEC, Cost of Flotation of Registered Issues 1971 - 1972 17 (1974).

See also chart in I. Friend. Longstreet, Mendelson, Miller & Hess, *Investment Banking and the New Issues Market*, World Publishing Company, 1967, pp. 408 - 409.

[198] 参见弗兰德的相关论述,同前注[197],第36~37页和第413~419页。

29.2%；A级债券下降了21.9%；Baa级债券下降了8.4%；其他级债券下降了5.9%。[199] SEC研究部负责人戈德里奇在1937年发表了一项类似的研究。他计算出，1927年至1931年出售的高等级公司债券的平均总承销费率约为3%；在1928年出售的发行额300万美元以上的65只债券，平均总承销费率为4.3%。相比之下，按照美国《1933年证券法》要求注册的发行额为500万美元以上的债券，在1935年7月1日至1936年9月30日的平均总承销费率按季度计算在2.13%～2.45%。[200] SEC在1940年发布的第三项研究比较了在1925～1929年和1935～1938年发行500万美元以下的债券和优先股的发行成本。该项研究总共筛选出在1925～1929年发行的423只债券和96只优先股，以及1935～1938年间发行的210只债券和206只优先股，并进行对比研究。平均而言，对于500万美元以下的债券发行而言，其总承销费率从1925～1929年的6%下降至1935～1938年的4.8%。当债券以收益率、发行规模、发行人规模和所处行业为标准划分时，承销费率仍然维持下降的总体态势。[201] 相比之下，对于500万美元以下的优先股发行而言，其平均总承销费率从1925～1929年的7.8%增长至1935～1938年的10.2%。这一

---

〔199〕 参见海温的相关论述，同前注〔196〕，第33～36页。

〔200〕 同前注〔131〕，第51～52页和第68～71页。

〔201〕 对3种类别的发行成本进行比较。See SEC, Cost of Flotation for Small Issues 1925－1929 and 1935－1938, at 1－2 and 5 (1940), at 14－15. 由于1925～1929年的债券收益率在一般收益率中的指数比1935－1938年高出约1%，为了对比风险大致相当的债券，SEC将数据调整了1%，如表1所示。

表1 1925～1929年与1935～1938年按不同债券收益率划分的承销费率

年份	债券收益率/%	发行成本/%
1925～1929	4.0～4.9	3.9
	5.0～5.9	5.4
	6.0～6.9	7.6
1935～1938	3.0～3.9	3.7
	4.0～4.9	4.6
	5.0～5.9	6.8

研究结果很大程度上是这两个时期的样本差异造成的。例如，在 1925 ~ 1929 年的研究样本中，47% 的优先股是由公用事业公司发行的；在 1935 ~

表 2　1925 ~ 1929 年与 1935 ~ 1938 年按债券发行规模划分的承销费率

发行规模（资产按千美元计算）	发行总成本/%	承销商薪酬	发行总成本/%	承销商薪酬
	1925 ~ 1929 年		1935 ~ 1938 年	
1000 以下	6.9	5.7	7.0	5.0
1000 ~ 1999	5.7	4.9	5.0	3.5
2000 ~ 2999	6.1	5.4	4.8	3.3
3000 ~ 3999	6.2	5.5	3.6	2.5
4000 ~ 4999	5.5	4.9	4.2	3.0

表 3　1925 ~ 1929 年与 1935 ~ 1938 年按债券发行人规模划分的承销费率

发行人规模（资产按千美元计算）	案例数量/件	总成本/%	案例数量/件	总成本/%
	1925 ~ 1929 年		1935 ~ 1938 年	
1000 以下	15	7.0	26	9.6
1000 ~ 4999	97	7.6	80	6.2
5000 ~ 9999	94	7.3	41	5.0
10,000 ~ 19,999	59	5.8	28	4.7
20,000 ~ 49,999	90	5.0	26	3.5
50,000 ~ 99,999	27	4.8	7	2.7
100,000 以上	16	4.6	2	2.9

表 4　1925 ~ 1929 年与 1935 ~ 1938 年按行业划分的发行金额在 500 万美元以下的债券发行成本

行业	1925 ~ 1929 年总成本/%	1935 ~ 1938 年总成本/%
冶炼	7.8	5.5
制造业	6.6	5.6
金融	2.2	6.8
商品贸易	5.5	4.5
运输与通信	6.9	4.6
公用事业	5.6	4.0
其他	6.2	6.0

1938 年的研究样本中，只有 8% 的优先股是由公用事业公司发行的。从历史上看，公用事业优先股发行的承销费率比其他股票发行的承销费率低。对所处行业和发行人规模进行分析时，往往会发现 500 万美元以下的优先股发行对应的承销商薪酬有所下降。[202]

这些数据表明，对承销商薪酬的公司强制性披露要求是导致 1933 年以后发生薪酬降低的其中一个因素。理论上，公司强制性披露制度是能够降低承销商费率的，这不仅是因为能使发行人知悉一般费率水平，还因为证券买家将对承销商的薪酬水平作出反应。如果公司强制性披露制度能在一定程度上降低承销商薪酬，那么披露制度也能减少内幕交

[202] **表 1　按行业划分的发行金额在 500 万美元以下的优先股发行成本**

行业	案例数量/件	总成本/%	案例数量/件	总成本/%
	1925～1929 年		1935～1938 年	
冶炼	1	28.3	14	13.5
制造业	27	7.8	100	11.1
金融	—	—	36	11.6
商品贸易	10	9.3	26	7.5
运输与通信	11	6.9	6	7.4
公用事业	45	6.3	16	4.3
其他	2	17.0	8	14.3

表 2　按发行人规模划分的发行金额在 500 万美元以下的优先股发行成本

发行人规模（资产按千美元计算）	案例数量/件	总成本/%	案例数量/件	总成本/%
	1925～1929 年		1935～1938 年	
1000 以下	2	14.9	69	15.9
1000～4999	29	12.3	83	13.5
5000～9999	15	9.5	15	5.8
10,000～19,999	11	6.4	18	6.2
20,000～49,999	22	5.5	16	4.2
50,000～99,999	12	5.5	5	3.9
100,000 以上	5	6.1	—	—

易、利益冲突和浪费的发生并缩减其发生的规模,这个推断也有其合理性。披露信息不仅可以警示潜在投资者,即特定公司的直接或间接的高管薪酬水平相对较高,而且能够为现有投资者提供证据,用以证明不公平或浪费行为。

三、增强公众对证券市场的信心

在建议通过《1933 年证券法》时,富兰克林 D. 罗斯福强调,要把"将告知所有真相的责任置于卖方身上",拟议法案"应当推动诚实的证券交易,以此恢复公众信心"。[203] 在富兰克林 D. 罗斯福写下这些话的时候,"增强公众信心"显然十分重要。对于新发行的公司证券,其价值在 1927 年相当于 65 亿美元,在 1928 年相当于 69 亿美元,在 1929 年相当于 94 亿美元,在 1932 年则下降为 6.44 亿美元(在 1933 年相当于 3.8 亿美元)。[204] 富兰克林 D. 罗斯福预计,对新股发行的重大投资信息进行全面披露,将减轻投资者对欺诈或不公平对待的担忧,并有助于提高公司证券的销量。[205]

SEC 曾在 1963 年和 1964 年明确提出一个类似的理论,用于成功说服国会将《1934 年证券交易法》项下定期披露条款的适用范围扩展至规模超过最低限度的所有场外交易公司。SEC 主席威廉 · L. 盖瑞在 1963 年 6 月的参议院听证会上表示:

> 场外市场与交易所之间存在巨大差异,这毫无疑问会使场外市场无法获得它本应拥有的公众信心。公众可能会因此在

[203] See 77 Cong. Rec. 937 (1933).

[204] See U. S. Bureau of the Census, Historical Statistics of the United States, Colonial Times to 1970, at 1006 (1975).

[205] 新发行的公司证券在 1935 年增加到超过 25 亿美元,在 1936 年增加到超过 43 亿美元。See Goldschmidt, *Registration under the Securities Act of* 1933, Law and Contemporary Problems, Vol.4, 1937. 另见本斯顿在《披露要求与股票市场》中的相关论述,同前注〔8〕,第 150 ~ 152 页;参见《华尔街转型》,同前注〔9〕,第 63 ~ 64 页。

> 其投资活动中划出相当清晰的界线，正如其在一年前的市场崩溃中所做的那样。众所周知，自从美国股市在1962年发生大幅下跌以来，场外市场在价格和数量方面都没有展示出与交易所市场一样的韧性。[206]

SEC发言人表示，投资者对场外交易公司证券的信心削弱是因为“在过去的这些年，绝大多数证券欺诈案件都与场外证券有关”[207]，投资者和市场专业人士“试图评估（场外交易公司的）投资价值，但可能无法找到足够的或可靠的数据……”[208]以及一些场外证券的价格波动远不如交易所上市证券稳定。[209]

如果公司强制性披露制度能够降低欺诈发生率，提升公司价值评估的可靠性，或者减缓证券价格变化的波动性，那么投资者将更愿意购买

---

[206] See SEC Legislation, 1963: Hearings on S. 1642 Before the Subcomm. on Securities of the Senate Comm. on Banking and Currency, 88th Cong., 1st Sess. 52 (1963). 当时，增加定期披露被普遍认为能够增强对场外市场的信心。在1963年6月的参议院听证会期间，对于将《证券交易法》强制性披露要求的适用范围扩展至规模达到最低限度以上的所有场外公司的提案，纽约证券交易所、美国证券交易所、中西部证券交易所、全国证券交易商协会和股票交易所公司协会都表示支持。参见乔尔·塞利格曼的讨论和引用，前注〔3〕，第311～312页。

[207] 参见1963年SEC法规和1642年参议院听证会的相关内容，同前注〔206〕，第52页。

[208] 同前注〔206〕，第52页。

[209] See e.g., Hearings on H.R. 6789, H.R. 6793, S. 1642, before a Subcomm. of the House Interstate & Foreign Commerce Comm., 88th Cong., 1st Sess. 90－95 (1963). 弗兰德解释了SEC1963年《证券市场专项研究》中的数据，进一步证实了以下观点：

> 近期的SEC专项研究有额外的证据表明，SEC的全面披露要求产生了有利影响。例如，在1960～1961年，有一家律师事务所代表17位发行人提交了13份无须全面披露的A条例声明，以及4份要求全面披露的注册声明。其中，有11份A条例声明发生效力，没有注册声明发生效力。在随后这11份A条例声明对应的发行上市中，有8份没有被1962年11月的报价单提及。这项专项研究还显示，尽管1959～1961年的A条例债券发行比上市后不久（上市后1个月内）的注册发行有更好的表现，但到1962年9月30日时，A条例债券发行的表现则是更差。这可以解释为，短期全面披露可能会防止无正当理由的价格上浮，长期全面披露则能够确保初始价格更加接近其内在价值。

See Friend, *The SEC and the Economic Performance of Securities Markets*, in H. Manne ed, Economic Policy and the Regulation of Corporate Securities, American Enterprise Institute for Public Policy Research, 1969, p. 196.

证券,这一假定关联的是为人熟知的风险规避金融理论。在其他条件相同的情况下,投资者通常会选择风险最小的投资。为了说服投资者选择风险更大的投资项目,销售方必须提供更高的预期回报率。[210] 从这个意义上讲,证券市场的投资者信心增强可能会产生几个重要的经济后果。通过降低公司证券的预期风险,公司强制性披露制度将减少发行人在销售新发证券过程中应当支付的风险溢价,从而增加对经济增长的资金供应。投资者担心周期性的证券欺诈浪潮可能会拉低证券价格水平,如能减少投资者这一顾虑,将推动其储蓄意向的提升。并且,如市场价格变化的波动性(因投资者缺失重大信息所致)能被减缓,将提升市场配置效率。[211]

具有讽刺意味的是,对公司强制性披露制度能够增强公众对证券市场信心这一理论提供支持的部分证据,是由两位对 SEC 公司强制性披露项目持批评态度的人士提出的。正如前文提到的,斯蒂格勒在其证券价格研究中发现,1923～1928 年的价格方差比率要“远远高于”1949～1955 年的价格方差比率。[212] 贾雷尔对新发行证券的价格开展了相似的研究,并有相似的发现,即对于与整个市场回报方差相关联的新发行证券的回报方差,SEC 监管后的回报方差要小于 SEC 监管前的回报方差。[213] 贾雷尔还研究了公司债券违约率。这项研究主要发现了违约风险和违约风险溢价(通过 aaa 级公司债券和无风险政府债券之间的收益率差来衡量)在 SEC 执行公司强制性披露要求后发生了下降。[214]

斯蒂格勒和贾雷尔都认为,SEC 监管后的新股发行风险低于 SEC 监管前的新股发行风险,这是因为 SEC 倾向于通过执行公司强制性披

---

〔210〕 See e. g. , Lewellen, *The Cost of Capital*, Wadsworth Publishing Company, 1969; and Weston & Brigham, *Managerial Finance*, Holt, Rinehart and Winston(4th ed), 1972, pp. 223–227, reprinted in V. Brudney & M. Chirelstein, Corporate Finance, Mineola, N. Y. : Foundation Press (2d ed), 1979, pp. 59–70.

〔211〕 参见弗兰德的相关论述,同前注〔209〕,第 186～192 页。

〔212〕 同前注〔7〕,第 122 页。弗兰德和赫尔曼开展了两项关于小额发行的研究,发现小额发行在 SEC 监管后的价格表现比 SEC 监管前更好,以及在 1958～1963 年,注册小额发行(30 万～500 万美元)的表现比未注册小额发行(30 万美元以下)的表现要好。参见弗兰德和赫尔曼的相关论述,同前注〔35〕,第 396～397 页。

〔213〕 参见贾雷尔的相关论述,同前注〔16〕,第 627～650 页。

〔214〕 同前注〔16〕,第 650～658 页。

露制度将高风险公司和新公司排除在外。[215] 对价格方差降低的一个更为合理的解释是，由于 SEC 公司强制性披露制度提高了可用投资数据的准确性和完整性，投资者能够更好地预测公司收益。[216] 从逻辑上讲，对重大投资信息的强制性"全面"披露要求应当会使发行人更难就预期收益进行误导性陈述，从而能够降低价格方差。

四、州法律和民间协会（如纽约证券交易所）都无法确保公司披露处于最佳水平

即使存在构建公司强制性披露制度的必要性，也不代表该制度必须由联邦政府来设计和执行。理论上，无论是州政府还是诸如纽约证券交易所这样的民间协会都实施公司强制性披露制度。鉴于"特许经营"[217] 方面的州级公司法历史和 1933 年之前蓝天法案的失败，在"新政"期间和"新政"后期间很少有关于州政府是否可以设计和执行公司强制性披露制度这一问题的正式辩论。各州无力执行受限的公司法规，这似乎已经得到普遍承认。

最近本斯顿表示，纽约证券交易所的信息披露监管本应当充分保护投资者。本斯顿在其名为《公司财务披露制度》[218] 的书中，将英国的证券监管（主要通过证券交易所的报价部实施）与美国 SEC 的监管进行了比较。他认为纽约证券交易所在美国本应充当类似的角色，并特别指出交易所从 1930 年开始与美国会计师协会合作制定公认的会计准则。[219]

但是，纽约证券交易所无力发布或执行有效的信息披露规则，这成为说服国会颁布 1933 年和 1934 年证券法律的一个关键考量。即使是对 1933 年以前的企业财务实践进行最坚定批评的人士也认同，纽约证券交易所的上市要求要优于州法律的相关要求。例如，里普利在 1927

[215] 同前注〔16〕，第 667 ~ 669 页。同前注〔7〕，第 122 页。

[216] 参见弗兰德和赫尔曼的相关论述，同前注〔35〕，第 390 ~ 391 页。

[217] 参见乔尔·塞利格曼的讨论和引用，同前注〔3〕，第 42 ~ 44 页。

[218] 参见本斯顿的《公司财务披露制度》，同前注〔8〕。

[219] 参见本斯顿的《公司财务披露制度》，同前注〔8〕，第 28 ~ 30 页。

年写道:“毫无疑问,纽约证券交易所在今天推动公司信息披露充分方面发挥着主导作用。”〔220〕但是,由于在纽约证券交易所上市是自愿行为,任何公司只要选择在纽约路边交易所或者允许以“非上市”形式交易证券的其他17家交易所销售“非上市”证券,都能够规避交易所的披露要求。〔221〕纽约证券交易所也没有严格执行其上市要求。随着新股发行的申请数量在1926年增加到300人、1928年增加到571人、1929年的前9个月增加到759人,这些上市要求始终是由组成上市委员会的8名交易所成员和1名小额发行调查员来负责执行。〔222〕纽约证券交易所股票上市委员会主席弗兰克·阿尔茨契尔(Frank Altschul)在佩科拉听证会上作证时承认,如果一个公司此前已有股票上市,那么交易所对这个公司的其他股票上市申请将不再开展独立调查,除非现有的上市股票申请中存在明显可疑的问题。〔223〕为了强调这一点,佩科拉证实了即便上市申请中确实存在明显可疑问题,股票上市委员会也曾不止一次地未作回应。〔224〕伊瓦·克鲁格(Ivar Kreuger)的克鲁格与托尔公司在1929年为一只为期30年的债券申请上市时,保留了用新的质押保证券替代那些在申请中列为担保物的证券的权利,这使阿尔茨契尔和股票上市委员会意识到,从未有一个美国公司获得过如此广泛的替代特权。〔225〕股票上市委员会既没有对克鲁格与托尔公司开展独立调查,也没有就替代条款的合法性咨询律师。此后伊瓦·克鲁格用价值较低的南斯拉夫债券替代法国债券充作抵押物时,阿尔茨契尔只能证明纽约证券交易所受到了

〔220〕里普利,同前注〔60〕,第210页。同样,伯利认为,“在1925~1929年的金融繁荣时期,最具前瞻性的措施不是由政府采取的,而是由饱受诟病的纽约证券交易所采取的”。See R. Weissman, *The New Wall Street*, Harper & Brothers, 1939, p. 111.

〔221〕非上市证券是指公司发行人没有提供任何信息,但在交易所成员的申请下被准许在交易所开展交易的证券,该成员通常需要按照诸如穆迪等统计手册所示数据来提供对发行公司的形式描述。尽管纽约路边交易所在1933年是全国第二大交易所,但截至1933年11月,已有82%的证券在那里以非上市形式交易。See S. Rep. No. 1455, 73rd Cong., 2d Sess. 68-70 (1934).

〔222〕参见M. 帕里斯的相关论述,同前注〔72〕,第39~40页。

〔223〕同前注〔221〕,第70页。

〔224〕同前注〔221〕,第73页。

〔225〕同前注〔221〕。

欺骗。[226]

证券交易法附带的一份参议院报告称,纽约证券交易所在执行公司定期披露要求方面遇到了类似的困难,由此在一定程度上催生了联邦证券法的必要性。这项报告指出:

> 鉴于交易所与发行人签订的上市合约条款,交易所认为自己在未获发行人同意的情形下无权作出修改,这就阻碍了交易所对改善公司财务报告的努力。发行者不愿提供足够的信息,加上可能退出上市的威胁,以及来自标准更为宽松的交易所所带来的潜在竞争,都使交易所在这方面的进展进一步受阻。就联邦监管机构而言,这些困难都不存在。当前法案将要实施一项交易所倡导了多年的改革……[227]

在SEC成立前,纽约证券交易所没能为其上市委员会配备足够的人手,未能有效调查新上市公司,也无法强制不愿披露的公司遵守其定期披露要求,这些是自律组织经常存在的问题,特别是全凭组织成员自愿的时候。例如,1973年一项关于证券行业自律监管的参议院证券小组委员会报告将以下特征归纳为“众所周知”的“允许行业自律监管的内在局限”:

> 天然缺乏被监管的积极性;利用行业监管的外观来阻抗更有效的监管活动;商人试图利用集体行动来谋取自身利益,具体将通过实施纯粹的反竞争限制行为来实现,这与基于监管需要而合理行为的做法相反;为保护既得经济利益而抵制监管模

---

〔226〕 同前注〔221〕,第70~73页。参见M. 帕里斯的相关论述,同前注〔72〕,第39~40页。佩科拉听证会还提供了相应的证据,即纽约证券交易所在1933年和更早的时候都没有对股票池进行有效调查,即便是在已经注意到有可疑交易活动的时候。参见M. 帕里斯的相关论述,同前注〔72〕,第55~68页。See also 78 Cong. Rec. 8169–74 (1934).

〔227〕 See S. Rep. No. 792, 73rd Cong., 2d Sess. 5 (1934).

式的变更。[228]

结合纽约证券交易所在1963~1975年为维持固定佣金费率[229]以及为反对取消那些限制上市证券竞争的交易所规则[230]所作出的坚定努力,"与1934年以前的交易所相比,现在的交易所将更能执行上市公司所反对的信息披露规则"的这种假设似乎站不住脚。无论交易所领导层的意图是多么开明,保留交易所成员资格(或上市地位)的做法都将不可避免地需要其体现这些公司的经济利益。

五、民事诉讼和刑事诉讼都无法确保公司披露处于最佳水平

公司强制性披露制度的新政支持者所提及的最后一个考虑是,仅靠联邦欺诈标准不足以保护投资者。例如,众议员莫特(Mott)认为,仅靠一个欺诈标准对投资者来说往往毫无价值,"因为等到他发现自己被欺诈的时候,所购证券的那家公司早已资不抵债"[231]。诸如纽约州《马丁法》*等州级蓝天法案中的欺诈标准未能阻止证券欺诈,而欺诈证券的发起人通过邮件操作或跨越州界就能轻松规避执法行动,这些都被认为是公司强制性披露制度的阻碍因素。此外,SEC的静默期审查能够阻止发行存在重大缺失的招股说明书,否则它们会被流通出去。这不仅会减少证券欺诈的发生,而且能增强投资者对公司市场的信心。即使投资者能够通过民事欺诈诉讼最终实现自身权益的充分保护,相关诉讼费用及

---

[228] See Senate Comm. on Banking, Housing and Urban Affairs, 93rd Cong., 1st Sess., Securities Industry Study, Report of the Subcomm. on Securities, 145 (Comm. Print 1973).

[229] 同前注[3],第382~416页和第466~486页。

[230] 同前注[3],第509~521页。

[231] See 77 Cong. Rec. 2947-2948 (1933).

* 《马丁法》于1921年由美国纽约州立法机关通过,因该法由纽约州议员路易斯·马丁(Louis M. Martin)发起而得名。该法被授予纽约总检察长广泛的执法权力,可以对证券欺诈进行调查,并对涉嫌违反该法案的人提起民事或刑事诉讼。该法被认为是同一时期美国最严厉的"蓝天法"。——译者注

风险也足以令很多人不快,并使其离开公司证券市场。个人投资者数量在 1970 ~ 1975 年发生大幅减少,其中的部分原因似乎就是投资者担心他们会被欺诈或者卷入与证券公司事务部门问题有关的诉讼中。[232] 此外,考虑到诉讼费用,认为民事诉讼能够充分保护小额投资者的观点也是完全不切实际的。

六、小额发行豁免和私募发行豁免

本文并不是想要建议公司强制性披露制度应当像 SEC 在"新政"时期或 1964 年修正案之后所实施的那样。本文也没有试图分析那些具体的披露要求。这些要求(至少有部分要求)都会不断发展来反映那些引发公司强制性披露制度立法必要的客观情况。结合经济不断发生的变化、推动私人诉讼或政府行动的能力提升或者下降、实施公司强制性披露制度的成本变化以及金融理论等方面的发展变化,具体的披露要求也应当随之改变。

本文确实认为,SEC 和国会关于是否有必要改革的分析,在很大程度上应受到导致该制度创建的各种问题的影响。正是因为公司强制性披露制度长期以来一直被视作减少证券交易欺诈及不公现象的一种手段,以及增强投资者对证券市场的信任的一种手段,所以关于变更公司强制性披露法律或规则能够对证券欺诈或不公现象以及投资者受到的欺诈损失数额产生多大影响这一问题的分析,应当是 SEC 的一项定期职责。

在 20 世纪 70 年代,SEC 不定期地行使着这一职责。关于 SEC 履职不足的一个重要例证是涉及美国《1933 年证券法》对小额发行和私募发行的豁免。在最初制定时,《1933 年证券法》第 3(b)条规定授权 SEC 可以豁免 10 万美元以下的证券发行,"如果 SEC 认为,由于公开发行的

〔232〕 股票和共同基金的个人所有者总数从 1970 年的大约 3100 万人减少至 1975 年的大约 2500 万人。这是 1952 ~ 1980 年发生的唯一一次投资者人数减少。参见乔尔·塞利格曼的讨论和引用,同前注〔3〕,第 466 页。

小额发行情形或者有限性特征,这类证券的条款适用对公共利益和投资者保护而言不是必要的……"[233]《1933年证券法》所附带的众议院报告强调称,SEC的自由裁量权是"审慎受限"和"只能适度使用"。[234] 考虑到欺诈在小额发行中的高发生率[235],SEC在《1977年关于公司信息披露的咨询报告》发布之前基本遵守了这一规定。例如,在1941年,证券业的代表们试图扩大SEC按照《1933年证券法》第3(b)条规定拥有的权限,使其可以免除高达50万美元的证券发行。SEC反对这一提议,在提交给国会的一份报告中表示:"委员会的经验表明,小额发行领域特别经常地发生高压推销和在信息不充分基础上的销售。"[236] SEC的提议只是将《1933年证券法》第3(b)条的豁免规定增加至30万美元,国会在1945年就是这样做的。[237] 在1970年,《1933年证券法》第3(b)条的豁免规定再次增加,SEC的豁免权限扩大至50万美元。[238]

在咨询委员会于1977年11月发布《公司披露报告》(Report on Corporate Disclosure)的时候,情况是这样的。该报告建议SEC"举行一场事实调查听证会,用于评估修改《1934年证券交易法》的报告要求是否会降低其对小企业的影响,以及如是,将发生多大程度的影响"[239]。咨询委员会只关注《1934年证券交易法》,"因为认识到咨询委员会一直在努力简化1933年法案的注册程序"[240],但其分析一般适用于《1933年证券法》的披露要求。该咨询委员会提出建议的主要依据是"成

[233] See 48 Stat., at 76 – 77.

[234] See H. R. Rep. No. 85, 73rd Cong., 1st Sess., at 6.

[235] 同前注[133]~[141]及相关正文部分。

[236] See Committee on Interstate and Foreign Commerce, 77th Cong., 1st Sess., Sec, Report on Proposals for Amendments to the Securities Act of 1933 and the Securities Exchange Act of 1934 17 (Comm. Print 1941). 参见L. 洛斯的引用部分,同前注[37],第606页。参见L. 洛斯的相关论述,同前注[37],第605~612页;同前注[3],第201~205页。

[237] See 59 Stat. 167.

[238] See 84 Stat. 1480.

[239] 参见咨询委员会报告,同前注[10],第512页。关于此类发行的总体情况,同前注[10],第511~546页。

[240] 同前注[10],第512页n.1。

本……报告要求给小公司带来的负担比大公司更重"[241]。这几乎不是什么新奇的发现。SEC的发行成本研究不断地发现,在用"发行比例"表示时,承销商薪酬和其他发行费用通常都会随着发行公司的规模扩大而有所下降。[242] 咨询委员会建议的特别之处在于,他们未能建议SEC同时开展关于小企业豁免扩大将提高证券欺诈发生率的可能性研究。这一疏漏很快就被SEC默默采纳,这标志着SEC开始了重大政策转变。SEC此前一直认为,由于不受这些规定约束的公司存在更大的欺诈风险,小额发行豁免制度应当"谨慎受限"。[243] 咨询委员会在其1977年的报告中向SEC隐晦地提议,让其考虑扩展小额发行豁免的适用范围,不

---

[241] 同前注[10],第513页。咨询委员会引用了22家公司的样本数据作为支撑其观点的证据。这些数据表明,在每发售10万美元的披露文件准备所花费的平均成本方面,小企业要明显高于中等企业和大企业。这些数据经整理如表1所示。

表1 三类企业按照SK规则每发售10万美元对应的平均披露成本
(按百万美元计算,括号中的数字为样本数据对应的公司数量)

发行规模	10-K	S-1	S-7	10-Q
大企业(10亿美元以上)	2.41 (8)	—	7.59 (6)	.27 (8)
中等企业(100万~10亿美元)	3.21 (6)	27.40 (2)	28.52 (3)	.64 (6)
小企业(100万美元以下)	121.41 (7)	1849.91 (6)	—	30.87 (8)

委员会提出了另外两个理由来论证应当减少对小企业的强制性披露要求。首先,机构投资者对投资小企业没什么兴趣。同前注[10],第514~518页。其次,减少信息披露不会对小企业吸引分析师注意产生不利影响。同前注[10],第519页。

[242] See SEC, Cost of Flotation for Registered Securities 1938 - 1939 23 - 26 (1941); SEC, Cost of Flotation 1945 - 1949 26 - 33 (1951); SEC, Cost of Flotation of Corporate Securities 1951 - 1955 14 - 15 and 18 (1957); SEC, Cost of Flotation of Registered Equity Issues 1963 - 1965 50 - 73 (1970); and SEC, Cost of Flotation of Registered Issues 1971 - 1972 10 - 11, 25, 29 - 30, Tables A - 7, A - 20 And A - 24 (1974).

[243] 1963年的专项研究报告指出,从1961年1月开始的18个月期间,在诉讼公示或其他委员会公示的107起涉及证券欺诈的诉讼中,有99起(93%)所涉的发行人不符合SEC的持续报告要求。除此之外,该报告还引用了一份经批准的书面声明,该声明系由美国最大经纪商之一的高级合伙人提交。基于小型风险投资公司的风险更高,该合伙人提议让这类公司遵守比已成立公司更为严格的披露要求。参见SEC的专项研究,同前注[137],第9~10页。

必研究欺诈风险的增加。

在接下来的5年里,SEC大幅扩展小额发行豁免制度。1978年5月,美国国会将《1933年证券法》第3(b)条规定的豁免上限从50万美元增加至150万美元,[244]在同年10月将豁免上限进一步增加至200万美元。[245] 两年后,"在委员会的要求下"[246],小额注册发行豁免制度获得第三次增加,金额上限增加至500万美元。[247] 1982年3月,SEC颁布了D条例(Regulation D),允许豁免每年发行金额不超过500万美元的股票上市。[248] 因此,在4年的时间里,美国《1933年证券法》规定的在法定和监管方面的小额注册发行豁免范围已经增加至10倍。

小企业豁免范围扩展的支持者认为这是有必要的,因为向公众发售证券的小企业数量在1973年之后的几年里减少了,[249]证券注册上市的成本增加了,[250]并存在一些担忧认为诸如电子、汽车、电子通信和数据

---

[244] See Securities Investor Protection Act Amendments of 1978, Pub. L. No. 95 - 283, § 18; 92 Stat. 249, 275 (1978).

[245] See Act of Oct. 6, 1978, Pub. L. No. 95 - 425, § 2, 92 Stat. 962 (1978).

[246] See 46 SEC Ann. Rep. 27 (1980).

[247] See Small Business Investment Incentive Act of 1980, Pub. L. No. 96 - 477, § 301, 94 Stat. 2275, 2291 (1980).

[248] See Regulation D, 17 C. F. R. § 230.501 - 230.506 (1982).

[249] See e. g., 126 Cong. Rec. S13470 (daily ed. Sept. 25, 1980) (参议员尼尔森的相关论述); and 3 Capital Formation: Hearings before the Senate Select Committee on Small Business, 95th Cong., 2nd Sess. 564 - 72 (1978) (参议员尼尔森和威克的相关论述).

[250] 1978年4月和5月,SEC就其规则对小企业融资能力的影响举行了公开听证会。45 SEC Ann. REP. 22 (1979). 在1978年12月11日写给韦克参议员的信中,SEC主席威廉姆斯解释说:"尽管我们的听证会未能生成关于注册发行成本的大量数据,但有一位投行家指明这类成本在15万至20万美元,而A条例成本预计可能在5.5万至8万美元之间。" See Williams' letter reprinted in 3 Capital Formation: Hearings before the Senate Select Comm. on Small Business, 95th Cong., 2nd Sess., at 614 (1978). 在这些听证会上,哈姆布雷特和奎斯特投资银行的普通合伙人威廉·哈姆布雷特(William Hambrecht)也同样指出:"在SEC注册上市的平均固定成本已从5万~7.5万美元的区间上升至20万~25万美元的区间。"哈姆布雷特的证词是根据一项全国证券交易商协会研究结果得出的,该研究发现,于1977年完成的19起首次公开发行的证券平均成本为21.86万美元(不包括承销费率)。Hambrecht是负责该项研究的全国证券交易商协会的主席,他将这些数据与5家年轻科技公司在1969年~1972年承担的平均成本7.5万美元进行了比较。

处理等先进行业的美国小企业将因为在美国出售证券的困难而被迫将其部分股票在海外出售。[251]

SEC在回应上述观点时辩称,其他因素"对进入公开市场的影响比对注册和报告的成本或负担的影响要大得多"。SEC主席威廉姆斯(Williams)在1978年9月的证词中指出,这些因素包括税收政策(尤其是在增值税方面)、总体经济状况、证券市场的制度化、《雇员退休收入保障法》(ERISA)项下的责任标准,以及其他政府规定。[252] 威廉姆斯还表示,SEC就取消A条例(Regulation A)中150万美元以下股票发行应当提供经证明的财务报表的要求感到"非常苦恼",这是因为担心引发证券欺诈的增加。正如威廉姆斯所指出的,SEC具有减少证券欺诈的历史性职责,并且最近对增加资本形成的积极性有所提高,"从某种意义上说,我们正在努力平衡两个不一致的目标"[253]。

但是,SEC没有在其国会证词中提到扩展小额发行豁免,[254] 没有在

---

[251] See e. g. , 3 Capital Formation: Hearings Before the Senate Select Committee on Small Business, 95th Cong. , 2nd Sess. 565 (1978)(参议员尼尔森的相关论述).

[252] 同前注[251],第581~582页。

[253] 同前注[251],第607~608页。与该证词一致的是,在1979年4月被采纳的S-18表格是被用来简化那些尚未符合SEC持续报告要求的发行人初始披露要求,该表格针对的是不超过500万美元并以现金形式向公众出售的证券,第242号规则授权可以豁免发售金额不超过200万美元的证券,此类证券将销售给不限人数的、10万美元以上证券份额的认购者,以及销售给其他35名被打上"试验"标签的初始认购者。See SEC, Form S-18: A Monitoring Report on the First 18 Months of Its Use 1 (1981); and 1933 Securities Act Release No. 6180 (1980).

[254] See Capital Formation: Hearing Before the Sen. Select Comm. on Small Business, 95th Cong. , 2nd Sess. 575-653 (1978); Small Business Investment: Hearings before the House Subcomm. on Consumer Protection and Finance of the Comm. on Interstate and Foreign Commerce, 95th Cong. , 2nd Sess. 7-41 (1978); Small Business Investment Incentive Act: Hearing on H. R. 3991 before the Subcomm. on Consumer Protection and Finance of the House Comm. on Interstate and Foreign Commerce, 96th Cong. , 1st Sess. 10-124 (1979); Federal Securities Laws and Small Business Legislation: Hearings on S. 1533, S. 1940, S. 2699 Before the Subcomm. on Securities of the Senate Comm. on Banking, Housing and Urban Affairs, 96th Cong. , 2nd Sess. 504-584 (1980); and Venture Capital Improvement Acts of 1980: Hearing on H. R. 7554 and H. R. 7491 Before the Subcomm. on Consumer Protection and Finance of the House Comm. on Interstate and For. Commerce, 96th Cong. , 2nd Sess. , 45-76, 86-88, 155, 177, 180-196, 211-218 and 229-235 (1980).

其新闻稿中提到要新建或增加这些豁免范围,[255]也没有在其《监测报告》(Monitoring Reports)中提到扩展小额发行豁免,[256]以及没有在其他公布研究结果的地方提到小额发行豁免和私募发行豁免的发行人所实施的欺诈行为。[257] 这次失败得毫无道理。毋庸置疑,20世纪70年代小企业发行证券的问题和成本令人深切担忧。但是,保护投资者也是SEC执行美国《1933年证券法》的法定职责。[258] 对于那些可能给投资者带来的问题,委员会未曾公布相关的分析情况,并如此大幅地扩展小企业豁免范围,这不仅代表对该职责的忽视,还代表着对促使美国《1933年证券法》通过的那些问题的忽视。[259]

---

[255] See e. g. , 1933 Securities Act Release No. 5977 (1978)(将A条例的适用范围从50万美元增加至150万美元); 1933 Securities Act Release No. 5975 (1978) [将第146规则(Rule 146)的豁免范围从50万美元增加至150万美元]; 1933 Securities Act Release No. 6180 (1980)[按照第242号规则(Rule 242)实施豁免的发行金额不超过200万美元]; 1933 Securities Act Release No. 6049 (1979) (采用精简型表格S-18注册声明的现金发行不超过500万美元); and 1933 Securities Act Release No. 6389 (1982) (制定了D条例)。

[256] See e. g. , SEC, Form S-18: A Monitoring Report on Its Use In 1979 (1980); Form S-18: A Monitoring Report on the First 18 Months of Its Use (1981); and Rule 242: A Monitoring Report on the First Six Months of Its Use (1980).

[257] 如前注[138]~[141]所述,美国政府问责局在1980年确实发布了一项关于截至1978年9月30日的前3年期间私募发行证券欺诈的研究。在此期间,SEC也从1978年9月开始扩展小额发行和私募发行豁免,将A条例和146号规则的适用范围从50万美元增加到150万美元。1933 Securities Act Releases Nos. 5975 and 5977(1978).

[258] "保护投资者"一词在美国《1933年证券法》中反复出现。最重要的是,它被列入第3(b)节。

[259] 设计这样一项研究并不难。可以通过比较SEC、州级证券官员和私人对下列公司的起诉或胜诉数量来研究豁免程序中发生证券欺诈的严重程度:(1)同时符合1933年和1934年披露要求的公司;(2)根据1933年法案进行注册发行,但不符合美国《1934年证券交易法》披露要求的公司;(3)根据1933年法案进行豁免发行,并符合美国《1934年证券交易法》披露要求的公司;(4)根据1933年法案进行豁免发行,但不符合美国《1934年证券交易法》披露要求的公司。这项研究的结果将不仅有助于SEC执法部门明确其完善重点,而且有助于SEC制定小额发行和私募发行的规则。这项研究能够生成以下数据:(1)豁免发行发生更严重欺诈的可能性;(2)发生欺诈的美元成本;(3)最有可能的欺诈性证券提供者;(4)欺诈发行违反SEC小额发行和私募发行规则的方式;(5)何为"合格投资者"。正如美国《1933年证券法》第4(6)条和第2(15)条规定所使用和定义的那样,"合格投资者"相较于其他投资者不太可能购买欺诈性证券,以及与SEC制定小额发行和私募规则密切相关的其他事宜。

历史性思维应当运用在诸如 SEC 这样的机构中,不仅要详细知道那些导致其授权法规颁布的情况,而且要意识到这些问题可能会再次出现。作者并不是想说 SEC 不应该扩展小额发行豁免和私募发行豁免,但是作者确实认为,SEC 在对相关影响进行充分研究之前就建议大幅增加美国《1933 年证券法》第 3(b)条豁免范围,这对美国国会和投资者都是不利的。

(编辑:谢贵春)

《证券法苑》(2023)
第三十七卷，第298～342页

强制性信息披露与投资者保护*

[美]弗兰克·伊斯特布鲁克**
[美]丹尼尔·费希尔*** 著　王怡丞**** 译

译者评注：本文的两位作者是美国著名的公司法与证券法专家、芝加哥学派的代表人物。伊斯特布鲁克法官是美国法律协会会员、美国艺术和科学院院士，曾担任美国第七巡回上诉法院首席法官、1983年美国证券交易委员会(SEC)要约收购咨询委员会成员，其学术成果涉及公司法、证券法、刑法、知识产权法、反垄断法等领域。费希尔教授则先后在美国第七巡回上诉法院和美国最高法院担任法官助理，于1980年出任西北大学法学院教授，

---

* Frank H. Easterbrook & Daniel R. Fischel, *Mandatory Disclosure and the Protection of Investors*, Va. L. Rev., Vol. 70, 1984. 本文的版权归属于Virginia Law Review Association，本文已获得期刊社翻译授权。摘要及关键词为译者所加。

** 芝加哥大学法学教授。

*** 芝加哥大学法学教授。

我们感谢乔治·本斯顿、沃尔特·布卢姆、丹尼斯·卡尔顿、理查德·爱泼斯坦、格雷格·贾雷尔、伯纳德·梅尔策、杰弗里·米勒、萨姆·佩尔茨曼、肯尼斯·斯科特、乔治·斯蒂格勒、卡斯·桑斯坦，以及本次研讨会和耶鲁法律理论研讨会的参与者对更早的稿件的有益意见。

**** 武汉大学法学院博士研究生。

在1984年加入芝加哥大学法学院并在1999年担任院长,其主要研究领域为公司金融与金融市场监管,是该领域一系列经典文章的作者。

本文是两位作者在20世纪80年代发表的系列论文之一,属于"公司法的经济结构"课题的组成部分。作者在认可"利益集团说"对证券监管的解释力的同时,着力从公共利益的视角出发,研究反欺诈规则和联邦政府颁布的强制披露规则的作用。文章第一部分从市场所内蕴的验证机制、反欺诈规则的运行机理与确立联邦层面反欺诈规则的正当性等三方面,分析联邦反欺诈立法的作用。第二部分则分析市场自利驱动披露模式的原理及其局限性,列举了市场机制下创建最佳披露模式的私人或竞争性的方法,并驳斥了支持强制性信息披露的现有论点。第三部分明确了信息披露的目标,并在此基础上建构高效强制性信息披露的应然模式。文章在第四部分进行了成本和收益的实证分析。总的来说,作者的逻辑论证支持了强制性信息披露的作用,但"成本—收益"分析显示没有充分的证据表明披露规则是有益的。

本文的价值不在于实证分析能否证明披露规则是有益的,而是其对证券市场运行机制的深度揭示与对强制性信息披露规则的创新论证。正如作者所言,需要判断的问题不是选择监管还是选择市场,而是一种监管(由SEC执行的信息披露规则)与另一种监管(由州法院和中介机构执行的反欺诈和"重大遗漏"规则,或许还有披露规则)之间的较量。

摘要:证券法的两大规则——反欺诈规则和信息披露规则的支持者和反对者提出的理由都不充分。将证券法视为经典公共利益立法的人,系统性地忽视了市场保护投资者的方式;而强调市场力量的人将真实的证券法律与假定的市场机制进行比较,低估了市场机制的运行成本。恰当的比较并非监管机制与市场机制之间的对比,而是监管机制之间的对比。如果没有国家证券法,证券监管将掌握在各州和法官手中。虽然无法证明现有的信息披露规则是有益的,但这种替代机制的效果也不会更好。

关键词:反欺诈规则　强制性信息披露　市场机制　"成本—收益"分析

《1933年证券法》(Securities Act of 1933)和《1934年证券交易法》(Securities Exchange Act of 1934)逃脱了许多其他早期新政措施的命运。一些同期颁布的法案,如《国家工业复兴法》(National Industrial Recovery Act)被宣布违宪;另一些法案,如《鲁滨孙-帕特曼法》(Robinson-Patman Act)则被废除;还有一些法案,如《社会保障法》(Social Security Act)已经过重大修改,以至于它们的立法者都很难认出。新政中的许多监管举措都失去了政治支持,取而代之的是放松管制——通信领域与运输领域就是典型的例子。

然而,证券法不仅持续获得了政治上的支持,还保留了法案的结构。它们过去与现在都有两项基本组成部分:一是反欺诈;二是发行时的披露要求和发行后的定期披露要求。证券实践为人诟病的复杂性,源于披露内容的精细化要求以及应纳入披露范围的交易的确定。但证券法对于证券投资几乎没有实体性的规定。

可以肯定的是,美国SEC偶尔会通过披露准则来影响证券投资的实质内容,如SEC要求,在尚未"披露"足以使得相关交易毫无意义的信息的情况下,内部人不得进行交易;又如,SEC要求私有化交易"披露"的价格是"公平的";再如,SEC坚持认为,招股说明书的加速注册意味着"披露"了"董事无法就其中的某些错误获得免责"。此外,一些修正条款,如《威廉姆斯法》(Williams Act)中关于要约收购的条款,也产生了实质性的后果。虽然其中一些改进很重要,[1]但它们不是监管的主要组成部分。证券监管的主导性原则仍然是,任何愿意披露正确信息的人,都可以以市场认可的任何价格出售或购买他想要的任何

〔1〕我们已经在其他地方批评了这一规定的部分内容。See, e. g., Carlton & Fischel, *The Regulation of Insider Trading*, Stan. L. Rev., Vol. 35, 1983; Easterbrook & Fischel, *Corporate Control Transactions*, Yale L. J., Vol. 91, 1982; Easterbrook & Fischel, *Auctions and Sunk Costs in Tender Offers*, Stan. L. Rev., Vol. 35, 1982; Easterbrook & Fischel, *Voting in Corporate Law*, J. L. & Econ., Vol. 26, 1983; Fischel, *Efficient Capital Market Theory, the Market for Corporate Control, and the Regulation of Cash Tender Offers*, Tex. L. Rev., Vol. 57, 1978. See also Easterbrook & Jarrell, *Separate Statement in SEC Advisory Committee of Tender Offers*, Report of Recommendations 70-106 (1983). But see Easterbrook, Insider Trading as an Agency Problem, in J. Pratt & R. Zeckhauser eds., Principals and Agents: The Structure of Business, Harvard Business School Press, 1985, pp. 81-100(不同于前引 Carlton & Fischel 文中的观点).

证券。

为何证券法得以存续？其立法者声称，这些法律对于消除市场欺诈和确保投资者获取预期回报是必要的。否则，人们就会撤出资金，经济将因此停滞不前。[2] 这一解释在1933年显得尤为迫切，因为在大萧条之前便存在很多欺诈行为，而大萧条期间投资者纷纷撤资。在这一公共利益叙事下，证券法所服务的利益与彼时相同，因此证券法保留了它们的利益结构。

然而，没有人会满足于这一简单的解释。1933年，欺诈在各州均是非法的。我们不需要一部联邦法律来惩罚谎言与欺骗。对大多数中产阶级（证券法的假定受益人）而言，教育产品销售中的欺诈比证券销售中的欺诈影响更大；这些人的财富投资在人力资本上的比例远远超过股票市场，但没有针对这些资产的联邦法律。1933年之前与1933年之后都存在许多证券欺诈。过去10年（1974～1984年——译者注）的投资者海外服务案（The Investors Overseas Services）、全国学生营销公司案（National Student Marketing）、股权融资公司案（Equity Funding）和OPM租赁欺诈案（OPM Leasing）都与20世纪20年代的欺诈案一样引人注目。

事实上，许多立法都是压力集团（pressure group）相互作用的产物。只有在偶然情况下，“利益集团”的法律才能服务于更广泛的公共利益。这一认知支持了另一种假说，[3] 即证券法可能以牺牲投资者利益为代价来保护特殊利益。

证券法具有经典利益集团立法的许多特征。现行规则让规模较大

---

[2] 关于那些游说和制定这些法律的人的公开声明，以及他们所引用的证实立法必要性的事件的详细叙述，see J. Seligman, *The Transformation of Wall Street: A History of the Securities and Exchange Commission and Modern Corporate Finance*, Houghton Mifflin Boston, 1982.

[3] 利益集团进路的通常表述见Peltzman, *Toward A More General Theory of Regulation*, J. L. & Econ., Vol. 19, 1976; Posner, *Taxation by Regulation*, Bell J. Econ. & Mgt. Sci., Vol. 2, 1971; Stigler, *The Theory of Economic Regulation*, Bell J. Econ. & Mgt. Sci., Vol. 2, 1971, revised and reprinted in G. Stigler, The Citizen and the State: Essays on Regulation, University of Chicago, 1975. See also Becker, *A Theory of Competition among Pressure Groups for Political Influence*, Q. J. Econ., Vol. 98, 1983（多利益集团政治均衡的正式分析）。

的发行者获得了优势,因为无论公司规模或发行规模如何,信息披露的很多成本都是相同的。因此,与规模较小的发行人相比,规模更大或成立更早的公司每募集 1 美元的发行成本更低。这些规则还有助于现有的投资银行和审计公司获得优势,因为它们已经获取了相关专业知识,而潜在的竞争对手无法通过提供差异化产品来与之竞争。[4] 证券法的程式化披露要求减少了进入市场的途径,它坚持要求所有公司都给投资者以“最好的”,正如航空公司监管扼杀了最近蓬勃发展的高密度、低票价策略一样。

许多律师专门从事证券工作,其他市场专业人士也借着法律的复杂性赚取大量收入。尽管这些受青睐的利益集团(大规模发行人、投资银行、证券律师)的从业人员众多,令它们无法制定垄断价格,但如果现行规则被废除,这些从业者将遭受意外的损失。因此,作为利益集团,他们有充分的动机维持现状。[5] 而且,现行法律造成的损害,被分摊到了众多个人(个人投资者)的身上。即使废除这些法律,每个人也获利甚微。因此,即使现行法律减损了社会福利,它也可以继续存在。

不幸的是,没有人能够解释,为何一些法律能够颁布并存续下来,而另一些却没有。既然“利益集团说”(interest group explanation)可以

---

〔4〕 亨利·曼恩(Henry Manne)在从经济角度对证券法进行的最全面、最深思熟虑的法律批判中强调了这两点。See Manne, *Economic Aspects of Required Disclosure under Federal Securities Laws*, in H. Manne & E. Solomon ed., Wall Street in Transition, New York University Press, 1974, pp. 23, 31 – 40. See also H. Kripke, *The SEC and Corporate Disclosure: Regulation in Search of a Purpose* (1979); Benston, *The Effectiveness and Effects of the SEC's Accounting Disclosure Requirements*, in H. Manne ed., Economic Policy and the Regulation of Corporate Securities, McGraw – Hill, 1969, p. 23; Ross, *Disclosure Regulation in Financial Markets: Implications of Modern Finance Theory and Signalling Theory*, in F. Edwards ed., Issues in Financial Regulation, McGraw – Hill, 1979, p. 177; Wolfson, *A Critique of the Securities and Exchange Commission*, Emory L. J., Vol. 30, 1981.

〔5〕 证券法的某些部分显然得到了利益集团的支持。其中最重要的是对交易所的监管,在 1975 年之前,证券法都允许 SEC 支持一个由经纪人组成的价格垄断卡特尔。笔者在此不对这些部分作研究,尽管可以想象,证券业务的监管与投资监管是相关的,因为 SEC 对卡特尔的支持是实现投资监管的政治代价。See Jarrell, *Change at the Exchange: The Causes and Effects of Deregulation*, J. L. & Econ., Vol. 27, 1984 (forthcoming),详细阐述了监管如何影响交易服务价格。

解释证券立法,也应当能够适用于航空业和货物运输业的监管规则,但这些行业的监管体系几乎已被完全废除。也许证券法之所以能够存续下来,是因为它们的主要内容并非利益集团的产物。但是,把法律的存续与公共利益等同起来是危险的。例如,尽管近来强调放松管制,但烟草、牛奶和农产品方面的价格支持仍然存在。而几乎不会有人认为这些法律不是最赤裸的利益集团立法。

因此,证券监管体系的存续与"利益集团说"或"公共利益说"都是符合的。很难区分这两种解释。可以肯定的是,大量监管经济学文献的主旋律是几乎没有(如果有的话)监管计划可以被解释为完全基于公共利益对市场失灵作出的反应。我们毫不怀疑,受益的利益集团的支持在很大程度上解释了证券监管存续的原因。然而,我们不太相信利益集团的支持是证券监管的唯一解释。因此,笔者认为,应当寻找这些法律存续的"公共利益说"解释。

在本文中,我们研究了反欺诈法律规则和国家政府颁布的强制披露规则的作用。我们的主要结论是,反欺诈规则和披露规则的支持者和反对者都没有提出很好的理由。那些将这些法律描述为经典的公共利益立法的人,系统性地忽视了市场保护投资者的方式。而那些强调市场力量的人则经常低估市场机制的运行成本,并将真实的证券法与假设的市场进行比较。恰当的比较不应是监管机制与市场机制的对比,而是监管机制间的对比。如果没有国家证券法,对证券的监管将掌握在各州和法官手中。我们有理由相信,这种替代性的监管模式可能不如我们的现行监管模式那样令人满意。因此,无论是"利益集团说"的解释,还是"公共利益说"的解释,我们都不能拒绝。

一、联邦禁止欺诈的规定

(一)没有法律干预的市场

欺诈降低了资源配置效率,任何的信息缺乏也是如此。为了确保资金流向那些能够最有效地利用资金的人,并确保投资者对其投资组合的内容作出最佳选择,准确的信息是必要的。一个存在欺诈或者缺乏足够真实信息的世界,是一个投资规模小、投资方向错误的世界。

证券承载着对公司未来收益的请求权。发行证券的问题在于,这种收益受到许多风险的影响,没有企业家能够就公司在所有可能的情况下会产生的收入数额作出有约束力的承诺。然而,企业家或管理层比潜在投资者更了解这些未发生的事件的性质,以及公司在遇到这些事件时将遭遇什么。部分商业项目的预期回报较高;在任何商业项目中,某些管理者都会比其他人产生更多效益。除非市场对项目、管理者和资金的配置,使边际收益相等,否则市场是低效的。更好的"项目前景—管理者"的组合将会吸引更多的资金,直至满足这一均衡条件。

然而,投资者如何识别出更好的组合?除非那些提供"更好的证券"(代表就更优组合所享有的权利)的发行人能够使其比其他人更突出,否则投资者会将所有的证券都视为平均水平。优质证券将以低于信息获取零成本状态下其应有的价格被出售,而优质公司所能获得的投资也就太少。与此同时,劣质证券将会吸引过多资金。发行劣质证券成本很低,却能获得畸高的收益。随着证券发行质量不断变差,"柠檬"将主导市场。[6] 没有公司能够收回发行优质证券的成本。投资者和社会都将蒙受损失。这大致就是许多证券法的支持者所描绘的图景。

但是,我们不能直接根据市场信息不对称的困境,就得出需要监管的结论,即使是像禁止欺诈这样温和的监管。优质证券的发行人可以通过多种方式自证身份。其中一种是披露可以证明证券质量的信息。购买者可以验证其中的一些信息,而这也将使其余的信息更加可信。然而,这种核查并不完美。有时,一家公司必须隐瞒信息,以免将商业秘密泄露给竞争对手。因此,一家公司将很难说服买家相信某些秘密生产进程或未发布的新产品的价值。另外,劣质证券发行人效仿优质证券发行人作出可核查事实的披露,同时就买家无法验证的事项作出虚假陈述。劣质公司侵蚀了其他公司披露的信息内容的真实性,使投

---

〔6〕 See Ackerlof, *The Market for "Lemons": Qualitative Uncertainty and the Market Mechanism*, Q. J. Econ., Vol. 84, 1970.

资者无法识别出优质的投资对象。[7]

事实上，在证券市场上，只有有限的信息能够被验证。投资者无法以推断未来利润和风险的方式“考察”公司。投资者甚至不想去考察。他们想要成为投资收益的被动接受者，而非私家侦探。当投资者投入时间和资源进行调查时，每个人将会重复另一个人付出过的努力。投资者构建的监督机制将会磨灭所有权与经营权相分离的收益。

即使在公司业务运营了一段时间后，也很难判断意外的结果是由于条件的变化或运气的好坏，而非由于对前景的错误描述。的确，关于行业整体情况的信息将为投资者提供一个进行比较的基础，这样就可以对该行业某一成员的声明进行核对。一些公司的管理层和发起人是“老玩家”，所以他们会通过陈述事实来维护自身声誉。即便如此，发起人也有可能意识到，一次性欺诈的收益高于名誉损失。因此，一些公司会发现欺诈才是净现值最高的项目。

优质公司必须采取额外的举措来让投资者相信其公司的质量。一种传统的方式是允许外部人士审查账簿和其他文件，并由这些外部人士证实公司陈述的准确性。向众多公司提供财务认证服务的会计师享有声誉利益，因此其为某一特定公司提供草率或虚假的认证文件而可能蒙受的损失要远远大于其所获得的收益。[8] 同样，公司也可以通过投资银行来发售证券。投资银行考察公司的前景；购买其股票用以转

---

〔7〕 由于难以验证，这个问题对于证券而言比对大多数实物商品更为严重。一个房子的卖家必须预料到许多买家会去核实关于面积、白蚁和结构缺陷的陈述。木炭销售商不希望买家当场测试木炭在没有打火机液的情况下是否能点燃，但任何错误陈述都会影响重复购买的可能性，因此卖家几乎没有动机进行虚假陈述。许多卖家的竞争对手也都急于揭露虚假陈述。所有这些都有效地控制了信息的发布，无论法律是如何对待欺诈行为的。See R. Posner, *The Regulation of Advertising by the FTC*, American Enterprise Institute Public Policy, 1973; Darby & Karni, *Free Competition and the Optimal Amount of Fraud*, J. L. & Econ., Vol. 16, 1973; Nelson, *Advertising as Information*, J. Pol. Econ., Vol. 82, 1974. 但由于每张证券都代表一个独特项目中的一份权益，竞争对手的声明或重复购买的潜在可能性都无法对披露施加限制，买家在购买前很难核实。

〔8〕 See Benston, *Security for Investors*, in R. Poole ed., Instead of Regulation, 1981, pp. 169, 172; DeAngelo, *Auditor Size and Audit Quality*, J. Acct. & Econ., Vol. 3, 1981.

售,承担着投资风险;向客户作出陈述,承担着声誉风险。[9] 会计师事务所、投资银行相对于发行人的规模越大,这些验证方法就越有效。这就解释了为什么投资银行们会组成辛迪加(syndicate)来分销证券,尽管任一投资银行都可以单独处理这些业务。辛迪加提高了证券发行背后的声誉资本。

公司可以采取行动使其披露的信息更加可信,其中一项措施是确保公司管理层持有大量股票。这可以通过股票期权计划或公司上市时的"低价股票"来实现,也可以通过引导管理层在市场上购买股票来实现。那么如果公司业绩不佳,公司管理层就会与其他投资者一同蒙受损失。股票质量越高,管理层越乐意集中持有该股票;而管理层持股越多,其他投资者就越愿意相信该公司的陈述。[10]

公司可以采取的另一措施是可能导致公司破产的发债。这种策略可能看起来令人难以置信,但考虑到破产会给管理层的投资组合和职业生涯带来非常高的成本。通过使用杠杆增加破产的风险,有着最佳前景因而破产成本最低的公司,可以向投资者作出自我认证。管理层还可以将高股息承诺作为一种认证方法。[11] 这对投资者是有吸引力的,因为持续的股息支付会迫使管理层反复地回归资本市场以维持经营,而此时,公司必须再次接受新投资者的细致考察。[12] 最后,管理层还可以用传统的方式就其陈述作出保证:他们可以作出具有法律效力

---

[9] See G. Benston, *Corporate Financial Disclosure in the UK and the USA*, Lexington Books, 1976; Fischel, *Insider Trading & Investment Analysts: An Economic Analysis of Dirks v. Securities and Exchange Commission*, Sup. Ct. Econ. Rev., Vol. 3, 1984 (forthcoming); Gilson & Kraakman, *The Mechanisms of Market Efficiency*, Va. L. Rev., Vol. 70, 1984; Smith, *Comments on Jarrell*, J. L. & Econ., Vol. 24, 1981.

[10] See Joseph E. Stiglitz, Information and Capital Markets, In W. F. Sharpe and C. M. Cootner ed., *Financial Economics: Essays in Honor of Paul Cootner*, Prentice - Hall, 1982, pp. 118 - 158.

[11] See Grossman & Hart, *Corporate Financial Structure and Managerial Incentives*, in J. McCall ed., The Economics of Information and Uncertainty, University of Chicago Press, 1982, p. 107; Ross, *The Determination of Financial Structure: The Incentive - Signalling Approach*, Bell J. Econ., Vol. 8, 1977.

[12] See Easterbrook, *Two Agency - Cost Explanations of Dividends*, Am. Econ. Rev., Vol. 74, 1984.

的承诺（或许由保险公司进行支持），如果公司业绩低于承诺的水平，他们就向投资者为一定的给付（或者比如说，与市场指数相比较）。对该项给付义务进行担保的人将非常仔细地审查公司的请求，这样，只有优质公司才能找到有偿付能力的担保人，投资者将得到保护。

即使在一个没有反欺诈规则的市场中，这些验证方法也会为投资者提供切实的保护，并使优质公司募集资金成为可能。毕竟，投资者本不必向新公司付出资金。他们可以不承担任何风险，投资政府债券或把钱存入银行；他们可以投资于风险极低、受到监管的公用事业；他们可以购买土地或其他生产性资产。新成立或不太知名的公司只有采取比现有公司更具吸引力的一系列措施才能募得资金。

（二）反欺诈规则的效果

基于我们已经阐明的原因，反欺诈规则不是证券市场的必要组成部分。然而，每一种认证措施都是成本高昂的。会计师事务所、投资银行和承销商的建立和运营都代价不菲；举债、股息策略必然产生交易成本；只有向管理层支付额外的报酬才能引导他们集中持有股份，但持有的风险头寸可能会导致他们在之后作出较差的商业决策；由数以千计的投资者直接参与验证则可能是成本最高的方式。

反欺诈规则可以降低这些成本，尤其是对新成立的公司而言。对欺诈行为的惩罚，提升了劣质公司通过披露虚假信息效仿优质公司的成本。而反欺诈规则给诚实、优质的公司带来的成本很低，甚至没有成本。这使得优质公司有可能以更低的成本提供保证。[13] 如果强制执行这种信息保证机制，将使得购买者无须核查信息，出售者也无须采用成本高昂的认证方式。[14] 这样，发行优质证券的成本下降的同时，发行劣质证券的成本上升。

然而，反欺诈规则不会将优质公司的成本降为零，因为该规则可能执行不力。公司仍然会使用一些额外的认证机制。此外，当公司保持

---

〔13〕 相似的分析参见 Beaver, *The Nature of Mandated Disclosure*, in SEC Advisory Committee on Corporate Disclosure, Report of Recommendations, 1977, pp. 618, 637 - 639。

〔14〕 See Grossman, *The Informational Role of Warranties and Private Disclosure about Product Quality*, J. L. & Econ., Vol. 24, 1981.

沉默时,反欺诈规则无法发挥太多作用。如果一家公司的证券在二级市场上交易,其沉默可能意味着“无消息”、“坏消息”或“不能披露的好消息”,因为这种披露会使得竞争对手受益。投资者有动机进行调查,以查明沉默的含义。而公司将承担维持秘密状态,或在不透露太多信息的情况下传达消息主旨的成本。反欺诈规则和其他验证方法在某些方面互相补充,在其他方面则相互替代。

反欺诈规则本身也会产生成本。执法成本(调查、起诉和司法人员)是显而易见的。而过度执法或执法失当的成本更难觉察,但确实存在。先从一个执法失当案例说起。假设就任一陈述而言,若其为假,受到起诉的概率是55%;若其为真,受到起诉的概率是45%。当检察官和法官采用“严格责任”理论惩罚所有利润预测结果不佳的公司时,这种情况就会发生。因为市场条件会导致公司的计划失败,即使是精心设计、诚实叙述的计划也会落空,而虚假陈述的公司也有可能获得成功。这样的话,诚实的公司会遭到起诉,反而许多不诚实的公司能逃脱惩罚。

规则的威慑力表现为守法者与违法者所受到的差别对待。如果二者的差别很小——例如,驾驶时速为55英里的人被指控超速的可能性只比驾驶时速为85英里的人少一点点——那么这条规则就没有起到威慑作用。如果能够从违反规则中获益,那么不妨违反。执法不当近似于无法可依。除非公司采取上文*所述的成本高昂的认证方法和验证方法,否则陈述就不再值得信任。甚至诚实的人也会尽可能减少陈述,以避免因“说谎”而受到惩罚。对违法行为的惩罚越重,执法就必须更加明晰,以免既阻遏了正当行为,又鼓励了不良行为。这便是刑事程序中要求的证明程度更高的原因之一。

过度执法近似于不加区分的执法。对于任何违法行为,都存在一个最佳的执法强度。此时,每增加1美元的执法费用刚好等于减少违法行为发生率所获得的收益。最佳的执法强度允许一些违法行为的发生,因为消除这些违法行为的成本超过了违法行为带来的损害。对欺诈行为的过度惩罚——特别是当这些惩罚在私人提起的诉讼中适用

* 标题“一、(一)”。——译者注

时——会导致过度执法和对诚实陈述的过度威慑。[15]

因此,当执法成本较低,并且有可能将不实信息与虽然真实但未能准确预测的陈述区分开来时,反欺诈规则是最有效的。当起诉对象集中于可验证的事实陈述而非预测内容时,执法成本最低,出错的可能性也最低。SEC 在执行证券法时,强调的是对过往事实的准确陈述,而非预测。预测不是强制性的,且受到"安全港"规则保护而免于起诉。这与"反欺诈规则用于产生最大净收益之时"的思路一致。[16]

(三)为什么反欺诈规则是全国性的?

1933 年,每个州都有反欺诈规则。那么,1933 年和 1934 年的法案中包含的许多新规则的意义是什么?法案的支持者通常说,国家立法是必要的,因为州规定是"无效的"(欺诈行为的发现即明证)。但这不是一个好的解释。欺诈行为的存在甚至增加,都不能证明各州的反欺诈规则是"无效的",就像谋杀案的存在不能证明各州的刑法是"无效的",应该被由联邦凶杀委员会执行的全国性谋杀法所取代一样。

相反,联邦立法的正当性在于:能够在一个诉讼案件中高效地处理由单一交易产生的所有赔偿请求。许多新发行的证券被卖给几个州的认购人;即使是最初在一个州内发售的证券,最终也会落入州外所有者之手,哪怕只是因为其所有者搬家了。因此,几乎所有大型公司的证券都在州际市场销售。如果这些证券的索赔诉讼在原告住所地提起,那么每一个证券都会产生多个判例,可能会出现不一致的裁判标准和判决结果。欺诈引发的赔偿请求通常涉及书面文件,因此完全没有理由就相同的赔偿请求,在多个法庭提起诉讼。*

证券法创造了全国性的诉讼程序,以一项自由管辖规则将所有被

---

〔15〕 See Easterbrook, *Detrebling Antitrust Damages*, J. L. & Econ., Vol. 28, 1985 (forthcoming); Landes & Posner, *The Private Enforcement of Law*, J. Legal Stud., Vol. 4, 1975.

〔16〕 SEC 对历史事实的强调受到了来自各方面的批评。我们对反欺诈规则的成本和收益的讨论表明,起诉行动应适当侧重于以"硬"事实为内容的陈述,而私人认证和验证机制则处理预测性信息和观点性信息的问题。

* 原文为"there is good reason to have the identical claim litigated in multiple forums",翻译过程中与文义保持了一致。——译者注

告与诉讼请求合并在同一个法院审理。[17] 美国《民事诉讼规则》(the Rules of Civil Procedure)第23条规定的集体诉讼机制很容易将所有原告聚集在一起。笔者将在第三部分中讨论,为什么由单一法律规则来规定强制披露和禁止披露的内容可能是有益的。就目前而言,只要认识到就反欺诈进行联邦立法是有益的,这便足够了,即使联邦诉讼适用的许多规则都是建立于州法基础之上的。

二、强制性信息披露

(一)信息披露与信息的公共产品属性

在一个有反欺诈规则但没有强制信息披露制度的世界里,公司可以保持沉默而不受惩罚。[18] 只要不说谎,它们可以以任何方式披露。它们可以尝试像其他商品(包括经纪服务)的卖家那样,在光鲜的杂志和电视上刊登以性感模特或牛群为特色的广告来销售证券。

强制性信息披露制度大大限制了公司保持沉默的能力。同样重要的是,它控制着披露的时间、地点和方式。公司必须等到提交注册声明后,才能够发布任何可能被理解为招徕顾客的内容("禁止抢跑"规则*);它们必须等到注册声明生效并提交招股说明书后,才能以书面形式提交其他文件("自由写作"规则**);它们必须在指定的时间邮寄招股说明书和委托书,但不得通过电视广告来做到这些。

在反欺诈规则之外,建立强制性信息披露制度能起到什么不同的作用?公共利益视角下披露规则所隐含的合理性在于,当唯一的规则是反欺诈规则时,市场产生的证券信息"太少"。人们经常听到这样的

---

〔17〕 15 U. S. C. § 78aa(1982). See Leroy *v*. Great W. United Corp., 443 U. S. 173, 178 – 179(1979).

〔18〕 这有些言过其实,因为不告知和虚假陈述之间的区别并不总是清晰的。不发言可能被视为在暗示"没有任何变化"。证券法认识到了这一点,对遗漏了"为了使实际披露不具有误导性所必需的重大事实"的行为进行处罚。笔者将在第三部分对此进行讨论。

* The "gun jumping" rule. ——译者注

** The "free writing" rule. ——译者注

说法:信息是一种“公共产品”,意思是它可以被使用而不会被用尽,且信息的生产者无法排除其他人从中获益。如果信息的生产者不能获得信息的全部价值,那么信息的产出将会不足。由此看来,就所有即将出现的事实信息而言,如果其拥有者能够获得全部的收益,那么要求披露这些信息的规则就是有益的。

这一理论只能到此为止。它证明得太过了。没有人能获取牙膏信息的全部收益,但也没有联邦法规要求披露牙膏在预防蛀牙方面的功效。* 为什么证券与之不同? 将其他产品交给竞争激烈的市场,是因为生产或使用一种产品的人(或像消费者协会那样的检测者)将从信息中获得足够的收益,使市场变得相当有效。

同样,那些了解证券的人可能会从他们的信息中获利。但他们不能获得所有的利益,因为市场上的其他人会推断消息,证券的价格将会调整。新的价格将“纳入”新信息,防止首个知道消息的人进一步获利。然而,这也意味着,在证券市场上,信息的价值衰减得非常快;信息随着为后续的人所知晓而被“用尽”,然后这些人就有了自发寻找信息的动机。[19]

“公共产品说”的更复杂版本是:尽管投资者能够生产信息,但他们生产的信息既太多又太少。他们生产的信息太少指的是他们无法获得信息带来的全部收益。如果信息对投资者整体来说价值 100 美元,但没有人能从中获得 10 美元以上的收益,那么就没有人会获得价值 10 美元以上的信息。然而,如果有几个投资者创造出了同一条价值 10 美元的信息(冗余生产),投资者生产的信息就太多了。这一观点的结论是:强制披露将防止信息的冗余生产。

过量信息生产的另一个来源是预测未来所能够获取的收益。一些信息,比如公司的季度收益,提供了交易获利的机会。最先得知消息的人可以获得丰厚的利润。然而,在某种重要的意义上,这些信息是没有

---

* 指在没有相关披露要求的情况下,牙膏生产商也会自发披露。——译者注

〔19〕 同前注〔4〕,曼恩文,第 42 ~ 43 页。Grossman & Stiglitz, *On the Impossibility of Informationally Efficient Markets*, Am. Econ. Rev., Vol. 70, 1980. 描述了“股票市场将信息纳入价格中,消除了‘旧消息’的价值,同时创造了寻找‘新消息’的激励”的动态过程。

价值的。无论如何,根据必然会出现的消息进行交易,不会改变公司前景,也无助于更好地对新证券进行投资。价格最终将会改变,以反映公司真实的盈利状况。这种一天之内甚至更短时间内的价格变化,对配置效率没有太大影响。但交易利润的诱惑可能会诱使人们花费大量的精力和其他资源"跑赢市场"。这在很大程度上是资源浪费,因为寻找盈利机会的收益远大于加速价格转变效率带来的收益。[20] 如果受影响的公司及时披露信息,这样的交易机会就会消失。因为当每个人都掌握真实信息时,就没有人能够投机了。作为一个整体,投资者将为消除这些交易收益(以及昂贵的信息搜寻成本)而付出成本。[21] 相较于强制掌握真实信息的公司进行披露,还有什么更好的方法?

这些观点都有一个共同的问题:他们没有把信息披露的好处和强制信息披露的好处联系起来。如果信息披露对投资者来说是有价值的,公司可以通过提供信息来获利。公司与其投资者存在默契,科斯定理表明企业和投资者可以达成互利的交易。[22] 公司作出的决策有效地"协调"了许多不能直接参与协商的投资者的行动。

---

〔20〕 See Hirshleifer, *The Private and Social Value of Information and the Reward to Inventive Activity*, Am. Econ. Rev., Vol. 61, 1971. 对于这种影响的解释和程度有着大量的争议,但我们不必在这里进行辩论。

〔21〕 在有关寻租的文献中,这是一个司空见惯的现象。想象一下,10家同等资质的公司正在竞争价值1000美元的无线电许可证。每个公司获得该许可证的机会价值100美元,每个公司都将花费高达100美元的宣传和游说费用来谋求获得该许可证。每家公司的净值为"100美元-费用"。只要一家公司进行游说,其他公司也必须这样做。这些公司会花钱请人来阻止他们所有人都参与游说;如果没有公司投入资源,则每个公司的机会预期价值为100美元。证券市场也是如此。每位投资者都可能试图胜过其他人,但只要这些努力只是预测未来,并没有在一开始产生更好的投资,它们就是浪费。如果它们被消除,那么每个人都将受益。See Tullock, *Efficient Rent Seeking*, in J. Buchanan, R. Tollison & G. Tullock eds., Towards a Theory of the Rent-Seeking Society, Texas A & M University Press, 1980, p. 97. See also Barzel, *Some Fallacies in the Interpretation of Information Costs*, J. L. & Econ., Vol. 20, 1977(展示了市场如何开发解决低效信息搜寻问题的方案); Kenney & Klein, *The Economics of Block Booking*, J. L. & Econ., Vol. 27, 1983(展示了相同的方案).

〔22〕 See Coase, The Problem of Social Cost, J. L. & Econ., Vol. 3, 1960.

以一家希望发行新证券的公司为例来了解这是如何运作的。[23]该公司有一个项目(如制造一台新电脑)预计将会盈利。然而,如果该公司只是想要募集资金,而不披露所涉及的项目和管理人员,它将一无所获。投资者会作出最坏的假设,因为他们认为:如果公司有任何优势可言,它都会披露。沉默意味着坏消息。一个有好项目的公司,试图从只有平庸项目(或根本没有项目)的公司中脱颖而出时,会想方设法地披露这些信息。也就是说,只要信息披露成本(传播的直接成本和把信息泄露给竞争对手的间接成本)对投资者整体来说是值得的,它就会披露越来越多的信息。

公司与所有实际和潜在的投资者打交道。与投资者只交易公司的部分股票,不能获得信息带来的全部收益不同,公司控制其所有资本,并可以获得信息的全部收益。披露更多信息的公司可以以更高的价格出售其股票,事实上,其价格等同于所有信息的全部价值。

这个过程既适用于好消息,也适用于坏消息。一旦公司开始披露信息,它就不能停止披露任何关键信息,因为投资者总是假设最坏的情况。它必须同时披露好的方面和坏的方面,以免投资者认为坏的方面比实际情况还要糟糕。而且该公司不能只凭自己的说法行事。如果反欺诈规则得到完美执行,仅仅披露信息就足够了,但事实并非如此。因此,公司采取了第一部分中描述的验证和认证机制。鉴于这些措施的存在,强制披露规则似乎是多余的,但如果欺诈惩罚和验证机制不起作用,强制披露规则也得不到很好的执行。

作为解决信息产权缺失的一种方法,自我诱导披露原则既适用于二级市场交易,又适用于股票的首次发行。公司的投资者总是希望能够在二级市场以最高的价格出售他们的股票,而能否做到这一点取决于可靠的信息流(否则,基于最坏的假设,潜在买家会降低出价)。对

---

〔23〕 同前注〔14〕, Grossman 文, Grossman & Hart, *Disclosure Laws and Takeover Bids*, J. Fin., Vol. 35, 1980。已经就此构建了经济模型。虽然形式上的模型假设传递信息的成本为零,并且假设反欺诈规则得到完美执行,但笔者在文中表明,该论点的大致轮廓并不依赖于这些假设。另见 Benston, *Required Periodic Disclosure under the Securities Acts and the Proposed Federal Securities Code*, U. Miami L. Rev., Vol. 33, 1979 作了类似的阐释。

于公司的大多数信息,公司本身可以以比股东更低的成本创造和传播信息。而公司的决策,由于它反映了公司对全体股东而言的价值,在边际上是正确的。一家公司想在发行股票时获得尽可能高的价格,就必须采取一切成本合理的措施,使股票在二级市场上是有价值的。因此它必须作出继续披露信息的可信承诺。[24]

有证据表明:自从有公司以来,公司就一直在披露自己最重要的信息,并通过第三方来对这些信息进行认证。审计机构的使用可以追溯到公司诞生之初。当要求上市公司披露年度报告的《1934 年证券交易法》通过时,每一家在全国市场上交易的公司都进行了大量经独立审计机构认证的公开信息披露。[25] 1934 ~ 1964 年,只有那些在国家交易所交易的公司才被要求披露年报(1964 年法律修改,涵盖了投资者人数超过一定数量的所有公司)。公司可以通过退市或不上市来避免披露信息。尽管如此,公司还是急切地在交易所上市并披露信息;未上市的公司也按照法律规定的模式披露了大量数据。即使在今天,虽然州和地方政府的证券不受强制性信息披露规则的约束,但这些发行人通常会向购买者提供大量信息。

为了平息投资者疑虑而进行的信息披露,也(在适当程度上)降低了投资者搜寻过多交易信息的激励。正如我们前面所描述的那样,问题在于,对未来的了解可以创造盈利机会,但不能让作为投资者整体上变得更加富裕。因为搜寻这些信息的成本很高,如果公司通过披露信息来减少搜索获利的机会和激励,那么投资者作为一个整体将从中获益。证券的净收益是其总收益(股息加上所有清算分配)减去持有该证券的信息和交易成本。一家公司可以通过降低持股成本以及增加其

---

〔24〕 这出自有关代理的文献,这些文献表明,如果管理层未能采取任何成本合理的措施来减少管理的净成本,他们就将承担这些成本。See Jensen & Meckling, *Theory of the Firm: Managerial Behavior, Agency Costs and Ownership Structure*, J. Fin. Econ., Vol. 3, 1976.

〔25〕 关于历史, see Watts & Zimmerman, *Agency Problems, Auditing, and the Theory of the Firm*, J. L. & Econ., Vol. 26, 1983。关于 1934 年的情形,参见 Benston, *Required Disclosure and the Stock Market: An Evaluation of the Securities Exchange Act of* 1934, Am. Econ. Rev., Vol. 63, 1973。不是所有的公司都披露了相同的内容,我们又回到了这个问题上。

业务利润来轻松地增加净收益。承诺为此目的进行信息披露的公司相对于其他公司将会繁荣发展,因为它们的投资者承担的持股成本相对较低,并且更具安全感。承诺越有说服力,投资者就会为该股票支付更多的钱。

(二)自利驱动的披露模式的局限性

信息是一种"公共产品",这意味着独立行动的投资者收集的信息量是错误的。由于已经论及的原因,公司管理层的自身利益使他们只提供大体与投资者整体所需相当的信息量。然而,由于存在提供信息的验证和认证成本,这个信息量是"大体上的"。如果披露规则能够像反欺诈规则一样降低这些成本,那么公司的披露便可得以改善。我们将在第三部分对此进行讨论。导致公司的信息披露不是最优安排的另一原因在于第三方效应(third party effects)。

一家公司为其投资者提供的信息,也可能有利于其他公司的投资者。公司 A 所披露的内容可能会透露公司 A 所属行业的一些信息——哪怕只是公司 A 的预期产量——该行业的其他参与者也可以利用这些信息来规划他们自己的经营活动。竞争对手公司的投资者还可能获得其他附带利益。然而,公司 A 无法从其他公司的投资者手中获取收益,尽管他们愿意为此付费。原因在于,若不如此,信息供给将会不足。

这种情况与囚徒困境有关。公司和投资者在整体上都希望公司同时披露公司和行业的部分特定信息,但每个单独的公司都不会这样做。一方面是因为其他公司将会"搭便车",另一方面是因为某些信息(如与新产品有关的信息)可能会给竞争对手带来竞争优势。只有当其他的所有公司都被要求这样做时,每个公司才愿意披露信息。然后,披露成本和所有的商业风险都将得到更均匀的分配。在缺乏强制性的披露要求或强烈的披露激励的情况下,每家公司都会想要拒绝披露。

在便于公司间比较的信息的披露方面,也存在类似的"搭便车"问题。公司 C 可能掌握了一些可以使其比公司 D 更具吸引力的信息。但是,如果不披露公司 D 的经营计划和前景,它就不能有效地传达这些信息。而披露关于公司 D 的信息会部分地增加公司 D 当前或未来投资者的利益,公司 C 却无法从中获得收益。公司 C 可以通过买卖 D

的股票来获得部分收益,但这是一笔代价高昂的交易。此外,如果公司C不直接拥有D、E、F、G等公司的股份,就无法获取全部收益。扩大公司规模在实现更大程度的信息内部化的同时,还会产生其他成本,如垄断和降低投资者分散持股的能力等。

公司C在披露影响其“风险—回报”特性的信息时,也面临着无法获取这些信息产生的全部收益的问题。公司之间的差异程度越小,一家公司的披露所得收益的溢出效应越大,便越不愿意披露有关信息。这样,许多公司的“风险—回报”特性的外观就越来越像。某种形式的集体行动(无论是否通过政府来完成)在理论上应该是有益的。因此,哪种集体行动难题的解决方式净成本最低,是一个实证问题。

假设存在一种向投资者披露信息的最佳格式。有些披露方式相对来说更容易理解与验证,而有些披露方式更倾向于隐藏而非透露信息。如果社会上所有投资者之间的合同均无成本,投资者将要求所有公司识别并使用最佳披露格式。然而,对于一家独立经营的公司来说,这样做的成本可能太高。最佳的披露形式可能需要使用一些专门的语言(可以将有着精细术语的会计准则视为一种专门的披露语言),但没有一家公司能够从发明和使用这种语言中获得很大的利益;因为其他人都可以免费使用该格式。有时,使用某一特定披露方法的困难与否也取决于其他公司是否采用相同的格式,以便于对投资标的的比较。而其他公司可能并不急于在这方面进行合作。

政府颁布的强制披露规则是一种实现标准化的方式,但并不意味着强制披露是必要的。市场经常为信息问题设计出巧妙的解决方案。实际上,证券销售商面临的问题与将新产品推向市场的问题没有太大区别。标准唱片速度的发展促进了唱片和立体声系统的大规模销售。若不是制造商和广播公司就信号传输标准达成了一致,彩色电视便没有实现的可能性。拥有一项重要专利的飞利浦(Phillips)所颁布的标准,大大助力了新兴的激光唱机与磁带、唱片的竞争。有时行业协会可能会制定这样的标准,就像电子行业和部分会计行业所做的那样。私人或政府的相关举措能否以更低的成本实现标准化,是一个实证问题。

(三)创建最佳披露模式的私人或竞争性方法

1. 信息中介机构

行文至此,我们一直假定公司在独立地创造并向投资者传递信息。有时公司选择不披露,是因为这种自助式披露的成本超过了信息的价值。有时即使投资者会从知晓某些信息中获益,公司也会选择不披露,因为这些信息会降低而非增加公司的价值;关于新产品或新技术的信息就属于此类信息。由于这些不披露信息的"正向"理由的存在,投资者无法确切地推断出没有消息就是坏消息。自利模式的信息披露的力量被削弱,优质公司面临无法使其发行的证券比劣质公司的证券更突出的困难。

信息中介机构可以解决部分问题。举这样一个例子:一家公司想利用技术突破来筹集资金,但它不能透露细节。该公司可以向承销商披露信息,承销商将对证券进行适当定价。投资者意识到,承销商可能获取了发行人未向公众披露的信息,而且他们在不欺骗客户方面有很强的声誉利益。然后,投资者为这些证券支付的价格便会高于那些没有取得此类技术突破的同类公司的证券价格。公司也可以通过向投资分析师或其他中介机构披露部分信息来间接传播消息——尽管由于中介机构的声誉利益较弱,传播效果并不好——这些投资分析师或其他中介机构通过提供建议而非陈述细节来与公众沟通。[26]

同样地,会计师也充当中介机构。我们之前已经强调过,会计师降低了信息的验证成本,因为他们以自己的声誉为公司披露的准确性做背书。此外,如果会计师们就会计语言达成统一,那么便能够使披露模式标准化,从而降低成本。会计师将创建和维护标准语言的成本分摊到所有公司。当然,会计师可能会面临来自个别公司滥用其语言的压

---

〔26〕 有关金融中介(而非信息中介)以及向其他公司投资的公司的类似分析,参见 Campbell & Kracaw, *Information Production, Market Signalling, and the Theory of Financial Intermediation*, J. Fin., Vol. 35, 1980。See also Benston, *Accounting Standards in the United States and the United Kingdom: Their Nature, Causes, and Consequences*, Vand. L. Rev., Vol. 28, 1975; Benston, *The Market for Public Accounting Services: Demand, Supply, and Regulation*, Acct. J., Vol. 2, 1979,非常接近我们在后面提出的一种对策。

力,或者他们可能根本无法就通用语言达成一致;政府干预可能会降低这些协商和执行的成本。

信息中介机构显然不能保证信息的准确性或完整性。其雇员可能不称职或受到欺骗;他们定期而非连续地审查事实,所以情况可能会在他们的审查和投资者根据信息采取行动的时点之间发生变化。但其他任何披露方式都会存在这些问题。重点是,信息中介机构提高了可以传达给投资者的公司准确信息的数量。

2. 知情交易者

有些交易者比他人掌握更多信息。内部人和那些从内部人、经纪商那里获得信息的人、那些寻找秘闻并进行推断的人,以及那些从了解更多的人(如分析师和基金经理)那里购买信息的人都是知情交易者。他们寻求信息来追求"跑赢市场",获得优秀回报。不过,因为投资者们遵循同样的策略,并根据他们所了解的信息进行交易,所以知情交易者赚取收益的能力是有限的。当其他交易者获得消息,这种交易行为——将股票价格向知情交易者认为"正确"的方向推动——会剥夺这些交易者所拥有的信息的价值。当股价达到某一位置,知情交易者对买卖股票漠不关心时,股价就比直接披露更有效、成本更低地传递了有关公司的信息。交易永远不会完全地揭示真相。不知情的交易者可能无法分辨特定的交易是由新信息还是投资组合的调整所驱动的。尽管如此,知情者的交易与否都为其他投资者提供了大量信息。〔27〕

3. 证券交易所

组织有序的交易所能够降低交易成本。〔28〕通过让对证券前景有不同看法的各方更容易进行交易,组织有序的交易所增加了流动性,降低了不必要的投资风险。二级市场的流动性越强,交易所就越成功。交易所的成功取决于交易量,因而交易所具有采用有利于投资者的交易规则的动力。这些规则吸引了更多的交易,降低了交易成本,增加了

〔27〕 关于知情交易者在信息沟通中的作用,参见 Grossman & Stiglitz, *Information and Competitive Price Systems*, Am. Econ. Rev. , Vol. 66, 1976;同前注〔4〕, Manne 文;See also R. Brealey, *An Introduction to Risk and Return from Common Stocks* (2d ed. 1983)(实证研究汇总);同前注〔9〕, Gilson & Kraakman 文。

〔28〕 See Telser, *Why There are Organized Futures Markets*, J. L. & Econ. , Vol. 24, 1981.

交易所的运营收益。

例如,交易所通过采用使上市公司欺诈的数量降至最低的规则来获得收益,因为遭受过误导的投资者不可能成为重复交易者。出于同样的原因,交易所有激励制定规则,要求上市公司按照投资者所要求的数量和类型披露信息。组织有序的交易所之间在公司上市和投资者业务方面的竞争,以及交易所和其他投资方式之间的竞争,使交易所更有动力采用有益于投资者的规则。

反过来,公司也具备将其证券放在遵循投资者利益最大化规则的交易所挂牌交易的动机。为了理解这一点,假设目前公司自行披露的信息量少于(或不同于)投资者群体的要求,并且这种不当披露水平所造成的社会损失远远小于这些公司为确定适当的信息量而付出的磋商成本。这种情况很有可能会发生,比如受到在上文*中提到的第三方效应的影响。组织有序的交易所为公司提供了一种应对集体行动难题的方法。公司同意接受交易所制定规则的约束,是因为这些规则"内化"了许多第三方效应,接近于要求公司进行最佳披露。自行遵守交易所规则的公司将在吸引资本方面具备竞争优势。这种机制在纽约证券交易所与其他证券交易所之间的竞争中发挥着重要作用。纽约证券交易所通过制定上市公司信息披露和新股发行的管理规则,从其他交易方式那里吸引了许多业务。

以上分析表明,在证券法律颁布前后,在国家交易所上市的公司都比未上市公司系统性地披露了更多的信息。我们没有进行调查来证实这一推断,但这与一般印象是相符的。

4. 各州

就像交易所之间的商业竞争一样,各州之间为吸引公司注册而展开的竞争也缓解了集体行动问题。越来越多的文献论述了司法辖区之

---

* 标题"二、(二)"。——译者注

间的竞争在何种条件下往往会产生有益的规则。[29] 这种竞争在公司注册市场上最为激烈。因为投资者能够近乎零成本地在不同州的公司之间随意转移投资,而且公司有能力选择和转移注册地,几乎不需要任何成本。选用最有利于投资者的规则的司法辖区,将吸引和留下最多的资本。

联邦主义经济学对许多公司法问题都产生了影响。州际竞争的力量强有力地表明,跨越司法辖区而长期存在的公司法规则,最可能使投资者受益。这意味着那些吸引了最多投资的州,最有可能采取了高效的规则。这表明,与可能扼杀这种竞争的全国性监管机构颁布的规则相比,由司法辖区之间的竞争产生的规则更有可能帮助投资者。[30] 如果强制披露某些事项是最佳选择,州法会作出此类披露要求,因为这种要求会令州对投资者(从而对公司)更具吸引力。

这些原理的一个有趣的含义是,投资者可能从公司法的演变趋势中获益。这种趋势将法律规则视为一套现成的理解,随着条款和章程细则中的具体规定变化而变化。在特拉华州和今天其他的大多数州,公司几乎可以选择他们想要的任何一套组织原则。[31] 这些法规通常很少要求或不要求运营中的公司进行持续披露,尽管各州的蓝天法通常要求在股票发行时进行实质性披露。这表明,要求存续公司披露信息的规则很可能是不必要的,除非存在可能会阻止司法辖区之间的

〔29〕 See e. g. , D. Mueller, *Public Choice*, Cambridge University Press, 1979, pp. 125 – 145 (collecting sources); Easterbrook, *Antitrust and the Economics of Federalism*, J. L. & Econ. , Vol. 26, 1983; Epple & Zelenitz, *The Implications of Competition among Jurisdictions: Does Tiebout Need Politics?*, J. Pol. Econ. , Vol. 89, 1981; Rose – Ackerman, *Does Federalism Matter?: Political Choice in a Federal Republic*, J. Pol. Econ. , Vol. 89, 1981. See generally Tiebout, *A Pure Theory of Local Expenditures*, J. Pol. Econ. , Vol. 64, 1956(构建了一个模型,提供了一个使地方公共产品支出与国家公共产品支出水平相当的解决方案).

〔30〕 有关这些原则的应用, see Easterbrook & Fischel, *Voting in Corporate Law*, J. L. & Econ. Vol. 26, 1983。然而,任何生存论的适用范围都是有限的。关于在内幕交易应对中,这些限制的边界何在的争论, compare Carlton & Fischel, 同前注〔1〕, with Easterbrook, 同前注〔1〕。

〔31〕 See R. Winter, *Government and the Corporation*, 1978(关于联邦主义和公司法的开创性讨论). See also Fischel, *The "Race to the Bottom" Revisited: Reflections on Recent Developments in Delaware's Corporation Law*, Nw. U. L. Rev. , Vol. 76, 1982.

“正向”竞争的问题，如多州第三方效应。

（四）关于强制性信息披露的缺乏支持的理由

公司自我诱导性的信息披露的机制和公司外部各种获取、传播和要求信息披露的竞争机制都为投资者提供了大量信息。这些信息“足够”了吗？一个市场可能遭受“市场失灵”，但至少有5个市场在传递公司的信息。如果要为国家政府的强制性信息披露提供充分的理由，就必须说明为什么所有其他机制都失灵了。如果按照这个标准来衡量，支持强制性信息披露的一些理由显然不符合要求。

1. 增强公众对市场的信心

最常见的赞成强制性信息披露规则的理由是，这对资本市场的“信心保持”是必要的。据说，投资者，尤其是那些不成熟的小投资者，在担心自己可能被公司或消息更灵通的交易者所利用时，会从市场撤出资金。而这将损害证券市场和整个国家经济。披露规则既能防止欺诈，又能使投资者平等地“获取”信息，恢复必需的市场信心。

这种观点并不令人惊讶。1929年至1934年，证券市场经历了资本的大幅外流，“缺乏信心”可能是一项重要的理由。而在接下来的50年里，投资者似乎充满“信心”。然而，除非我们对盲目的事后推理感到满意，否则我们便不能就此止步不前。在1934年之前很长一段时间内，市场也很有“信心”。20世纪20年代，投资股票的公众比例比以往任何时候都要高（尽管通过共同基金和养老信托基金的间接投资，使投资变得更加普遍）。为什么联邦信息披露规则能够产生必要的信心？

不可能将之解释为在没有强制性信息披露规则的情况下，欺诈将会盛行。我们在上文中已经证明了这一点，而且强制披露的支持者并没有证明，披露规则下的欺诈发生率低于反欺诈规则。指出20世纪20年代发生过一次、十次或数百次欺诈案也无法证明。因为我们可以举出同样数量的当代欺诈案例，从股权融资公司案到宾州中央公司案（Penn Central），再到OPM租赁欺诈案。正如我们没有说最近的（20世纪七八十年代——译者注）欺诈行为表明证券法是无效的或不受欢迎的一样，披露规则的支持者也不能将20世纪20年代欺诈行为的现实存在作为论据。

这并不是说市场信心不重要。相信市场是公平博弈的投资者，会把更多的钱投入股市,减少用于信息调查的支出,这两种渠道都可以增加经济收益。但要提出这样一个基于"信心"的论点,就需要证明,信息披露规则减少欺诈行为带来的收益,大于实施规则的成本。没有这样的分析,就无法对任何规则的合理性作出令人满意的解释:不计成本地主张信息披露规则能够减少欺诈,就像主张要求所有汽车都使用5英寸的钢板来制造,以减少车祸死亡人数。由于缺少有力证据证明强制性信息披露规则减少了欺诈的发生,"成本—收益"的分析没有显示出收益超过了成本。

即使有更好的证据证明强制性信息披露规则对减少欺诈行为数量有效,我们也需要分析其边际成本,"拆解"不同的路径(如注册、招股说明书、表格10-K、代理和其他披露手段),并着眼于每一路径下的披露要求。例如,简化注册披露要求的收益可能超过成本,但表决权委托披露制度的成本为净成本。我们无法在理论层面上确信,我们只能说,50年后监管的支持者也没有任何在科学上可以接受的证据,证明任何基于减少欺诈或增加信心的披露规则都具有良好的成本效益比。

2. 保护不成熟的投资者

与"欺诈"论点为伴的是,缺乏经验的投资者需要特别的保护。有观点认为,不知情的投资者是被剥削的投资者;谁知道的少,谁就会受到不公平的待遇。还有观点认为,无论这些投资者是否会亏损,对这种剥削的恐惧都会侵蚀投资者的信心。披露规则均衡了信息的获取并简化了信息的呈现方式,使所有人都能理解信息,克服问题,而无论信息以何种方式呈现。

这种观点就像它被期望保护的投资者一样不成熟。它忽视了市场具有的使"价格反映信息"的作用。只要知情交易者在信息搜寻和价格磋商上付出足够努力,市场价格就会反映所有的公开信息。[32] 知情

〔32〕 关于价格在多大程度上有效地反映现有信息,目前已有大量文献。See, e. g., Banoff, *Regulatory Subsidies, Efficient Markets, and Shelf Registration: An Analysis of Rule* 415, Va. L. Rev., Vol. 70, 1984; Fox, *Shelf Registration, Integrated Disclosure, and Underwriter Due Diligence: An Economic Analysis*, Va. L. Rev., Vol. 70, 1984 (forthcoming). 观点总结参见 Gilson & Kraakman, 同前注〔9〕。更多的技术性分析,参见 E. Fama, *Foundations of Finance*, Basic Books, 1976, pp. 133-168。

交易者的行为会影响价格,直到这些投资者根据掌握的信息对价格满意为止;除非有新的信息出现,否则价格无法被进一步"优化"。不知情的投资者可以"搭便车",免费获取市场掌握的信息:他们不必费任何功夫去获取信息,就能与专业投资者获得相同的价格。如果把信息强塞给这些投资者,他们的处境只会更糟:他们必须阅读信息或放任自流。这并不会对他们产生增益,因为这对专业投资者来说都是些过时的内容了,无法影响价格。[33] 知情交易者还因其消息略领先于其他市场主体而获得回报。这种回报不会以"牺牲"信息较少的人的利益为代价;它们是对搜寻信息付出的努力的补偿,而这种努力令所有投资者受益。无论法律如何对信息披露规则作出规定,通过邮件获取披露信息的"一般投资者",与那些最先掌握利用信息的人相比,总是来不及达成划算的交易。

这一论证过程中的"损害信心"部分的论点并不比"不知情的投资者实际上被利用了"的论点更有力。如果他们没有受到这样的剥削,在逻辑上,他们就不会对此担心,也不会缺乏信心。诚然,人们可以宣称投资者会非理性地缺乏信心,因此建立强制披露信息规则是必要的,但这几乎是同义反复。这怎么能够证实或证伪?我们愿意承认,有些不合逻辑的投资者总是怀疑知情交易者正在秘密地获得优势,但这又当如何?这些偏执的交易者可以付出最低的成本来保护自己。例如,他们可以将资金交给专业投资顾问或共同基金的经理,从而获得任何内部人士所拥有的优势。[34] 因此,信息不平等的存在——无论是真实的还是想象的——不足以作为强制性信息披露规则的基础。

---

〔33〕 See Fischel, *Use of Modern Finance Theory in Securities Fraud Cases Involving Actively Traded Securities*, Bus. Law, Vol. 38, 1982(包含对这一论点更加充分的讨论). 关于非购物者如何从竞争市场内的购物者行为中获益的一般性讨论, see Schwartz & Wilde, *Intervening in Markets on the Basis of Imperfect Information: A Legal and Economic Analysis*, Pa. L. Rev., Vol. 127, 1979。

〔34〕 数据有力地表明,市场内部人——专业交易员和基金经理——没有优势。See, e.g., J. Cragg & B. Malkiel, *Expectations and the Structure of Share Price*, University of Chicago Press, 1982. 消息灵通的交易者如此之多,以至于他们之间的竞争阻止他们获取优势。尽管如此,即使存在隐藏的优势,"保护穿制服的"的这一论点也是站不住脚的。同前注〔1〕, Easterbrook & Jarrell 文,第 79 ~ 83 页。在正文中对这一论点进行了阐述。另见同前注〔9〕, Fischel 文。

3. 增加真实信息的供给

赞成强制信息披露规则的第三个常见理由是:需要向投资者,尤其是经验丰富的投资者提供有价值的信息,以供其决策。在这种理由下,普通投资者是否有平等获取信息的机会或能否理解信息并不重要。重点是把信息投放到市场上,而几乎不关心谁先获取信息。[35] 换句话说,这种观点假设价格会有效地反映信息;它通过信息披露对价格准确性的正向作用证明其合理性。

向市场披露更多信息很可能会带来收益。我们已经讨论过,为什么即使是在与市场主体之间和各州之间的竞争密切相关的情况下,私人激励驱动下的信息披露也无法提供所有的信息,而且可能不会提供正确数量的信息。如果联邦信息披露立法降低了投资者获得信息的成本,投资者的净回报将会增加,然后资本市场便能够将资金分配给更具估值能力的资金使用者。

然而,我们必须小心,避免犯下这样的错误,即认为如果某些信息是有益的,那么多多益善。仅仅证明信息披露规则使公司现今披露的信息比 1933 年之前更多,是不够的。信息的成本高昂,而且大部分由投资者承担。投资者是否会从更多的信息中受益,取决于知识增量的边际收益是否超过边际成本。没有人会认为,如果克莱斯勒(Chrysler)"披露"其公司文件的内容,包括每条传送带的购买价格以及与员工进行下一轮谈判的谈判策略的细节,投资者将从中获利。因此,现在(20 世纪 80 年代——译者注)披露的信息多于 50 年前(1933 年之前),可能表明现在披露的信息过多,而 50 年前(1933 年之前)披露的信息量恰到好处,也可能表明随着时间的推移,情况发生了变化,如今投资者需要更多的信息。如果是这样,那么无论有没有立法,信息披露的数量都会增加。

有人认为,信息披露规则会给市场带来有价值的信息,这一说法有些讽刺意味。许多"披露"规则禁止在特定时间以特定形式传递信息。

---

〔35〕 这一目标的实现经常与确保不成熟的投资者能够获取信息的目标相冲突。See Anderson, *The Disclosure Process in Federal Securities Regulation*, Hastings L. J., Vol. 25, 1974.

“禁止抢跑”规则和兜售(touting)规则对证券发行前的公司披露作出了限制。对市场来说,最重要的信息是关系到未来的信息;过去的事实已经反映在价格上了。

然而,在超过45年的时间里,SEC不鼓励公司进行任何利润预测或其他前瞻性披露,理由是这些信息本身就具有误导性。经过长期研究后,1979年颁布的第175条规则(Rule 175)允许披露前景预测信息,前提是它们有足够的支撑(也就是说,仍然与过去的事实相联系)。要理解现在或过去的信息披露规则,必须对这些强制性披露信息的规则、限制信息披露的规则和可以不披露的信息的规则进行解释。

三、作为第三方效应、法律错误和寻租的应对策略的信息披露规则

虽然为证券法披露条款提出的惯常理由不能令人信服,但我们认为,有一条更合理的论证路线,(据我们所知)以前从未提出过。我们将在下面概述这一论点。

(一)信息披露要求的目标

1. 控制第三方效应

我们在前文*中讨论了自利驱动的披露模式可能无法实现最佳信息披露的三个原因:(1)一些数据除了涉及公司,还涉及公司所在的行业,而公司会减少对这些数据的提供,这既是因为他们不能就其他公司从中获取的利益进行收费,也是因为他们想要了解其他公司的商业计划,而对自己的计划守口如瓶;(2)由于无法就可供比较的数据进行收费,这些数据的供给就会不足;(3)没有公司会有足够动力来构建最低成本的披露模式。我们讨论过私人和各州的解决这些问题的方法,但解决方案是不完整的(至少与零交易成本的情形相比)。私人机构无法强制他人遵从,会出现抵制的问题。由于其中的一些问题是跨州性的,所以各州之间的竞争无法达到最佳效果;如果拒不合作符合某些公

---

* 标题“二、(二)”。——译者注

司的利益,就会使有的州为了获取利益而成为抵制者的避风港。

2. 控制跨州剥削

这种通过各州之间的竞争来协调信息披露的困难,反映了这样的事实:当一项判决结果只在一个辖区内生效时,这种管辖权竞争是最有效的。因为只有一个州的法律管辖一个公司的"内部事务",所以竞争才能有效。与之相对,注册在D州的公司所适用的信息披露规则,会影响到许多在其他地方注册的公司。实际上,证券市场的州际特性为各州剥削居住在其他地方的投资者创造了机会。

例如,一家公司在D州注册成立,该州要求披露的事项为X、Y和Z。假设目前披露的数量是最优的;额外披露的成本将超过投资者所能获得的收益。这些投资者居住在全国各地。居住在N州的一群投资者可能会在那里提起诉讼,声称根据N州的法律,该公司应当披露Q。即使N州的法官知道披露Q会达不到披露的预期目标,但支持这一赔偿请求并判令该公司向N州的居民支付损害赔偿金,很可能符合N州的利益。之所以如此,是因为大多数投资者住在N州以外,无法收到损害赔偿。支付给N州居民的赔偿金来自其他州的居民。一旦公司开始运营,N州便可能会趁机"剥削"其他州的居民。〔36〕N州的居民获得的赔偿收益,大于他们在将来的"低效率大规模"披露中的损失,因为这些披露的成本将由其余49个州承担。N州的居民最终获得了这种转移支付的100%的收益,而他们只需要为将来的过度披露所带来的成本中的一小部分买单。

如果N州试图进行这种剥削,市场中的其他主体将作出调整。这些公司可能会减少在N州出售的股票,但他们无法阻止股票被交易至那里。公司可能会开始披露Q事项,但根据假设,这不是最优安排。而且,对Q的披露也无法阻止N州第二天要求公司披露新的事项。最后,其他州可能会进行报复:如果在N州注册的公司在与其他州的交易中没有披露事实Q,他们就会惩罚这些公司。一种报复性的平衡可能会形成,在这种平衡中,各州会系统性地要求在其他州注册的公司披

〔36〕 参见Levmore, *Interstate Exploitation and Judicial Intervention*, Va. L. Rev., Vol. 69, 1983,了解该原理在几个问题上的应用,包括跨州要约收购的监管。

露过多信息。

如果各州停止这种剥削彼此居民的尝试,每个人都将受益,但这种剥削的控制可能代价高昂。正如各国利用关税,以损害他国国民的利益为代价保护本国国民。事实证明,要改变这种做法非常困难。商务、优惠和豁免条款以及州际关税条款的存在,至少部分是因为人们认识到了类似的问题也可能发生在各州之间。但是宪法条款(以及适用商业条款以防止赤裸裸的州际保护行为的司法判决)并没有阻遏所有形式的剥削。可以将现在的各州税法、产品责任法以及现行的冲突法原则都理解为以牺牲外州利益为代价来保护本州居民。只有联邦统一立法才能防止各州在证券交易中实施剥削。

3. 控制普通法的运行成本

1933 年,各州的反欺诈法律便具有通常只存在于普通法中的弹性。各州不仅禁止彻头彻尾的谎言,还禁止通过选择性披露和遗漏或狡猾的语言误导读者的陈述。[37] 然而,可以想到的是,普通法的不确定性带来了巨大的成本。

一是风险。当事人要到事后很久才能知道他是否会被发现违法。几年后,自认为已经向投资者做了适当披露的公司可能会惊讶地发现,他们披露的信息不够多,或者披露的内容不正确。这是一种不必要的风险,而风险的提升会增加公司的募资成本。如果能够在不影响公司前景的情况下降低风险,那么投资者的境况会更好。投资者愿意为确定性买单,即使确定性的部分代价是在不考虑风险的情况下"过度"的信息披露,他们的福祉也将增进。

二是诉讼的花费也很高。当事人会在诉讼中投入资金,直至最后 1 美元的投入对收回的影响仅为 1 美元。当风险更大时,他们花费更多——因为和解协议更难达成。证券发行量往往相当大,相应地,欺诈诉讼的风险也很大。因此,投入在诉讼上的资源可能是巨大的。而这些投资往往是社会资源的浪费;当它们只是用于分割现有的财富,而不

〔37〕 E. g., Restatement of Torts § 529(1938).

是创造或维持法律先例时,它们就是不经济的。[38] 如果公司和投资者能够找到减少诉讼的方法,每个人都将受益。例如,如果有可能建立一种行政机制,事先确定某些披露是否充分,披露的总成本就会下降。同样,投资者可能会从中受益,即使行政机制的成本包括为了实现无成本的诉讼而导致的过度披露。

(二)高效强制性信息披露的概貌

因此,毕竟强制披露有一些潜在的效用,而这些效用是否已然实现,则是一个实证问题。我们不想犯“涅槃谬误”(nirvana fallacy),即断言如果市场“不完美”,那么监管一定是更好的选择。发现市场的“缺陷”可能并不比发现所有好东西都有不可降低的成本更有帮助,就像购买钢铁是制造一辆汽车的成本,而非汽车市场的“缺陷”。监管比市场更容易失灵,因为很少有自动的力量来纠正出现偏差的监管。监管体系缺乏竞争对手,而且监管本身往往压制了发现监管失灵所需的信息。

最初的问题是,联邦监管制度的功能是否与我们的期望相一致,即披露规则设计得是否足够合理,从而实现我们前面考量的目标。根据我们的论述,高效的强制性信息披露规则的特征是:

1. 信息披露是标准的、常规的;

2. 由所有州际公司,而非州内公司进行披露;

3. 强调已经发生的事实;

4. 相应地,禁止就其他事实进行书面披露或作出与书面内容不一致的口头披露;

5. 对披露的事先审查和其他降低风险的机制;

6. 审慎使用“重大遗漏”测试来判定书面披露文件中的欺诈行为。

证券法包括了所有的这些要素。现在我们解释一下,为什么这些要素是对披露成本的适当回应,以及证券法是如何提供这些要素的。

---

〔38〕 See Easterbrook, *Insider Trading, Secret Agents, Evidentiary Privileges, and the Production of Information*, Sup. Ct. Rev., 1981; Shavell, *The Social Versus the Private Incentive to Bring Suit in a Costly Legal System*, J. Legal Stud., Vol. 11, 1982.

（三）强制性信息披露要求的模式

1. 标准的、常规的信息披露

信息披露的标准化直接涉及上文*中讨论的第三方效应的核心。实施标准化的披露格式和时间有助于比较使用披露内容，并有利于创建高效的披露语言。如果每个公司都必须披露相同的信息，那么即使公司被迫披露对竞争对手有利的内容，每个公司的投资者也将获得互惠性的利益。

证券法通过编制由每家公司在指定时间完成的“附表”，并授权SEC颁布和解释会计术语，实现披露的标准化。SEC运用其监管权力，根据公司的规模及其所处行业创造了多种信息披露表格。[39] 例如，矿物开采公司就适用于一种特殊的表格。成熟公司披露的信息比其他公司要少（基于市场会生成大量有关这些公司的信息的认识，适用于最大规模的公司的附表 S－3 相当精简）。这些监管表格的高度特殊性既降低了披露成本，又提高了披露内容的可比性。

2. 由所有州际公司，而非州内公司进行披露

统一的披露规则通过禁止任何重要参与者进行“抵制行为”，回应了前述的第三方效应问题。所有公司都从其他公司的披露中获益；所有公司也必须付出披露自己信息的代价。投资者遍布各州的公司与投资者限于一州的公司之间的区别，也直接体现为二者在前文**中讨论的跨州剥削问题上的差异。只有当股权散布在多个州，以至于每个州都认为其可以“出口”损害赔偿和过度披露的成本时，这种剥削的风险才会产生。然而，当一家公司的大多数投资者都生活在同一司法辖区时，这种“出口”就会变得困难。这时，司法辖区之间的竞争更有可能产生最佳披露规则。

---

* 标题“二、(二)”和标题“三、(一)”。——译者注

〔39〕 然而，SEC并没有对会计业进行显著的监管。我们支持通用披露语言的一般论点似乎暗示着对会计业进行实质性监管。这里的困难在于，没有人知道标准化的最佳程度。SEC规定会计惯例的尝试可能为时过早，阻碍发展出“更佳”的会计惯例。最有效的监管可能是允许会计专业人员通过一般习惯来确定语言，然后防止对该用法的重大和误导性的偏差。See Kitch, *Book Review*, U. Chi. L. Rev. , Vol. 47, 1980.

** 标题“三、(一)2.”。——译者注

法律贯彻这种思路的方式是,将初始披露要求(股票发行时)限制在跨州证券发行中。《1933 年证券法》第 3(a)(11)条豁免了州内销售,而 SEC 发布的规则则为主要在州内的交易提供了更广泛的豁免。[40] 后续披露要求(年度报告和 10K 表格、代理材料等)仅适用于在全国性交易所上市的或拥有超过一定数量投资者的公司。这实际上将所有小型公司和闭锁公司排除在规则适用范围之外。

许多人认为,对这些小公司和州内交易实施的披露豁免是很难理解的。因为他们认为这些小额交易(其投资者更不成熟)中最有可能发生欺诈,而且在这方面,股票市场和专业的投资分析提供的保护也最少。他们发现,如果有理由认为这种豁免是合理的,那么只能是因为需要降低相对较小规模发行的成本。另外,我们的思路不需要为法律对小规模发行的相对忽视进行辩解。联邦证券法结构的逻辑在于,州法能够在州内的交易中,而非跨州交易中提供最优安排。

这就留下了一个问题,为什么证券法减少了跨州剥削。法规没有明确禁止州法院作出损害赔偿判决;事实上,联邦证券法中存在保留条款。尽管如此,州法院的裁决很少被定性为剥削性的。部分原因可能是在下文讨论的事先审查和法律的"安全港"特征;还有部分原因可能在于这种威胁:尽管存在保留条款,最高法院也可能对联邦法律进行解释,认定这种剥削行为构成了州际商务的负担而予以禁止。[41] 在此我们无须进行完整的解释;联邦法律结构中的某些内容,已经在事实上阻止了在证券案件审理中遵循"未能尽到警示义务"的产品责任案件的审判模式。

3. 强调已经发生的事实

列举特定客观事实是成本最低的披露方法。最容易在公司之间比较的也是历史事实。当适用于历史事实时,验证机制的成本最低,反欺

〔40〕 第 147 条规则规定,如果公司超过 80% 的投资来自一个州,并且公司超过 80% 的收益将投资于该州,则可以豁免注册。A 条例进一步豁免了一些通常用于州内发行的小规模发行的注册。

〔41〕 Edgar v. MITE Corp. ,457 U. S. 624(1982)(联邦法院认为州法律对要约收购的监管是剥削性的而不予适用).

诈规则的实施效果也最好(如前文*所示)。因此,按照我们的思路,证券规则将强调此类客观事实的披露,而将其他任何面向未来的信息的披露交由市场力量解决。

这些法律法规确实促使公司强化了对历史事实的披露,尽管许多学术批评指出,市场更看重公司未来的业绩和利润。SEC 的附表强调利润、资产成本等信息的披露,对"计划"和有关前景的类似信息的认可十分有限。在 1979 年的 175 规则(Rule 175)颁布之前,发行人就任何有关预期利润或新产品进行陈述都是非常危险的。如今,预测信息的披露适用"安全港"规则,在大多数情况下可以免于承担责任。这实际上把预测性披露交给了市场:既不要求披露预测性信息,也不就预测性信息作出处罚。

4. 禁止就其他事实进行书面披露或作出与书面内容不一致的口头披露

为了促进通用语言的使用和公司优劣的比较,信息披露规则必须根除与众不同的披露方式;如果一家公司的披露方式与众不同,那么可能会侵蚀信息披露在比较公司优劣方面的效用。一家公司可以通过披露非同寻常的信息,使通常的比较标准无法适用,从而使其他公司的投资者无法获得信息披露所能带来的互惠性利益。

再者,任何降低诉讼成本的努力,都必须确保向 SEC 提交的书面披露文件都是有效的披露。如果所有投资者获取的都是同一套信息披露内容,则可以将证券案件作为集体诉讼来起诉,从而降低每位投资者的诉讼成本,并至少增加获得一定金额赔偿的可能性。信息披露将是赔偿请求的核心部分,而侵权或合同诉讼中经常出现的困难(合同上标明的是 X,但销售人员过去说的是 Y)得以避免。

此外,当所有投资者都有一个共同的损害赔偿请求时,将这些诉讼请求合并在同一诉讼案件中审理,能够给投资者带来正向激励。单个投资者会忽视诉讼对他人的判例价值,因此不愿投入足够的精力与资源。与之相反,在集体诉讼中,律师在决定调查和诉讼应投入的适当金额时,会倾向于考虑所有投资者的利益。因为所有的利益相关方都参

* 标题"一、(二)"。——译者注

与了诉讼,所以不会存在显著的第三方效应。[42]

证券法遵循的路径与这一思路相一致。重点在于书面披露。《1933 年证券法》第 5 条禁止口头或书面陈述先于或不同于法定披露内容。尽管证券在二级市场进行交易的公司可能也确实会进行口头披露——这对于揭示许多公司的特定事实是必要的——但法院拒绝支持这些"口头陈述与书面陈述不同"的诉求。[43] 这确保了书面披露的主导性。除了小额交易或与经纪人的单独交易外,口头陈述在很大程度上无关紧要。

5. 事先审查和安全港规则

事先的行政审查比事后存在风险的司法决定成本要低得多。各方都愿意"过度披露"以降低风险。

证券法以各种各样的方式遵循"事先审查/降低风险"的路径。在很长一段时间里,SEC 的工作人员在允许每一份注册申请(registration statement)和招股说明书生效前都会仔细审查。虽然审查过程产生不了正式的法律免责效果,但之所以在实践中这么做,是因为行政程序确保了信息披露符合所有的形式要求,但这也导致了旨在预防风险的过度披露。[这种实践和审查的规范化助力了信息披露的常规化,在过去 10 年(1974 ~ 1984 年——译者注)中,SEC 已经能够依靠律师专业

---

〔42〕 关于调查和诉讼的经济学研究,在多方主体就同一诉求拥有财产权益,而非分散的小额索赔的情况下,see Landes & Posner, *Should Indirect Purchasers Have Standing to Sue under the Antitrust Laws?: An Economic Analysis of the Rule of Illinois Brick*, U. Chi. L. Rev., Vol. 46, 1979。诚然,即使集体诉讼的原告有正确的激励,原告的律师也不会有。See Coffee, *Rescuing the Private Attorney General: Why the Model of the Lawyer as Bounty Hunter Is Not Working*, Md. L. Rev., Vol. 42, 1983; Rosenfield, *An Empirical Test of Class Action Settlement*, J. Legal Stud., Vol. 5, 1976. 然而,这是一个单独的问题。无论律师的动机是什么,代表一个群体的律师比代表单独当事人的律师有更好的激励。

〔43〕 See, e. g., Zobrist *v.* Coal – X, Inc., 708 F. 2d 1511 (10th Cir. 1983)(原告的诉讼请求被驳回了,因为依赖所谓的口头陈述的一方无法证明这种信赖;也就是说,法院不允许口头陈述与书面陈述相矛盾). 严格适用口头证据规则也将取得同样的结果。Blue Chip Stamps *v.* Manor Drug Stores, 421 U. S. 723 (1975)案中讨论了当原告就披露如何阻止其进行交易而提起诉讼时所面临的困难,该案也倾向于取得类似的结果。

知识的积累来维持表格的完整性,而不再需要这样详细的审查。][44]

事先审查未涵盖的事项由法定或监管意义上的“安全港”规则所涵盖——充分利用了《1933 年证券法》第 19(a)条和《1934 年证券交易法》第 23(a)(1)条。这些法律规定,任何基于 SEC 规则而善意为之的行为都不应构成这些法律下的责任基础。这些“安全港”规则通常要求公司采取一系列复杂的步骤来获得它们的保护;因此,证券行业对律师来说既有吸引,也有挑战。然而,从投资者的角度来看,这些法规为公司提供了一条减少风险的路径,却几乎没有换得信息披露。

这些法律规定的程序的结果是,虽然公司就其所生产的产品面临着巨大和不可预测的责任风险,但与其所发行的证券相关的责任风险非常小,尽管产品的性能比证券的价格更容易预测。对根据正常流程制作并提交给 SEC 的披露文件施加责任的案例十分罕见。追究责任的案例也有很多,但几乎都是小额的营业转让或其他一些不寻常的、针对特定个人的交易。这一责任范围证明了我们的基本观点:宽松的披露规则在降低风险、换取公司信息披露的更少变动方面非常有效。

6. 审慎使用“重大遗漏”标准

我们已经讨论过的所有公式化披露方法和由此产生的确定性,都会因为对构成欺诈的未披露事项的界定太过宽泛而遭到破坏。法律法规规定,不得遗漏那些使信息披露不产生误导性所必需的重大信息。但诸如“重大”和“误导性”这样的术语是模糊不清的。SEC 和法院可以将它们解读为要求披露的信息没有边界,也不确定。而这将破坏所有我们讨论过的其他机制。同样,将之与侵权行为进行类比具有启发意义。向来,对“未能警示”特定危险的行为,法院一直施以严重的责任。误导性重大遗漏是与之相当的侵权行为。

不过,在证券案件中,“重大遗漏”标准一直受到限制。联邦最高法院认为,只有在“理性投资者在决定如何投票时,有可能认为该项被遗漏的信息是重大的”的情况下,遗漏才是重大的。[45] 在作出这种界

---

〔44〕 See Pashigian, *Regulation*, *Preventive Law*, *and the Duties of Attorneys*, in W. Carney ed., The Changing Role of the Corporate Attorney, Lexington Books, 1981(讨论了律师在防止违法行为中的经济作用).

〔45〕 TSC Indus. *v.* Northway Inc., 426 U. S. 438, 449(1976).

定的案件中，法院认为，证券价格相较于在最初披露时的估价减少了20%，无法说明这项遗漏是重大的。法院的理由是，如此多的其他信息已经被披露了，可以合理地推断价格的变化。而且，无论如何，未披露内容与已披露内容的关联十分有限，因此它不足以构成责任的基础。

根据这一“重大性”标准，SEC 的表格和附表的充分披露要求，使其免受后续证明“重大遗漏”的努力的影响，标准化和风险降低功能得以实现。的确，在下级法院的许多案件中，法院认定正式披露文件中存在“重大”遗漏；我们不能否认，从大多数人的角度来看，其中有些判决所涉及的遗漏是微不足道和不重要的。但只有极少数例外，[46]这些案件没有将损害赔偿判给原告。发行证券的过程似乎几乎不会产生责任。根据州法，州法院对“重大性”进行了更广泛的定义，使得跨州剥削假说更为可信。[47] 另外，在联邦法院发出禁令的案件中，每年都有5到10个案件被裁定信息披露存在“重大遗漏”，但这并没有动摇更重要的观察数据：由于提交给 SEC 的正式文件中的遗漏而被判承担损害赔偿责任的情况十分罕见。

证券监管的标准化和风险削减功能在二级交易市场上实现得很不成功。近年来，在股价暴跌之后，出现一系列质疑公司之前所披露信息的准确性和完整性的诉讼，这种情况越来越普遍。对重大遗漏的指控往往是这类诉讼的核心。也许与新股发行市场的不同之处在于，一旦股票发行，公司就不再像新股发行那样自由地进行非常谨慎的陈述。因为过度悲观可能会被描绘成市场操纵。无论如何解释，如果法院继续认可公司信息披露存在重大遗漏的指控，就会削弱证券监管的风险削减功能。

---

〔46〕 See, e. g., Feit v. Leasco Data Processing Equip. Corp., 332 F. Supp. 544 (E. D. N. Y. 1971).

〔47〕 See, e. g., Lynch v. Vickers Energy Corp., 429 A. 2d 497, 501 – 04 (Del. 1981) [被 Weinberger 案部分推翻, Weinberger v. UOP, Inc. 457 A. 2d 701, 703 – 04 (Del. 1983)].

四、成本和收益的实证分析

到目前为止，我们已经提出了一大堆支持和反对的论据。我们概述了自利驱动的信息披露是如何运作的，为什么私人激励可能会使信息披露处于次优水平，私人和州的集体行动可能会如何解决或无法解决这些问题，以及为什么为联邦立法提供的通常理由没有说服力。所有的这些论断都需要检验。50 年后，我们能说些什么来支持或反对这些逻辑论证？事实证明，我们所知甚少。成本和收益都不易衡量。

（一）直接成本

证券监管的直接成本是关于信息的汇编、传播和诉讼的成本，以及 SEC 的成本（包括政府承担的成本和出庭各方承担的成本）。这些成本包括所有参与披露过程的人（公司高管、律师、员工）的时间机会成本，加上打印和邮寄披露文件以及披露规则的费用。

两位经济学家曾试图测算这些成本。他们计算出 1980 年的直接支付数字超过 10 亿美元——这还不包括发行人的员工所投入时间的机会成本。[48] 然而，这些经济学家观察到，公司自愿承担了更高的披露成本。虽然法律没有要求公司向投资者邮寄公司的认证声明和年度报告，但公司每年在这方面的花费超过 20 亿美元。[49] 这些邮件并不会产生新的信息：年报中的所有内容在邮寄时都已过时，而报告本身的传播也无助于做出更好的投资决策。

这表明，在决定所需披露的成本的所有努力中都存在一个重大问题。在没有证券法的情况下，我们不知道公司会披露哪些信息，向谁披露。这 10 亿美元中的很大一部分涵盖了在没有法规的情况下可能产生的成本——回想一下 1933 年广泛自愿披露的情况。强制披露的边际直接成本可能非常低。如果邮寄年度报表和报告带来的不确定收益

---

〔48〕 See S. Phillips & J. Zecher, *The SEC and the Public Interest*, The MIT Press, 1981, pp. 27 – 51.

〔49〕 同前注〔48〕，第 50 页（表格 3.3）。

证明了20亿美元的自愿支出是合理的,那么在收益方面不需要花费太多功夫,就可以证明SEC逐渐增加的披露要求是合理的。

(二)间接成本:对活跃水平的影响

间接成本可能更高,也更难衡量。其中一项成本是,信息披露可能导致公司改变或放弃原本会追求的盈利项目。如果一个新产品是在保密的情况下构建的,那么它可能是有利可图的,公司在竞争对手面前抢先一步;如果信息披露规则要求提前披露信息,竞争对手的反应会降低该项目的吸引力。

支持披露诸如外汇支付和污染等主题信息的人,经常主张披露是有益的,因为披露将引导公司改变行事方式。[50] 然而,在这些方面找到"收益"是有悖常理的。盈利行为的改变——无论盈利来自新产品,还是来自无须支付排放污染物的全部社会成本——对投资者没有价值,反而被视为一种成本。

可能很少有项目因为披露而被放弃;回顾性、公式化和互惠性使披露不太可能会泄露有价值的和无回报的信息。互惠式的污染信息披露可能对投资者群体是有利的,尽管当其他公司披露时,每个公司都可以从拒绝披露和保持沉默中获利。因此,信息披露导致的公司行为变化的成本(和潜在收益)是未知的。

披露机制还存在其他潜在的间接成本。一个是"噪音"。如果法律迫使公司披露更多信息,那么投资者就必须花费额外的时间梳理披露的信息,找出真正重要的信息。另一个是替代。公司可能会停止披露某些类别的有用信息,转而披露一些令人不解的(但符合要求的)信息。公司可能会在制作书面文件上更加谨慎和沉闷,将重要的信息披露转换为讨论和分析,或其他口头交流,这些交流不那么精确,传播也不那么广泛。未被清楚理解或"编码"的信息披露将被不完美地"解码"(并产生一些成本)。在极端情况下,强制性信息披露机制对信息内容的规定可能会阻止公司一并传达所有类型的信息。即使我们在前

---

〔50〕 许多这样的观点都被收录于SEC, Staff Report on Corporate Accountability(1980),并在Staff of the Senate Comm. on Banking, Housing, and Urban Affairs(Comm. Print 1980)中重印。

文*中关于强制披露可能有益的猜测是正确的,任何信息披露机制的实施都必然会存在这样的成本。如果我们在那里的论证是错误的,成本会更高。然而,我们不知道这些成本可能有多高,甚至不知道如何测算它们。

(三)收益:投资者获益了吗?

据称,强制性信息披露带来的主要收益,是投资者会赚更多的钱。他们会更少地因欺诈而遭受损失;即使欺诈的程度不受影响,当他们知道得更多时,他们也会更明智地投资。相反,前文**中的讨论表明,几乎没有理由认为,披露规则将以投资者回报的形式产生可见的利益。

乔治·斯蒂格勒(George Stigler)针对信息披露规则出台前后投资者的收益所做的研究最为著名。[51] 斯蒂格勒观察了新股发行市场,计算了每只股票的买入价格和之后某一天的价格之间的百分比差。他研究了1923~1927年的新股购买情况,并询问这些投资者持有1年、2年、3年、4年或5年后的表现。在他的测试中,只有当他们相对于已上市公司的投资者获得收益时,才是表现良好的。然后,他又对1949年至1955年的新股购买者进行了同样的调查。他得出了两个结论。首先,尽管新发行股票的投资者相对于市场而言似乎是亏损的,而且1923~1928年的投资者比1949~1955年的投资者亏损略多,但在统计上这种差异并不显著。其次,投资者利润的标准差在第二阶段远低于第一阶段。斯蒂格勒的结论是,证券法在为新投资者节省资金方面收效甚微,但将一些小公司排除在市场之外,从而减小了回报的方差。

格雷格·贾雷尔(Gregg Jarrell)做了本质上相同的比较,但他使用的方法是在斯蒂格勒的研究之后发展出来的。他不仅询问了投资新公司的投资者相对于市场的收益或损失,还询问了当考虑到投资的波动

---

* 标题"三"。——译者注

** 标题"二、(三)"。——译者注

〔51〕 See Stigler, *Public Regulation of the Securities Market*, J. Bus., Vol. 37, 1964, revised and reprinted in Stigler, supra note 3, at 78. See also Jarrell, *The Economic Effects of Federal Regulation of the Market for New Security Issues*, J. L. & Econ., Vol. 24, 1981. 这两篇文章都受到了批评。See Friend & Herman, *The S. E. C. Through a Glass Darkly*, J. Bus., Vol. 37, 1964(在Stigler的数据中发现了一些错误,并进行了批评解释);同前注〔9〕,Smith文。See also Stigler, *Comment*, J. Bus., Vol. 37, 1964.

性(风险)时,他们是否还会这样做。因为大多数人都厌恶风险,他们要求持有高风险的初创公司的股票比持有埃克森这样的老牌公司的股票获得更高的回报。他还使用了一个更大的样本,这次将 1926 ~ 1933 年和 1934 ~ 1939 年的数据进行了比较。在维持风险程度不变的情况下,贾雷尔得出结论,从后来的回报来看,1926 ~ 1933 年的投资者并没有为他们的股票付出"太多",后来的投资者也没有。在 5 年的时间里,那些在 1926 ~ 1933 年购买新股的投资者实际上比市场上其他投资者的表现要好。和斯蒂格勒一样,他发现在《1933 年证券法》通过后,市场的波动性大幅下降。

斯蒂格勒和贾雷尔一致认为,在发行后的第一年,经过风险调整,新公司的股票相对于市场下跌。任何随后的收益必须归因于新的信息。爱尔文·弗瑞德从这项工作和其他工作中得出《1933 年证券法》产生了净收益的结论。[52] 此外,斯蒂格勒和贾雷尔发现弗瑞德的研究方法存在缺陷(弗瑞德也发现他们的研究方法存在缺陷),并认为他的结论是不可靠的。无论我们相信哪个结论,均未显示证券法对投资者回报的实质性影响。

我们从这些研究中认识到了什么?无论信息披露的程度如何,新发行证券的投资者和其他证券的投资者表现得一样出色,这一发现并不令人惊讶。毕竟,这些投资者都是同一群人,而且每个投资者都能接触到新发行和已发行的股票,以及债券、贵金属、大宗商品和其他投资品类。均衡的市场将使所有投资工具的风险调整后收益趋同。即使信息匮乏,投资者愚笨,我们也不会指望他们在购买新股时更加愚笨。

1933 年之前存在大量的信息披露,专业投资者不择手段地获取了公司拒绝披露的重要信息。如果《1933 年证券法》只是将公司的"良好做法"编纂成法,略微减少专业人士搜寻信息的工作量,那么它将几乎不会在数据中留下痕迹。此外,假设在 1933 年之前,公司没有提供"足够"的信息,而《1933 年证券法》迫使它们提供"正确"的信息,并且假

〔52〕 同前注〔51〕。See also I. Friend, *Economic and Equity Aspects of Securities Regulation* (1982) (Rodney White Center for Financial Research, University of Pennsylvania, Working Paper No. 7 – 82) (总结了他早期的工作) (copy on file with the Virginia Law Review Association).

设这对投资者是有利的,我们可能仍然不会在斯蒂格勒和贾雷尔的研究中看到利润。因为如果附有更多信息的新证券的售价更高,就会引起发起人和承销商的注意,由此带来的价格调整将隐去监管规则带来的收益。

此外,如果法律同时影响新发行的证券(《1933 年证券法》)和在二级市场交易的现有证券(《1934 年证券交易法》),则这些收益都不应体现在相对回报中。其他方面的变化也在迅速推进:多年来,信息中介机构和基金经理的重要性不断提升。当如此多的事物同时发生变化(斯蒂格勒和贾雷尔承认了这一点)时,我们几乎不可能将那时的情况进行比较。

将 1923 ~ 1933 年未受监管的新发行证券与已发行证券进行比较,以及在随后几年,将受监管的新发行证券与已发行证券进行比较,并不能轻易地揭示出这些法律在整体上的效用。只有当《1933 年证券法》在保护新投资者方面比《1934 年证券交易法》和其他改革在保护存续公司投资者方面,某种程度上更有效时,研究才能显示出新投资者获得了相对收益。没有人指出为什么会这样(在解释上也有问题。1933 年前后的一项研究可能会显示存在收益,但在信息中介较少的情况下存在收益,不能支持《1933 年证券法》在今天继续产生收益的推论)。

《1933 年证券法》降低了收益的可变性,这一发现在收益与损失的对比上也模棱两可。一种可能的解释是,法律提高了上市成本,所以许多公司没有选择上市。只有那些"经验丰富"的大型闭锁公司才有可能上市交易。这将损害投资者的利益,因为这剥夺了他们的选择,而未增加他们的收益。另一种解释是,拥有良好信息条件的投资者会更敏锐地为新股定价;"更好的"定价导致初始价格和后续价格之间的差距更小,因此方差更低。无论如何,这一论点会得出这样的结论:能够持有多样化投资组合的投资者对购买方差没有兴趣;他们可以通过改变投资组合的杠杆来实现这一点。《1933 年证券法》不应该阻碍新公司的创立。只要风险投资市场规模大,而且相当高效(事实也确实如此),私募就能以最优的利率,从从事新风险投资的专业人士那里募集所有必要的资金。

《1933 年证券法》对证券发行风险的影响表明还有另外的复杂因

素。风险的降低意味着整个市场的回报率降低,这一因素妨碍了通过观测市场整体效用来推断投资者福利的尝试。[53]

(四)收益:中介机构和公司的收益与损失

如果不同发行类型或不同时期的相对收益数据不具有启发性,我们可以使用价格变化的即时数据,来做得更好。查明法律颁布时股票价格发生了怎样的变化是完全有可能的。沿着这一思路,如果新的披露规则是有益的,投资者就会给股票更高的估值。股价应当大幅上涨,反映投资者就此获得的收益。[54]

乔治·本斯顿研究了市场对《1934 年证券交易法》通过的反应。[55] 因为 1934 年在主要证券交易所挂牌交易的每一家公司都进行了年度独立审计并披露了审计结果。本斯顿通过寻找那些此前已披露销售额的公司的股票(62%)和那些未披露的公司的股票表现的差异,分析了该法律的影响。他发现,1934 年 2 月(该法案的第一次听证会举行时)至 1935 年 6 月(那时每个公司都已经披露了其销售额),不同组别中公司的表现不存在显著差异。本斯顿据此推断,新的信息披露规则没有给投资者带来任何收益。

很难明白这是怎么回事。也许“销售额”并不是投资者想要的关键信息(尽管有证据表明,这一事实的披露往往会影响股票价格)。也许是因为市场已经从同行业披露者的销售额中推断出了未披露者的销售额,所以股价没有表现出显著差异。那么根据前文*中的论点,我们将把未披露者视为“搭便车”者,他们试图占其他公司的便宜。这一解释与本斯顿进一步的发现是相符的:在 1929 ~ 1934 年,未披露其销售额的公司的股价与披露销售额的公司相比略有上升。本斯顿认为,这表明对销售额的披露要求损害了投资者利益;但我们可以很轻松地指

---

〔53〕 See R. Posner & K. Scott, *The Economics of Corporation Law and Securities Regulation*, 1980, pp. 378 – 379.

〔54〕 See Schwert, *Using Financial Data to Measure Effects of Regulation*, J. L. & Econ., Vol. 24, 1981,该文讨论了有关研究方法,描述了一些更有趣的发现。

〔55〕 同前注〔25〕, Benston 文,第 141 ~ 152 页。But see Friend & Westerfield, *Required Disclosure and the Stock Market*, Am. Econ. Rev., Vol. 65, 1975(尽管没有对 Benston 的基本研究发现提出异议,但质疑其推论的正确性);I. Friend,同前注〔52〕。

* 标题“二、(二)”。——译者注

出,未披露者的额外收益来自他们"搭便车"者的身份,他们试图从其他公司的披露中获取信息,而自己沉默不言。

我们不想被认为对这项工作过于挑剔。这项工作十分困难,因为即使是相对低效的市场也会纳入大量信息。价格中预先反映的有关披露和法律规则的信息越多,就越难通过比较研究来识别新的法律规则的效果。公正地说,我们认为,没有充分的证据表明披露规则是有益的。另外,也没有充分的证据表明这些规则(1)是有害的;(2)代价高昂。股票市场的持续均衡状态磨灭了我们进行"成本—收益"测试所需的信息。至少目前,我们拥有的只有逻辑论证,而没有证据。而逻辑论证本身是不确定的。

五、结论

各种对信息不对称问题的私人和公共回应,为公司披露投资者想要知道的信息提供了强大的激励。强制性的国家信息披露立法可能会很好地改善激励机制,但即便如此,这种改善也是由于其他原因,而不是出于应对欺诈或任何系统性的隐藏信息的倾向的需求。

当发行人由于第三方效应、其他公司的抵制以及跨州剥削而缺乏披露信息的动机时,政府干预最有可能发挥作用。有时,公司发现披露足够的行业范围的、比较性的或标准化的信息并不符合他们的利益。由于证券不是同质化产品,由投资者直接考察商业前景并不划算,因此坚持共同披露某些信息可能会带来收益。

这并不是说我们现有的证券规则是最佳的。没有令人满意的数据表明 SEC 的规则是有益的。也许执行中的问题阻碍了原则上可以实现的增益。与殡葬行业相比,监管证券业的理由更少。殡葬行业中缺乏标准化交易,知情交易者的购物也可能无法形成有效的价格。我们都还没能为任何形式的监管构建出令人信服的理由,遑论 SEC 的监管是如此细致。

尽管如此,强制性信息披露还是有道理的,而且这完全不同于证券法的支持者通常提出的理由。我们的研究思路表明,利用有效的信息披露规则应对寻常的情况不会造成太大问题。

如果将如此不确定的内容称为“结论”,那么对这个“结论”的适当回应是什么?法律秩序变革的支持者背负着沉重的负担。法律规则可能在某些我们不理解的方面是有益的。如果我们能说的只有,我们无法从一套既定的规则中辨别出是利还是弊,那么“放任自流”的理念就具有强大力量。与此同时,对监管的研究已经足够先进,可以支持一种相反的理念:大多数监管制度减损了总体福利,尽管它们也使特定利益集团获益。从证券监管中获益的群体并不少见。导致民航委员会(CAB)被解散以及对许多运输和通讯模式放松管制的推动力——以及这种放松管制的明显效益——表明“如果它没坏,就不要修理它”这句格言只适用于私人秩序的产物。然而,效率低下的监管体系中通常存在准入限制或价格控制,而证券法律中没有。正如我们在一开始所强调的,决定性的难题是,需要判断的问题不是选择监管还是选择市场,而是一种监管(由 SEC 执行的信息披露规则)与另一种监管(由州法院和中介机构执行的反欺诈和“重大遗漏”规则,或许还有披露规则)之间的较量。我们不能说现有的证券披露规则是有益的,但我们也不相信它们可能的替代机制会更好。

(编辑:张　越)

《证券法苑》(2023)
第三十七卷,第343~405页

论强制性信息披露作为代理问题的解决方案*

[美]保罗·马奥尼** 著
薛前强*** 符 榕**** 译

译者评注:保罗·马奥尼(Paul Mahoney)是弗吉尼亚大学法学院的终身制法学教授,在2008年至2016年担任法学院院长。其教学和研究领域是证券监管、法律和经济发展、公司金融、金融衍生品和合同,在各种法律期刊上发表了诸多学术文章,在2015年出版了《危机的浪费:证券监管为何失

---

* Paul G. Mahoney, *Mandatory Disclosure As a Solution to Agency Problems*, 62 U. Chi. L. Rev. 1047(1995). 本文已获得作者翻译授权。

本文获得中央民族大学2022年青年教师科研能力提升计划项目"共同富裕视野下企业慈善行为法律规制研究"(2022QNPY39)、中央民族大学2022年研究生课程建设和教育教学改革项目"新时代法学类研究生教育教学多维改革研究"(GRSJYGG013)、2022年度中国青少年研究会研究课题立项课题"商事法律视域下青少年权利保障与发展研究"(2022B12)、中央民族大学2021年度科研管理人员能力提升计划项目"法学院科研创新活化培育机制研究"的经费支持。

** 现任弗吉尼亚大学法学院教授。本文最初发表在《芝加哥大学法律评论》1995年第62卷第3期上。

*** 中央民族大学法学院讲师。

**** 中央民族大学法学院硕士研究生。

败?》(Wasting a Crisis:Why Securities Regulation Fails)一书。在从事教职之前,保罗·马奥尼教授的工作履历相当丰富,包括曾在纽约苏利文·克伦威尔(Sullivan & Cromwell)律师事务所从事法律工作,为美国联邦第二巡回上诉法院的拉尔夫·温特(Ralph K. Winter)法官和最高法院瑟古德·马歇尔(Thurgood Marshall)大法官担任书记员,甚至还参与了哈萨克斯坦、吉尔吉斯斯坦、蒙古国和尼泊尔等国的法律改革项目。此外,保罗·马奥尼教授的社会任职也较丰富。他是美国外交关系委员会的成员和美国艺术与科学学院的研究员,2018 年至 2022 年在美国证券交易委员会的投资者咨询委员会任职。

本文从强制披露目的入手,将效率提升视为信息披露的正当性所在。效率方面的理由有两个不同的方向,其一为“准确度提高”,其二为“解决代理问题”。作者认为强制性信息披露朝着提高准确性的转向并不可取,其仅在解决代理问题时才可能最有效率,即这些代理问题催生了强制性信息披露制度。在文章第一部分,作者将“代理信息”一词的意思限制为“当代理人利用在委托关系中所获得的权力向委托人出售自己的财产或服务时所涉及的信息”,指出可以通过强制信息披露有效解决的具体代理问题,特别是发起人问题。第二部分介绍了英国强制性信息披露的制度背景以及形成发起人问题的具体细节。第三部分为美国强制信息披露的制度背景,分别介绍了“股票注水”和“不披露佣金”的发起人问题以及相应的司法回应,更详细地探讨了美国《1933 年证券法》和《1934 年证券交易法》中强制披露制度的设计,阐明其设计更符合代理路径而不是准确性提高路径的理由。第四部分则论证了强制性披露是对其最初解决的有限代理问题的一个合理解决方案,但它对交易者之间信息不对称这一更普遍的问题而言不是一个好的解决方案。作者在第五部分讨论了代理成本模式对当今披露政策的影响,如预测的披露、现值会计的使用、储架注册以及高管薪酬的披露。

本文对于我国在建立和完善与注册制相适应的信息披露制度方面具有重要借鉴意义。一方面,政策制定者不可将强制性披露当成解决一切问题、包治百病的良方;另一方面,也可通过本文对以“提高准确性”为前提的披露制度和“降低代理成本”的披露制度进行比较,探索如何制定与我国市场相适应的强制披露制度。

摘要：对效率的维护是强制性信息披露的制度正当性所在。强制性信息披露在效率方面的考量有二：一为“准确度提高”；二为“解决代理问题”。但强制性信息披露朝着提高准确性的转向并不可取，其仅在解决代理问题时才可能最有效率，即代理问题催生了强制性信息披露制度，这也符合美国证券规制体系中强制性信息披露规则的生成逻辑。在适用场景上，强制性信息披露是解决有限代理问题较为合理的方案，但它对解决交易者之间信息不对称这一更普遍的问题而言并不可行。

关键词：强制性信息披露　效率　代理问题　准确度

引　言

大多数提供商品或服务的卖家在法律上并未被强制要求向潜在客户提供有关其产品或服务的特定信息，他们只被要求避免做出虚假声明。但存在一个与证券交易有关的例外，即在公开市场上发行证券的公司必须提供有关证券和发行人的明确披露。这并非美国的专利，大多数发达国家亦如此。那么，是什么造成了证券和其他产品之间在信息披露方面的差异化？

颇令人惊讶的是，鲜有学者试图以效率为论据来证成此种区别。经济学家们最初针对美国证券法采取收集实证证据的方法，以证明投资者在这些法律颁布后是否有更好的发展。[1] 为回应实证上的争论，就强制披露效率方面的议题，目前已形成一部分小但却颇有影响力的

---

〔1〕 See George J. Stigler, *Public Regulation of the Securities Markets*, 37 J. Bus. 117 (1964)（认为新发行证券的投资者的回报不受证券法的影响）；Irwin Friend and Edward S. Herman, *The S. E. C. Through a Glass Darkly*, 37 J. Bus. 382 (1964)（对 Stigler 的分析提出质疑，并反驳说 1933 年后收益的方差更低）；George J. Benston, *Required Disclosure and the Stock Market: An Evaluation of the Securities Exchange Act of* 1934, 63 Am. Econ. Rev. 132 (Pt 1 1973)（证据表明，强制性定期披露对投资者没有好处）；Irwin Friend and Randolph Westerfield, *Required Disclosure and the Stock Market: Comment*, 65 Am. Econ. Rev. 467 (Pt 1 1973)（挑战 Benston 的分析）.

理论文献。[2] 这些文献指出,强制披露的目的是帮助市场参与者确定准确反映所有可用信息的证券价格。[3] 与缺乏披露的情形相比,信息披露可以帮助交易者以较低的成本收集信息,在价格中反映新的信息,从而促进信息效率(并最终促进社会福利)。将效率提升视为信息披露的理由,结果是这种“提高准确度”的主张占据绝对统治地位。那些批评强制披露制度的人士并不质疑强制披露旨在提高信息效率这一前提假设,他们转而质疑美国证券法是否已经实现这一目标。[4]

本文为解释证券市场强制披露的正当性提出另一种效率方面的理由。笔者将该替代性理由称为“代理成本模式”(agency cost model),认为强制信息披露的主要目的是解决某些代理问题。这些代理问题存在于公司发起人和投资者之间以及经理和股东之间。信息披露有助于降低监督发起人和经理人基于自利目的使用公司资产的成本。与公司相关的现代文献认识到这种代理问题的普遍性和重要性,[5] 此外,强

〔2〕 主要著作有:John C. Coffee, Jr. , *Market Failureand the Economic Case for a Mandatory Disclosure System*,70 Va. L. Rev. 717(1984);Frank H. Easterbrook and Daniel R. Fischel,*Mandatory Disclosureand the Protection of Investors*,70 Va. L. Rev. 669(1984);and Gregg A. Jarrell,*The Economic Effects of Federal Regulation of the Market for New Security Issues*,24 J. L. & Econ. 613(1981)。

〔3〕 除注释〔2〕中引用的资料外,see Marcel Kahan,*Securities Laws and the Social Costs of “Inaccurate” Stock Prices*,41 Duke. L. J. 977,979(1992);Jeffrey N. Gordon and Lewis A. Kornhauser,*Efficient Markets, Costly Information, and Securities Research*,60 NYU L Rev 761, 802 (1985); Ronald J. Gilson and Reinier H. Kraakman, *The Mechanisms of Market Efficiency*,70 Va. L. Rev. 549,601(1984)。

〔4〕 See Homer Kripke, *The SEC and Corporate Disclosure: Regulation in Search of a Purpose*(Law & Business,1979);Benston,63 Am. Econ. Rev. at 133 – 34(见前注〔1〕).埃德蒙·基奇(Edmund Kitch)对准确性提高为分析强制性披露提供了一个连贯的手段这一观点提出了质疑,但并没有提出一个替代模式。See Edmund W. Kitch,*The Theory and Practice of Securities Disclosure*(working paper on file with U. Chi. L. Rev.).

〔5〕 See Michael C. Jensen, *Agency Costs of Free Cash Flow, Corporate Financeand Takeovers*,76 Am. Econ. Rev. 323(Pt 2 1986);Frank H. Easterbrook,*Two Agency – Cost Explanations of Dividends*, 74 Am. Econ. Rev. 650 (Pt 1 1984); Michael C. Jensen and William H. Meckling,*Theory of the Firm. Managerial Behavior, Agency Costs and Ownership Structure*,3 J. Fin. Econ. 305(1976).

制性信息披露规则在"委托—代理"的背景下很常见。[6] 因此,将减少代理成本视为证券市场强制披露的效率正当性似乎是合理的。

虽然降低代理成本可能是强制信息披露的一个理由,但它是否能解释现有的强制信息披露制度?若稍看一下美国国会在20世纪30年代颁布的法规,则可发现代理成本的解释似乎优于准确度提高的解释。强制性信息披露的确不是新政首创,而是从适用于代理人的普通法规则演变而来的,这些法律规则主要用于规制与委托人进行不利交易的代理人。作为"发起人问题"(promoter problem)这一特定代理问题的处理手段,这些规则同样适用于证券市场。发起人问题的决定性特征是,利用与创立新公司和公开发行股票有关的资金,从公司的发起人那里购买资产或服务,而这些交易并不公允。发起人问题直接导致了英国第一部强制性信息披露法规的出台,同时成为美国证券法背景的重要组成部分,美国证券法在很大程度上借鉴了英国的法规。英国和美国证券法中所包含的可披露的项目清单,均主要集中在发起人问题和相关的代理问题上。这些法规的历史和最初设计都与代理成本模式一致。

当我们把注意力集中在当下时,情况会变得更加复杂。当前,美国证券法授予美国证券交易委员会(SEC)改变披露制度细节的权力。[7] 它所采取的方式与代理成本模式不同,其越来越倾向于采用准确性提高模式。因此,代理成本模式并不是令人信服的对目前SEC一系列披露规则的正面解释。然而,准确性提高范式也同样无法提供等同的解释。现在的强制性信息披露制度是理论、方法经过60余年变化而生的产物,因此其并没有反映出任何单一的范式。但笔者认为,从规范意义上讲,强制性信息披露朝着提高准确性的转向并不可取。强制性信息披露仅在解决代理问题时才可能最有效率,即这些代理问题催生了强制性信息披露制度。

---

〔6〕 See Moore & Co. v. T-A-L-L, Inc., 792 P2d 794, 798-99 (Colo 1990)(房地产经纪人有义务向委托人披露要约); Restatement (Second) of Agency § 381 (1958) ("Restatement of Agency")(代理人有义务向委托人提供与委托事务相关的信息); id § 382.

〔7〕 参见本文注〔172〕、注〔173〕。

弄清强制性信息披露究竟是为了解决一系列的代理问题,还是为了提高证券市场的信息效率是一个重要的问题,因为这两种范式对信息披露政策有着明显不同的影响。接受准确性提高范式意味着关于未来的信息比关于过去的信息更重要,因为关于过去的信息已经反映在证券价格之中。因此,此时的信息披露制度应该要求公司经理们讨论他们对企业未来的信念,并且应该支持要求经理提供会计报表,且这些会计报表反映的应当是当前公司资产的价值而不是过去的历史价值。[8] 当一家公司得到证券分析师的广泛关注时,每个投资者取得历史数据的必要性就会降低,原因在于这些历史数据因分析师的缘故而反映在价格之中。近年来,SEC 以符合这些规范的方式完善了强制披露制度。例如,SEC 已采取初步措施,准备将前瞻性声明纳入披露文件之中;积极影响会计准则的制定(而这些会计准则通常要求报告或披露特定资产的现值);允许规模较大、关注度较高的公司使用较小限制性的证券注册程序。[9] 这些变化的可取性部分取决于准确性提高模型的有效性。

代理成本模式的规范性规定倾向于指向与准确性提高模式相反的方向。代理成本模式证成了传统的、向后看的强制披露模式的合理性,因为它是一种帮助投资者发现违反合同或信托义务现象的手段。管理层对企业未来的预测或看法不可能包含与此类违规行为有关的信息。因此,管理层是否披露的决定可以安全地不受管制。会计报表将确定公司的资金和资产是如何使用的,它能够帮助投资者发现管理层违反对股东所负责任的行为。为此,借鉴、参考历史成本是合适的。代理成本模型与准确性提高模型不同,其主张建立一个强制性的披露制度,这个制度要比目前的制度更加集中,限制也更多。

本文第一部分指出了可以通过强制信息披露有效解决的具体代理问题,特别是发起人问题。第二部分展示了发起人问题如何助推英国

---

〔8〕 See Kripke, The SEC and Corporate Disclosureat 96 - 114, 179 - 198(见前注〔4〕); George J. Benston, *The Effectiveness and Effects of the SEC's Accounting Disclosure Requirements*, in Henry G. Manne, ed., *Economic Policy and the Regulation of Corporate Securities* 23, 27 - 30, American Enterprise Institute, 1969.

〔9〕 参见本文第五部分。

强制性信息披露规则的发展,即首先由法官推动,后来由议会推动。第三部分追溯了美国信息披露规则的相关历史。第四部分认为,就美国证券法编纂和完善先前存在的针对发起人问题和相关代理问题的司法解决方案而言,它们可能是有效的。然而,当言及授权扩大披露系统以追求提高准确性的目标时,它们可能是低效的。第五部分讨论了代理成本模式对当今披露政策的影响,例如预测的披露、现值会计的使用、储架注册以及高管薪酬的披露。

一、代理成本模型:描述和分类

一家公司是"一个代理关系网"。〔10〕披露互相冲突的利益是代理法则的主要内容。〔11〕也许,强制信息披露有助于减少由于发起人、董事和经理人与投资者之间的利益冲突而产生的代理损失。很明显,强制披露的部分目的是解决一些标准的代理问题。在美国,《1934 年证券交易法》〔12〕要求所有公开交易的公司都要进行定期披露,包括管理层的报酬和管理人员与公司之间重要交易的详细信息。〔13〕这种披露的目的显然是帮助股东监督管理层的自利行为。通过减少监督成本,披露可以减少整体的代理损失。〔14〕

---

〔10〕 See Frank H. Easterbrook and Daniel R. Fischel, *Corporate Control Transactions*, 91 Yale L. J. 698, 700(1982).

〔11〕 See ConstructionTechniques, Inc. v. Dominske, 928 F2d 632, 636(4th Cir. 1991)(雇员有义务披露在雇主主要供应商中的所有权利益)Restatement of Agency §§ 389, 391(见脚注〔6〕)(在未向委托人披露和未征得委托人同意的情况下,不与作为他方当事人的委托人打交道或代表他方当事人行事).

〔12〕 See Securities Exchange Act of 1934, Pub. L. No. 291, 48 Stat 881, codified at 15 U. S. C. §§ 78a - 7811(1988 & Supp. 1993).

〔13〕 See Securities Exchange Act of 1934 § 12(b)(1)(D) - (G), 15 U. S. C. § 781(b)(1)(D) - (G).

〔14〕 Jensen 和 Meckling 将代理成本定义为委托人的监督支出与代理人的担保支出,以及未被监督或担保所防止的剩余损失的总和。See Jensen and Meckling, 3 J Fin Econ at 308(见前注〔5〕). 因此,通过减少股东的监督费用,披露减少了与公司形式相关的总代理成本。

但在公司向公众出售新发行的证券时,需要进行最广泛的强制性披露。美国《1933 年证券法》〔15〕要求向公众发行证券的公司必须向 SEC 提交一份详细的注册声明,并在提供给投资者的招股说明书中提供大量信息。〔16〕对这些披露的传统解释是,它们向投资者提供了所有必要的"重要事实"(material facts)来帮助投资者判断其所提供证券的价值。〔17〕然而,潜伏在表面之下的是代理问题,许多披露的信息与之直接相关。当新成立的公司首次向公众出售股票时,代理问题是最重要的,也是最容易被观察到的,早期的强制性信息披露法规主要关注的就是此种情况。〔18〕"发起人"通常确定要成立的资产或业务,创建公司,并选择一个初始董事会。〔19〕公司通过其董事购买将会用到其业务中的资产,并用其股票或者由发起人或代表发起人向投资者筹集的现金支付。

公司的创建和股票公开发行产生了许多盈利机会。通过出售股票筹集的现金可用于购买新业务和签订各种长期合同。公司可以花费资金雇佣顾问和咨询师,支付佣金、购买其他商品和服务。提供现金的投资者希望公司董事会能够确保这些交易是在对公司最有利的条件下进行的。遗憾的是,董事是由发起人选择的,可能不够独立,无法将股东的利益放置于发起人的利益之上。发起人可能希望将上述获利机会输送给自己或其家人、朋友和商业伙伴。由于发起人可以在公司成立之前安排这些交易,然后选择一个董事会代表公司完成这些交易,后加入

〔15〕 See Securities Act of 1933, Pub. L. No. 22, 48 Stat 74, codified at 15 U. S. C. § § 77a - 77z (1988 & Supp. 1993).

〔16〕 See Securities Act of 1933 § § 5, 7, 10, 15 U. S. C. § § 77e, 77g, 77j.

〔17〕 See Ernst. & Ernst. v. Hochfelder, 425 U. S. 185, 195 (1976); Croy. v. Campbell, 624 F2d 709, 712 (5th Cir. 1980).

〔18〕 参见本文第二部分。

〔19〕 "发起人"一词没有普遍接受的定义,但该词被普遍理解为采取必要步骤成立公司并进行初步谈判的人,通过谈判,公司确定了它将最终收购的企业或资产。See generally L. C. B. Gower, Principles of Modern Company Law 296 - 97 (Sweet & Maxwell, 5th ed. 1992). 根据特拉华州法律,提交公司注册证书从而使公司获得存在合法性的人,被称为"法人创立者"。他在选择董事之前有权管理公司的事务、通过公司章程和选举董事。See 8 Del. Code Ann. § 107 (1991).

的股东就可能会发现,旨在保护他们利益的机构并没有正常运作。[20] 其结果是“发起人问题”——也就是说,发起人可能会在没有任何公平交易或独立审查的情况下向公司出售财产和服务。问题不仅在于信息优势的一方在出售时没有披露他对所售物品的了解,还在于董事可能不像投资者期望的那样成为投资者的忠实代理人。这似乎可以毫不夸张地得出一个结论:发起人控制着董事的活动,并且是他们违反职责的主要受益者,发起人对这种情况负有一定的责任。

法院对发起人问题作出回应,宣称在选择一个真正独立的董事会之前,发起人在公司方面处于受托地位。[21] 但是,受托责任的种类有很多。法院对发起人施加的主要责任是披露其财务利益的性质和程度。[22] 正如下文详细讨论的那样,我们有理由相信,如果有机会讨价还价,那么发起人和投资者会同意这样一个解决方案。[23] 了解发起人问题的潜在投资者想知道:通过发行股票所募集的资金中有多少将用于支付佣金、费用和类似的开支;支付这些费用的人是否与发起人或董事有任何预先存在的关联关系,从而使人怀疑这些条款是否反映了公平交易;发起人、董事或与他们有关的人在股票发行中一般还有哪些经济利益(如发起人是否是用募集资金购买的任何财产的实际所有人)?笔者将使用“代理信息”这一术语来概括符合上述类别的信息。强制性披露制度的重点是关注代理信息,遵循笔者所说的披露制度的“代理成本模式”。

这种对代理信息的定义是刻意限制的。它只限于公司与公司发起人或经理之间的重要交易信息。此处关注的代理问题不包括公司治理文献中通常讨论的全部问题(包括代理人不勤勉的问题),相反涉及代理人不当行为的一组范围较窄的代理问题,这些问题一直受到传统普

---

〔20〕 发起人在公司成立前代表公司签订的合同,如果在公司成立后得到董事的批准,则对公司具有约束力。See Stringer v. Electronics Supply Corp. ,23 Del. Chanc. 79,2 A2d 78,79 - 80(1938).

〔21〕 See Public Investment Ltd. v. Bandeirante Corp. ,740 F2d 1222,1234 n 72(DC Cir. 1984);Smith v. Bitter,319 N. W. 2d 196,200(Iowa 1982).

〔22〕 参见本文第二(二)部分。

〔23〕 参见本文第四(一)部分。

通法的关注。笔者主张,强制信息披露是处理这一有限的代理问题子集的合理有效手段,并且已经在其他情况下得到证实。代理人在与委托人进行不利交易时应承担披露义务,强制性证券披露规则就产生于这种传统义务之中,这在早期阶段是有迹可循的。尽管存在其他类型的代理问题,但它们不是强制性披露规则的来源,而且这些问题没有办法通过强制性披露规则有效解决。如果这些问题能够得到解决,通过"所有关于公司业绩的信息都与股东监督经理的努力有关"这一主张,人们就可以从代理成本的角度重新构建准确性提高模式。然而,就本文而言,"代理信息"(agency information)是一套独特的信息,当代理人利用在委托关系中所获得的权力向委托人出售自己的财产或服务时,涉及的就是这一类信息。

二、英国强制性信息披露的制度背景

本部分研究了披露规则在多大程度上与代理信息有关,并与更广泛的准确性提高的信息形成对照(包括任何会影响股票价格的信息)。笔者的论点是,强制披露是作为一种强制披露代理信息的手段开始的,目的是控制发起人问题。在议会于 1900 年颁布第一部全面的披露法规之前,有大量的英国判例法产生,这表明发起人问题很严重。从立法历史中也可以看出,最初颁布信息披露法的立法者首先考虑的是发起人问题。议会对这一问题的解决方案大部分复制并在一定程度上扩展了先前存在的司法解决方案。

(一)发起人问题

在 19 世纪的英国,向公众出售股票筹集资金的公司大多是营销资本(promotional ventures)。[24] 在那个时代,英国公司和美国公司一样,

〔24〕 James Jefferys 注意到现有的上市公司从 1885 年开始通过出售股票筹集新的资本。尽管他认为现有的公司从 1900 年开始才成为新资本的重要竞争者。See James B. Jefferys, *Business Organizationin Great Britain*:1856 - 1914, 147 - 49, Arno,1977.

使用高面值股票,发行时的购买价通常等于面值。[25] 今天,这种使用高面值股票的做法似乎令人费解,但在最初的情况下是有的放矢的。[26] 一家公司的成立和其首次向公众发售股票通常是同时进行的。企业家或发起人将向潜在的投资者通过口头或书面招股说明书描述他的想法,并寻求认购股票。潜在投资者签署一份认购协议,约定如果获得足够的认购,投资者将购买一定数量的股票。沟通的速度必然决定了其寻求和获得认购的过程要比现代公开发行的过程更加从容。在这些条件下,一个认购者可能会担心其他更受青睐的认购者会以更低的价格获得股票。高面值股票缓解了这种担忧,因为法律规定每个购买者都必须至少要支付其股票的面值。[27] 因此,仅支付面值的购买者知道他获得的交易与任何其他购买者一样。

然而,这种确定性的代价是,未来的股票发行会很困难。在以后的发行中,已发行股票的市值不太可能完全等于面值。此外,股票通常是在出售时部分支付的。也就是说,在开始时认购者只支付面值的一部分(通常是15% ~40%)并对剩余的差额负责。[28] 因此,对额外资本的需求可以在一段时间内通过对现有股份的未支付部分进行催缴来满足,从而减少发行新股。发起人的一个假设是,公司在成立之初的既定资本将超过企业的即时需求,未来的资本需求将通过调用留存收益、借

---

〔25〕 See J. B. Jefferys, *The Denominationand Character of Shares*, 1855 - 1885, 16 Econ Hist Rev 45, 45 - 51(1946). 关于美国的实践, see Bayless Manning and James J. Hanks, Jr., *Legal Capital* 28, Foundation, 3d ed. 1990。

〔26〕 下面的讨论借鉴了Manning和Hanks的高价股历史。See Manning and Hanks, Legal Capital at 22 - 28.

〔27〕 有限责任的概念是通过"股份有限公司"或"有限公司"的方式进入公司法的,在这种公司中,"其成员的责任限于其股份的未支付金额"。See Companies Act, 1862, 25 & 26 Vict, ch. 89, § 8. 没有全额支付其"出资"(面值)的成员(股东)应向债权人承担不足部分的责任。Id. § 38.

〔28〕 See P. L. Cottrell, *Industrial Finance*: 1830 - 1914, 84 - 86, Methuen, 1979(分析从1856年至1882年的数据).

贷和额外的未付资本来满足。[29]

有评论指出大多数股票销售都是由促销公司(promotional companies)进行的,这对于理解英国信息披露法规的结构至关重要。新出台的信息披露规定被认为针对的是促销公司。一位商人在1895年向贸易委员会的部门委员会(也被称为戴维委员会,Davey Committee)提供证据,明确区分了在公司成立时产生的问题和持续存在的问题。他认为,前者主要与保护未来的股东有关,而后者则主要与保护债权人有关。[30] 这种信念似乎影响了议会处理信息披露监管的方式。公司为了债权人的利益定期公开披露,从一开始就是英国公司法的一个固定特征。1844年颁布的第一部普通公司法[31]并没有规定有限责任。因此,该公司被要求每年提交两份公开声明,指出其股份的转让情况,以便债权人在不付款的情况下知道当前投资者的姓名和地址。[32] 即使在有限责任制度出现后,公司仍然发行部分付费的股票(这种做法被认为是使公司具有信用的必要条件)。[33] 因此,公司法仍然要求公司每年申报股东的姓名和地址以及他们尚未缴纳的出资额。[34] 议会自然而然地认为定期披露和新问题披露是为两个完全不同的目的服务的。

19世纪末,设立新公司的一种常见形式是从所有人手中购买现有

---

〔29〕 See *Report of the Select Committee on Limited Liability Acts*,10 Brit Parl Papers 393,436 - 37(1867)("1867 Report")(testimony of William Newmarch, Esq). 纽马赫(Newmarch)主张,如果发现企业的资本需求可以通过留存收益来满足,则应允许公司减少其注册资本。他认为,未来征收资本的可能性已经抑制了一些公司股票在二级市场的发展。

〔30〕 参见贸易委员会(the Board of Trade)任命的部门委员会的报告,该报告调查了与根据公司法成立的有限责任公司有关的法案有哪些必要的修正。See 1862 to 1890,88 Brit Parl Papers 151,239(1895)("1895 Report")(memorandum of Samuel Ogden, J. P.).

〔31〕 关于股份公司注册、成立和管理的法律,参见7 &8 Vict,ch. 110(1844)。

〔32〕 See id. ch. 110, § XI.

〔33〕 See 1867 Report 187 at 414(见前注〔29〕)(evidence of the Honorable Edward C. Curzon);Jefferys,*Business Organizationin Great Britain* at 171(见前注〔24〕).

〔34〕 See Companies Act,1862,25 &26 Vict,ch. 89, § 26.

企业或资产。[35] 新的公司有时是由所有人自己组织而成,但在20世纪末,所有人经常使用专业发起人的服务。[36] 代表未来公司的受托人签订一份购买企业或资产的合同,条件是在从公众那里筹集到足够数量的资金。[37] 该受托人通常是发起人的合伙人,他的利益与发起人利益相一致,而不是与外来投资者的利益相一致。发起人起草并提交公司的备忘录和章程,其中指出,公司目的之一是完成对企业或资产的购买。发起人随后选择一个初步的董事会,并印制一份招股说明书,介绍公司业务并征集对股票的认购。当获得足够的认购后,股票就被发行了,招股说明书、备忘录及章程中描述的交易也完成了。

这样的发起设立活动对于形成发起人问题来说十分便利并存在两种基本形式。发起人的创业才能往往在于发现那些可以更有效地以公司形式运作的企业,购买这些企业,并迅速将其转卖给新成立的公司以获取利润。[38] 因此,发起人往往也是公司主要资产的卖家。为了掩盖他的利润程度,发起人有时会安排一系列的销售,以不断提高的价格出售给被指定人,这种做法被称为"加载"(loading)购买价格。[39] 最后一位被提名人在招股说明书中被指定为该企业的所有者。招股说明书可以如实说明(名义上的)卖主最近购买了该房产,价格仅比新公司支

---

〔35〕 See J. H. Clapham, 3 *An Economic History of Modern Britain* 360, Cambridge, 2d ed. 1963; Jefferys, *Business Organizationin Great Britain* at 126(见前注〔24〕).

〔36〕 See Jefferys, *Business Organizationin Great Britain* at 294 - 314(见前注〔24〕). See also Cottrell, Industrial Finance at 113 - 41(见前注〔28〕)(描述了一位著名的发起人将铁、煤和钢铁企业转换为有限责任形式的过程).

〔37〕 对于专业发起人角色的描述,参见 Francis B. Palmer, *Palmer's Company Law* 225, Stevens & Sons, 1st ed. 1898.

〔38〕 同注〔37〕,第325页。

〔39〕 关于实践的描述, see 1895 Report $ 27 at 161(见前注〔30〕). For examples, see Erlanger v. New Sombrero Phosphate Co., 3 App Cas. 1218, 1218 - 23(IL 1878); Whaley Bridge Calico Printing Co. v. Green, 5 QB Div. 109, 109 - 10(1879).

付的价格略低,而事实上,真正的利益方是以更低的价格购买的。[40]从提交给议会的证据和判例法来看,"加载"购买价格的做法非常普遍。1900年,一位上议院议员描述了一种"反复"发生的事实模式:

发起人发布一份招股说明书,声称他们同意以大大超过他们实际支付金额的方式购买该房产,然后私底下把实际价格和宣称价格之间的差额放进自己的口袋。在短暂的职业生涯之后,该公司被命令清算。在清算的过程中,这一诡计被一览无遗。[41]

除上述做法外,还有一种常见做法是在招股说明书中不提及向专业发起人支付费用的问题。[42] 卖方有时会雇用一个金融家来帮助成立公司和公开发行股票,该专业人士通常从卖方那里获得服务费。在招股说明书中省略这些费用数额并非不重要,向该专业人士给付的费用有时高达募集资金的50%。[43] 此外,还有一些传闻表明以低费用雇

---

〔40〕 尽管一个多世纪以来,司法和立法部门一直在努力防止这种情况的发生,但这种手段对发起人来说还是很有用的,这一点可以证明。See Azrielli v. Cohen Law Offices,21 F3d 512(2d Cir. 1994). 在该案中,一名被告以770,000美元的价格购买了一栋公寓楼,并以989,000美元的价格将其出售给其他一些被告。后者的被告随后成立了一家公司,并"按成本价"将该建筑卖给了公司。购买了该公司股票的原告提起了证券欺诈诉讼,声称中间交易是一个骗局,旨在掩盖公平交易价格为770,000美元而不是989,000美元的事实。

〔41〕 See Gluckstein v. Barnes, App Cas. 240,248(HL 1900)(Macnaghten opinion). 在该案中,卖方/发起人表示他们以一定的金额购买了有关的企业,但没有注意到部分购买价格是由他们以名义金额收购的企业的未偿还债券支付的,这使实际购买价格大大降低。

〔42〕 See Emma Silver Mining Co. v. Grant,11 Chanc. Div. 918,918 - 25(1879)(发起人的费用不向投资者披露).

〔43〕 See Cottrell, Industrial Finance at 131(见前注〔28〕).

用发起人而成立的公司,其存活率远远高于那些付费高昂的公司。[44] 简而言之,投资者对不披露发起人费用的做法感到担忧是正确的。在某种程度上,英国法律为这种隐藏职业发起人利益的做法提供了便利。法院对一家公司是否有权力为其自身公开发行股票花费资金产生了困惑。[45] 这有助于创造对专业发起人的需求,因为公司本身对提供承销佣金或折扣持谨慎态度。发起人的合同关系是与卖家而非与公司订立的。这为欺骗行为提供了便利,因为招股说明书可以真实地说明公司没有支付发起人费用;当受到质疑时,卖家和专业发起人就会辩解道,发起人的佣金是他们之间的私事。[46] 掩盖发起人费用的做法,就像"加载"购买价格的做法一样普遍,新闻报道和判例法对此都没有任何疑问。1877 年,上诉法院的一位法官抱怨说:"不幸的是,近年来这些案件经常出现在法院面前……"[47] 在 19 世纪 70 年代,一个自称是"发起人王子"(the prince of promoters)的发起人阿尔伯特·格兰特(Albert

---

〔44〕 See id. at 115,131,137(注意到一位著名发起人的成功事业和他的低收费);Jefferys,*Business Organizationin Great Britain* at 301 - 302,(见前注〔24〕)(注意到由"信贷协会"发起设立的公司的高额发起人费用和不稳定性);Leslie Hannah,*The Rise of the Corporate Economy* 19(Methuen,2d ed. 1983)(注意到新上市公司的高破产率和当代"强烈怀疑"与"腐败的"投机性发起人的关系);H. A. Shannon,*The First Five Thousand Limited Companies and Their Duration*,7 Econ. Hist. 396,411 - 13(1932)(注意到上市公司的高"死亡率"并将其与发起人的"不当行为"联系起来).当然,这可能是巧合,在 19 世纪下半叶,随着中介机构越来越多地成为公司成立的一部分,新发起设立的公司的存活率从长期趋势来看是下降的。至于中介机构的作用越来越大,参见 Jefferys,*Business Organizationin Great Britain* at 294 - 309(见前注〔24〕)。至于存活率的下降,参见 H. A. Shannon,*The Limited Companies of* 1866 - 1883,4 Econ. Hist. Rev. 290,295(1933)。

〔45〕 See Palmer,*Palmer's Company Law* at 231(见前注〔37〕).1896 年,上诉法院的结论是,如果备忘录和章程允许支付承销佣金,公司就可以合法地支付合理的佣金。Metropolitan Coal Consumers' Ass'n v. Scrimgeour,2 QB 604(Ct. App 1895).英国《1900 年公司法》明确允许在章程授权或在招股说明书中披露的情况下支付承销佣金或折扣从而解决了这个问题。63 &64 Vict,ch. 48, § 8.

〔46〕 See Lydney & Wigpool Iron Ore Co. v. Bird,33 Chanc. Div. 85,86 - 88(Ct. App 1886).

〔47〕 Bagnall v. Carlton,6 Chanc. Div. 371,398 - 99(Ct. App 1877)(James opinion).

Grant)[48]至少在三起被报道的案件中当了被告。[49] 每起案件都有相似的事实。格兰特与卖家约定成立公司并征集认购以换取现金费用和其他报酬,这些占所筹资金的20% ~30%,而格兰特的隐藏利益并没有在招股说明书中披露。

(二)司法回应

上述两种做法都是被精心设计的,以避免欺诈行为过于明显。招股说明书中关于企业所有权或关于公司将支付费用的描述,严格来说是真实的。然而,这些陈述明显不完整,以至于产生严重误导的作用。因此,法院可以通过认定它们相当于欺诈性隐瞒或陈述"半真半假"来处理。[50] 然而,法院选择了一种理论方法以应对问题的本质:发起人及其合伙人为自利所使用的资金是由投资者提供。法院认识到了潜在的代理问题,并使用代理法中熟悉的工具来处理此问题。具体来说,他们的结论是,发起人是公司的受托人,因此有义务披露与公司利益相悖的利益。[51] 该解决方案是合理的。发起人必须向其委托人即公司披露他的反向利益。因此,他必须要么提供一个真正独立的董事会并向其披露其利益,要么向潜在的投资者披露其利益。[52] 无论是这两种情况中的哪一种,都会使发起人无法同时站在交易的两边。他必须与独立董事或潜在投资者就其财产和服务的价格进行讨价还价。对法院来说,更困难的问题涉及信托责任的确切范围。很明显,发起人必须披

---

[48] See Jefferys, *Business Organizationin Great Britain* at 304(见前注[24]).

[49] See Bagnall, 6 Chanc. Div. 371; Twycross v. Grant, 2 Common Pleas Div. 469(Ct. App 1877); Emma Silver Mining Co. v. Grant, 11 Chanc. Div. 918(1879). See also Rubery v. Grant, 13 L Rep – Eq 443, 443 – 45(Vice Chanc. 1872)(卖家对格兰特提起诉讼,要求其具体履行发起合同;卖家声称格兰特拿走了比合同允许的更多的收益).

[50] 现代的例子,参见Mends v. Dykstra, 195 Mont 440, 637 P2d 502, 508(1981)(房地产商的声明,"虽然不是严格意义上的不真实",但具有高度的误导性); Lindberg Cadillac Co. v. Aron, 371 S. W. 2d 651, 653(Mo. App 1963)(汽车销售商通过填补发动机裂缝进行隐瞒;法院认定其为"欺诈性隐瞒")。

[51] See Erlanger v. New Sombrero Phosphate Co., 3 App Cas. 1218(HL 1878); id. at 1229 – 30(Penzance opinion); id. at 1236(Cairns opinion).

[52] See id. at 1236(Cairns opinion)(向独立董事披露); Salomon v. Salomon, App Cas. 22, 33(HL 1897)(披露给股东的信息可有效替代披露给董事的信息).

露,但他必须披露什么？如果他没有这样做,该如何补救？在很早以前就清楚可见,如果发起人在没有向独立董事或股东披露其利益的情况下向公司出售财产,公司可以要求撤销该销售。〔53〕如果诉讼成功,公司将从发起人手中夺回股东们的钱并将财产重新转让给他。在这种情况下,撤销权既消除了发起人获得的收益,也避免了公司遭受的损失。

然而,如果在发现发起人的利益时撤销购买不再可行,那么法院在决定应该采用什么标准时就会遇到更多的麻烦。在这种情况下,公司可能会要求没收卖主/发起人的利润,这是违反信托的常见补救措施。然而,法院是否愿意强迫发起人披露信息部分取决于发起人何时以及如何获得他后来卖给公司的财产。如果发起人在购买之前或同时就开始组建公司,法院会得出如下结论,即他是作为公司的推定受托人购买的,因此公司有权获得发起人的任何利润。〔54〕然而,如果发起人在启动公司创建之前就进行了购买,他可以辩称在购买时,他不是公司的代理人,而是以自己的名义购买以便最终转售。一旦他成为受托人,他仍然被要求向公司披露他的财务利益,但他并不是一个推定的受托人,他的不披露应该只能使公司就其能证明的任何损失获得补偿。

法院对这种推理方式表示支持。在 Cape Breton Co. 案中,上诉法院的结论是,一旦解除合同变得不可能,股东就不能提起诉讼以追回发起人的利润,该案首次明确提出了这个问题。〔55〕上议院确认了这一点,并且一种意见认为该公司的唯一追索权是追回它能证明因不披露而造成的任何损失。〔56〕然而,在随后的案件中,上诉法院放弃了卡普顿(Cape Breton)案中看似宽泛的裁决。在另一个案件中,法院认为被告在购买房产时,相互之间同意成立一个公司,他们有责任放弃与购买

〔53〕 See Erlanger, 3 App Cas. at 1218, 1229.

〔54〕 See id. at 1235 (Cairns opinion).

〔55〕 See In re Cape. Breton Co., 29 Chanc. Div. 795, 803 – 06 (Ct. App 1885) (Cotton opinion), aff'd as Cavendish Bentinck v. Fenn, 12 App Cas. 652 (HL 1887). See also Ladywell Mining Co. v. Brookes, 35 Chanc. Div. 400, 407 – 09 (Ct. App 1887) (Cotton opinion) (following CapeBreton).

〔56〕 Cavendish Bentinck, 12 App Cas. at 661 – 62 (Herschell opinion).

和转售有关的利润。[57]在一个案件中,一名法官建议卡普顿案仅限于以下情况,即公司的股东在仍有可能获得撤销权的情况下拒绝寻求撤销权的救济,而选择在后来寻求损害赔偿。[58] 然而,将必须公布其利润的发起人与只需支付公司可以证明的任何损失的发起人区分开来的确切标准是不明确的。因此,尽管正式的规则是发起人必须披露其代理权所产生的利润,但该规则是否适用于出售先前获得财产的发起人并不明确。

那么,在议会"占领这一领域"之前,法院已经通过要求发起人向独立的一方(无论是董事还是投资者)披露反向利益来缓解发起人问题。这一责任的范围和补救措施都没有完全确定下来。相比之下,投资者希望得到的是明确发起人的责任。他们想知道发起人的利润有多少。后来的证券监管史在很大程度上是一部投资者如何"得逞"的历史。

(三)立法回应

英国《1900年公司法》(1900 Act)[59]是英美法律中第一部对向公众出售证券的公司施加全面披露要求的法规。英国《1900年公司法》是近35年来关于发起人披露责任适当范围的争论焦点。议会通过颁布英国《1867年公司法》[60],向强制信息披露迈出了试探性的第一步。英国《1867年公司法》第38条规定,招股说明书必须披露"公司或其发起人、董事或受托人在该招股说明书发布前签订的任何合同的当事方和日期……"[61]法规赋予了股东直接诉权,即使股东与发起人和董事之间不存在私人关系,未按规定进行披露的行为也被认为是欺诈行为,"对于任何因相信该招股说明书而购买公司股份的人来说……"[62]第38条是对古尔尼银行(Overend Gurney bank)的失败做

[57] In re Olympia Ltd., 2 Chanc. 153, 170 – 71 (Ct. App 1898), aff'd as Gluckstein v. Barnes, App Cas. 240 (HL 1900).

[58] Lydney & Wigpool Iron Ore Co. v. Bird, 33 Chanc. Div. 85, 94 (Ct. App 1886).

[59] 63 & 64 Vict, ch. 48.

[60] 30 & 31 Vict, ch. 131, § 38.

[61] 同上。

[62] 同上。

出的最直接回应。古尔尼银行的失败引发了1866年的恐慌。[63] 在它倒闭前不久，古尔尼银行已经从合伙企业转为公司制企业。[64] 其招股说明书没有披露该合伙企业与该公司之间的单独协议，根据该协议，合伙人保留并管理一批有问题的贷款。合伙人保证向公司支付到期的贷款余额。贷款变成了次贷，但合伙人却没有足够的资产来满足担保的要求。股东们争辩说，如果他们被告知这一安排，他们就会意识到银行对他们来说是有价值的，即他们会意识到该银行的贷款组合很差，因此便不会投资。因此，人们可以把英国《1867年公司法》第38条看作要求详细披露业务本身的第一步，而不是潜在的代理问题。然而，Overend Gurney案中并非没有代理问题：没有充分披露附带协议的董事也是前合伙企业的成员，这表明附带协议的条款并没有反映出公平的谈判。另外，英国《1867年公司法》第38条可能被认为，试图通过赋予投资者对发起人和董事的直接诉讼权来解决发起人的问题。

英国《1867年公司法》第38条的生命力并不强，主要是因为法院不确定它的含义。一些法院最初对这种不确定性的反应是，对该法规的解读非常狭窄，使它几乎完全无效。这些法院的结论是英国《1867年公司法》第38条只适用于对公司有约束力的合同，因此它不适用于卖家和发起人之间的合同。[65] 然而，最终，法院认为英国《1867年公司法》第38条是解决发起人问题的另一种武器。1880年，上诉法院最终确定了，该法规涵盖了卖方和发起人之间的合同。[66] 在《法律报告》(the Law Report)中出现的解释英国《1867年公司法》第38条的8个案

---

〔63〕 See Bishop Carleton Hunt, *The Development of the Business Corporationin England*, 1800 - 1867, 153 - 156, Harvard, 1936; Cottrell, Industrial Financeat 62(见前注〔28〕).

〔64〕 这些事实取自随后的诉讼。See In re Overend, Gurney & Co., 3 L Rep - Eq 576, 577 - 90 (Vice Chanc. 1867), aff'd as Oakes v. Turquand & Harding, 2 Eng. & Irish. App 325 (1867). See also Overend, Gurney, & Co. v. Gurney, 4 Chanc. App 701, 702 - 07 (1869), aff'd as Overend & Gurney Co. v. Gibb, 5 Eng. & Irish. App 480 (1872).

〔65〕 See In re Coal Economising Gas Company (Gover's Case), 1 Chanc. Div. 182, 189 (Ct. App 1875) (James opinion); Twycross v. Grant, 2 Common Pleas Div. 469, 497 (Ct. App 1877) (Bramwell opinion).

〔66〕 See Sullivan v. Mitcalfe, 5 Common Pleas Div. 455, 458 - 61 (Ct. App 1880) (Thesiger opinion).

例中,有6个涉及不披露发起人的经济利益。〔67〕其他两项涉及不披露董事的财务利益。〔68〕当议会在19世纪90年代考虑修改英国《1867年公司法》时,它寻求一种更全面的解决方案来解决发起人问题。在英国《1900年公司法》中,它规定了新发行招股说明书中的具体披露内容。英国《1900年公司法》第10(1)条中出现了需要披露的项目清单,明确地侧重于发起人问题。该清单包括:用募集资金购买的任何财产的卖方名称、〔69〕为这些财产支付的所有代价、〔70〕为确保股票认购而支付的所有代价、〔71〕所有其他初步费用、〔72〕支付给发起人的所有代价,〔73〕以及每位董事在发起活动或公司将收购的任何财产中的财务利益的"全部细节"。〔74〕披露卖家身份的要求延伸至所有卖家,包括直接和间接的卖家,他们将获得与新发行有关的现金或证券。因此,发起人不仅要披露他在财务上的利益,而且还要披露他在以下三种情况下的利润额:他购买的任何财产是否将转售给公司取决于发行或在发行时尚未完成;他购买价格的任何部分将用发行收益支付;他是新成立的公

〔67〕 See Aaron's Reefs, Ltd. v. Twiss, App Cas. 273 (HL 1896); Greenwood v. Leather Shod Wheel Co., [1900] 1 Chanc. 421 (Ct. App); Sullivan, 5 Common Pleas Div. 455; Twycross, 2 Common Pleas Div. 469; Cover's Case, 1 Chanc. Div. at 182; Craig v. Phillips, 3 Chanc. Div. 722 (1876). See also Capel & Co. v. Sim's Ships Composition Co., 58 L. Times Rep. 807 (Chanc. 1888); Re The Ruby Consolidated Mining Co. (Askew's Case), 22 Weekly Rep. 762 (Chanc. 1874), rev'd, 9 Chanc. App 664 (1874).

〔68〕 See Arkwright v. Newbold, 17 Chanc. Div. 301 (Ct. App 1881); Cornell v. Hay, 8 Common Pleas Div. 328 (1873); Charltonv Hay, 31 L. Times Rep. 437 (QB Div. 1874)(类似事实).

〔69〕 See Companies Act 1900, 63 & 64 Vict., ch. 48, § 10(1)(f).

〔70〕 See id. § 10(1)(g).

〔71〕 See id. § 10(1)(h).

〔72〕 See id. § 10(1)(i). 使用"初步费用"这一短语来描述发行的费用,再次表明议会认为股票销售主要是由发起人公司进行。

〔73〕 See id. § 10(1)(j).

〔74〕 See id. § 10(1)(m).

司的董事。[75] 清单还包括英国《1867 年公司法》第 38 条所规定的修改版,该条款的修改是为了澄清该条款,即为了解决发起人问题。新条款要求披露在招股说明书发布前三年内签订的每一份重要合同的日期和当事人,但对在正常经营过程中签订的合同予以豁免。[76] 议会的主要目的是防止上述两种形式的发起人问题。法规的表述对此并无疑问。[77]

同时,19 世纪 90 年代英国政策制定者和评论员的言辞,就像 20 世纪 30 年代美国同行的言辞一样,表明他们朝着更广的范围努力而不仅是完善对发起人问题的司法解决方案。披露被描述为改善投资决策和防止欺诈的一种手段。在现代关于信息披露监管的讨论中,引用了戴维委员会报告中大意如此的一句话:如果说招股说明书应披露所有可能合理地影响一个具有一般谨慎态度的投资者的想法,这可能是一个完美的建议,但不可能实现。在贵委员会看来,这才是我们要追求的理想,而基于目的,确保最大限度的宣传成为关于公司成立的新立法导向。[78]

然而,这种说辞具有误导性,因为它转移了人们对议会实际所做事情的关注,议会做的事情逐步偏离公认的公平原则。在法院为缺乏对发起人利益实际或推定了解的公司提供补救措施的情况下,议会提供

---

〔75〕 这就是当代从业者对英国《1900 法案》的运作的理解。See F. Gore - Browne and William Jordan, *A Handy Book on the Formation, Management and Winding up of Joint Stock Companies* 97 - 99, Jordan & Sons, 23d ed. 1900. 发起人从原业主处进行购买的买卖合同,只要是在上市之日 3 年内签订的,也将包括在披露重大合同的要求中。Id. at 98, 101.

〔76〕 See Companies Act 1900, 63 & 64 Vict., ch. 48, § 10(1)(k). 披露 3 年前的重大合同的要求,与对发起人问题的关注并不矛盾。虽然公司通常是新成立的,但被新公司收购的企业往往已经经营了多年。在这种情况下,3 年截止期的目的可能是防止在发行前的合理时间内将企业出售给任何与发起人有关的人。

〔77〕 See Cottrell, Industrial Finance at 74(见前注〔28〕)(从其内容可以看出,英国《1900 法案》的主要负担是处理发起人对股东的欺诈问题,特别是那些涉及加载购买价格的欺诈行为). 暂且不说,对于确保这些披露,立法机构的介入是否有必要,也暂且不讨论自我利益是否会导致发起人自愿披露。See Part 1VWA. 基于上述历史,披露发起人的费用和利润无论是自愿的还是强制的,都是不可避免的。

〔78〕 See 1895 Report at 156, § 6, quoted in Louis Loss and Joel Seligman, 1 *Securities Regulation* 7, Little, Brown, 1989.

了一份与发起人以及董事利益有关的精确披露清单,并要求发起人和董事在没有进行这些披露的情况下直接对投资者负责。[79] 引人注目的是,虽然议会在很大程度上遵循了戴维委员会法律草案的措辞,但它删除了草案中要求披露"作为招股说明书发行方的公司任何董事或发起人所知道的每一个重要事实"的条款。[80] 同时,言辞与现实之间的差距可能并不像乍看之下那么大。我们对辩论语言的理解是由强制披露制度的后续历史所形成的。如果我们把注意力放在最初的背景上,即发起人问题上,就会发现这种宽泛的言辞与法规的狭义目标之间的联系变得清晰。到 1900 年,专业发起人费用的披露已不是一个问题,因为司法判决显然已经促使更多的人披露。[81] 在 19 世纪末,辩论的真正问题是在什么情况下卖方/发起人必须披露其利润的数额。

在当时,支持信息公开的派别使用"所有重大信息"(all material information)这一短语是很自然的。毕竟,适用于经委托人同意将自己财产出售给委托人的代理人标准规则是披露"所有……会合理地影响委托人是否购买资产的判断"的事实。[82] 当法院责备发起人或其他受托人没有披露"重要事实"时,受托人正在赚取未披露的利润。《经济

〔79〕 See Companies Act 1929,19 &20 Geo. 5,ch. 23, § 37(规定董事和发起人对招股说明书中的不真实陈述负有责任).

〔80〕 戴维委员会法案的披露要求出现在 1895 年的报告中,第 354 ~ 356 页。(见前注〔30〕)被引用的条款是 § 14(1)(1)。

〔81〕 在 1880 年后,完全没有披露发起人费用的情况比前 20 年要少。《经济学人》(The Economist)是 19 世纪 90 年代对发起人行为的持续批评者,其承认那个时代最臭名昭著的发起人比其他发起人在更大程度上披露了他的经济利益。See Mr. Hooley's Bankruptcy, Economist 869(June 11,1898).

〔82〕 See Restatement of Agency § 390(cited in note 6); Dunne v. English,18 L Rep. - Eq 524,533(1874).代理人仅仅告诉委托人他将在购买中拥有利益或是在购买中拥有部分份额是不够的。他必须告诉他所有的重要事实。他必须进行全面披露。邓恩案(the Dunne Case)的事实很有讽刺意味。像许多发起人一样,英格利希(English)购买了一处房产并迅速以超过他所支付的两倍价格将其出售给一家公司。该公司生意兴隆,因此英格利希没有面临基于其发起人活动的诉讼。然而,他也曾作为原卖主的代理人行事。他向卖主透露他是购买者,但没有透露在购买时,他已经启动了公司的创建,并以巨额利润将房产卖给了它。卖方成功地提出诉讼,要求收回英格利希的利润。法院明确指出,英格利希没有披露的"重要事实"是他在购买和销售中获得的利润。Id at 535 - 38.

学人》(The Economist)是信息披露法规的坚定支持者。在呼吁披露“所有必要的信息,以使一个合理的投资者能够形成是否投资的判断”时,使用了非常相似的语言。[83] 然而,当时的情况不是帮助市场确定一个准确的价格,而是告知投资者发起人的利益冲突情况。在大西洋彼岸,美国最高法院以一种明确的方式表达了发起人的责任:“如果人们创办公司……目的是在公司成立时向其出售财产,他们必须忠实地披露与该财产有关的、会影响投资者的所有事实。”[84] 在这种情况下,最重要的事实,也是在辩论中占据中心位置的事实,就是发起人为该资产支付的价格。

三、美国强制信息披露的制度背景

美国证券法与英国的信息披露法规相比,更大幅度偏离了先前的法律规范。然而,第一部联邦证券法规,也是唯一一部主要与披露有关的法规,在很大程度上借鉴了英国的先例。和英国《1900 年公司法》一样,美国《证券法》主要是为了处理发起人的问题。因此,美国《证券法》的披露条款与代理成本模式是一致的。当声称国会提供的披露制度是针对发起人问题时,笔者并不是在争论 SEC 通过将强制披露用于其他目的而超越法定权力。国会授权 SEC 根据情况重新设计披露制度,也没有对 SEC 使用这一权力提出抗议。然而,如果 SEC 没有这样全面地使用其权力,那么美国的强制性披露制度将与其所借鉴的英国披露制度非常相似。也就是说,它将主要集中在发起人问题上。在为强制披露寻找效率解释时,我们不应忽视国会在 1933 年从英国借鉴的

---

〔83〕 See *Company Law Reform*, Economist 1619, 1619 – 20 (Nov. 12, 1898); *The Law of Limited Liability*, Economist 662, 662 (May 26, 1888). 所要求的是,有意向的投资者应掌握可据以作出判断的事实。为此,有必要具体说明所有涉及将要收购的财产的合同。目前,习惯上往往只是简单地列出直接卖主和公司之间的合同,而这种方式有可能要么根本不提供任何信息,要么对案件的真实情况传达一个完全错误的印象。

〔84〕 Dickerman v. Northern Trust Co., 176 U. S. 181, 204 (1899), quoting Victor Morawetz, 1 *A Treatiseon the Law of Private Corporations* § § 291, 294, 546, Little, Brown, 2d ed. 1886.

制度。

（一）发起人问题和司法回应

1933 年之前各州法院报告的案件提供了证据，证明发起人问题和解决这一问题的司法尝试在英国和美国之间没有很大的区别。美国的卖主/发起人经常试图隐瞒他们在出售给公司的财产中的利益。[85] 在 19 世纪末和 20 世纪初，许多不忠实的发起人案件的事实模式与同一时代的不忠实的房地产经纪人案件非常相似。后者通常涉及一个房地产经纪人将委托人的财产卖给代名人，而代名人又将财产卖给经纪人。[86] 法院在处理涉及不忠实的发起人和董事的案件中所使用的概念和术语与涉及不忠实的房地产经纪人的案件所使用的概念和术语几乎相同。[87] 州法院和英国法院一样，制定了处理发起人问题的法律，许多美国案例都引用了英国的先例。[88] 确定发起人信托责任的具体轮廓给大西洋两岸的法院带来了类似的理论困难。美国最高法院在 1908 年得出结论，发起人披露其在出售给公司的财产中的利益的受托

---

〔85〕 See Lomita Land & Water Co. v. Robinson, 154 Cal. 36, 97 P 10, 11 – 13(1908); Wills v. Nehalem Coal Co., 52 Or 70, 96 P 528, 530 (1908); Yale Gas – Stove Co. v. Wilcox, 64 Conn 101, 29 A 303, 304(1894).

〔86〕 See Hogle v. Meyering, 161 Mich 472, 126 N. W. 1063, 1064 (1910); Easterly v. Mills, 54 Wash. 356, 103 P 475, 476 (1909); Compare Humphrey v. Eddy Transportation Co., 107 Mich. 163, 65 N. W. 13, 13 – 14(1895)（受雇销售两艘船的代理人安排销售给一个被提名人，然后被提名人将其转卖给一个由代理人部分拥有的公司）.

〔87〕 Compare, for example, Tegarden v. Big Star Zinc Co., 71 Ark 277, 72 S. W. 989, 991 (1903)（发起人不得“从他们为公司购买的物品中秘密获利”）with Hogle, 126 NW at 1068（房地产经纪人不得“从代理中秘密获利”）; and Old Dominion Copper Mining & Smelting Co. v. Bigelow, 188 Mass 315, 74 N. E. 653, 658(1905)（发起人“有义务披露他所知道的对销售有影响的所有事实”并且不得通过将所有权交给一个“稻草人”来隐瞒自己的利益）, with Kingsley v. Wheeler, 95 Minn 360, 104 N. W. 543, 544 (1905)（房地产经纪人“有责任全面、公平、迅速地披露所有事实”，并且不得通过向“稻草人”进行中间销售来隐瞒其利益）.

〔88〕 See Yale Gas – Stove Co., 29 A 303; Yeiser v. United States Board& Paper Co., 107 F 340(6th Cir. 1901); Old Dominion Copper Mining & Smelting Co. v. Bigelow, 203 Mass 159, 89 N. E. 193(1909), aff'd, 225 U. S. 111(1912).

义务,可以通过在发起人拥有所有流通股票时进行出售来解除。[89] 此后,发起人可以立即向公众出售更多的股票,而不披露他是公司资产的卖主。[90]

与英国一样,最困难的问题是发起人是否必须披露其获利的程度,因为发起人披露其反向利益的责任在早期阶段就很明确。美国法院通常要求只有在发起人购买房产时已经成为发起人的情况下,发起人应当披露他为该房产支付的价格,这在每个案件中都是一个事实问题。[91] 美国法院还将"注水"(watered)股票的理论作为一种工具,强制披露发起人的利润。公司法通常允许发行股票以换取对公司有贡献的财产或服务,但这些东西的价值至少要达到作为回报的股票的面值。在一个高价股的时代,这是一个严重的制约因素。[92] 如果发起人持有的股票面值超过了他所提供的财产和服务的"价值",他的股票就被认为是"注水"了。然后,他要对公司的债权人亏损的金额负责。[93]

注水的股票问题与会计原则有直接关系。如果发起人和他的合伙人在首次公开募股前拥有公司所有的流通股票。公司的资产负债表必须按照发起人对资产的估值来记录,以便使资产与资本账户(流通股面值总额)达到平衡。一个例子也许可以说明这个问题。假设一个发起人以10,000美元购买了一家工厂,随后成立了一家公司,目的是放弃他在该企业中50%的权益。他在公司中持有15,000股股票,每股面值1美元。因此,他的初期资产负债表显示资本为15,000美元。为了

---

〔89〕 See Old Dominion Copper Mining & Smelting Co. v. Lewisohn, 210 U.S. 206, 209, 212 (1908) (Holmes opinion).

〔90〕 英国法官同样认为,至少在原告是公司的清算人或公司成立后很久才发行的股票的购买者时,向所有初始股东披露信息是足够的。然而,其中一些人建议在公司成立后不久购买股票的人可以对发起人提出索赔。See In re British Seamless Paper Box Co., 17 Chanc. Div. 467, 477 (Ct. App 1881) (James opinion); id. at 478 (Brett opinion); In re Ambrose Lake Tin & Copper Mining Co., 14 Chanc. Div. 390, 397 (Ct. App 1880) (Brett opinion).

〔91〕 See Henderson v. Plymouth Oil Co., 16 Del. Chanc. 347, 141 A 197, 203 (1928). See generally Manfred W. Ehrich, The Law of Promoters 219 – 26 (Bender, 1916).

〔92〕 See NY Stock Corp Law § 69 (Cahill. 1930).

〔93〕 See Flint v. Sebastian, 317 Mo. 1344, 300 S.W. 798, 804 (Mo. 1927); See v. Heppenheimer, 69 NJ Eq 36, 61 A 843, 849 (1905).

使资产和负债方面达到平衡,他必须将工厂的价值记录为15,000美元。然后,他以每股1美元的价格向公众出售了15,000股中的7500股,以7500美元的价格购买了他支付了10,000美元的资产的一半。如果随后发生破产,债权人会对15,000美元的工厂估价表示质疑从而试图让发起人直接对公司的部分债务负责。根据一些保护发起人的理论,如在没有欺诈的情况下,董事对财产的估价是决定性的规则。[94]然而,作为一个实际问题,处于这种地位的发起人面临的风险是,如果资产负债表上的资产价值超过了他所支付的价格,法院就会发现他向他的股票"注水"了。[95] 因此,注水股票原则限制了发起人在向公司出售财产时获取大量利润的能力。这一理论也有严重的缺陷。最重要的是,充分披露发起人的利润并不能保护发起人免受公司债权人的侵害。即使每个投资者都理解并同意发起人获得面值15,000美元的股票以换取他以10,000美元购买的财产,债权人后来也可以对该交易提出质疑。

虽说发起人和投资人之间的公平交易会给予发起人一些发现获利机会的经济回报,但注水的股票原则使这些回报具有风险。这一点在以下情况下最容易看出,即19世纪和20世纪初的一种常见的发起行业类型——采矿业。假设一个发起人拥有宝贵的秘密信息,这一信息使他相信某块农田含有价值50,000美元的矿藏。他设法在不透露自己信息的情况下购买了该地产,支付了1万美元。无论发起人是将该地产卖给一家成熟的矿业公司,还是成立自己的矿业公司并将土地"卖"给其股东,他都会要求一个高于1万美元的价格。然而,注水股票原则使他以股票的形式获得补偿是有风险的。对于那些贡献无形财产(如专利或有价值的信息)的发起人来说,这是个更大的问题,因为

〔94〕 See NY Stock Corp. Law § 69.

〔95〕 See generally David L. Dodd., *Stock Watering: The Judicial Valuation of Property for Stock - Issue Purposes* 118 - 33, Columbia, 1930.

20世纪早期的法院对无形财产的“价值”持极度怀疑态度。[96] 最终的结果是,卖方/发起人因没有贡献出与他们所收到的股票面值相当的财产而经常受到事后质疑。从20世纪10年代开始,公司法开始允许无面值的股票,低面值股票开始获得市场认可。[97] 因此,注水的股票理论不再造成上述的实际困难。然而,同样的道理,该原则也不再迫使发起人披露其财务状况。

除此之外,还有一个典型的发起人问题,即没有披露佣金,这一问题在美国也存在,但形式上与英国略有不同。美国的投资银行不是以专业发起人的身份从卖家那里收取佣金,而是作为承销商从发行人那里获得股票的折扣。[98] 形式上的安排不同,其募集投资者的基本功能也不一样。不披露承销商的佣金,是进步人士攻击华尔街的核心所在。例如,为了支持他们关于强制性披露计划的论点,罗斯福总统和国会的证券法支持者经常引用路易斯·布兰代斯(Louis Brandeis)1914年的著作《别人的钱:投资银行家贪婪真相》。[99] 然而,这本书远不是一个“全面披露”的宣言。它主要包括对财富集中的攻击,特别是由投资银

---

〔96〕 See Gillett v. Chicago Title & Trust Co. ,230 IM 1373,82 N. E. 891,90405(1907)(一部未写剧本的权利和几项未获专利的发明被法院认为没有价值,因此这些无形资产所获得的股票“完全没有支付”). See also Dodd,Stock Watering at 98(见前注〔95〕)(注意到注水的股票案件最常出现在与无形资产有关的案件中).

〔97〕 See Manning and Hanks,Legal Capital at 28 – 30(见前注〔25〕). J. B. R. Smith,New Jersey Corporation Law 25 – 30(Soney & Sage,2d ed 1923). 其中包含对无面值条款的立法历史的讨论,强调注水股票原则的作用及其在创造无面值股票压力方面的缺点。

〔98〕 See Vincent P. Carosso, *Investment Banking in America*: *A History* 53 – 54, Harvard, 1970.

〔99〕 See Louis D. Brandeis, *Other People's Money and How the Bankers Use It*, Frederick A. Stokes,1932; Joel Seligman, *The Transformationof Wall Street* 41, Houghton Mifflin, 1982(罗斯福在谈到股票市场时,很少有不引用布兰代斯的书);77 Cong. Rec. H. 2933(May 5,1933)(Statements of Rep. Marland,Quoting Brandeis),Reprinted in J. S. Ellenberger and Ellen P. Mahar,Compilers,1 Legislative History of the Securities Act of 1933 and Securities Exchange Act of 1934 Item 7 at 2933(Fred B. Rothman,1973)(“LegislativeHistory”);77 Cong. Rec. H. 2929(May 5,1933)(Statement of Rep. Kelly,Quoting Brandeis),Reprinted in Ellenberger and Mahar,Compilers,1 Legislative History Item 7 at 2929.

行家控制的财富。[100] 它对投资银行的攻击与19世纪末英国对公司发起人的频繁攻击有很多相似之处,在此公司发起人是作为掠夺性的不诚实的阶级而存在的。[101] 布兰代斯的"公开募股能做什么"一章,是提到"阳光"作为证券市场的最佳补救措施的来源,其并没有呼吁全面的证券披露。相反,它只建议对承销商的佣金进行强制披露。[102]

罗斯福自己对"全面披露"(full disclosure)的呼吁也有类似的重点。1932年民主党的纲领呼吁:保护投资大众,要求向政府备案,并在所有外国和国内股票和债券的发行广告中刊登有关奖金、佣金、投资本金和卖方利益的真实信息。[103] 因此,该平台开始正视议会在1900年确定的发起人问题的两个要素——卖家和专业发起人未披露的经济利益。这一声明并没有要求披露所有"重要事实"。同样,在一次竞选演说中,罗斯福建议"就卖家将获得的红利和佣金向买家做出明确而准确的声明"[104]。这为国会借用英国的解决方案创造了条件。

(二)立法回应

当时的新任总统和第73届国会在20世纪20年代的证券市场上发现了一系列被觉察的滥用行为。在1932年开始并持续到1934年中期的听证会上,国会审查并批评了广泛的市场行为,包括卖空、杠杆、内幕交易、控股公司结构、兼并和商业银行的证券活动。[105] 然而,第一部出现的证券法规是一部新发行的披露法规,该法规类似于英国《1900年公司法》的披露条款,这些条款在英国《1929年公司法》(1929 Act)[106] 中只做了很小的改动就被继承下来。总统和美国《证券法》的主要起草人詹姆斯·兰迪斯(James Landis)都认为英国《1929年公司

---

[100] See Steve Thel, *The Original Conception of Section* 10(*b*) *of the Securities Exchange Act*, 42 Stan. L. Rev. 385, 405–06 & n 90(1990).

[101] See Jefferys, *Business Organizationin Great Britain* at 308–309(见前注[24]).

[102] See Brandeis, *Other People's Money* at 92–108(见前注[99]).

[103] Samual I. Rosenman, compiler, 1 *The Public Papersand Addresses of Franklin D. Roosevelt* 667, Random House, 1938("Roosevelt Papers").

[104] Id. at 682.

[105] 本段和下一段的讨论借鉴了塞利格曼(Seligman)的观点。See The Transformation of Wall Street at 1–100(见前注[99]).

[106] See 19 & 20 Geo. 5, ch. 23(1929).

法》是美国《证券法》的范本。[107] 方便性无疑在一定程度上解释了为什么美国《证券法》如此大量地借鉴了美国《1929年公司法》，尽管后者的重点很窄。罗斯福政府在民主党党纲中确定的更广泛的目标是将纽约证券交易所置于联邦直接监管之下。[108] 然而，大家都知道这项任务会很困难：证券交易所已经明确表示绝对反对政府的监督，而罗斯福政府仍未决定它想要什么样的监督形式。在总统早期成功处理银行危机之后，他决定在公众支持度高的时候立即推出一些证券立法，而把更耗时的证券交易所法案留待以后。[109] 英国《1929年公司法》模式为满足罗斯福立即颁布法律的愿望提供了便利。

然而，使用英国《1929年公司法》作为模板并不纯粹是为了方便。正如上文对1932年竞选活动的讨论表明，罗斯福在一段时间内就已经想到了与英国法规类似的东西。基于英国《1929年公司法》的披露法规还有其他额外的吸引力。尽管它是联邦权力的重要延伸，但从实质上看，它只代表了（与英国一样）对现有普通法标准的渐进式改变。国会还担心，任何试图通过披露以外的方式来解决代理问题的做法都可能违反宪法。[110] 以英国《1929年公司法》为基础的美国《证券法》还允许支持者指出 这些披露并没有损害英国市场，因此也不可能损害美国市场。[111] 最后，通过将承销商和发起人的报酬作为"披露法案"的重点，政府可能被视为对华尔街而不是对整个商业界的攻击。

政府和国会有一个新问题监管的替代模式需要考虑。1933年，几乎每个州都有州证券法或蓝天法案。这些法律要求非豁免证券的经销

---

〔107〕 See Franklin D. Roosevelt, 2 *Complete Presidential Press Conferences of Franklin D. Roosevelt* 347 – 48, Da Capo, 1972; James M. Landis, *The Legislative History of the Securities Act of* 1933, 28 Geo. Wash. L. Rev. 29, 34(1959).

〔108〕 See Rosenman, compiler, 1 *Roosevelt Papers* at 667(见前注〔103〕).

〔109〕 See Thel, 42 Stan L. Rev. at 416(见前注〔100〕).

〔110〕 See Jill E. Fisch, *From Legitimacy to Logic: Reconstructing Proxy Regulation*, 46 v. and L. Rev. 1129, 1181 – 82(1993).

〔111〕 See Provide for the More Effective Supervision of Foreign Commercial Transactions, S. Rep. No. 41, 73d. Cong., 1st Sess 2 (1933), reprinted in Ellenberger and Mahar, compilers, 2 Legislative History Item 16 at 2(见前注〔99〕)(很久以来，在英国，政府一直努力保护证券的购买者，并通过一项与这里提出的法案非常相似的法案获得了成功。英国证券法的严厉规定并没有阻碍正当的投资……).

商在任何发售或销售之前向州政府官员提交披露文件。[112] 与英国《1929 年公司法》相比,蓝天法案中规定的披露项目往往不太关注发起人问题,而更关注企业本身的前景和价值。典型的披露项目包括"商业计划",[113]"发行人的资产评估表",[114]"发行人所拥有的房地产的产权简史",[115]"所购买的保险表",[116]甚至包括"与这些证券的性质或价值有关的所有重要事实的声明"。[117] 这些概念不可能来自英国的先例,因为这种披露并不是英国法律的特征。然而,蓝天法案所规定的披露的独特特征反映了这些法律的独特目的,这些目的并不为联邦法规所认同。

那个时代的大多数蓝天法案都规定了所谓的"实质审查"(merit review),或对证券质量的实质性审查。[118] 虽然个别法规差异很大,但典型的法规要求国家官员审查所提供的信息和官员选择要求的任何其他信息。证券只有在官员允许的情况下才能出售,而官员只有在认为企业和发行符合特定标准的情况下才会批准。例如,发行人的业务是"健全的",发行条款是"公平的",或者证券的价格将允许"公平的回

[112] For a detailed discussion of Blue Sky laws, see Louis Loss and Edward M. Cowett, *Blue Sky Law*, Little, Brown, 1958.

[113] See Ark Stat. § 8418k(1921 & Supp. 1927); Idaho Code Ann. § 25 – 1602(1932).

[114] See Ill Rev. Stat. ch. 32, st 262(6), 263(Cahill 1933); Comp Stat. Neb § 81 – 5405 (1930).

[115] See United States Department of Commerce, *A Study of the Economic and Legal Aspects of the Proposed Federal Securities Act*, in Securities Act, Hearings on S 875 Before the Senate Committee on Banking and Currency, 73d Cong., 1st Sess 312, 321(1933)(参议院听证会) reprinted in Ellenberger and Mahar, compilers, 2 Legislative History Item 21 at 312, 321(见前注[99]).

[116] See id..

[117] See Va. Code § 3848(51)(f)(1930). See also Rev. Stat. Kan § 17 – 1228(6) (1923 & Supp. 1933)(与这些证券的性质或价值或与发行人的财产或赚钱能力有关的所有知识或信息).

[118] See Loss and Seligman, 1 Securities Regulation at 107 – 122(见前注[78]).

报”。[119] 虽然这些法规起草得很差，在经济上也不知就里，但其目的很明确，即限制高风险证券的销售。[120] 制定蓝天法案的部分基本动机，就像“注水股票”理论一样，是出于对那些拥有大量无形资产的公司的深深怀疑。[121] 罗斯福政府内部更精明的战略家认识到“蓝天法方案”的粗糙性。在起草美国《证券法》的早期，政府考虑并拒绝了实质审查，而选择了一个纯粹的披露法规，[122] 正如对证券法案有管辖权的众

〔119〕 See Idaho Code. Ann. § 25 - 1605(1932)(业务和销售条款必须是“公平的”和“承诺对股票的公平回报”)；Rev. Stat. Mo. § 7730(1929)(企业不得“基于不健全的商业原则”)，一些法规还包含针对发起人问题的条件。See Comp. Stat. Neb. § 81 - 5408(1930)(如果该公司是“一个或多个发起人以牺牲证券购买者的利益来获得金钱或财产的计划”，则不予批准)；Va Code § 3848(58)(1930)(same).

〔120〕 这些法规通常只要求对剩余类别的证券进行全面登记和功绩审查，其定义是去除各类蓝筹或投资级证券。See Ill Rev. Stat. ch. 32,256(Cahill 1933)(将证券分为四类。将证券分为四类，剩余类别，即“D类”，被描述为那些“基于预期收入”的证券). 梅西(Macey)和米勒(Miller)认为，试图阻止“投机性”证券的销售是由小型银行和储蓄机构主导的，它们试图压制对存款人资金的竞争，存款人的资金来自可以提供高预期回报的高风险公司。See Jona - than R. Macey and Geoffrey P. Miller, *Origin of the Blue Sky Laws*, 70 Tex L Rev 347, 351, 365 - 67(1991).

〔121〕 See Ala Code § 9886(1929)(如果发行人资产的“重要部分”由无形资产组成，证券委员会必须下令进行评估)；Ark Stat Ann § 8418m(1921 & Supp 1927)(不超过20%的资本可以代表无形资产。证券委员会可以要求为换取无形资产而发行的任何证券纳入代管)；Ill Rev. Stat. ch. 32, T 265(为换取无形资产而发行的D类公司的任何证券都必须置于代管之下；代管协议必须规定在公司破产或清算的情况下，这些证券将排在公司所有其他证券之后)；Va Code § 3848(49)(c)(1930)(将那些拥有大量无形资产的发行人的证券列入全面登记名单).

〔122〕 See Message from the President - Regulation of Security Issues, 77 Cong. Rec. S. 937 (Mar. 29, 1933), reprinted in Ellenberger and Mahar, compilers, 1 Legislative History Item 3 at 937(见前注〔99〕). 当然，联邦政府不能也不应该采取任何可能被理解为批准或保证新发行的证券是健全的措施，所谓“健全”指的是这些证券的价值将得到保持，或这些证券所代表的财产将获得利润。然而，我们有义务坚持认为，每一次在州际商业中销售的新证券的发行都应伴有充分的宣传和信息，而且不应向购买公众隐瞒与发行有关的任何本质上重要的因素。

议院委员会主席萨姆·雷伯恩(Sam Rayburn)所做的那样。[123] 似乎完全可以推测,总统和国会认为大量披露发行人的业务和财产是实质审查的一部分,因此不适合于纯披露法规。证据表明,"全面披露"在罗斯福看来是披露承销商佣金的简称。

(三)代理或准确性提高是否能更好地解释法规?

本部分更详细地探讨了美国《证券法》(The Securities Act)和美国《证券交易法》(The Exchange Act)中强制披露制度的设计,并认为其设计更符合代理路径,而不是准确性提高的路径。国会对英国法律的广泛借鉴是一个支持代理路径的重要证据。然而,国会在强制披露制度中增加了一些不属于英国法律的特征,其中一些似乎是朝着准确性提高的方向发展的。然而,笔者将论证,这些额外的功能也许可以更好地理解为对代理的关注作出回应。因此,总的来说,证据支持代理路径。

1. 作为代理路径证据的法例设计

美国《证券法》(The Securities Act)的实质性条款保留了英国《1929年公司法》(The 1929 Act)对发起人问题的关注。两部法规都有一个附表,列出了需要披露的信息。除少数情况外,美国《证券法》[124]附表A中规定的项目都是关于发起人的财务利益。除了少数例外,美国《证券法》附表A规定的项目涉及发起人、承销商、官员、董事和控制人的财务利益以及发行收益的使用。起草该法案的众议院委员会将披露条款称为"旨在触及分配利润、掺水价值和隐藏利益等项目,尽管这

---

〔123〕 雷伯恩(Rayburn)提出的第一个法案是对英国《1929年公司法》和蓝天法案的合并,并规定了功绩审查。See Federal Securities Act, HR 4314, 73d Cong., 1st Sess (Mar. 29, 1933), reprinted in Ellenberger and Mahar, compilers, 3 Legislative History at Item 22(见前注〔99〕); Federal Securities Act, Hearing on HR 4314 before the House Committee on Interstate and Foreign Commerce, 73d Cong., 1st Sess 9 (1933) (statement of Huston Thompson, draftsman of HR 4314) ("众议院听证会" "House Hearings"), reprinted in Ellenberger and Mahar, compilers, 2 Legislative HistoryItem 20 at 9, 11, 44–45(见前注〔99〕). 雷伯恩在与罗斯福政府讨论后,放弃了该法案,接受了由詹姆斯·兰迪斯(James Landis)、本杰明·科恩(Benjamin Cohen)以及托马斯·科伦(Thomas Corcoran)准备的替代法案。See Landis, 28 Geo. Wash. L. Rev. at 30–33(见前注〔107〕).

〔124〕 See 15 U.S.C. § 77aa, Schedule A(1988).

些项目在评估证券的健全性方面具有不可或缺的重要性，但通常不会透露给买方"[125]。美国《证券法》附表A规定的32个项目中，有近一半与英国《1929年公司法》附表4中的19个项目全部或部分重叠。[126]美国《证券法》附表A中没有包括的内容也是同样具有启发性的。除财务结果之外，关于发行人业务的信息非常少。唯一需要描述公司业务的项目是第8项，它只要求披露"所从事或将要从事的业务的一般性质"[127]。与现代披露标准的对比再明显不过了。SEC的现行披露规定要求详细描述发行人的业务、财产以及任何涉及的重要法律程序。在联邦法规中，对必须披露的内容的描述长达6页。[128] 目前的披露制度将公司运营情况的披露作为制度的基石，使法规发生了巨大的变化。[129]

一般来说，美国《证券法》的披露条款完全不涉及管理层为促进股东利益所做的努力。它们不要求讨论公司的日常运作、公司的财产、公司的竞争或监管环境，或公司管理层对公司财务业绩的看法。任何学习证券监管的人都知道，这些问题占据了SEC的大量注意力。如果将现代的招股说明书与美国《证券法》附表A相比较，这两者似乎没有什么联系，招股说明书充满了关于公司业务各个方面的细节。

国会明白，美国《证券法》附表A并没有涵盖投资者可能想要的和发行人可能披露的每一点信息。美国《证券法》明确规定，强制披露的

---

[125] 联邦对州际商业中投资证券交易的监督，HR Rep. No. 85，73d Cong.，1st Sess 7（1933），reprinted in Ellenberger and Mahar，compilers，2 Legislative History Item 18 at 7（见前注[99]）.

[126] 比较15 U.S.C. § 77aa，附表A（Schedule A），与1929年公司法，19 & 20 Geo. 5，ch. 23，附表4（Fourth Schedule）。特别是，附表A的第20、22和24项在内容和措辞上都与附表4的第12、15和13项非常相似。此外，附表A的第4、9、13、14、15～17、18、19和21项也或多或少地类似于附表4中的第3、4、5、8、10、11、16项。

[127] 15 U.S.C. § 77aa，Schedule A，item（8）.

[128] See 17 C.F.R. § 229，101－103（1994）.

[129] 参见项目303，17 C.F.R. § 229，303（1994），其中要求"管理层对财务状况和运营结果的讨论和分析"，以及项目503（c），同上，§ 229，503（c），对某些发行人而言，该条要求披露"使发行具有投机性或高风险的主要因素"。附表A没有包含任何与这两项相类似的内容。

信息只构成新发行的招股说明书的一部分。[130] 投资者当然会期待,发行人也会提供有关发行人业务的信息。法规允许但不要求 SEC 监管这些额外的信息。然而,该法规确实规定了对重大虚假或误导性陈述的补救措施,包括对欺诈的广泛禁止。[131] 同时代的成熟人士认识到,美国《证券法》在功能上与英国《1929 年公司法》相似。毫无疑问,1933 年知情的观察家认为美国《证券法》是一个非常保守、渐进的步骤。[132] 菲利克斯 · 法兰克福(Felix Frankfurter)将美国《证券法》称为"遏制旧有弊端重现的迟来的、保守的尝试"[133]。威廉 · 道格拉斯(William Douglas)在美国《证券法》通过后不久就将其贬低为"90 世纪的立法",对工业组织的巨大变化毫无反应。在他看来,工业组织需要政府对资本分配进行更全面的监督。[134] 立法是为了应对早在 20 世纪 20 年代之前就存在的一系列问题。它通过大量复制英国的解决方案来做到这一点,而这种解决办法本身就在很大程度上借鉴了公认的代理法。

美国《证券交易法》扩大了强制性披露制度的适用范围,使其包括上市公司持续的定期披露。[135] 尽管国会将披露的范围扩大到了发起阶段(promotional stage),但其主要后果是要求持续披露管理层的报酬和自我交易以及财务信息。美国《证券交易法》只是在发起人问题的基础上增加了一组有限的经理/股东代理问题,作为强制披露的适当对

---

〔130〕 美国《证券法》第 10 条规定,招股说明书必须包含注册声明中的信息,但有一些例外,以及委员会(最初是联邦贸易委员会,后来是 SEC)要求的任何额外信息。15 U.S.C. § 77j(a)(c). 所要求的信息必须放在招股说明书的显眼处,并且……采用与招股说明书正文中通常使用的字体一样大。同上, § 77j(e),从而表明国会考虑到,所要求的信息只是招股说明书的一部分。事实上,这些语言似乎表明,国会认为所要求的信息只是招股说明书的一小部分。

〔131〕 See Id. § § 771(2),77q.

〔132〕 See Seligman, *The Transformation of Wall Street* at 71 – 72(见前注〔99〕),其中引用了这里使用的资料来源。

〔133〕 Felix Frankfurter, *The Federal Securities Act*: Ⅱ, Fortune 53(Aug 1933).

〔134〕 See William O. Douglas, *Protectingthe Investor*, 23 Yale Rev. 521, 529(1934).

〔135〕 1964 年,报告的要求被扩大到大多数场外交易上市公司。See 15 U. S. C. § 781(g).

象。[136] 美国《证券交易法》[137]第12(b)条规定了一个需要披露的项目清单。与美国《证券法》附表A一样,美国《证券交易法》第12(b)条中列出的12个项目虽然只包括对"业务性质"[138]的简单要求,但其要求提供有关高管、董事和主要股东及其报酬和与公司交易的全面信息。[139] 因此,美国《证券交易法》第12(b)条保留了美国《证券法》附表A与英国披露制度的相似部分。有趣的是,美国《证券交易法》第12(b)条中最详细的条款之一重复了美国《证券法》附表A关于披露"重要合同"的要求,使用的语言与英国《1900年公司法》的语言非常相似,并反映了对自我交易的关注,这种关注自1867年以来一直影响着每一部披露法规。[140]

美国《证券交易法》是比美国《证券法》更重要的监管创新。它不是简单的信息披露法规,而是对证券业实施了重大而深远的实质性监管。然而,值得注意的是其他交易法条款也显示出国会对经理/股东代理问题的关注。美国《证券交易法》第14(a)条[141]赋予SEC监管代理权征集的权力,这很可能是国会对管理层滥用代理权机制给予关注的结果。[142] 即使是涉及高管、董事和控股股东交易公司股权证券的美国《证券交易法》第16条[143],也可能是出于对代理成本的考虑而制定的。[144] 美国《证券交易法》第16条对这些交易的监管,部分是通过迫

[136] 这比美国《证券法》的披露条款更具争议性,因为它更多地侵犯了各州对公司治理的权力。

[137] See 15 U. S. C. § 781.

[138] Exchange Act § 12(b)(1)(A),15 U. S. C. § 781(b)(1)(A).

[139] See id. § 12(b)(1)(D),15 U. S. C. § 781(b)(1)(D)(高管薪酬);id. § 12(b)(1)(E),15 U. S. C. § 781(b)(1)(E)(对其他高薪雇员的补偿);id. § 12(b)(1)(F),15 U. S. C. § 781(b)(1)(F)(奖金和利润分享计划);id. § 12(b)(1)(G),15 U. S. C. § 781(b)(1)(G)(管理和服务合同).

[140] See id. § 12(b)(1)(I),15 U. S. C. § 781(b)(1)(I)(非正常业务过程中的重大合同).

[141] See 15 U. S. C. § 78n(a).

[142] See Fisch,46 Vand. L. Rev. at 1189(见前注[110]).

[143] See 15 U. S. C. § 78p.

[144] See Steve Thel, *The Genius of Section 16: Regulating the Management of Publicly Held Companies*, 42 Hastings L. J. 393,399(1991)(美国《证券交易法》第16条的一个重要目的是"使控制公司的人的利益与股东的利益相一致").

使内部人披露他们的交易来实现的。

2. 法定设计作为准确性提高路径的证据

尽管美国《证券法》与英国《1929 年公司法》基本相似,特别是在披露时间表方面,但美国《证券法》的范围更广。它设想了一种更具侵入性的监管形式(披露内容必须在招股说明书中使用之前提交给 SEC,并可由该委员会审查),而且披露表的内容也更加广泛。美国《证券法》还授权 SEC 规定额外或不同的披露项目。国会是否因此打算或预见到一个更接近于准确性提高模式而不是代理成本模式的披露系统?

联邦证券法的主要历史学家认为,由于增加了披露项目,美国《证券法》附表 A 更接近于纽约证券交易所上市标准中的披露义务,而不是英国《1929 年公司法》中规定的义务。[145] 如果是这样,那么美国《证券法》就不只是针对发起人的问题。1933 年纽约证券交易所的披露要求不仅关注代理问题,而且还关注发行人的业务和持续经营。例如,上市要求呼吁提供有关公司的财产、业务和财务状况的信息。[146] 证券交易所在一定范围内追求的是"全面披露"的理想。[147]

对于美国《证券法》附表 A 和证券交易所的上市要求之间的关系,人们可以采取两种不同的看法。一方面,国会在美国《证券法》附表 A 中纳入了比英国《1929 年公司法》中更多的内容,而这些新项目主要来自证券交易所的上市要求。因此,我们可以得出结论,国会的意图是将与证券定价相关的全部信息从自愿披露的领域中剥离出来,并纳入一个强制性的体系。另一方面,人们可能会注意到,国会没有将上市要求中包含的大部分内容纳入美国《证券法》附表 A。因此,人们可以争辩道,国会并没有把美国《证券法》附表 A 理解为对英国《1929 年公司法》披露制度的一个巨大扩展。

后者似乎是更有力的论据。国会认为从上市要求中得到的东西基

---

〔145〕 See Seligman, *The Transformation of Wall Street* at 46(见前注〔99〕).

〔146〕 1933 年以前的纽约证券交易所的上市要求转载于 J. Edward Meeker, *The Work of the Stock Exchange* 549 - 83, Ronald Press, reved 1930。

〔147〕 这些披露要求在一定程度上支持了这样的论点:无论强制披露提供什么好处,都可以通过私人安排获得,而不会产生困扰政府管理的披露系统的设计问题。See Part I V. B.

本上分为两类。第一类是关于附着在证券上的正式权利的信息，以及该证券相对于公司的其他股权和债权的地位。[148] 第二类是经审计的资产负债表和利润表。[149] 两者都与英国法规的代理焦点相一致。相比之下，国会选择省略的上市要求的内容与公司价值有明确的关系。被省略的信息包括有关主要财产、产出、雇员和特许权的描述和数据。简而言之，几乎所有的上市信息都与公司的运营直接相关（除了财务报表）。从上下文来看，美国《证券法》的强制制度中包含的内容和不包含的内容之间的分界线支持了代理成本的解释。

(1)关于资本结构的信息

与上市要求一样，美国《证券法》附表A要求提供有关证券特点及其在发行人资本结构中地位的详细信息。[150] 这些信息对了解发起人的财务利益至关重要。证券持有人的权利和义务是由该持有人、发行人和其他证券持有人之间的明示和默示合同规定的。在发起阶段，其他证券持有人可能包括发起人和/或发起人的合伙人。从报道的案例来看，与英国发起人相比，美国的发起人似乎较少以现金的形式获取利润，而更多地以股票的形式获取利润。[151] 因此，新来的股东如果不了解流通证券所附带的权利和义务，就不可能了解发起人的财务利益。

在19世纪，无论是在英国还是美国，解决这个问题的办法都很简单。公司股票被变成了一种标准化的商品，因此几乎不需要具体披露其属性。资本结构通常只包含一类股票，而且往往不包含长期债务。[152] 股民通常在发起阶段以相当于面值的价格购买他们的股票。当随后出售股票时，普通法为现有股东提供了优先购买权。[153] 正如伯利（Berle）和米恩斯（Means）所描述的那样，19世纪的公司法“授权了

[148] See 15 U. S. C. § 77aa, Schedule A, items(9)-(12).

[149] See id., items(25)-(26).

[150] 同前注〔148〕。

[151] 在股票注水案件中，如果涉及其他股权持有人（而不是债权人）的索赔，索赔通常是指控发起人使公司以比其他股东更优惠的条件向自己发行股票。See Macey and Miller, 70 Tex. L. Rev. at 355（见前注〔120〕）.

[152] See Jefferys, *Business Organizationin Great Britain* at 216, 242-43（见前注〔24〕）（在19世纪80年代之前很少使用优先股或债务证券）.

[153] 这一点在美国由Gray v. Portland Bank案确立，3 Mass 363, 383(1807).

一个特定的资本结构,而每个股东在这个资本结构中的地位是被审慎界定的"[154]。因此,除股份具有可转让性和有限责任的本质之外,股份与合伙企业中的权益非常相似。在19世纪末的英国,随着发起人尝试用新的方法来从发行中获取利润,这种僵化的做法被打破了。一种新兴的做法是创建并向卖方发行"创始人股份"或"经理人股份",它们具有与普通股不同的权利。[155] 英国《1900年公司法》相应地要求披露这类股份的数量和附带的权利。[156] 因此,美国《证券法》关于披露资本结构的要求所代表的创新并不像它看起来那样。在美国,到了20世纪30年代,私募发行在资本结构和每个投资者的相对地位方面取代了立法授权。从1910年开始,公司法规允许无面值的股票。[157] 一些州允许公司章程取消优先权,[158]在改变章程的条款和创建新的证券类别方面有了更大的权力。[159] 在1900~1933年,发行人定制其资本结构的能力大幅提高,投资者因此更需要获得有关资本结构的具体信息以及他们在其中的地位。这种信息对投资者的重要性是如此大,以至于它不可避免地要成为自愿或强制披露的对象,就像其他关于卖方和发起人的财务利益的信息一样。

(2)财务报表

美国《证券法》要求注册声明包含经审计的资产负债表和利润表。美国《证券交易法》规定了同样的项目。尽管这一要求没有出现在英国《1929年公司法》的披露表中,但总的来说,它似乎与代理成本的重点相一致。至于新股披露,国会似乎将财务报表的要求视为解决发起人问题的一部分。在美国《证券法》的起草和审议过程中,与会计事项有关的最持久的声音是联邦贸易委员会总法律顾问、后来的SEC委员

[154] Adolf A. Berle and Gardiner C. Means, *The Modern Corporation and Private Property* 148, Macmillan, 1933.

[155] See Gore – Browne and Jordan, *A Handy Book* at 26 – 27(见前注[75]).

[156] See 63 & 64 Vict., ch. 48, § 10(1)(a).

[157] See Smith, *New Jersey Corporation Law* at 30(见前注[97]).

[158] See Berle and Means, *The Modern Corporation* at 144 – 46(见前注[154]).

[159] See id. at 148 – 52.

罗伯特·希利(Robert Healey)的声音。[160] 希利(Healey)是历史成本会计的积极倡导者,并对那些为增加费率基础而注销资产的公共事业公司提出了严厉批评。[161] 希利(Healey)提出要求注册声明中包含一份显示发行人资产"性质和成本"的资产负债表,这样的措辞被纳入美国《证券法》之中。[162]

资产负债表上的记录与上文所述的股票注水现象密切相关。从实际效果来看,股票注水是对当前价值会计的早期尝试。在发起公司的背景下,对历史价值会计的支持只不过是试图强制披露发起人为资产支付的价格的另一种尝试。由此看来,国会在将财务报表要求列入美国《证券法》时,很可能考虑到了注水股票的问题。[163] 无面值和低面值股票的使用越来越多,这使有注水股票理论不再是对发起人的制约,而历史价值会计是一种倾向于强制披露发起人为最近收购的资产支付价格的替代方式。因此,财务报表要求的最终效果与其他披露要求的效果并无太大区别。资产负债表的要求迫使最近购买了自己所提供财产的发起人披露资产的成本;利润表的要求迫使发起人记录佣金、费用和类似的开支。同时,美国《证券法》为历史成本会计作为定期披露的基础而取得胜利创造了条件。虽然开始采用历史成本会计的决定受到了很多批评,但如果财务报告的目标不是帮助交易员评估公司,而只是帮

---

〔160〕 See House Hearings, in Ellenberger and Mahar, compilers, 2 *Legislative History Item* 20 at 228 – 48(见前注〔99〕)(statement of Robert E. Healey); Senate Hearings, in Ellenberger and Mahar, compilers, 2 *Legislative History Item* 21 at 211 – 26(见前注〔99〕)(statement of Robert E. Healey).

〔161〕 改革者关于公用事业的目标不应该与那些与普通工业公司有关的目标混为一谈。监管部门对公用事业的关注主要是为了最大限度地减少向公众客户收取的费用。对公用事业的信息披露监管,部分是为了使公用事业的成本对其监管者更加透明,以此作为加强费率监管的一种手段。正是基于这个原因,候选人罗斯福对公用事业提出的证券披露要求比他所提出的一般要求更为严格。See Rosenman, compiler, 1 *Roosevelt Papersat* 737(见前注〔103〕).

〔162〕 See House Hearings, in 2 *Legislative History Item* 20 at 235(见前注〔99〕)(statement of Robert E. Healey)(提议的语言在稍作修改后,构成了美国《证券法》附表 A 第 25 项的一部分).

〔163〕 Seligman 指出,在 1911 ~ 1934 年,注水股票是州和联邦证券法背景的一个重要部分。See Joel Seligman, *The Historical Need for a Mandatory Corporate Disclosure System*, 9 J. Corp. L. 1, 18 – 19(1983).

助股东发现管理层的违约行为,那么它就非常合理。

在持续报告方面,财务报告的功能有两种不同的概念。一些人可能认为财务报告主要是为股东、债权人和其他相关方的利益而进行的一种监督。或者,我们也可以把会计看作一种提供公司业绩全面情况的手段,使投资者能够对公司的业绩及其证券的价值做出更好的判断。虽然今天我们倾向于强调后一种功能,但在20世纪初,前者的功能会显得更加重要。会计的最初目的是核算,即显示委托给代理人的金钱和财产的使用情况,以便委托人可以确信代理人是为了委托人的利益而不是为了代理人自己的利益行事。[164] 从其发展的早期阶段开始,各种类型的商业协会都由股权参与者的代表进行审计以查明和追回管理层未经授权或自利的支出。[165] 正如现代公司理论文献中所描述的那样,股东的这种监督是股东监督管理层的一个直接例子。[166] 随着股东人数的增加和他们对企业经营参与程度的降低,对公司支出的正式监督系统的需求也在增加。因此,一个会计师在1924年使用"所有权和控制权的分离"这一短语来描述现代公司的难题就不足为奇了。因为8年前,这一概念就随着伯利和米恩斯所著的《现代公司与私有财产》(The Modern Corporation and Private Property)的出版进入法律和经济文献领域。[167]

早期的审计是由股东委员会进行的,后来的法规继续授权股东指定审计师。[168] 这一安排清楚地表明了监督职能的重要性。即使在19世纪末,外部专业审计公司开始进入这一领域,对代理问题的关注仍在

---

〔164〕 See B. S. Yamey, *Some Topics in the History of Financial Accounting in England*, 1500 – 1900, in W. T. Baxter and Sidney Davidson, eds, *Studies in Accounting* 11, 11 – 12 (Institute of Chartered Accountants, 1977).

〔165〕 See Ross L. Watts and Jerold L. Zimmerman, *Agency Problems, Auditing and the Theory of the Firm: Some Evidence*, 26 J. L. & Econ. 613, 616 – 26 (1983).

〔166〕 同前注〔5〕。

〔167〕 Compare Henry Rand Hatfield, *An Historical Defense of Bookkeeping*, 37 J. Acct. 241, 251 (1924) ("会计的新意义在一定程度上是由于所有权的细分以及所有权与控制权的分离这一企业组织形式的特点所造成的。"), with Berle and Means, The Modern Corporationat 4 (见前注〔154〕) (描述所有权和控制权的分离)。

〔168〕 See Watts & Zimmerman, 26 J. L. & Econ. at 624 (见前注〔165〕); 19 & 20 Geo. 5, ch. 23, § 132 (1929) (规定在每届年度大会上任命审计师).

继续。[169] 在美国,这一点被以下事实所强调,许多早期的专业会计师都与英国公司有联系,并为在英国出售证券的美国公司进行审计。[170] 远期投资者显然希望有一个他们信任的人来监督管理层对公司资产的使用。当时和现在的外部会计师的一个重要特征是"独立",作为一个操作问题,这意味着审计师将向股东报告其发现的违反管理层职责的行为。[171]

(3)SEC的全权委托

最难与美国《证券法》的代理成本解释相吻合的是,国会决定赋予监管机构广泛的权力,即在该机构认为必要的范围内扩大或缩小披露系统。法规赋予 SEC 权力,在符合"保护投资者"的前提下,要求发行人对美国《证券法》附表 A 所要求的信息之外进行披露,并允许发行人省略美国《证券法》附表 A 所要求的信息。[172] 可以说,通过提供这一授权,国会有意播下了提高准确度路径的种子。然而,这种反常现象可能没有表面那么明显。国会已经看到,与议会在英国《1900 年公司法》中最初的要求相比,建立更复杂的资本结构能力,需要更多的披露。同样,也没有理由认为公司推广的技术在 1933 年之后仍然保持不变。因此,对于对行政专业知识充满信任的国会来说,赋予行政机构以权力,使其能够根据时代的需要改变披露制度是自然而然的。[173] 那么,相关的问题不是国会是否给了 SEC 正式的权力来扩大强制披露制度的重点,而是这种扩大是不是对 SEC 权力的明智利用,这个问题将在下一部分讨论。

---

〔169〕 See Watts and Zimmerman, 26 J. L. & Econ. at 628 - 33(见前注〔165〕).

〔170〕 See id. at 629 - 30. See also James Don Edwards, *The Emergence of Public Accounting in the United States*, 1748 - 1895, 29 Acct. Rev. 52(1954). Edwards 指出 19 世纪末,公共会计师事务所的主要职能是审计账目,"主要目的是发现或防止违规行为"。Id. at 63.

〔171〕 See Watts and Zimmerman, 26 J. L. & Econ. at 615(见前注〔165〕).

〔172〕 See 15 U. S. C. § 77g. See also id. § 77j(d)(证监会可规定招股说明书的内容).

〔173〕 See Thel., 42 Hastings L. J. at 400(见前注〔144〕); Thel, 42 Stan L. Rev. at 421 - 24(见前注〔100〕); Ralph. F. De. Bedts, The New Deal's SEC: The Formative Years 81 (Columbia, 1964)(认为对证监会的广泛授权是联邦证券法的一个主要力量来源).

(4)发行人的严格责任

美国《证券法》并不只是由注册和披露要求组成。它还包含一些责任条款,规定发行人、董事、承销商和会计师等要对注册报表和招股说明书中的误导性陈述或遗漏承担责任。[174] 发行人本身对准确性负有重大的严格责任;其他各方有肯定的抗辩权,只要他们能证明他们达到了特定的谨慎水平。[175] 如果像我所论证的那样,该法规主要是为了应对发起人问题,那么发行人的严格责任似乎就不正常了。发行人责任的目的似乎是提高提供给市场的信息的准确性,即使以迫使一组投资者弥补另一组投资者的损失为代价。然而,从其最初的背景来看,发起人责任与代理成本的解释并无不一致之处。

根据普通法,对依赖不准确的招股说明书的证券购买者有两种补救措施。第一种是起诉董事的欺诈行为。在 Derry 诉 Peek 案[176]中,上议院的结论是,欺诈意图是支持就误导性招股说明书对董事提起诉讼的必要条件。议会对 Derry 诉 Peek 案作出回应,颁布了美国《1890年董事责任法》(The Directors Liability Act 1890),该法案规定,即使没有欺诈性意图,董事也要对招股说明书中的错误陈述负责。[177] 美国《证券法》的主要责任条款,即第 11 条,与美国《1890 年董事责任法》所使用的语言非常接近,但增加了发行人的严格责任。[178] 发行人的责任基本上复制了第二种补救措施。根据英国法律,证券购买者可以获得第二种补救措施,即撤销购买合同。[179] 这种补救措施在其最典型的产生背景下——在最初认购股票后不久发现有误导性的招股说明书(通常是由于没有披露卖家或发起人的财务利益)有很大的意义。[180] 股东的希望是在资金流向发起人和/或卖家之前收回为股份支付的钱。如

---

[174] See 15 U. S. C. § § 77k,771(2).

[175] See id. § 77k(b).

[176] See 14 App Cas. 337,343(HL 1889)(Halisbury opinion).

[177] See 53 &54 Vict. ,ch. 64(1890).

[178] See 15 U. S. C. § 77k.

[179] See Central Railway Co. v. Kisch,2 Eng. & Irish App 99,121(1867)(Chelmsford opinion).

[180] See id. at 100 –07;Erlangerv New Sombrero Phosphate Co. ,3 App Cas. 1218,1218 – 21(HL 1878).

果钱已经流走了,公司本身可以尝试从发起人和卖家那里收回。作为公司的受托人,发起人要接受撤销令。卖方往往充分参与了公司的创建,因此也被认定为"发起人",从而也可以从他那里收回支付的钱。美国《证券法》与英国《1929 年公司法》一样,其条款并不局限于发行公司的证券发行,因此美国《证券法》第 11 条可以发挥作用,迫使一个无辜的股东群体弥补另一个无辜群体的损失,即便是在今天亦是如此。然而,考虑到国会所依据的历史,这种可能性可能没有给国会留下强烈的印象。

四、从代理成本到准确性提高:基于效率的分析

美国《证券法》和美国《证券交易法》可以不费吹灰之力地被解读为对一个披露系统授权,其中只有代理信息是强制披露的,而公司信息披露的其余部分则由私人订购,尽管公司也要对其承担误导性陈述的责任,但事实并非如此。SEC 和法院的结论是,国会的目的是要披露投资者为了决定是否投资而可能希望得到的所有信息。事实上,代理问题的缓解后来被认为是"全面披露"理念的一个间接好处。[181]

近年来,SEC 用有效市场的语言来解释其一些披露举措。在过去的 25 年中,SEC 对信息披露系统进行了各种深远的扩展,包括分部报告、管理层讨论和分析、有限程度的现值会计,以及试图将管理层的预测纳入强制披露系统。[182] 每种情况都部分参照了提高准确性的目标来证明其合理性。这是否使代理成本模型沦为历史上的奇葩?

笔者并不这么认为,这其实是基于规范性的理由。本部分研究了支持代理成本模式和准确性提升模式的效率论点,并得出结论,认为对效率的考虑有利于将强制披露限制在代理信息上。对一些读者来说,上述历史本身就很有启发意义。代理成本披露具有典型的私法功能,

---

〔181〕 See *Disclosureto Investors:A Reappraisal of Federal Administrative Policiesunder the* 33 *and* 34 *Acts* 50 – 51, Disclosure Policy Study,1969("Wheat Report").

〔182〕 See Kitch,*The Theory and Practice of Securities Disclosure* at 28 – 88(见前注〔4〕).

即事先提供一个规则,旨在通过节约交易成本来促进特定形式的双边契约关系。相比之下,准确性提高的披露具有典型的监管功能,即通过事先的规则和持续的政府监督协调众多经济主体之间的互动关系。对于这一点,法律和经济学学者们普遍认为,政府可以在前者方面做得相当好。对于政府是否能有效地履行后一种职能,人们的争论更为尖锐。[183]

(一)效率和代理信息

在分析隐含的契约责任的效率时,通常会问大多数当事人在有机会讨价还价的条件下是否会选择该规则。[184] 采用这种分析模式,发起人、经理人和投资者在事前讨价还价时,有可能会选择必须披露代理信息的规则,这貌似是合理的。发起人和投资者之间的关系与其他产生信托责任的关系有相似之处,如股票经纪人或房地产经纪人与客户之间的关系。发起人通常拥有(并鼓励投资者相信他拥有)专业知识,这些专业知识与判断"将非公司企业转换为公司形式是否是有利可图的"有关。此外,发起人还拥有影响其转换的专业技能。投资者很难监督发起人的表现。投资者很可能比发起人更不了解是否有类似的企业可供出售,也不了解近期私有企业出售的价格和其他条件。

在识别和购买私人持有的企业方面,投资者希望得到专家的帮助,而发起人则提供这种帮助。然而,在这种情况下,投资者可能会坚持要求发起人履行类似于忠诚方面的义务和责任。这种责任将有助于保证发起人不利用其特殊的专业知识来获取超过投资者明示或默示同意的利润。这可以用一种相对直接的方式来实现,即规定披露利益冲突的存在和程度的义务。面对一个披露了大量反向利益的发起人,大多数投资者会拒绝投资,除非他们确信有人就公司愿意购买该发起人的财

---

〔183〕 关于反调控运动的简短但内容丰富的思想史,参见 George L. Priest, *The Origins of Utility Regulationand the "Theories of Regulation" Debate*, 36 J. L. & Econ. 289, 289 - 95(1993)。

〔184〕 See Frank H. Easterbrook and Daniel R. Fischel, *Contractand Fiduciary Duty*, 36 J. L. & Econ. 425, 426 - 27 (1993); Charles J. Goetz and Robert E. Scott, *The Mitigation Principle: Toward a General Theory of Contractual Obligation*, 69 Va. L. Rev. 967, 971(1983).

产和服务的条款进行谈判,这些人要么是知识渊博的独立董事会,要么是拥有大笔赌注的成熟的"主要"投资者。因此,用弗兰克·伊斯特布鲁克(Frank Easterbrook)和丹尼尔·费舍尔(Daniel Fischel)的话说,披露规则是"合同诱导"。〔185〕尽管发起人有潜在的利益冲突,它通过迫使发起人就自利交易的条款进行谈判以鼓励建立发起人/投资者的关系。

与其他类型的受托人责任相比,这一责任是轻的。此外,这一责任也符合发起人的利益,因为它促进了发起人向投资者出租其专业知识的合同,从而创造了一个从该专业知识中获利的额外手段。一个购买资产用于转售的发起人,如果不愿意披露他的购买价格,可以将企业卖给一家与他没有信托关系的公司。或者,他可以从私人来源,如机构投资者而不是普通公众那里寻求股权融资。因此,在某些情况下,披露义务并没有消除从信息投资中获利的能力。〔186〕相反,披露使一种替代的合同关系成为可能。在这种合同关系里,发起人向投资者出售其专业知识。"出售"专业知识意味着委托人,而不是受托人,有权从受托人的努力中获得所有的边际收益。但是,受托人在事前可以自由地寻求一种不同类型的关系,即以不同的方式分配收益。〔187〕然而,他不能让投资者产生错误的期望,使他们误以为自己会成为发起人专业知识的受益者。

要求持续披露高管薪酬和自我交易可能也是有意义的。这种披露对管理人员本身的好处是巨大的。正如对发起人的披露要求取代了对一些其他受托人施加的更具侵扰性的忠诚义务,所以经理人披露报酬和自我交易的义务也是对报酬和自我交易更严格的实质性限制的一种

---

〔185〕 See Easterbrook and Fischel,36 J. L. & Econ. at 444(见前注〔184〕).

〔186〕 See generally Anthony T. Kronman, *Mistake, Disclosure, Information, and the Law of Contracts*,7 J. Legal Stud. 1(1978).这表明,合同法中没有广泛的披露规则,就会鼓励人们通过给这些信息的拥有者提供在不放弃其信息优势的情况下与其他各方进行交易的选择,以寻找有社会价值的信息。

〔187〕 对于奖励代理人的不同方式以及由此产生的激励措施的讨论,see Saul Levmore, *Commissionsand Conflicts in Agency Arrangements: Lawyers, Real Estate Brokers, Underwriters, and Other Agents' Rewards*,36 J. L. & Econ. 503(1993)。

替代。公司法允许经理人确定自己的报酬,并从事自我交易。[188] 股东和经理人会对这些宽松的规则进行讨价还价是一个很好的论据,但也可以说,股东貌似会想知道经理人在多大程度上使用这种宽松的规则。是否有必要要求具体的披露?如果资本市场和管理服务市场高度竞争,如果股东有理性预期,那么管理者就会承担他们因自利行为所造成的损失。[189] 在这些假设下,发起人和管理者有强烈的动机采取可靠的措施来减少代理损失。在代理成本可以通过披露代理信息来降低的情况下,发起人和管理者会自愿提供投资者想知道的任何信息,只要生产成本低于相关代理成本的降低。[190]

因此,在正确的假设下,强制披露代理信息的法律规则是不必要的。同时,这种规则的成本可能不会比自愿披露的成本高很多,甚至更低。像许多法律规则一样,如果强制披露规则可以使各方免于就披露的内容进行谈判,而谈判的结果又不可能因公司的不同而不同,因此遵守"一刀切"规则的成本就会低于就个别披露层面进行谈判的成本,那么强制披露规则就是有效的。[191] 强制性披露规则恰恰会产生这样的结果,这是非常合理的。《证券法》的披露制度最有力的理由是,它规定了一套有限的、定义明确的披露内容,几乎所有的公司都会采用。我们知道,即使在强制披露之前,有经验的投资者也会要求并获得与发起人和经理人的自我交易以及其他形式的报酬有关的信息。例如,19 世纪末伦敦证券交易所的规则允许促销公司上市,条件是招股书"说明已支付或将支付给特许权人、资产的所有人,或其他关于公司组建人员的金额,公司授权证券交易所的一个成员……提供有关该企业成立的

〔188〕 例如,根据特拉华州的法律,如果没有利益关系的董事会成员或股东在披露了董事利益的"重要事实"之后批准,或者说,如果该交易对公司来说客观公正,那么董事与公司之间的交易是有效的。See 8 Del. Code. Ann. § 144(a)(1991).

〔189〕 See Jensen and Meckling,3 J. Fin. Econ. at 318 – 19(见前注〔5〕).

〔190〕 See Stephen A. Ross, *Disclosure Regulation in Financial Markets: Implications of Modern Finance Theory and Signaling Theory*, in Franklin R. Edwards, ed. , *Issues in Financial Regulation* 177,189, Mc Graw – Hill,1979.

〔191〕 See id. at 192(即使信息披露监管只是要求披露企业目前所披露的信息,也可能是有益的).

全部信息"[192]。同样,任何新企业的投资者都会想知道,相对于其他类别的股东,他们的所有权和正式权利是什么?强制披露此类信息的规则,以较低的成本复制了投资者和发起人之间的假设性交易。

对这一分析的一个反对意见是,它只证明了披露是一个适当的默认规则。证券法披露制度并不仅是一个默认规则,反对者认为,它的规定不能被放弃。[193] 这种反对意见在理论上是有道理的,尽管在实际操作上似乎并不重要。自我交易和其他形式的过度补偿会对投资者的回报产生巨大的影响,因此我们预计选择退出的情况会非常少。[194] 此外,那些最有可能放弃披露规则的投资者——富裕的、成熟的、不需要依靠发起人的专业知识的投资者——可以通过在私人配售中购买证券而选择退出披露制度。[195] 当然,发起人也可以选择退出,将产品卖给一个真正独立的实体,从而避免信托关系。因此强制性披露更像是以默认规则的形式运作。

(二)效率和准确性提高

大多数发起人、经理和股东都可能同意披露代理信息。他们是否不止于此,即同意披露发起人或经理人所掌握的与公司价值有关的大部分或全部信息?首先,让我们把提高准确性的信息与代理信息进行比较。代理信息的范围是有限的,可以用合理的精度来描述,而且生产成本不高;此外,它的相关性在企业之间没有很大的差异。这些特征中没有一个是描述准确性提高的信息的。可以说,相关信息的集合是巨大的。不仅数量巨大,而且很难事先确定哪些类型的信息是相关的。决定公司价值最重要的因素在各公司之间有很大的不同。因此,信息披露制度要么要求许多公司披露大量不相关的信息,要么忽视对某些公司最重要的话题(或者两者兼而有之,就像目前的制度一样)。因

---

[192] London Stock Exchange Rule 136, reprinted in 1895 Report at 262(见前注〔30〕).

[193] See 15 U. S. C. § 77n.

[194] 不可撤销的披露制度可以类比于其他法律规则,如美国《欺诈法》,该法规定一些未受污染的合同无效,其理论依据是与通过减少难以证明的欺诈行为而获得的利益相比,无效合同所产生的成本很低。See Richard A. Epstein, *Unconscionability: A Critical Reappraisal*, 18 J. L. & Econ. 293, 301 - 03(1975).

[195] See 15 U. S. C. § 77d(2). 豁免注册(以及强制性披露)的要求,"发行人的交易不涉及任何公开发行"。

此,通过强制性规则复制公司与公司之间关于披露代理信息的交易是比较容易的,但关于准确性提高的信息要做到这一点则要困难得多。

收集与股票价格相关的数据的成本高于收集代理信息的成本。公司的经理们对他们自己的活动和利益冲突很了解。相比之下,他们可能需要花费大量的精力来提供投资者想要的信息,以便对公司的证券进行估值。例如,假设每条业务线和每个地理区域的独立财务信息对投资者来说很重要,那么同样的信息对公司经理来说可能并不重要。[196] 当然,一些公司的经理认为在产品线或地理区域之间分配经费并不是一项有用的工作,而只是因为 SEC 的要求才这样做的,这也是有道理的。现值会计的情况也是如此。经理们通常不会花钱对资产进行定期评估,所以他们必须相信获得这些信息所带来的管理收益,并不能证明获得信息的成本是合理的。

没有人会质疑这样一个事实,即以提高准确性为前提的披露制度与仅限于少量代理信息的披露制度相比,要昂贵得多。支持前者的理由必须是其社会效益相应更大。潜在的好处是,与自愿披露制度相比,强制披露制度可能会使新的信息更快地反映在市场价格中,或以更低的成本反映在市场价格中,或两者兼而有之。这个支持准确性提高模式的论点是基于信息的私人和社会利益之间的区别提出的。[197] 该论点如下:与企业价值相关的信息具有社会价值,而这种价值是任何一个行为者都无法完全掌握的。这种"公共产品"的特点意味着这种信息将被低估。强制性披露是将集体有价值的资产成本进行集体化的一种手段,并解决生产不足的问题。同时,准确度提高的信息能够使首先发

---

〔196〕 SEC 要求许多企业分别提供关于发行人从事的每个"业务部门"或业务线的财务信息。

〔197〕 约翰·科菲(John Coffee)最彻底地提出了这样的论点:信息的私人价值和社会价值之间的差距证明了强制披露制度的合理性。See John Coffee,70 Va. L. Rev. at 725 – 34(见前注〔2〕)(文中的摘要来自此),但这个想法已经存在了一段时间。See Report of the Advisory Committee on Corporate Disclosure to the Securities Exchange Commission,House Committee on Interstate and Foreign Commerce,95th Cong. , 1st Sess 626 – 28 (Committee Print 1977) (statement of William Beaver) (" Advisory Committee Report") ;Nicholas J. Gonedes, Nicholas Dopuch, and Stephen H. Penman, *Disclosure Rules, Information – Production, and Capital Market Equilibrium: The Case of Forecast Disclosure Rules*, 14 J. Acct. Res. 89,96(1976).

现它的人赚取大量的利润。因此,大部分的信息投资都是重复性的并相应地造成了浪费。故由于私人价值和社会价值之间的差距,会出现信息投资过度和投资不足的情况。强制性信息披露有助于缩小这一差距。

1. 强制性披露是治愈过度投资的良方

赞成强制披露准确性提高信息的论点之一是它可以防止或减少对那些有私人价值但没有社会价值的信息的投资。这个论点源于杰克·赫什莱弗(Jack Hirshleifer)的论证。他证明,在某些假设下,私人信息的拥有者可以利用它来做有利可图的交易,即使这些信息没有社会价值。也就是说,一个单一行为者能够掌握该信息所创造的净社会财富且不会为拥有这些信息付出任何代价。[198] 法律文献抓住了赫什莱弗(Hirshleifer)的分析,认为股票交易商可能存在对信息的过度投资,因为他们可以获得可能超过社会效益的私人利益。[199] 赫什莱弗的结论对证券监管的影响比法律文献显示的更有限也更复杂。赫什莱弗的模型遵循经典价格理论的假设,并假设在一个竞争性市场中,任何个人的交易都不会影响市场的清算价格。[200] 我们知道,这一假设在证券市场上并不成立,因为这些市场上的交易价格会传递信息,从而影响其他交易者的需求计划。当价格揭示了信息,该信息的私人价值和社会价值之间的差距就会缩小,重复投资的问题就会自我纠正。[201] 随着更多的交易者对信息的投资,价格反映了这些信息,从而为以前不知情的交易者免费提供信息,这反过来又减少了收集额外的信息。事实上,如果价格是完全公开的(也就是说,如果价格根据新的信息即时调整),就会在另一个方向上出现差距——即使没有交易者能从信息投资中获利,

---

〔198〕 See Jack Hirshleifer, *The Privateand Social Value of Information and the Reward to Inventive Activity*, 61 Am. Econ. Rev. 561(Pt 1 1971).

〔199〕 See Coffee, 70 Va. L. Rev. at 733 - 34(见前注〔2〕); *Easterbrook and Fischel*, 70 Va. L. Rev. at 682(见前注〔2〕). See also Lynn A. Stout, *The Unimportance of Being Efficient: An Economic Analysis of Stock Market Pricingand Securities Regulation*, 87 Mich. L. Rev. 613, 702 - 03(1988).

〔200〕 See Hirshleifer, 61 Am. Econ. Rev. at 564(见前注〔198〕).

〔201〕 See Sanford J. Grossman, *The Existence of Futures Markets, Noisy Rational Expectations and Informational Externalities*, 44 Rev. Econ. Stud. 431, 436(1977); Jerry Green, *The Non - Existence of Informational Equilibria*, 44 Rev. Econ. Stud. 451, 453 - 54 (1977).

信息也会具有社会价值。[202]

在存在过度投资的情况下,有一些私人手段可以减少过度投资。市场信函和其他类型的研究报告的存在是自愿合作的证据——一些市场参与者制作报告,其他参与者为其付费,而不是为同样的信息竞争。[203] 其他私人安排,如纽约证券交易所在公布和传播重大信息之前暂停交易的程序,[204]可能有助于减少重复投资的动机。

赫什莱弗的分析只告诉我们,在他的假设成立的情况下,会有太多对信息的投资。这并不等于说公开披露可以消除这种过度投资。在赫什莱弗的结论成立的情况下,只有当披露消除了进行私人投资的动机时才是有益的,也就是说,它要在任何一个交易者能够通过其他途径获得信息之前,向所有交易者提供信息。这是一个非常有利的条件。在目前的披露制度下,这一点显然没有得到满足。强有力的证据表明,SEC 报告中的信息不能被用来产生交易利润,也就是说,在这些信息被披露时,市场对于这些信息已经是有效的。[205] 这意味着,交易员经常在 SEC 的报告中披露公司业绩之前,获得有关公司业绩的信息。

有人可能会回答说,交易者能够在正式披露之前获得信息的原因是,管理层在正式披露信息之前,并没有试图对信息进行保密,因为管理层知道该信息最终会被披露。如果披露的目的是防止对信息的重复投资,那么这一观点就完全不相关了。价格已经反映了证监会报告中的信息,这一事实证明,在正式披露之前,对该信息进行了大量的、可能是重复的投资。在没有强制披露的情况下,会有更少的非正式披露,这一论点可以证明强制披露可以解决信息生产不足的问题(这一点将在下文讨论),但不能解决信息生产过度的问题。

归根结底,如果交易者知道管理者可以采取有效措施来对信息进行保密,那么他们就不会对信息进行投资。如果交易者知道信息能够

---

[202] See Grossman, 44 Rev. Econ. Stud. at 436(见前注[201]).

[203] See Gonedes, Dopuch, and Penman, 14 J. Acct. Res. at 105(见前注[197]).

[204] See New York Stock Exchange, Listed Company Manual 202.06 - 202.07 at 2 - 4 to 2 - 6(1992).

[205] See Benston, 63 Am. Econ. Rev. at 139(见前注[1])(根据先前的经验工作得出结论,"到最后报告时,几乎没有任何信息没有被暂存在股票的价格中").

获取,他们就会投入资金和精力成为第一个获得信息的人。其他所有人都会在指定时间获得信息这一事实可能会产生一种更大的紧迫感,但这并没有消除他们首先获得信息的动机。如果我们试图修正信息披露制度,以消除在信息公开披露之前对信息的投资,我们可能会规定公司经理在提交公开披露文件之前进行私人披露是非法的。[206] 这样的政策是不可取的,也是无法执行的,原因有二。首先,"私人披露"和为商业目的使用信息之间没有明显的界限。如果一家公司的经理告诉它的主要供应商,公司急需原材料来满足对其产品的意外强烈需求,这种披露在某种意义上是私人的,因为供应商或其雇员在听到这一信息后可能决定购买该公司的股票。同时,该声明可能有助于公司更快地获得所需的物资。禁止这类声明的规则会产生可笑的反效果,但如果没有这样的规则,交易者之间的信息不对称(以及相应的过度投资)将继续存在。

其次,经理人并不是唯一产生或获得有关公司业绩信息的人。管理人员可能是某些类型信息的唯一来源或最佳来源,但公司的员工、供应商、竞争者和债权人等也会产生有价值的关于公司的信息。似乎既不可能也不应该告诉这些人,他们不能用自己产生的信息进行交易,也不能向其他可能进行交易的人披露,直到该信息包含在公开披露的声明中。禁止在公开披露之前进行私人披露的替代办法是加快披露系统的速度,使之达到在公开披露之前难以发现信息的程度。[207] 信息到达公众手中的速度越快,交易者从信息中获利的时间就越少,(也许)交易者在试图击败时间方面的投资就越少。这个建议只是在表面上有吸引力。随着信息披露速度的提高,其准确性自然会降低。会计师和律

---

〔206〕 SEC 没有认真努力阻止发行人在招股说明书的范围之外向机构投资者进行披露,只是偶尔攻击经理人向分析师披露内部预测,尽管它对这两种做法明显感到不安。See Tom Pratt, The IPO Information Gap, Investment Dealers' Digest 15 (May 18, 1992); Note, Rule 10b - 5 and Voluntary Corporate Disclosures to Securities Analysts, 92 Colum. L. Rev. 1517, 1530 - 31 (1992) (描述了 SEC 在 1991 年对一个向分析师披露信息的公司内部人员采取的行动,并表明 SEC 的政策是不鼓励这种披露的).

〔207〕 See Donald C. Langevoort, *Information Technology and the Structure of Securities Regulation*, 98 Harv. L. Rev. 747, 786 - 89 (1985) (暗示"持续披露"的电子系统将减少与私人披露有关的问题).

师现在经常花费数小时仔细研究披露文件,以便在提交前发现错误。私人投资的核查将变得更加有利可图,因为第一个发现实时披露错误的交易商可能会获利。因此,投资的重点将从发现信息转移到发现连续披露信息中的错误,但过度投资仍然存在。此外,在股票交易中,即使是非常小的时间增量也很重要。在一个加速的披露系统中,争先恐后地获取信息的竞争将继续下去,这种紧迫感会增强。交易员可能会雇用更多的助手和买更多的电脑,以便更快地收集和分析信息,并可能购买更昂贵的通信系统以达到比他们的竞争者更快地将订单传送到交易市场的目的。在信息方面的投资总额是否会减少并不明显。

2. 强制性披露是治疗投资不足的良方

上面关于过度投资的许多意见也适用于投资不足。资本市场有助于缩小信息的私人价值和社会价值之间的差距。虽然信息效率保证了私人价值不可能大大超过社会价值,而市场的低效率则防止了过大的差距向相反的方向发展。市场的低效率足以使收集信息成为一项有利可图的活动。[208] 获得有关公司价值的准确信息的第一个交易者可以从该信息中获取部分(但不是全部)的交易利润。那么,我们知道,交易者有很大的动机来投资信息,而且很多交易者都会这样做。纠正过度投资问题的一些私人制度安排也可以纠正投资不足的问题。市场信函和其他报告收集信息的自愿集体化,有助于创造信息的产权,鼓励其生产。尽管有这些纠正机制,我们可能认为在没有强制性披露的情况下,与公司价值相关的信息会产生得更少。问题不在于数据的数量,而在于与价值相关的信息的数量;如果强制披露制度产生的信息对股票价格无关紧要,那么它就不符合准确度提升模型的效率标准。因为披露制度的任务主要是针对公司经理人的,所以我们必须进一步相信,如果没有法律的强制性要求,这些管理人员会有效地隐瞒信息。

这种理论的一个缺点是,它认为公司的信息主要是自上而下地流

---

[208] Sanford Grossman 和 Joseph Stiglitz 对有利可图的信息套利进行了理论论证。See *On the Impossibility of Informationally Efficient Markets*, 70 Am. Econ. Rev. 393 (Pt 1 1980); David F. Larcker and Thomas Lys, *An Empirical Analysis of the Incentives to Engagein Costly Information Acquisition: The Case of Risk Arbitrage*, 18 J. Fin. Econ. 111 (1987).

动;如果管理层愿意,它可以关掉水龙头,信息就会减少流动。然而,这是不正确的。公司内部的许多信息,也许是大多数信息,都是自下而上流动的。当然,信息如果是由管理层收集、分类和分析的,经过这一过程的信息无疑对交易者更有用,但原始数据在整个组织内流动。此外,数据不能被包含在公司本身(即使假设公司有离散的边界这一概念是有意义的)。每个有规模的公司每天都与其他经济主体有成千上万次的互动。它进行谈判,购买和销售,签订合同,借钱,支付和接受付款。这些互动传递了有关公司业绩的信息。

考虑到一个制造企业突然经历了订单的大幅增加或减少,它的原材料供应商很快就会意识到公司订购的原材料数量的变化。运输公司会注意到运往和来自公司所在地的货物数量的变化。公司的工会将观察到雇员的数量比平时变化更大。公司的银行会注意到其流动资本贷款机制的提款变化,以及通过其常用账户的现金流的变化。公司的其他服务供应商,例如旅行社和电信公司,可能会观察到公司所消费的服务数量的变化。这些影响在几天内就会显现出来,而相关的交易在公司的定期报告中要到该财季结束时才会显示出来,也可能要到该财年结束时才会出现。[209] 鉴于这些信息的潜在价值,它们不会不被注意、不被收集、不被使用。分析师和交易员可能会与上述许多实体交谈;这些实体本身,以及他们的雇员,可能会交易公司的股票。还要注意的

[209] 订单的增加或减少不符合目前必须在 8 – K 表格中报告的任何项目。See Form 8 – K, General Instructions, 5 Fed Secur L. Rptr(CCH) S 31, 002(Dec. 21, 1994). 在该季度末,发行人将被要求根据 10 – Q 表提交财务信息。到那时,从财务报表中就可以看出增减的影响。10 – Q 表格还要求提供“管理层讨论和分析”(MD&A),而订单的增加或减少可能构成“已知趋势”,这必须在 MD&A 中披露。See 17 CFR § 229, 303(1994). 在任何情况下,在发行人的下一份 10 – K 表年度报告中, The Backlog of Orders Would be Disclosed Pursuant to Item 101(c)(viii) of Regulation S – K 17 CFR § 229, 101(c)(viii)(1994)。文中提出的意见并不完全取决于事件发生时公司是否公开交易。类似的信息也可以从即将上市的公司的客户、供应商等处获得。类似的信息可以从即将上市的公司的客户、供应商等处获得,事实上,我们可能会期待客户和供应商在发行中购买,以试图从他们的优势信息中获利。

是,这些信息的可用性并不是强制披露制度的功能。[210] 它是以一种分散的方式创建的,因此不容易被掩盖。任何隐藏的企图都需要更大限度的集中,这会造成效率低下,肯定也会使保密的好处减少。

关于聪明的投资者通过仔细观察一般可获得的信息而对公司的业绩做出良好预测的轶事在流行的文献中比比皆是。"亚当·斯密"讲述了一个故事,沃伦·巴菲特在美国运通公司因财务丑闻股票大幅下跌后,购买了该公司的大量股份。[211] 巴菲特去了一家餐馆,数了数用美国运通旅行支票付款的食客人数,得出的结论是该公司的核心业务没有受到丑闻的影响。他大量买入并获得了巨大的投资回报。一位投资经理写的一本很受欢迎的书,把家电维修工作为关于耐用消费品销售公司的重要投资信息来源。[212] 据说彼得·林奇(Peter Lynch)投资邓肯甜甜圈(Dunkin Donuts)的股票,部分原因是他喜欢它提供的咖啡。[213] 再一次说明,这种类型的信息实在是太广泛了,不可能被隐藏起来,即使管理人员有某种理由想隐瞒它。

然而,我们不得不承认这样一个事实:经理人通常拥有一些其他市场无法获得的信息。上述分析表明,在对股票价格有影响的总信息中,这种信息所占的比例比最初看起来要小,尽管如此,这些信息仍然是有价值的。如果没有强制性的披露制度,经理人就不必与市场上的其他人分享他们最深层的秘密了。但是,即使在我们目前的强制披露制度下也是如此。正如埃德蒙·基奇(Edmund Kitch)所指出的,发行人很

---

[210] Berle 和 Means 对 1932 年市场可用信息的描述与投资者在联邦证券法出台之前基本处于黑暗状态的说法形成鲜明对比:在非官方的情况下,市场已经收集了一个巨大的机制来收集和传播事实。这些信息通过标准出版物(Poor、Moody 的标准统计)和更频繁的时间间隔,通过标准的金融纪事[如《商业和金融纪事》(The Commercial and Financial Chronicle)、《年鉴》(Annalist)、《邓氏评论》(Dun's Review)],以及以更短暂的形式,通过日报的金融版和某些专门从事此类事务的报纸[《华尔街日报》(Wall Street Journal)、《纽约商业报》(New York Commercial)],以及时不时地通过各种股票服务。还有更多的,不断地向市场灌输事实、数字、金额、观点和各种信息的流水账……See Berle and Means, The Modern Corporationat 294(见前注〔154〕).

[211] Adam Smith, *Supermoney* 193(Random House, 1972).

[212] See John Train, *The Money Masters* 68 – 69(Harper. & Row., 1980).

[213] See Carolyn Friday, *A Superstar Bids Farewell*, Newsweek 38(Apr. 9, 1990).

少抱怨强制披露制度的最合理原因是它并不要求披露任何敏感的东西。[214] 该系统几乎完全集中在向后看的事实性数据上。这些数据既不可能是在竞争上敏感的,也不可能是容易隐藏的。

思考一些假设的例子,这些信息可能只被少数员工和经理掌握,但会对股票价格产生重大影响。一家制药公司正准备为一种新药申请专利。一家矿业公司已经发现了一个它认为的重要矿体。一家大型跨国公司所做的市场调查表明,在中国引进其产品可以使全球销售量增加25%。这些公司中的每一家都可以在其向 SEC 提交的文件中不提及这一进展,而不违反披露规则。[215] 事实上,作为一个实际问题,不披露正面信息所涉及的风险是非常低的。在有限的收购背景下,一个经历了股价突然上涨的公司几乎不用担心 SEC 或私人诉讼者的起诉。[216]

这种状况也可以被看作一个单纯的、要纠正的设计缺陷。然而,很难想象,强迫公司披露具在竞争上敏感的信息在政治上是可行的。此外,一个试图强制披露的系统几乎不可能被执行。关于秘密的恼人之处在于,你无法证明它们的存在。没有任何有效的方法可以让管理者披露他们在想什么。这种尝试的净效果是更少的经理人会把他们的想法、信念和计划写下来,以此来否认他们有这样的想法、信念和计划。这并不是说管理层的公告从来不包含新信息。有经验证据表明,管理层公布的收益、股息和股票拆分的公告(这些公告通常是在 SEC 文件

[214] See Kitch, *The Theory and Practice of Securities Disclosure* at 119(见前注[4]).

[215] 提交注册声明或定期报告的发行人,只有在新产品、新业务或地理市场已经宣布或以其他方式公开的情况下,才需要披露其存在。See 17 C. F. R. § 229,101(c)(ii)(1994).该条款继续指出,"本款无意要求披露其他非公开的公司信息,因为这些信息的披露会对注册人的竞争地位产生不利影响"。

[216] 只有在相关时间段内买入或卖出标的证券的人,才有资格提起私人证券欺诈诉讼,因为有误导性的负面声明而没有购买的人,则没有资格。See Blue Chip Stamps v. Manor Drug Stores, 421 U. S. 723,737 -38,749(1975).虽然一个因结果证明过于悲观的声明而卖出的人可以提起诉讼,但证明损失的困难似乎阻止了诉讼,除非是在收购的情况下,因为收购要约或合并价格提供了衡量损失的方便基准。

中反映之前制作的)有时会包含新的信息。[217] 这些特殊的管理“秘密”之所以没有经过政治斗争就进入了强制披露系统,是因为管理者并不想隐藏它们。一家公司显然不能隐瞒它所支付的股息数额或它正在拆分其股票的事实。在 1933 年之前,对规模较大的公司来说,披露收益是常规的,[218] 甚至在德国和瑞士等监管较少的市场上,公司也会公布收益。[219] 在强制披露制度下,美国的上市公司将停止发布盈利、股息和拆分公告。

(三)强制性披露能否解决其他问题?

值得注意的是,本部分提出的论点有其局限性。笔者并没有试图分析每一个可能的强制性披露规则的后果。相反,笔者已经论证了,强制性披露是对有限代理问题的一个合理解决方案,但它对交易者之间信息不对称这一更普遍的问题而言不是一个好的解决方案。强制性披露如果设计得当,可能是一种解决办法,但这并不是说,可能再也不会出现其他问题了。[220] 同时,一个披露系统试图做的事情越多,其作者

---

[217] See Richard J. Rendleman, Jr. , Charles P. Jones, and Henry A. Latan 6, *Empirical Anomalies Based on Unexpected Earningsand the Importance of Risk Adjustments*,10 J. Fin. Econ. 269 (1982); Joseph Aharony and Itzhak Swary, *Quarterly Dividendand Earnings Announcements and Stockholders' Returns:An Empirical Analysis*,35 J. Fin. 1 (1980);Guy Charest, *Split Information, Stock Returns and Market Efficiency – I*,6 J. Fin. Econ. 265(1978).

[218] 本斯顿(Benston)发现,从 1926 年至 1934 年,所有在纽约证券交易所上市的公司都披露了净收入。See George J. Benston, *The Value of the SEC's Accounting Disclosure Requirements*,44 Acct. Rev. 515,519 –20(1969).

[219] See *German Analysts Offer High Hopesfor* 1994,Fin. Times 21(Aug. 6 –7,1994)(讨论德国主要公司的年中收益报告);Swiss Bank Corp Falls to SFr 1. 19bn in First Half, Fin. Times 18(Aug. 17,1994)(讨论瑞士主要银行的年中收益报告).

[220] 《证券交易法》的制定者关注的一个问题是市场操纵。操纵证券价格可能是一种有利可图的策略,这一点并不被普遍接受。Compare Daniel R. Fischel and David J. Ross, *Should the Law Prohibit "Manipulation" in Financial Markets*?, 105 Harv. L. Rev. 503,512 –23(1991)(结论是,旨在阻止操纵证券价格的法律是不必要的,因为这种操纵是很难界定的,而且很少有利润),with Steve Thel, *$850,000 in Six Minutes – The Mechanics of Securities Manipulation*,79 Cornell. L. Rev. 219,221(1994)(“经济文献中的证据事实上表明,操纵比 Fischel 和 Ross 承认的更容易完成”). 认为操纵是个问题的人可能会支持对收益和其他重要业绩数据进行有限的披露,以此来降低潜在操纵者利用欺骗手段来推动操纵的能力。

面临的设计问题就越大。最初在19世纪的英国发展起来的强制性披露制度的优点是，它很简单，它影响的主要是一类公司——小型的、地区性的、新成立的公司。对于这些公司来说，尖锐的发起行为的危险性在传统上是最大的。[221] 这两点对于美国目前的强制披露制度来说都不正确。因此，该制度要求提供数量惊人的信息，但却未能实现提高准确性的目标。

五、代理成本模式的一些影响

准确性提高模式影响了披露政策。SEC最初对有效市场假说的反应是，一概否定强制披露在有效市场中是不必要的这一观点。[222] 然而，很快就可以看出，有效市场的语言既可以用来支持也可以用来攻击强制披露制度。事实上，准确性提高模式的本质是，它将强制披露作为机制的一部分来论证，通过这种机制，市场变得有效。[223] 因此，SEC已经采取了一些披露措施，这些措施与采用有效市场假说的学者提出的建议一致。[224] 笔者对这些举措的描述将很简短，因为它们已由基奇

〔221〕 美国的证券法最终以一种非常不同的方式来处理这些公司，主要是把它们赶出公共市场，进入机构投资者的轨道。有人可能会说，这是一个非常合理的状态；如果是这样的话，它肯定可以更直接、更低成本地实现。

〔222〕 SEC委托一个公司信息披露咨询委员会。See Securities Act Rel. No. 5673, 1976 SEC LEXIS 2516(Feb 2). 自《小麦报告》发表以来，"越来越多的学术工作"，包括有效市场假说，已经发展起来，"并提出了有关现行制度的成本和效益的深刻问题"。咨询委员会的结论是："尽管经济学家和其他人认为有效市场假说……[已经]使大部分或全部的强制性披露变得过时或不必要。这些论点并没有足够的说服力来证明此时废除现有的制度是合理的。" Advisory Committee Report at xl viii（见前注〔197〕）.

〔223〕 See Gilson and Kraakman, 70 Va. L. Rev. at 569 – 70（见前注〔3〕）；Coffee, 70 Va. L. Rev. at 747（见前注〔2〕）；Kahan, 41 Duke. L. J. at 979 – 81（见前注〔3〕）.

〔224〕 除使用有效市场假说来证明综合披露系统的合理性外，见注〔237〕的讨论，SEC还引用了有效市场假说来支持美国—加拿大的多管辖区披露系统。See Securities Act Rel. No. 6841 (July 26, 1989), Fed Secur L. Rptr (CCH) 84, 432 at 80, 298 (1989 Transfer Binder).

(Kitch)详细描述。[225] 笔者的目的是利用这些举措来对比代理成本模式和准确度模式的政策处方。

(一)披露预测

最早和最持久地使用有效市场理论来批评 SEC 的信息披露政策的一个例子是关于管理层的预测。[226] 美国《证券法》或美国《证券交易法》中没有任何条款要求披露管理层的计划或预测,也没有任何条款禁止这样做。然而,从 20 世纪 30 年代末到 20 世纪 70 年代末,SEC 有一项政策,反对在披露文件中使用预测或其他前瞻性陈述,理由是不成熟的投资者可能会被偏离事实的信息所误导。[227] 批评者指出,在一个有效的市场中,前瞻性的信息比历史信息更有价值,因为历史信息已经蕴含在价格之中。经过几轮的提议和评论,SEC 在 1979 年通过了第 230 号规章第 175 条"Liability for certain statements by issuers"。[228] 第 175 条为某些前瞻性声明提供了"安全港",如盈利预测和管理层的计划或目标声明。只要这些陈述是出于善意并有合理的依据,就不被认为是欺诈性的。

SEC 在解释这项新规则时指出,"提供前瞻性和分析性信息对投资者评估公司的未来盈利能力非常重要"[229]。然而,从表面来看,准确性提高模式将使事情更进一步发展。披露管理层对未来的看法不仅应该被允许,而且应该被要求,因为这些看法无疑是一个重要的信息,如果被公开,将会影响到股票价格。SEC 在这一点上做得很不够。它目前

---

[225] See Kitch, *The Theory and Practice of Securities Disclosure* at 22 - 28(见前注[4]).

[226] See Homer Kripke, *The SEC, the Accountants, Some Myths and Some Realities*, 45 NYU L. Rev. 1151, 1197 - 1201 (1970); Benston, 63 Am. Econ. Rev. at 137 (见前注[1]).

[227] See Wheat Report at 96(见前注[181]).

[228] See 17 C. F. R. § 230, 175(1994), adopted in Securities Act Rel. No. 6084(June 25, 1979), Fed Secur L. Rptr(CCH)T. 82,117(1979 Transfer Binder).

[229] Guides for Disclosure of Projections of Future Economic Performance, Securities Act Rel. No. 5992(Nov. 7, 1978), Fed Secur L. Rptr(CCH)T. 81,756 at 81,036(1978 Transfer Binder).

的立场是："既不鼓励也不阻挠做出和提交预测。"〔230〕然而，它最近宣布打算重新讨论披露预测的问题，除其他事项外，还要求对在某些情况下是否应强制披露预测提出意见。〔231〕从代理成本模式的角度来看，目前的立场是完全正确的。预测和其他前瞻性信息的披露对解决发起人问题或管理层对公司资产的自利性使用问题没有任何帮助。因此，这种披露可以不受监管。投资者对管理层预测的需求以及做出预测的成本（包括竞争性损失）将决定这种预测公开的程度。

（二）现值会计

独立审计的会计报表可以被视为帮助股东发现管理层的不当行为的一种手段，也可以被视为帮助投资者确定证券价格的一种手段。尽管不清楚 SEC 是否会这样描述这种二分法，但它对会计的看法与对预测的看法是一致的。在其大部分历史中，该机构拒绝任何偏离历史成本会计报表的做法，即使这种偏离只包括对资产评估价值的补充披露。〔232〕最近，SEC 鼓励会计行业的标准制定机构——财务会计标准委员会（FASB），对金融工具采取初步的现值会计措施。

这一创新也是对准确性提高模式的一种肯定。FASB 的成立是由于 SEC 担心会计行业没有对 20 世纪 60 年代的企业合并热潮做出足够的反应。〔233〕一些评论家认为，这些合并的部分动机是希望通过会计噱头人为地提高股票价格。〔234〕会计界和 SEC 的结论是，合并会计准则造成了市场的低效率，解决这个问题是会计界和 SEC 的工作。FASB 开始着手修订合并会计准则。在一个更基本的层面上它的第一份概念报告指出："财务报告应提供信息，以帮助目前和潜在的投资者以及其他

---

〔230〕 Notice of Adoption of an Amendment to Rule 14a – 9, Securities Act Rel. No. 5699 (Apr. 23, 1976), Fed Secur L. Rptr (CCH) T 80, 461 at 86, 202 (1975 – 76 Transfer Binder).

〔231〕 See *Safe Harbor for Forward – Looking Statements*, Securities Act Rel. No. 7101 (Oct. 13, 1994), Fed Secur L. Rptr (CCH) T. 85, 436 at 85, 778 (1994 – 95 Transfer Binder).

〔232〕 See R. G. Walker, *The SEC's Ban on Upward Asset Revaluations and the Disclosure of Current Values*, 28 Abacus 3, 122 – 24 (1992).

〔233〕 See Loss and Seligman, 2 *Securities Regulation* at 703 – 12（见前注〔78〕）.

〔234〕 See Burton G. Malkiel, *A Random Walk Down Wall Street* 56 – 64 (Norton, 1973).

用户评估预期现金收入的数额、时间和不确定性。”[235] 会计准则可以而且应该大大促进价格效率的概念与准确性提高模式的一致性。它也直接质疑了历史成本会计的适当性。[236] 因此,会计专业人士和SEC的观点似乎与那些抨击SEC关注历史成本会计的批评者的观点一致。已经采取的相对有限的现值会计步骤是否是根本转变的开始,还有待观察。

从代理成本模式的角度来看,历史成本会计是完全足够的。会计报表的第一个也是最重要的功能是使股东们能够确定公司的资产是如何被使用的。现行价值会计不仅提供关于公司实际交易的信息,而且还提供了关于假设交易的信息——出售实际上没有出售的公司资产。同时,也没有理由禁止披露现值。只要资产评估能提供有用的信息,投资者就会对这种评估有需求。管理者会不会满足这种需求取决于成本。

(三)综合披露和储架注册

SEC明确承认有效市场理论是其在80年代初精简新股发行和定期披露制度的一个因素。[237] 它指出,对于被分析师关注的大型成熟企业来说,之前披露的信息应该已经反映在价格中。因此,没有必要在这样的公司发行新股票时再次提供相同的披露信息。SEC的综合披露系统允许某些已经受到SEC定期报告要求的公司提交简略的新发行披露文件,这些文件“通过引用”以前提交的定期披露文件合并而成。[238] 此外,那些已经提交了12个月的再融资申请,并且符合某些其他要求的公司有资格进行储架注册(shelf registration),根据这一规定,他们可以注册一定数量的证券,定期出售,而不需要进一步注册或SEC审查。[239] 从代理成本的角度来看,这些创新是朝着正确的方向发展的。

---

[235] *Financial Accounting Standards Board*, *Statement of Financial Accounting Concepts* No. 1 viii(1978)(emphasis added).

[236] See Kripke,45 N. Y. U. L. Rev. at 1188 – 96(见前注[226]).

[237] See Securities Act Rel. No. 6383(Mar. 3,1982),Fed Secur L. Rptr(CCH)T. 72,328(Accounting Series Transfer Binder)(采用综合披露系统).

[238] See Form S – 3, General Instructions, 2 Fed Secur L. Rptr(CCH)T. 7152(July 7, 1993).

[239] See 17 C. F. R. § 230.415(a)(1)(x)(1994).

然而,错误的理由导致它们走得还不够远。经验丰富的"公司"的关键特征不是它们受到分析师的关注和有效的定价,而是它们已经走出发起阶段。因此,披露可以解决的代理问题的范围就缩小了。剩下的问题主要是高管的报酬和自我交易(也许还有承销商的报酬,随着新公司年龄的增长,经理和承销商之间的独立程度应该增加)。这将表明,SEC 的现行政策限制性太强。特别是,经验丰富的公司的注册程序应该被进一步简化。一个适当的经验丰富的公司的注册声明可以成为一个简单的"通知文件",一经提交就会生效。[240] 经验丰富的公司应该能够使用非误导性的招股说明书随意发行和销售证券,其招股说明书应披露承销商的报酬和财务利益。

(四)高管薪酬

1992 年,SEC 对高管薪酬的披露要求进行了大幅修改。[241] 一个重要的变化是要求对非现金补偿,如对股票期权和股票增值权进行更详细的说明。[242] 此外,要求提供的信息还隐含股东对高层管理人员获得的报酬数额作出规范性判断。此种信息包括发行人的股票表现与市场指数和同行公司指数之间的比较,[243] 以及董事会薪酬委员会的声明,这种声明涉及制定首席执行官薪酬时考虑的因素。[244] 对这些变化的批评采取了两种不同的方式。一些评论家质疑,扩大非现金报酬的披露范围是否为股东提供了他们尚未获得的相关信息。[245] 其他批评者指责新的信息披露,特别是报酬委员会的报告,即使不被允许也仍然将

---

〔240〕 以 S-3 表格提交的与股息或利息再投资计划有关的注册声明在提交后即生效。See Rule 462,17 C. F. R. § 230.462(1994). 如果 SEC 愿意,它可以将同样的待遇扩大到以 S-3 表格提交的任何注册声明。

〔241〕 See Executive Compensation Disclosure, Securities Act Rel. No. 6962(Oct. 16,1992), Fed Secur L. Rptr(CCH) T. 85,056(1992 Transfer Binder).

〔242〕 See 17 C. F. R. § 229,402(c)(d)(i)(1994).

〔243〕 See id. § 229,402(1).

〔244〕 See id. § 229,402(k).

〔245〕 See Charles M. Elson, *Executive Overcompensation – A Board – Based Solution*, 34 B. C. L. Rev. 937,956(1993).

SEC纳入公司治理。[246] 后一种说法并不新鲜,20世纪70年代,SEC针对"可疑款项"(贿赂)的活动也受到了类似的挑战。[247] 从代理成本模型的角度来看,以涉及公司治理问题为由批评SEC的披露,在很大程度上是不恰当的。公司治理的大部分内容都与降低代理成本有关,因此,具有相同重点的强制披露不可避免地会侵犯公司法的领域。

同时,围绕SEC利用披露制度来监督上市公司的治理而产生的争议,相关学者提出了一个关于证券监管的基本问题。证券监管是公司法的一部分(在英国有很长一段时间是这样的)还是一个独立的学科?在传统上公司治理由州法律负责的联邦体制中,这不仅是一个定义问题。当国会决定利用强制性披露不仅用来发现有关发起人的代理信息,而且还针对上市公司的公司经理时,这个问题就变得特别尖锐。人们可能会说,《证券法》处理的是公司法边缘的问题(也就是发起人问题),而《证券交易法》则是在公司法的核心部分制定了联邦法律。

笔者不会在这里深入讨论国家和联邦公司治理规则的支持者之间的争论。[248] 无论如何,在强制披露发起人的财务利益方面,这个问题似乎没有那么尖锐。解决发起人问题的潜在方案范围并不大。大多数(如果不是所有)遇到发起人问题的英美司法管辖区最终都达成了类似的解决方案——发起人必须披露他的财务利益,而且在许多情况下还必须披露他所获利润的确切数额。在缓解经理人/股东冲突方面,并不存在类似的统一性,因此,《证券交易法》的披露要求与州法律的共存,不如《证券法》那样容易。

六、结语

强制性信息披露的准确性提高模式解释了为什么公司同时向所有

---

〔246〕 See Comment, RegulationS – K, *Item* 402: *The New Executive Compensation Disclosure Rules*, 43 Case. W. Res. L. Rev. 1175, 1185(1993)(描述了在SEC规则制定过程中收到的重要意见).

〔247〕 See Kripke, The SEC and Corporate Disclosure at 19 – 20(见前注〔4〕).

〔248〕 For an excellent treatment, see Roberta Romano, *The Genius of American Corporate Law*, American Enterprise Institute, 1993.

市场参与者提供所有与价值相关信息的披露系统才是有效的。本文认为,这种分析虽然很重要,也很有趣,但与现实世界中的强制披露制度没有什么关系。美国现有的强制性披露制度的设计初衷并不是向所有市场参与者提供价值相关信息,而且在60年后,它仍然离这个目标相当遥远。相反,该制度是对长期以来的司法理论的渐进式改变,这些理论是为了解决一个特定的代理问题——发起人问题。美国强制披露制度中最重要的创新是在发起阶段之后使用披露来打击经理/股东代理问题,特别是管理层补偿和自我交易的问题。

强制性信息披露最初是控制代理成本的一种手段,但这并不意味着它不应该被用来实现提高准确性的目标,前提是它真的能以具有成本效益的方式做到这一点。然而,阻碍这一结果的障碍似乎很大。在其他生产性资产的非自愿集体化的失败已经众所周知的情况下,信息的非自愿集体化能够成功的迹象并不是很明显。要想成功,既需要抑制个人规避制度的企图,也需要中央机构的能力接近于全知全能。这是令人难以置信的,如果中央机构是全能的,那么它就可以决定应该生产什么信息,以及哪些信息应该被传播。

强制性信息披露能够有效地实现什么,这个问题在今天也许更重要。世界上有几十个国家的股票市场正在崛起,包括那些正在从中央计划向市场经济过渡的国家。政策制定者正在努力确定什么样的监管体系适合刚起步的市场。鉴于资源极其稀缺,新兴市场最好首先集中于最具成本效益的监管步骤。在强制披露领域,最具成本效益的步骤是利用有限的针对发起阶段公司的披露来打击巨大的、持续存在的发起人问题。关于其他步骤是否能提供超过其成本的好处,无疑还需进一步讨论。

（编辑:张　越）

《证券法苑》(2023)
第三十七卷,第406~507页

证券发行中的披露选择趋向[*]

[美]艾伦·R.帕尔米特[**] 著　唐　峰[***] 译

译者评注:艾伦·R.帕尔米特(Alan R. Palmiter)是美国维克森林大学(Wake Forest University)法学院教授,第三届William T. Wilson商法学首席教授。帕尔米特教授拥有俄亥俄州立大学数学学士、密歇根大学法学院法学博士学位(JD),主要研究公司法、证券监管、企业并购等。他在Columbia Business Law Review、Texas Law Review等学术期刊上发表研究论文数十篇,著有《证券监管:案例与解释》《公司法:案例与解释》等畅销教科书。

文章认为,事前强制披露的假设已经发生变化:中介机构增强了投资者自我保护能力;发行人有足够激励回应投资者、市场的信息需求;美国证券交易委员会(SEC)平衡强制披露成本和收益的效果并不明确;投资者是否愿意为强制披露责任"埋单"仍然存疑。强制披露的高额成本易使投资

---

* Alan R. Palmiter, *Toward Disclosure Choice in Securities Offerings*, Columbia Business Law Review, Vol. 1999, 1999, p. 1. 本文已获得笔者翻译授权。

** 维克森林大学法学院教授。

*** 北京大学法学院博士研究生。

者从公开市场转向私募市场，降低资本形成效率。因此，SEC 提供事前豁免规则和披露选择，允许有需要的公司选择退出强制披露体系，由市场而非监管者主导信息供给。如小额发行人可根据相关规则免于注册监管，资深发行人也受益于披露要求简化。法院尊重事后私人选择，将欺诈责任的适用限缩于公开发行，承认证券请求可仲裁性和当事人的法院选择，且同意披露免责声明将风险转移给投资者。美国国会在立法上也重视当事人选择。笔者建议 SEC 作为披露表格提供者，让发行人选择进行何种水平的披露、是否承担更重的证券法责任。同时，以规则 10b－5 责任托底，证券发行活动仍然受到监管规则约束。

文章建议美国证券监管机构提供各种披露选项，并以责任规则托底，由发行人自主选择符合拟发行的市场信息需求的披露水平，以降低披露成本、促进资本形成。这一观点值得参考借鉴。

摘要：本文讨论证券发行中的披露选择问题，主张扩大发行人在发行披露上的权利，便利发行人根据具体发行类型和投资者的需求提供披露产品。随着证券法去管制理念的流行，披露的内容和方法可以由披露义务人在特定范围内进行选择。本文提出由 SEC 提供注册表格类型，让发行人自由选择是否注册及何种注册，而后履行相应披露义务，以降低发行人的强制披露和责任成本，满足投资者和中介机构的信息和信心要求。本文还指出，规则 10b－5 反欺诈责任可成为披露选择制度的披露监管底线。

关键词：披露选择　强制披露　证券发行　1933 年证券法　反欺诈责任

一、导论

美国证券监管是强制性的。其证券执法同样如此。[1] 但这仍为真吗？过去 20 年，对治理证券发行的联邦法律进行的基础反思，已然

〔1〕 See Frank H. Easterbrook & Daniel R. Fischel, The Economic Structure of Corporate Law 276－314(1991).

侵蚀了证券监管的强制性本质。新的现实是,公司在蓬勃发展的环境下,不需要将自身置于 SEC 的全面披露要求或《1933 年证券法》(Securities Act of 1933)(以下简称证券法)的加重反欺诈标准之下,[2]就能够筹集到投资资金。这一监管转型是对已经驱动证券监管超过半个世纪的并蒂原则——经理信息逃避(manager informational shirking)和投资者无助(investor helplessness)的一种微妙但有力的反思。经理们不再能决定其公司用于筹集资金的信息披露。更重要的是,投资者也不再是我们无助且老实的"新手",而是已经变成了彼此联系且精明富裕的"专家"。

随着市场失灵的故事远去,证券发行强制披露的解构迅速流行,尽管其基本结构或赋权性立法的用语并无重大改变。SEC 和联邦法院同时受到国会支持,《1933 年证券法》已经成为其原始监管自身的影子。本文认为,作为一项积极议题,联邦证券发行监管已经开始接受当事人选择(party choice),更甚于清晰的监管政策和学术批评共识。正如被解构的那样,证券法像是一个可延展的容器,而一种新兴的去管制理念正被注入其中。现在,发行人可以在一个丰富多层的集合中选择披露水平和方法向公众投资者发行证券。并且,通过使用行政、司法和立法修正主义提供的工具,发行人能够避免披露保证(disclosure warranty)的加重反欺诈责任。然而,并非一切都可避免披露。有力证据表明,尽管发行人可以选择,但投资者的信息需求经常会推动发行人提供超过强制水平的披露。

作为一项规范议题,本文提议采取一种赋权性法律结构,发行人可以在其中选择适合证券发行的披露水平。(笔者将其提议限于证券发行,不涉及上市公司对交易市场的持续披露。)就像 19 世纪美国公司法

[2] 近来,SEC 提议对证券发行治理规则的全面改革。The Regulation of Securities Offerings, Securities Act Release No. 7606A, 63 Fed. Reg. 67, 174 (Dec. 4, 1998), available at http -//www. sec. gov/rules/proposed/337606al. txt[hereinafter Aircraft Carrier Proposal]. 该提议将对证券发行过程进行自 1933 年以来最重要的改革。SEC 提议改变其上市登记表(registration statement forms)的披露要求、招股说明书公开规则、发行前沟通(pre - offering communication)治理规则、私募与公募一体化的治理规则和定期披露要求。

变得大为便利，公司经理获得投资者同意后，实际上能够量身定制二者间关系的各个方面，资本形成的证券监管应被视为资金使用者与提供者间私人秩序的子集。[3] 以市场和证券专业人士为中介，证券发行中发行人—投资者关系披露的方面应成为一个选择问题，给予发行人提供投资者要求并乐意购买的公司具体信息的自由。

这并不是说证券监管应被抛弃或转变为基于州的公司体制。[4] 联邦披露规则有着持续且宝贵的作用。这主要是由于65年前美国公司法与证券法之间的分叉。我们选择的路径是相关的。SEC披露类型可以也应该演化成一系列选择，由发行人选择投资者所寻求的披露与责任的水平——从全面的“SEC审核”(SEC certified)强制披露(有着类似保证的反欺诈责任)到“非审核”(non - certified)披露(仅受制于最小的反欺诈责任)。

考虑由SEC作为表格提供者(form - giver)时披露选择制度的优势，对许多发行人而言，特别是需要有限资本的初创公司或试图以特定投资者为目标的发行人，披露选择会开放一系列更广泛的融资选择。例如，发行人虽不能满足所有豁免条件，但能仅以条例D(Regulation D)披露吸引投资者，就可以选择这一最佳披露。大型发行人试图通过发行向公众投资者筹集资金时，机构的参与就表明了信息披露具备充分的真实性，发行人可选择不进行SEC注册从而使发行成本最小化。对许多公司和投资者而言，单一强制披露的成本是不合理且通常不必要的。

证券发行披露选择的情形可以在一级市场投资者和发行人的行为中找到支撑。[5] 美国发行人已经越来越偏好私募发行(private

---

[3] See Bernard S. Black, *Is Corporate Law Trivial?: A Political and Economic Analysis*, 84 N. W. U. L. Rev. 542(1990).

[4] See Roberta Romano, *Empowering Investors: A Market Approach to Securities Regulation*, 107 Yale L. J. 2359(1998)[hereinafter Romano, Empowering Investors].

[5] 当事人选择在其他受监管市场中存在。例如，不愿为乘用车所需的政府规定的安全功能付费的购车者可以购买卡车。然而，小型货车(归类为卡车)的卖家发现，在向有安全意识的小型货车买家销售时，他们必须表明他们的小型货车符合或超过政府对汽车的安全要求。小型货车制造商选择了汽车安全标准，该标准作为一种“政府认证”，可用于向小型货车买者表明小型货车的安全性。

placement)而避开公开发行(public offering)以规避强制披露和加重责任的成本。[6] 但在进行私募发行时,许多发行人自愿披露到与受监管注册发行(regulated registered offerings)相比相同甚至更高的水平。[7] 此外,为增强投资者信心,公开发行中的发行人经常自愿超出要求披露信息。[8] 简言之,投资者及其中介机构的披露要求——而非强制披露的扭曲——掌控着证券发行中的信息供给。

最终,披露选择制度仍必须栖于强制性的信息底线之上。无论欺诈法反映出订约的低效,[9]还是仅体现出各方本可零成本协商的非协商条款,[10]投资者似乎普遍愿意为某种水平的信息保证"埋单"。尽管诉诸法律可能代价高昂又不常见,但这样的保证提供了一种对抗发行

---

〔6〕 证券数据公司(Securities Data Company)称,1997 年 144A 条款的私募交易价值为 2544 亿美元,其中约 830 亿美元由外国发行人筹集。See Lisa Tibbitts, Private Placement Volume Explodes as Structured Deals Rule 144A Market, Investment Dealers' Digest, at 12(Feb. 2,1998). 这种转向私人市场的趋势对于市政证券来说尤其如此。See Lynn Stevens Hume, SEC Disclosure Rule Evasions Described at MSRB Forum, The Bond Buyer, at 1(Nov. 13,1998)(报道市政市场私募数量增加);1997 Logs Record Issuance of Municipal Privates, Private Placement Rep., Mar. 30,1998, at 1, available in 1998 WL 5034722(报道称市政发行人以及市政发行中的承销商和保险公司对公开发行的冗长披露过程不感兴趣,并且与 10 年前相比,私募发行在"当前披露时代"更为普遍).

〔7〕 See, e. g., Patrick McGeehan, Money Raised in Private Placement of Issues Doubles as Companies Take Advantage of SEC's Rule 144A, Wall St. J., Jan. 2,1998, at R38(报道称,发行人私下准备的材料在陈述和实质上与上市登记表几乎相同).

〔8〕 See, e. g., Richard Frankel et al., Discretionary Disclosure and External Financing, 70 Acct. Rev. 135(1995)(研究发现如果公司在样本期内进入资本市场,则更有可能预测收益).

〔9〕 See Ian Ayres, *The Possibility of Inefficient Corporate Contracts*, 60 U. Cin. L. Rev. 387, 390(1991)[hereinafter Ayres, Inefficient Corporate Contracts].["战略互动可能导致公司合同效率低下,(a)即使在有众多股东/投资者竞相进行投资的领域和(b)即使围绕给定违约签订合同是无成本的。"]

〔10〕 See Jeffrey N. Gordon, *The Mandatory Structure of Corporate Law*, 89 Colum. L. Rev. 1549,1556(1989)(鉴于强制性条款的统一性、由立法授权创建时它们提供的可信度以及它们对机会主义修正提供的保护,认为当事人不会围绕强制性规则订立合同).

人机会主义的实际保护。[11] 笔者确信，这一功能可由规则 10b－5(Rule 10b－5)的欺诈责任有效发挥，它是过去 50 年由联邦法院创造的一整套具有极大延展性的事后披露标准。正如近期特拉华州(Delaware)代理权欺诈诉讼的司法经验所表，构建一个基于事后执法而不进行事前审查的有效披露制度是可能的。[12]

这一披露选择提议呼吁 SEC 运用其广泛的豁免权，允许发行人在任何证券发行中选择"不注册"(no－registration)的状态。作为选择不注册的条件，发行人在公开发行时将被要求向投资者(和 SEC)提供一张有着下列文字的披露封面：

> 本次发行未在证券交易委员会注册。相反，发行人已选择根据……的标准进行披露。

这种选择退出披露可能比通过现行注册制度令人欣慰(尽管令人费解)的招股说明书提供的披露更具警示性。投资者依赖丰富多样的非招股说明书"信号工具"(signaling device)——主要来自证券专业人士和市场——作出投资者决策。披露选择将更明显地突出那些提供证券中介服务者。

本文行文有三个方面。笔者首先对指导联邦证券发行监管建构的监管原则进行探索。随着证券投资者和中介的成熟、投资者构成越来越机构化以及证券市场的国际化，这些起初就未必准确的原则已经变得更加靠不住了。证券发行中的市场失灵情形已经一去不复返。

其次，笔者描绘了 SEC、联邦法院和国会对证券发行强制披露的持续解构。在行政层面，SEC 已经开始向公开发行人提供各种披露选择

[11] See Ronald Mann, Informational Technology and Institutions for Verifying Information (working paper on file with author)(质疑虚假陈述诉讼作为执行信息真实性的纪律手段的"直接重要性").

[12] See Lynch v. Vickers Energy Corp., 383 A. 2d 278 (Del. 1977); Dale A. Oesterle & Alan R. Palmiter, *Judicial Schizophrenia in Shareholder Voting Cases*, 79 Iowa L. Rev. 485, 565 (1994)(认为特拉华州的"完全坦率"测试与联邦委托监管的实质披露要求相似)[hereinafter Oesterle & Palmiter].

并豁免许多小额发行的全面注册以减少强制披露的负担。SEC 近期的“航空母舰”（Aircraft Carrier）计划是最新的（尽管受到误导的）在证券发行中增加披露选择工作的一个方面。[13] 重审投资者的信息需求，特别是适用于外国证券，已经遍及 SEC 的工作议程。在司法层面，联邦法院已经——甚至可能一直在放松管制。反欺诈诉讼的司法私人化以谨慎表达原则（bespeak caution doctrine）和对责任权利私人放弃的认可为典型，反映出对证券监管原则的深度质疑。在立法层面，国会已经确认了某些修正主义。它对证券欺诈集团诉讼标准和程序的改革，以及最近对州“蓝天”（Blue Sky）监管的批评，均阐发了国会对证券发行强制披露的质疑。

最后，笔者概述了其对证券发行披露选择的建议。发行人选择“不注册”状态将不受事前披露监管的约束，而仅受到证券发行中激励发行人披露的市场力量和适用规则 10b－5 反欺诈制度下的事后责任的影响。笔者考察了市场激励的充分性和源自州特许权竞争（state charter competition）和国际证券监管竞争关于披露选择制度的经验教训。此外，笔者考虑了规则 10b－5 反欺诈责任作为披露底线的可行性。笔者得出结论，联邦证券发行监管已为下一步做好准备。

二、“证券真实”（truth in securities）原则

《1933 年证券法》通过将向投资者和市场中介进行的强制事前披露、行政审批和加重事后欺诈责任相结合，监管面向公众投资者的证券发行。这一“证券真实”体制假定，若无强制披露，发行人受唯利是图天性驱动将隐瞒或虚假陈述关键信息，公众投资者无力克服其信息和议价劣势，而证券中介会固守传统并与客户（发行人）结盟形成而对顾客（投资者）不利。由行政审查和有力司法救济支撑，强制披露被视为

〔13〕 See Aircraft Carrier Proposal, supra note 2, at 67, 181－86（提议除其他事项外，鉴于特定发行和市场对信息的需求，大型资深发行人可以酌情选择提交给投资者的销售文件中的披露水平）.

平衡不平等发行人—投资者关系(一种市场失灵)的必要手段。[14]

即使草作审视,这一体制也令人惊叹。其他投资,如房地产、商品、劳动力、教育,均未受到如联邦法针对证券发行的这样密集的披露规则和监管机制约束。我们可以自由购买沼泽地、沉溺于收藏品和贵金属、在不诚信雇主上浪费人力资源、[15]将孩子的未来交给错误的大学,这些均不受到联邦监督。证券发行有什么不同吗?市场失灵的故事和用于证明证券发行强制披露合理的原则,或许曾经可行,如今已然式微。

(一)联邦证券发行监管

证券法——过去65年来并未有实质改变——要求向公众投资者披露发行证券的年表、内容和责任影响。[16]

提交披露文件。发行人准备并向SEC提交一份用于审查的详细文件(注册申请)以披露发行条款、发行人业务的本质(包含发行人管理层对未来趋势的讨论)、发行人的财务历史(由独立会计师审计)、发行条款以及任何优先发行的实际情况。

受控的信息传播。在等待期间,注册申请的核心部分(初步的招股说明书)将被分发给潜在投资者和证券中介。发行人在此期间可以"试水"投资者的兴趣,但还不能销售;优先测试(prior testing)是禁止的。

机构监管与批准。SEC工作人员审查注册申请,依照法律规定进行审查,只有获得SEC行政许可后才能发行。SEC可基于披露充分性而非发行优劣性来评价甚至阻止发行。

证券的迅速发行。注册生效后,注册证券必须随附一份最终版招股说明书迅速分销给所有投资者。分销中,招股说明书的发布必须由发行人、承销商以及参与发行的证券公司完成。

---

〔14〕 See Milton H. Cohen, "*Truth in Securities*" *Revisited*, 79 Harv. L. Rev. 1340(1966).

〔15〕 See Kent Greenfield, *The Unjustified Absence of Federal Fraud Protection in the Labor Market*, 107 YALE L. J. 715(1997)(主张联邦反欺诈制度,由雇主向雇员披露).

〔16〕 See Alan R. Palmiter, Securities Regulation: Examples & Explanations 223-24(1998) [hereinafter Palmiter, Securities Regulation]. See also William W. Barker, *SEC Registration of Public Offerings under the Securities Act of* 1933, 52 Bus. Law. 65 (1996).

加重责任(heightened liability)。在注册发行的民事责任制度下，发行人向投资者保证披露文件中重要信息的准确性和完整性。这一披露保证对非发行人被告方有所放松，即发行人的董事、主要管理人员、发行的承销商和专家(如会计师)能够通过实现“勤勉尽责”(due diligence)而免于担责。发行中的购买人可能在民事诉讼中主张其承担责任。SEC还可以寻求对虚假或误导发行予以禁止和处罚，而不需要证明存在过失。

这一监管制度无法以同意规避：任何放弃遵守联邦保护的条款都是无效的。[17] 然而，联邦监管仅适用于公开发行。对于发行人“不涉及公开发行”的发行，联邦体制既不施以强制披露，也没有机构审查，甚至没有明确的加重责任。[18] 国会认为，私人发行人—投资者市场的运作和私人投资者对信息披露和信息准确讨价还价的能力使强制披露和加重责任变得多余。[19] 证券法假定那些能够“自我保护”(fend for themselves)的人会通过私人订约过程和反欺诈标准背景信赖复制监管保护。[20]

证券发行中强制披露的成本高昂，并最终由投资者承担。[21] 既存在直接成本，即发行人支付收集强制性信息的费用，聘请会计师审核财务信息的费用，聘请内外部律师格式化并呈现这些信息的费用，又存在间接的机会成本，即遵守强制披露会转移管理层对发行人业务的注意力；旷日持久的监管审批(通常超过两个月)会迟延发行人获得资金，增加其资本成本。监管合规带来了竞争成本：公开披露表面上是为了投资者，但公开披露信息在被竞争对手使用时可能会损害发行人的业务，尤其是那些不进行互惠公开披露的私人控股竞争对手。而且，还存在责任成本：公开发行使发行人(及其股东)面临对虚假信息反应过度

〔17〕 See Securities Act § 14, 15 U. S. C. § 77n(1994).

〔18〕 See Securities Act § 4(2), 15 U. S. C. § 77d(2)(1994).

〔19〕 See Gustafson v. Alloyd Co., 513 U. S. 561(1995).

〔20〕 See Frank H. Easterbrook & Daniel R. Fischel, *Mandatory Disclosure and the Protection of Investors*, 70 Va. L. Rev. 669, 673 – 74(1984)[hereinafter Easterbrook & Fischel, Mandatory Disclosure].

〔21〕 See Randolph P. Beatty & Ivo Welch, *Issuer Expenses and Legal Liability in Initial Public Offerings*, 39 J. L. & Econ. 545(1996).

的欺诈诉讼,从而使公开发行和“软”信息及其他不可测试信息的有益披露减少;承销商、会计师和其他参与者以更高费用的形式将其责任成本转嫁给发行人;公开发行中的强制性发行人保证和“勤勉尽责”审核进一步减少了信息的生产。〔22〕

证券法注册制的好处并不那么明晰。两项著名的研究表明,在证券发行中引入强制披露可能不会提高定价准确性,尽管它似乎不鼓励规模较小、波动性更大的发行。在第一项研究中,乔治·斯蒂格勒(George Stigler)研究了《1933 年证券法》之前和之后新发行证券的投资者回报。〔23〕斯蒂格勒的研究以新发行证券的市场价格为基础,计算了与整个市场相比新发行证券随时间推移的表现。该研究将 1923 年至 1927 年的新发行证券与 1949 年至 1955 年的新发行证券进行了比较。与市场相比,这两个时期的新发行证券的投资者均在亏损,且在统计上没有显著差异。此外,与 1923 年至 1927 年相比,1949 年至 1955 年投资者利润的标准差要低得多,这向斯蒂格勒表明证券法的效果是将一些小公司排除在市场之外。在另一项研究中,格雷格·贾雷尔

〔22〕 See Edmund W. Kitch, *The Theory and Practice of Securities Disclosure*, 61 Brook. L. Rev. 763, 770 – 71(1995).

〔23〕 See George Stigler, *Public Regulation of the Securities Market*, 37 J. Bus. 117(1964). 卡罗尔·西蒙(Carol Simon)的一项研究在很大程度上证实了斯蒂格勒(Stigler)的研究,发现在证券法颁布前和证券法颁布后大多数类别的发行中没有显著的回报效应。See Carol J. Simon, *The Effect of the* 1933 *Securities Act on Investor Information and the Performance of New Issues*, 79 Am. Econ. Rpv. 295(1989). 然而,西蒙的研究确实发现,后证券法发行(Post – Act offerings)的一个子集,即首次发行人(主要是 IPO)在区域性交易所发行的定价准确性有所提高。该子集中后证券法发行相较于前证券法发行(pre – Act offerings)表现出更高的回报。这表明小型首次发行人的前证券法发行存在相对错误定价。然而,这些数据的相关性尚不清楚。它们可能仅仅表明证券中介在 1933 年之后有所改善,这可能更多地归功于交易法的监管,而不是证券法的披露。这些数据也可能仅反映,证券法颁布后首次发行人进入市场的高风险问题较少,从而导致后证券法发行的整体回报相对较好。此外,正如罗马诺(Romano)教授所指出的,在证券法颁布之前和之后,首次发行人在区域交易所发行的证券表现明显不如其他新发行的证券。See Romano, Empowering Investors, supra note 4, at 2377 n. 47. 也就是说,即使强制披露对这个子集的准确定价有积极影响,它也不是最优的。最后,鉴于证券中介和机构投资的变化,今天数据的相关性似乎特别有限。

(Gregg Jarrell)比较了《1933 年证券法》颁布之前和之后几年的回报。[24] 该研究不仅着眼于与市场相比的回报,还对回报进行了调整以将发行的波动性(一种风险衡量标准)纳入考量。将《1933 年证券法》颁布前 5 年与颁布后的 5 年进行比较并保持风险不变,加锐奥发现,与市场相比,这两个时期的证券均未被过高定价,而 1926 年至 1933 年的证券实际上相较于市场定价偏低。然而,他的研究证实了斯蒂格勒的发现,即《1933 年证券法》通过后波动性大幅降低——风险降低。

然而,这些研究对《1933 年证券法》在提高定价准确性方面的价值尚无定论。它们混淆了证券法下的发行监管效果和《1934 年证券交易法》(The Securities Exchange Act of 1934)(以下简称《1934 年证券交易法》)对市场中介和持续公司披露的监管效果。[25] 完全有可能,或许很大可能是二级市场的持续披露监管和行业惯例,更甚于一级市场的强制披露,促进了证券发行定价的准确性。[26] 然而,研究有力表明,《1933 年证券法》从一开始就将某些发行人驱逐出公开市场,法案的监管成本超过了其收益。值得寻味的是,这些研究不支持以下结论:证券发行中的强制披露最终会产生相较于反欺诈责任和证券行业监管支持的披露选择更高的定价准确性。

除了《1933 年证券法》的市场影响,将立法置于其历史背景之下也很重要。《1933 年证券法》只有限地解决公开证券发行的问题,而将证券交易市场中的信息不对称和议价监管,以及与证券中介进行的投资者交易的监管搁置了。《1934 年证券交易法》在随后的重要国会议案中增加了针对证券交易的监管。此外,《1934 年证券交易法》与《1940 年投资公司法》(Investment Company Act of 1940)和《1940 年投资顾问法》(Investment Advisers Act of 1940)一起解决了证券中介的特定结构和执业问题。

尽管后来的联邦监管是在发行人(或中介)过度扩张和投资者无

〔24〕 See Gregg Jarrell, *The Economic Effects of Federal Regulation of the Market for New Security Issues*, 24 J. L. & Econ. 613 (1981).

〔25〕 See Compare Joel Seligman, *The Historical Need for a Mandatory Corporate Disclosure System*, 9 J. Corp. L. 1, 2 - 9 (1983).

〔26〕 See Easterbrook & Fischel, Mandatory Disclosure, supra note 20, at 711.

助的前提下进行的，但国会并未将监管“良药”局限于披露。市场监管从一开始就更具实体性——禁止某些交易，自动为其他人创造责任，以及有时作为自律监管事项，有时通过强制性联邦规则对证券中介施以运营标准。不同于《1933 年证券法》认为强制披露和加重反欺诈责任很大程度上足以保护投资者，联邦市场交易监管反映出仅披露不足以防止市场滥用的理解。例如，《1934 年证券交易法》通过行为禁止、施加严格责任或两者兼而有之，而不是通过披露，[27] 实现对内部人士特定市场行为（如股票操纵和短线交易）的监管。此外，虽然《1933 年证券法》的历史以逐步放松管制为特征，但《1934 年证券交易法》（及其对证券市场和中介的监管）的历史特征则为逐步扩大监管。

随后的联邦证券立法也解决了非发行情境中的发行人—投资者关系问题。对于证券公开交易的发行人，交易法要求发行人向证券市场提供持续、定期的披露。这种披露与任何特定的筹资活动（如证券发行）无关，因此具有公共产品的特征。尽管在降低研究成本方面很有价值，但没有强制披露要求时交易者可能会披露不足和过度披露。[28] 对强制披露的经典经济学辩护，聚焦于发行后持续披露对证券分析师的价值，他们对机构和个人投资者的咨询建议驱动着股票定价。[29]

（二）强制性披露原则：一个当代评价

证券的价值可能比任何其他商品都更依赖商品生产者控制的信息。《1933 年证券法》的公开目标是向投资者提供发行人管理层已知

〔27〕 See Palmiter, Securities Regulation, supra note 16, at 228 – 29（讨论了市场操纵监管）；id. at 319 – 32（讨论了内幕交易短线非法所得吐赃）.

〔28〕 See Easterbrook & Fischel, Mandatory Disclosure, supra note 20, at 681 – 82（认为缺乏发行人披露，如果其集体价值小于其个体边际成本，投资者会信息生产不足，而由于不必要的冗余和试图“击败市场”，投资者会过度生产信息）.

〔29〕 See John C. Coffee, Jr., *Market Failure and the Economic Case for a Mandatory Disclosure System*, 70 Va. L. Rev. 717, 729 (1984) [hereinafter Coffee, Mandatory Disclosure]（描述了持续披露对证券分析师的重要性并得出结论，“专业投资界长期以来一直支持《1934 年证券交易法》的持续披露制度并不奇怪：对他们来说，该制度意味着节省成本”）.

的相同公司特定信息。[30] 基于证券发行市场失灵的假设,强制披露的三段论进行如下:

前提

(1)管理层比投资者更了解发行人及其前景[31]。

(2)管理层的披露使投资者能够更准确地对预期回报和风险进行定价,从而区分投资的好坏[32]。

(3)不能让私人合意决定披露,因为无法指望经理们自愿披露价格敏感信息,特别是坏消息或令管理层尴尬的揭露;[33] 不能期望投资者要求其所需信息。

结论

因此,为了确保准确定价和适当资本配置,必须通过事前政府要求和监督制度,以及加重事后私人责任和政府执法来强制披露。

上述三段论建立在有缺陷的前提之上。它假设公众投资者是非理性和无助的,但一旦充分了解情况,他们就会在证券专业人士的帮助下理性行事。它假设没有事前披露强制要求时,公开发行的发行人不会自愿以充分的水平披露。它假设 SEC 可以比发行人—投资者的协商过程更好地平衡事前披露水平的成本和收益。最后,它假设为创造激励以促进发行人的最佳披露和与发行中介的公平交易,加重事后欺诈

[30] See SEC v. Texas Gulf Sulphur Co. ,401 F. 2d 833,848 – 49(2d Cir.), cert. denied, 394 U. S. 976(1968)("唯一的监管目标是平等地享受对重要信息的访问……以便外部人员可以利用他们自己的评估专业知识,以与内部人员相同的知识做出自己的投资决策").

[31] See, e. g. , H. Nejat Seyhun, *The Effectiveness of the Insider – Trading Sanctions*, 35 J. L. & Econ. 149, 158 – 167(1992)(记录了内幕交易的异常利润); Bala Dharan & David Ikenberry, *The Long – Run Negative Drift of Post – Listing Stock Returns*, 50 J. FIN. 1547 (1995)(发现在公司将其股票交易转移到美国或纽约证券交易所后,股票回报通常比市场差,显然是因为经理们在业绩下降之前安排上市).

[32] See Marcel Kahan, *Securities Law and the Social Costs of "Inaccurate" Stock Prices*, 1991 Duke L. J. 977(1992).

[33] See Coffee, Mandatory Disclosure, supra note 29, at 717 – 753.

责任是必要的。

1. 投资者无助与市场中介的作用

证券法假设公众投资者是易受骗的、无助的投机者,[34]他们被强制的招股说明书转变为能够准确定价和审慎判断的成熟投资者。这种转变的不合理性很早就被认识到了。[35] 鉴于大多数公众投资者不太可能真正阅读和掌握格式化的招股说明书,强制披露是市场中介获取标准化、已审核信息的一种合理方式。[36]

中介在两个层面发挥作用。证券销售中介(承销商和经纪商)使用强制披露来为已发行证券定价,评估其在发行中的承诺,并就风险和回报的适当性向投资者提供建议。[37] 如果证明披露存在虚假,那么注册文件就会导致诉讼,其影响会在很大程度上阻止这些中介销售风险过高或定价错误的证券。其他中介(机构投资者,如养老基金、共同基金、银行和保险公司)购买发行证券。当强制向机构投资者披露成为公开发行的一部分时,其会复制这些投资者在私募发行中要求和获取的披露。非机构投资者依赖机构投资者的信息需求和警惕性。

随着时间推移,中介化投资(intermediated investment)削弱了证券

---

[34] See William O. Douglas, *Protecting the Investor*, 23 YALE L. J. 508, 523 – 24 (1933) [得出的结论是,典型投资者缺乏"训练或智力"(training or intelligence)消化上市登记表中的信息].

[35] See Homer Kripke, *The Myth of the Informed Layman*, 28 Bus. Law. 631, 632 – 38 (1973).

[36] 甚至 SEC 也承认一个令人不安的事实:许多投资者从未阅读过招股说明书,即使……在做出投资决策之前向他们提供。然而,重要的是,如果投资者需要,他们可以获取招股说明书。许多未阅读招股说明书的投资者依赖他们的经纪人和顾问。这些人已收到并审查了披露文件,因此可以帮助投资者做出明智的判断。See Securities Act Release No. 6423, [1982 Transfer Binder] Fed. Sec. L. Rep. (CCH) ¶ 83,250, at 85,279 (Sept. 2, 1982) (Thomas, Comm'r, Dissenting). See also Disclosure To Investors—A Reappraisal of Administrative Policies Under the 33 and 34 Acts, [1963 – 1972 Special Studies Transfer Binder] Fed. Sec. L. Rep. (CCH) ¶ 74,601, at 77 (May 9, 1969) (the "Wheat Report") (1969 年发现,招股说明书通常太长或太复杂以至于普通投资者无法轻易理解).

[37] 销售中介的核心角色是证券分析师。证券法以及其他联邦证券法律已经兑现了其鼓励证券分析师充当发行人和投资者之间缓冲角色的承诺。See Coffee, Mandatory Disclosure, supra note 29, at 723 – 24(描述了证券分析在获取和测试与证券定价相关的外生和内生信息方面的产生和功能).

法的三段论。首先,机构投资的增长导致注册发行量相对下降。[38] 个人投资者作为证券法保护的对象,拥有更多的中介化投资选择并可以将其投资决策予以委托。其次,机构投资者提高证券市场效率,让个人投资者能够信赖市场定价机制。无论是资深公司(seasoned company)还是拟上市公司,所发行的证券都将(或发行人将考虑)由机构投资者定价,机构投资者的投资决策由证券分析师提供信息。最后,那些没有转向中介化投资的个人投资者被证明越来越成熟,部分原因是机构投资产生的证券分析报告更容易获得。[39] 尽管 SEC 和其他证券监管支持者频繁感到不安,但没有经验证据表明个人投资者在专业建议和其他信息来源的帮助下,与职业投资者相比不太能够系统地做出定价合理、审慎的投资选择。[40]

更重要的是,中介化(intermediation)暴露了强制披露三段论的根本性不适。该三段论假设拥有充分信息和专业建议的个人投资者具备做出理性投资选择的成熟度和纪律性。的确,国会驳斥了授权政府官员决定特定投资价值的监管。[41] 然而,强制披露假设这些一旦获得信息和建议就能够理性投资的相同投资者,会因过于缺乏纪律性而无法

---

〔38〕 See,e. g. , Sources of Funds for Private Placements More Plentiful Than Ever, Bus. Wire, Available in Westlaw, Bwire database(Jan. 14,1999)(根据证券数据公司的数据,私募股权投资筹集的资金总额从1985年的66亿美元增加到1997年的751亿美元);Aaron Lucchetti, *Firms Choose Private Funds Over IPOs*, Wall St. J. , Oct. 19, 1998, at C1.

〔39〕 See Rebecca Buckman, *Cyber – Sleuths: Dogged on – Line Investors Are SEC's Top Source in Internet Probes*, Wall St. J. , Aug. 4, 1998, at C1(报道称,个人投资者经常提供有关互联网欺诈的详细且经过充分研究的信息).

〔40〕 See Greg Ip, *Keeping the Faith: This Market Comeback is Brought to You by Individual Investors*, Wall St. J. , Feb. 10, 1998, at A1(描述了1997年10月27日道指下跌7.2%后个人投资者的购买情况);Jonathan Clements, Yes, Stockbrokers Can Be Oh – So – Smug, But There Are Still Times to Use a Pro, Wall St. J. , Nov. 11, 1997, at C1("华尔街对小投资者的贬损评论是没有道理的。这些人中的很多人靠自己做得很好。").

〔41〕 See Generally Joel Seligman, The Transformation of Wall Street: A History of The Securities and Exchange Commission and Modern Corporate Finance(1982)[hereinafter Seligman, Transformation]. 基于仅披露其组织和利益冲突的不充分性假设,国会对投资公司中的投资者选择要乐观得多。这些公司的管理和财务结构受《1940年投资公司法》[其中的15 U. S. C. § § 80a – 1 – 80a – 64(1994)]规范。

坚决要求充分披露或信息保证。也就是说，证券法将使资金转移至其最佳用途的特权留给了审慎的公众投资者，但这不是忽略或简单拒绝购买没有充足信息或未经审核的证券。

2. 发行人机会主义与供给侧激励

证券法进一步假设，除非强制，否则发行人不会向投资者提供完整、真实的信息。监管解决方案是强制所有公开发行的发行人向投资者披露特定的项目，并通过加重欺诈责任来确保发行人的诚实。[42] 然而，"若无事前披露要求，公开发行中发行人所提供信息将少于投资者所需要信息"的前提被夸大了，至少在当今的中介化证券市场中是如此。如今，即使没有事前要求，不受全面注册体制约束的发行人也会自愿回应投资者和市场的信息需求。

私募发行市场提供了最有说服力的相关案例。尽管证券法或任何明确的豁免条款都未要求，但未注册私募发行的公告一般会模仿，有时甚至会超出注册发行中的强制披露范围进行披露。[43] 事实上，机构投资者已经开始期待新发行采用类似于注册的披露制度。投资者的信息需求、承销商的声誉动机以及发行人的反欺诈责任担忧，为私募发行的诚实和完整披露提供了足够的激励。

此外，许多在美国市场交易证券的发行人不受全面注册要求（尤其是外国发行人）约束，但仍选择超出披露监管要求进行披露。一些例子说明了这一点。在场外市场（over - the - counter，OTC）发行人于1964年按照与场内上市发行人相同的标准进行持续、定期披露之前，OTC发行人提供的市场信息便已与上市发行人提供的信息相似。[44] 1993年，德国最大的工业公司戴姆勒—奔驰（Daimler - Benz）选择在纽约证券交易所上市，并将其财务报表与美国公认会计准则（GAAP）进

---

〔42〕 See S. Rep. No. 73 - 47, at 1 (1933)（"该法案的目的是保护投资大众和诚实的企业。"）.

〔43〕 See Franklin R. Edwards, *Listing of Foreign Securities on U. S. Exchanges*, 5 J. Applied Corp. Fin., Winter 1993, at 28, 31（即使在没有要求的情况下，公司也会自愿向投资者提供足够的信息，并指出私募市场的自愿披露是SEC要求所豁免的）; William J. Baumol & Burton G. Malkiel, *Redundant Regulation of Foreign Security Trading and U. S. Competitiveness*, 5 J. Applied Corp. Fin., Winter 1993, at 19.

〔44〕 See Easterbrook & Fischel, Mandatory Disclosure, supra note 20, at 684.

行了核对。在此过程中,戴姆勒披露了上半年5.92亿美元的亏损。该亏损此前曾作为“无声”储备隐藏在其德国会计账簿中。[45] 许多国际发行人为了增加对国际投资者的吸引力并吸引资本,即使未受任何上市或监管机构要求,也自愿采用国际会计准则(International Accounting Standards, IAS)。[46] 新兴国家的发行人通过采用透明的会计标准来彰显自身的巨大价值。[47] 在美国进行美国存托凭证(American Depositary Receipts, ADR)交易的外国发行人通常会采取自愿在美国交易所和纳斯达克(NASDAQ)上市其ADR的额外步骤,从而在上述过程中选择了更高的美国披露标准。事实上,这些二级上市产品与场外“粉单”(pink sheet)市场上的一级上市产品并驾齐驱,它们进行本国披露便已足够。[48] 通过承担更高的披露责任,这些外国发行人相信他们进入了新的资本家联盟。

然而,正如近期许多评论员所有力争辩的,公司发行人的经理出于各种原因本能地倾向于不充分披露。[49] 然而,接受经理倾向于逃避并不能强求得出发行人应遵守事前披露要求的结论。如果市场压力和欺诈处罚的激励不足以促成披露,则项目披露(line - item disclosure)要求也不太可能会实现这一目标。[50] 在管理层薪酬和管理层对未来趋

---

〔45〕 See John Schmid, *Daimler - Benz Reports First - Ever Loss, Reflecting New Accounting, Lower Sales*, Wall St. J., Sept. 20, 1993, at A10.

〔46〕 在发达国家,投资者压力已导致发行人采用IAS标准,以便更好地获得资本。“近300家公司——包括瑞士巨头雀巢、诺华和霍夫曼拉罗氏,以及德意志银行和拜耳等德国公司——已经转向IAS标准。” See Dave Lindorff, One World, One GAAP? Not Yet!, Global Fin., Dec. 1997 - Jan. 1998, at 28 - 33(描述了国际发行人因多种会计准则对全球资本流动的“抑制作用”而对协调财务报告准则产生兴趣,因为投资者对投资于有着不熟悉或不透明会计方法的公司感到不安).

〔47〕 即使在不如马来西亚发达的国家,你以良好会计标准从国外积累和吸引的资金数额如此之大,以至于可以压倒所有其他考虑因素。See Ingrid Tighe, Back Chat, Accr. Int'l, Jun. 1998, at 20 - 22.

〔48〕 See Michael A. Schneider, *Foreign Listings and the Preeminence of U. S. Securities Exchanges: Should the SEC Recognize Foreign Accounting Standards?*, 3 Minn. J. Global Trade 301, 324(1994)(报告了两个层级的相似增长).

〔49〕 See Donald C. Langevoort, *Theories, Assumptions, and Securities Regulation: Market Efficiency Revisited*, 140 U. Pa. L. Rev. 851(1992).

〔50〕 See Easterbrook & Fischel, Mandatory Disclosure, supra note 20, at 683.

势的讨论等敏感领域中,对项目披露的冷漠甚至敌意反应说明了事前要求的漏洞。经验表明,有效的披露激励来自市场压力和均衡的责任标准,而不是事前披露要求。

3. SEC 监管与成本—收益平衡

证券法赋予 SEC 确定投资者在注册发行和符合披露条件的豁免发行中接收何种信息的职责。在注册发行中,该机构对投资者认为的重要信息进行评估并据此制定项目披露要求;它(有选择地)审查披露文件的完整性和形式准确性,并调查可能的注册或披露违规行为。在符合 SEC 豁免标准的发行中,SEC 修改了项目披露要求并淡化了其审查程序。对于公开发行和私募发行,SEC 将会计准则和对发行过程的监督交给了私人监管机构,即财务会计准则委员会(Financial Accounting Standards Board, FASB)和全国证券交易商协会(National Association of Securities Dealers, NASD),SEC 对二者拥有监督权。

强制披露假设 SEC 的各种角色将适当平衡监管合规的收益和成本。这可能期望过高了。随着时间推移,该机构陷于监管三段论并接受了发行人(除非被迫)不会以足以准确定价的水平进行披露这一前提。令人迷惑的是,SEC 最近的证券发行监管制度修改提议未作解释便认为,不能期待非资深发行人(unseasoned issuers)披露足够的信息。[51] 但正如基奇(Kitch)教授所指出的,这种对"提高准确性"的坚持模糊了强制披露的"谨慎投资者"理性——"买者想要什么并愿意为其付费"的重要性。[52] 例如,实际上,强制揭露竞争性敏感信息可能对投资者造成的伤害,超过了披露实现准确定价和限制代理成本的价值。[53]

理论上讲,SEC 可能会进行更敏感的成本效益分析来纠正这些不适,但其这样做的机构动机不强。拟议的"航空母舰"计划就是一个相

〔51〕 See Aircraft Carrier Proposal, supra note 2, at 67, 177.

〔52〕 See Kitch, supra note 22, at 767.

〔53〕 See id. at 770 – 71; Easterbrook & Fischel, Mandatory Disclosure, supra note 20.

关的明显例子。[54] 证券行业从监管过度的证券交易中榨取利润,其监管俘获是一个不可避免的问题。[55] 强制的披露并不能为投资者提供与准确定价和风险估值相关的基本信息。[56] 例如,SEC 目前接受这些基本事项的样板披露,包括发行人和承销商给发行定价的方法、实际或预期的投资者利润水平和诉讼风险分析报告。[57] 该机构的追踪记录也并没有更好——SEC 长期以来一直认为,与投资估值最相关的信息

---

〔54〕 例如,该版本在许多领域提出了新的限制和条件,但没有任何实证分析或研究表明它们的价值——

● 向投资者提供条款清单和初步招股说明书的新要求,但没有对投资者实际使用和想要的证券/投资信息进行实证分析。See Aircraft Carrier Proposal, supra note 2, at 67,177 – 78.

● 基于对跟踪公司的分析师数量关系研究,公司使用综合披露的新市值、公众持股量和平均每日交易量(ADTV)标准,但没有分析当前资本化、流通量和交易标准对证券定价产生的影响。See id. at 67,185 – 86 & nn. 80 – 82[建议增加资深表格 B(Form B)发行人的公众持股量/ADTV 标准].

● 对每年通过直接销售计划向现有股东出售股份的百分比的新限制,但没有研究表明这些投资者不充分了解情况。See id. at 67,188 – 89.

● 对在发行期间使用的所有"发行信息"承担类似担保的责任,但没有研究表明投资者需要或期望非招股说明书信息的担保。See id. at 67,198 – 99.

● 提高"小额发行人"资格的门槛,但没有研究表明当前的规模发行门槛助长了错误定价或欺诈行为。See id. at 67,202 – 03.

● 新的招股说明书交付要求,"承认招股说明书对投资者的重要性",因此投资者将有时间审阅该文件,即使是用简单的英文写的,或认为这很重要,但没有证据表明投资者阅读了招股说明书。See id. at 67,202.

● 衡量承销商勤勉尽责工作的新因素,基于"投资者要求承销商测试发行人在注册发行中披露的质量"的观点,但没有证据表明投资者愿意为承销商的责任风险支付费用。See id. at 67,231 – 32.

就 SEC 依赖实际经验观察的程度而言,该机构引用的信息表明当前的注册制度无关紧要。例如,SEC 评论道:"我们在小额发行人披露制度方面拥有六年的成功经验。"Id. at 67,202. 然而,小额发行人的披露水平低于大规模公开发行人,它的大型机构股东更少,并且被更少的分析师所追踪。

〔55〕 See Jonathan R. Macey, *Administrative Agency Obsolescence and Interest Group Formation: A Case Study of the SEC at Sixty*, 15 Cardozo L. Rev. 909, 922(1994).

〔56〕 See Kitch supra note 22, at 768.

〔57〕 See Richard I. Miller & Michael R. Young, *Financial Reporting and Risk Management in the 21st Century*, 65 Fordham L. Rev. 1987(1997).

（管理层的前瞻性预测）对于投资者来说太危险而无法处理。[58]

如果强制披露的收益能令人信服，那么宽松监管的成本也许是合理的。正如我们所见，这些证据充其量是不确定的。此外，研究表明即使在强制性限制条件下，经理们也会系统地避免发布不利的预测，择机公开发行（包括首次的和资深的）以利用信息不对称，并延迟向交易市场发布强制的竞争敏感性消息。[59] 然而，尽管事前披露规则失灵，证券市场很大程度上已经完成任务并考虑到了系统性虚假信息。例如，因虚假新闻发布受诉的发行人往往在披露活动最活跃的时期出现异常价格下跌。[60]

4. 代理成本与披露外部性

据说，强制披露还可以促进和增强管理层的责任感，[61] 因此强制

---

〔58〕 See Disclosure To Investors – A Reappraisal of Administrative Policies Under the 33 and 34 Acts, [1963 – 1972 Special Studies Transfer Binder] Fed. Sec. L. Rep. (CCH) ¶ 74, 601, at 96 (May 9, 1969) (the "Wheat Report"). "出现在根据证券法提交并由 SEC 审查的招股说明书和其他文件中的预测性信息，将被不成熟的投资者赋予比其应得的更大程度的有效性。"这种态度遭到了严厉批评。See Homer Kripke, *The SEC, The Accountants, Some Myths and Some Realities*, 45 N. Y. U. L. Rev. 1151 (1970). SEC 最终在 1973 年改变了方向。See Disclosure of Projections of Future Economic Performance, Exchange Act Release No. 9984, [1972 – 1973 Transfer Binder] Fed. Sec. L. Rep. (CCH) ¶ 79, 211 (Feb. 2, 1973). 然而，SEC 1979 年的前瞻性陈述安全港的保护作用并不明显，仅限于公开文件且未被广泛使用。See Rule 175, 17 C. F. R. § 230, 175 (1998); Rule 3b – 6, 17 C. F. R. § 240. 3b – 6 (1998). 充其量，该机构的行动反映了它勉强接受投资者对发行人预测性信息的需求。

〔59〕 See James D. Cox, *Rethinking U. S. Securities Laws in the Shadow of International Regulatory Competition*, 55 Law & Contemp. Probs., Winter 1992, at 157, 186 [hereinafter Cox, Rethinking in the Shadow]（收集了有关管理层倾向于不向交易市场披露不利消息的实证研究）.

〔60〕 See James Beck & Sunjai Bhagat, *Share Price Drops and Shareholder Litigation* (working paper Apr. 1996), available at http://papers. ssrn. com/paper. taf? abstractid = 10117 (abstract).

〔61〕 See Merritt B. Fox, *The Political Economy of Statutory Reach: U. S. Disclosure Rules in a Globalizing Market for Securities*, 97 Mich. L. Rev. 696, 732 (1998) [hereinafter Fox, Political Economy]. 适当水平的发行人披露对于管理动机和实际投资项目的坚定选择至关重要。

披露是美国资本市场透明度的重要组成部分。[62] 事实上,联邦强制披露制度并非源于投资者积极主义(investor activism),而是源于通过股东控制施加企业责任的改革运动。[63] 令人羞愧的披露行为提醒经理们投资者至上并限制经理不当行为。[64] 披露还补充了市场机制,如公司控制权市场和基于股票的高管薪酬市场,对管理机会主义具有纪律效果。此外,政府信义标准的执行依赖强制披露。简而言之,通过这些非正式和正式程序降低代理成本仍然是强制披露的一个令人信服的理由。[65]

但公司透明度并不取决于证券发行中偶发的、基于交易的披露。相反,对于公开交易证券的发行人来说,通过定价机制降低代理成本取决于对公开交易市场的发行后披露和持续披露。[66] 对存在于这一(过去几十年美国最成功的)制度之外的发行人而言,代理成本的降低通过不依赖强制披露的机制实现。

总之,没有证据表明联邦证券发行强制披露体制会产生边际信息和超出该制度边际成本的附带收益。目前尚不清楚公开证券发行中的投资者,是否会一致愿意为现行强制注册制度和加重欺诈责任"埋

---

〔62〕 See Louis Lowenstein, *Financial Transparency and Corporate Governance: You Manage What You Measure*, 96 Colum. L. Rev. 1335, 1342 (1996). "透明度是美国人生活的第十一条戒律,而不仅仅是金融市场。"

〔63〕 See generally Adolf A. Berle, Jr. & Gardiner C. Means, The Modern Corporation and Private Property 324 (1933); Seligman, Transformation, supra note 41, at 42.

〔64〕 路易斯·布兰代斯(Louis Brandeis)的格言抓住了强制披露的这一方面:"阳光是最好的消毒剂,电灯柱是最好的警察。" See Louis D. Brandeis, Other People's Money, and How the Bankers Use It 62 (1933). 或者如路易斯·洛斯(Louis Loss)教授所说:"被迫在公共场合脱衣服的人大概会注意自己的身材。" See Louis Loss, Fundamentals of Securities Regulation 33 (2d ed. 1988).

〔65〕 See Paul G. Mahoney, *Mandatory Disclosure as a Solution to Agency Problems*, 62 U. Chi. L. Rev. 1047 (1995); Coffee, Mandatory Disclosure, supra note 29, at 742. 持续披露可维系公司控制权市场,并防止管理者利用战略沉默在管理层收购中获得不公平的优势。

〔66〕 See Fox, Political Economy, supra note 61, at 752. 披露是一种降低代理成本的工具,"主要不是关于首次公开发行时的披露,而是关于此后定期提供的信息"。持续披露还可能通过向信贷市场揭露经理的不当行为而产生额外的有益效果。放贷人有各种工具来捕获经理人的机会主义行为,如扣留短期信贷或催收不可靠的贷款,这些工具可能比股东可用的工具更有效。

单”。上述投资者严重依赖成熟的市场中介(证券公司和机构投资者),而这些中介机构在免于强制披露的私募发行中不选择SEC注册和加重欺诈责任。然而,作为一种私人合意,这些中介机构会要求并获取各类注册信息。证券发行中的强制披露只会迫使投资者从公开市场转向私人市场,而远非促进资本形成。

三、“证券真实”(truth in securities)的监管解构

证券法日渐式微。[67] 在过去20年里——在没有对其文本进行重大修改的情况下——SEC、法院和国会削弱了证券法体制。广泛的豁免规则和自由化的披露类型重新划定了事前注册和披露的范围。联邦法院以及很大程度上将司法举措编入法规的国会立法改革,削弱了证券发行的事后加重责任。随着发行人机会主义和投资者无助并蒂原则不再主导监管行为和规则,明确无误的趋势是转向披露选择。证券法最初是一个内含侵入性监管要求的容器,如今它已经证明自身是一种强大的私人赋权工具。

什么促成了这种放松管制?去管制存在多种来源:普遍承认创业资本对国民经济的重要性;不断增加的机构所有权和对证券的需求;从交易市场到发行市场的定期披露溢出;国内市场离岸替代品的兴起。[68] 每一种情况都让证券监管机构怀疑证券发行中的强制披露是否值得。

---

〔67〕 See Joel Seligman, *Gotterdammerung for the Securities Act*?, 75 Wash. U. L. Q. 887 (1997)(结论是“在证券法下注册的意义已大大消散”).

〔68〕 See Report of the Advisory Committee on the Capital Formation and Regulatory Processes(July 24,1996),[1996 - 1997 Transfer Binder] Fed. Sec. L. Rep. (CCH) ¶ 85,834, available at http://www. sec. gov/news/studies/capform. htnl [hereinafter Committee on Capital Formation]. See also Michael McDonough, *Comment: Death in One Act: The Case for Company Registration*, 24 Pepp. L. Rev. 563 (1997); Joel Seligman, *The Obsolescence of Wall Street: A Contextual Approach to the Evolving Structure of Federal Securities Regulation*, 93 Mich. L. Rev. 649,657 - 72(1995); John C. Coffee, Jr., *Re - Engineering Corporate Disclosure: The Coming Debate over Company Registration*, 52 Wash. & Lee L. Rev. 1143,1148 - 49(1995).

(一)SEC 修正主义:事前披露中的私人选择

随着证券市场和投资者不断成熟,SEC 试图逐步跟上步伐。[69] 在过去 20 年里,该机构采取重要举措以降低证券发行中强制披露的巨额成本。SEC 的豁免规则和披露标准使各种证券发行能够避免全面注册。正如保罗·马奥尼教授所言:

> 现在,包含一次发行和冗长、全面的招股说明书的传统注册模式,是例外而非规则……尽管存在"全面披露"的言论……披露制度已经反映了发行人和投资者之间关于公司特定信息分配的隐形谈判。那些要求更高保密性并能够让投资者相信保密使财富最大化的公司,可以通过 SEC 认可的许多豁免情形,选择退出强制披露制度。[70]

考虑首次发行人现有的形式选择:表格 S-1(Form S-1)(适用于选择注册公开发行的发行人);表格 1-A(Form 1-A)(适用于选择小额"迷你注册"公开发行的发行人);表格 SB-2(Form SB-2)(适用于选择注册其公开发行的小型企业发行人)。在 SEC 的注册豁免下,选择可能性甚至更大。如果是小额发行,即使这类发行不太需要中介服务,不成熟投资者只会获得最基本的强制披露信息。如果发行是针对富有投资者的,基于其会购买中介服务的假设,他们不会收到强制披露信息。从资深发行人(seasoned issuers)处购买的公众投资者获得的实际披露有限,即使对其中许多发行人而言信息有效市场假设有点过分夸张。购买重新包装为 ADR 的外国交易证券的投资者不会收到任何披露,且除非证券在美国交易所或纳斯达克交易,否则外国发行人只需向 SEC 提交其在外国的披露文件,即使这通常没有达到美国标准。总

---

〔69〕 See Steven M. H. Wallman, *Competition, Innovation, and Regulation in the Securities Markets*, 53 Bus. Law. 341(1998)(将 SEC 的放松管制描述为详细的和渐进的,通过公开发布、规则变更和不采取行动的信函相结合来实现).

〔70〕 Paul G. Mahoney, *Technology, Property Rights in Information, and Securities Regulation*, 75 Wah. U. L. Q. 815, 843-45 (1997) [hereinafter Mahoney, Property Rights in Information].

之,披露选项和豁免筛选暴露出机构对证券法监管原则的根本性质疑。

然而,随着放松管制的涓涓细流汇成洪流,美国资本市场(公开的和私募的)仍然保持强劲并不断发展壮大。许多监管规定揭露了这样一个事实,即证券发行中的强制性事前披露即使可取,也已变得不再必要。正如 SEC 前委员沃尔曼(Wallman)所说,“监管者愈加需要确保是市场而非监管机构起主导作用”〔71〕。

1. 私募发行:对中介的信赖

证券法在公开发行和私募发行之间划出了一条细微但引人注目的边界线。正如最高法院所解释的那样,“能够自我保护”的投资者不需要注册,从而为信息和真实性承诺订立合同。〔72〕 私募发行豁免了发行人(和发行的其他参与者)的 SEC 申报和许可要求、项目披露要求和加重反欺诈责任。尽管 20 世纪 70 年代的下级法院试图将强制披露作为由法院决定的豁免条件引入,但这种尝试是短暂的。〔73〕

SEC 在将私募发行豁免扩大到司法边界之外时,它对监管成本也一直有着明确认识。规则 506(Rule 506)的安全港(与法定豁免不同)允许向不合格投资者提供要约,只要不广泛进行招徕且不合格投资者不购买。该规则细化了合格投资者的类别,并将财富等同于投资经验和内部人身份。基于各类富人能吸收更大风险并购买成熟中介服务的假设,无论是个人还是机构,富有投资者都被视为有着机构投资者的经验和内部人的信息获取途径。若人数少于 35 人且有成熟中介代表协助,则不成熟、不富裕的投资者也可以获得资格。简而言之,SEC 的安全港认为成熟中介可以复制全面注册的保护。

随着私募股权发行的规模开始接近公开发行,SEC 进一步模糊了

---

〔71〕 See Wallman, supra note 69, at 348.

〔72〕 See SEC v. Ralston – Purina Co., 346 U. S. 119, 124(1953).

〔73〕 See James D. Cox Et Al., Securities Regulation: Cases & Materials 378 – 90(2d ed. 1997)(描述了第五巡回法院的一系列案件,其中大部分已被取代。这些案件中,法院要求向私人投资者提供与上市登记表内含信息相同的信息).

公开发行和私募发行之间的界限。[74] 1990年采用的规则144A(Rule 144A)安全港准许在机构投资者间建立交易市场(如PORTAL系统)。[75] 此外,SEC允许发行人以私募方式发行证券,并承诺在未来某个日期将受限证券与新注册证券进行交换,即所谓的A/B交换(A/B exchanges)。[76] 通过允许发行人增加私募发行的流动性,SEC加剧了从全面注册向私募发行和更多机构持股的转变。

SEC最近允许发行人在非公开发行中招徕投资者时有更大的营销灵活性,进一步模糊了私募发行与公开发行之间的界限。尽管SEC一直认为对投资者的任何"不特定招徕"都会将发行从私募类别中剔除,[77]但其已经允许私募发行人使用非营利匹配服务来识别预先合格投资者,只要该服务不提供投资者投资建议。[78] 此外,甚至在投资者

---

〔74〕 See James D. Cox, *The Fundamentals of an Electronic – Based Federal Securities Act*, 75 Wash. U. L. Q. 857(1997)[hereinafter Cox, Electronic – Based Federal Securities Act][确定了发行人可以避免注册但又向投资者保证流动性的方式:通过PORTAL交易的非公开发行、根据条例S(Regulation S)豁免且可在90天持有期后转售的离岸发行,以及附有可在未来注册证券的承诺的非公开发行].

〔75〕 See Resale of Restricted Securities, Securities Act Release No. 6862, [1989 – 1990 Transfer Binder] Fed. Sec. L. Rep. (CCH) ¶ 84,523(Apr. 23, 1990)[通过规则144A(Rule 144A)].

〔76〕 See, e. g., Shearman & Sterling, SEC No – Action Letter, [1993 Transfer Binder] Fed. Sec. L. Rep. (CCH) ¶ 76,704, at 78,039 (available July 2, 1993); Exxon Capital Holdings Corp., SEC No – Action Letter(available May 13, 1988), available in 1988 SEC No – Act. Lexis 682(首次授权A/B交换); Aircraft Carrier Proposal, supra note 2, at 67,208(描述此类交易并提议将其消除).

〔77〕 这一观点被编入条例D(Regulation D)中。See 17 C. F. R. § 230.502(c)(1998)(如果涉及不特定招揽,则禁止根据规则505和规则506发行).关于不特定招揽禁令及其批评的历史, see Donald C. Langevoort, Angels on the Internet: The Elusive Promise of "Technological Disintermediation" for Unregistered Offerings of Securities, 2 J. Small & Emerging Bus. L. 1(1998)(描述SEC对禁止不特定招徕的解释,这有效地迫使发行人保留注册经纪交易商以对投资者进行资格预审或使用非营利匹配服务来寻找所谓的天使投资者)。

〔78〕 See Angel Capital Electronic Network, SEC No – Action Letter, [1997 Transfer Binder] Fed. Sec. L. Rep. (CCH) ¶ 77,305, at 77,516(available Oct. 25, 1996)(批准了互联网匹配系统); Texas Capital Network, SEC No – Action Letter, [1993 – 1994 Transfer Binder] Fed. Sec. L. Rep. (CCH) ¶ 76,857, at 78,542(available Feb. 23, 1994)(批准的非营利匹配系统其中没有确定的特定投资,也不提供投资建议).

合格且发行人承诺发行之前，考虑条例A(Regulation A)“迷你注册”发行的发行人可能会寻找潜在投资者的兴趣表露(包含在特定的警示性披露中)。[79] 这种营销已经可以而且越来越多地在互联网上完成。正如朗格沃特(Langevoort)教授所指出的那样，“在涉及资深发行人(seasoned issuers)的未注册证券发行时，我们即将广泛基于互联网招徕潜在有意合格投资者(可能还有其他成熟投资者)”[80]。

2. 小额发行：令人费解的成本—收益分析

“小额发行”豁免规则进一步侵蚀了证券法的发行注册机制。根据国会关于降低小企业监管成本的要求，[81] SEC已豁免小额证券发行注册。

低于100万美元的小额发行。根据规则504(Rule 504)进行的发行仅受州“蓝天”监管(如果有)的约束。[82] 少于10名(有时是25名)投资者的发行，其州注册豁免通常导致事前监管缺失。[83]

低于500万美元的小额、有限发行。如果是出售给不超过35位的“不合格”投资者，则根据规则505(Rule 505)进行的发行可以逃避大多数注册式监管。[84] 既不存在SEC批准程序，也没有加重欺诈责任。发行人必须向不合格投资者提供披露文件，文件内容可以有所缩减以用于更小额发行。[85] 不合格投资者可以在没有专业建议或其他中介

---

〔79〕 See 17 C. F. R. § 230.254(b)(2)(1998).

〔80〕 Langevoort, supra note 77, at 10.

〔81〕 See Small Business Investment Incentive Act of 1980, Pub. L. No. 96 - 477, tit. 3, § 301, 94 Stat. 2275, 2291(将限额设定为500万美元). 最初，国会为最高10万美元的发行设立了豁免权，并在1970年将限额提高到50万美元。See also Louis Loss & Joel Seligman, Securities Regulation 1307 - 19 (3d ed. 1989 & Ann. Supp. 1996) [hereinafter Loss & Seligman].

〔82〕 See 17 C. F. R. § 230, 504(1998).

〔83〕 See UNIF. SEC. ACT § 402(b)(8)(1985 & Supp. 1988).

〔84〕 See 17 C. F. R. § 230, 505(1998).

〔85〕 See Rule 502(b)(2)(B), 17 C. F. R. § 230, 502(b)(2)(B)(1998)(对于低于200万美元的发行，发行人的收入和现金流量表不需要审计，资产负债表只需最近一个财务年度的).

服务的情况下购买。[86]

低于500万美元的小额、无限发行。根据条例A(Regulation A)进行的发行虽然需要获得SEC的批准,但其可出售给不受数量限制的投资者。[87] 发行人不受适用于注册发行的静默期规则(quiet period rule)的约束,且可以在正式发行前"试水"。发行人必须向投资者提供披露文件,尽管其中的财务披露比完整的注册申请要少。发行人和任何看门人均不承担加重欺诈责任,也没有让投资者接受成熟中介服务的要求。

基于员工福利计划的小额发行。非报告发行人可以根据公司补偿福利计划向员工发行证券。[88] 除福利计划复制件和描述其薪酬的合同外,员工不会收到任何披露信息。雇主每年可以向雇员提供最多15%的已发行证券,上限为500万美元。

SEC的豁免规则以降低监管成本为名削减了监管保护的重要层次。[89] 讽刺的是,对那些市场关注最低的发行人和获得专业帮助最少的投资者,SEC的监管豁免是最大的。[90] 例如,互联网发行中小额发

〔86〕 鉴于SEC要求发行人(或其代理人)与投资者预先存在关系,规则505(Rule 505)下的广泛发行可能很困难。See Rule 502(c),17 C. F. R. § 230,502(c)(1998). 该要求的影响是发行人必须使用证券公司,证券公司与客户的关系创造了必要的资格。证券公司的介入会触发一系列"经纪人—客户"保护措施。

〔87〕 See Rules 251 - 263,17 C. F. R. § 230,251 - 263(1998).

〔88〕 See Rule 701,17 C. F. R. § 230,701(1998).

〔89〕 See Jill E. Fisch, *Can Internet Offerings Bridge the Small Business Capital Barrier*?,2 J. Small & Emerging Bus. L. 57,64 - 69(1998)(描述监管豁免和其他让步以促进小型企业发行)[hereinafter Fisch, Internet Offerings]; Theresa A. Gabaldon, *Love and Money: An Affinity - Based Model for the Regulation of Capital Formation*,2 J. Small & EMerging Bus. L. 259,266 - 73(1998)(描述小企业发行的联邦证券监管).

〔90〕 See Stephen J. Choi, *Gatekeepers and the Internet: Rethinking the Regulation of Small Business Capital Formation*,2 J. Small & Emerging Bus. L. 27(1998)[hereinafter Choi, Gatekeepers and Internet](描述当前对小额发行人的监管豁免制度,并得出结论:"矛盾的是,那些投资者需要最充分保护的公司——小型不知名的企业——也是那些最有能力绕开证券监管保护的公司").

行人豁免使用频繁,而这种情况下存在中介服务的可能性最小。[91] 然而,这些豁免远未被滥用,与传统的公开发行相比它们似乎更少面临欺诈指控。[92] 如果小额发行存在滥用行为,那也主要是证券专业人士而非小额发行人所为。SEC 最近针对小额股票欺诈的执法举措,针对的主要是低价股经纪人,而不是发行人。[93]

3. 资深发行人(seasoned issuers)发行:对市场效率的信赖期望

《1933 年证券法》的注册制度考虑的是基于交易的披露,并为每个不关联发行单独注册。[94] 将《1933 年证券法》的发行披露与《1934 年证券交易法》的连续公司报告相统一的逻辑,已推动(并将继续推动)各种 SEC 披露改革。[95] 由于信赖证券交易市场的信息处理机制,SEC 已经为大型资深发行人简化了披露、注册、发行和招股说明书传播。然而,SEC 所宣称的对信息高效市场的信赖可能是“行政炼金术”。除了证券分析师积极关注的相对较小部分公众投资者,该机构已经放宽了

---

〔91〕 See, e. g., John C. Coffee, Jr., *Brave New World?: The Impact(s) of the Internet on Modern Securities Regulation*, 52 Bus. Law. 1195(1997); Fisch, supra, note 89, at 69 - 89(描述了促进互联网发行的监管改革,但得出的结论是迄今为止小企业在互联网发行方面取得的成功有限).

〔92〕 SEC 在其航空母舰提案中评论说:“我们在小企业发行人披露制度方面已有六年的成功经验。我们的经验表明,小企业发行人在准备披露文件方面花费的成本、时间和负担更少……且不会减少对投资者的保护。”Aircraft Carrier Proposal, supra note 2, at 67,202. 小型公开 IPO 的经验证实了这一观察结果。See James Bohn & Stephen Choi, *Fraud in the New - Issues Market: Empirical Evidence on Securities Class Actions*, 144 U. PA. L. Rev. 903(1996)(发现在 1975 ~ 1986 年的 3290 起 IPO 中,在 122 起民事责任诉讼中,小规模 IPO 仅有 14 起).

〔93〕 See David Barboza, 44 *Stock Promoters Accused by S. E. C.*, N. Y. Times, Oct. 29, 1998, at Al; Michael Schroeder, *SEC Plans Assault on Small - Stock Fraud*, Wall St. J., Sep. 22, 1997, at B18.

〔94〕 See Cox, Electronic - Based Federal Securities Act, supra note 74(批评交易重心过于僵化).

〔95〕 航空母舰提案通过简化大型资深发行人提交交易法文件的注册向整合迈进了一步,但保留了现有证券法监管的交易重点。正如最初提议的那样,它不采用 SEC 资本形成和监管程序咨询委员会(Committee on the Capital Formation and Regulatory Processes)倡导的“公司注册”计划。See Aircraft Carrier Proposal, supra note 2, at 67, 179 - 86[提议简化大型资深发行人在表格 B(Form B)下的发行注册,该表格将通过引用纳入发行人的交易法文件]; Cohen, supra note 14(建议放松已遵守交易法报告要求的发行人在证券法下的注册要求).

其他监管。[96] 尽管 SEC 已经认可发行人能够找出市场低效现象或"窗口"而使证券流入市场,它仍然信赖有效市场。SEC 假设资深发行人的发行定价是有效的,尽管数据表明这些发行与首次发行一样容易被错误定价。最终,为了让较大的发行人留在注册体系中,放松管制可能是必要的——使注册成为可行的披露选择。[97]

综合披露(Integrated Disclosure)。1982 年,在听取了十多年的批评后,SEC 将其重叠的以及有时不一致的披露标准整合到《1933 年证券法》和《1934 年证券交易法》中,以允许资深发行人在公开发行证券时参考先前提交的信息。[98] SEC 作出两种假设。首先,投资者在一级市场与二级市场中寻求的信息相同。[99] 其次,向 SEC 提交并供市场专业人士使用的信息会反映在广受关注证券的价格中,因此向投资者传播该信息是无意义的。[100]

综合披露放宽了许多适用于全面注册的披露、行政审查和招股说

---

[96] See Coffee, Mandatory Disclosure, supra note 29, at 731(描述了 SEC 咨询委员会在采用综合披露时的结论,即 10,000 家"报告"公司中只有大约 1000 家被证券分析师常规地跟踪).

[97] 正如唐纳德·朗格沃特(Donald Langevoort)教授所指出的那样,SEC 援引有效市场假说来支持其放松监管举措是不诚实的。See Donald C. Langevoort, *Theories, Assumptions, and Securities Regulation Market Efficiency Revisited*, 140 U. Pa. L. Rev. 851(1992)(指出现有的实证研究对效率市场的存在和深度提出了质疑). 相反,阻止美国发行人转移到受监管较少的国外市场,并降低美国资本形式成本的愿望促进了放松管制的议程。See Cox, Electronic – Based Federal Securities Act, supra note 74, at 868 – 69 n. 42(将综合披露、储架注册和小额发行豁免扩大的驱动力解释为"让美国再次行动起来").

[98] See Adoption of Integrated Disclosure System, Securities Act Release No. 6383, [1937 – 1982 Accounting Series Releases Transfer Binder] Fed. See. L. Rep. (CCH) ¶ 72,328 (Mar. 13, 1982). 对单独披露制度的学术和行业批评很普遍。See Edward F. Greene, *Determining the Responsibilities of Underwriters Distributing Securities Within an Integrated Disclosure System*, 56 Notre Dame L. Rev. 755(1981)(描述了综合披露的背景).

[99] See Reproposal of Comprehensive Revision to System for Registration of Securities Offerings, Securities Act Release No. 6331, [1981 – 1982 Transfer Binder] Fed. Sec. L. Rep. (CCH) ¶ 83,016(Aug. 13, 1981)(阐明了"等效原则").

[100] See Adoption of Integrated Disclosure System, Securities Act Release No. 6383, [1937 – 1982 Accounting Series Releases Transfer Binder] Fed. Sec. L. Rep. (CCH) ¶ 72,328, at 72,993 n. 9.

明书传播要求。大型资深公司(所谓的 S-3 型发行人)若通过参考其他 SEC 文件吸纳信息,则无须在上市登记表中纳入公司特定信息。[101] 相反,投资者和市场中介只会收到一份简略的招股说明书,其中描述了发行条款和自最新提交给 SEC 的文件以来的重大进展,以及参考交易法文件吸纳的大部分公司特定运营和财务信息。对于面向雇员的发行,其披露要求进一步放宽。[102] SEC 工作人员很少审查 S-3 合格,而 S-3 型发行的承销商很少对经参考吸纳的披露履行"勤勉尽责"审查,显然也是相信市场的欺诈行为捕捉能力。[103]

SEC 信赖市场机制来复制全面注册是一种有意的过度包容。在采用综合披露时,SEC 计算出大约 30%(约 3000 家)公开申报公司将有资格获得 S-3 豁免,而无须准备完整的招股说明书。然而,一个咨询委员会早先得出结论,实际上只有 1000 家公司受到证券分析师的密切关注。[104]

---

〔101〕 要获得表格 S-3(Form S-3)的资格,发行人必须是依据交易法报告至少 3 年的公司,并且非关联公司持有至少价值 1.5 亿美元的有表决权股票,非关联公司持有至少价值 1 亿美元的有表决权股票且每年交易量至少为 300 万股,或正在出售投资级债务证券或优先股。See Securities Act Form S-3, General Instructions, 17 C. F. R. § 239,13(1998), reprinted in 2 Fed. Sec. L. Rep. (CCH) ¶ 7152, at 6251-52(1998).

〔102〕 See Securities Act Form S-8, General Instructions, 17 C. F. R. § 239,16b(1998), reprinted in 2 Fed. Sec. L. Rep. (CCH) ¶ 7198(1998)(仅需要通过引用 SEC 文件并确认员工购买了多少证券).1990 年,SEC 对表格 S-8(Form S-8)进行了广泛修订以简化其使用、降低成本并扩大其可用性。See Revision to Form S-8, Securities Act Release No. 6867, [1990 Transfer Binder] Fed. Sec. L. Rep. (CCH) ¶ 84,605(June 6, 1990). 讽刺的是,SEC 在 SEC 诉 Ralston-Purina 案中向最高法院辩称无法"自我保护"而理应得到全面注册保护的投资者如今得到的披露保护最少。

〔103〕 See John C. Coffee, Jr., *Re-Engineering Corporate Disclosure: The Coming Debate Over Company Registration*, 52 Wash. & Lee L. Rev. 1143, 170(1995)(认为储架注册损害了承销商和审计师勤勉尽责的能力). 相比之下,首次公开发行中的承销商展业更有趣、充分。See John Seegal, *Due Diligence Procedures in Initial Public Offerings*, in How To Prepare an Initial Public Offering 251(PLI Corporate Law & Practice Course Handbook Series No. B4-7043 1993).

〔104〕 SEC 认为,在至少 1.5 亿美元的公众持股量下,大约 30% 的股票在纽约证券交易所、美国证券交易所上市或通过纳斯达克进行场外交易的发行人将有资格使用表格 S-3(Form S-3)。See Reproposal of Comprehensive Revision to System for Registration of Securities Offerings, Securities Act Release No. 6331, [1981-1982 Transfer Binder] Fed. Sec. L. Rep. (CCH) ¶ 83,016, at 84,477(Aug. 6, 1981).

储架注册(Shelf Registration)。1982年,SEC采用规则415(Rule 415)以允许特定发行人迟延或连续注册证券。[105] 该规则扩展并编纂了允许发行人注册特定发行的机构常规做法,如根据雇员退休计划或股息再投资计划发行的证券,尽管证券的实际销售会延迟。[106] 为了避免美国发行人转道欧洲债券市场,SEC将储架注册程序扩大到债券和股票的首次发行。[107] 根据该规则,发行人必须符合S-3注册资格,必须预计在注册后两年内发行,并且承诺在后续发行时更新公开可用的信息。[108]

储架注册削弱了通常在非储架的、S-3公开发行中要求的披露。在后续发行时,投资者只会收到一份"标签式的"招股说明书,其中描述了自证券注册以来的"根本性"(fundamental)变化,但不一定是所有"重大性"(material)进展。延迟发行也减少了看门人的"勤勉尽责"活动。在首次注册时,由于没有选择承销商,潜在的承销商几乎没有动力(更少有途径)调查发行人或发行本身。一旦发行人决定将发行推向市场,承销商(有时是在竞标之后)将面临迅速发行(sell the deal)的压

[105] 规则415(Rule 415)在1980年12月首次提出,1982年3月试行通过,后于1983年12月成为永久性规则。See Adoption of Integrated Disclosure System, Securities Act Release No. 6383, [1982 Transfer Binder] Fed. Sec. L. Rep. (CCH) ¶ 72,328(Mar. 3, 1982); Adoption of Final Rule 415, Securities Act Release No. 6499, [1983 - 1984 Transfer Binder] Fed. Sec. L. Rep. ¶ 83,449, at 86,335(Nov. 17, 1983).

[106] 这些"传统"储架发行通常在没有承销商的情况下进行,被认为对投资者构成的风险很小。在针对员工福利计划的发行中,计划受托人可能具有投资经验并可以访问公司信息;受托人的利益冲突受退休雇员收入保障法(ERISA)的监管。在根据分红再投资计划进行的发行中,有人认为,选择使用分红购买额外股份的股东并不会比公司选择不分红时过得更糟。See Barbara Ann Banoff, *Regulatory Subsidies, Efficient Markets, and Shelf Registration: An Analysis of Rule* 415, 70 Va. L. Rev. 135(1984).

[107] See Loss & Seligman, supra note 81, at 359.

[108] 股票发行适用附加条件。在证券交易所或通过场外做市商以市场价格出售的证券必须通过招股说明书中指定的承销商出售。储架发行涉及有表决权证券的,所发行证券不得超过发行人公开持有的有表决权股份的10%。See Rule 415, 17 C. F. R. § 230,415(1998).

力,往往就只会对当前和先前提交的披露文件进行粗略调查。[109]

然而,储架注册也为发行人提供了更大的灵活性并使投资者受益。[110] 发行人可以自承销商处获取竞争性投标,[111] 可以无须承销商而"发行"证券,可以协商所谓的买入交易(bought deals)。这是发行人可在私募和国际证券市场上用于销售的全部融资工具。正如 SEC 承认和后续研究所证实的那样,这种更大的灵活性让发行人能够降低发行成本并更准确地满足投资者需求。[112] SEC 得出结论,认为更大的发行灵活性超越了放松管制带来的危害。该机构驳斥了 NASD 的论点,即为获取利润丰厚的"蓝筹"发行,"买入交易"会将较小的地区投资银

---

〔109〕 SEC 委员托马斯(Thomas)在其对提议规则的异议中评论道:股票发行的储架注册鼓励承销商、做市商和其他金融中介机构更加集中,并阻碍个人投资者参与资本市场,从而进一步推动证券持有人机构化的趋势,以及降低投资者在做出投资决定时可获得的披露信息的质量和及时性。它改变了该法案中规定的传统披露制度,并与该法案保护投资者的法定目标背道而驰。Securities Act Release No. 6423, [1982 Transfer Binder] Fed. Sec. L. Rep. (CCH) 183, 250, at 85, 279 (Sept. 2, 1982) (Thomas, Comm'r, dissenting).

〔110〕 证券发行的强制披露不仅要求披露完整、准确,而且要及时。证券法规定招股说明书中的财务信息必须是最新的。See Securities Act § 9, 15 U. S. C. § 771(1994). 为了防止使用过时的信息,SEC 长期以来一直认为发行人一旦注册就不能延迟证券的分销。See Banoff, supra note 106, at 135 – 36.

〔111〕 在竞争性投标发行中,发行人收到许多承销商的投标,每个承销商的投标均基于对投资者需求的评估。在传统的协商发行中,发行人只与一个承销商打交道,该承销商可以单独获得有关客户需求的信息,并且可以系统地降低发行价。See Banoff, supra note 106, at 180 – 83.

〔112〕 SEC 列出了适时灵活性对发行人的许多好处:满足"市场空缺"以获得较低的债务和优先股利率,在短时间内改变证券的结构和条款以满足市场条件,简化注册程序,通过提交一份注册申请表而非一系列发行的多份注册申请来减少法律、会计、印刷和其他成本,并增加承销商之间的竞争,从而在金融产品方面进行组合创新,降低承销费用和发行收益。在该规则的 18 个月试行期内,公开发行中的大多数都是储架注册的,发行人报告称节省了大量资金。

在规则最终采用之前和之后对债务和股票发行的实证研究发现,规则采用之后的发行成本较低。See Shelf Registration, Securities Act Release No. 6499, [1983 – 1984 Transfer Binder] Fed. Sec. L. Rep. (CCH) ¶ 83, 449 at n. 15. citing Kidwell et al., SEC Rule 415 – the Ultimate Competitive Bid, University of Tennessee and Virginia Polytechnic Institute and State University Working Paper(1983)(表明根据规则 415 出售的债券发行比可比协商发行的发行价低 30 ~ 40 个基点);Bhagat et al., The Rule 415 Experiment: Equity Markets, University of Utah and Virginia Polytechnic Institute and State University Working Paper(1983)(表明根据规则 415 出售的股票的发行成本比不根据规则 415 出售的可比股票的发行成本低约 29%).

行挤出市场,可能使其不能充分担任小额初创公司发行的中介。SEC也质疑储架发行承销商将不太能够评估储架发行的优点或发行文件的"防欺诈"性。事实上,SEC似乎质疑成熟承销商"勤勉尽责"的成本效益,至少对S－3发行人是如此。[113] 班诺夫(Banoff)教授后来采纳了SEC的思路:

> 如果将承销成本与发行成本分开,让投资者有选择的余地,他们就不会支付承销费以确保其免受公司特定风险影响。或许除新发行人或新证券之外,勤勉尽责增加的投资者福利不会超过其成本,减少了的勤勉尽责并不是反对储架注册的有效论据。[114]

最后,SEC采用储架注册的原因——让发行人能以适时灵活性满足"市场空缺"(market windows)——含蓄地破坏了信息有效市场的声誉,这是SEC允许首次发行进行储架注册的条件。[115] 即使市场可能无法与监管预期收益相匹配,SEC含蓄地承认其全面注册制度得不偿失。

4. 外国证券的国内发行:监管豁免

强制披露最受证券市场全球化考验。随着美国发行人在外国证券市场寻求资本,以及美国投资者发现国际多元化的好处,SEC的披露政策必须回应资本的国际流动性。如果与其他市场的披露政策相比,美国的强制披露导致成本效益失衡,美国发行人和投资者将转移到海外

---

[113] 班诺夫(Banoff)教授认为,在一个有效的市场中"个股的价格反映了多元化的影响……而管理层撒谎的风险是公司特有的风险",投资者应该对公司撒谎无动于衷,因为市场价格已经说明了这种可能性。"向承销商支付额外费用以确保投资者免受欺诈,或者更准确地说,避免承销商疏忽而未能发现欺诈",这在有效市场和勤勉尽责之间创造了矛盾。See Banoff, supra note 106, at 180－83. "通过将公司特定风险降低到零,多元化允许规避风险的投资者表现得好像他们是风险中性的。风险中性的人不会购买保险。"该论点可能夸大了多元化的影响。尽管特定公司的风险可能会被多元化分散,但系统性风险(例如,证券中介的腐败或没有反欺诈规则的法律制度)无法分散。投资者会对投资环境的诚实和透明感兴趣。在某种程度上,反欺诈规则和责任是必不可少的。

[114] Banoff, supra note 106, at 183.

[115] See id. at 138.

并避开美国市场。[116] 同样，失衡的美国披露政策会阻碍外国发行人和投资者来到美国。[117] 面对美国证券监管政策的市场测试现实，强制披露必须过关。

SEC 大多数时候是非常务实的。为了防止美国投资者迁移到国外市场，且不损害美国市场吸引外国上市项目的能力，该机构减轻了外国发行人的披露负担。[118] 国际压力迫使 SEC 逐步放宽联邦披露要求。[119]

ADR 注册。与美国存托机构一起参与发行 ADR 的外国发行人，大体上可以根据其进入美国交易市场的程度来选择美国的披露水平。[120] 尽管 SEC 采取了可理解的监管立场，即 ADR 是与标的存托证券(underlying deposited security)分开的证券，但它简化了向美国投资

---

[116] See Lowenstein, supra note 62, at 1337. "一段时间以来，美国投资者一直在这些公司的本土市场或伦敦购买外国股票。这些投资主要是在世界级公司——雀巢、西门子、汽巴嘉基等——我们被告知，这些公司的股票将始终根据其本国财务报告进行交易。"

[117] See James A. Fanto & Roberta S. Karmel, *A Report on the Attitudes of Foreign Companies Regarding a U. S. Listing*, 3 Stan J. L. Bus. & Fin. 51(1997).

[118] 例如，虽然规则 415(Rule 415)不允许外国政府发行人进行延迟或连续发行，但自 1980 年以来，SEC 已允许这些发行人进行储架注册。See Interpretative Release Relating to Continuous and Delayed Offerings by Foreign Governments or Political Subdivisions Thereof, Securities Act Release No. 6424, 47 Fed. Reg. 39, 809(September 2, 1982)(宣布了修订工作人员的解释，该解释允许资深外国政府以与规则 415 中的规定方式基本相似的方式使用货架注册); Procedures for Use of Registration Statement for Delayed Offerings by Foreign Governments or Political Subdivision Thereof, Securities Act Release No. 6240, 45 Fed. Reg. 61, 609(September 10, 1980)(宣布了工作人员的解释地位). 尽管提供了这种便利，但一些人认为该机构做得还不够。See Nicholas Demmo, *U. S. Securities Regulation: The Need For Modification to Keep Pace with Globalization*, 17 U. PA. J. INT'L ECON. L. 691, 708, 720(1996).

[119] See Roberta Romano, The Genius of American Corporate Law 97(1993)[hereinafter Romano, Genius of American Corporate Law].

[120] ADR 是由美国的存托机构(通常是美国银行)发行的证书，代表外国发行人的普通股，这些股份已存放在外国发行人本国的托管人处。See American Depositary Receipts, Exchange Act Release No. 29, 226, [1990 - 1991 Transfer Binder] Fed. Sec. L. Rep. (CCH) ¶ 84, 740(May 23, 1991). See also James L. Cochrane et al., Foreign Equities and U. S. Investors: Breaking Down the Barriers Separating Supply and Demand, 2 Stan. J. L. Bus. & Fin. 241(1996).

者发行 ADR 的监管。如果外国发行人不发行与 ADR 计划相关的新证券,并且已发行 ADR 仅在经纪人的"粉单"(一级计划)上交易,则美国存托机构和外国发行人都无须遵守任何额外的美国披露要求。ADR 是在证券法下,以 ADR 证书为披露文件遵循强制程序(表格 F-6)注册的。[121] 外国发行人在向 SEC 提供其本国披露的条件下可免于遵守交易法的持续披露要求。[122] 如果 ADR 在美国交易所或通过纳斯达克(二级计划)交易,则外国发行人须遵守交易法注册要求。然而,SEC 允许外国发行人提供本国财务信息,前提是其中包含了对外国披露与美国会计标准的差异的纠正。[123]

除以 ADR 计划降低外国发行人的披露标准外,SEC 还取消了第 11 条(Section 11)对他们科以的欺诈责任。《1933 年证券法》SEC 的立场是,在一级或二级计划中,美国存托机构和外国发行人都不是 ADR 的"发行人",结果就是任何个人或实体都不受有意义的第 11 条责任约束。[124] 此外,SEC 针对外国发行人披露失败的执法活动充其量是零

〔121〕 See Securities Act Form F-6, Item 1, reprinted in 2 Fed. Sec. L. Rep. (CCH) ¶ 7003, at 6112(1998), referring to Reg. S-K, Item 202(f), reprinted in 7 Fed. Sec. L. Rep. (CCH) ¶ 71,022, at 61,845-46(1998)(明确了存托凭证的披露条款,包括投票程序,红利收取和分配,通知、报告和代理权征集材料的传递,以及对提取和存放标的证券的权利的任何限制).

〔122〕 See Exchange Act Rule 12g3-2(b), 17 C. F. R. § 240.12g3-2(b)(1998), reprinted in 3 Fed. Sec. L. Rep. (CCH) ¶ 23,313, at 17,143(1998). 此外,1983 年之前建立的 ADR 计划是不受追溯的,不受任何报告要求的约束。See American Depositary Receipts, Exchange Act Release No. 29,226, [1990-1991 Transfer Binder] Fed. Sec. L. Rep. (CCH) ¶ 84,740, at 81,599-600 nn. 80-81(May 23,1991)(注意到大约 43% 的拥有 ADR 的外国发行人没有向 SEC 提供当前信息,而不受追溯的计划约占所有 ADR 计划的 25%).

〔123〕 如果外国发行人将发行新证券作为美国公开 ADR 发行(第 3 级计划)的一部分,则发行须遵守证券法的全面注册要求,并且外国发行人必须遵守 GAAP。See American Depositary Receipts, Exchange Act Release No. 29, 226, [1990-1991 Transfer Binder] Fed. Sec. L. Rep. (CCH) ¶ 184,740, at 81,594(May 23,1991).

〔124〕 "这种完全值得称赞的行政灵活性示范意味着,就表格 F-6(Form F-6)而言,没有人根据第 11 条承担'发行人'的责任。"See Loss & Seligman, supra note 81, at 775.

星的。[125] SEC 每年都会列出证券受 ADR 计划约束的外国发行人，且每次均指出外国发行人向 SEC 提交的文件可能不完整，经纪商应保证调查外国信息来源。[126] 1991 年，SEC 指出（没有明显的担忧），大约 43% ADR 外国发行人没有向 SEC 报告或以其他方式披露当前信息。[127] SEC 从未因没有根据《1934 年证券交易法》提交文件而起诉未在美国销售证券的外国发行人。[128]

采用 ADR 计划的外国发行人享有显著监管豁免，SEC 对此的解释非常简洁。[129] 相关解释的核心揭示了强制披露三段论的实质性空洞。最初，SEC 根据 1964 年统一交易所上市证券和场外证券监管的立法中的一项授权条款，采纳了对场外 ADR 的豁免。SEC 在采用规则 12g3-2(b)[Rule 12g3-2(b)]时表示：

> 国会承认它给发行人施加了巨大负担和义务，但表示其意旨并非在未经发行人同意或在其某些不知情的情况下，将这些负担

---

〔125〕 See Walter Stahr & John Palenberg, *Rule 12g3-2(b) under the Securities Exchange Act: A Primer for Foreign Companies*, 27 INT'L Law 963(1993)[指出管辖权和礼让问题可能导致机构谨慎，并且规则 12g3-2(b)要求的大部分信息已经通过媒体或其经纪人提供给美国投资者，因此可以说执法对美国投资者收效甚微].

〔126〕 See, e. g., List of Foreign Issuers Which Have Submitted Information Under the Exemption Relating to Certain Foreign Securities, Exchange Act Release No. 39,681, reprinted in 3 Fed. Sec. L. Rep. (CCH) ¶ 23,317, at 17,145-60(Feb. 19, 1998). "委员会还希望提请经纪人、交易商和投资者注意一个事实，即有关外国发行人的当前信息可能不一定在美国可用。"

〔127〕 See American Depositary Receipts, Exchange Act Release No. 29,226, [1990-1991 Transfer Binder] Fed. Sec. L. Rep. (CCH) ¶ 84,740, at 81,599-600 n. 80(May 23, 1991). 此外，尽管 SEC 在 1991 年指出，只有 20% 的美国存托机构遵守其关于注册 ADR 设施的报告要求，但该机构并未表现出对他们采取任何执法行动的意愿。See id. at 81,598 n. 78. 这不是因为缺乏执法工具。自 1990 年 10 月以来，SEC 可以发布停止令，并对逃避报告的行为实施民事处罚，这是它在国内经常做的事情。See Stahr & Palenberg, supra note 125, at 964.

〔128〕 See Stahr & Palenberg, supra note 125.

〔129〕 当前表格 F-6(Form F-6)的采用版本没有提及投资者是否收到足够的信息。See, e. g., Final Rules—American Depositary Receipts, Securities Act Release No. 6459, reprinted in [1983 Transfer Binder] Fed. Sec. L. Rep. (CCH) ¶ 83,329(Mar. 18, 1983).

强加给证券被引进到美国并在场外市场交易的外国发行人。[130]

但豁免“无辜发行人”的逻辑被证明是空洞的。随着 ADR 计划越来越多地受到寻求进入美国市场的外国发行人支持,规则 12g3 - 2(b)豁免保持不变。该豁免的底层逻辑是,SEC 认识到实施监管对等将导致外国证券离岸,美国投资者也会随之而去。[131] SEC 假定美国投资者无论是投资外国市场还是美国市场,都会采取适当预防措施且忽略外国披露的缺陷。此外,SEC 注意到大约 80% ~85% 的 ADR 市场显然是由机构投资者和证券经纪人构成。[132] 从表面上看,ADR 的投资者认为外国发行人的披露是充分的。1991 年,在就其 ADR 规则征求公众意见的请求书中,关于发行人(超出为“粉单”计划向 SEC 进行的本国披露)、基础证券(投票权、对外国所有权的限制、外汇管制)或存托人(费用、传递投票、ADR 持有人通知),SEC 曾询问是否应该要求进行额外披露。在任其自然的做法获得广泛支持后,SEC 再未采取行动。

按美国披露标准调整(reconciliation)。无论是使用美国公开发行还是二级 ADR 项目,受美国披露标准约束的外国发行人都应遵守降低了的披露标准。[133] 认识到美国信息披露标准的负担,SEC 不要求外国发行人完全遵守 GAAP,但现金流量表、个人管理薪酬、中期报告和分部数据报告等项目除外。[134] 此外,SEC 现在接受两年期(而不是五年

---

[130] Foreign Securities, Securities Act Release No. 6433 [1982 Transfer Binder] Fed. Sec. L. Rep. (CCH) ¶ 83,272, at 85,460(Oct. 28,1982).

[131] See Fox, Political Economy, supra note 61, at 713 n. 42.

[132] See American Depositary Receipts, Exchange Act Release No. 29,226, [1990 - 1991 Transfer Binder] Fed. Sec. L. Rep. (CCH) ¶ 84,740, at 81,591 n. 38(May 23,1991).

[133] See Fanto & Karmel, supra note 117, at 56 - 57(描述了适用于在美国进行证券交易的外国发行人的不同披露标准).

[134] SEC 采用了专门针对外国发行人的特殊登记表格,其中包含许多披露让步和豁免。例如,外国发行人无须披露业务范围信息、个人管理层薪酬或重大内幕交易。外国发行人可以根据其本国的会计原则编制财务报表,前提是它们说明这些原则与 GAAP 有何重大差异,并量化本国标准下的净收入与美国准则之间的对账。See Integrated Disclosure System for Foreign Private Issuers, Securities Act Release No. 6360, [1981 - 82 Transfer Binder] Fed. Sec. L. Rep. (CCH) ¶ 83,054, at 84,648 (Nov. 20,1981). See also Lowenstein, supra note 62; Fanto & Karmel, supra note 117, at 56 - 57.

期)的美国标准对账,[135] 并允许外国发行人选择以美元或当地货币报告财务结果,在恶性通货膨胀经济体中调整结果,以及核对企业合并中的财务信息。[136] 例如,为促进"蓝筹"德国证券在美国的发行,SEC 已就其交易规则给德国发行人(尤其是戴姆勒—奔驰,即 Daimler - Benz)在美国发行的交易活跃的权益证券授予了集体豁免。[137]

跨境要约收购。外国投标人害怕受到严格的美国要约收购规则约束,通常将美国投资者排除在优势跨境要约之外。SEC 已提议向此类投标人给予多种便利。[138] SEC 将允许外国收购方通过满足外国披露、程序和会计要求(包括任何本国上市要求)来遵守美国的披露义务。[139] SEC 的提议将使美国投资者能够进行跨境收购要约,这不是因为他们不太需要美国的要约收购保护,而是认识到监管对等将剥夺美国投资者充分获得外国投资机会的途径。事实上,当美国投资者处于绝对的少数地位,并且更需要美国要约收购规则的披露和程序保护时,SEC 的

---

[135] See Lowenstein, supra note 62, at 1338.

[136] See, e. g., Selection of Reporting Currency for Financial Statements of Foreign Private Issuers and Reconciliation to U. S. GAAP for Foreign Private Issuers With Operations in a Hyperinflationary Economy, Securities Act Release No. 7054, 59 Fed. Reg. 21, 810 (Apr. 19, 1994)(为外国发行人提供选择在 SEC 文件中使用的报告货币的灵活性,并简化在恶性通货膨胀经济体中运营的外国发行人的财务报表对账要求); Reconciliation of the Accounting by Foreign Private Issuers for Business Combinations, Securities Act Release No. 7056, 59 Fed. Reg. 21, 821(Apr. 19, 1994)(简化对已进行业务合并的外国发行人的财务报表核对要求).

[137] Exemptions from Rules 10b - 6, 10b - 7, and 10b - 8 during Distributions of Certain German Securities, Exchange Act Release No. 33, 022, [1993 Transfer Binder] Fed. Sec. L. Rep. (CCH) ¶ 85, 233 (Oct. 6, 1993); Diane U. Mage Roberts, A Kinder, Gentler Approach to the Regulation of Market Manipulation Under the Securities Exchange Act of 1934: Extension of the Approach Taken with Respect to Distributions of Certain German Securities to Distributions of Certain U. S. Securities, 20 N. C. J. Int'l Law & Con. Reg. 1(1994).

[138] See Cross - border Tender Offers, *Business Combinations and Rights Offerings*, Securities Act Release No. 7611, reprinted in [Current Transfer Binder] Fed. Sec. L. Rep. (CCH) ¶ 86, 060(Nov. 13, 1998).

[139] SEC 要约收购规则的豁免——除了要求外国发行人向 SEC 和美国投资者提供投标文件的英文翻译版——仅适用于美国投资者持有的目标股份占所收购股份的 10% 或更少的情况。See id. at 81, 061[描述了一级(Tier I)豁免救济].

豁免救济是最充分的。面对全球市场现实,SEC 似乎承认投资者选择胜过监管保护。

尽管资本市场的全球化给 SEC 带来了放松美国披露标准的巨大压力,[140] 但 SEC 在接受外国发行人全面披露的灵活性上犹豫不决。例如,针对互联网离岸发行现象,SEC 宣布将把针对美国投资者的未注册发行视为违反美国注册要求。[141] SEC 发出警告,离岸发行人必须采取措施防止美国投资者参与未注册的互联网发行。[142] 但鉴于互联网的无界性和全球性,美国的监管堤坝不可能完全或永远没有漏洞。[143]

此外,尽管 ADR 的分层披露为外国发行人提供了一些披露选择,但也限制了发行和上市的灵活性。SEC 强制在交易所上市或纳斯达克的 ADR 对应的外国发行人进行注册并根据交易法报告,导致了美国投资者在外国市场中的直接购买不便。许多外国发行人原本会寻求且有资格在美国上市,但由于美国披露标准在一些敏感领域的感知侵入性,以及对开放式美国反欺诈责任的担忧,他们选择对美国市场避而远之。[144] 外国发行人报告称,如果确需在美国筹集资金,他们更愿意通过私募发行的方式避开强制性的美国披露标准。[145] 此外,过于苛刻的美国披露标准也限制了美国投资者的海外投资机会,因为外国发行人担心受到美国证券法约束而不愿与他们交易。[146]

---

〔140〕 See Fox, Political Economy, supra note 61, at 766(描述了全球化如何增加降低美国披露标准的政治压力,因为当前的监管管辖权取决于投资者居住地或交易市场位置).

〔141〕 See Statement of the Commission Regarding Use of Internet Websites, Securities Act Release No. 7516, 63 Fed. Reg. 14806(March 23, 1998).

〔142〕 同上。

〔143〕 正如史蒂芬·崔(Stephen Choi)教授所言,互联网将使发行人和投资者能够在公共和私人保护来源中进行选择,从而为每种特定证券发行提供最佳保护组合。See Choi, Gatekeepers and Internet, supra note 90, at 50 – 54(认为发行人将能够根据风险、资本化和欺诈可能性使用互联网选择一个或多个公共或私人认证机构).

〔144〕 See Fanto & Karmel, supra note 117, at 51, 71. See also Michel Hurley, International Debt and Equity Markets, 8 Emory Int'l L. Rev. 701, 706 – 707(1994)(指出美国 64% 的外国注册是由外国政府而非外国商业公司进行的).

〔145〕 See Frederick Choi & Richard M. Levich, The Capital Market Effects of International Accounting Divervsity (1990) [hereinafter Choi & Levich, International Accounting Diversity].

〔146〕 See Cox, Rethinking in the Shadow, supra note 59, at 162.

美国强制披露对高风险外国证券实施较低披露标准的异常现象并未被人们忽视。一些人主张平等对待，以便美国和外国的披露接近国际标准。[147] 一些人认为，应允许外国发行人在不同情况下依赖本国披露。[148] 还有一些人认为，美国的信息披露监管应该在国际和国内交易中实现平等。[149]

无论这些不同提议的好处如何，针对美国发行人和外国发行人的不同监管政策有力证明了证券发行中强制披露的谬误。一旦承认美国投资者不需要来自外国发行人的强制保护，得出投资者不需要来自美国发行人的保护的结论便顺理成章了。正如路易斯·洛温斯坦(Louis Lowenstein)教授所指出的：

> 如果我们激进地降低对外国公司的标准，美国公司肯定会大喊犯规并要求平等对待。披露是有代价的，如果投资者不需要新来者披露那么多，为什么要要求美国公司这样做呢？[150]

鉴于国内和国外证券市场的重叠，在制定监管政策时将国际和国内交易分开是不合适的。[151]

5. 公司注册：谨慎的 SEC 改革

表面上看，SEC 加快了其对证券法体制的去管制。在 1996 年的一份公告中，SEC 概述了其为证券发行去管制的议程。

---

〔147〕 See id. at 157.

〔148〕 See Edward F. Greene et al., *Hegemony or Deference: U. S. Disclosure Requirements in International Capital Markets*, 50 Bus. Law. 413, 416 - 18(1995)(根据最低披露、报告和内幕交易标准衡量，当相关外国证券的市场是有效的，并且发行人满足最低资本化和交易量门槛时，主张本国披露); Michael Schneider, *Foreign Listings and the Preeminence of U. S. Securities Exchanges: Should the SEC Recognize Foreign Accounting Standards?*, 3 Minn. J. Global Trade 301, 302 - 03(1994)(认为外国公司应不受 GAAP 的约束).

〔149〕 See Lowenstein, supra note 62, at 1358 - 62(主张美国会计和披露标准的优越性，并认为不应将国际化用作“接受其他国家明显较低标准的便利借口”).

〔150〕 Id. at 1338.

〔151〕 See Cox, Rethinking in the Shadow, supra note 59, at 157.

> 《1933 年证券法》和《1934 年证券交易法》中的发行人披露规定的前提是，如果有关投资的所有重要信息经充分、公平披露呈递给投资者，他们在做出投资决策时就会得到最好的保护……面对以下其他发展：市场制度化程度不断提高、技术和传播媒体的进步、证券市场的持续全球化、私人交易和公共交易间差异的侵蚀，委员会正在审查现有的投资者保护机制，如发行和销售的注册以及在出售时向投资者实际交付最终招股说明书，仍然是实现这一全面披露目标的最佳方法……委员会正在考虑……是否仍然有必要区分上市公司的公开发行和私募发行……〔152〕

SEC 对证券法注册制度的重新审查是由 SEC 披露简化工作组（Task Force on Disclosure Simplification）的一份报告（沃尔曼报告，Wallman Report）推动的。该报告主张更具可读性和信息性的披露文件和监管改革，以降低证券发行成本并增加小公司进入证券市场的机会。〔153〕 SEC 分阶段对沃尔曼报告作出了回应。1996 年 3 月，该机构废止了一系列被认为很少使用或过时的规则。〔154〕 1997 年，SEC 针对沃尔曼报告的结论，即主要由市场专业人士编写的招股说明书往往冗长、

---

〔152〕 Securities Act Concepts and Their Effects on Capital Formation, Securities Act Release No. 7314, [1996 – 1997 Transfer Binder] Fed. Sec. L. Rep. (CCH) ¶ 85,823, at 88,282 (July 25, 1996)（根据披露简化工作组发布的报告进行某些改革）.

〔153〕 SEC 在 1995 年成立了披露简化工作组，旨在简化披露程序并提高资本形成的监管效率，并于 1996 年发布了报告。See Report of the Task Force on Disclosure Simplification (Mar. 5, 1996), available at http://www. sec. gov/news/studies/smpl. htm [hereinafter Task Force on Disclosure Simplification]. See also Summary Section of Report of the SEC's Task Force on Disclosure Simplification, 28 Sec. Reg. & L. Rep. (BNA) 356 (Mar. 8, 1996).

〔154〕 根据工作组报告的建议，SEC 已经消除了重复表格。See Securities Act Release No. 7300, [1996 – 1997 Transfer Binder] Fed. Sec. L. Rep. (CCH) ¶ 85,812, at 88,089 (May 31, 1996)（将第一阶段的大部分建议作为最终规则颁布）; Phase One Recommendations of Task Force on Disclosure Simplification, Securities Act Release No. 7271, 61 Fed. Reg. 9848 (Mar. 11, 1996)（提议取消和简化某些证券法规则）.

不透明且难以阅读,引入了"简明英语"(Plain English)试点计划。[155]

1996年,SEC创建的另一个组织,即资本形成和监管程序咨询委员会(Advisory Committee on the Capital Formation and Regulatory Processes),建议建立公司注册制度(company registration system)。该制度旨在消除不必要的监管成本并简化融资过程,加强对二级交易的持续披露,消除公开与私募、国内与离岸、发行人和非发行人交易之间的复杂差异。[156] 公司注册制度的核心是取消对发行中介的监管要求,并允许发行人在发行安排和股东沟通方面有更多选择。

经过长时间的酝酿,SEC提议对公开发行的注册制度进行大规模改革。针对资深大型发行人,为提高交易市场公司披露水平,代号"航空母舰"(aircraft carrier)的提议将采纳咨询委员会所倡导的一些变化,但很大程度上会保持以交易为中心的证券法监管现状。该提议将把公开发行的披露要求合并到两种上市登记表格[表格A(Form A)和表格B(Form B)]中,要求预售时交付披露文件以助力投资者的实际投资决策,放宽发行前沟通限制以便发行人在选择公开发行之前"试水",允许公开发行转为私募发行,以及增加定期披露要求和责任。

"航空母舰"提议远未缓解公开发行的监管不确定,还可能会增加发行过程的刚性和成本。如果采用当前的版本,该提议将导致资深和非资深发行人的发行延迟,增加使用简化表格B注册的发行人的责任风险,且会降低广受欢迎的发行方法的可用性,如在市场上使用延迟储

---

[155] See Task Force on Disclosure Simplification, supra note 153. See also Andrew T. Serafin, *Comment: Kicking the Legalese Habit: The SEC's "Plain English Disclosure" Proposal*, 29 Loy. U. Chi. L. J. 681(1998)(描述简明英语倡议的历史).

[156] See Committee on Capital Formation, supra note 68. 公司注册,就像SEC的综合披露制度一样,假设市场信息有效,向市场报告的信息将反映在交易价格中。公司注册后,发行人可以根据交易性质和目标投资者调整招股说明书披露。咨询委员会列出了公司注册的一些好处。市场考量而非监管问题,将支配市场准入。由于交易成本更低、延迟更少,发行人可以更频繁、更少量地进入市场。公司注册将消除通用储架注册带来的市场不确定,并促进换股收购(stock – for – stock acquisition)。更大的营销灵活性意味着招股说明书披露的时间和内容将取决于投资者的信息需求,而不是准备和交付事后合规文件的需要。

架注册发行和为了 A/B 交换而进行的规则 144A 型私募发行。[157] 提出新规则的大量声明明显缺乏对各种新规则的可能收益和成本进行实证分析。[158] 例如,尽管承认超过 1/3 的近期 IPO 均根据 A/B 交换进行(在交换中,发行人先私募发行证券,随后注册实质相同的证券以交换那些私募发行证券),并且不提及这些交易中的任何滥用行为,SEC 基于其未经证实的"关于……这些小额发行人的发行中非合格机构投

---

〔157〕 See Aircraft Carrier Proposal, supra note 2. SEC 的提议是一个会带来意想不到(或可能是有意)后果的雷区。以降低当前注册计划的成本、延迟和不确定性的名义,该机构提议增加重要的新条件和风险,这将进一步加重美国发行过程的负担——造成最终由投资者承担的成本。

发行人将被要求采取某些现在不需要的步骤——

• 确保向所有投资者交付预售条款清单或初步招股说明书(使用通用表格 A 的发行人额外延迟 3 天或 7 天);

• 如果表格不可用或未包含所需信息,则使用表格 B(适用于规模较大的资深发行人)的发行面临第 12(a)(1)条的撤销责任;

• 如果发行人不能使用表格 B,则放弃在货架上的市场销售(目前有资格进行货架注册的大约 1100 名资深 S-3 发行人不符合新表格 B 的资格);

• 如果发行人不同意 SEC 工作人员对交易法报告披露的评论,则可能会根据表格 B"持续经营"被取消资格;

• 放弃向机构投资者提供的私人 144A 发行,允许以后将证券转售到公开市场(所谓的 A-B 交换)。

作为承销商的证券公司将有新的负担——

• 确保向所有投资者交付预售条款清单或初步招股说明书,包括在定价前至少 24 小时披露任何重大变化;

• 如果表格不可用或未包含所需信息,则使用表格 B(适用于规模较大的资深发行人)的发行面临第 12(a)(1)条的撤销责任;

• 放弃与客户的专有交流(proprietary communication)或根据所有自由交流(free-writing communication)报告要求披露信息;

• 发行投资级债务面临更大的"勤勉尽责"风险暴露,未包含在衡量承销商调查合理性的 6 个"正面事实"中;

• 同意第 11 条和第 12(a)(2)条规定的加重责任,作为在放弃公开发行后开始参与私募发行的条件。

See generally Aircraft Carrier Proposal, supra note 2.

事实上,SEC 似乎想要提高发行成本。例如,该机构表示希望让 144A 发行变得更加困难,以便发行人能够进入注册公开发行,尽管 144A 发行取得了巨大成功。

〔158〕 SEC 指出,私人部门的整体直接合规成本将从现行制度下的每年 56 亿美元降至新制度下的 54 亿美元,但没有讨论对私募发行的诸多限制将如何影响发行人的资本成本。See id. at 67,251 & n. 586.

资者(non - QIBs)需要额外保护的观点"[159],提议消除这些发行的灵活性。在对新注册制度的成本效益分析中,SEC 估计受影响的各方将花费约 54 亿美元来执行该提议,而目前的合规成本约为 56 亿美元。[160] SEC 没有在任何情境下询问投资者这种昂贵的保护及其巨额间接成本是否值得。

该提议虽然侧重提高发行人速度和灵活性,但它似乎扭转了 SEC 的去管制方向。过去 20 年,这一方向一直是提供更多的注册格式和披露选择。对本文中的"航空母舰"提议仍可进行开放式评论。或许,该提议代表了监管者的"愿望清单",它将被修订以关照发行人和投资者不可避免的过度监管担忧。或许,该提议是对监管现状的慎重妥协——试图确保 SEC 和现有证券公司在公开发行中继续发挥作用,[161] 也许这是 SEC 的"绝唱"。

无论"航空母舰"提议最终停靠在哪里,SEC 过去几年的举措都反映出对证券法现行注册制度的质疑。

(二)司法修正主义:事后责任的私人选择

联邦法院试图平衡强制披露的成本和收益,其甚至比 SEC 放松事前披露管制做得更多。事后责任的司法去管制已经在多个方面进行。联邦法院限制了加重反欺诈标准的适用范围;允许发行人与投资者就证券欺诈诉讼中的法庭选择和费用转移等事宜签订合同;同意披露免责声明可以将管理层预测失误的风险转移给投资者。[162] 正如可预测的那样,对当事人选择的承认在国际语境下尤为重要。在没有任何特

---

[159] Id. at 67,208.

[160] See id. at 67,251 & n. 586.

[161] See Paul Beckett & Michael Schroeder, *SEC Drafts Plan to Simplify Offerings That May Slice Big Underwriters' Fees*, Wall St. J. , Feb. 12, 1998, at A2.

[162] 道格拉斯·布兰森(Douglas Branson)教授整理了一份令人印象深刻的法院放松管制议程的项目清单。See Douglas M. Branson, *Running the Gauntlet: a Description of the Arduous, and Now Often Fatal, Journey for Plaintiffs in Federal Securities Law Actions*, 65 U. Cin. L. Rev. 3(1996)[描述了过去 20 年来联邦法院支持被告的判例法,包括对《1933 年证券交易法》第 12(a)(2)条和规则 10b - 5 被告类别的限制,更短的规则 10b - 5 限制规定的制定和实施,证券欺诈诉讼中更高的辩护要求、联邦民事诉讼规则(Federal Rules of Civil Procedure)第 11 条对证券原告及其律师的惩罚、"谨慎表达"原则,以及买主合同替代][hereinafter Branson, Running the Gauntlet].

定行政或立法指导的情况下,联邦法院完成了事后责任的多面去管制。[163] 就其自身而言,联邦法官已经感知到市场成熟和投资者成熟度的转变,并已修改了事后强制披露的范围和内容。

1. 加重责任适用面不断缩小

过去10年,证券发行中的披露责任版图已经重构。起初,针对已注册和未注册发行虚假信息加重责任的宽泛体系,如今充斥着例外和警示。在未注册发行中,人们长期认为加重(注意义务)责任适用于私募发行和其他豁免发行,最高法院已将证券法责任重新调整为仅适用于"公开发行"。在已注册发行中,法院常规地将严格责任保护扩展至已注册证券的所有买者,包括发行后二级市场的买者,下级联邦法院将原告资格限定为已注册证券的原始、直接买者。

古斯塔夫森(Gustafson)案与私募发行。60多年来,证券律师和法院坚信证券发行(注册和豁免)受到《1933年证券法》第12(a)(2)条[Section 12(a)(2)]的加重反欺诈保护。[164] 在已注册证券发行中,《1933年证券法》第12(a)(2)条被认为将责任范围扩大到不在《1933年证券法》第11条(Section 11)被告名单上的参与者(主要是零售交易商),且旨在规范上市登记表外产生的虚假陈述,无论是"初步"或"法定"招股说明书之外的书面文件还是口头沟通。在未注册发行中,《1933年证券法》第12(a)(2)条被认为是在"注意义务"(due care)标准下为法定卖方将卖方纳入反欺诈规则适用范围,即对过失虚假陈述的加重责任。下级法院和评论员普遍认为,鉴于证券发行中的感知市场失灵和证券法的投资者保护理念,这种加重责任适用于证券发行,包

[163] 一些评论员建议国会根据发行人的质量和规模修改责任标准。See, e. g., Stephen J. Choi, *Company Registration: Toward a Status - Based Antifraud Regime*, 64 U. CHI. L. Rev. 567(1997). 然而,这些提议将把平衡证券欺诈责任的成本和收益的义务放在适应性最差的机构身上。

[164] See Securities Act Section 12(a)(2), 15 U. S. C. § 77l(a)(2)(1994 & Supp. 1995). 《1933年证券法》第12(2)条于1995年重新编号为《1933年证券法》第12(a)(2)条。See Private Securities Litigation Reform Act of 1995, Pub. L. No. 104 - 67, 109 Stat. 737(1995). 为保持一致,将始终使用修改后的编号(使用旧编号写作的作品的标题和包含旧编号作品的引用除外)。

括私募发行。[165] 人们认为,对法定卖方施以增加的"注意义务"成本被给予投资者的保护所抵消。

在 Gustafson 诉 Alloyd Co. 案中,最高法院粗率地阐明了这些理解,至少是因为它们与未注册发行有关。[166] 最高法院将《1933 年证券法》第 12(a)(2)条解释为仅适用于公开(显然已注册的)发行中的虚假陈述。最高法院将《1933 年证券法》第 12(a)(2)条中的"招股说明书"一词解读为仅指公开发行中使用的法定强制的披露文件,以多数票将私募发行从《1933 年证券法》第 12(a)(2)条适用范围中剔除。在此案中,一家成熟的风险投资公司从一个家族控制集团手中购买了一家私有公司的 100% 所有权。在收益低于预期后,买方选择根据《1933 年证券法》第 12(a)(2)条提出撤销请求,而不是其协商的提供购买价格调整的合同救济措施。显然,尽管买方原本可以协商(并支付)合同的披露保证,但买方试图让卖方遵守针对过失虚假陈述的法定《1933 年证券法》第 12(a)(2)条保证。

评论员批评最高法院的推理存在技术缺陷,它反映出人们对私募证券交易投资者应受《1933 年证券法》第 12(a)(2)条更高"注意义务"保护的根本质疑。实际上,最高法院改写证券法而豁免了私募交易的加重欺诈责任。这与 60 年前国会的结论一致,即私募交易的投资者"能自我保护",无须强迫其承担注册成本。正如私募发行的投资者必须就披露进行协商一样,古斯塔夫森需超出规则 10b－5 传统欺诈责任就事后披露责任进行协商。在古斯塔夫森案之后,愿意为防范过失虚假陈述"埋单"的证券购买者必须要求卖方提供合同保证。如果无

---

〔165〕 See Louis Loss, *The Assault on Securities Act Section* 12(2), 105 Harv. L. Rev. 908 (1992); Robert N. Rapp, *The Proper Role of Securities Act Section* 12 (2) *as an Aftermarket Remedy for Disclosure Violations*, 47 Bus. Law. 711 (1992); Therese Maynard, *Liability Under Section* 12(2) *of the Securities Act of* 1933 *for Fraudulent Trading in Postdistribution Markets*, 32 W. M. & Mary L. Rev. 847, 850－70(1991). 对于将《1933 年证券法》第 12(a)(2)条适用于私人交易的案例样本, see Pacific Dunlop Holdings Inc. v. Allen & Co., 993 F. 2d 578(7th Cir. 1993), cert. granted, 114 S. Ct. 907, cert. dismissed, 114 S. Ct. 1146(1994); Metromedia Co. v. Fugazy, 983 F. 2d 350(2d Cir. 1992), cert. denied, 113 S. Ct. 2445(1993)。

〔166〕 See Gustafson v. Alloyd Co., 513 U. S. 561(1995).

法以“注意义务”确定所识别的信息,则卖方将免于承担保证责任——从合同法角度的《1933 年证券法》第 12(a)(2)条的过失责任。

大部分关于古斯塔夫森案重构责任版图的评论是负面的,[167] 但有些则不然。[168] 让苏(Letsou)教授同意古斯塔夫森案将豁免私募发行排除在“注意义务”责任之外。他辩称,私募投资者并不一致地需要加重“注意义务”责任的保护。[169] 然而,让苏得出结论认为,古斯塔夫森案重构责任版图是笨拙之举,因为它将发行后交易排除在“注意义务”责任之外,即使公众投资者在发行后二级市场中处于信息不对称状态。[170] 让苏本来赞成让古斯塔夫森案适用于不成熟公共投资者的市场购买,同时将豁免私募发行排除在适用范围之外。[171] 某种程度上,这种批评很有吸引力。交易市场中的不对称比协商交易中的不对称更常见。然而,很难理解为什么市场买者愿意为《1933 年证券法》第 12(a)(2)条的加重“注意义务”责任付费,而市场卖者更愿意承担规则 10b-5 的“欺诈”责任。最后,古斯塔夫森案似乎做对了。私募发行中的发行人和投资者可以协商(和定价)任何强化披露责任,市场交易中的买卖双方都享有相同的规则 10b-5 反欺诈保护。

---

[167] See Therese Maynard, *A Requiem: Reflections on Gustafson*, 57 OHIO ST. L. J. 1327 (1996)(批评方法); Stephen M. Bainbridge, *Securities Act Section* 12(2) *After the Gustafson Debacle*, 50 Bus. Law. 1231(1995)(批评了不合理的意见,因为其未能考虑证券法的整体结构以及与交易法反欺诈条款的关系); Simon M. Lorne, *Recent Judicial Developments Under the Securities Laws*, in Advanced Securities Law Workshop 757, 770(Pli Corporate Law & Practice Course Handbook Series No. B4-7111 1995)[包含了 SEC 总法律顾问基于意见的“结果决定”性质对古斯塔夫森(Gustafson)的批评].

[168] See Elliot J. Weiss, Some Further Thoughts on Gustafson v. Alloyd Co., 65 U. CIN. L. Rev. 137, 141(1996)[同意法院关于《1933 年证券法》第 12(a)(2)条仅适用于公开发行的结论,但不同意法院使用《1933 年证券法》第 10 条定义“招股说明书”一词的分析]; Elliott J. Weiss, *Securities Act Section* 12(2) *After Gustafson v. Alloyd Co.: What Questions Remain?*, 50 Bus. Law. 1209, 1215-16(1995).

[169] See Peter V. Letsou, *The Scope of Section* 12(2) *of the Securities Act of* 1933: *a Legal and Economic Analysis*, 45 Emory L. J. 95(1996).

[170] See id. at 99.

[171] See id. at 99-100.

后古斯塔夫森修正主义。若非鲁莽,下级联邦法院已经热情地接受了古斯塔夫森案的裁判逻辑。忽略最高法院意见中的措辞,即《1933年证券法》第12(a)(2)条的加重欺诈责任可能继续适用于豁免的公开发行,如根据《1933年证券法》第3(b)条[Section 3(b)]免于注册、广泛分销的小额发行,或者经《1933年证券法》第3(a)(3)条[Section 3(a)(3)]豁免的商业票据发行。自古斯塔夫森案后,下级法院得出一致结论认为《1933年证券法》第12(a)(2)条仅适用于注册公开发行。[172] 一些法院延续了由最高法院在古斯塔夫森案中引入的语义学混乱,它们甚至表示《1933年证券法》第12(a)(2)条仅适用于首次公开发行。[173] 古斯塔夫森案为面向公众投资者的小额但豁免发行保留了"注意义务"责任的迹象被证明具有误导性。

法官们的修正主义热情并不仅限于《1933年证券法》第12(a)(2)条。下级联邦法院接受了古斯塔夫森案的解读,即证券法仅涉及公开发行而不涉及发行后交易,从而否定了在注册发行的售后市场购买证

---

〔172〕 See, e. g., Saslaw v. Askari, No. 95 Civ. 7641(LAP), 1997 WL 221208, at 6(S. D. N. Y. Apr. 25, 1997)["该巡回法院辖内的法院一直将古斯塔夫森(Gustafson)案解释为将私募发行或二级市场发行的购买者排除在《1933年证券法》第12(2)条的诉讼之外。"]; ESI Montgomery County, Inc. v. Montenay Int'l Corp., 899 F. Supp. 1061, 1064–65(S. D. N. Y. 1995); Komanoff v. Mabon, Nugent & Co., 884 F. Supp. 848, 857(S. D. N. Y. 1995).

〔173〕 See Sturm v. Marriott Marquis Corp., 26 F. Supp. 2d 1358(N. D. Ga. 1998)[驳回涉及向有限合伙人换股发行(exchange offer)的索赔,因为"案件不涉及首次公开发行"]; Glamorgan Coal Corp. v. Ratner's Group PLC, No. 93 Civ. 7581(RO), 1995 WL 406,167, at 2(S. D. N. Y. July 10, 1995)[收集案件并说明了"自古斯塔夫森(Gustafson)案以来,包括本地区法院在内的每个法院都根据古斯塔夫森案的观点认为《1933年证券法》第12(2)条仅适用于首次公开发行"].

券的《1933 年证券法》第 11 条原告的资格。[174] 下级法院指出,古斯塔夫森案中最高法院引用的证券法立法历史表明,该法仅规范"新的发行"而非"证券的普通再分销"。[175] 这种对《1933 年证券法》第 11 条二级市场原告资格的否认与《1933 年证券法》第 11 条损害赔偿制度背道而驰,因为该制度明确考虑了《1933 年证券法》第 11 条原告高于公开发行价格购买证券(可能在市场上)的可能性。[176] 此外,在古斯塔夫森案之前,下级法院一致认为,若通过追溯证券到某一注册发行而证明证券谱系,则《1933 年证券法》第 11 条原告具有资格,从而认可二级市场买者的资格。[177] 毫不奇怪,后古斯塔夫森时代的法院限缩了《1933 年证券法》第 11 条的起诉资格,没有提及适用于二级市场买者的司法"追溯"规则或法定损害赔偿公式。

2. 证券仲裁:协议管辖法院的选择

最高法院支持联邦证券争议可仲裁性的裁决代表了司法对证券交

[174] See In re WRT Energy Securities Litigation, [1997 Transfer Binder] Fed. Sec. L. Rep. (CCH) ¶ 99,560 (S. D. N. Y. Sep. 9, 1997) (否认在售后市场购买票据和"根据或可追溯至"首次公开发行的优先股的原告资格); Gould v. Harris, 929 F. Supp. 353, 359 (C. D. Cal. 1996) (即使原告声称他们的证券"可追溯"到公开发行,但仍否认其资格); Gannon v. Continental Ins. Co., 920 F. Supp. 566, 575 (D. N. J. 1996); Murphy v. Hollywood Enter. Corp., [1996 – 1997 Transfer Binder] Fed. Sec. L. Rep. (CCH) ¶ 99,241 (D. Or. May 9, 1996); Stack v. Lobo, 903 F. Supp. 1361, 1375 – 76 (N. D. Cal. 1995). But see In re Fine Host Corp. Secs. Litig., 25 F. Supp. 2d 61. (D. Conn. 1998) [区分《1933 年证券法》第 11 条和《1933 年证券法》第 12(a)(2)条的资格要求,并支持注册发行中售后市场购买者的资格].

[175] WRT Energy, Fed. Sec. L. Rep. 99,560 at 97,790 [citing H. R. Rep. No. 73 – 85, at 5 (1933)]; see also Gustafson, 513 U. S. at 580 – 81.

[176] See Securities Act § 11(e), 15 U. S. C. § 77k(1994). 对于此类原告,他们的追偿是基于购买价格和发行价格中的较低者。

[177] See price. Barnes v. Osofsky, 373 F. 2d 269, 273 (2d Cir. 1967) (实施追溯规则,即《1933 年证券法》第 11 条原告必须购买的证券是招股说明书或上市登记表的直接标的); Harden v. Raffensperger, Hughes & Co., 933 F. Supp. 763 (S. D. Ind. 1996); Wolfson v. Solomon, 54 F. R. D. 584, 588 (S. D. N. Y. 1972). 追溯规则在《1933 年证券法》第 11 条的文本中找到了坚实的支持,该条文本中谈到"此类证券的购买者"以及将损害赔偿限制在发行价格的损害赔偿公式。See Securities Act § 11(a)(e), 15 U. S. C. § 77k(a)(e)(1994).

易中当事人选择的态度的分水岭。[178] 1987 年,最高法院在 Shearson/American Express,Inc. 诉 McMahon 案中得出结论,尽管《1934 年证券交易法》宽泛的属人管辖权和属地程序旨在确保原告能够选择一个联邦法院,但国会并没有将《1934 年证券交易法》请求从《1925 年联邦仲裁法》(Federal Arbitration Act of 1925)支持仲裁要求中剔除。[179] 两年后,在 Rodriguez de Quijas 诉 Shearson/American Express,Inc. 案中,最高法院为依据证券法起诉的投资者重申了这一结论。[180] 这些裁决开启了证券仲裁的新时代。

麦克马洪(McMahon)和罗德里格斯·德基哈斯(Rodriguez de Quijas)案都将格式仲裁条款纳入投资者签署的客户—经纪人协议中。这些投资者后来起诉至法院,声称他们的经纪人违反了证券法。最高法院得出结论认为,允许经纪人向客户提供"要么接受要么放弃"的证券仲裁条款的好处超过了此类条款的成本,因此最高法院否定了 30 年前在 Wilko 诉 Swan 案中尝试的成本效益分析。[181] 在那里,最高法院曾依据证券监管的传统原则判决证券仲裁无效,因为它违反了证券法的法院选择条款。法院在威尔科(Wilko)案中解释说,法院选择弥补投资者无法"与证券卖家公平交易"的不足。[182] 鉴于谈判的不对等性,任何声称的投资者对非司法法院的同意都不能得到尊重。威尔科案中法院认为,证券法的反弃权条款使得约定放弃法院选择权的争议前协议无效。作为对监管父爱主义(regulatory paternalism)的解释,威尔科案是无懈可击的。

但自 1953 年以来,时代发生了变化。麦克马洪对威尔科针对仲裁的怀疑表示严重质疑,罗德里格斯·德基哈斯案正式推翻了 1953 年的裁决。发生了什么?相关的法律文本没有变化:麦克马洪案和罗德里格斯·德基哈斯案在威尔科案中的问题上都考虑了相同的法院选择和

---

〔178〕 这些案件延续了从 Scherk 诉 Alberto – Culver Co. 案中开始的对证券交易中私人合同的态度转变,该案支持了国际股票购买协议中的仲裁条款。

〔179〕 See 482 U. S. 220(1987).

〔180〕 See 490 U. S. 477(1989).

〔181〕 See 346 U. S. 427(1953).

〔182〕 See Rodriguez de Quijas,490 U. S. at 480(quoting Wilko,346 U. S. at 435).

反弃权用语。然而,监管环境发生了变化。1975 年,国会加强了 SEC 对证券交易所和 NASD 规则(包括仲裁规则)的审查力度。在麦克马洪案中,最高法院自信地宣称:"即使威尔科关于仲裁的假设在威尔科案做出裁决时是有效的,它们在今天肯定也不为真,因为仲裁程序受到 SEC 监督权的约束。"〔183〕然而,麦克马洪案对证券仲裁的广泛认可并不依赖 SEC 的监督,最高法院承认并非所有证券仲裁都是根据自律组织(Self Regulatory Organization)规则进行的。〔184〕后来在罗德里格斯·德基哈斯案中,最高法院对 SEC 监管的存在只给予了短暂关注,反而更聚焦于法院选择条款的程序性质:

> 在某种程度上,威尔科案怀疑仲裁是一种削弱实体法对潜在申诉人提供的保护的方法,这与我们对目前支持以这种方法解决纠纷的联邦法规的强烈认可相去甚远。〔185〕

根据罗德里格斯·德基哈斯案,证券仲裁协议并没有放弃实体保护,因为它们"有助于实现让证券买者更广泛地选择争议解决法院的目标"〔186〕。

最终,最高法院对证券仲裁的认可是更广泛的支持仲裁议程的一部分。该议程源于新兴的"当事人选择"(party choice)理念,并通过法院在 20 世纪 80 年代的《1925 年联邦仲裁法》复兴实现。联邦仲裁法在威尔科案中仅受到零星的关注。最高法院在该案中裁定,《1925 年联邦仲裁法》的私人选择理念已被《1933 年证券法》的监管理念取代。但到麦克马洪案和罗德里格斯·德基哈斯案时,最高法院对私人纠纷解决的态度已经改变。在支持证券仲裁时,最高法院接受了《1925 年联邦仲裁法》认可的当事人自愿和同意假设。最高法院开始承认,投资者和其他商业行为人一样可以自我保护。这并不是 SEC 在实现投

---

〔183〕 McMahon, 482 U. S. at 233.

〔184〕 See id. at 258 n. 16. "一些仲裁协议允许在美国仲裁协会(American Arbitration Association)进行仲裁,其规则类似于自律组织守则中(SRO Codes)的规则。"

〔185〕 Rodriguez de Quijas, 409 U. S. at 481.

〔186〕 Id. at 483.

资者保护方面变得更加有效,而是投资者和投资者参与的市场扮演了全面的政府监管角色。[187] 无论法律文本如何,监管父爱主义都已过时。

10 年经验之后,最高法院对证券仲裁的希望似乎被证明是正确的。表面上看,证券仲裁可以降低事后执行披露承诺的成本,从而降低证券中介的成本。[188] 与法院诉讼相比,仲裁为经纪人和投资者提供许多好处,如减少诉讼手续、降低发现成本、更快地解决争议、从专家决策中获益以及保护诉讼程序中的隐私。[189] 然而,这些好处存在一些成本,如行业仲裁员之间的偏见,受过诉讼训练的客户律师与精通仲裁的经纪人律师之间的不对称执业,以及经纪人声誉在非公开仲裁中的风险较小导致的更低的和解激励。尽管如此,总体上收益似乎超过了成本。[190] 仲裁协议的持续盛行表明,经纪公司认为仲裁成本低于诉讼成本,而且研究表明仲裁中的投资者并非系统地处于不利地位。[191] 事实

---

〔187〕 萨克斯(Sachs)教授将罗德里格斯·德基哈斯(Rodriguez de Quijas)案中的合同自由理解为仅限于仲裁协议。她指出,法院“禁止放弃 1934 年法案中任何必要的‘让证券买家与卖家平等’的条款,从而将合同法置于投资者保护之下”。Margaret V. Sachs, *Freedom of Contract: the Trojan Horse of Rule* 10*b* – 5, 51 Wash. & Lee L. Rev. 879, 886 (1994).

〔188〕 See United States General Accounting Office, Securities Arbitration: How Investors Fare 60 (GAO/GGD – 92 – 74) (May 1992) [hereinafter GAO Report]; Norman S. Poser, *Securities Arbitration: A Decade after McMahon: Foreword*, 62 Brook_ L. Rev. 1329 (1996).

〔189〕 See Jeffrey W. Stempel, *Bootstrapping and Slouching Toward Gomorrah: Arbitral Infatuation and the Decline of Consent*, 62 Brook. L. Rev. 1381 (1996); Norman S. Poser, *When Adr Eclipses Litigation: The Brave New World of Securities Arbitration*, 59 Brook. L. Rev. 1095 (1993).

〔190〕 See Constantine N. Katsoris, *Should McMahon Be Revisited*?, 59 Brook. L. Rev. 1113 (1993) [概述自麦克马洪(McMahon)案以来为改进仲裁程序所做的努力,并得出结论认为公众投资者将证券仲裁视为一个公平的争议解决方法].

〔191〕 See GAO Report, supra note 188, at 60. 尽管仍然存在需要继续进行实证研究的问题,但早期迹象表明证券仲裁已经发挥作用。See Joel Seligman, *The Quiet Revolution: Securities Arbitration Confronts the Hard Questions*, 33 Hous. L. Rev. 327, 367 (1996) [注意到 GAO 报告可能使用了狭窄和陈旧的数据,但赞扬罗德工作组(Ruder Task Force)以“不偏袒任何一方而是真诚地努力应对仲裁机制或仲裁程序本身的方式”直面难题].

上,美国仲裁协会(American Arbitration Association)在SEC管辖范围之外进行的证券仲裁可能比根据证券交易所或NASD规则进行的仲裁更有利于投资者。[192]

此外,证券行业最近(无论是通过SEC监督还是其他方式)采取了一些改革措施,如提高仲裁裁决报告的透明度和任命非行业代表组成仲裁庭。[193] 人们甚至有些担忧证券仲裁在采用诉讼式程序方面走得太远,这一发展受到了投资者的影响。[194] 也许最能说明问题的是,很大一部分客户—经纪人协议没有仲裁条款,反映出一个结论,那就是此类条款(可能是由于经纪人声誉下降或含蓄地鼓励客户启动正式的争议解决方案)的成本高于其收益。尽管人们可能会怀疑客户—经纪人谈判过程的平等性,并质疑投资者是否完全同意争议前仲裁条款,但经验表明,额外的力量会影响顾客—经纪人交易的结果。[195] 例如,证券公司要求主要与因采用高风险投资策略而具有高诉讼风险的顾客签订仲裁协议。

威尔科案假设,如果允许投资者放弃其法定司法权利,投资者将任由证券专业人士摆布,在今天看来是既天真又不合时宜的。

---

[192] See Richard E. Speidel, *Contract Theory and Securities Arbitration*: *Whither Consent*?, 62 Brook. L. Rev. 1335, 1353(1996).

[193] Deborah Masucci, *Securities Arbitration – A Success Story*: *What Does the Future Hold*?, 31 Wake Forest L. Rev. 183, 188(1996)(认为仲裁是一种优于普通诉讼的争议解决方法).

[194] See Arbitration Reform: Report of the Arbitration Policy Task Force to the Board of Governors National Association of Securities Dealers, INC. 6 – 11(1996)(对证券仲裁的未来提出建议,并指出一些建议的程序改革有可能使仲裁远离"一种非正式、迅速和廉价的争议解决模式").第一巡回法院的塞利亚(Selya)法官表示,证券仲裁程序可能趋向于诉讼模式,削弱了仲裁作为法院裁决替代方案的好处。See Bruce M. Selya, *Arbitration Unbound*?: *The Legacy of McMahon*, 62 Brook. L. Rev. 1433, 1434(1996)(赞扬私人仲裁和法院裁决之间的二元性,并主张"证券仲裁……回归其作为一种有效的替代性争议解决机制的使命,而不是将自己重塑为法院的廉价翻版").

[195] See Stempel, supra note 189, at 1385(质疑投资者同意和争议解决的合法性,"开始看起来不像我们从小就崇敬的英美制度,而更像极权主义或其他很少强调个人权利的制度").

3. 披露保证的私人免责声明

联邦法院还允许发行人通过披露警告和其他限制诉讼补偿的规定来避免证券发行和市场沟通中的欺诈责任。这些司法创造的原则反映了对"投资者保护"必要性的重新思考，为强制披露的持续相关性蒙上了一层阴影。如果要信任投资者能够忽略夸大陈述并就事后责任权利进行合同谈判，则必须要质疑强制性事前披露的理由。

"谨慎表达"(bespeaks caution)原则。联邦法院已宣布，必须在证券欺诈案件背景中阅读披露信息，如果预测、观点或预测性信息伴随足够清晰的警告以至于任何理性投资者都不会信赖它们，那么它们就是不可诉的。[196] 该原则回应了对成本和发行人披露寒蝉效应的担忧，这些担忧源自披露责任产生的法定披露保证。正如亨利·弗伦德里(Henry Friendly)法官在SEC诉Texas Gulf Sulphur案中评论的那样：

> 如果公司拥有的单项选择是，要么保持沉默并让虚假谣言发挥作用，要么进行非法律要求的沟通，冒着笔误或未能正确收集或权衡事实的风险——全都要经过事后诸葛亮式的判断——将导致巨额判决，最终由无辜的投资者支付，为了投机者及其律师的利益，大多数公司会选择前者。[197]

该原则已获得广泛的司法认可，其中隐含的结论是，投资者和他们参与的市场会(或应该)过滤掉前瞻的夸大陈述。[198] 正如第四巡回法院所评论的：

---

[196] "谨慎表达"原则的最终确立来自 In re Donald J. Trump, 7 F. 3d'357, 364 (3d Cir. 1993)。See also Donald Langevoort, *Disclosure that "Bespeaks Caution"*, 49 Bus. Law. 481(1994).

[197] SEC v. Texas Gulf Sulphur Co., 401 F. 2d 833, 867 (2d Cir. 1968) (Friendly, J., concurring), cert. denied, 394 U. S. 976(1969).

[198] See Parnes v. Gateway 2000, Inc., 122 F. 3d 539, 548(8th Cir. 1997)(作为法律问题，通过"理性投资者不会忽视"的"特定"和"明确"警示发现的有关销售税风险、产品质量和库存系统的遗漏，这些信息不再具有重大性)；Grossman v. Novell Inc., 120 F. 3d 1112(10th Cir. 1997)(鉴于详细上市登记表中的警示性声明，在新闻稿和采访中认为 NovellWordPerfect 合并带来"令人信服的机会"的说法并没有产生重大误导).

> 重大性要求的作用不是赋予投资者一种孩子气的简单性,而是确定一个理性投资者是否认为当时遗漏的信息很重要……软性的夸大陈述通常缺乏重大性,因为股票的市场价格不会因预测增长的模糊陈述而上涨。任何理性投资者都不会依赖这些陈述……[199]

这意味着,该原则将调查前瞻预测性信息基本面的成本从发行人转移到了投资者身上。"谨慎表达"原则允许发行人将调查成本转移给参与市场的投资者,而不是让发行人遵守勤勉尽责标准使调查成本最终由投资者承担。[200]

法院不仅将"谨慎表达"原则扩展到信息有效市场中的交易,[201]还扩展到私募发行、[202]首次公开发行(债券和股票)、[203]合并、[204]和封闭式共同基金。[205] 因此,司法原则的适用性比发达市场中前瞻性陈述的法定安全港要广泛得多。[206] 它假设一类新型的理性投资者,他们并非典型的老实投机者,善意的法官强加的欺诈责任是后者的最后一道保

---

[199] Hillson Partners Ltd. Partnership v. Adage, Inc., 42 F. 3d 204, 211, 213(4th Cir. 1994).

[200] See Branson, Running the Gauntlet, supra note 162, at 19[批评私人证券诉讼改革法案(Private Securities Litigation Reform Act)对"谨慎表达"原则的编纂,该原则"用谨慎的语言(简单和廉价)代替传统的勤勉尽责(困难和昂贵)"].

[201] 交易市场的信息效率("市场欺诈理论"的一个要素)意味着市场参与者"通过对可用信息的老练分析使市场有效"将打消管理层的乐观情绪并专注于警示性披露。In re Westinghouse Securities Litigation, 832 F. Supp. 948, 976(W. D. Pa. 1993)(驳回有关披露未来贷款损失准备金的请求,理由是市场参与者不会"天真地忽视"发行人的警告)rev'd in part on other grounds 90 F. 3d 696(3d Cir. 1996).

[202] 许多案件涉及避税有限合伙投资。See Luce v. Edelstein, 802 F. 2d 49(2d Cir. 1986)(发现警告性语言使对未来业务结果的估计不具有重要性).

[203] See Lasker v. New York State Elec. & Gas Corp., 85 F. 3d 55, 59(2d Cir. 1996)(股票发行);Searls v. Glasser, 64 F. 3d 1061, 1066(7th Cir. 1995)(债券发行);In re Donald J. Trump Casino Sec. Litig., 7 F. 3d 357, 371(3d Cir. 1993)(债券发行).

[204] See Grossman v. Novell, Inc., 120 F. 3d 1112(10th Cir. 1997).

[205] See Meyer Pincus & Assoc., P. C. v. Oppenheimer & Co. 936 F. 2d 759(2d Cir. 1991).

[206] See Securities Act § 27A, 15 U. S. C. § 77z-2(1994 & Supp. 1995);Exchange Act § 21E, 15 U. S. C. § 78u-5(1994 & Supp. 1995). 法定安全港不包括未注册公司的披露、符合 GAAP 的财务报表中的披露、与要约收购或首次公开发行有关的披露,以及私有化、卷起交易(rollup)或低价股交易中的披露。

护线,而前者是对发行人夸大未来收益的诱惑保持警惕的谨慎分析师。[207]

合同条款。尽管联邦证券法中存在反弃权条款,但联邦法院也越来越多地在证券欺诈诉讼中执行私人条款。玛格丽特·萨克斯(Margaret Sachs)教授对这一趋势进行了敏锐的回顾,他描述了自20世纪80年代后期以来证券民事诉讼中合同自由的兴起。[208] 联邦法院复兴了买者自负(caveat epmtor),已经开始在规则10b-5民事诉讼中认可合并条款、律师费条款和欺诈法规上基于合同的辩护,尽管有人认为这些条款损害了投资者保护,因而应依据证券法的反弃权条款归于

〔207〕 在涉及私人避税投资的"谨慎表达"案件中,投资者的成熟度一直是一个反复出现的主题。See, e. g., Haggerty v. Comstock Gold Co., 770 F. Supp. 216 (S. D. N. Y. 1991)(将"谨慎表达"原则应用于有限合伙人,所有在避税投资方面经验丰富的富有专业人士); Adler v. Berg Harmon Assoc., 790 F. Supp. 1235 (S. D. N. Y. 1992)(发现成熟的投资者不可能依赖私募发行备忘录中"充满风险"警告的乐观预测). See also Rodney v. KPMG Peat Marwick, 143 F. 3d 1140, 1146 (8th Cir. 1998)(Gibson, J., dissenting)(认为最低投资额为25,000美元的"成熟"投资者已被警告特定风险).

法院还假设了投资者在公开发行中的成熟度。See Parnes v. Gateway 2000, Inc., 122 F. 3d 539, 548 (8th Cir. 1997)(将"谨慎表达"原则应用于公开发行中对个人投资者的遗漏,他们应理解"计算过时风险"和"模糊预测增长"中隐含的夸大陈述); Dodds v. Cigna Sec., Inc., 12 F. 3d 346, 351 (2d Cir. 1993)(无论实际投资成熟度如何,投资者都遵守"理性投资者"标准,即他们是否已被告知投资风险); In re Painewebber Ltd. v. Geodyne Resources, 171 F. R. D. 104 (S. D. N. Y. 1997)(认为投资中的投资者信任"理性投资者"标准).

〔208〕 See Sachs, supra note 187. 尽管司法态度在20世纪80年代发生了明显变化,但联邦法院从一开始就明白投资者保护是为无辜者设计的。例如,如果投资者得知虚假陈述,他放弃证券索赔请求,但等待起诉并希望投资能够盈利。See Royal Air Properties, Inc. v. Smith, 312 F. 2d 210, 213 (9th Cir. 1962)(否认原告在得知虚假陈述后等了两年才提起诉讼,因为"证券交易法的目的是保护无辜的投资者,而不是保护失去无辜,然后等着看其投资结果如何的投资者").

无效。[209] 正如萨克斯教授所指出的:

> 规则 10b－5 民事诉讼充斥着传统合同法学的词汇——欺诈法规、合并条款、律师费条款、法律选择条款、免责和协议形成。因此,今天的下级联邦法院经常依赖于早期判例法认为不利于投资者而拒绝使用的相同合同工具来裁判规则 10b－5 民事诉讼。[210]

如何理解这种从监管父爱主义到私人便利的态度转变?萨克斯教授将其归因于对最高法院证券仲裁裁决含义的混淆,认为只有当合同工具明显植根于联邦证券法的用语、历史或政策时,法院才应在联邦证

---

〔209〕 See Sachs, supra note 187, at 888. 司法态度的蜕变不言而喻:

律师费条款。比较 McGuire 诉 Miller, 1 F. 3d 1306, 1313(2d Cir. 1993)案(维护交易法下律师费条款的有效性,前提是得到适当注意),与 Doody 诉 E. F. Hutton & Co., 587 F. Supp. 829(D. Minn. 1984)案(驳回了律师费条款,因为它倾向于阻止投资者主张权利)。

合并条款。比较 Jackvony 诉 RIHT Fin. Corp., 873 F. 2d 411, 416(1st Cir. 1989)案(基于提供书面合同的合并条款的口头陈述驳回 10b－5 请求,合并条款"构成整个协议并取代所有先前的书面、口头协议和谅解"),和 Lanza 诉 Drexel & Co. 案, [1970－71 Transfer Binder] Fed. Sec. L. Rep. (CCH)92, 826, at 90, 101n. 14(S. D. N. Y. Oct. 9, 1970), affd, 479 F. 2d 1277(2d Cir. 1973)[引用《1934 年证券交易法》第 29(a)条,认为合并条款与规则 10b－5 的主张无关]。欺诈规定。比较 Pommer 诉 Medtest Corp., 961 F. 2d 620, 625(7th Cir. 1992)(根据证券转让的州欺诈法规完全适用于规则 10b－5 请求的理论,否定了投资者以规则 10b－5 主张口头合同的资格),与 Fogarty 诉 Security Trust Co., 532 F. 2d 1029, 1034(5th Cir. 1976)(认为州欺诈法规与联邦规则 10b－5 请求无关)。

法官并不是唯一遵从发行人和市场惯例的人。自从萨克斯(Sachs)批评惯例在证券案件中使用以来,州立法机构已经极大地更改了适用于证券交易的欺诈法规。1994 年,全国统一州法专员会议(National Conference of Commissioners on Uniform State Laws)修订《统一商法典》(Uniform Commercial Code),删除了证券合同欺诈条款。See U. C. C. § 8－113(1994).《统一商法典》第 8－113 条的官方评论(Official Comment)指出,鉴于电子通信手段的使用越来越多,欺诈法规已经不适合证券交易,无论它过滤不良索赔的好处是什么,都小于其为证券业务惯例发展造成的阻碍。See Official Comment, U. C. C. § 8－113. 截至 1998 年 9 月,已有 48 个州将这一变化编入法案。See Hawkland UCC Series Local Code Variations, at vi－vii(1998).

〔210〕 Sachs, supra note 187, at 880.

券诉讼中使用合同分析。[211] 但仔细观察,这种现象似乎并非源于司法混淆,而是源于一种新的去管制精神。尽管在罗德里格斯·德基哈斯案中运用了警告性用语,但下级联邦法院继续常规地在证券诉讼中使用合同分析。[212] 对自称受欺诈的投资者执行协议(有时是无限期的),法院将重点放在投资者的成熟度和风险意识上,对立法的反弃权条款则不屑一顾。[213] 一些法院敏锐地注意到,使投资者免受其自身协议约

---

[211] See id. at 888. 萨克斯(Sachs)从她对罗德里格斯·德基哈斯(Rodriguez de Quijas)案的解读中得出了这个结论,该案仅在投资者没有放弃"让证券买家与卖家平等"的必要条件下才接受投资者保护的放弃(无论是否法定)。See Rodriguez de Quijas v. Shearson/American Express, Inc. ,490 U. S. 477,481(1989). 萨克斯还在最高法院支持共同侵权人之间就规则 10b-5 项下的责任分配的裁决中找到支撑。在该裁决中,法院驳斥了当事方关于责任分配效率的法律和经济学论点,并将其任务描述为"不评估竞争规则的相对优点,而是推断 1934 年国会将如何解决这个问题"。See Musick, Peeler & Garrett v. Employers Ins. of Wausau,508 U. S. 286,293(1993).

道格拉斯·布兰森(Douglas Branson)教授也谴责了司法对合同辩护的接受,他将改变的司法态度归因于"保守派法官",这些法官总结认为投资者应该自担风险。See Branson, Running the Gauntlet, supra note 162, at 22. 特别是,布兰森批评了司法对合并条款的认可,他将其描述为允许销售人员夸大投资的样板,因为合并条款将导致任何口头保证无效。

[212] Sachs, supra note 187, at 894-919[收集了支持合同辩护的罗德里格斯·德基哈斯(Rodriguez de Quijas)案之后的案件]。趋势仍在继续。See Harsco Corp. v. Segui, 91 F. 3d 337,344(2d Cir. 1996)(支持合并条款,该条款通过将披露责任限制在特定保证中来"削弱"原告的 10b-5 请求,因为双方都是"成熟的商业实体"); United Municipal Leasing Co. v. Lexington Corporate Properties, No. 95 C 3212, 1996 U. S. Dist. LEXIS 17121 (N. D. Ill. Nov. 18, 1996)(欺诈法规). But see In re Integrated Resources Real Estate Limited Partnerships Securities Litigation, 815 F. Supp. 620(S. D. N. Y. 1993)(引用罗德里格斯·德基哈斯案,仅在投资者的请求无意义的情况下才允许赔偿律师费).

[213] 在合同案件中,投资者通常不是无辜的受害者,而是对他们的承诺和投资风险负责的成熟参与者。See Zissu v. Bear, Steams & Co. ,627 F. Supp. 687(S. D. N. Y. 1986)(对虚假表示他有资格进行私人避税投资的投资者执行赔偿和律师费条款,尽管有论点认为这些条款有助于放弃投资者的责任权利),部分基于其他理由修订,802 F. 2d 75(2d Cir. 1986)(发现赔偿条款过于模糊,无法执行,但支持律师费条款); Barnebey v. E. F. Hutton, 715 F. Supp. 1512(D. Fla. 1989)(对虚假陈述其成熟度的投资者执行赔偿条款); Abbott v. Equity Group, Inc. ,2 F. 3d 613(5th Cir. 1993)(支持投资者对担保公司的赔偿承诺,当投资者在房地产风险投资中未履行付款义务时,该担保公司会收取投资份额;驳斥投资者赔偿方的反弃权论点,其认购协议强调"高度风险和特殊风险").

束将导致发行人面临投资者机会主义,从而增加投资成本。[214] 简而言之,司法态度的转变源于对投资者脆弱性的重新认识。

4. 国际证券交易中的当事人选择(party choice)

随着更高水平的全球化导致 SEC 放松跨境发行的强制披露,联邦法院也接受了国际证券交易中的披露选择。面对签订合同避免美国证券监管成本的各方当事人,联邦法院已强制执行其国际合同条款,即使这样做会削弱美国投资者保护。

1974 年,在国内仲裁赢得司法支持的 10 多年前,最高法院在 Scherk 诉 Alberto Culver Co. 案中支持了国际股票购买协议中的一项仲裁条款,美国投资者称该条款是通过欺诈达成的。[215] 法院认可当事方的法院选择条款,因为在跨国交易中适用国内法会产生不确定性。[216] 该裁决作出之际,至少在国内环境中争议前证券仲裁协议是被广泛认为违反证券法反弃权条款的。

伦敦劳埃德保险公司(Lloyd's of London)案件在国际证券环境中继续维持这种对当事人选择的司法认可。相关案件的起因是劳埃德保险公司的巨额保险索赔,该索赔首次要求劳埃德保险公司的成员内姆斯(Names)承保损失。[217] 当内姆斯试图通过主张存在与其投资相关的证券欺诈来避免索赔时,劳埃德保险公司辩称内姆斯的协议要求根据英国法在英国法院提起诉讼。联邦法院根据 MIS Bremen v. Zapata

[214] “如果这项赔偿协议无法执行,它将破坏证券法以至于投资者可以自由地做出虚假陈述而不受惩罚,发行人将完全无法准确评估潜在投资者在此类风险投资中的资格。”Zissu,627 F. Supp. at 694.

[215] See 417 U. S. 506,515(1974).

[216] See also Mitsubishi Motors v. Soler,473 U. S. 614,629(1984)(国际经销商协议中的支持条款要求在日本商会进行仲裁,因为执行双方的协议将促进“国际礼让……以及对国际商业体系对可预测性需求的敏感性”).

[217] 该案件源于 20 世纪 90 年代初针对劳埃德保险公司的大量环境索赔请求。这些索赔请求是预料之中的。1969 年,劳埃德保险公司的管理层意识到该公司可能会因石棉、污染和健康危害索赔请求而面临巨额责任。为了弥补预期的索赔,劳埃德保险公司开始招募美国投资者,但没有披露其潜在责任的全部范围。在 20 世纪 80 年代,劳埃德保险公司成功游说议会授予其有限豁免权,使其免于投资者在英国法院提起的民事诉讼,包括针对与证券交易有关的没有表现出恶意的虚假陈述索赔和欺诈索赔。拒绝签署法院选择和法律选择条款的投资者被迫退出劳埃德保险公司。See Stamm v. Barclays Bank of New York,960 F. Supp. 7See 24(S. D. N. Y. 1997).

Off - Shore Co. 案的规则,[218] 即除非证明不合理,否则法院选择条款是有效的,统一执行了协议中的法院选择和法律选择条款。[219] 尽管内姆斯声称他们同意在英国提起诉讼是因为被误导了,并且英国法对针对劳埃德保险公司的证券欺诈索赔提供了有限的豁免,但法院驳斥了这

---

[218] See 407 U. S. 1,15(1972).

[219] 迄今为止,提出该问题的所有上诉法院都支持劳埃德保险公司的法院选择和法律选择条款。尽管 SEC 以法庭之友的身份主张劳埃德的条款因违反联邦证券法的反弃权条款无效,但最高法院曾先后四次拒绝再审:

第二巡回法院。Roby v. Corporation of Lloyds,996 F. 2d 1353(2d Cir.),cert. denied,510 U. S. 945(1993).

第四巡回法院。Allen v. Lloyd's of London,94 F. 3d 923(4th Cir. 1996).

第五巡回法院。Haynsworth v. The Corporation,121 F. 3d 956(5th Cir. 1997),cert. denied sub nom.,Haynsworth v. Lloyds of London,118 S. Ct. 1513(1998).

第六巡回法院。Shell v. R. W. Sturge, Ltd.,55 F. 3d 1227(6th Cir. 1995)(dismissing claims under Ohio securities laws).

第七巡回法院。Lipcon v. Underwriters at Lloyd's, London,148 F. 3d 1285(7th Cir. 1998),cert. denied,142 L. Ed. 2d 704(1999);Bonny v. Society of Lloyd's,3 F. 3d 156(7th Cir. 1993),cert. denied,510 U. S. 1113(1994).

第九巡回法院。Richards v. Lloyds of London,135 F. 3d 1289(9th Cir.)
(en banc),cert. denied,119 S. Ct. 365(1998).

第十巡回法院。Riley v. Kingsley Underwriting Agencies, Ltd.,969 F. 2d 953(10th Cir.),cert. denied,506 U. S. 1021(1992).

得克萨斯州的一个地区法院认为这些条款无法执行,Leslie u. Lloyd's of London,No. Civ. H - 90 - 1907,1995 WL 661090(S. D. Tex. Aug. 20,1995),rev'd sub noa.,Haynsworth v. The Corporation,121 F. 3d 956(5th Cir. 1997),cert. denied sub nom.,Haynsworth v. Lloyd's of London,118 S. Ct 1513(1998),但该案后来在同一地区法院被执行这些条款的其他法官驳回。See Haynsworth v. Lloyd's of London,933 F. Supp. 1315(S. D. Tex. 1996);McDade v. Nationsbank of Texas, Civ. No. H - 94 - 3714(S. D. Tex. June 28,1995). 第九巡回法院的一个法庭认为这些条款无法执行,因为公共政策要求对与美国有实质性联系的交易适用美国法律。See Richards v. Lloyds of London,107 F. 3d 1422(9th Cir. 1997),withdrawn,135 F. 3d 1289(9th Cir. 1998)(en banc),cert. denied,119 S. Ct. 365(1998).

些观点并指出了内姆斯的投资复杂性、[220]当事人选择英国法的明知和充分性,[221]以及协议的国际性。[222]

正如SEC所认识到的,这些案件具有重要的监管意义。在向第七和第九巡回法院提交的法庭之友书状(amicus brief)中,SEC辩称劳埃德保险公司的条款实际上废止了联邦反弃权条款,而这是投资者保护的重要组成部分。[223] SEC发出警告,允许外国证券发行人以强迫美国投资者同意依据外国法在外国司法辖区解决争议的方式避免私人责任,这会削弱投资者的救济措施。SEC告诫法院不要取代美国证券法,因为外国法律对投资者的保护虽然较少,但仍然是足够的。但法院基本上对SEC的看法充耳不闻。

与SEC一致,一些评论员正当地批评伦敦劳埃德保险公司相关案

---

[220] See Haynsworth v. The Corporation, 121 F. 3d at 967 - 68."签订这些协议的成熟个体不会天真地相信,只选择外国法院而不是在其中适用的法律,他们便因此保留了根据美国法律提起诉讼的不可剥夺的特权。"第五巡回法院关于投资者成熟度的结论具有典型性:"FS/COL条款是一页半一般承诺(General Undertaking)的重要组成部分,它直截了当地假定原告知道它所说的内容。原告是自愿订立合同的成熟当事人;我们不要求一方有义务就合同的风险和利益向另一方提供咨询。"Id. at 965.

将证券法的事前披露要求和反欺诈条款的事后责任标准并列在一起,第二巡回法院指出,SEC一直豁免劳埃德保险公司遵守证券法的注册要求,显然是基于以下理由:劳埃德保险公司的经济状况测试符合条例D(Regulation D)的"合格投资者"标准。第二巡回法院表示:"我们非常不愿意对SEC的明显判断提出异议,即……内姆斯(Names)足够成熟,不需要证券法的披露保护。"See Roby, 996 F. 2d at 1366.换言之,不需要事前披露的投资者可以协商放弃事后责任权利。

[221] See Roby, 996 F. 2d at 1364(确定美国证券法不会受到损害,因为英国法律足以保护美国投资者);Bonny, 3 F. 3d at 156(表达了对英国法律充分性的信心).

[222] 正如第七巡回法院所说,"得出的结论是,美国证券法的反弃权条款绝对地排除了成熟当事人签订国际协议——根据定义,如果当事人没有事先就法院选择和法律选择条款签订合同,这些协议涉及的当事人和标的物将受到不止一个国家的法律约束——将破坏布莱梅(Bremen)案和舍尔克(Scherk)案所依据的这两项政策"。See Lipcon, 148 F. 3d at 1294 - 95. See also Riley, 969 F. 2d at 957 - 58(结论是该协议真正具有国际性,反映了与外国法院的多次接触).

[223] See Lipcon, 148 F. 3d at 1285; Richards, 135 F. 3d at 1289.

件,认为它们违反了美国证券法的监管精神。[224] 他们指出,美国证券法的制定是为了“保护投资者”,该法案的反弃权条款旨在防止成熟、不成熟的投资者以合意放弃其法定保护。[225] 他们解释称,根据外国法进行的外国仲裁以多种方式损害了美国的保护:它取消了 SEC 对仲裁程序的监督;导致了非美国法标准的适用;剥夺了受损方为与“公共政策”保持一致而进行美国司法审查的机会;使美国披露法律私人化并破坏了美国证券市场的总体完整性。[226] 根据伦敦劳埃德保险公司相关案件的做法,寻求美国证券保护的美国投资者需要证明外国程序或法律标准将损害他们在美国获得充分、诚实披露的权利。实际上,批评者断言,联邦法院已经认可成熟美国投资者可以合意放弃国会意图强制执行的法定保护。私人选择已经取代了公共法律。

最后,伦敦劳埃德保险公司相关案件揭示了司法允许证券发行中存在私人选择的坚定决心,特别是当当事人的交易可能受到多种监管制度的约束时。这些案件创造了一个令人印象深刻的美国证券法学体系,反映出人们对证券法反弃权条款以及对投资者无助和市场失灵假设的深刻怀疑。

---

〔224〕 See James D. Cox,Choice of Law Rules For International Securities?,66 U. Cin. L. Rev. 1179,1186 – 88(1998)[hereinafter Cox,Choice of Law].考克斯(Cox)教授批评劳埃德保险公司相关案件将美国证券监管私人化,导致了两个不利后果:(1)不知情地放弃联邦证券保护破坏了联邦立法的保护理念;(2)外国和国内发行人披露责任的不平衡增加了所有人的资本成本。See id. See also Darrell Hall,Note,*No Way Out:An Argument Against Permitting Parties To Opt Out of U. S. Securities Laws in International Transactions*,97 Coluom. L. Rev. 57(1997)(主张国会通过立法防止各方取代美国证券法规).霍尔(Hall)出于多种原因批评了这些决定,认为要么法院必须制定更明确的标准来评估此类条款的可执行性,要么国会应通过立法防止各方取代美国证券监管。

〔225〕 See,e. g. ,Cox,Choice of Law,supra note 224,at 1186 – 87;Hall,supra note 224,at 60[quoting S. Rep. No. 73 – 47,at 2(1933);H. R. Rep. No. 73 – 85,at 1(1933)].

〔226〕 See Cox,Choice of Law,supra note 224,at 1187 – 88;Hall,supra note 224,at 79 – 80.;Jennifer M. Eck,*Turning Back the Clock:A Judicial Return to Caveat Emptor for U. S. Investors in Foreign Markets*,19 N. C. J. int'l L. & Com. Reg. 313,328(1994)(注意到在诉讼时美国证券法相对于英国法律的显著优势,包括较低的故意和因果关系要求、确立的私人诉讼权以及追回三倍损害赔偿和律师费的可能性).

(三)国会修正主义:私人选择的扩张

长期以来,国会一直对证券发行中强制披露的成本很敏感。最重要的立法认可体现在证券法的私募发行豁免中。[227] 其他豁免还包括经常扩大的《1933年证券法》第3(b)条的小额发行豁免和《1933年证券法》第4(6)条的认可投资者豁免。[228] 然而,国会在很大程度上将解决事前披露成本收益平衡的任务留给了SEC。

最近,国会表示对加重事后责任的成本很感兴趣。[229] 在《1995年私人证券诉讼改革法案》(Private Securities Litigation Reform Act of 1995)(以下简称《改革法案》)中,[230] 国会接受了证券欺诈集团诉讼已失控的故事——一台不由证券欺诈而由证券诉讼的敲诈驱动的机器。《改革法案》认识到,证券集团诉讼中的次优责任标准和程序规则会给发行人(无论好坏)带来成本并将之转嫁给投资者。[231] 证券欺诈集团诉讼的和解——几乎是这些案件的普遍结果——涉及公司(现有股东)向原告集团(一个现有或前股东的子团体)和原告律师的付款。[232] 对于多元化投资者,除非伴随巨额诉讼费用,否则这些股东内部的财富转移是无关紧要的。一些成本是直接的,如由证券诉讼律师提取的费用。其他影响披露质量和数量的成本是间接的,因为担心被交易市场和证券诉讼律师误解,发行人会避免公开披露。此外,回报(以及股价)高度波动的发行人会避开公开股权发行,而这通常是证券欺诈诉讼的目标。相反,这些发行人更喜欢向机构投资者发行投资级债务、抵

---

[227] See Securities Act § 4(2),15 U.S.C. § 77d(2)(1994).

[228] See 15 U.S.C. § § 77c(b),77d(6)(1994).

[229] 直到1995年,国会上一次重新审视证券法中加重责任框架的范围是在1934年,当时它修订了责任制度,以回应证券业对公开发行证券承销受到新法案的严格责任制度压制的担忧。

[230] Pub L. No. 104-67,109 Stat. 737(1995).

[231] See Janet Cooper Alexander, *Do the Merits Matter? A Study of Settlements in Securities Class Actions*, 43 Stan. L. Rev. 497(1991)(发现证券欺诈索赔的集团诉讼和解具有将和解过程与预期审判结果解绑的结构特征,因此"案情无关紧要").

[232] 当指控是管理层欺诈人为地压低了价格时,现任股东向在公开真相之前低价出售的前股东支付费用。当指控是管理层人为抬高价格时,长期股东会向近期高价买入的买家支付费用。

押证券和其他很少成为证券诉讼目标的工具。[233] 不能直接购买这些证券的个人和其他非机构投资者则必须以中间投资满足自身需求。

然而,《改革法案》承认证券欺诈责任可能是有益的,并试图设定一个最能满足发行人和投资者共同披露愿望的责任水平,从而最大限度地降低发行和交易成本。[234] 《改革法案》在投资者福利上平衡事后责任成本和收益的效果如何？格伦德费斯特(Grundfest)和佩里诺(Perino)教授对《改革法案》颁布后集团证券欺诈诉讼的初步数据进行评估,结果表明《改革法案》对受诉公司总数几乎没有影响,尽管该法案显然使得原告更加谨慎(诉讼前的平均股价下跌现在是31%,而《改革法案》颁布之前是19%),或许是由于改革法案的"强推论"辩护要求。[235] 但这些数据并未揭示该法案修订的事后标准对投资者的价值。

然而,其他分析表明,国会反应过度并且弄错了成本效益平衡。[236] 阿西克·阿利(Ashiq Ali)和桑杰·卡拉普尔(Sanjay Kallapur)的一项研究表明,股价对克林顿总统(President Clinton)否决《改革法案》(国会已推翻)的反应与公司应对价格变动诉讼的脆弱性的措施,即公司的市场模型贝塔及其作为高科技公司的身份之间存在正相关关系。也就是说,当克林顿总统表示不赞成该法案中限制投资者起诉能力的条

---

[233] See Joseph Grundfest, *Why Disimply*?, 108 Harv. L. Rfv. 727, 731(1995)(指出1994年上半年,80%以上的国内证券发行形式为"证券诉讼很少针对的投资级债务、抵押证券等工具").

[234] 其他笔者则关注证券欺诈诉讼中的集团诉讼和解是否与集体损失相称。See, e. g., James D. Cox., *Making Securities Fraud Class Actions Virtuous*, 39 Ariz. L. Rev. 497(1997)[注意到如果问题是证券欺诈诉讼是否改善或恶化了披露,那么类别证券的追回(涉及不同股东群体之间的财富转移)与证券定价错误和名义上的股东损失无关].

[235] See Joseph A. Grundfest & Michael A. Perino, *Securities Litigation Reform: The First Year's Experience*(John M. Olin Program in Law and Economics, Stanford Law School, Working Paper No. 140, Feb. 1997), cited in Michael A – Perino, Fraud and Federalism: Preempting Private State Securities Fraud Causes of Action, 50 Stan. L. Rev. 273, 299 n. 114(1998).

[236] See Branson, Running the Gauntlet, supra note 162, at 24. 得出的结论是,20世纪80年代证券诉讼泛滥是与当时的收购热潮、客户经纪人纠纷增加、避税欺诈浪潮以及价格下跌引发的集体诉讼有关的暂时现象。当国会在1995年通过《改革法案》时,前三个正在逐渐结束,而第四个可能并不重要。

款时,弱势公司的价格上涨。当国会推翻总统的否决时,这些公司的股价发生了逆转。该研究表明,诉讼风险高的公司的股东不赞成该立法,可能是因为担心该法案的限制会减弱证券诉讼的威慑效果并减少财务披露。[237] 国会对证券诉讼中强制责任规则成本的担忧(特别是它们会影响高科技公司融资)可能是出于好意,但其似乎执行不力。现有的司法改革成绩,如"谨慎表达"原则和对欺诈指控的辩护要求,可能无须立法干预便已经在打击滥诉方面取得了进展。

四、披露选择:一项提议

证券法的明天会是怎样?从目前的趋势来看——在 SEC、法院和国会山——联邦政府对证券发行的监管正不可避免地转向披露选择。联邦政府对证券发行的《1933 年证券法》下的监管是对大萧条金融危机的政治回应,随着时间推移,它与联邦政府对证券市场和中介机构的监管并驾齐驱。但是,即使在《1934 年证券交易法》下市场监管扩大的情况下,《1933 年证券法》下的体制也已被削弱,它的存在并不是因为其久经考验的效能。相反,联邦政府对证券发行的监管之所以持续存在,是因为它所处的监管环境导致了一种制度博弈。在这种博弈中,各种参与者(证券监管机构、行业成员、发行人和投资者)接受了共存。[238] 但随着市场力量侵蚀监管据点,趋势是走向新的博弈。在本部分,笔者概述并考虑了一种可能性。

(一)证券发行中的披露选择

证券法经常强迫发行人超出投资者的支付愿意进行披露和保证,

---

[237] See Ashiq Ali & Sanjay Kallapur, *Shareholders' Perception of the Securities Litigation Regime in the U. S.: Stock Price Impact of the Presidential Veto of the Private Securities Litigation Reform Bill of* 1995, (Feb. 1998), available at http -//papers. ssrn. com/paper. taf? abstractid = 70849 (on file with the Columbia Business Law Review).

[238] See Mark J. Roe, *Chaos and Evolution in Law and Economics*, 109 Harv. L. Rev. 641 (1996)(断言某些经济形式的存在不是因为效率,而是因为建立制度结构的初始条件,通常是偶然的条件;经济形式解决的问题可能不再相关).

促使发行人避开强制披露或选择其他融资方法。通过使披露(其内容和方法)与实际投资者的信息需求相一致,而非与立法或行政假设相一致,证券发行中的披露选择有望拓展融资方法并降低融资成本。例如,发行人或承销商因注册责任的威胁而回避的公开发行将变得可行;仅限符合 SEC 标准的投资者参与的私募发行可以提供给更广泛的投资者群体;不受已注册发行的时间规则约束的证券拍卖可能会实现更高的价格准确性。[239]

发行人对 SEC 表格和豁免规则下当前披露选择的各种利用,反映出发行人和投资者在直接交易和中介化交易中的信息成本效益平衡可以降低资本成本。监管经验还表明,在各种各样发行中发行人和投资者可以并且已经决定自身工具的使用。证券发行中的披露选择将让信息提供者和使用者能够衡量事前披露的边际收益及其边际成本,并确定收益何时以及在何种程度上超过成本。正如资本形成和监管程序咨询委员会最近所认识到的,更大的披露灵活性将允许发行人根据投资者的信息需求推销其证券。[240] 最后,披露选择建立在我们对私人选择的全国性承诺之上(已经反映在证券法中),以市场而非监管解决方案为中介。

1. SEC 对不注册(no - registration)发行的豁免

证券发行中市场驱动的信息披露选择趋势表明,一种让发行人可以在发行证券时根据事后责任规则,选择向投资者提供的事前披露的性质和水平的制度正在演化。笔者呼吁 SEC 采用一项规则,让发行人选择"不注册"状态的发行免受《1933 年证券法》第 5 条(Section 5)注册条款约束。[241] 否则,公开发行将继续受《1933 年证券法》第 5 条已注册发行通常的禁止抢跑(gun - jumping)、提交报告和招股说明书交

---

[239] See Jonathan A. Shayne & Larry D. Soderquist, *Inefficiency in the Market for Initial Public Offerings*, 48 Vand. L. Rev. 965(1995).

[240] See Committee on Capital Formation, supra note 68, at 88, 419.

[241] 鉴于共同基金普遍缺乏中介销售,投资公司将无法获得这种选择权。See Romano, Empowering Investors, supra note 4, at 2371 - 72(将共同基金排除出她的基于州的证券监管提议,因为大型、知情的机构投资者通常不投资由个人投资者持有的共同基金).

付等要求,或现有 SEC 豁免规则的条件(和标准)的约束。根据《1933 年证券法》第 4(2)条[Section 4(2)]豁免的私募发行不会受到影响。

选择“不注册”的发行人可以选择任何披露水平,包括目前在注册发行中要求的项目披露、各种 SEC 豁免规则允许的项目披露、其他一些披露标准或不披露。这种方法与 SEC 在其“航空母舰”提议中的计划一致,允许表格 B 发行人在发行期间选择向投资者披露的形式和风格。[242] 该机构认为,这将给予发行人“更大的自由……减少一些重复披露,并在招股说明书中省略不具有重大性的披露”[243]。

然而,“不注册”发行要遵守一项强制披露义务。作为豁免条件,发行人被要求向投资者(和 SEC)披露该发行未注册的情况,并描述发行人选择的披露水平。[244] 投资者会收到一份强制性的封面(或类似文件),发行人将在其中提供按发行中的披露水平披露的以下信息:

> 除非发行人选择注册发行,否则应“编制”该发行未在 SEC 注册的警告;
>
> SEC 或该发行遵守的其他项目披露标准(如有);和
>
> 如果披露,受加重责任约束的保证和由谁提供这些保证。

SEC 豁免权。SEC 拥有的豁免权可以使证券发行中的注册成为发行人的选择事项。由《1996 年国家证券市场改进法》(National Securities Markets Improvement Act of 1996)(以下简称《改进法》)[245]新增,新的《1933 年证券法》第 28 条授权 SEC 豁免:

> 任何……交易,或任何类别……交易,不受本标题下的任

[242] See Aircraft Carrier Proposal, supra note 2, at 67,182 – 83.

[243] Id. at 67,183.

[244] 这将超出目前不需要具体披露的法定私募豁免的要求。尽管如此,公开发行的披露水平似乎隐含在关于误导性重大遗漏的 10b – 5 禁令中。See Note, Rule 502(b)(1), 17 C. F. R. § 230. 502(b)(1)(1998)(建议向非合格投资者提供信息的发行人,“鉴于联邦证券法的反欺诈规定,也考虑向合格投资者提供此类信息”).

[245] Pub. L. 104 – 290, 110 Stat. 3416(1996).

何条款或多个条款的约束，只要这种豁免对公共利益是必要或适当的，并且与保护投资者相符。[246]

从该条款的立法历史来看，SEC 被授予的权力广度并无疑问：

第 28 条让 SEC 更具灵活性，以便更轻松地采用新方法来处理注册、披露和相关问题，这些是委员会资本形成咨询委员会（Commissions Advisory Committee on Capital Formation）正在考虑的。咨询委员会期望 SEC 利用这一权力促进市场的效率、竞争和资本形成，与公共利益和投资者保护相一致。[247]

此外，《改进法》试图阐明，"投资者保护"不应成为 SEC 规则制定的唯一焦点。根据新的《1933 年证券法》第 2（b）条［Section 2（b）］，SEC 在根据"公共利益"标准制定证券法规则时，必须"考虑效率、竞争和资本形成"[248]。

众议院报告（House Report）特别呼吁 SEC"分析规则制定计划的潜在成本和收益"[249]。

二级分销（secondary distribution）。《1933 年证券法》将内部人士的特定销售和受限证券的购买者转售定义为公开发行，需遵守全面的注册要求。笔者的提议不会改变这些监管定义的范围，而是在符合

---

[246] 《证券法》第 28 条全文如下：

委员会可以根据规则或条例，有条件或无条件地豁免任何人、证券或交易，或任何类别的人、证券或交易，不受本分章或依据本分章发布的任何规则或条例的任何条款或多个条款的约束，只要此类豁免对公共利益是必要或适当的，并且符合保护投资者的要求。

15 U. S. C. § 77z－3（1994 & Supp. 1996）.

[247] H. R. Rep. No. 104－622，at 101－02（1996）.

[248] 15 U. S. C. § 77b（b）（1994 & Supp. 1996）.

[249] H. R. Rep. No. 104－622，at 103

“封面”披露的前提下,为选择“不注册”状态的二级分销提供注册豁免。[250]

州“蓝天”(Blue Sky)监管。如果发行人仍需遵守州一级的事前注册和披露要求,则联邦一级的披露选择将被抵销。尽管《改进法》在消除对各种联邦注册和豁免发行的州权力上首次采取了有效措施,笔者的披露选择提议的要点是国会做得还不够。[251] 为了启用“无注册”豁免制度,联邦立法有必要先于州“蓝天”注册法适用。当然,发行人可以选择根据州法律进行注册用于营销或其他目的,但根据笔者的提议,这将是一个选择问题。[252]

面向交易市场的持续发行人披露。笔者的提议并非呼吁发行人为现在或将来需要进行的持续、不间断披露而进行披露选择。在美国证券交易所拥有证券或达到交易法规模门槛的发行人将继续受到该法的整套监管,包括其强制性的定期披露要求。对于拟上市公司而言,证券法规定的“不注册”豁免只能暂时(尽管可能很重要)免除 SEC 的披露要求。“不注册”豁免的真正价值是让进行额外发行的资深发行人,以及让寻求筹集资金的非公开发行人免于满足 SEC 豁免标准的担忧或花费。[253]

2. 可选的加重(但强制性的)反欺诈责任

公开发行中的发行人选择“不注册”状态,也将选择不承担更重的

---

〔250〕 放宽对二级分销的限制应该会对首次发行产生有益影响,特别是对希望在公开发行后出售的风险资本家。See Kevin S. Lapidus, *Venture Capital and Rule* 144: *The Chilling Effect of Securities Regulation on Venture Capital Investing*,26 SEC. Reg. L. J. 75(1998).

〔251〕 取消州“蓝天”注册的呼声越来越高。See Rutheford B. Campbell, Jr. , *An Open Attack on the Nonsense of Blue Sky Regulation*,10 J. Corp. L. 553(1985)(将蓝天法描述为昂贵且多余的);See also Brian J. Fahrney, Comment, *State Blue Sky Laws*: *A Stronger Case for Federal Pre - emption Due to Increasing Internationalization of Securities Markets*,86 Nw. U. L. Rev. 753(1992).

〔252〕 See Perino, supra note 235, at 318 - 29(提出一项联邦法定制度,允许发行人选择加入一个州的证券反欺诈规则).

〔253〕 至于资深发行人,笔者的提议将扩展 SEC 最近提出的航空母舰提议的方法,允许规模更大的资深发行人选择在公开发行中分发给投资者的信息的数量和内容。See Aircraft Carrier Proposal, supra note 2, at 67, 181 - 86.

证券法责任。[254] 根据笔者的提议,公开发行的发行人和其他参与者可以选择不向投资者提供当前由《1933 年证券法》第 11 条(发行人的严格责任和未能进行"勤勉尽责"辩护的其他参与者的责任)和《1933 年证券法》第 12(a)(2)条(对未"合理注意"进行虚假陈述的责任)施加的信息保证。加重责任可拆解为一个可选条款,进行单独协商和定价。

将加重责任作为可选项能避免证券法总体上的"一刀切"理念,并允许发展更加警觉和细致的私人责任标准。[255] 正如许多评论员所指出的,加重事后责任给注册发行带来了巨大成本,忽视了发达市场的信息效率[256]和现代证券营销的现实。[257] 此外,它将延续最高法院在古斯塔夫森案中表明的立场,即在非公开交易中取消卖方的"注意义务"责任,因为人们怀疑买方会协商并为这种责任标准买单位。事实上,如果财务结果低于预期,古斯塔夫森案的各方会就其自身不同的再定价机制进行协商。公开发行中的加重责任通常会增加未经协商的、不必要的成本。笔者的提议将使它重新回到谈判桌上。

根据笔者的提议,发行人和其他销售参与者将继续受一般反欺诈标准约束,即规则 10b-5 私人责任和 SEC 执法行动。[258] 证券发行中

---

[254] 如果对选择"不注册"的责任结果存在任何疑问,SEC 的豁免规则可以澄清该选择还免除了《1933 年证券法》第 11 条和《1933 年证券法》第 12 条规定的发行责任。

[255] See Donald C. Langevoort, *Information Technology and the Structure of Securities Regulation*, 98 Harv. L. Rev. 747, 776-78 (1985) [hereinafter Langevoort, Information Technology] (断言第 11 条的当前版本抑制了用于信号真实性的替代机制的发展).

[256] 班诺夫(Banoff)教授在评论货架注册造成的责任难题时,主张修改所有发行的"勤勉尽责"标准,使其进入一个有效的市场。See Banoff, supra note 106, at 184. 结论是"承销商应免于对有效市场所有发行的勤勉尽责责任,无论发行是否已上架注册"。

[257] See Cox, Electronic-Based Federal Securities Act, supra note 74, at 883 (将证券发行中的责任标准视为"监管挑战").

[258] 根据州信托法,也可能产生披露责任。特拉华州最高法院最近推断,披露的信托义务与联邦 10b-5 责任类似,并且有可能取代联邦 10b-5 责任。See Malone v. Brincat, 722 A. 2d 5 (Del. 1998) (认为即使公司并未与投资者或股东进行任何特定交易,董事也可能会因严重错误地陈述公司的财务状况而违反其信义义务).

的披露选择不应暗示放弃强制性的事后披露标准。[259] 这些规则隐含在所有商业交易中。即使在资深的投资者和专业发行人进行零成本谈判的情况下,确保发行人诚实的规则也可能是必不可少的。[260] 此外,反欺诈规则确保了真实性,从而降低了其他真实性信号的成本,如审计师和承销商的外部审核、债务—股息策略和管理层股票所有权。[261] 为避免在证券欺诈诉讼中挑选法院的可能性,全国发行的发行人和投资者应确定联邦法院和欺诈标准——联邦法院中的规则 10b – 5 责任。[262]

根据笔者的提议,当事人选择加重责任不意味着放弃监管。根据《1933 年证券法》第 8A 条(Section 8A)(任何违反证券法的行为的停止和终止命令)和《1933 年证券法》第 20 条(Section 20)(任何违法行为的法院禁令)[263] 的宽泛标准进行的行政执法将继续作为私人执法的有益补充,特别是在私人执法可能不是最理想的领域。此外,投资者在与证券中介的交易中将继续受到重点保护。证券交易商须遵守交易法规则、NASD 要求和规则 10b – 5"招牌理论"(shingle theory)所产生的一整套专业标准。[264] 它们包括证券交易确认中的事前披露标准和证券

---

[259] 在证券发行中披露选择趋向不会影响当前确保证券交易有效和忠实完成的监管体系。See Wallman, supra note 69, at 368 – 70(注意到市场中心运作的重要性). 证券发行人和中介机构的披露问题(如消费者交易中的披露)与支付系统运营问题是分开的。

[260] 如果发行人具有信息优势并且以易受骗的投资者为目标,艾尔斯(Ayres)教授认为,即使合同是无成本的且众多贷方之间存在激烈的竞争,不对称信息和逆向选择会产生低效的公司债务合同。See Ayres, Inefficient Corporate Contracts, supra note 9.

[261] See Easterbrook & Fischel, Mandatory Disclosure, supra note 20, at 677 – 80.

[262] See Securities Litigation Uniform Standards Act of 1998, Pub. L. No. 105 – 353, 112 Stat. 3227(Nov. 3, 1998)[amending Securities Act Section 16, 15 U. S. C. § 77p, and Exchange Act, Section 28(f), 15 U. S. C. § 78bb(f)](在全国证券发行中优先于州反欺诈法); John C. Coffee, Jr., *A Primeron Uniform Standards Act*, N. Y. L. J., Dec. 17, 1998, at 5.

[263] SEC 拥有(比规则 10b – 5 更广泛)根据《证券法》第 17 条寻求司法禁令或其他衡平法补救措施的广泛权力,该条禁止任何证券发行中的虚假或误导性陈述。See 15 U. S. C. § 77q(a)(1994).

[264] See Louis Loss & Joel Seligman, Fundamentals of Securities Regulation, 876 – 86(3d ed. 1995)[讨论了作为一项披露修正和其他利益冲突的义务"招牌理论"(shingle theory)][hereinafter Loss & Seligman, Fundamentals].

交易商在交易中的身份披露。它们还包括由 NASD、SEC、法院和仲裁庭管理的一套丰富、动态的事后标准。例如,由联邦证券和国家机构法产生、可扩展的“了解你的证券”(know thy security)标准可能比在已注册公开发行中强加给参与交易商的“注意义务”标准更合适。[265] 简而言之,证券中介将继续受到严格披露标准和职业操行的规范。

3. SEC 的披露表格提供者角色

证券发行中的披露选择制度使 SEC 从表格监管者转变为表格提供者。可以预见,这一新角色将带来许多好处。它将使 SEC 对投资者的信息需求变得敏感,并可根据发行人及其中介选择的披露水平予以衡量。用户未使用披露表格,可能是因为未能使披露成本和收益保持一致,这将提供有力证据表明 SEC 应重新起草表格。[266] 发行人频繁选择披露表格则标志着监管的成功。表格提供者的角色澄清了该机构的使命是促进市场进程而非猜测投资者需求。

此外,SEC 可以制定发行人可选择遵循的特定事项披露指南,发行人对其选择进行适当披露,以此来减轻发行人对其披露内容的证明负担。例如,如果投资者能像一些评论员所说的那样,从更清晰的风险披露中受益,SEC 就可以提供有关“风险披露和分析”的指南。[267] 然后,发行人可以选择披露(证明)其对指南的遵守情况。

SEC 还可以促进责任标准的选择。基于其定义术语的权力,SEC 可以对诉讼中常见的“外部董事”“合理调查”“合理注意”等术语进行定义以确定不同层次的责任。[268] 发行人和其他参与者可证明其遵守了不同层次的勤勉尽责义务。

---

[265] 正如法院所发展的,10b-5 标准视情况考虑了不同程度的调查和谨慎。See, e. g., Weiner v. Quaker Oats Co., 129 F. 3d 310 (3d Cir. 1997)(为了警示性声明的充分性,区分收购后债务水平增加的可预见性和收购后收益增长的下降).

[266] See Romano, Empowering Investors, supra note 4, at 2396(预计在一种有利的方法下,“市场反应将反馈到 SEC 的决策过程中,导致它重新调整其信念……并最终改变默认规则以更符合投资者的需求”).

[267] See Donald C. Langevoort, Toward More Effective Risk Disclosure, 75 Wash. U. L. Q. 753, 763-64 (1997)(主张更明确的风险披露,特别是在电子发行中,显眼的超链接文本可以提醒投资者).

[268] See Grundfest, supra note 233.

因为披露选择允许发行人选择其他表格提供者的披露格式,如证券交易所、私人证券组织、各州或外国披露制度,SEC 的卓越地位是市场的选择,而非监管法令的产物。这些可能性不一定会取代 SEC。尽管罗曼诺(Romano)教授曾设想,作为公司法制定者的各州应该成为证券披露表格的自然提供者,对交易市场进行持续披露,但没有理由相信各州的披露规则会在长期或短期内取代众所周知的 SEC 表格。[269] 此外,选择外国披露标准在美国发行人中很少见,而且似乎不是一个可行的选择。[270] 看起来,与 SEC 霸权的竞争,最有可能来自私人的 IAS。

4. 交易市场中的披露选择

笔者的提议仅限于证券发行,这产生了一个明显的问题,即为什么不允许发行人在二级交易市场的持续披露中选择披露的时间和水平?笔者尝试做出回答。最后,笔者发现一级发行市场中的一个重要因素在二级交易市场中并不存在,即证券发行中发行人与投资者之间的相互关系。与二级市场交易不同,证券发行中的发行人必须让投资者相信其证券的价值。[271] 披露是发行人—投资者谈判的一个要素,通常与承销商或财团达成。[272] 尽管二级市场是一级市场中形成的投资关系

---

〔269〕 See Romano, Empowering Investors, supra note 4, at 2392 – 94(描述州证券法的多样性,并指出全国交易的股票大多被排除在州证券监管之外). 最近各州在公开发行的披露表格上几乎没有经验,因为大多数州的"蓝天"监管允许通过与联邦注册协调进行注册。See Unif. SEC. Act § 303(1985 & Supp. 1988)(通过协调注册). 在州监管确定项目披露的范围内,监管重点一直放在较小的或州内的发行上。See Unif. SEC. Act § 304(a)(通过资格注册).

〔270〕 福克斯(Fox)教授在一项关于跨境披露竞争的详尽研究中仅确定了一个美国发行人选择外国披露制度的实例,即通过在外国交易所(伦敦证券交易所)上市和发行其股票以规避美国披露要求。See Merritt B. Fox, *Securities Disclosure in a Globalizing Market: Who Should Regulate Whom*, 95 Mich. L. Rev. 2498, 2616 n. 189(1997).

〔271〕 See Easterbrook & Fischel, Mandatory Disclosure, supra note 20, at 683. 伊斯特布鲁克(Easterbrook)和费舍尔(Fischel)教授对强制披露的质疑集中在发行人与"实际和潜在投资者"的交易上。See id. at 683. 他们的观点的核心是,出售股票的公司有动机披露好消息和坏消息以提高公司股票的销售价格。公司会使用外部审计师、通过信誉良好的投资银行进行销售、增加管理层持股以及承诺高红利或高杠杆来增加管理层对资本市场的依赖,从而突出自己的"高质量"。

〔272〕 在证券发行中,发行人和投资者是相互关联的,"科斯定理表明,公司和投资者可以达成互利交易"。See id. at 682 – 83.

的延续，但其中发行人与投资者之间的关系被稀释了。正如科菲(Coffee)教授在他对强制披露的经典辩护中所言：

> 自愿披露理论似乎确实适用于首次公开发行，并在较小程度上适用于所有首次发行。然而，这一理论在应用于二级市场交易时的说服力要小得多，二级市场交易主要由《1934年证券交易法》管辖。[273]

二级市场上的许多交易者在迫使发行人遵守披露要求方面的影响力要小得多。若缺乏政府强制要求的信息，交易者会在定价信息上投资不足和过度投资。[274] 经理们在首次发行中履行承诺或赢得真实声誉的动机可能不足以克服在持续披露中实施欺诈的动机。隐瞒好消息会压低价格，从而增加管理层收购的价值或创造内幕交易机会；隐瞒坏消息会推高价格并为管理层争取时间来扭转公司局面。[275]

除准确定价和风险评估价值外，持续信息披露对关键的公司控制机制也至关重要，其影响公司控制权市场、基于股价的管理薪酬和基于资本成本的分配决策。[276] 这是一种象征性、真实性的管理者悔悟(contrition)行为。通过声誉机制的力量和执法的威胁，持续披露减少了管理层从事自我交易或其他不善管理的动机。通过提高交易市场的定价准确性，持续披露使发行人管理层暴露于控制权变更和基于股票的薪酬的约束效应之下。除证券市场外，持续披露还可确保公司透明度，并向管理层、资本提供者和与发行人交易的其他成员表明发行人的

---

[273] Coffee, Mandatory Disclosure, supra note 29, at 746.

[274] See id. at 717 – 53. 由于无法充分利用价格准确性的好处，参与者会投资不足。如果没有协调的信息交换中心，参与者会分别地或重复地识别和分析相同的定价信息，导致对上述活动投资过度。

[275] See Jennifer H. Arlen & William J. Carney, *Vicarious Liability for Fraud on Securities Markets: Theory and Evidence*, 1992 U. Ill. L. Rev. 691 (1993).

[276] See Merritt B. Fox, *Rethinking Disclosure Liability in the Modern Era*, 75 Wash. U. L. Q. 903, 908 – 11 (1997) [hereinafter Fox, Rethinking] (注意到项目选择和运营的改进是通过披露对这些控制机制的影响来实现的，“无论发行人是否发行新证券进行销售”).

财务实力或弱点。[277]

持续信息披露的规则还强制执行隐含承诺。当公司上市时,披露水平足以维持市场流动性并揭示在所有者与管理者分离期间遵守管理职责的情况。[278] 证券交易所对持续性披露的要求——一项早于联邦强制性制度并与之保持同步的上市条件,就是这种隐含承诺的一个例子。

尽管如此,美国二级市场的披露选择可能已经成熟。[279] 近期国际证券市场的经验表明,国际证券市场倾向于自愿采用国际披露标准。这表明私人披露选择处于领先地位,而且很可能导致披露"监管竞优"。[280] 哈达特(Huddart)和休斯(Hughes)教授使用一个国际证券披露模型,预测管理者会选择在披露要求更高的交易所上市其公司证券。[281] 该模型假设经理们(具有天然的信息优势)根据哪个交易所允许其借助披露后的信息优势使利润最大化来做出上市决策。该模型进一步假设,流动性交易者可以将交易量分配给交易所和公司证券以使交易成本最小化。当披露要求增加并且流动性交易者收到更准确的公开信息时,他们的交易成本就会下降。随着交易流向信息量大的交易所,信息优势缩小,经理们在这些更具流动性的交易所中使其利润最

---

[277] See John C. Coffee, Jr. , *Unstable Coalitions: Corporate Governance as a Multiplayer Game*, 78 Geo. L. J. 1495(1990).

[278] 例如,乔治亚科普洛斯(Georgakopoulos)教授认为,如果没有强制披露,公司决策将由长期股东主导,披露的使用变少,从而损害短期交易者和市场流动性。See Nicholas L. Georgakopoulos, Why Should Disclosure Rules Subsidize Informed Traders?, 16 Int'l Rev. L. & Econ. 417, 418(1996).

[279] See Romano, Empowering Investors, supra note 4, 2365 – 72(将基于州的竞争性联邦制度描述为联邦证券监管的替代品).

[280] See, e. g. , Elizabeth V. Mooney, *Vancouver Exchange Tries Role as Farm Team for NASDAQ Firms*, Radio Comm. Report at 12(Mar. 4, 1996)(描述了加拿大对交易所私募发行的上市股票提出招股说明书式披露要求的实施情况).

[281] Steven J. Huddart et al. , *Disclosure Requirements and Stock Exchange Listing Choice in an International Context*(*draft Feb.* 6, 1998), available at http://papers. ssrn. com/so13/paper. taf. ? abstractid = 40260(on file with the Columbia Business Law Review). 就像一艘在夜间航行的船,福克斯(Fox)教授设计了自己的模型,以对监管竞争体系中的发行人行为得出不同的结论。See Fox, Political Economy, supra note 61, at 798(提出了国家以保护投资者为目标的设置披露规则的模型).

大化。

哈达特和休斯的模型不依赖伊斯特布鲁克(Easterbrook)和菲舍尔(Fischel)的假设,即管理者会为降低筹资成本而披露信息以表明其公司的信息可靠性。与早期预测交易量竞争导致更多披露的模型不同,由于经理们寻求公司当前市场价值的最大化以便将自身与小公司区分开,[282] 哈达特和休斯并不假设经理利益与股东利益在使当前市场价值最大化上具有一致性。即使他们假设管理者会寻求利用其非公开信息优势,他们也对倾向于在更高披露水平的交易所上市的决策进行建模。

然而,模型充满了危险。其他人对国际证券交易进行了建模,并得出结论认为,披露往往受到类似于"监管竞次"的动态支配,这表明需要强大的国际机构来遏制这一趋势。[283] 最后,与交易市场相比,可以说我们在证券发行中的披露选择方面有着更多经验并取得了有利结果。

5. 与其他披露选择提议的比较

笔者的提议并非对证券交易中披露选择的首次呼吁。一些提议涉及面更广,主张公开发行人在一级和二级市场上的披露选择。[284] 其他人则将他们提议的披露选择限制在国际证券交易:一级和二级市场的

---

[282] See Robert E. Verrecchia, *Discretionary Disclosure*, 5 J. Acct. & Econ. 179, 179 - 94 (1983).

[283] See Amir Licht, *Games Commissions Play*: *2x2 Games of International Securities Regulation*, John M. Olin Discussion Paper No. 223 (November 1997), available at http://papers. ssrn. com/sol3/paper. taf? abstractid = 71188 (abstract) (使用 2×2 博弈模型和来自国际制度理论的洞察力,从披露、证券欺诈和内幕交易三大主题确定影响监管竞争与合作的因素).

[284] See Romano, Empowering Investors, supra note 4, at 2365 - 72(提议以基于州的竞争性联邦制度取代联邦证券监管).

外国发行人,[285]以及跨境交易的外国和国内发行人。[286] 一项提议侧重于有限责任公司(LLC)发行人的披露选择。[287] 还有一些提议侧重于特定披露的选择,如前瞻性陈述[288]和业务部门信息。[289]

笔者的提议在一些重要方面与其他提议不同:

(1)它考虑了对证券发行中所有事前披露的全部选择,包括非公开和公开的;

(2)它将披露选择扩大到在美国注册管辖范围内发行的国内外发行人;

(3)它仅包括证券发行,不包括对交易市场的持续披露;

---

[285] See, e. g., Stephen J. Choi & Andrew T. Guzman, *The Dangerous Extraterritoriality of American Securities Law*, 17 Nw. J. Int'l. L. & Bus. 207, 240(1996)[hereinafter Choi & Guzman, Dangerous Extraterritoriality]; Stephen J. Choi & Andrew T. Guzman, *National Laws, International Money: Regulation in a Global Capital Market*, 65 Fordham L. Rev. 1855, 1857(1997)[hereinafter, Choi & Guzman, Regulation in a Global Capital Market]. 纽约证券交易所也提出了类似的建议。See Fox, Political Economy, supra note 61, at 764 & n. 148(描述了纽约证券交易的提议,即允许主要外国发行人在不将其财务状况与 GAAP 进行核对的情况下上市).

[286] 许多评论员主张外国发行人的披露选择。See, e. g., Hurley, supra note 144, at 731(提议允许外国发行人使用外国证券披露标准,但须附有风险提示和关于缺乏公开信息的免责声明);Demmo, supra note 118, at 720(考虑到二级市场上复杂的机构交易普遍存在,提议对外国证券实行分叉上市制度).

[287] See Park McGinty, *The Limited Liability Company: Opportunity for Selective Securities Law Deregulation*, 64 U. Cin. L. Rev. 369(1996).

[288] 基奇(Kitch)教授建议,强制前瞻性信息的规则是一系列选择:例如,在其目前审查前瞻性陈述处理的举措中,SEC 可以考虑通过为发行人提供一系列选择来解决该问题,只需让发行人做出选择并披露该选择,并在其改变选择时进行公告。Kitch, supra note 22, at 886 - 87.

[289] 考克斯(Cox)教授批评美国的强制季度披露和业务部门披露规则,其他监管制度都没有这两项要求。See Cox, Rethinking in the Shadow, supra note 59, at 187 - 89. 考克斯提议让发行人选择披露多少部门信息(或其他竞争敏感信息),让分析师填补替代信息来源的空白或对低披露发行人的价格予以忽视。然而,考克斯将披露选择限制在预期计划、重要事件和谈判以及过早披露会威胁到预期公司收益的现有条件上。

考克斯的提议提出了许多问题。如果竞争敏感的分部信息值得选择披露,为什么管理层认为竞争敏感的其他信息要受到不同的监管处理?如果存在私人机制来解决分部信息的信息短缺问题,为什么这些机制不能允许将选择范围扩大到其他(或所有)问题?

(4)它保留了当前主要由联邦法院实施的底线性事后反欺诈制度。[290]

与笔者的提议类似的两个提议值得特别注意。首先,帕克·麦金蒂(Park McGinty)教授呼吁让有限责任公司参与者能够选择其公司权益是否被视为证券,这是笔者提议的一个受限版本。麦金蒂建议国会修改"证券"的定义,以使有限责任公司成员能够选择联邦证券法的适用范围。[291] 司法将合伙型权益定义为证券的做法着眼于各方协议的条款、特殊的投资者商业头脑以及他们对经理能力的相对依赖。根据麦金蒂的说法,这种根据事实给予投资者的重点保护掩盖了证券法的更大目的——降低交易成本。它将"过多的律师服务"强加给了已有良好咨询服务的企业,而将过失引致的证券法风险强加给了没有资深证券专家指导的企业。[292]

麦金蒂教授的提议局限于非公共有限责任公司,寻求流转税待遇的有限责任公司同样如此。假定有限责任公司成员往往比典型的合伙人更成熟(或至少得到更好的建议),并且强制性证券披露的证据混杂在一起,麦金蒂主张进行受控实验。麦金蒂指出,将有限责任公司的权益视为非证券,这符合司法假设,即私下协商的投资是证券监管较弱的领域。[293] 尽管麦金蒂允许有限责任公司成员完全退出,包括退出规则10b-5的反欺诈保护,但他的主要理由是选择退出是证券法注册豁免范围不确定性产生的规划成本。在私募发行中猜错投资者的成熟度,而有限责任公司的权益不仅是一种证券,并且所有投资者都因投资于未注册的非豁免发行而获得法定"认售期权"(put)。此外,这种不确定性责任超出了商业资产的范围,延伸到了发行的发起人和发行人控

[290] See also Perino, supra note 235, at 278(批评在州法院对全国性发行人提起的证券欺诈诉讼,称其"以不一致和重复诉讼的形式制造了巨额成本").

[291] See McGinty, supra note 287.

[292] See id. at 375.

[293] See id. at 412; Reves v. Ernst & Young, 494 U. S. 56(1990)(引用"投机或投资的普通交易"作为判断一项投资是否为证券的四个相关标准之一);Marine Bank v. Weaver, 455 U. S. 551, 559(1982)(引用"交易"与根据交易法定义证券有关,因为该法"是为了恢复投资者对金融市场的信心").

制者。

根据麦金蒂的提议,除非被有限责任公司投资文件(组织章程和证明有限责任公司权益的证书)排除在外,否则公司权益符合“证券”的法定定义。SEC 会制定向获得排他有限责任公司权益的任何人提供最低限度披露的规则。麦金蒂假设有限责任公司融资中的披露将遵循不同的模式:(1)一些有限责任公司根据现行证券法选择 SEC 监管的披露作为真实性的有效保证;(2)其他人要么自愿使用 SEC 式披露以允许跨公司比较,要么使用修改版的 SEC 披露;(3)一些有限责任公司发行人保持沉默,按“原样”发行。考虑到“直接和间接交易成本”,投资者可以评估(和定价)每种制度下披露的净值。[294] 麦金蒂认为“包括金融媒体在内的市场力量”会评估并给出额外风险的通知。[295] 对于不愿在没有 SEC 强制披露或联邦反欺诈保护的情况下投身有限责任公司的投资者而言,存在“一套受现行体制监管的投资组合”。[296]

罗伯塔·罗曼诺(Roberta Romano)教授最近提出了一项更具雄心的提议,为证券发行中的披露选择提供了额外支持和见解。罗曼诺提出一种“竞争性联邦主义的市场导向方案”用于证券发行和市场交易中的证券监管。基于“美国各州在公司法上的成功经验”,罗曼诺允许发行人选择。

> 一个对公司证券的所有交易拥有管辖权的主权国家……其目的是复制各州由公司特许权竞争所产生的证券环境优势。公司特许权是一种响应迅速的法律制度,它倾向于使股票价值最大化,从而消除国家体制改革时所经历的挫折。随着竞争性法律市场在监管形式上取代垄断的联邦机构,它将制定更符合投资者偏好的规则,而投资者的决策驱动资本市场运作。[297]

---

[294] See McGinty, supra note 287, at 440.

[295] Id.

[296] Id.

[297] Romano, Empowering Investors, supra note 4, at 2362.

与基于公司注册的公司法一样，证券披露标准（包括事前项目披露和事后责任）将由发行人选择作为其“证券注册地”的州提供。最后，不同监管制度之间的竞争（罗曼诺认为包括50个州和SEC）将通过促进符合投资者偏好的监管而使公众投资者受益。[298]

在主张垄断性SEC转向相互竞争的州监管机构时，罗曼诺指出有研究质疑1933年和1934年的联邦证券立法是否为新的发行和市场交易提供了更好的价格准确性。[299] 她还注意到SEC的监管未能“理解金融市场的运作”，尤其是SEC针对前瞻性信息的长期误导性做法，以及其披露衍生品风险敞口时以银行为基础的快照式（Snapshot）做法。[300] 至于联邦反欺诈规则，她指出没有研究调查过SEC注册管辖范围以外的证券（州内发行和市政证券）是否具有比SEC注册的证券更高的欺诈或价格操纵频率。[301]

然而，罗曼诺的提议可能混淆了证券发行中的强制披露问题和证券交易市场中的披露监管问题，从而夸大了放松管制的理由。罗曼诺将问题简单地视为“受监管的披露”，未能“考虑发行相较于市场交易在发行人激励上的差异”。罗曼诺认为她的提议是合理的，因为发行人（发起人）将“承担在不利于投资者利益的法律制度下运作的成本”[302]，但她没有澄清这些激励措施是如何在“交易市场”中运作的。缺乏迫使经理们根据投资者选择的水平进行披露的机制，发行人在持续披露上的选择是存在问题的。罗曼诺显然认识到了这一点，由于担心交易所的最大化交易量偏好可能与投资者福利不一致，她的提议不允许发行人选择证券交易所制定的披露规则。[303] 事实上，她指出了一

---

[298] 在5年的过渡期内，发行人将被要求披露其“证券注册地”。有趣的是，出于对一般投资者能力的怀疑，罗曼诺（Romano）还考虑在机构投资者有限的市场（如低价股票）中为证券交易制定永久性强制披露规则。See id. at 2414.

[299] See id. at 2373 – 77.

[300] See id. at 2377 – 80.

[301] See id. at 2382.

[302] Id. at 2366.

[303] 有趣的是，罗曼诺（Romano）并没有考虑外国为美国发行人提供披露规则。这种可能性是公司法律选择的核心。See McDermott Inc. v. Lewis, 531 A. 2d 206 (Del. 1986)（将巴拿马法律适用于在美国股票市场交易的公司，尽管巴拿马法律与特拉华州法律在母公司所有权和子公司股份投票方面存在冲突）.

系列令人印象深刻的研究。这些研究表明发行人在考虑发行证券时会自愿改进其披露,间接证明了发行人持续进行披露的非监管激励相对薄弱。[304] 这些研究以可能的负面结果表明,在发行人不太愿意吸引投资者兴趣的二级市场中,披露存在市场失灵,他们的直接资本需求已经得到了满足。

罗曼诺假设发行人会选择某种形式的受监管披露,而不是开放式的披露选择。[305] 这一假设可能来自她挥之不去、间歇性出现的怀疑,即如果披露是完全自愿的,发行人将不会以最佳方式向交易市场披露。她似乎含蓄地承认,一些监管是必要的。披露监管机构的引入限制了调整披露供应满足信息需求的可能性。通过仅放松一级市场披露的监管,笔者的方案允许发行人灵活地为不同的发行选择不同的制度。如果各州可以基于具体发行收取费用,那么罗曼诺所考虑的司法辖区之间的竞争将更加脆弱。为应对特定的发行情况,发行人可以选择不同的商店购物,而不是被一个披露供应商"捕获"。

最后,罗曼诺的提议是放手一搏让州监管机构采用对受监管披露的成本效益平衡敏感的事前规则。就证券披露规则方面的经验而言,州监管机构被证明是非常外行的。尽管各州在公司法规则方面已经积累了经验,但没有一个州依赖强制性事前披露制度。事实上,就各州的披露制度经验而言,特别是特拉华州基于事后责任标准的代理披露规则,它们源于普通法、具体案例的做法。没有真实先例的监管改革经常

[304] See Romano, Empowering Investors, supra note 4, at 2374 n. 38.

[305] 尽管如此,她确实考虑了"赋能全国性制度"的可能性,其中 SEC 的披露规则将成为默认规则,发行人可以在其组织文件中或通过合同指定替代条款。See id. at 2396. 她发现这样的制度比强制披露更可取,但不如跨辖区竞争。

陷入困境。[306] 罗曼诺提议将一个可行的私人选择制度延伸到其可操作的范围之外。

(二)证券发行中的披露选择:它能奏效吗?

证券发行中的强制披露在两个层面上运作。首先,注册发行受到市场限制、披露要求、SEC 预审和加重反欺诈责任的约束。监管水平因发行人规模、发行人经验和公开交易程度而异。[307] 其次,通过法规或规则免于注册的发行需符合施以修改后披露要求和营销限制的条件,但通常无须 SEC 的批准或适用加重反欺诈责任。上述条件因发行规模、发行方法、发行人资格和规模、投资者资格或成熟度以及成熟的中介等而异。

披露选择允许发行人避开已注册发行和有条件豁免发行的强制性条款。目前需要注册的发行无须再受抢跑限制、披露要求、SEC 审查或加速、招股说明书传播规则或加重责任的约束——如果发行人选择"不注册"状态进行发行。对于豁免发行,允许发行人再次选择退出已有的条件限制,如对大众营销的禁止、中介要求和强制披露。

然而,"不注册"并非免于联邦监管。发行人选择"不注册"状态的发行仍将受到大量联邦证券监管的约束。首先,也是最重要的,发行披露将受规则 10b-5 反欺诈责任施加的事后标准的约束。其次,发行参与者仍需遵守适用于证券中介的现行规则。例如,证券交易商将继续

---

〔306〕 例如,国会在 1995 年改革法案中采纳了一项学术建议,即机构投资者应该(并且将)成为证券欺诈集团诉讼的主要原告,作为滋扰诉讼的原告及其律师的"解毒剂"。See Elliott J. Weiss & John S. Beckerman, *Let the Money Do the Monitoring: How Institutional Investors Can Reduce Agency Costs in Securities Class Actions*, 104 Yale L. J. 2053, 2062 (1995)(提出了国会在 1995 年改革法案中通过的"主要原告"条款); Janet Cooper Alexander, *Rethinking Damages in Securities Class Actions*, 48 Stan. L. Rv. 1487 (1996)(作为当前赏金猎人制度的替代方案,提出了对大型投资者的选择性加入要求,然后他们将成为证券集团诉讼的管理者). 然而,"主要原告"的机会似乎被置若罔闻。See Elliott J. Weiss, *The Impact to Date of the Lead Plaintiff Provisions of the Private Securities Litigation Reform Act*, 39 Ariz. L. Rev. 561, 565 (1997)(结论是"现在判断在集团诉讼中持有大量股份的机构投资者是否会开始自愿担任主要原告还为时过早").

〔307〕 甚至加重责任也各不相同。前瞻性陈述的法定安全港规则不适用于首次公开发行,仅适用于大型资深公司的发行。See Securities Act § 27A(b)(2)(D), 15 U. S. C. § 77z-2(b)(2)(D)(1994 & Supp. 1995).

受到 SEC 和 NASD 的监督,以及“了解你的客户”和“了解你的证券”的责任约束。[308] 非行业参与者将根据规则 10b－5 承担“主要违规者”责任。[309] 证券发行的披露选择远非放弃监管,很大程度上是监管重点的改变。

将规则 10b－5 的反欺诈责任与证券中介的现行监管相结合,在两者都有待进一步发展的情况下,能否助益披露选择?

1. 投资者韧性:保护的第一条线

证券发行中的披露选择取决于投资者,由投资者确定其披露需求并要求所渴望的信息保证的水平,否则就拒绝投资。在赞扬阿瑟·莱维特(Arthur Levitt)的“投资者保护和教育”倡议时,斯蒂芬·沃尔曼(Steven M. H. Wallman)曾说过,“有了受过教育的投资者,详细的规则就变得不那么必要了,公众也就成了自己最好的警察”[310]。证券法历史证实了这一见解。在过去的 60 年中,披露选择一直适用于私募发行中的合格投资者。此外,SEC 根据其小额发行豁免规则和私募发行安全港,将这一选择扩大到公众投资者,而未造成明显的负面影响。披露选择是否应扩大到目前需要注册或受到 SEC 豁免条件约束的发行,很大程度上取决于我们对投资者纪律和证券中介的信心。

经验表明,一级市场的投资者已经变得精明和挑剔。他们不会对扔给他们的东西都照单全收。发行人知道这一点,并且经常承诺以高于吸引新的资本所需的水平进行披露。例如,发行人增加自愿披露,特别是前瞻性陈述披露的数量和质量,以期望实现证券发行。[311] 小额发行人在没有重要分析师跟踪的情况下,会在年报中进行额外的自愿披

[308] 经纪人贪功冒进,而投资者—客户往往是他们自己贪婪和疯狂冒险的受害者——这是一个共同责任的故事,这二者间的矛盾表明了关注中介的动机影响和责任的重要性,但不一定要增加“保护主义带来沉重的执法成本”。See Donald C. Langevoort, *Selling Hope, Selling Risk: Some Lessons for Law from Behavioral Economics About Stockbrokers and Sophisticated Customers*, 84 Cal. L. Rev. 627, 700(1996).

[309] See Central Bank of Denver v. First Interstate Bank of Denver, 511 U. S. 164(1994)(讨论了“主要违规者”并限制主要违规者的规则 10b－5 责任).

[310] Wallman, supra note 69, at 354(将投资者教育视为实现以目标为导向的监管方法的“最佳实践”,在这种方法中,市场力量而非监管者的观点在可能的情况下运作).

[311] See Romano, Empowering Investors, supra note 4, at 2374 nn. 38－39(收集了发现在发行人进入资本市场时自愿披露增加的研究样本,特别是收益预测).

露以降低资本成本。[312]

发行人选择自愿向 SEC 注册其原本可豁免的发行，以便为投资者提供真实性保证并促进发行后交易。[313] 简明英语披露运动始于私人部门，由公司自行采用简明语言实践，而没有强制规定。[314]

此外，投资者对无监管发行的反应掩盖了一个市场失灵的故事。尝试直接、非中介化互联网发行的发行人遭遇了投资者的缄默之墙(wall of investor reticence)，导致许多发行人为这些发行寻求中介服务。[315] 一些发行人回避条例 A(Regulation A)发行，因为私人投资者(及其顾问)认为这类发行允许的有限、未审计的财务信息是不可接受的。

2. 证券中介：保护的第二条线

证券发行的投资者主要从证券中介那里获得信息。"证券信息披露真实性"实际上不是对投资者，而是对投资者的中介机构而言。即使是私募发行和互联网发行，发行人直接发行也是不寻常的。[316] 证券中介的种类和作用正在增加。

---

[312] See Christine Botosan, *Disclosure Level and the Cost of Equity Capital*, 72 Acct. Rev. 323(1997).

[313] 一些发行人已在表格 S-4(Form S-4)上与机构 QIB(合格机构投资者)(其交易根据规则 144A 豁免)注册了交换发行(exchange offering)，即使原始发行作为《1933 年证券法》第 4(2)条的私募发行而被豁免，并且交换发行根据《1933 年证券法》第 3(a)(9)条被豁免(仅与现有证券持有人交换，无佣金或报酬)。See McGeehan, supra note 7(注意到在 144A 交易中经常使用注册权协议).

[314] See Carl Felsenfeld, *The Plain English Movement in the United States*, 6 Canadian Bus. L. J. 408, 409(1981-82)(描述了花旗银行在其所有消费者本票中使用简明英语以回应消费者活动家的批评)。See also Andrew T. Serafin, *Comment: Kicking the Legalese Habit: The SEC's "Plain English Disclosure" Proposal*, 29 Loy. U. Chi. L. J. 681(1998).

[315] 互联网上的直接发行陷入困境。很少有公司筹集到他们希望筹集的资金，许多公司不得不放弃互联网，转而采用更传统的发行方式。See Fisch, Internet Offerings, supra note 89, at 75-77; Donald C. Langevoort, *Selling Hope, Selling Risk: Some Lessons for Law from Behavioral Economics About Stockbrokers and Sophisticated Customers*, 84 Cal L. Rev. 627(1996); Mahoney, Property Rights in Information, supra note 70, at 824(发现互联网发行往往是通过承销商或发行代理进行的，"互联网只是用作将招股说明书或发行通告交到投资者手中的一种更有效或者可能更引人注目的方式").

[316] See Fisch, Internet Offerings, supra note 89, at 75-77.

证券公司（证券交易商）。证券公司充当发行人和投资者之间的主要缓冲，将咨询建议和声誉保证与投资者以经纪佣金或发行费用支付的交易完成服务（transaction – consummation services）捆绑在一起。作为承销商，证券公司在证券发行中不可或缺，它提供投资者无法在其他地方复制的质量和定价判断证明。[317] 证券公司为投资者提供证券分析，在推动一级市场和二级市场方面发挥着重要作用。寻求证券分析师青睐的发行人并没有忘记这一点。[318]

证券公司在不断增加的压力下超出证券法的加重责任制度运营，以确保发行推荐和营销的诚实和公平交易。声誉仍然是证券公司的命脉，往往压倒其他激励因素。[319] 例如，无论是已注册公开发行还是私人机构配售，承销商的声誉可能比任何特定披露都更与投资者相关。此外，证券咨询市场竞争导致了经纪服务的分拆，如来自投资者业务通讯、投资指南、媒体投资计划和会计师的咨询建议。[320]

此外，就证券法试图过滤欺诈性发行而言，销售过程（非强制披露）是薄弱环节。证券销售人员负责“提供足够的信息，以便投资者在相互竞争的证券之间进行公平比较”[321]。证券公司和销售人员专业职

---

〔317〕 See Mahoney, Property Rights in Information, supra note 70, at 831. 有时该角色由其他证券专业人士扮演。在硅谷去中介化的风险投资市场中，初创企业聘请的律师事务所扮演着“引导者”的角色，影响客户从而获得风险资本提供者的信任。See Langevoort, Angels on the Internet, supra note 77, at 16 – 17（将硅谷律师的作用描述为类似于传统承销商在将新发行推向市场时的作用）.

〔318〕 外国发行人经常在美国上市其证券以吸引证券分析师的注意。See Fanto & Karmel, supra note 117, at 54.

〔319〕 例如，由一家证券公司和风险资本子公司承销的首次公开募股，其中风险资本子公司在首次公开募股公司中拥有优先股权益，其表现与承销商均未持有优先股地位的首次公开募股一样好或更好。See Paul A. Gompers & Josh Lerner, *Conflict of Interest and Reputation in the Issuance of Public Securities: Evidence from Venture Capital*（Dec. 1997）, available at http://papers. ssrn. com/paper. tafabstractid = 57934（on file with the Columbia Business Law Review）.

〔320〕 一些经纪人现在已经根据获取经纪人建议的途径制定了佣金计划。See D. Bruce Johnsen, *Property Rights to Investment Research: The Agency Costs of Soft Dollar Brokerage*, 11 Yale J. On Reg. 75（1994）（描述软美元经纪，一种经纪人将投资研究和执行成本捆绑给基金经理的做法）.

〔321〕 Cox, Rethinking in the Shadow, supra note 59, at 872.

责的执行很少涉及证券法注册或反欺诈条款。[322] 经验表明,欺诈发行不是发行人披露不足的产物,而是相当过火的高佣金销售策略的产物。[323] 这种策略面临现行规则 10b－5 的标准、NASD 的自律监管规则和特定的规则(如适用于低价股营销的特定规则)的有力监管。

交易组织(证券交易所)。长期以来,证券交易所一直通过其上市规则和监管职能来表明信息的可靠性。[324] 在发达的公开交易市场(如纽约证券交易所或纳斯达克)发行证券表明证券分析师正在关注发行人且证券将有流动性。

在一个市场的交易所上市是发行人信息声誉的信号,这一点也可以在其他市场中发挥作用。国际证券监管套利证明了这一点。例如,在监管要求和成本较低的国家(如欧洲债券市场)筹集离岸资金的美国发行人,正是以其披露声誉为基础吸引外国投资者,这很大程度上建立在美国披露标准上。

发行人也可以通过非正式交易组织获取这些声誉收益。例如,由于美国市场的披露要求,外国发行人可以通过已经售入发达的美国私募市场的事实来表明其价值。随着时间推移,这些非公开披露制度有望像强制性公司规则(如董事会、年度选举、股东投票与流动性权利、衍生诉讼执行)一样运作。尽管没有全国性的公司法案强制维持其存在,但强制性公司规则已经实现了显著的一致性。

评级服务。在某些市场,如债务和共同基金,评级服务具有重要意义。标准普尔(Standard & Poors)或穆迪(Moody's)的评级对于债务证券的定价和配售至关重要。晨星(Morningstar)评级在共同基金广告中占有重要地位。债务评级服务的良好评级可能会使以投资者为导向的

---

[322] 有趣的是,罗曼诺(Romano)教授将市场专业人士的监管排除在这种基于市场的跨司法管辖区竞争体系之外。正如罗曼诺所指出的,经纪人(与发行人不同)不受资本市场力量的影响,市场力量促使监管竞争采用投资者喜欢的规则。See Romano, Empowering Investors, supra note 4, at 2369.

[323] See Joseph I. Goldstein, *An Investment Masquerade: A Descriptive Overview of Penny Stock Fraud and the Federal Securities Laws*, 47 Bus. Law. 773 (1992).

[324] See Paul G. Mahoney, *The Exchange as Regulator*, 83 Va. L. Rev. 1453 (1997); Choi, Gatekeepers and Internet, supra note 90, at 51.

披露变得多余。此外,技术创新有望扩大这类“声誉中介”的范围和深度。[325]

财务会计委员会。目前,公司所需的会计事务和标准受强制披露约束,但会计事务与标准并非来自 SEC,而是来自 FASB。[326] SEC 将此标准的制定委托给一个私人自律组织。这虽然减少了一些官僚主义的阻碍,但标准制定却不受竞争压力影响。披露选择可能仿照 FASB 为私人披露标准制定委员会创造一种需求。与政府认证相比,私人中介具有多种优势。[327] 私人中介的成本最直接由投资者承担,因此次优的中介难以生存。例如,全服务经纪商发现,投资者选择折扣经纪人并在别处购买其咨询建议。私人认证机构之间的竞争也增加了高质量认证的可能性。例如,发行人为债务评级服务付费,但可以选择投资者(及其中介)认为更可靠的评级服务商。共同基金向晨星(Morningstar)支付费用宣传其评级,但如果晨星被证明存在偏见,投资者很可能会寻求其他信息来源。

3. 信号替代:新的可能

直接披露和加重责任并不是发行人表明发行优势和真实性的唯一方式。信号可以有许多来源。披露选择打开了释放各种非披露信号的可能性。

聪明钱(smart money)。发行中的聪明钱表明了发行的实力。[328] 例如,在首次公开发行中,机构的购买向其他投资者发出信号,即发行人已经讲述了一个足够令人信服的故事。根据披露选择,发行人可以通过要求合格投资者达到特定的参与程度来表明其发行的优势。事实上,任何不合格的受要约人或购买者都会使私募发行豁免无效,颠倒上

---

[325] See Choi, Gatekeepers and Internet, supra note 90, at 53 n. 111(描述一个互联网搜索引擎,它提供一种对互联网站点质量和兴趣的评级).

[326] See Lowenstein, supra note 62, at 1342(描述 FASB 本质上的私有、独立性质).

[327] 与政府机构相比,崔(Choi)和古兹曼(Guzman)就“国际认证机构”提出了类似的论点,因为他们更容易跨越国际边界,在评估投资方面拥有更丰富的专业知识,而且他们有着更大激励措施。See Choi & Guzman, Regulation in Global Capital Market, supra note 285, at 1901.

[328] See Romano, Empowering Investors, supra note 4, at 2366 – 67(描述市场上知情投资者的存在如何通过定价机制保护普通投资者).

述普遍规则的逻辑,成熟投资人的参与将证明投资者已经能"自我保护"。实际上,一项研究表明,股权私募发行向投资者传达了有关未来收益的利好信息。[329]

发行类型。发行人以发行的性质和方法表明其优势。与代销(best - efforts)或竞拍发行(auction offering)相比,包销发行(firm - commitment offering)体现了融资实力。荷兰式拍卖(Dutch auction)和可撤回承销(all - or - none offering)能保证提供关键数量的投资者共识。资深发行人发行新债而非新股,表明债务购买人(通常是机构)看好发行人的前景,这比任何样板式的管理层讨论和分析报告都更能揭示发行人的前景。[330]

责任选择。发行人可以通过选择进入更高的或参与者责任来释放信号。正如私募发行人提供披露保证以表明其陈述可靠性一样,公开发行的发行人(和参与者)可能会得出这样的结论:《1933 年证券法》第 11 条类型的核实保证将增加发行的价值,使之大于加重责任的成本。[331] 民事责任水平会为发行人提供一种表明其质量和规模的手段。[332]或者,发行人可决定董事、高管和承销商按比例承担责任(对发

---

[329] See Michael Hertzel & Lynn Rees, 13 J. Acct., Auditing & Fin. 21(1998)(发现股权私募发行后收益显著增加,并且发行后收益变化与公告期股价效应呈正相关,这与早期的研究形成鲜明对比,即公开发行股票的公告传达了对未来前景的不利信息).

[330] 事实上,评论员经常认为监管保护在债券发行中的重要性较低,因为债券主要出售给机构投资者。See Delayed or Continuous Offering and Sale of Securities, Securities Act Release No. 6423, [1982 Transfer Binder] Fed. Sec. L. Rep. (CCH) ¶ 83,250, at 25,275 - 77(Sept. 2, 1982)(评论员不反对延迟发行债券的注册,即使是规模较小或首次发行的发行人).

[331] See Langevoort, Information Technology, supra note 255, at 776 - 78(认为《1933 年证券法》第 11 条可能会挫败承销商向投资者核实信息的替代机制). 考虑到公司披露明显的好消息而不是间接公布好消息会使公司自身面临更大的惩罚,加重责任可能比间接不披露的信号发布手段(如股息增加或股票分割)更强烈地表明真实性。See Robert M. Lawless et al., *The Influence of Legal Liability on Corporate Financial Signaling*, 23 J. CORP. L. 209, 231 - 39(1998)(在披露和非披露信号之间使用管理层选择模型,以及对财务经理进行调查,得出的结论是,反欺诈规则对直接披露的经理人的惩罚比间接发布信号更严重).

[332] See Stephen J. Choi, *Company Registration: Toward a StatusBased Antifraud Regime*, 64 U. Chi. L. Rev. 567, 597(1997)[讨论了责任水平作为一种信息看门人(如承销商和董事)表示信息质量的方法].

行人承担严格责任),这可能是一种更有效的责任安排。[333]

电子更新(electronic updates)。技术创新创造了新的信号可能。例如,发行人在电子更新页上预测延迟发行或连续发行。[334]

非披露信号对投资者保护很重要。对于不进行中介化发行的发行人或向机构投资者(共同基金)销售的发行人而言,这些纪律效应的缺乏导致了信息披露的怠惰。由于未披露税收调整后的基金回报、基金最高持股人的风险状况、基金经理的薪酬方案和基金中的投资股权,以及营销费用明细等事项,共同基金一直受到批评。[335] 但向中介市场(公共和私人市场)发行证券增加了释放信号可能性,这在过去和将来都是非常重要的。

4. SEC 作为表格提供者:信息披露实验的监督者

证券发行中的披露选择将改变 SEC 的角色。SEC 将不再是证券发行中项目披露的监管机构,而是成为可选标准化披露表格的提供者。[336] SEC 在证券发行中作为欺诈监督者和反欺诈执法者的长期角色将继续存在。这一新角色将成为 SEC 披露改革持续进展中自然而然的下一步。SEC 最初被认为是《1933 年证券法》附件 A(Schedule A)和附件 B(Schedule B)中设想的强制性、标准化披露表格的编写者,但在过去的 20 年中,它已将自身转变为提供多种标准化表格(每种表格受到多种强制性条件的限制)的监管机构。

---

〔333〕 See Fox, Rethinking, supra note 276, at 914 – 16.

〔334〕 唐纳德·朗格沃特(Donald Langevoort)教授预料到了其中的一些。他认为,目前分散、定期的纸质报告做法既太慢又太笨重,他主张建立一个强制连续电子申报系统。在该系统中,发行人可以几乎实时地更新并向市场传输所有重要信息或者至少所有不利的重要信息。See Langevoort Information Technology, supra note 255, at 786 – 89.

〔335〕 See, e. g., Charles Gasparino, *Fund – Manager Facts Can Be Hard to Get*, Wall St. J., March 18, 1998, at Cl; Vanessa O'Connell, *Shorter, Clearer Mutual – Fund Disclosure May Omit Vital Investment Information*, Wall St. J., March 12, 1998, at C1.

〔336〕 标准化是投资信息的一个重要特征。See Easterbrook & Fischel, Mandatory Disclosure, supra note 20, at 687.

SEC作为表格提供者提供了许多可能性。[337] SEC将延续其作为国家"文件柜"的历史角色,充当披露方法和水平的信息交换所。借助电子化数据收集、分析及检索系统(EDGAR)的信息收集和分发权力,SEC可以收集和传播关于哪些披露表格正在使用、哪些未使用以及正在进行哪些披露的信息。这不仅会向发行人和投资者提供更多有关披露内容和方法的私人选择信息,而且能为SEC提供指引。SEC可以根据实际使用情况对其表格进行建模,而不是猜测哪些项目说明或披露指南最匹配投资者的信息需求和发行人的披露关注。随着披露趋势的发展,SEC可以修改、废弃和创建表格。[338]

披露选择可能会鼓励发行人尝试额外的披露形式,而不是目前由SEC规则规定的披露形式。[339] 在实践中,注册发行中的强制性规则(尤其是加重责任规则)倾向于将证券发行人的注意力集中在SEC的要求上,并阻碍对投资者是否重视额外的非强制披露的调查。随着投资者压力导致其他国家的发行人根据"国际标准"进行披露,即使在其本国没有要求,披露选择很可能会打破目前对历史信息的监管重

---

[337] 可以想象,SEC能够扩展到为发行人指定非披露条款。See Gabaldon, supra note 89, at 264(建议发行人在规则504或505发行中规定适用于发起人的与企业成立、展业和解散有关的信义义务).

[338] 正如伊斯特布鲁克(Easterbrook)和费舍尔(Fischel)教授所指出的那样,监管比市场更容易失败,因为几乎没有自发的力量来纠正错误的监管。监管体系缺乏竞争对手,而监管这一事实往往会抑制检测监管失败所需的信息。See Easterbrook and Fischel, supra note 20, at 700.

[339] 马塞尔·卡汉(Marcel Kahan)和迈克尔·克劳斯纳(Michael Klausner)教授认为,公司合同条款(披露是其中的一个子集)经常涉及学习和网络外部性。他们想知道导致律师起草者(lawyer - drafter)群体行为的认知偏差是否会导致次优标准化。See Marcel Kahan & Michael Klausner, *Path Dependence in Corporate Contracting: Increasing Returns*, Herd Behavior and Cognitive Biases, 74 Wash. U. L. Q. 347(1996). 如果属实,这是公司订约的不可避免的影响——无论合同是通过私人起草的协议还是公开提供的表格。如果不出意外,最近在非披露公司合同方面的经验表明,与静态监管机构(欧洲的经验)相比,州的表格提供者(特拉华州)创造了更大的活力。See William J. Carney, *The Political Economy of Competition for Corporate Charters*, 26 J. Legal Stud. 303(1997).

点——这种信息通常对投资者的作用很小。[340] 例如,摆脱了 SEC 强制披露基于历史的披露文化,发行人可能会发现更有效的前瞻性披露形式。正如基奇(Kitch)教授批评 SEC 在前瞻性和竞争性敏感信息披露方面的不一致时所评论的那样:

> “一刀切”的披露制度的结果是,它抑制了会计和披露方面的任何试验、变革和创新机会。不是观察到特定公司成功采纳会计程序中的变化,然后其他公司采用,而是任何改革都必须通过财务会计准则委员会(FASB)或 SEC 在全有或全无的基础上进行,要么在尝试之前采用,要么在未经试验的情况下被拒绝。[341]

作为表格提供者,SEC 的角色将与美国公司法提供者的角色类似。在某种程度上,监管收益将取决于其表格的使用,披露选择会产生类似于州公司特许权竞争中的内在激励。不同之处在于,SEC 将与私人和外国监管体制展开竞争。这种发展可用于对官僚惰性的有力对抗。[342]

5. 州特许权竞争(charter competition)的教训

州公司法提供了有用的教训。以 SEC 作为主要表格提供者的披露选择将使公司披露转向适用于经理—投资者关系其他方面的私人秩序模式。

将 SEC 重塑为表格提供者重新引发了过去 30 年在美国公司法中风靡一时的关于州特许权竞争的辩论。如果发行人可以选择其披露表格,SEC 或其他表格提供者是否会导致披露“监管竞次”? 这似乎不太

---

[340] See Robert Mednick, Reinventing the Audit, 172 J. Acct. 71, 71 - 74 (Aug. 1991) (Arthur Andersen & Co. 的合伙人和全球职业标准委员会主席). “投资者和其他人希望并期待……更具预测性和基于价值的信息;金融数据的更多为什么,而不仅仅是是什么;以及更早的公司正在做出错误决策或可能接近财务崩溃边缘的警告。”

[341] Kitch, supra note 22, at 885.

[342] 一些批评家怀疑 SEC 接受监管变革的文化能力。See Donald C. Langevoort, *The SEC as a Bureaucracy: Public Choice, Institutional Rhetoric, and the Process of Policy Formation*, 47 Wash. & Lee L. Rev. 527 (1990). 然而,在面对外国监管竞争时,SEC 已经证明自己有能力应对对其披露主导权的挑战。

可能。首先,州特许权竞争导致公司法标准"监管竞次"的证据很薄弱。许多人认为特拉华州的突出地位源于其提供投资者最喜欢的企业环境的能力。选择特拉华州的经理们得到了投资者的回报;而那些选择对投资者不友好的州的经理人受到了惩罚。[343] 其次,正如我们所见,发行人(及其经理)能够在证券发行中设定披露水平的证据很薄弱。尽管公开证券发行(首次的和资深的)长期存在定价错误,但尚不清楚事前披露要求是否会减少这种现象。[344]

更相关的问题是,SEC 是否有动力提供最佳披露表格,或者它是否会迎合其传统利益集团——旋转门官僚和与政治相关的大企业。在州特许权竞争的背景下,乔纳森·梅西(Jonathan Macey)和杰弗里·米勒(Geoffrey Miller)教授认为,各州为了最大限度地提高特许权收入(charter revenues),可能会提供不太理想的公司法以使州内的私人利益集团受益——主要是地方律师界成员。[345] 基于这一见解,艾尔斯(Ayres)教授概述了潜在供给侧低效的三个缘由。[346] 首先,一个州的公司规则没有知识产权保护,因此理想的公司法创新很容易被其他州复制。[347] 无法实现一个好主意的全部价值,各州的良好公司规则就会存在供给不足。其次,各州可能会发现赢得特许权竞争的最佳策略是模仿领导者(即使领导者笨拙而缓慢),以免冒险耗尽资源。[348] 最后,领先的州(如特拉华州)会改变公司规则以适应变化,使复制公司法变得更加困难,并且公司客户试图跟上潮流发展时会给其律师带来更多

---

[343] See Romano, Genius of American Corporate Law, supra note 119, at 37 – 44.

[344] 例如,布兰森(Branson)教授生动地讲述了专业人士在促成一系列欺诈性证券发行中的作用,没有任何迹象表明更高的事前披露要求可以防止损害。See Douglas M. Branson, *Chasing the Rogue Professional After the Private Securities Litigation Reform Act of* 1995, 50 Smu L. Rev. 91, 94 – 103(1996)(讲述了"流氓"专业人士在根据条例 D 豁免和根据州证券法注册的一系列发行中参与严重欺诈的故事).

[345] See Jonathan R. Macey & Geoffrey P. Miller, *Toward an InterestGroup Theory of Corporate Law*, 65 Tex. L. Rev. 469(1987).

[346] See Ian Ayres, *Supply – side Inefficiencies in Corporate Charter Competition: Lessons from Patents, Yachting and Bluebooks*, 43 U. Kan. L. Rev. 541(1995).

[347] See id. at 545 – 50.

[348] See id. at 550 – 56.

工作。[349]

这些低效率现象尽管在公司法中存在,但它们在SEC发挥主导作用的披露选择制度中似乎没有那么突出,尤其是将之与在垄断监管环境中依赖官僚激励的强制性制度相比时。正如软件行业所表现的那样,SEC的先发制人优势及其制定高度受欢迎的统一标准的能力可能可以弥补创意保护的不足。[350] 不源自SEC的披露表格缺乏兼容特质,虽然无法采取模仿策略,但必须超越SEC才能吸引业务。模糊的披露领导力似乎也不太可能,因为发行人可以在不花费大量成本的情况下为每个发行更改披露方式。最终,正如商业组织形式的新兴市场所发生的那样,披露表格的提供者很可能会填补不同的市场缝隙。就像较小公司选择本地商业组织形式而大公司选择国家公司形式一样,证券发行披露中的市场细分是可以预见的。例如,IPO发行人可能会选择SEC的全面注册式披露(包括加重责任)来表明其真实性。成熟的公开交易发行人可能会选择纽约证券交易所或其他行业标准披露。

事实上,以州公司法为指导,可以预计披露选择将导致某些披露标准在特定类别内的统一。以公司注册为基础的私人选择的历史是,公司法规则趋向于同一——通常以特拉华州为领头羊。[351] 考虑上市公司基本(有时名义上是强制性的)条款的统一性:享有公司业务和事务全权的董事会、每年由股东选举产生的董事(由大股东投票)、可自由转让的股份(记录在公司账簿上)和具有信义义务的董事(可在股东派生诉讼中强制执行)。这些规则随着时间推移出现并通过试验确定了当前的核心规则。随着新规则取代旧规则——如关于投票灵活性或免除信义义务的新规则——各州通常遵循以特拉华州为首的全国性趋势。

---

〔349〕 See id. at 556 – 60.

〔350〕 艾尔斯(Ayres)教授关于网络外部性的观点削弱了他的另一观点,即在没有知识产权保护的情况下创新是次优的。大多数美国公司选择在特拉华州注册,以便利用其法律的知名度和法官的能力(网络外部性)。这表明,尽管竞争性复制很容易,但实际上率先行动者会得到回报。

〔351〕 See, e. g., Romano, Genius of American Corporate Law, supra note 119, at 37 – 44; John A. MacKerron, *A Taxonomy of the Revised Model Business Corporation Act*, 61 U. Mo. K. C. L. Rev. 663 (1993).

6. 国际监管竞争的教训

国际监管竞争也为美国放松证券发行披露监管提供了重要见解。首先,证券市场的全球化揭示了可以不计成本地追求强制披露的这一谬论。当投资者可以选择投资其他市场提供的证券时,强制披露规则的成本和收益就会成为焦点。当发行人可以参与监管套利时,他们选择较低披露水平市场的做法显然揭示了这种权衡。

美国投资者和市场是否为披露选择做好了准备,监管竞争也为其提供了证据。证明跨境交易中发行人进行机会主义披露的证据很少。尽管跨境发行人通常拥有很大的自由裁量权来选择其证券的披露水平,但公开和私人市场的披露似乎在很大程度上受到投资者驱动。例如,在伦敦交易所上市的外国证券(要求相对较高的披露水平)的交易量通常超过发行人的本国市场。[352]

其次,美国投资者已证明自己有能力对外国证券进行折价,以反映不同水平的披露和投资者保护。[353] 事实上,与美国股票发行相比,美国投资者在为外国发行人提供股票定价方面做得更好,因为前者存在系统性定价过高的情况。[354] 与在适用美国披露标准的美国证券交易所或纳斯达克上市的 ADR 相比,只需要披露本国信息的"粉单"上的 ADR 是以折扣价交易且有着更大价差。[355] 为避免这种披露风险,美国个人投资者表现出对外国证券的中介化投资偏好,如通过具有国际投资组合的美国共同基金。

毫不奇怪,过度监管的 SEC 披露政策导致有些人主张允许具有国

[352] See Lowenstein, supra note 62, at 1337 & n. 4.

[353] See Cox, Rethinking in the Shadow, supra note 59, at 160.

[354] See G. Andrew Karolyi & Stephen R. Foerster, *The Long – Run Performance of Global Equity Offerings*(*Jan.* 1998), available at http://papers. ssrn. com/paper. tafabstractid = 58648(on file with the Columbia Business Law Review)(发现非美国公司在美国市场的股票发行三年内的累积异常回报率为负 1.7%。相比之下,研究发现 18% ~26% 美国发行人的 IPO 和非首次股票发行长期表现不佳达到 3 年以上).

[355] See Iain Jenkins, "*Pink Sheets*" *Mix Risk with Rewards*, Int'l Herald Trib., Nov. 19, 1994, Money Report Section(据报道,场外交易市场上 ADR 的价差高达 10%).

际联系的发行人和投资者在不同国家的披露制度中进行选择。[356] 史蒂芬·崔(Stephen Choi)和安德鲁·古兹曼(Andrew Guzman)教授在两篇文章中主张让发行人和投资者能够在不同国家的证券制度中进行选择的管辖权规则。[357] 在第一篇文章中,他们断言投资者(以机构投资者为重点)根据可用信息和适用的监管制度考虑某一证券的风险及其回报,然后根据该信息识别和追求自己的利益。[358] 史蒂芬·崔和古兹曼认为,假设资本流动会刺激发行人的反应,如果他们在投资者投资外国证券时予以提醒,披露规则是足够的。除此之外,投资者能够而且必须接受其投资的风险。

史蒂芬·崔和古兹曼将其研究限于全球证券市场的披露,并聚焦于美国披露规则和反欺诈责任的域外影响。假设美国的保护措施"对发行人来说成本高昂且不为成熟投资者所重视,则允许此类发行人和投资者通过选择替代证券制度来绕过这些监管保护便可提高全球资本市场效率"[359]。他们呼吁制定关于美国证券管辖权域外效力的明确规则,以允许发行人和投资者进行规划,同时制定允许各方选择退出国内证券监管的新的美国证券规则。

在第二篇文章中,史蒂芬·崔和古兹曼扩展了基于国家的证券制度之间的竞争概念。[360] 他们断言,各个国家为维护和扩大其证券市场,从而为国内投资者创造更大的流动性、为证券监管机构创造更大的权力和声望以及为增加税收收入,彼此之间会相互竞争。面对发行人和投资者对不同披露水平的净收益的不同看法,他们预测各国将寻求

[356] 米歇尔·赫尔利(Michel Hurley)主张通过允许外国发行人使用外国证券披露标准来消除美国对外国证券发行和上市的监管障碍。See Hurley, supra note 144, at 731. 赫尔利认为,SEC 至少应允许在美国市场发行未注册或最低限度注册的外国证券,前提是这些证券附有风险警告和有关缺乏公共信息的免责声明。See id. at 743 - 744. 认识到二级市场上复杂的机构交易的普遍性,尼古拉斯·德莫(Nicholas Demomo)提出了一项针对外国证券的分叉上市制度的提议。See Demmo, supra note 118, at 720. 德莫认为,对于主要由机构交易的交易所上市外国证券,成熟机构投资者可以确定披露是否充分。

[357] See Choi & Guzman, Dangerous Extraterritoriality, supra note 285, at 240.

[358] See id. at 239 - 240.

[359] Id. at 220.

[360] See Choi & Guzman, Regulation in Global Capital Market, supra note 285, at 1857.

吸引证券市场的细分市场,而不是吸引整个市场。他们得出的结论是,解释这些差异的披露制度将对证券市场效率产生"明确的积极影响"。[361]

这种国际披露选择的愿景是有价值的,它建立在对美国披露监管强制性的根本怀疑之上,但不够大胆。全球证券市场中披露选择的观点同样适用,或许更适用于国内证券发行。如果可以信任美国投资者会明智地投资于监管较少的市场,那么当证券发行发生在美国市场时,我们为什么要放弃这种信任呢?如果发行人和投资者对披露的净收益有不同的看法,只有允许国内发行人将自己与异类投资者区分开来才能扩大披露选择的价值。如果有人相信私人披露和其他信号发布在国际投资中达到足够的水平,史蒂芬·崔和古兹曼断言这已经渗透到全国市场,那么美国市场的披露选择是不可避免的结论。

美国披露选择的国外影响。美国证券发行的披露选择政策如何在证券监管套利的世界中发挥作用?如果外国发行人可以选择根据其本国标准进行披露,美国的披露选择将可以预见地为外国发行人在美国的新发行打开闸门。许多外国发行人被迫满足更高的美国披露标准,他们报告称不同的会计要求导致他们避免在美股上市。[362] 事实上,据估计有4000家外国发行人符合在纽约证券交易所和纳斯达克交易的上市标准,但由于美国的披露成本较高,它们并未寻求在美国上市。[363] 披露选择将以更低成本为美国投资者开放投资机会。此外,外国发行人的披露选择也将可预见地引发信号发布方法试验,因为这些发行人试图突出其信号质量和真实性,否则会面临有扩大投资选择的美国投资者的严重低估。

尽管如此,一些人认为,美国的披露选择政策可能会导致全球范围内披露标准的总体放宽。通过放弃强制披露,美国将扭转其作为最具活力的证券监管者角色。这一角色曾导致全世界证券监管机构之间的"监管竞次"。1992年的一篇开创性文章强调在制定披露政策时聚集

---

[361] See id. at 1858.

[362] See Choi & Levich, International Accounting Diversity, supra note 145.

[363] See id. at 13 – 15.

国际和国内交易的重要性。[364] 在该文中,詹姆斯·考克斯(James Cox)教授主张实现披露政策的协调,即发行人不能低于多个司法管辖区的监管底线。考克斯得出结论,“监管的统一性和严格性对于确保竞争性监管平衡是必要的”。他认为美国政策制定者应与其他国家就所有国家证券法的最低限度内容达成协议。[365] 否则,过度监管的美国将在国际监管竞争中失利,因为美国发行人会转移到成本较低的外国市场,而美国市场的交易量会输给监管较少的外国同行。

强制披露底线的观点,至少就美国证券发行的披露政策而言,在两个层面上存在缺陷。首先,它不区分一级市场和二级市场而进行市场失灵假设。正如我们所见,即使监管不要求披露,发行人在证券发行中披露仍面临巨大的市场压力。[366] 发行后市场披露和交易实践中不同的监管标准会造成诱发机会主义的落差,尽管有理由对其进行协调监管,[367] 但证券发行中的披露居于不同的立场之上。

其次,国际披露最低限度的观点认为,没有监管协调,各证券监管机构将参与披露“放松竞赛”。面对监管套利的可能,没有证据表明非美国监管者正在降低其披露标准以吸引公司上市。[368] 事实上,即使没有协调一致的监管,美国以外的披露标准正朝着另一个方向发展。世界范围内的趋势是监管趋同,因为历来披露规则宽松的国家实施了更严格的监管,而有着更多监管的国家(如美国)则放松了监管。[369]

---

〔364〕 See Cox, Rethinking in the Shadow, supra note 59.

〔365〕 See id. at 159.

〔366〕 考克斯(Cox)也承认这一点。考克斯认可经理们在最初选择公司上市或首次上市的国家时不会(或不能)投机取巧,但认为他们后来的决定可能存在机会主义。See id. at 165 – 66.

〔367〕 See J. William Hicks, *Securities Regulation: Challenges in the Decades Ahead*, 68 Ind. L. J. 791, 794(1993)(主张明确的美国内幕交易标准,以期有一个统一的国际标准).

〔368〕 有些人提出了这种说法,但没有得到支持。See, e. g., Cox, Rethinking in the Shadow, supra note 59, at 163 – 64(认为如果监管方案能够满足经理们的自身利益,那么国际交易所之间不受监管的竞争很可能会导致“朝底竞争”).

〔369〕 See Jeffrey MacIntosh, *International Securities Regulation: Of Competition, Cooperation, Convergence and Cartelization*(1996), available at http://papers. ssrn. com/so3/paper. tafabstractid = 10162(abstract)(建议证券监管机构转向强制监管底线以解决对投资者保护的担忧,同时相互承认监管标准以允许竞争); Fox, Political Economy, supra note 61(描述了日本和德国、美国和英国在披露上的差异).

（三）规则 10b－5 的反欺诈底线：它能承载新的重量吗？

笔者的披露选择提议有一个重要补充，即公开发行的发行人将受到强制性反欺诈标准——规则 10b－5 责任的约束。[370] 披露选择会将从遵守事前项目披露转变为执行事后责任标准。在一端挤压披露"气球"会不可避免地使其另一端扩大。[371] 执行成本和责任存在不确定性的规则 10b－5 责任，是否能够发挥这种拓展功能？

有很多推荐规则 10b－5 责任的理由。它在普通法传统中发展起来，已经证明自身伴随时间推移的灵活性和适应环境的延展性。最高法院对规则 10b－5 责任范围的处理和完善比其他任何证券法主题都更频繁。规则 10b－5 的重大性和罪责性标准均在不断发展，已经被证明是防范过度执法的有用工具。私人规则 10b－5 责任提供了一个国家标准，能够通过集团诉讼程序落实国家执行。[372] 与美国以外的反欺诈规则相比，相对较高的规则 10b－5 标准允许美国发行人进行具有更高真实性证明的披露。[373] 在许多具体情境中，法院制定了指导披露行为的事后标准，如在公司收购的背景下披露前瞻性预测信息的标准。[374] 此外，高度专业化的证券律师很大程度上可以理解这些标准，

---

〔370〕 根据笔者的提议，发行人可以选择将此作为其发行的独家反欺诈标准。

〔371〕 See Cox, Rethinking in the Shadow, supra note 59, at 177.

〔372〕 州反欺诈执法部门现在已优先针对与公开交易的证券有关的虚假或误导性披露提起集团诉讼。See Securities Litigation Uniform Standards Act of 1998, Pub. L. No. 105－35, 112 Stat. 3227 (1998) [修订 Securities Act Section 16, 15 U. S. C. § 77p, and Exchange Act, Section 28 (f), 15 U. S. C. § 78bb (f)]. See John C. Coffee, Jr., A Primer on Uniform Standards Act, N. Y. L. J., Dec. 17, 1998, at 5.

〔373〕 最近的一项研究发现，与美国以外的外国发行人相比，在交易市场进行披露的美国发行人提供的前瞻性陈述更少，这显然是由于美国发行人面临更高的反欺诈标准。但当美国发行人确实披露时，他们的披露对价格的影响更大。See Carol A. Frost, *Characteristics and Information Value of Corporate Disclosures of Forward－looking Information in Global Equity Markets* (*working paper June* 1996), available at http://papers.ssrn.com/sol3/paper.taf? abstract_id=10161 (abstract).

〔374〕 See, e. g., Isquith v. Middle South Utilities, Inc., 847 F. 2d 186 (5th Cir.), cert. denied, 488 U. S. 926 (1988)（总结了各种司法做法，重点关注特定预测信息的性质及其重要性、可靠性和对潜在投资者的影响）; Walker v. Action Industries, Inc., 802 F. 2d 703 (4th Cir. 1986), cert. denied, 479 U. S. 1065 (1987)（由于其不确定性和波动性，不需要披露预测信息）.

他们是确保发行人的证券发行披露真实性的“重要参与者”。[375]

作为规则10b-5的裁决者,联邦法院对披露成本非常敏感,可能比作为监管者的SEC对披露项目更为敏感。最高法院的规则10b-5重大性标准,考虑了信息的“总混合”(total mix),明确以成本效益分析为基础。[376] 同样,出于对扩展责任成本的担忧,最高法院否定了私人规则10b-5诉讼中的协助和教唆责任。[377] 下级联邦法院已经认识到严格遵守“价格准确性”分析所带来的竞争损害。例如,在要约收购的情境中,联邦法院不要求收购方和目标公司披露预测信息和其他“软信息”,即使在收购方和其他人在其定价计算中依赖预测的情况下也是如此。[378]

随着时间推移,联邦法院制定了反映司法想象力和适应性的反欺诈责任制度。私人证券律师的观点被转化为司法裁决,或许他们是洞察力和智慧的代表,比SEC通过监管程序获得的更深刻。10b-5元素已经变得非常详细和多样化。重大性因环境而异,在市场案件中法院要求客观价格影响的存在,但在面对面交易中却接受主观相关性。在市场交易案件中较低的疏忽标准会使市场发言人变得迟钝而保守,明

---

〔375〕 See Manning Gilbert Warren Ⅲ, *The Primary Liability of Securities Lawyers*, 50 Smu L. Rev. 383, 386-90 (1996)(描述证券律师在证券发行披露过程中的角色,律师最终负责确保向投资者披露的信息是诚实和完整的).在这种情况下,证券律师应识别信息陷阱,特别是那些可能被承销商识别或可能导致欺诈责任的陷阱。出于这个原因,通常降低公司证券律师警惕性的可预测偏差在证券发行中可能不会像涉及持续业务运营披露的情况那样充分发挥作用。See Donald C. Langevoort, *The Epistemology of CorporateSecurities Lawyering: Beliefs, Biases and Organizational Behavior*, 63 Brook. L. Rev. 629, 638 (1997)(描述了企业向二级市场隐瞒信息时的认知偏差).

〔376〕 See Basic Inc. v. Levinson, 485 U. S. 224 (1988)(采用了TSC Industries 诉 Northway 案的“总混合”标准);TSC Industries, Inc. v. Northway, Inc., 426 U. S. 438, 449 (1976).“某些信息的意义如此可疑,坚持披露可能弊大于利。”

〔377〕 See Central Bank of Denver v. First Interstate Bank of Denver, 511 U. S. 164 (1994)[解读《1933年证券法》第10(b)条中的“操纵性或欺骗性手段或装置”用语,要求10b-5被告参与实际的欺诈行为,而不仅是提供附带协助];Pinter v. Dahl, 486 U. S. 622 (1988)(将《1933年证券法》第12条撤销诉讼中的附带参与者责任限于那些为个人利益招揽证券销售的人).

〔378〕 See, e. g., Isquith, 847 F. 2d at 186; Walker, 802 F. 2d at 703(由于不确定性和波动性,不要求披露预测信息).

知或故意(scienter)(得到恰当辩护)必须在其中得到展现。在经纪自营商案件中,疏忽大意是公认的过错标准,在这些案件中职业道德占了上风。[379] 在市场欺诈案件中,信赖本质上是不被需要的,但当案件涉及成熟当事人之间的协商交易时,信赖则是必需的。简而言之,联邦法院已经证明自己的非凡能力,能够区分有着内在信息不对称的情境和那些以信息均等为特征的情境。[380]

即使联邦法院对披露成本和背景很敏感,但事后诉讼仍是一项成本高昂的披露制度。[381] 如果诉讼成本过高,投资者将无法充分行使其权利,发行人披露的质量也会受到影响。如果太容易,可能会导致滋扰诉讼激增。无论披露是基于事前项目监管还是事前执行,寻找平衡是不可避免的。经验表明,联邦法院已经表现出对这个问题的制度意识,这不仅体现在针对过度执法和执法不足制定普通法解决方案上,还体现在接受谈判解决方案上。例如,联邦法院已经接受了诸如仲裁和律师费条款等对诉讼成本的私人控制。如果事前披露(可能进行行政审查)在成本效益的基础上比事后诉讼更有利,则在披露选择制度下的发行人可以选择 SEC 注册和加重责任。事实上,在某些情况下,发行中的参与者自愿寻求更大的责任风险暴露以表明其更高的可靠性。[382]

最终,事后反欺诈责任为不断发展的普通法标准提供了可能性,以

---

[379] See Charles Hughes & Co. v. SEC, 139 F. 2d 434(2d Cir. 1943), cert. denied, 321 U. S. 786(1944); Kahn v. SEC, 297 F. 2d 112, 115(2d Cir. 1961)(J., Clark, concurring)[描述"招牌理论"(shingle theory),即经纪人"向公众出售证券——挂出他的招牌(shingle)——隐含地保证股票价值声明的合理性",以及他的专业操行]; Loss & Seligman, Fundamentals, supra note 264, at 876 – 86(讨论了"招牌理论").

[380] See Alison Grey Anderson, *Fraud, Fiduciaries, and Insider Trading*, 10 Hofstral. Rev. 341(1982).

[381] 事实上,许多外国发行人表示,他们避开美国证券市场并不是因为 SEC 注册的负担,而是因为害怕成为美国证券集团诉讼"磨坊里的谷物"。See Cox, Rethinking in the Shadow, supra note 59, at 192; Hurley, supra note 144, at 730(注意到对证券集团诉讼的恐惧使外国发行人不太愿意在美国发行证券). See also Grundfest, supra note 233, at 733(指出证券欺诈案件的过度诉讼可能会增加融资成本,甚至会阻碍发行人上市).

[382] See Miles B. Gietzmann & Reiner Quick, *Capping Auditor Liability: The German Experience*(1996), available at http://papers. ssrn. com /sol3/paper. taf? abstractid = 2580(abstract)(描述了德国审计行业为增加责任风险而开展的活动).

解决超出市场和协商解决方案的信息不对称问题。根深蒂固的行政事前监管已被证明不够灵活。将 SEC 面对前瞻性信息的笨拙监管努力与法院“谨慎表达”标准的发展进行比较,前者在不可行的“合理基础”和“诚信”标准中达到顶点,后者在立法效仿中达到顶峰。[383] 行政事前监管也被证明是无效的。比较下 SEC 对于发布坏消息的系统管理延迟和避免预报坏消息的反应,以及司法对相关案件中相同的指控的反应。[384] 鉴于制度能力的差异,精细的反欺诈责任是解决信息不对称问题更可取的解药。

SEC 作为责任标准制定者? SEC 是否应根据《交易法》第 10b(5)条规定的规则制定权承担额外的反欺诈标准调节者角色? 对证券欺诈集团诉讼感到绝望的格伦德菲斯特(Grundfest)教授正是持这一主张。然而,当欺诈以令人眼花缭乱的种类和等级出现时,这个角色似乎不太与 SEC 的能力和激励措施相配。10b-5 责任制度的价值一直是 SEC 逐案关注的重点。就 SEC 的重要观点而言,它们也许来自其独立观察或实证研究,可以通过法庭之友(amicus)参与法庭程序表达。

五、结论

美国证券监管正处于转折点。过去 65 年来,促成投资者强制披露的监管假设正在从各个方面被重新考虑。我们正处于“1933 年的春天”(spring of 1933)。SEC 已经允许在发行方法和披露水平方面进行

---

[383] See H. R. Conf. Rep. No. 104-369, at 43-46, reprinted in 1994 U. S. C. CA. N. 730, 742-45[声明由 1995 年私人证券诉讼改革法案(Private Securities Litigation Reform Act of 1995)添加到《证券法》第 27A 条和《交易法》第 21E 条中的法定安全港源自但无意取代司法创造的“谨慎表达”原则].

[384] 美国对前瞻性信息的责任规则,虽然给这种披露感到降了温,但显然也增加了披露时的可信度。最近对 5 个国家(美国、英国、法国、德国和日本)的前瞻性信息的公司披露研究得出结论,虽然美国和英国的发行人不太可能披露预测信息,但市场对此类披露的反应比对实际收入和销售额报告的反应更大。See Frost, supra note 373. 另外,前瞻性披露在法国、德国和日本更为频繁,这些国家的责任环境不那么令人不快,但这些披露受到的市场关注较少。事实上,日本 80% 的公司公告包括预测信息(比研究中的任何其他国家都多),市场对前瞻性信息的反应没有统计学意义。

广泛选择,也正在考虑对证券发行注册制度进行历史性改革。联邦法院正将未注册发行的欺诈责任标准私人化,认可国内和国际证券交易中的当事人选择,并在证券欺诈案件中支持披露免责声明和其他弃权合同条款。国会正在寻求重新调整证券欺诈集团诉讼的成本和收益。

正如马奥尼(Mahoney)教授所指出的那样,“这种演变的合理终点是一个聚焦两个核心任务的监管制度。第一个是打击欺诈……一个盗窃他人信息的小偷。第二个是制定明确的规则,使市场参与者认识到信息不对称的存在并相应地调整估值”〔385〕。证券发行中的披露选择以欺诈责任底线为支撑,这使我们更接近理性的目的地。

(编辑:谢贵春)

〔385〕 See Mahoney, *Property Rights in Information*, supra note 70, at 847 - 48.

《证券法苑》(2023)
第三十七卷,第 508 ~542 页

单层制公司治理结构下董事会的定位及制度回应*

莫培艳**

摘要:《公司法(修订草案)》引入单层制,允许公司选择治理结构,意在适应全球经济竞争及应对国内公司内部监督困境。然而,治理制度之间的体系衔接缺失,导致单层制下公司监督者不明。以监督型董事会为切入,单层制的本土实践可能存在单层制的适用泛化、公司权力配置结构性调整缺失、相关配套措施衔接不畅三重困局。破解困局当有体系化方案,《公司法(修订草案)》宜从满足不同类型公司的差异化配置需求、公司权力重新配置及优化配套机制三方面予以完善。

关键词:单层制公司治理结构　《公司法(修订草案)》　监督型董事会　公司治理

---

* 本文以 2021 年 12 月公布的《公司法(修订草案)》一读稿为研究对象,系国家社科基金项目“公司法制度竞争视野下股权结构变革研究”(21BFX095)的阶段性成果。

** 武汉大学法学院 2022 届硕士研究生。现任职于北京市中伦律师事务所。

单层制公司治理结构(以下简称单层制)与双层制公司治理结构(以下简称双层制)是国际上颇具代表性的公司治理结构,两者最大的差异在于,公司内部监督主体不同。单层制主要由英美法系国家遵行,强调股东会产生董事会,后者享有管理与监督双重权力;双层制主要为大陆法系国家采纳,核心特征在于股东会选出监督董事会(the supervisory board),监督董事会选出管理董事会(the management board),监督董事会和管理董事会分别肩负监督和管理职责,部分大陆法系国家对此进行改良,使两者处于平行地位。从国际上看,越来越多的国家允许公司在上述两种治理结构中进行选择。[1] 从1993年公布《公司法》至今,我国公司治理制度沿袭大陆法系传统,公司内部设股东会、董事会和监事会,上市公司亦建立了英美法系的独立董事制度。然而,监督制度的运行效果差强人意,未来公司法应采取何种变革路径,引发激烈讨论。

在此背景下,2021年12月公布的《公司法(修订草案)》引入单层制,为公司治理结构提供可选方案。遗憾的是,单层制仅作为制度"标签"被引入至《公司法(修订草案)》中,公司治理制度之间的体系衔接缺失,导致单层制下公司取消监事会后监督者不明。对此,本文立足国内商事实践并选择性借鉴域外立法与实践的有益成果,探讨单层制下董事会变成监督机构后公司治理制度未进行体系化调整所可能产生的现实困局,并提出治理制度优化的可行方案。

---

〔1〕 See Klaus J. Hopt, *The German Law of and Experience with the Supervisory Board*, European Corporate Governance Institute(ECGI) – Law Working Paper No. 305, 2016. 以日本为代表的国家继受并改造了德国监事会制度,监事会和董事会不再存在隶属关系,两者均对股东会负责,这被称为并列型的治理结构,其与典型的双层制又被称为二元制公司治理结构。二元制公司治理结构盛行于大陆法系国家,其与英美法系国家流行的一元制公司治理结构(又被称为单层制)相对。参见蒋大兴:《公司法的观念与解释Ⅰ:法律哲学 & 碎片思想》,法律出版社2009年版,第281~282页。

一、单层制引入的契机与挑战:以《公司法(修订草案)》为切入

(一)单层制引入的缘由

法律移植的本质问题在于一国是否需要该制度,[2]开篇厘清单层制引入中国的必要性,是探讨其他问题的逻辑起点。

1. 宏观视角:适应全球经济竞争需要

在经济全球化背景下,各国为增强国内公司治理制度的竞争性经济优势,纷纷对其进行改良。对于一国而言,相较于自行创设新制度,法律移植是成本最低、最为便捷且可能会结出新的法律果实之变革途径。[3] 在全球多种治理制度中,LLSV[4]指出,拥有发达资本市场的英美法系国家之法律制度在保护投资者方面表现较好,这意味着单层制在促进经济增长方面或许很有效率。因此,单层制多为其他国家所引入、吸收或借鉴,而上述法律移植趋势影响着全球法秩序的建构,促使单层制成为国际上流行的公司治理结构。

应注意到,其他国家移植单层制时,并非放弃国内现有治理结构,而是允许它们相互竞争,实际上,越来越多的国家允许不同公司治理结构并存。比如,法国、荷兰等国家允许公司在单层制和双层制中进行选择。[5] 再如,日本公司法中,股份公司除可设监事会外,亦可选择设提

---

〔2〕 参见江平:《全球化、现代化与本土化》,载江平主编:《比较法在中国》(2003 年卷),法律出版社 2003 年版,第 5 页。

〔3〕 参见[美]柯提斯·J. 米尔霍普、[德]卡塔琳娜·皮斯托:《法律与资本主义:全球公司危机揭示的法律制度与经济发展的关系》,罗培新译,北京大学出版社 2010 年版,第 254 页。

〔4〕 LLSV 是 Rafael La Porta, Florencio Lopez - de - Silanes, Andrei Shleifer, Robert Vishny 四位学者的简称,他们采用了多个国家和地区数据,将其公司法中确立的制度进行归类并加以拆分量化,通过对各国资本市场发展程度的衡量,判断哪一法律体系更有助于保护投资者和债权人利益。参见邓峰:《普通公司法》,中国人民大学出版社 2009 年版,第 39 ~ 40 页。

〔5〕 See Klaus J. Hopt, *The German Law of and Experience with the Supervisory Board*, European Corporate Governance Institute(ECGI) - Law Working Paper No. 305, 2016.

名委员会等委员会或设监查等委员会。[6] 可见,各国公司法的发展呈现更具包容性和多元化的态势。

随着全球经济竞争愈加激烈,我国开启了新一轮的公司法修订,国内公司治理迎来转型的契机。一方面,作为后发国家,根据建立和发展先进公司法理念与制度的修法目标,[7] 我国公司治理变革仍需依循制度移植道路。同时,为适应全球经济竞争,促成我国市场与国际市场接轨,国内公司治理制度亦需要与国际惯例接轨。另一方面,在各国公司治理结构多元化之背景下,我国公司法亦应针对治理结构设置多重选项,以满足不同投资者之差异化需求,[8] 增强我国公司治理制度的灵活性和适应性。因此,我国公司法需要引入单层制,并在结合我国国情的基础上,将其能动性地转化为具体规范,使其真正发挥应有的功效,以提升我国在公司治理方面的竞争力,进而对促进国内经济增长产生实际影响。

2. 微观面向:应对公司内部监督机制失灵

近年来,我国上市公司内幕交易、虚假陈述等证券违法行为时有发生,中国证监会对上市公司董事、高级管理人员等施以行政处罚数量逐年上升的现象反映了上市公司内部治理的困境,有限责任公司的内部治理虽不存在上述问题,但其违法行为也层出不穷。[9] 上述丑闻频发的原因是公司治理制度未发挥有效作用,尤其是监督机制失灵,现有制度难以有效约束公司内部人员的不当行为,其失效的原因何在?

首先,监事会制度貌合而神离。该制度于1993年《公司法》制定时被引入,此后《公司法》几经修订,却未对该制度进行实质性修改,这并不意味着其无完善之必要,实践中监事会因未能发挥其应有价值而饱受学界批评,其主要存在如下问题:其一,监事会缺乏独立性,其成员和经费依赖于被监督者,实践中更多受制于大股东、实际控制人或董事

---

[6] 参见[日]近藤光男:《最新日本公司法》(第7版),梁爽译,法律出版社2016年版,第172~175页。

[7] 参见赵旭东:《公司法修订的基本目标与价值取向》,载《法学论坛》2004年第6期。

[8] 参见周游:《公司法的功能嬗变:从填空到选择》,法律出版社2022年版,引论第8页。

[9] 参见赵旭东:《中国公司治理制度的困境与出路》,载《现代法学》2021年第2期。

会;其二,监事会缺乏有效监督手段,难以有效制止被监督者损害公司利益的行为。[10] 因此,上述制度缺陷使得监事会的实际效用乏善可陈。

其次,独立董事制度"水土不服"。在我国上市公司治理结构不完善,监事会未能发挥其作用,并欲增加董事会独立性的背景下,《公司法》引入独立董事制度。然而,经过数年实践,独立董事并未"独立""董事",其异化的原因在于,该制度的移植与法律移植的文化契合理论相悖。[11]

最后,双重监督机制叠床架屋。这主要体现在:一方面,独立董事拥有重大关联交易事前认可等职权,似乎可以认为,其主要在决策中发挥作用,而监事会发挥事后监督作用,但实际上独立董事拥有的其余大部分职权与监事会职权具有同质性,如聘用外部审计机构等。另一方面,两者的责任边界不清晰,若两者均不作为而导致公司和股东利益受损,对于应追究哪一方的责任,相关法律规范未作出明确规定。[12] 上述缺陷使得两者之间产生推诿和"搭便车"等问题,故而监督机制发挥作用的前提不在于监督主体的多少,而在于主体精简。

针对上述问题,学者主张废除独立董事制度或监事会制度而强化另一制度,或主张设两种治理结构并赋予公司选择权。对于第一种方案,从尊重法律权威性和降低实践沉没成本的角度而言,立法者似乎不可能废止一项已实施多年的制度。[13] 另外,若不同形态的公司均适用同一模式,它们之间的差异化需求则会被忽视。第二种方案赋予公司一定的自治空间,亦避免了监事会和独立董事因职能交叉而存在的推诿等问题。对此,《公司法(修订草案)》选择第二条路径,在保留监事会制度的基础上,引入了单层制,有助于实现国家强制和公司自治在一

---

〔10〕 参见高旭军:《对我国上市公司"双核心监督机制"的反思》,载《东方法学》2016年第2期。

〔11〕 参见李安安:《资本市场法律移植的制度反思与变革》,载《证券法苑》(第14卷),法律出版社2015年版,第108页。

〔12〕 参见前注〔10〕,高旭军文。

〔13〕 参见季奎明:《中国式公司内部监督机制的重构》,载《西南民族大学学报(人文社会科学版)》2020年第4期。

定程度上的协调,亦有助于我国构建能回应社会需求之"回应型"公司法。[14]

(二)单层制引入的挑战

以单层制引入的缘由为先导,已然明定单层制的移植是大势所趋,现应将视域投射至《公司法(修订草案)》中的单层制规则,检视该制度的本土化情况。单层制下公司取消监事会后监督者不明,故而本文对其进行溯源,从而为单层制本土实践困局的分析奠定基础。

1. 文本剖释:单层制下公司监督者不清

《公司法(修订草案)》将股东会、董事会与监事会分别定性为公司的权力机构、执行机构与监督机构,与《民法典》总则编有关营利法人内设机构的规定相协调,体现了民商法律体系内的一致性。上述规定看似无懈可击,但单层制下公司监督者并不清晰。

第一,从股东会与董事会的关系而言,《公司法(修订草案)》第 54 条的规定,股东会有权选举和更换董事、决定有关董事的报酬事项及审议批准董事会的报告。[15] 对于监督者而言,上述权力是较为核心的权力,似乎应将股东会认定为监督机构,但《公司法(修订草案)》第 64 条、第 125 条规定,董事会审计委员会肩负另一重要的财务和会计监督

---

〔14〕 参见冯果:《整体主义视角下公司法的理念调适与体系重塑》,载《中国法学》2021 年第 2 期。

〔15〕 《公司法(修订草案)》第 54 条第 1 款规定:"股东会行使下列职权:(一)决定公司的经营方针和投资计划;(二)选举和更换董事、监事,决定有关董事、监事的报酬事项;(三)审议批准董事会的报告;(四)审议批准监事会的报告;(五)审议批准公司的年度财务预算方案、决算方案;(六)审议批准公司的利润分配方案和弥补亏损方案;(七)对公司增加或减少注册资本作出决议;(八)对发行公司债券作出决议;(九)对公司合并、分立、解散、清算或者变更公司形式作出决议;(十)修改公司章程;(十一)公司章程规定的其他职权。"

职责,[16]使上述结论无法成立。

若董事会被认定为监督机构,则与《公司法(修订草案)》第 62 条关于董事会是执行机构的规定相冲突。所谓"执行机构",一般指董事会系股东会的执行机构,其职责限于执行股东会决议和职权。[17] 根据《公司法(修订草案)》第 54 条的规定,股东会除享有重大人事任免权和薪酬决定权外,还有权决定修改公司章程、增加或减少注册资本(以下简称增减资)及合并等事项,亦拥有经营方针等公司战略和经营事项决策权等。可见,若公司章程未作出例外规定,董事会仅有权执行上述股东会的决议。

然而,《公司法(修订草案)》第 62 条规定,董事会行使公司法及公司章程规定属于股东会职权之外的职权。由此可知,董事会不仅执行股东会决议,而且需要履行其他职责。比如,单层制下董事会组建审计委员会并由后者对公司财务和会计进行监督;再如,《公司法(修订草案)》第 71 条规定董事会有权决定公司对外投资或对外担保事项。因此,董事会享有决策、执行、监督三方面职权,而三者孰轻孰重,本文无法得出明晰的论断。

第二,从董事会和监事会的关系来看,《公司法(修订草案)》第 77 条将监事会定位为监督机构,但董事会有权任免经理,上市公司独立董事亦负有监督职责。在公司不设监事会的情况下,董事会审计委员会行使公司财务、会计监督职权,若董事会承担监督职责,但其却系公司执行机构。由此可知,单层制下董事会显然不是监督机关,或者说,其主要职能至少不是监督。

---

〔16〕《公司法(修订草案)》第 64 条规定:"有限责任公司可以按照公司章程的规定,在董事会中设置由董事组成的审计委员会,负责对公司财务、会计进行监督,并行使公司章程规定的其他职权。在董事会中设审计委员会的有限责任公司,可以不设监事会或者监事。"第 125 条规定:"股份有限公司可以按照公司章程的规定在董事会中设置由董事组成的审计委员会等专门委员会。审计委员会负责对公司财务、会计进行监督,并行使公司章程规定的其他职权。设审计委员会且其成员过半数为非执行董事的股份有限公司,可以不设监事会或者监事,审计委员会的成员不得担任公司经理或者财务负责人。"

〔17〕参见叶林:《公司治理制度:理念、规则与实践》,中国人民大学出版社 2021 年版,第 119 页。

第三,《公司法(修订草案)》第69条、第131条规定,公司可设经理,由董事会决定聘任或解聘,经理根据公司章程的规定或董事会的授权行使职权。从上述规则的文义解释来看,经理无法被视为公司监督者。

2.问题溯源:治理制度之间的体系衔接缺失

域外制度的先进性固然重要,法律制度本土化的过程更为重要。成功的法律移植应如器官移植一样,域外制度从原机体取出后能在新机体中长期存活并成为其有机组成部分,〔18〕故而移植的制度需要有效嵌入本国法律体系中。我国《公司法》构建的治理制度沿袭了大陆法系传统,若其引入英美法系国家遵行的单层制,设两种治理结构并供公司选择,随之而来的问题是,如何在具有大陆法系传统的制度框架中系统性地补充英美法的元素,以实现不同法系时空转换后制度的有效适用,这需要立法者在构造单层制规则时予以重点关注,其包括如下两方面:

其一,立法需要结合国内商事实践情况,建构单层制规则体系。单层制的移植并非立法的简单创设,而是一旦公司选择它,则有一套体系化的规则紧随其后。具体而言,单层制引入时,其适用的公司类型,单层制下各机关之间的关系及其权力配置、义务等制度亦要随之系统性引入,而上述内容的引入除了要保证完整性外,亦需要具备一定的适配性,经济基础决定上层建筑,法律规则的制定与实施本质上是为经济发展而服务的,故而立法者在构建单层制规则时,应基于我国经济发展状况和公司治理实践情况,进行严密的论证及精细化设计,从而将其适用于合适的场景中。

其二,立法者需要理顺两种治理结构之间的关系,两者分别对应的规则需要共同形成一套逻辑自洽的公司治理体系。根据整体主义观,任何事物本身不仅是由多重关系组成的复合体,事物之间的关联性亦决定了它们需要合成一个完整的系统。〔19〕对此,在两种公司治理结构

〔18〕 参见郭星华、何铭灏:《从机械走向有机:法律移植的本土化调适》,载《新视野》2020年第3期。

〔19〕 参见前注〔15〕,冯果文。

并存的情况下,我国不仅要对单层制进行体系性移植,还要将其与现有治理制度进行磨合,从而形成并行不悖且能满足不同投资者需求的规则体系。

然而,通过揭示域外单层制的真实面貌及剖释我国公司法文本,笔者发现,立法者仅将单层制作为制度"标签"引入。具体而言,域外公众公司丑闻不绝入耳,实为强势经理滥用权力所致,[20]反映出治理结构的制约功能失调,作为股东与经理之间纽带的董事会之职能定位从建议与管理型向监督型转变,[21]以控制代理成本。针对上述变化,以美国为代表的采用单层制的国家在其法律体系内进行变革,其制度要义为:第一,单层制主要适用于两权分离的公众公司,股东的主要作用为任免董事和决定合并等结构性事项,[22]公司权力则归属于董事会,但董事会将经营管理权力下放给经理层,而其主要职能为任免、监督经理层。[23] 第二,监督型董事会内部如何分工或其闭会期间如何行使权力等问题均影响其功能的发挥,委员会的设立及运行有助于解决上述问题。[24] 第三,董事会的监督职能被强化后,董事履行监督义务的标准随之提升。[25]

鉴于域外单层制下董事会系公司监督机构,故而单层制引入我国后,董事会核心职能发生变化。公司内部治理具有体系效应,各项制度之间相互关联,单层制下公司监督机构一旦发生变化,其他制度亦应进

---

〔20〕 See Jeffrey N. Gordon, *The Rise of Independent Directors in the United States*, 1950 – 2005: *Of Shareholder Value and Stock Market Prices*, Stanford Law Review, Vol. 59, 2007.

〔21〕 转引自[美]斯蒂芬·M. 班布里奇、[美]M. 托德·亨德森:《外包董事会:董事会服务提供商如何改善公司治理》,李诗鸿译,上海人民出版社2022年版,第50~55页。

〔22〕 参见[美]罗伯特·W. 汉密尔顿:《美国公司法》(第5版),齐东祥组织翻译,法律出版社2008年版,第175~176页。

〔23〕 See Model Business Corporation Act § 8.01, § 8.40 and § 8.41; The Financial Reporting Council, The UK Corporate Governance Code.

〔24〕 See Model Business Corporation Act § 8.25; Delaware General Corporation Law § 141.

〔25〕 See Model Business Corporation Act § 8.30; Graham v. Allis – Chalmers Manufacturing Company, 188 A. 2d 125 (Del. 1963); In re Caremark International Inc. Derivative Litigation, 698 A. 2d 959 (Del. Ch. 1996); Stone v. Ritter, 911 A. 2d 362 (Del. 2006).

行相应调整。[26] 然而,《公司法(修订草案)》第 64 条、第 125 条和第 153 条规定,有限责任公司、股份有限公司和国有独资公司可选择适用单层制,[27] 上述条文奠定了《公司法(修订草案)》中的单层制,其他治理制度未随之而调整。由此可知,立法者引入单层制时,未充分考虑单层制在母国的生成机理和制度要义及我国实际情况,仅进行了碎片化移植。在此情况下,公司治理制度之间的体系衔接缺失,使单层制下公司取消监事会后监督机关不明。因此,单层制的平稳落地有赖于后续公司治理制度的体系化调适。

二、本土问题检视:单层制实践的三重困局

单层制下董事会的定位转变为监督者,鉴于公司各机关之间的权力共同构成一个完整的权力群,董事会的权力变更意味着公司权力需要重新分配,分配方案的确定则取决于公司的特性及治理需求。在确定权力的归属后,法律需要考虑权力主体如何有效发挥作用,这离不开配套措施的支持。然而,立法者未对相关公司治理制度予以体系化调整。对此,本文结合我国公司治理实践并选择性借鉴域外立法与实践经验,从单层制的适用范围、公司权力配置及董事会履职的配套措施三方面分析单层制实践可能存在的困局,从而为后续提出改革方案奠定基础。

(一)单层制的适用:忽视不同类型公司的特殊性

虽说全球公司治理制度呈现趋同的态势,[28] 相同制度在不同国家的发展仍可能产生差异化的结果,故而一国进行法律移植时须考虑国

---

〔26〕 参见刘斌:《公司治理中监督力量的再造与展开》,载《国家检察官学院学报》2022 年第 2 期。

〔27〕 《公司法(修订草案)》第 153 条规定:"国有独资公司按照规定不设监事会或者监事,在董事会中设置由董事组成的审计委员会等专门委员会,审计委员会的成员应当过半数为外部董事。审计委员会负责对公司财务、会计进行监督,并行使公司章程规定的其他职权。"

〔28〕 参见[美]杰弗里・N. 戈登、[美]马克・J. 罗编:《公司治理:趋同与存续》,赵玲、刘凯译,北京大学出版社 2006 年版,第 55 ~ 56 页。

内公司治理现状,否则可能出现南橘北枳之现象。根据《公司法(修订草案)》的规定,单层制下两种形态的公司在内部监督层面所适用的规则几乎无实质性差异,[29]而我国公司存在多样化的利益诉求,单层制能否不加区分地适用于不同类型的公司值得商榷。[30]

1.有限责任公司:两权分离程度低和内部管理合伙化

有限责任公司的股东人数法定范围为1~50人,实际上全国股东人数等于或低于3人的有限责任公司占绝大多数,[31]可见其股东人数普遍较少,股权由股东集中持有,股东往往直接参与公司运营,故而该类公司两权分离程度较低。

为满足公司法对该类公司内部治理的程式化要求,公司股东会、监事会及董事会均已设立,却严重形骸化。鉴于股东分饰董事、监事等多重角色,或上述职位虽非由股东担任,却由股东选择与其关系密切的人担任,故而上述机关往往处于股东的控制之下。另外,公司章程是约束公司及其成员的关于公司组织及活动的自治性规则,[32]但实践中股东协议的适用更为普遍,甚至出现股东协议治理现象,[33]这体现了有限责任公司内部管理合伙化的特征。因此,《公司法》精心设计的该类公司治理规则在实践中出现异化,甚至被束之高阁。

基于上述实践,由董事组成的审计委员会能发挥多大监督作用是

---

[29] 《公司法(修订草案)》第153条虽允许国有独资公司在两种治理结构中进行选择,但本文不将其纳入讨论范畴,因为其并非仅追求盈利,亦被赋予实现国家经济战略规划等特殊使命,其治理规则体系包括《公司法》《企业国有资产法》等,其是否适宜被纳入公司法体系有待商榷。

[30] 我国公司类型划分沿袭大陆法系传统,将公司分为有限责任公司和股份有限公司,但随着实践的发展,"二分法"的问题逐渐暴露,即非公众股份有限公司与有限责任公司同质化却适用不同规范。对此,有学者主张,将股份有限公司按公开性标准分为公众公司与封闭公司,将后者与有限责任公司的制度内容予以体系化合并,但《公司法(修订草案)》未改变原有分类方法。参见沈朝晖:《公司类型与公司法体系效益》,载《清华法学》2022年第2期。我国公司类型如何重构值得探讨,因篇幅所限,本部分不对其展开论述。

[31] 参见刘斌:《公司机构设置的组织法逻辑与改革路径》,载《法律适用》2021年第7期。

[32] 参见施天涛:《公司法论》(第4版),法律出版社2018年版,第124页。

[33] 参见蔡元庆、黄海燕:《股东协议治理:缘起、困境与规范进路》,载《财经法学》2019年第2期。

存疑的。根据刘斌的研究,多数有限责任公司董事人数在3人以下。[34] 在此情况下,董事会该如何选择审计委员会成员?若所有董事担任审计委员会的委员,此种治理结构的意义何在?另外,在股东直接参与公司管理的情况下,其内部治理的核心问题应为大股东对小股东的压迫,单层制能否解决上述问题是值得思考的。

2.股份有限公司:股权集中度与公开程度存在差异

《公司法》和《公司法(修订草案)》均对股份有限公司作出一般规定,并对上市公司予以特别规定。除此之外,法律未对股份有限公司进行详细分类。然而,我国股份有限公司实际包括非公众股份有限公司、非上市公众公司和上市公司,后两者均属于公众公司。

首先,非公众股份有限公司在股份有限公司的数量中居于主流,其股东和员工人数、资产较少,公司规模有限,股东管理公司的情形较为普遍。[35] 该类公司股份无法在公开市场上进行交易,故而其具有封闭性特征。因此,该类公司呈现与有限责任公司实质相似的特征,那么前述有限责任公司治理问题亦可能出现在这类公司中。然而,除小规模公司外,该类公司仅能从两种治理结构中进行选择,单层制下该类公司董事会审计委员会成员须包括多数非执行董事。相较于有限责任公司,《公司法(修订草案)》对这类公司的治理要求更高,衍生了实质不公平的现象。

其次,非上市公众公司是中国证监会在证券监管实践中提出的概念,[36]未在《公司法》和《公司法(修订草案)》中出现。根据中国证监会颁布的《非上市公众公司监督管理办法》第2条的规定,这类公司包括股票公开转让的公司和股票向特定对象发行或转让导致股东累计超过200人的公司,其股票未在证券交易所上市交易,这说明这类公司介

〔34〕 参见前注〔32〕。

〔35〕 参见李建伟:《公司组织形态重构与公司法结构性改革》,载《财经法学》2015年第5期。

〔36〕 参见刘沛佩:《非上市公众公司概念拷问下的公司形态改革》,载《安徽大学学报(哲学社会科学版)》2015年第2期。

于上市公司和非公众股份有限公司之间。上述规章[37]和《公司法(修订草案)》对这类公司的治理要求与非公众股份有限公司相同,但两类公司公开程度、两权分离程度均存在差异,故而法律需要对两类公司的治理结构予以区分设置。

最后,上市公司具有涉众广、规模大及对证券市场秩序影响大等特征,但这并不意味着其两权分离程度均相同。上市公司可分为股权集中型和股权分散型公司,前者内部一般存在控股股东或实际控制人,这些主体控制的有表决权股份比例较高并对公司经营产生重要影响,故而其滥用权力的可能性大,公司内部也不存在可对其进行约束的力量;后者内部治理的突出问题在于,经理层享有事实上的控制权并滥用权力。[38] 在此情况下,所有上市公司是否均适宜适用单层制值得商榷。

(二)公司权力配置:结构性调整缺失

相较于《公司法》,《公司法(修订草案)》取消以"法定 + 章定"的方式规定董事会职权,亦放弃以"法定 + 章定 + 董事会另行授权"的方式规定经理职权,似乎在形式上调整了两者的职权,其本质上仍遵循股东会中心主义治理模式(以下简称股东会中心主义)下公司分权理念,这可能导致监督型董事会的职权被股东会和经理切割,致使董事会沦为"橡皮图章"。

1. 股东会与董事会权力界限不明

《公司法(修订草案)》第 54 条以"法定 + 章定"的方式规定股东会职权,与《公司法》的规定并无二致。《公司法(修订草案)》中关于董事会职权的规定为,"行使本法和公司章程规定属于股东会职权之外的职权"。由此可知,第 54 条列举的职权可被视为股东会的专属职权,其不可被删减,却可通过公司章程扩张,而董事会的职权大小则取决于股东会权力的扩张程度。从体系解释上看,《公司法(修订草案)》其他规则亦在无形中扩大着股东会权力,例如,《公司法(修订草案)》第 71 条规定公司对外投资或对外担保的审批权限可由股东会行使。

---

[37] 《非上市公众公司监督管理办法》第 8 条规定:"公众公司应当建立兼顾公司特点和公司治理机制基本要求的股东大会、董事会、监事会制度,明晰职责和议事规则。"

[38] 参见曾洋:《重构上市公司独董制度》,载《清华法学》2021 年第 4 期。

因此,《公司法(修订草案)》倾向于将公司权力上收到股东会,却未明确哪些权力属于董事会专属职权,这可能导致股东会通过修改章程来侵蚀董事会固有权力。上述担忧并非缺乏依据,有学者指出,在《公司法》允许章程对股东会与董事会权力再分配的情况下,股东会实际可支配的权力处于无限扩张之中,[39] 此种情形亦出现在《上市公司章程指引》中。

另外,公司治理的权力配置主要是董事会与股东会之间的分权与制衡,以股东会为中心或以董事会为中心形成的治理模式,决定了权力配置的差异。[40] 理论界主流观点认为,股东会中心主义与董事会中心主义治理模式(以下简称董事会中心主义)的区分标准是最终决定权标准。若股东会对董事会负责的事项享有最终决定权,则属于前者;反之,若董事会可完全独立行使职权,则为后者。[41] 结合前述分析,单层制下《公司法(修订草案)》仍遵循股东会中心主义,未根据董事会的定位来合理配置上述两者之间的权力,肩负监督使命的董事会之权限若遭到严重侵蚀,其难谓实现立法目的。因此,单层制下我国公司治理模式是否要向董事会中心主义转变并重新分配董事会与股东会之间的权力,有待进一步讨论。

2. 董事会向经理授权的边界不清

域外单层制下监督型董事会需要履行管理职责,但其将部分管理职权授予经理,因为监督与管理是相互冲突的职能,若两者均由董事会行使,作为裁判者兼运动员的董事会难以自我监督,容易恣意行使权力。回归我国公司法文本,《公司法(修订草案)》第 69 条、第 131 条规定,经理的权力源于董事会授权或公司章程规定。上述条文契合中国公司治理实践,实践中董事会以各种方式将权力下沉至经理,由经理负

---

〔39〕 参见甘培忠、马丽艳:《董事会中心主义治理模式在我国公司法中的重塑》,载《财经法学》2021 年第 5 期。

〔40〕 See Stephen M. Bainbridge, *Director Primacy: The Means and Ends of Corporate Governance*, Northwestern University Law Review, Vol. 97, 2002.

〔41〕 参见赵旭东:《股东会中心主义抑或董事会中心主义?——公司治理模式的界定、评判与选择》,载《法学评论》2021 年第 3 期。

责公司的管理事务。[42] 因此,单层制下我国公司董事会仍需要将管理权力授予经理。

然而,上述条文未对董事会授权范围作出规定,可能出现董事会过度授权现象。如前所述,《公司法(修订草案)》未规定董事会专属职权,其权力易被股东会蚕食,加上其权力过度授予经理,董事会存在名存实亡的风险,更难言其能有效履行监督职责。

3. 董事会的监督职权难以彰显

《公司法(修订草案)》第 79 ~ 81 条规定,监事会享有财务监督权、合规性监督权、罢免建议权和纠正权,亦有权提议召开临时股东会会议、特定情况下召集和主持股东会会议、提案、提起股东派生诉讼、查阅董事和高管执行职务报告、聘用会计师事务所及享有公司章程规定的其他权力。[43] 相较之下,《公司法(修订草案)》第 64 条、第 125 条规定,单层制下董事会审计委员会享有财务、会计监督职权及行使公司章程规定的其他职权。《公司法(修订草案)》第 211 条规定,董事会有权聘用会计师事务所,其未明确审计委员会是否有权行使该职权,本文认为,鉴于审计委员会的专属职权为财务和会计监督权,上述职权可为审计委员会监督权的行使提供配套制度的保障。

除此之外,《公司法(修订草案)》第 57 条、第 116 条和第 127 条规定,董事会有权召集股东会,1/3 以上董事或监事会认为必要时可提议召开或召开临时股东会会议,1/3 以上董事可提议召开董事会临时会

〔42〕 参见蒋大兴:《公司董事会的职权再造——基于"夹层代理"及现实主义的逻辑》,载《现代法学》2020 年第 4 期。

〔43〕 《公司法(修订草案)》第 79 条规定:"监事会行使下列职权:(一)检查公司财务;(二)对董事、高级管理人员执行职务的行为进行监督,对违反法律、行政法规、公司章程或者股东会决议的董事、高级管理人员提出罢免的建议;(三)当董事、高级管理人员的行为损害公司的利益时,要求董事、高级管理人员予以纠正;(四)提议召开临时股东会会议,在董事会不履行本法规定的召集和主持股东会会议职责时召集和主持股东会会议;(五)向股东会会议提出提案;(六)依照本法第一百八十八条的规定,对董事、高级管理人员提起诉讼;(七)公司章程规定的其他职权。"第 80 条规定:"监事可以列席董事会会议,并对董事会决议事项提出质询或建议。监事会发现公司经营情况异常,可以进行调查;必要时,可以聘请会计师事务所等协助其工作,费用由公司承担。"第 81 条第 1 款规定:"监事会可以要求董事、高级管理人员提交执行职务的报告。"

议,上述条文未明确规定审计委员会是否享有上述权力。至于查阅高管工作报告之权力,法律虽未明确规定其由董事会享有,但董事会负责聘任经理,实践中经理会将其执行职务的相关信息向董事会报告,因此,本文认为,董事会享有该权力,但审计委员会能否行使该权力,从《公司法(修订草案)》中无法得出结论。另外,法律亦未规定董事会能否行使监事会拥有的其他职权。综上所述,单层制下董事会的监督职权范围比监事会的职权范围小(见表1)。

表1　两种公司治理结构中监督机构的职权

监督机构 职权	监事会	董事会
财务监督	√	审计委员会行使
合规性监督、知情权、罢免建议权、纠正权	√	未规定
召开临时会议、提案;特定情况下召集和主持股东会会议	√	行使主体不明
提起股东派生诉讼	√	未规定
聘用、解聘会计师事务所	√	推测由审计委员会行使

近年来,我国上市公司数起财务丑闻曝光,使投资者利益受损,反映了公司在财务内部控制方面存在漏洞。鉴于公司法肩负着服务资本市场的重任,〔44〕《公司法(修订草案)》第64条、第125条规定,审计委员会对公司财务、会计进行监督,足以体现公司法对上述问题的重视。对于监事会的其他职权,合规性监督职权属于较为重要的职权,目前治理要求最高的上市公司严重违法现象不少,其他公司内部治理合规性问题尤甚,故而公司内部合规性监督不容忽视。此外,提起股东代表诉讼、特定情况下召集和主持股东会会议等职权在公司治理中虽处于次要位置,但并非毫无意义。《公司法(修订草案)》省略上述职权,可能产生公司权力真空现象,并对其他监督职权的行使甚至是其他治理制度的运行产生不利影响。另外,职权行使主体不明,亦会产生推诿扯皮现象。因此,单层制下董事会的监督职权有必要进行扩张。

〔44〕 参见前注〔14〕。

(三)相关配套措施:缺乏有效衔接

对于一道好的选择题,出题者需要思考各选项的逻辑是否周延,并需要对其可能存在的问题给予必要的规则应对。[45] 同理,两种治理结构并存时,立法者需要反思每个制度选项是否存在潜在风险,并配以相应规则来预防风险的产生。一方面,董事会以会议方式行权且每年开会次数有限,专门委员会的设立和运行可帮助其克服上述缺陷,但该制度运作良好的前提是法律提供充分的规则予以保障。另一方面,董事会成员虽需要集体行使权力且均为责任主体,但非执行董事要对执行董事和高管的履职行为进行考察,执行董事要监督其他高管,基于权责相称的理念,法律配套制定董事监督义务规则,有助于制约董事权力和促使其积极履职。然而,在单层制下,上述配套措施与董事会的定位缺乏有效衔接。

1. 董事会专门委员会:制度供给不足

《公司法》未对董事会专门委员会作出规定,相关规定散见于中国证监会、证券交易所分别制定的规范性文件和自律规则中,其存在如下共性内容:一是董事会须设包含会计专业人士的审计委员会,可根据需要设提名委员会、薪酬与考核委员会等专门委员会,但前述委员会成员须多数为独立董事;二是专门委员会的主要职责、工作条件和经费。《公司法(修订草案)》引入单层制,规定有限责任公司董事会可设审计委员会,后者负责履行财务、会计监督职责,并行使公司章程规定的其他职权;股份有限公司可根据公司章程规定,在董事会中设审计委员会等专门委员会,审计委员会职权同有限责任公司审计委员会,但其成员须过半数为非执行董事且不得担任经理或财务负责人。对于专门委员会的设立程序,法律未作出明确规定,但《公司法》第111条和《公司法(修订草案)》第128条均规定,董事会作出决议时须经全体董事的过半数通过,故而董事会在选举专门委员会委员时应履行前述程序。由此可知,专门委员会制度存在如下缺陷:

一方面,专门委员会的运行规则缺少明确的上位法依据,《上市公司章程指引》《上市公司治理准则》等规范性文件亦未作出规定。因此,专

---

〔45〕 参见前注〔8〕,第78页。

门委员会的运作缺乏必要的约束条件,可能导致其形骸化。证券交易所制定的自律规则对此作出明确规定,但其仅适用于上市公司且不同板块的要求并不实质相同,其他公司若选择设审计委员会等专门委员会,则缺乏可供参考的规则,这可能产生乱象,进而导致上述制度无法发挥其应有功效。

另一方面,审计委员会作为法定必设的专门委员会,其负责对公司财务、会计进行监督,并行使公司章程规定的其他职权,《公司法(修订草案)》未对其他专门委员会的主要职责作出规定,而现有规范性文件和自律规则虽明确列举了部分专门委员会的主要职责,但其亦允许上述专门委员会负责董事会授权的其他事项。因此,专门委员会的权限范围是不确定的,这在一定程度上尊重了公司自治。然而,若董事会授权过于宽泛,则其基本权力存在被侵占的风险。

2. 董事监督义务:粗糙的制度试水

基于权责相称的理念,董事会在行使监督职权时,董事需要承担相应的监督义务。然而,《公司法(修订草案)》第 180 条仅对董事负有忠实义务和勤勉义务作出原则性规定,〔46〕未对单层制下董事会定位的变化予以制度回应。中国证监会虽以董事违反监督义务为由追究董事责任,但其执法实践中存在一些乱象。

(1)董事监督义务的内涵不清

《公司法(修订草案)》未对董事监督义务的内涵作出规定,而中国证监会已在公司信息披露违法的执法实践中将董事监督义务作为董事责任的认定依据,但其对监督义务内涵外延的演绎并无明显的规律可循。〔47〕比如,在南京中北案中,中国证监会认为董事监督义务包括督促公司构建并完善信息披露制度、检查相关规则执行情况、及时发现问题

〔46〕《公司法(修订草案)》第 180 条规定:"董事、监事、高级管理人员应当遵守法律、行政法规和公司章程,对公司负有忠实义务,不得利用职权谋取不正当利益。董事、监事、高级管理人员对公司负有勤勉义务,执行职务应当为公司的最大利益尽到管理者通常应有的合理注意。"

〔47〕参见吕成龙:《上市公司董事监督义务的制度构建》,载《环球法律评论》2021 年第 2 期。

并督促公司改正;[48]在海星科技案中,中国证监会却提出,董事需要为公司未披露重大诉讼而承担管理不善的责任。[49]

董事监督义务的内涵如同董事行使监督职权的具体行为指引,在董事不知悉监督内容和程序的情况下,其无法判断自己以何种形式采取何种程度的行动之后才能被视为已履职,这可能使其产生懈怠或侥幸心理,从而导致其监督职权的行使沦为形式,进而影响监督机制的运行效果。

(2)董事监督义务的定位模糊

《公司法(修订草案)》第180条规定,董事对公司负有忠实义务和勤勉义务。在我国现行公司法体系下,董事监督义务能否为上述义务所涵盖?

一方面,《公司法(修订草案)》第180条第1款虽未列举董事忠实义务具体情形,但其本质旨在防止公司与董事之间的利益冲突。[50] 根据现有学理,董事忠实义务的情形可概括为,董事不得利用职权为自己谋私利、为他人谋取利益或使公司失去利益。[51] 董事行使监督职权时虽可能涉及利益交换,从而导致公司利益受损,但其违反监督义务的主要情形是不行使职权或监督不力,这与上述忠实义务情形不符。若董事监督义务被包含在忠实义务范畴内,其在逻辑上无法自洽。

另一方面,《公司法(修订草案)》第180条第2款规定,董事、监事和高级管理人员执行职务应为公司的最大利益尽到管理者通常应有的合理注意。相较于《公司法》第147条,上述条文完善了勤勉义务内涵,在一定程度上填补了原有法律漏洞。“合理注意”一般指上述人员应合理、谨慎地行使职权,[52]而监督机制构建的目的是提升公司经营绩

---

〔48〕《中国证监会行政处罚决定书(南京中北、郭某平等7名责任人员)》(〔2010〕10号)。

〔49〕《中国证监会行政处罚决定书(海星科技)》(〔2012〕25号)。

〔50〕参见前注〔4〕,第460页。

〔51〕参见叶林:《董事忠实义务及其扩张》,载《政治与法律》2021年第2期。

〔52〕参见叶金强:《董事违反勤勉义务判断标准的具体化》,载《比较法研究》2018年第6期。

效,[53]故而董事需要为了公司利益最大化而认真履行监督职责,这与上述解释相符,似乎可将监督义务包含在内。然而,上述条文指向董事、监事和高级管理人员,无法反映出上述三类主体因职能定位不同而负有勤勉义务的差异。因此,勤勉义务是否涵盖董事监督义务,有待立法进一步解释。

(3)董事约束与激励之间失衡

假设董事监督义务属于信义义务,根据《公司法(修订草案)》第180条、第187条的规定,董事负有忠实义务和勤勉义务,其在执行职务时若违反相关法律、行政法规或公司章程规定且给公司造成损失,应承担赔偿责任。可见,董事负有的监督义务建立在董事同质化的假定基础上。在证券监管执法实践中,中国证监会亦存在类似的观点。[54] 然而,从体系解释上来看,《公司法(修订草案)》第63条第1款、第124条和第140条规定,董事可分为执行董事、非执行董事、独立董事、职工董事。《公司法(修订草案)》虽未界定上述概念,但其对董事进行分类是否意味着不同类别的董事存在差异?若该点不可否认,《公司法(修订草案)》为何未对董事信义义务和责任做出差异化安排?不同类型的董事能否履行同等程度的监督义务?凡此种种,均有待思考。

另外,《公司法(修订草案)》未为董事开启免责通道,故而董事若违反信义义务,必然要承担责任。在证券执法和司法实践中,独立董事不知情、缺乏相关专业背景、未参与公司日常经营管理、对中介机构意见予以信赖等常见的抗辩理由多数无法得到中国证监会或法院认可。[55] 上述主体若恪守结果本位的归责理念,则会使得行政处罚或民事责任的施加与否取决于偶然,即相关违法行为是否被发现,这可能导致失职董事存在侥幸心理,亦可能打击尽职董事的履职积极性。

---

〔53〕 参见蒋大兴:《独立董事:在传统框架中行动?(上)——超越公司治理结构改革的异向思维》,载《法学评论》2003年第2期。

〔54〕 比如,《中国证券监督管理委员会行政复议决定书(郑某军)》(〔2021〕82号)。

〔55〕 参见《中国证监会行政处罚决定书(沈机集团昆明机床股份有限公司、王某、常某强等23名责任人员)》(〔2018〕9号);《中国证监会行政处罚决定书(文峰大世界连锁发展股份有限公司、江苏文峰集团有限公司、陆某敏等16名责任人员)》(〔2017〕2号);北京市高级人民法院:范某与中国证券监督管理委员会二审行政判决书,案号:(2017)京行终5308号,2018年3月28日。

三、制度的系统调整:公司治理体系的单层制因应

(一)单层制适用范围调整:兼顾不同公司差异化需求

法律的生命不在于逻辑,而在于实践。不同形态公司的治理需求存在差异,这要求法律对其进行差异化规制,提供有针对性的制度安排。

1. 有限责任公司:尊重公司自治

交易成本的存在促使企业建立并有效存续,故而法律制度的构建应以降低交易成本为衡量标准,将效率作为价值追求。〔56〕 对此,公司治理制度的设计需要在运行成本和实际效益之间进行调节。有限责任公司两权分离程度低且内部管理高度合伙化,其对程式治理规则的需求并不强烈。若公司法要求小规模公司外的有限责任公司仅能在两种治理结构中进行选择,则会再次出现制度形同虚设现象,这不仅无法实现立法目的,而且徒增公司成本并降低效率。

立法在设计治理结构时,除了要考虑效率,亦要注意监督者能否为公司和股东利益最大化而行事。有限责任公司各机关成员多为股东或与其关系密切的人,无论增加何种监督力量均无法与之相抗衡,审计委员会亦概莫能外。另外,这类公司股东在管理公司时承担着经营风险,他们的个人财富与公司盛衰有着紧密的联系,加上这类公司股权缺乏自由转让的通道,故而股东有充分的动力去提升公司价值。因此,内部监督机制的构建对这类公司而言无太大意义。

相较之下,域外采取单层制的国家更强调这类公司内部治理的自治性,而我国有限责任公司有种"小人穿大衣"的尴尬。例如,美国《统一有限责任公司法》(Uniform Limited Liability Company Act)将股东有限责任与内部治理的灵活性充分结合,在一定程度上体现了合伙的特征。具体而言,其允许股东通过协议约定股东与公司关系等,亦允许成员管理公司(member – managed)或成员指定经理来履行管理职能(manager –

---

〔56〕 参见罗培新等:《公司法的法律经济学研究》,北京大学出版社2008年版,第7~9页。

managed)。再如,法国法允许私人有限责任公司(SARL)经理在股东的控制下负责经营管理。〔57〕

"规范的公司治理"未必是"有效的公司治理",〔58〕有效率且能实现公司利益最大化才是最佳制度的应有之义。因此,对于该类公司治理制度的构建,立法宜使用更多任意性规范以尊重公司自治。具体而言,立法监督机构可被视为非必设机关,同时法律规定在满足法定条件时例外地承认股东协议在公司治理中的效力。如此,中小型有限责任公司可以契约方式设计治理结构,大型有限责任公司可在两种治理结构中进行选择,这不仅揭示该类公司治理的真实面貌,而且考虑到不同规模公司特殊的治理需求。至于大股东滥用控制权问题,法律可对其科以信义义务,并对其不履行义务及滥用权力致使公司和其他股东利益受损的责任予以追究。

2. 股份有限公司的适用:公司分类与繁简分层

非公众股份有限公司、非上市公众公司、上市公司存在差异化的治理需求,公司法需要兼顾上述公司特点,形成三者内部治理的差序格局。

其一,上市公司内部监督机制的构建需要考虑制度运作成本、监督成本与收益之间的比例,以及监督权能否与管理权相协调。〔59〕具体而言,首先,上市公司董事会已内设专门委员会及独立董事,这类公司若选择适用单层制,将监事会取消即可,未新增制度运行成本。其次,监督机制的效果评估需要考虑两类公司,股权分散型上市公司两权分离并为经理层控制,而监督型董事会有助于降低代理成本,故而此类公司适用单层制获得的收益大于其成本;鉴于控股股东或实际控制人在股权集中型上市公司的影响力大,监督型董事会在该类公司可能形同虚设,故而这类公司不适宜适用单层制。最后,股权分散型上市公司的管理权掌握在经理手中,监督型董事会可通过监督经理行为及行使人事任免权来发挥其监督功能,故而管理权与监督权能得到较为适当的分配。因此,在满

〔57〕 参见[挪威]马德斯·安登斯、[英]弗兰克·伍尔德里奇:《欧洲比较公司法》,汪丽丽等译,法律出版社2014年版,第247页。

〔58〕 蒋大兴:《公司法改革的文化拘束》,载《中国法学》2021年第2期。

〔59〕 参见沈贵明:《比较与分析:探寻上市公司监督机制新路径》,载顾功耘主编:《公司法律评论》(第8卷),上海人民出版社2008年版,第159页。

足上述条件的情况下,单层制在股权分散型上市公司的适用具备组织基础及一定程度的合理性,公司法可允许上市公司选择适用单层制。

其二,《非上市公众公司监督管理办法》未要求非上市公众公司董事会设独立董事和专门委员会,鉴于其具有一定程度的公共性,涉及一定规模的利益相关者尤其是投资者,故而其需要适用规范的治理结构。应注意到,这类公司将来可能选择成为上市公司并需要满足上市公司内部治理的要求。为降低制度转变成本,公司法可允许这类公司在两种治理结构中进行选择。

其三,鉴于非公众股份有限公司面临与有限责任公司相同的处境,原则上法律对这类公司的规制强度宜低于上述两类公司,释放一定自治空间。应注意到,这类公司是公司上市必经形态,为节约公司形态转变成本,这类公司内部监督机制的构建有其必要性。因此,公司法对这类公司的规制应注意强制性与自治性的结合,允许其选择是否适用单层制。

综上所述,公司法应允许股份有限公司在两种治理结构中进行选择,但三类公司适用的标准不应相同。从立法技术角度来看,为兼顾上市公司治理要求,立法者将《公司法(修订草案)》中关于股份有限公司的规则设计得较为复杂,其不如将公众公司治理规则视为标准模式,并例外允许非公众股份有限公司治理结构有更大弹性。应注意到,非上市公众公司公开程度低于上市公司,其不宜与上市公司保持同样的规制强度,故而立法者允许这类公司选择适用单层制时要考虑机构简化的可能。另外,鉴于公众公司需要适用证券市场的监管规则,而其并非均适合采取单层制,故而未来监管规则与《公司法(修订草案)》进行联动修订时,监管部门可引导股权结构分散的公众公司适用单层制,如设相应的适用标准,以保障制度的适用效果。

(二)单层制下公司权力的重新配置

1. 董事会中心主义的确立

《公司法(修订草案)》受股东本位思想主导,奉行股东会中心主义。然而,在市场经济发达国家的公司法中,董事会中心主义得以确立。例如,美国《示范商事公司法》(Model Business Corporation Act)和《特拉华州普通公司法》(Delaware General Corporation Law)均规定公司权力由董事会行使或在其授权下行使。〔60〕再如,引入单层制的日本公司法允许设董事会的股份公司推行董事会中心主义。〔61〕我国作为后进国家,既然决定移植单层制,在适用单层制的公司中确立董事会中心主义,不仅符合我国公司制度现代化的修法目标,而且符合世界上采用单层制国家的立法趋势,这似乎也是学界目前主流观点。〔62〕

从公司需求角度而言,我国股份有限公司尤其是上市公司中已存在股权结构分散的公司,其缺乏控股股东或实际控制人,说明股东缺乏管理或监督公司的动机,他们更期待被分配利润,甚至有些投资者投机意图胜于投资想法。〔63〕在此情况下,公司事务由董事会负责,若公司法赋予股东会更多权力,股东会仅是被动批准董事会提交的议案,不如确立董事会中心主义,更契合这类公司的实际需求。

另外,在倡导股东会中心主义者看来,股东作为最终风险承担者,应对公司享有控制权并从中获取最大收益。〔64〕根据董事会中心主义说,董事会控制下的职业经理人管理公司是专业化管理的体现,相较于股东直接经营,其更能实现股东利益最大化。〔65〕可见,股东会中心主义与董事会中心主义在目标追求上不存在冲突,仅是手段不同。法律在确立董事会中心主义的基础上对股权分散型公司权力进行合理配置,才能促使股东利益最大化,并有助于降低治理成本和提升效率。

因此,未来公司法在完善单层制规则时,应奉行董事会中心主义。在现有公司治理结构中,鉴于不同形态的公司并非均适宜适用董事会中心主义,公司法不如提供尽可能多的选择,允许上述两种治理模式同时存在,从而使公司法能在更大程度上适应商事实践的需要。

2. 股东会权力明确与剩余权力归属于董事会

为确保单层制下监督型董事会能发挥作用,未来公司法在确立董事

---

〔60〕 See Model Business Corporation Act § 8. 01; Delaware General Corporation Law § 141.

〔61〕 参见前注〔6〕,第 17 ~ 18 页。

〔62〕 参见前注〔42〕。

〔63〕 参见赵万一主编:《公司治理的法律设计与制度创新》,法律出版社 2015 年版,第 8 页。

〔64〕 See Stephen M. Bainbridge, supra note 40.

〔65〕 参见前注〔41〕,赵旭东文。

会中心主义的基础上,需要重新分配董事会与股东会之间的权力。对于两者之间的分权原理,Melvin Aron Eisenberg 提出的分权标准可资借鉴,具体包括待决事项所需专业素养、待决事项的经济重要性、待决事项的产生频率及需要的速度等。该学者基于上述因素,将决策分为结构决策与业务决策,前者涉及公司结构变化和控制权转移事项,后者包括日常性和偶发性事项。〔66〕 本文认为,股东会应负责结构类事项决策,董事会享有包括业务事项决策权在内的剩余权力,具体包括以下两方面。

一方面,公司结构变化不仅包括章程修改、增减资等基础结构变化,亦包括合并、分立等组织结构变化。〔67〕 具体而言,其一,上述变化不常见且直接关涉公司盛衰,可见其经济重要性大,需要股东利用其投资能力做出判断。其二,股东出资目的在于获取利润,公司结构变化与其利益高度关联,故而股东会应有权决定该事项。另外,公司控制权转移涉及董事选举与更换及董事薪酬等事项。在两权分离的公司中,股东会任免董事并决定其薪酬,此系股东会与董事会制衡的利器且能在一定程度上避免董事自我决策的利益冲突问题。为决定董事是否可以继续任职,股东会需要审批董事会工作报告。因此,上述权力宜为股东会专属权力。

另一方面,董事会应享有业务事项决策权。具体来看,第一,上述事项的决策需要决策者具备一定的业务能力,股东未必具备上述能力。就董事与公司的关系而言,无论董事是受任人、代理人还是受信托人,〔68〕 其需要拥有相应的能力才能胜任这一职务,故而董事在此方面优于股东。第二,业务事项关涉经营绩效且发生频率高,公司需要对其及时作出回应,故而其经济重要性小。根据《公司法(修订草案)》第 116 条的规定,股东会年均开会次数有限,由股东会决定上述事项并不现实。第三,知情是决策的前提,而经营信息分散于公司内部并为不同的人拥有,从效率角度考虑,公司需要一个中央机构作为信息集散地来处理信息,而该机构应相对容易获得信息。股东会闭会期间,董事会和经理实际负

---

〔66〕 See Melvin Aron Eisenberg, *The Legal Roles of Shareholders and Management in Modern Corporate Decisionmaking*, California Law Review, Vol. 57, 1969.

〔67〕 参见许可:《股东会与董事会分权制度研究》,载《中国法学》2017 年第 2 期。

〔68〕 参见任自力:《公司董事的勤勉义务标准研究》,载《中国法学》2008 年第 6 期。

责业务管理和监督,因此,相较于股东会,董事会具有信息优势并能降低决策成本。

因此,单层制下股东会应有权选举和更换董事并决定其报酬、审批董事会报告,亦应享有修改公司章程、增减资及合并、分立、解散、清算或变更公司形式的决策权。为避免监督型董事会无法客观处理其与其他机关或成员之间的争议问题,未来公司法应增加股东会处理公司机关之间、机关和内部成员之间争议的职权。除此之外,《公司法(修订草案)》规定的其他股东会权力原则上均应由董事会行使。从立法文本的设计来看,除删掉业务相关职权并增加上述争议解决职权外,其他内容均可保留或两种治理结构分别进行规定。若采用前一种方案,公司法需要兼顾不同情况,故而其应保留允许公司章程规定之内容,为避免股东会侵蚀董事会权力,未来司法解释或监管规则需要对该条款进行解释。

3. 董事会的经营决策权向下授权于经理

董事会与经理之间的权限划分,实际是公司决策管理中不同层次事项的划分,[69]这取决于两者所具备的特点。根据《公司法(修订草案)》第127条的规定,董事会年均开会次数较少且会议时长有限,较多议案在审议前已由经理或部分董事商定,闭会期间,公司经营管理事务往往由经理负责。从公司效率看,经理有能力负责具体经营事务,能根据市场行情的变化及时作出回应,亦能为董事会和股东会的决策提供信息。

因此,鉴于单层制下董事会以会议方式行权,其更适宜负责公司更高层次事项的决策,如经营方针、年度财务预算和决算方案、关联交易的审议批准等。反之,经理负责较低层次事务的决策和执行,如某一具体投资计划的制定与执行。

另外,《公司法(修订草案)》规定经理为可设或可不设的主体,其能否被赋予业务执行机关的地位?实践中,为保持公司正常运作,各类公司一般会设经理。正因法律制度与实践形成强烈反差,已有部分学者提出,法律需要承认经理的业务执行机关地位,或者说,这已在理论界形成

〔69〕 参见王鸿:《公司经理法律地位的确认与职权区域的界定》,载《当代法学》2003年第7期。

了共识。〔70〕 未来公司法若将经理定位为业务执行机关,是遵循公司治理实践的体现,有助于董事会向监督机关转变,实现公司权力的合理配置与制衡。

4. 董事会的监督职权范围扩大

(1)合规性监督、知情权、罢免建议权及纠正权

除财务、会计监督外,合规性监督是另一重要的监督权,配套权力是知情权、罢免建议权及纠正权,监督型董事会应享有上述权力,但有如下两个问题亟须解决。

其一,董事会内部由谁行使合规性监督职权?董事会以会议方式行权且年均开会次数有限,其集体负责合规性监督并不现实。董事会闭会期间,宜将该职权授予专门委员会,选择方案有两种:一是根据《公司法(修订草案)》第125条的规定,审计委员会负责对公司财务、会计进行监督,并行使公司章程规定的其他职权,故而董事会可通过章程将该职权授予审计委员会,但可能加重审计委员会负担;二是董事会另设合规委员会,这在美国大型公众公司中较为常见,〔71〕 此做法有助于公司合规情况得到更大程度的改善,但可能增加公司治理成本。上述方案各有利弊,公司可根据自身需求予以选择。

其二,监督的对象和内容。一方面,审计委员会或合规委员会监督的对象包括董事和高管,上述被监督者应定期向审计委员会或合规委员会报告其执行职务情况,以使审计委员会或合规委员会了解其工作动态。另一方面,公司会开展诸多经营活动,审计委员会或合规委员会不可能关注所有合规事项,因此审计委员会或合规委员会监督的重点是对公司影响较大的合规事项。应注意到,量变可能产生质变,即使是轻微违法也可能发展至严重违法情形,从而给公司带来严重损失。因此,无论审计委员会或合规委员会通过何种途径发现公司内部人员的违法行为,其均应予以纠正,但其可视情节的严重程度来调整纠正程度,并将主

---

〔70〕 参见赵旭东:《再思公司经理的法律定位与制度设计》,载《法律科学(西北政法大学学报)》2021年第3期。

〔71〕 See The EY Center for Board Matters, *Board Committees Evolve to Address New Challenges*, available at https://corpgov.law.harvard.edu/2017/02/01/board-committees-evolve-to-address-new-challenges/, accessed March 21st, 2022.

要精力放在重大违法情形中。若其发现董事或高管存在情节较为严重的不当行为,可直接向股东会或董事会提出罢免建议。

(2)临时会议召开权、提案权、会议召集和主持权

《公司法(修订草案)》第117条规定,董事会召集、董事长主持股东会会议,若其不能或不履行上述职责,监事会应及时召集和主持会议,但单层制下《公司法(修订草案)》未规定由谁行使上述职权。本文认为,应由审计委员会或合规委员会行使该职权。合规性监督的内容包括股东会会议等会议的内容和程序是否违反相关法律规范和公司章程规定,前述职责与其相关联,审计委员会或合规委员会若发现董事会无法或怠于履行前述职责,可直接召集和主持股东会会议,这为审计委员会或合规委员会提供了履职的配套权力。

此外,《公司法(修订草案)》第116条赋予董事会召开临时股东会的权力,其应由谁行使?本文认为,应由审计委员会或合规委员会行使该权力。审计委员会或合规委员会进行合规性监督时,若发现董事违反相关法律规范、公司章程或股东会决议,负有及时采取有效措施以纠正不当行为的职责。若董事拒不执行纠正要求,审计委员会或合规委员会可提请股东会予以裁决,这亦与前述股东会新增的争议解决职权相对应。因此,上述行为之间相互关联,公司可在章程中规定由审计委员会或合规委员会行使上述权力。既然审计委员会或合规委员会有权召开临时股东会,亦应享有提案权。另外,为保障审计委员会或合规委员会监督职权的行使,其亦应有权提议召开董事会临时会议。

(3)股东派生诉讼提起权

《公司法(修订草案)》第187条、第188条规定,董事和高级管理人员执行职务违反法律、行政法规或公司章程的规定,给公司造成损失的,股东可请求监事会提起诉讼,若监事会存在上述情形,股东可请求董事会提起诉讼。单层制下董事会亦应享有上述职权,但由谁启动这一程序呢?

本文认为,应由董事会授权审计委员会或合规委员会行使上述权力,特殊情况下董事会设特别诉讼委员会来履行上述职责。一方面,审计委员会或合规委员会负责监督董事和经理行为的合法性,在此过程中,其可能获得相关材料或信息,故而审计委员会或合规委员会掌握的

线索有助于其以最低的信息成本做出决策。另一方面,鉴于股东派生诉讼中被指控的董事可能包括审计委员会或合规委员会成员,为解决谁起诉监督者的问题,董事会临时设由与案件不存在利害关系的董事组成的专门委员会。

另外,董事可能因情感等非理性因素形成结构性偏见并产生"董董相护"的倾向,[72]导致专门委员会无法做出中立的决定。对此,美国《示范商事公司法》第7.44条规定,公司若证明上述专门委员会具备独立性、已合理调查及诉讼不利于公司利益最大化,法院会尊重该决定。本文认为其值得借鉴,理由如下:其一,若审计委员会或合规委员会能证明其具备独立性,其做出中立决策的可能性会更大;其二,公司一般以盈利为目的,若审计委员会或合规委员会的决定有利于公司利益最大化,可认为其具有合理性。

(三)相关配套机制的优化

1.健全董事会专门委员会制度

专门委员会的设立和运行在某种程度上是为了董事会更好地行使职权,由多数非执行董事组成的专门委员会则有助于非执行董事对某些事项进行独立判断和决策。[73] 然而,现有制度供给不足,法律需要提供完整的供给方案。

一方面,公司法需要对履行监督职责的专门委员会的职责和运作等作出原则性规定。日本公司法关于专门委员会的规定以强制性规定为主,其规定了专门委员会类型及职责等;[74]美国公司法对上述事项则以任意性规定为主,其仅提出最低要求,[75]此种立法模式值得借鉴,更能尊重公司自治,我国公司法亦不必作出过于刚性的规定。具体而言,其一,董事会可授权专门委员会行使全部监督职权,但其不宜将全部管理权授予专门委员会,否则其存在将失去意义。对于董事会禁止授权的范围,本文认为,股东会和董事会会议均审议通过的事项关涉股东重大利

---

[72] 参见林少伟:《董事横向义务之可能与构造》,载《现代法学》2021年第3期。

[73] 参见谢增毅:《董事会委员会与公司治理》,载《法学研究》2005年第5期。

[74] 参见《新订日本公司法典》,王作全译,北京大学出版社2016年版,第167~182页。

[75] See Model Business Corporation Act § 8.25; Delaware General Corporation Law § 141.

益,其审批权不可授予专门委员会,否则结果可能失之偏颇。同理,专门委员会的委员亦仅能由董事会选举。其二,为确保履行监督职能的专门委员会之决策符合程序正义和实质正义,就上述专门委员会的会议程序,公司法可原则性地规定转引条款或规定参照适用董事会相关规定。

另一方面,中国证监会、证券交易所可在其规章、规范性文件或自律规则中进一步完善相关规定,而非公众公司若选择适用单层制,亦可参照适用上述规定。其优点在于:第一,公司法规则可能存在漏洞且每个公司并非均适宜适用单层制,公司法不宜对所有事项予以详细规定。公众公司未来最有可能适用单层制,为防止该制度的预期目的落空,中国证监会和证券交易所需要细化相关规则。第二,中国证监会和证券交易所负责监管公众公司,可充分了解制度的实施情况并根据形势的变化及时调整规则,而且下位法或自律规则的修改程序更简单。

2. 完善董事监督义务制度

(1)董事监督义务的内涵:实体和程序双重维度

《独立董事促进上市公司内部控制工作指引》(以下简称《内控指引》)第15条、第19条和第20条规定,独立董事参与制定内部控制制度(以下简称内控制度),督促公司持续加强与改善内部控制(以下简称内控),并制作履职的工作笔录。《上市公司信息披露管理办法》第35条规定,董事应了解并持续关注公司生产经营等情况,主动调查并获取相关资料。可见,上述规则对董事履行监督职责提出不同的要求,但其共同之处在于,董事需要建立、完善相关机制并持续关注其运行情况及公司重大事项,发现问题后督促相关人员改正。另外,域外国家的立法和司法实践经验可资借鉴。比如,美国州法院提出,董事要建立信息收集、报告及内控系统并持续监督,其若发现异常情况,需要及时采取有效措施;[76]再如,《英国公司治理准则》(The UK Corporate Governance Code)规定,董事会需要建立风险管理机制、内控系统并监督其运作。相较于前述规则,上述域外制度包含董事建立信息收集与报告制度的内容,有利于克服信息不对称问题。

---

〔76〕 See In re Caremark International Inc. Derivative Litigation, 698 A. 2d 959 (Del. Ch. 1996); Stone v. Ritter, 911 A. 2d 362 (Del. 2006).

通过解读国内规则及借鉴域外经验,本文认为,董事监督义务的内涵应包括实体和程序两个维度。

一方面,在实体方面,应区分事前、事中和事后三个阶段。第一,事前阶段的监督义务主要包括以下两点:一是建立信息收集与报告机制,以了解经理及其下属职能部门的行为。具体来看,经理需要定期向董事会报告其履职情况,并提供公司重大事项相关信息。为避免经理因产生投机心理而向董事会隐瞒对其不利的信息,董事会还需搭建多元化信息渠道,如外部审计机构直接向董事会报告。二是确保内控系统建立。内控制度通常涉及各经营环节,公司亦可根据其业务内容或需求建立内控制度。[77] 鉴于董事无法对经营事项做到全方位了解,其建立的内控制度应限于对公司影响较大的事项,具体可参考《内控指引》关于独立董事需关注的内控环节之规定,亦要结合董事会履职内容,而其余内控制度应由更专业且具有信息优势的经理来制定。第二,董事在事中阶段需要进行持续性监督,主要包括以下两点:一是定期检查和维护上述信息收集与报告机制、内控系统,以确保其持续有效运作;二是对影响公司生产经营的重大事项予以持续关注和了解,以有效做出决策并及时发现问题。第三,董事若对某些事项产生合理怀疑,须积极进行实质性的调查与核实,如访谈或实地考察,采取有效应对措施,并督促相关人员及时纠正。

另一方面,结合董事会行事特点及现有规则对董事会运作的要求,董事监督义务的程序性内容可包括如下方面:首先,董事出席董事会,会前审阅相关材料,必要时进行问询,会中明确发表意见,必要时提出异议并审慎投票,关注议案内容及会议程序是否符合相关法律规范、自律规则及公司章程的要求。其次,董事定期就其履职情况向股东会提交报告,上市公司亦可披露其报告,以使广大投资者了解公司内部合规情况,必要时亦可向监管机构报告。最后,董事在履职时应注意留痕,如制作书面工作记录、访谈问卷。

总之,董事监督义务内涵的全方面、分阶段建构确有必要,但公司法

---

〔77〕 参见王真真:《我国董事监督义务的制度构建:中国问题与美国经验》,载蒋锋、卢文道主编:《证券法苑》(第25卷),法律出版社2018年版,第302~303页。

不宜对其内涵作出全面而细致的规定,仅规定与董事履行监督职责有关的基本内容及程序即可,中国证监会、证券交易所则可在其规章、规范性文件及自律规则中进一步阐释董事监督义务的内涵。

(2)董事监督的勤勉义务归位

阐释勤勉义务的内容是判断勤勉义务能否包含董事监督义务的前提,《公司法(修订草案)》第180条第2款规定,董事执行职务应为公司的最大利益尽到管理者通常应有的合理注意,其能否涵盖勤勉义务的主要内容是有争议的。实际上,《公司法》中勤勉义务的内涵外延不明,引发了理论和实践的争议且至今未形成共识。

部分学者将勤勉义务视作普通法系的注意义务,[78]勤勉义务属于域外引入的概念,其能否与注意义务划等号是值得商榷的。根据美国公司法与理论,董事注意义务可归纳为三方面:第一,董事监控公司整体运营,并确保公司存在内控系统以及时获取相关信息;第二,董事若对相关信息产生合理怀疑,需要审慎探询;第三,董事需要结合实体与程序方面的要求做出合理决策。[79]结合我国证监会和证券交易所制定的规章、规范性文件以及自律规则对董事勤勉义务的规定,我国董事勤勉义务要求实际包含了上述注意义务的主要内容。譬如,《上市公司章程指引》第98条将董事勤勉义务具体化,其中包括了解公司经营管理状况、保证披露信息的真实、准确和完整等;再如,《上海证券交易所股票上市规则》第4.3.5条规定董事勤勉义务的情形,不仅强调董事关注财务会计报告等是否存在问题,董事若对此存有疑问,应主动进行调查,而且规定了董事负有监控公司经营管理活动的责任。

因此,我国董事勤勉义务实际包括董事对公司经营管理相关信息的收集、了解及对相关活动进行监督之内容,这意味着其包含对董事履行监督职责的期许,与前述美国董事注意义务的内涵能实现一定程度的对应。因此,本文认为,勤勉义务应包含董事监督义务。对此,《公司法(修订草案)》第180条第2款关于勤勉义务的规定需要完善,即增加监督方

---

〔78〕 参见前注〔52〕;翁小川:《董事注意义务标准之厘定》,载《财经法学》2021年第6期。

〔79〕 See Melvin Aron Eisenberg, *The Duty of Care of Corporate Directors and Officers*, University of Pittsburgh Law Review, Vol. 51, 1990; Model Business Corporation Act § 8.30.

面的内容,特别是要融入不作为情形。鉴于公司法中勤勉义务规则涉及董事、监事及高级管理人员,此种设计有助于对两种治理结构下董事或监事履行监督职责形成约束。

(3)董事违反监督义务的区分责任与免责事由

公司治理的一个重要方面是在权力和责任的紧张关系中找到微妙的平衡点,[80] 对此,法律在判断董事是否违反监督义务时要综合考虑不同董事类型,并搭建董事有效履职与董事免责间的桥梁。

①责任的区分适用:以董事是否直接参与公司经营管理为标准

董事会以会议方式行事且表决方式是一人一票,这意味着每个董事是独立的责任主体,由于董事间存在个体差异,不同类型董事的监督能力存在差别,法律应结合具体情况具体分析,对董事科以差异化的监督义务和履职要求。

按照董事是否直接参与公司经营管理来区分,兼任高级管理人员的是执行董事,反之是非执行董事。[81] 执行董事不仅负责公司经营管理并充分了解相关情况,而且对其他高级管理人员负有监督的义务,故而其实际享有的权力更大,亦可能会控制流向董事会的信息,其有能力对公司重大事项进行较为全面的监控,从而及时发现问题并督促相关人员进行改正,故而法律应对执行董事提出更高的履职要求。

独立董事、职工董事及其他非执行董事一般不直接参与公司经营管理,有着时间限制、信息不对称等方面劣势,比如,《上市公司独立董事履职指引》第6条规定,独立董事每年有效工作时间原则上不少于15个工作日,其需要出席会议、建立和执行内控制度、了解经营情况等,其能在上述时间内完成本职工作已属不易;再如,独立董事获得的平均报酬与执行董事相比差距较大,[82] 获得的信息量亦与执行董事存在差异。若非执行董事与执行董事的履职标准和责任相同,则可能产生实质上的不公。因此,公司法应正视非执行董事所处的客观环境及其履职能力,不

〔80〕 See Stephen M. Bainbridge, *The Business Judgment Rule as Abstention Doctrine*, Vanderbilt Law Review, Vol. 57, 2004.

〔81〕 参见肖海军:《政府董事:国有企业内部治理结构重建的切入点》,载《政法论坛》2017年第1期。

〔82〕 参见曾斌等:《资本治理的逻辑》,中国法制出版社2020年版,第60~61页。

宜超出实际情况对其过分苛责。

综上所述,未来公司法可考虑将董事义务进行分类或分层设计,区分不同类型的董事所要承担的义务,但其仅需规定区分标准,具体责任的分配可见于中国证监会、证券交易所制定的相关规则。

②免责事由的确定:以过程为导向

《公司法(修订草案)》第180条、第187条未指出董事的免责情形,为此法律需要搭建董事尽职与董事免责间的桥梁,即判断董事履行监督义务达到何种程度的勤勉尽责才可产生董事免责之效果,这需要结合具体情况加以分析。

在实体方面,法律可按不同阶段进行区分。在事前阶段,董事已尽力确保内控系统或信息收集与报告机制建立;在事中阶段,董事已积极关注公司重大事项且未发现异常情况,对不属于自己专业领域的问题,已借助其他专业人员力量仍无法发现问题,〔83〕或已竭力推动上述系统持续有效运作;在事后阶段,董事已审慎调查并及时采取有效应对措施,而董事主观方面的判断标准可参考 Anne Tucker Nees 提出的五要素,即不当行为对公司的潜在危害程度、董事做出反应的时间、红色警报(red flags)的来源及发生频率、董事获得信息的可能性。〔84〕就程序方面而言,董事在会议或披露的文件中发表反对意见、保留意见或其无法发表意见并说明理由的,或已向证券交易所或证监会报告的,其应被视为已尽职。

董事履职情况的判断标准除包括上述两方面外,亦应结合不同类型董事的身份特征和履职要求,此可参考最高人民法院《关于审理证券市场虚假陈述侵权民事赔偿案件的若干规定》第14条的规定,在判断不同类型的董事是否可免责时,综合考虑董事的职位和职责、其在违法行为中起到的作用及其了解相关信息的渠道等因素,判断其能否预见违法行

〔83〕 最高人民法院《关于审理证券市场虚假陈述侵权民事赔偿案件的若干规定》第16条规定:独立董事能够证明,在签署相关信息披露文件之前,对不属于自身专业领域的相关具体问题,借助会计、法律等专门职业的帮助仍然未能发现问题的,人民法院应当认定其没有过错。

〔84〕 See Anne Tucker Nees, *Who's the Boss? Unmasking Oversight Liability Within the Corporate Power Puzzle*, Delaware Journal of Corporate Law, Vol. 35, 2010.

为的发生或认识公司内部存在的风险,其能否避免违法后果的发生或损害情形的扩大。若根据前述标准推断出董事无法预见或避免上述情形,董事不应承担相应责任。

总之,法律对董事免责事由的设定理念应以过程为导向。董事若要证明其在上述阶段已充分履职并足以免责,需要承担相应的举证责任,而证据可以是书面工作记录等。在立法规则的设计方面,公司法仅需规定一般免责事由或免责标准,具体规则的细化任务可留待监管机构完成。

结　语

《公司法(修订草案)》在保留监事会制度的基础上引入单层制,尊重了公司在治理结构方面的选择权。系统论的哲学观认为,整体是由部分组成的,各部分可耦合成一个复杂的整体。[85] 这意味着,公司治理制度之间存在彼此衔接、嵌套及补充的关系,任一制度的变化具有牵一发而动全身的效果。若以体系化视野审视《公司法(修订草案)》文本,单层制仅作为制度"标签"被引入,单层制下董事会的职能定位发生变化,而相关公司治理制度未进行体系化调整,单层制的本土实践则可能存在困局。对此,《公司法(修订草案)》宜对公司治理制度予以完善,形成不同类别的公司内部治理的差序格局,在单层制下,在确立董事会中心主义的基础上重新配置股东会、董事会与经理之间的权力,并优化董事会专门委员会制度和董事监督义务制度。应注意到,公司治理制度是体系化的集成,未来其他法律规范、自律规则如何与公司法进行联动修订,疏通它们之间的法技术关节,仍需继续进行深入研究。

(编辑:吴紫君)

---

〔85〕 参见金观涛:《系统的哲学》,鹭江出版社2019年版,第198~201页。

《证券法苑》(2023)
第三十七卷,第543~567页

资管产品中差额补足协议效力的裁判路径构建*

姚思静**

摘要:资管领域实践中的差额补足协议可以义务人身份为标准进行类型化归纳。判决呈现明显的阶段性特征。目前可以按照协议定性、效力认定和责任分配的逻辑顺序,对裁判路径予以完善。协议性质的司法分析主要分为形式独立性、内容从属性和内容关联性三个步骤,并相应做出定性。具备独立合同或混合合同性质的差额补足协议,可遵循以协议有效为原则、无效为例外的前提,在理论层面引入比例原则平衡公私价值,在实践层面明确"司法监管化"思维的运用边界。最后建构各类商业模式下协议内部的责任分配规则。

关键词:资管投资　差额补足　金融监管　司法监管化

* 本文是国家社科基金项目"公司法制度竞争视野下股权结构变革研究"(21BFX095)的阶段性成果。

** 武汉大学法学院2022届硕士研究生。现任职于中国邮政储蓄银行福建省分行。

引　言

近年来,部分资管产品的兑付违约事件频发,为增加债务人的信用等级、保障债权人的债权实现可能性,差额补足协议应运而生。其意在使义务人对全部或部分投资者未达预期收益的差额部分承担补足责任,从而增加债务信用等级、保障投资者收益。但 2018 年中国人民银行联合证监会等多个机构所发布的《关于规范金融机构资产管理业务的指导意见》(以下简称《资管新规》)“一刀切”地否定了资管领域刚性兑付行为的效力,尤其该规定赋予的 3 年过渡期如今已正式结束,同为预期收益保障型措施的差额补足协议的市场处境十分尴尬。此外,《证券期货经营机构私募资产管理业务运作管理暂行规定》《证券期货经营机构私募资产管理计划运作管理规定》等亦对保本型理财产品作出否定评价。在司法领域,最高人民法院于 2019 年出台的《全国法院民商事审判工作会议纪要》(以下简称《九民纪要》)中同样提出资管合同的刚性兑付条款无效的裁判观点。在司法实践中,由于资管产品本身缺乏统一的制度规范体系,仅靠行政部门规章和《九民纪要》无法对资管产品中多元化的差额补足增信措施直接作出效力认定结论,亦无法较为明晰地确认其性质、分析内部法律关系;加上强监管形势的影响,针对差额补足协议纠纷的司法裁判频频出现协议定性的裁判观点和说理不一、金融监管政策和监管规章适用通道混乱、效力认定缺乏统一标准等问题,对纠纷解决、行业发展与金融创新带来不利影响。

为完善此类协议的司法裁判路径,本文检索搜集差额补足协议相关司法判决,以其作为基础对资管差补协议的商业实践和司法现状两个层面展开类型化研究,并依循行为定性、效力分析和责任分配的逻辑顺序提出构建方案。

一、差额补足协议在资管产品中的实践运用及其问题

(一)实践运用的现状检视

为使实践现状的梳理归纳能更加契合后续的法律分析,本文从当前有效的司法裁判文书中提取差额补足协议的主要商业实践模式和合约形式。[1] 由于同类或相似的法律关系会使得差额补足协议的各类商业模式在性质及效力认定方面也存在相似之处,因此可考虑以法律关系作为分类标准。差额补足协议中客体及主体的权利人在实践中均较为统一,但法律关系内容仍因差额补足义务人的身份不同存在在各种细微差异,因此可将差额补足协议中的义务人身份作为进一步的分类依据,对此类协议的商业模式展开类型化分析。具体类型和分布情况如表1所示:

表1 差额补足协议的义务人身份在样本案例中的分布情况

义务人身份	劣后级投资者	独立第三方	被投资者	管理人	投资顾问
案例数量/个	10	18	15	5	4

如表1所示,在当前的资管实践中,独立第三方承担差额补足义务的协议形式属于实践中最常见的差补商业模式。需要说明的是,大部分司法案例中涉及的商业模式,都呈现一个资产管理产品囊括两个或两个以上的差额补足义务人的情形,且其身份几乎各不相同。例如,有案例中被投资者、管理人和投资顾问三方均承担差额补足义务,但其补足支付的顺序和份额不同。[2] 针对此类存在多个差补义务人的商业模式,其所包含的每个义务人身份都应当被单独计数,故而上述样本统计汇总

〔1〕 本文在中国裁判文书网,以"差额补足""差额补偿""资管""资管协议"等关键词进行检索,并以"民事""判决书"和时间截止日为"2021年12月"作为筛选条件。初筛获得相关裁判文书524份,并从中选取与本选题契合的有效案例50份。

〔2〕 参见杭州市中级人民法院:浙江稠州商业银行股份有限公司、陕经发展集团有限公司、陕西省经济协作总公司等合同纠纷一审民事判决书,案号:(2019)浙01民初2406号,2020年8月25日。

表中的义务人身份总数会多于此次样本筛选后的有效案例总数。除此之外,不少案例中的商业模式还出现被投资者、投资顾问等资管产品参与商事主体内部的实际控制人、法定代表人、控股股东或多个股东承担差额补足义务的情形。在刨除人格混同、空壳公司等非法操作后,由于上述主体以其享有的个人财产承担义务,应当划为与被投资者、投资顾问等商事机构不同的商事主体,并将其归入“独立第三方”的范畴内统计。

劣后级投资者作为差额补足义务人的商业模式是当前资管实践中较为常见的情形,其交易结构以“邦信小额贷款—江西银行案”为例。[3] 由于商事实践中不同投资者的投资风险偏好各有不同,因此部分资管机构在设计产品时会根据投资者的风险偏好和实际风险承担能力等因素对参与资管计划的投资者进行分级,通常分为优先级和劣后级,较少产品会分为优先级、中间级和劣后级三级。其主要区别在于,当对资管产品产生的收益进行分配清算时,优先级投资者有权最先获取按合同约定所分配的利益,次一级(中间级或劣后级)投资者则按合同约定向其补足未达预期收益的差额部分。若存在两级以上的投资者,其差额补足义务将根据不同等级逐级递推。两种模式的共同点都是由次一级投资者通过事先约定补足预期收益差额的触发点和资金补足方式,形成实际投资人的“资金垫”,进而达到分担投资风险的目的。[4]

《资管新规》颁布后,管理人作为差额补足义务人的商业模式的数量逐渐减少。原因在于实践中金融机构的管理人承担差额补足义务时,会与《资管新规》第13条所构建的金融机构代为承担风险的行为模式较为相似,而存在违规风险。此类典型的交易结构以“简某书—郑华永耀案”为例。[5] 该商业模式下的交易结构,主要体现为管理人(大多为发布投资产品的资管机构)与全部或部分的投资者约定差额补足关系,由

---

[3] 参见江西省高级人民法院:深圳市邦信小额贷款有限公司、江西银行股份有限公司合同纠纷二审民事判决书,案号:(2017)赣民终44号,2017年4月12日。

[4] See Guatam Saha AZB & Partners, *Enhancing Bond Guarantee Structuring in India*, Asian Development Bank Document No,48422,2016(2).

[5] 参见重庆市高级人民法院:郑华重庆市永耀投资有限公司与简某书、杜某等民间委托理财合同纠纷二审民事判决书,案号:(2018)渝民终155号,2018年6月19日。

其向协议约定的投资者补足未达预期收益的差额部分。但《资管新规》出台后打破刚性兑付的政策逐渐"落地",监管强度趋严导致商事实践中开始出现管理人的控股股东或实际控制人间接提供差额补足的形式。对于此类商业模式,需要重点关注承担差额补足责任的义务人与"真正管理人"之间是否存在人格混同等以"真正管理人"(资管机构)之自有财产承担差额补足义务的情况。

投资顾问承担差额补足责任的商业模式主要出现在由投资顾问主导的被动管理型资产管理业务中,此类业务的特点在于运营管理资管产品的裁量权并不属于管理人,其管理处分资管财产的操作内容和范围源于投资者指定的具有实质管理权限的人所发出的指令。〔6〕此类业务中出现的差额补足协议之典型交易结构以"张某英—达仁资管案"为例。〔7〕从本质上来说,被动管理型资管业务中投资顾问所拥有的管理和处分资管计划财产的权利义务,与实践中较为常见的主动型资管业务管理人的权责内容几乎一致。从信托法理的视角来看,通常来说若一个资管主体享有对信托财产实质管理和处分的权限,那么其在该信托投资产品中处于类似受托人的重要地位,亦应基于权责统一原则对其行权行为承担相应义务。〔8〕从当前的金融行政监管现状来看,监管者在面对涉嫌违法违规的被动型产品时,通常会将享有实质管理和处分权限的投资顾问直接认定为责任主体。〔9〕因此,此类资管业务中的投资顾问可视为"实际管理人",后文也将其纳入管理人为差额补足义务人的商业模型进行分析,但对于特殊情况会予以说明。

被投资者作为差额补足义务人的商业模式在实践中也较为常见,一

〔6〕 当前法律法规并未明确规定被动管理型资管产品的概念,本文所采概念主要参考中国银监会办公厅《关于修订信托公司年报披露格式规范信息披露有关问题的通知》(银监办发〔2009〕407号)、《信托业务监管分类试点工作实施方案》等文件中关于被动管理型信托的规定。

〔7〕 参见上海市浦东新区人民法院:张某英与上海达仁资产管理有限公司委托理财合同纠纷一审民事判决书,案号:(2018)沪0115民初43316号,2019年9月25日。

〔8〕 参见日本商事信托研究会编著:《日本商事信托立法研究》,朱大明译,法律出版社2019年版,第51~52页。

〔9〕 参见李逸斯:《被动管理型资产管理业务中投资顾问的法律责任——以广州穗富案为例》,载《金融法苑》2018年第2期。

般是位于资产端或融资端的交易合同义务人(被投资者)与全部或部分投资者之间签订差额补足协议,由其对该约定投资者承担未达预期收益的差额部分进行补足支付的责任,即交易合同义务人和差额补足义务人身份重合的模式。在商事实践中,该模式还可分为两种情形:第一种是对全部投资者进行差额补足,以“杨某—安徽永顺案”为例。[10] 此种类型的差额补足协议最初以“银信合作”的模式出现在贷款类通道业务中,尤其以银行类为典型。[11] 此类业务结构通常设计一层或多层嵌套的资管计划投资产品,并由投资者指定证券机构、信托公司等第三方金融机构运营管理计划下的财产,且该财产的实质管理权限在于投资者自身,上述管理人主体仅按其指示提供相应的事务协助。[12] 第二种是对部分投资者进行差额补足,以“磐晖基金—誉衡集团案”为例。[13] 此种类型的差额补足协议通常出现在多种增信措施嵌套的资管产品中,由被投资者对一部分投资者进行差额补足,在投资者结构的内部通过协议约定止损线等内容,使中间级和劣后级对优先级承担收益担保责任,以此交易安排为优先级的投资提供增信保障,而处于融资端的被投资者及其实际控制人将对中间级和劣后级依约承担未足预期收益部分的补足责任。另外,在部分案例中,当投资结构内部仅有优先级和劣后级投资者时,则由劣后级先对优先级承担差额补足责任,进而由被投资者对劣后级投资者提供差额补足。[14]

独立第三方作为差额补足义务人的商业模式属于兜底型模式,主要

---

〔10〕 参见安徽省合肥市瑶海区人民法院:杨某与安徽永顺房地产开发集团有限公司、故某开合同纠纷一审民事判决书,案号:(2016)皖0102民初1010号,2016年8月5日。

〔11〕 参见中国人民银行南京分行会计财务处课题组:《影子银行、金融业会计信息与监管机制的关系研究》,载《金融会计》2020年第2期。

〔12〕 参见《商业银行并表管理与监管指引》(银监发〔2014〕54号)、中国保监会《关于清理规范保险资产管理公司通道类业务有关事项的通知》(保监会〔2016〕98号)、中国证券业协会《关于规范证券公司与银行合作开展定向资产管理业务有关事项的通知》(中证协〔2013〕124号)等。

〔13〕 参见北京市高级人民法院:共青城磐晖投资管理合伙企业(有限合伙)与白某惠等合同纠纷一审民事判决书,案号:(2018)京民初122号,2019年5月31日。

〔14〕 参见山东省济南市中级人民法院:鲁证期货股份有限公司与王某伟合同纠纷一审民事判决书,案号:(2019)鲁01民初116号,2019年8月5日。

指除上述义务人身份之外的独立第三方主体对投资者承担差额补足责任的商事安排，其囊括与上述差额补足义务人之间存在关联关系的独立固定主体和与上述差额补足义务人之间无任何关联关系的独立第三方。该模式下法律分析需要注意两种情形：第一种是义务人是否为金融机构，若是金融机构则可能涉嫌刚性兑付而导致差额补足协议的无效，以“江苏国际信托—农行昆明分行案”为例；[15] 第二种是需要判断义务人的差额补足对象是全部还是部分投资者，若仅对部分投资者提供差额补足安排，则可能因为义务人的主体资格受限而以该部分投资者作为通道进行投资，以“华融天泽—深圳恒誉案”为例。[16]

综上所述，从义务人身份的主体角度可将资管领域的差额补足协议分为上述5种类型，但究其本质可进一步分类成被投资者、实际管理人和投资者3种类型。因此，后文将在此类型化的基础上，针对其各自的特殊问题展开论述。

（二）监管环境的规范探讨

当前并不存在对资管领域差额补足协议的针对性制度，但与刚性兑付手段或结构化产品设计相关的规则通常作为差额补足案件的裁判或参考依据。

法律规范层面主要是《证券法》第135条和《证券投资基金法》第20条、第103条的规定，司法判决通常适用上述条款否定可能构成“刚性兑付”的差额补足协议的效力。当判决确认案涉差额补足协议有效时，大多援引《民法典》第509条所确定的意思自治原则或简要分析案涉差额补足协议不存在《信托法》第11条规定的无效情形。但上述提到的条文均属于抽象化的原则性规定，缺乏细致标准而不具备较高的适用性。

在行政法规层面，仅《证券公司监督管理条例》第46条在判决中偶

---

〔15〕 参见最高人民法院：江苏省国际信托有限责任公司、中国农业银行股份有限公司昆明分行合同纠纷二审民事判决书，案号：（2017）最高法民终478号，2018年9月5日。因案涉差额补足协议系2012年12月6日签订，所涉业务属于《资管新规》所认定的在过渡期内的存量业务，因此判决结果依然认定其有效，但在判决的说理中已将案涉业务认定为“违反监管规定的隐形担保承诺”。

〔16〕 参见上海市第一中级人民法院：华融天泽投资有限公司诉深圳恒学实业投资有限公司合同纠纷一审民事判决书，案号：（2018）沪01民初1075号，2018年12月21日。

有出现。因其条款内容与《证券法》第135条一脉相承且其法律位阶较低,因此法院在判决中援引较少,其对差额补足协议的规范力度有限。

近几年涌现出大量针对"刚性兑付"和对优先级投资者提供预期收益承诺的行为的规章,对应至实践中,由同时具备管理人身份的服务方或具有金融机构身份的独立第三方对投资者承担差额补足义务的商业模式,或是由劣后级投资者或资管计划中的管理人向部分投资者承担差补义务的形式,可能会涉及此类金融监管规章的禁止性规定。由于在此角度下涉及的规范性文件庞杂,本节仅对具有代表性的部门规章进行列举。就管理人身份的服务方或金融机构第三方提供差额补足的商业模式而言,通常涉及违反"刚性兑付"的禁止性规定,如《期货公司监督管理办法》第79条、《证券期货经营机构私募资产管理业务管理办法》(2023年修订)第4条、《关于规范金融机构资产管理业务的指导意见》第2条、《证券期货经营机构私募资产管理业务运作管理暂行规定》第3条、《私募投资基金监督管理暂行办法》第15条、《信托公司管理办法》第34条。从上述条款内容可以看出,出于对"风险与收益相匹配"的资管产品设计原则的考虑,监管层对管理人或金融机构为投资者做出保本保收益的承诺予以效力否定。但资管产品领域的差额补足协议是否违反上述条款存在争议,需要对"刚性兑付"的本质进行剖析,比对差额补足协议的各类商业模式是否与其存在重合。另外还需探究以上禁止性条款的规范意旨与所保护的法益,且与契约自由、私法自治的价值进行衡平。因此,不能简单断定当前针对"刚性兑付"的监管规范否定了资管产品中差额补足协议的效力,亦不能以倡导契约自由和私法自治为由,忽视上述条款所确定的商业运作中基本权利义务的范式。就劣后级投资者或管理人向优先级或其他投资者承担差额补足责任而言,其模式本身已有金融监管禁止性规定对其进行规制,如《关于规范金融机构资产管理业务的指导意见》第21条、《商业银行理财子公司管理办法》第31条、《证券期货经营机构私募资产管理业务运作管理暂行规定》第4条。上述禁止性监管规则的制定意旨主要有四:一是为了防止管理人或投资顾问等对优先级投资者提供保本保收益的承诺,实施刚性兑付的禁止性行为;二是为了降低劣后级投资者形为承担对优先级的差额补足责任,实为通过固定收益进行杠杆融资的结构化资管计划的融资风险;三是为了控制劣后级份额认购者将承担差额补足责任作为实际掌控资管财产的投资通道,使管理人沦为形式上附庸的商业行为;四是为了禁止市场中通过协议约定让劣后级投资者承担过多投资风险或其他不利责任的行为,此种安排将严重违反"风险自负"原则。尽管此类模式已经受到监管层的禁止,但仍需考虑差额补足协议的商业特殊性及与传统结构化资管产品设计的差异,在规范和实践层面都予以其自由运作的空间。

(三)实践运用的问题归集

法院通常不会剖析案涉差额补足协议中包含的交易结构,而大多仅从形式上对当事人双方所提出的观点或争议焦点进行认定。少部分法院会提出具体的定性观点,部分法院仅简单反对当事人提出的某个观点,全然不提法律定性、法律关系剖析等问题,更遑论其对效力认定的裁判说理具备逻辑性和说服力。大部分的法院判决在对协议展开效力分析时仅以意思自治原则且"不违反法律法规等强制性规定"一句概之而未做深入解读。此外,考虑到控制金融交易风险的监管需求,我国法律、法规及部门规章均对金融机构提供预期收益承诺的行为予以效力否定,但对不具备金融机构身份的第三人实施上述行为当如何认定并未做出明确回应,法律适用又应当向何种利益予以倾斜亦未统一。这种"一刀切"的规制方式还引发金融监管规章在司法实践中的适用争议无法解决。例如,具备金融机构身份的第三方提供差额补足安排是否必然违反"刚性兑付"或结构化资管等相关禁止性规定,若其违反又是否必然导致协议无效。

二、资管产品中差额补足协议的司法介入

为进一步厘清此类协议的司法适用争议,本文立足于司法有效案例,从差额补足协议纠纷和法院的角度反思问题本质。

(一)差额补足协议纠纷的司法认定

市场变化和金融监管转向一直以来都会对司法活动产生深刻影响,法院对资管产品中差额补足协议纠纷的态度常常顺势而变,呈现明显的

阶段性特征。

1. 意思自治的司法介入边界

商事主体在交易过程中所呈现的意志内容始终是法院在面对差额补足协议纠纷时的审查重点,但相应的司法态度会受到金融行业发展阶段特性和金融行政监管理念不同程度的影响。在《资管新规》出台并生效之前,恰逢我国金融行业发展的起步阶段,其对金融创新“量”的需求远超过对“质”的要求,由此法院采取“保护并鼓励金融创新”的司法政策和宽宥谦抑的司法态度。这反映至司法实践中,则是对协议性质和协议效力的谨慎介入。早期大部分判决都回避协议的定性问题,避免做出与商事合意相悖的认定结果,进而影响协议的正常履行。[17] 这种司法态度反映在协议效力认定方面则更为典型。即使是违反监管规章的差额补足协议,法院在保证其无重大无效情形的前提下,仍充分尊重并维护商事主体在交易过程中出于合意达成的协议内容及其蕴含的基本商事法益,尽可能地肯定协议效力并按协议内容作出案涉当事人权利义务的认定,这为金融创新产品的形成和发展构造了足够的试错隔离带。[18]《资管新规》生效之前的裁判思路对商事主体在交易过程中意思表示的审查止于表面的文义审查,并不深究文义背后是否隐藏通谋、恶意串通、刚性兑付等违法违规的真实合意。此种裁判思路维护了各类商事主体为实现其营利等商业目的而设计的交易体系,保障其自由意志的发挥。这为差额补足协议营造了自由创新、充分发展的缓冲地带,在相当长的一段时间内促进了资管领域,乃至整个金融业的高速发展。

但差额补足协议在金融商事实践的不断深化中逐渐累积系统性风险并有向系统扩散之虞,《资管新规》在此背景下应运而生,将以“刚性兑付”为典型的保底条款被置于风口浪尖。司法政策也在同一时期做出

---

〔17〕 参见北京市海淀区人民法院:浙江创唯先投资管理有限公司与潘某合同纠纷一审民事判决书,案号:(2017)京0108民初48049号,2019年8月16日。该判决结果并未对双方当事人在应诉意见中提出的协议性质观点做出回应,而是认为“案涉协议属于当事人的意思自治范畴,应当按照协议内容承担相关权利义务”。

〔18〕 参见雷继平:《资产新规:司法的监管化趋势对资管纠纷裁判的影响》,载界面新闻网,https://www.jiemian.com/article/2267902.html,2022年3月15日访问。

相应调整。[19] 这意味着法院不再停留合同文义所体现的浅层意思表示为审理对象，而将重点关注商事主体之间达成的实质合意。[20] 《资管新规》生效之后的裁判思路穿透合同文义目的之表象，将差额补足协议背后的真实法律关系、关系性质以及权利义务的真实内容暴露至司法面前，从而审查隐藏在文字背后的商事主体之间的深层合意。此种裁判进路确实有利于金融监管政策的贯彻落实和金融市场秩序的稳定，但其对“合同文本”的过度深入干涉可能导致商事主体参与市场交易的不确定性增加，其自由意志受到过度限制，亦有损条款文义对交易关系、交易秩序以及权利义务履行的构建价值。

2. 司法认定的原则指引和规则逻辑

在司法认定的原则指引和规则适用方面，判决均存在局部的阶段性特征，具体以《民法典》的正式生效作为时间分界点。在《民法典》正式生效之前，法院在处理纠纷时倾向于采用诚实信用原则、公平原则和意思自治原则的法理切入案件焦点。例如，在“常某—罗某案”中，审理法院认为在合法合规经营的资管产品中，商事交易主体之间协议提供差额补足的交易安排，通常是为了降低投资者的投资风险，或解决投资非标资产时可能发生的无法及时回笼资金用以兑付的资产流动性问题，与是否诚信经营并无关联。即使在违法违规运作的资管产品经营中，差额补足协议所发挥的保障投资者权益效用，与管理人违背信义义务所承担的信义责任效用一致，并不存在违背诚实信用原则的可能性。[21] 虽有观点认为，事前约定的保底承诺会使参与资管产品的商事主体之间存在明显的权责不对等，这构成民法理论中的“显失公平”情形而应当予以撤

〔19〕 参见最高人民法院《关于进一步加强金融审判工作的若干意见》。

〔20〕 参见广东省深圳前海合作区人民法院：晏某军与深圳前海华瑞基金投资管理有限公司、深圳华瑞聚富一号投资基金企业（有限合伙）、马某华合伙协议纠纷一审民事判决书，案号：（2015）深前法商初字第165号，2016年4月7日。在该案中，法院穿透案涉当事人意图构造的表层投资关系，将原、被告双方确立的差额补足责任认定为被告（差额补足义务人）对原告（差额补足权利人）投资行为的担保，进而判决义务人应当对案涉差额补足债务承担连带保证责任。

〔21〕 参见湖北省武汉市中级人民法院：常某、罗某合同纠纷二审民事判决书，案号：（2018）鄂01民终10500号，2019年1月29日。

销。[22] 但在司法实践中,已有法院对此做出相反判决,以"简某书—郑华永耀案"为例,其裁判说理仅以公平原则所持法律理念作为根基展开分析。法院认为,复杂多变的市场环境使得具体商事交易中各方主体的行为模式或实际地位等大相径庭,因此不可在不加分析的情况下直接适用抽象的原则内容。案涉协议的保底条款系由专业从事投资且对市场风险具有高度认知的人员做出,其因此而处于绝对优势的地位;而投资人因资本充足度和信息获取等方面的缺乏,地位则相对弱势。但地位强势的一方向地位弱势方提供实际的预期收益补足的交易安排,并未导致商事主体之间的权利、义务不对等,反而彰显了该保底条款之权、责、利的一致性,因此不能有力说明案设条款违背公平原则。例如,认定条款无效,会出现资管产品盈利时商事主体依约分利,亏损时则以差补协议违反公平原则作为免除财产责任通道的不合理情形,这将极大地打击投资者对诚信市场的信心。[23] 由于意思自治原则在前文已有论述,故不再赘述。此外,法院的规则适用逻辑倾向于从权利义务的履行形式入手,将其直接归为原《合同法》中的有名合同。在效力认定时,原《合同法》第 8 条和第 52 条则成为法院在认定差额补足协议效力时适用频率最高的两条规定。原《合同法》第 44 条、第 60 条与上述条款相辅相成,作为法院判决差额补足义务人应当履行差额补足责任的重要依据;原《合同法》第 107 条、第 109 条则作为差额补足义务人拒绝履行相关合同义务后承担违约责任的法律依据。

在《民法典》生效之后,法院逐渐摒弃单一适用原则或其所对应条款的裁判思路,转而进一步吸取原则之立法精神,并辅以法律、行政法规、部门规章等多种规范性文件进行裁判。在此阶段法院除了继续适用上述原则外,还增引了民法中的公序良俗原则,信托法中的债权人利益保护原则等。尤其是公序良俗原则,以"前海元泉资管—中恒汇志投资

[22] 参见高民尚:《审理证券、期货、国债市场中委托理财案件的若干法律问题》,载《人民司法》2006 年第 6 期。

[23] 参见重庆市高级人民法院:郑华重庆市永耀投资有限公司与简某书、杜某等民间委托理财合同纠纷二审民事判决书,案号:(2018)渝民终 155 号,2018 年 6 月 19 日。

案”为例。[24]《民法典》第153条为此种司法路径提供法源基础,《九民纪要》第31条亦将其确定为一般裁判规范,但该原则实际上是司法为顺应市场变动和监管趋势、出于形式法治考虑而选择的权益路径,其在金融场域的真实内涵仍需要进一步明确。

民法领域的公序良俗原则通常分解为“公共秩序”与“善良风俗”两个概念,[25]但“善良风俗”在金融领域无法成为独立准则。原因在于,金融行业的更新迭代速度使在该领域内难以形成统一持久的道德规范,稳定不变的交易法则反而可能滋生金融风险。例如,民法领域所强调的“契约精神”在部分情况下演变为监管层予以禁止的“刚性兑付”。因此,司法无法亦鲜有将“善良风俗”概念作为认定金融商事行为的效力准则,而“公共秩序”概念更为多见,且其在司法实践中更多表述为“公共利益”。与民法领域中标准不一的“公共利益”概念不同,其在金融领域统一并具象为“金融安全”或“防风险”,并通过金融监管规章得到规范表达。具体来说,金融商事主体为了最高效率地实现价值兑现的目标,通常会在交易过程中拆分重组多种金融工具的期限、利率等元素,其衍生产品的复杂结构将极大掩盖自身风险;同时金融交易当事人之间的利益关联程度比传统合同行为更为密切,且随着金融网络的不断纵深发展,这种利益链接日益紧密,局部的金融风险将通过利益链条迅速传导并放大至整个金融市场。金融风险所具备天然的隐蔽性和系统性特征,对金融交易、金融市场乃至整个国家的市场经济都存在一定威胁。因此“防风险”“维护金融安全”是金融法治和金融监管的基本目标,而其对应的则是个人、社会及国家层面的公共利益需要得到保障。但民法领域将“市场波动”视为“不可抗力”进而阻却违约结果、终止或修复当事人法律关系的处理方案,并不能有效适用于金融领域的风险缓解。金融市

[24] 参见广东省深圳前海合作区人民法院:深圳前海元泉资产管理有限公司与深圳市中恒汇志投资有限公司、涂某身合同纠纷一审民事判决书,案号:(2017)粤0391民初1547号,2020年7月15日。在该案中,法院为肯定案涉差额补足协议的效力,详细分析了《信托公司集合资金信托计划办法》《证券公司监督管理条例》等相关条款内容与公共利益之间的关联性,继而论述具体协议条款符合上述文件规定而合法有效。

[25] 参见梁慧星:《民法总论》(第5版),法律出版社2017年版,第206页。

场的瞬息万变与法律所应当具备的稳定性、普遍性之间的张力,使金融立法始终处于滞后状态,加上金融监管部门在行为规制力度、规制正当性等方面的相对劣势,这都对新型规制方式提出现实需求。此时,将监管政策引入司法裁判的路径应然而生,而公序良俗原则(或言之该原则内的"公共秩序"概念)则为这种方式提供了正当的介入通道。与此相对应的是法院适用《民法典》相关条款的频率有所降低,而是参考适用更具有纠纷针对性的监管规章观点和立场,以大量的裁判说理和逻辑论证对当事人所提出的观点和争议作出回应。〔26〕 规则适用逻辑的另一转变,体现在金融法规则适用频率的增加,且呈现更为明显的"对症下药"特性。在维护交易意思自治的基础上,重点考虑争议与监管规章具体条文所确立的观点立场之间的契合度与具体适用。法院亦意识到大部分差额补足协议中的运作机制与现存有名合同制度并非十分相似,故而减少对《民法典》中有名合同条款的直接适用,转而将其定性为独立的无名合同。〔27〕 相较于之前的司法逻辑,此阶段的司法实践大多会对纠纷本身的特殊性和规则运用做一定说理。但其裁判理由的论证分析仍不完善,此种针对当事人所提观点的回应式判决仍忽视一些问题关键,并不能有利于纠纷解决、行业发展和金融创新。

(二)差额补足协议司法介入的困境

现阶段的司法实践虽有长足进步,但仍有不足。例如,刚性适用规则条款、司法政策和司法态度随监管态势而变、司法审查力度和重心把握不足等。其介入困境的背后,隐藏的是审判思维的局限性、司法政策及立场的不稳定。

---

〔26〕 参见最高人民法院:杨某华、曹某军合同纠纷二审民事判决书,案号:(2020)最高法民终1295号,2020年12月25日。

〔27〕 参见广东省深圳前海合作区人民法院:深圳前海元泉资产管理有限公司与深圳市中恒汇志投资有限公司、涂某身合同纠纷一审民事判决书,案号:(2017)粤0391民初1547号,2020年7月15日。在该案中,法院适用《信托法》第34条、《证券法》第144条,辅之《信托公司集合资金信托计划办法》第8条、《证券公司监督管理条例》第46条第1款和《证券期货经营机构私募资产管理业务运作管理暂行规定》第3条,作为被告(差额补足义务人)并非资产管理合同的当事人及案涉协议不存在对应的主债务这一裁判观点的分析依据,并据此认定案涉协议"不违反金融监管规定,亦不涉及损害社会公共利益的问题"而有效。

1. 法条主义思维的束缚

无论早期或是近年的司法实践,其在做出最后判决时均须找寻规则条款作为结论依据。但资管产品领域的差额补足协议属于新型且尚缺针对性规制的商业实践产物,这导致法院在当前的规范环境中并非次次都能寻求到契合有效的规则加以佐证。在《资管新规》出台之前的一段时期内,市场和行政监管对金融创新的需求使法院对具有保底保收益性质的条款也采取了宽容态度。法条主义思维使然,反映至审判中则是刚性适用原《合同法》第 52 条中关于合同无效情形的认定,而缺乏对交易特性的分析,导致出现司法判决为严重违反国家政策方针及监管规定的金融产品进行合法背书的现象。《资管新规》的出台意味着我国金融行业发展进入"大资管时代",市场监管方式转向深层的"穿透式"且力度不断加大。在此阶段的司法实践逐渐趋向这种监管方式和力度的转变,加上法条主义思维的影响,司法实践直接适用监管规章内容作为否定差额补足协议效力的依据,而不进一步审查当事人的真实交易目的。

2. 司法审查重心的纠结

法院在大部分时期审理资管领域差额补足协议时主要考察其是否符合相关规则或原则,即审查协议的合法性。随着"穿透式司法"理念的渗入,部分法院意识到审查协议的合理性亦具有法经济学(保障商事主体的形象与声誉)和法社会学(减少维持金融市场平稳的行政负担)的双重意义。但由于司法政策和路径的模糊,本为一体两面的审查思路在实践中存在割裂和分离。大部分法院仅审查差额补足协议的合法性,例如,在《资管新规》出台之前时期的法院主要依据原《合同法》第 8 条和第 52 条,审查涉案商事交易主体订立差额补足协议的文义目的是否存在导致合同无效的情形,而未考察其实际经营目的和衡量交易本身可能对国家利益、社会公共利益、他人合法权益产生的影响。历往司法实践亦有关注协议合理性的案例,例如,在"简某书—郑华永耀案"中,判决认为在风险发生之前做出的差额兑付承诺,尽管会在一定程度上扭曲资管投资产品收益和风险之间的对应关系并对金融市场秩序造成冲击,但此种承诺更多属于当事人利益衡量后协商做出的纠纷解决方案,其作为一种合理的、仅发生在个人之间并不涉及第三人利益的商业价值判断,并不影响正常的金融秩序,不会导致社会公共利益受损。若判定协议无效,则可能导致获利时当事人分利润而亏损时协议无效的悖论,与维护市场诚信交易秩序的原则不符,故而认定案涉差额补足协议合法有效。该判决虽充分考虑到案涉差额补足协议背后具有的合理性,但其说理回避了协议中兑付承诺条款违反《证券法》等金融法律、监管规章对于保底承诺规定的事实。司法虽需要对差额补足协议机制下形成的商事利益格局予以尊重,但协议的合法性仍然应是司法裁判的最后一道防线。

3. 司法监管化的模糊

《民法典》通过第153条将非法律、行政法规强制性规定的其他规范排除在对民商事主体私法自治的侵扰之外,使得以监管规章为代表的行政权力和私法领域的司法权力泾渭分明,且二者转换的通道受到法律授权的严格把控。〔28〕但二者之间的界限在近几年受金融监管规章介入司法裁判的趋势影响而逐渐模糊,形成了典型的金融监管司法化现象。金融司法监管化的确能在一定程度上助力行政管制的落实,但其正当性基础和规范性边界始终受到争议。〔29〕无论是《九民纪要》或《民法典》所搭建的制度框架,还是法院面对争议纠纷时的司法实践,均表明这种司法监管化需要仰赖"公序良俗"作为转介通道方能具备正当性基础,同时需要结合规章执法力度、协议可能造成的社会影响等多方面因素进行综合认定方能实现规范性。但由于司法政策调整的力度、方向和边界等始终不明,法院在面对差额补足协议纠纷时不能很好地把握自由裁量的尺度和界限,故而在维护差额补足协议各方当事人的合法权益和以司法提供市场主体行为指引、减轻行政监管的负担之间举棋不定,进而导致裁判路径不一、同案不同判等问题。〔30〕

---

〔28〕 参见谢鸿飞:《论法律行为生效的"适法规范"——公法对法律行为效力的影响及其限度》,载《中国社会科学》2007年第6期。

〔29〕 参见关丽:《强监管背景下的金融商事审判法官视角》,载 http://www.chinaiprlaw.cn/index.php? id=5380,2022年5月10日访问。

〔30〕 参见最高人民法院:徐某玉、张某借款合同纠纷二审民事判决书,案号:(2017)最高法民终604号,2018年6月1日。在该案中,一审判决认为,案涉差额补足协议的签订系出于双方真实自愿的合意且不存在任何无效情形,依法成立并生效。但上诉至最高人民法院后,终审判决认为按其协议约定的交易模式属于以合法形式掩盖非法目的的合同而无效。

三、资管产品中差额补足协议司法裁判逻辑的矫正

(一)差额补足协议的法律定性

法律定性旨在识别并确定资管产品中差额补足协议处于哪个法律关系之中,[31]以明确法律规范的适用,[32]此为差额补足协议一系列争议冲突的解决前提。本文建议统一差额补足协议法律性质的定性思路,即从形式独立性、内容从属性和内容关联性三个维度判断。

判断差额补足协议之于资管合同的形式独立程度,是法律定性的第一个步骤。其具体运用不需要实质穿透经济意义上的交易目的,而仅须从条文的法律意义层面判断案涉差额补足协议能否独立地发挥合同功能,即合同的主体、客体、内容等相关要素能否独立运行,能否对其所包含的民事法律关系产生法律效力,[33]此亦为形式独立性的判断标准。实践中虽大部分法院均认同协议的形式独立性,但仍有部分法院对此予以否认。以"徐某玉—张某案"为例,该案将资管合同和差额补足协议错误地穿透认定为一个整体的借贷关系,全然不考虑资管产品本质所蕴含的信托关系等其他法律关系。这种对新型复杂金融交易模式的极端简化,使得差额补足权利人和义务人应然的法律关系遭到破坏,当事人所对应的权利义务内容亦无法有效实现。法院在处理差额补足协议纠纷时应当认识到,金融投资产品的创新实际上是对现有工具形式和内容的重新切分、排列、组合,[34]因此金融创新产品之间必然存在一定的相

---

〔31〕 参见崔建远:《论法律关系的方法及其意义》,载《甘肃政法学院学报》2019 年第 3 期。

〔32〕 参见[美]塔玛·弗兰科:《证券化:美国结构融资的法律制度》,潘攀译,法律出版社 2009 年版,第 16 页。

〔33〕 参见陆青:《合同联立问题研究》,载《政治与法律》2014 年第 5 期。

〔34〕 参见邓峰:《对资本市场滥用"穿透式"监管,可能形成更严重系统损害》,载中国金融观察网,https://www.chinaesm.com/jinrong/2018/0112/50638.html,2022 年 2 月 13 日访问。

似性,其各自也必然存在市场特殊性和必要性。[35] 因此,对某一法律行为的定性应当以实践现状作为基石,再加上理论、规则进行解读,而不能直接强行适用现有规则体系和理论框架,对不相适应的部分予以忽视或阉割。借由该案分析亦可得出,判断差额补足协议的形式独立性是确认协议是否构成借贷合同性质的重要步骤。

判断差额补足协议之于资管合同的内容独立程度是法律定性的第二个步骤。协议内容要件的筛查包括但不限于权利义务的设定、内容及责任承担等方面,主要考察诉争差额补足协议的具体履行效果和状态是否由资管合同的履行情况决定。若存在一个或多个要件取决于资管合同,则可得出差额补足协议具备内容从属性的结论。如果差额补足协议的履行需要依附资管合同完成,则其性质可能构成保证合同或债务加入,进而延用最高人民法院《关于适用〈中华人民共和国民法典〉有关担保制度的解释》(以下简称《担保制度解释》)第36条中对二者的情形认定以及“存疑时推定为保证”的规则,并结合《民法典》第681条、第687条、第688条和第552条中与保证、债务加入相关的认定规则进行区分处理。[36] 就目前资管交易过程中已经出现的差额补足协议而言,除了多重协议情形之外的一般差额补足协议均无法满足上述内容要件的从属性要求,其设立、履行和终止并不以资管合同作为前提。例如,在“常某—罗某案”中,差额补足协议的设定目的是使义务人向投资者提供本金差额及投资收益补足的商业安排,而其对应的资管合同中所包含的义务是令资管机构或其他管理人将剩余资管财产在资管计划结束后返还投资者。从二者义务的范围来看,不存在任何从属关系。[37]

---

〔35〕 参见马荣伟:《信托抑或融资:结构化信托法律关系性质的认定——以郝茹莎与万向信托案为切入点》,载《法律适用(司法案例)》2019年第4期。

〔36〕 参见《担保制度解释》第36条。该条文对增信措施构成保证或债务加入的情形分别作出认定,同时将过往难以确定是保证还是债务加入时推定为债务加入的司法实践操作,修正为“存疑推定为保证”的区分思路,这对于鼓励当事人承担责任、平衡当事人各方利益具有积极意义。

〔37〕 参见湖北省武汉市中级人民法院:常某、罗某合同纠纷二审民事判决书,案号:(2018)鄂01民终10500号,2019年1月29日。该案中,终审法院认为,差额补足协议基于权利人和义务人的真实意思表示,且义务人对权利人所做出的承担投资预期收益差额部分补足责任的承诺,本质是对权利人可能遭受的投资损失的风险补偿,而非对主债权债务合同的担保履行,因此不属于保证合同。

内容关联性作为定性的最后一个判断步骤，其要点在于完成形式和内容独立性确认后，从根源上分解其与资管合同之间是否存在合同目的、合同内容或范围、合同解释及履行等方面的经济联系，进而最终得出差额补足协议是否属于独立合同的结论。若案涉差补协议和资管投资合同之间存在内容上的关联性，则可能被定性为混合合同且互为关联合同。此处提到的"关联合同"，在传统民法理论中又被称为"合同联立"，指数个合同在法律层面上具有相互独立性，但在经济层面上具有共同实现合同目的的关联性。〔38〕在该理论中，所有合同相互联结、相辅相成，进而从整体上实现交易目的和交易功能。合同之间虽具有相对独立性，但为了合同整体目的和商事主体利益的实现，仍需结合考虑各合同的内容、履行、效力等要素。〔39〕因此，若差额补足协议与资管合同之间存在联立关系，则不能将差额补足协议视为独立合同来分解内部法律关系及认定效力。商事实践中大部分差额补足协议包含的法律关系均同时符合多种民事法律关系的表征，如最为浅层的差额补足关系、借贷关系、保证关系、信托关系等。因此，不加判断地孤立审查，会导致法院无法抽丝剥茧分析差额补足协议在整个资管交易框架内的地位和作用，并针对其所内含的不同法律关系予以不同程度的规制。但需要强调的是，即使法院在判决中认定借贷、保证或债务加入等性质的成立，也不一定意味着信托、投资等关系被否定。差额补足相关的投资约定始终存在，其所约定的合同义务并不能被借贷关系的定性而掩盖。

（二）差额补足协议效力的辨析路径

在完成上述协议定性的步骤后会出现一个新问题，即若差额补足协议的定性结论为混合合同或独立合同，〔40〕应当适用何种规则展开效力认定。由于"民事裁判的核心作用在于为民事主体尽可能建构自治空间，从而有效隔离国家公权的过度干涉"〔41〕。因此，效力认定的路径构建需要兼顾差额补足协议的社会秩序（实然面）和规范秩序（应然面），

---

〔38〕 参见崔建远：《合同法》，北京大学出版社2012年版，第22~23页。

〔39〕 同前注〔33〕，陆青文。

〔40〕 本节中所称"差额补足协议"均为具备独立合同或混合合同性质的差额补足协议。

〔41〕 王玥：《认真对待"刚性兑付"——资管新规与"刚性兑付"效力认定的裁判思维》，载《经济法论坛》2019年第1期。

将商法与行政监管做政策理念和规范技术上的缝合。[42]

1. 明确差额补足协议原则有效、例外无效的准则

出于对商法自治的保护和对历往司法立场的遵循,谨慎否定协议效力。对于可能严重危害投资者和其他相关权益主体的利益、社会公共利益和金融秩序稳定的差额补足协议,应当予以严格的否定性效力评价,但对于除此之外的差额补足协议,应当综合意思自治、制度规范和社会公共利益等因素,原则上认可其效力。可能造成差额补足协议无效的"严重危害投资者及他人利益、社会公共利益"的具体情形,可参考早期的司法认定,即包括涉嫌通谋虚伪意思表示而无效、构成恶意串通进而损害他人合法权益而无效,以及违反金融监管规章而无效。对于第三点将在监管规范如何介入司法部分详细展开,此处仅对前二者进行论述。

通谋虚伪指当事人以虚假意思表示实施的虚假行为和隐藏的真实行为,[43]其在资管实践尤其是被投资者作为差额补足义务人的商业模型中,经常涉嫌"以投资行为掩盖通谋虚伪行为"而无效,但效力认定的关键应当是判断案涉当事人是否存在建构表面虚伪行为以掩盖真实交易目的,并使隐藏的真实行为发生法律效果的意思表示。[44] 具言之,若当事人仅是将资管合同作为投资通道以提高交易效率,其本质仍有对资管产品进行投资的意思表示,不应当否定效力。但此时应当着重考察差额补足协议的法律性质,如构成混合合同,则应当对投资以外的意思表示逐个判断是否存在无效事由。例如,在"浙商银行—长城影视案"中,法院认定投资者为达规避监管的目的,以资管计划作为掩盖资金最终流向、发放贷款并获取更高固定收益利率的工具,据此认定协议无效。[45]

恶意串通指当事人之间存在损害他人合法权益的共同意思,同时客观上实施了损害他人合法权益的行为。[46] 法院在审理案件时,要加强

---

〔42〕 参见苏永钦:《民事立法与公私法的接轨》,北京大学出版社2005年版,第3~10页。

〔43〕 参见《民法典》第146条。

〔44〕 参见李永军:《民法总则》,中国法制出版社2018年版,第681页。

〔45〕 参见浙江省杭州市中级人民法院:浙商银行股份有限公司杭州分行与长城影视股份有限公司、赵某勇保证合同纠纷一审民事判决书,案号:(2019)浙01民初370号,2019年8月2日。

〔46〕 参见《民法典》第154条。

考察差额补足义务人和权利人之间订立合同的真实意思表示。同时应当注意到,资管实践中的产品设计通常会包含平仓、资金追加或止损线、预警线等交易机制,以确保投资者的投资安全,差额补足协议则是上述风险保障机制之外的增信措施。因此,投资者的合法权益已通过资管合同得到保护,若交易正常进行,差额补足协议并不会对其造成不利影响。

2. 明确私人自治价值与公法秩序价值的平衡点

监管规章以其独有的时效性、针对性和规制力度大等特征,使当前司法实践倾向于采用“公序良俗”原则作为监管规章介入裁判依据的通道。由此可知,法院判断特定规范性文件能否成为其进行差额补足协议效力认定的直接或间接依据,关键在于该规范是否具备强制性。就法律和行政法规而言,其判断强制性的要点是识别强制性词语,以及协议本身是否属于规范对象、是否违背规范目的和是否危害规范所保护的法益;而监管规章则需要通过公共秩序价值与私人利益的价值衡平,判断否定差额补足协议效力以保护社会公共秩序价值的必要性,此处可将比例原则作为衡平工具。比例原则起源于罪罚适当和行政管制的公法领域,其包含适当性原则、必要性原则和狭义比例原则。〔47〕具体来说,适当性原则又被称为“合目的性原则”,是指手段有助于规范目的的达成,〔48〕即否定协议效力的判决能实现相关监管政策意旨,或至少能够助推该政策落实,且同时是合理的判决结果。必要性原则又被称为“最小伤害原则”,是指为达成目的所采用的手段是多个手段中伤害最小的方式,〔49〕即在满足适当性原则的前提下,在达成金融监管目的诸多方式中,否定差额补足协议效力是对各商事主体权益侵害最小的方式。狭义比例原则又被称为“均衡性原则”,是指规范所追求的目的与所使用的方法,与对人民权利造成的损失是成比例的,〔50〕即否定差额补足协议的效力,与相关金融监管规章意图保护的公共秩序利益之间合比例,该公共秩序价值高于私人自治价值。因此,将监管规章介入特定的差额补足纠纷,首

〔47〕 参见陈新民:《德国公法学基础理论》,山东人民出版社2001年版,第376页。

〔48〕 参见姜昕:《比例原则释义学结构构建及反思》,载《法律科学(西北政法大学学报)》2008年第5期。

〔49〕 同前注〔47〕,陈新民书,第369页。

〔50〕 同前注〔47〕,陈新民书,第370页。

先需要通过多种法律解释方法,探究协议是否违反行政监管规章,其次以比例原则为裁判工具,对该行政监管规章所蕴含的公共秩序价值和私人自治价值进行利益衡平,从而得出结论。

3. 明确强监管趋势下司法思维迭代的边界

现阶段的司法思维为顺应逐渐收紧的金融监管政策和民事行为效力规则的位阶壁垒而发生较为明显的转变,一是采用"穿透式"的司法审查思路,二是借道"公序良俗"原则将金融监管规则介入至差额补足协议的司法裁判中。其对于实践的渗透势必导致商事主体的私人利益受到更多的公权力威胁,故而有必要明确两种司法思维的运用边界。

"穿透式"的司法审查思路虽源于"穿透式监管"的监管政策,但在规制差额补足协议纠纷的实践中占据更为重要的地位,需要保证其独立性和公信力。首先,法院借鉴监管政策时,应当谨慎识别案涉协议争议焦点是否属于新型法律问题、现有制度与其适配度如何,而不能不加判断便拿来使用。其次,援引现有规则,关键需要识别其与案涉协议的权利义务设置是否匹配。对于违反金融监管规章的差额补足协议,在其司法判断中仍要以合法性为审查关键。原因在于资管实践的客观复杂性,使得直接将现有制度类推适用很有可能发生规则适用的水土不服,因此需要考察相关规章是否与上位法存在冲突、是否承继其立法精神并细化其原则,符合条件的监管规章才能在法院充分说理后,作为差额补足协议效力的认定依据。最后,司法审判还应当穿透判断交易主体是否存在将"违反监管政策而无效"作为事后逃避承担差额补足义务的抗辩理由的可能性。

构建"公序良俗"通道将金融监管规章引入司法裁判的最大弊端,在于"公序良俗"的内涵与外延不明晰导致司法适用不一致。因此第一,应当判断相关规章的监管目的是否涉及公序良俗。这里对"公序良俗"的认定,具体分为金融安全、市场秩序与国家宏观管制三种。〔51〕另外,还需要严格考察差额补足协议效力判断与规范意旨实现之间的关联度。例如,可从规章所确定的惩罚措施入手考察其强度,若穷尽其规定的救济措施,仍然无法实现规范目的,则判定案涉行为无效能够促进其

〔51〕 参见《九民纪要》第31条。

规范目的落实,可认定该协议无效。还应当考虑监管规章所保护对象的利益属性,若属于商事主体的个人利益,则不能当然得出协议无效的结论,即受规章保护的一方当事人以违背社会公共利益为由主张行为无效时,还应考察其主观目的是否善意。

第二,要综合衡量个案法益。鉴于自治优先原则,法官应当倾向于协议有效的裁判结果。为了提高司法适用的统一性,最高人民法院可通过颁布指导性判例的方式提供协议无效的认定标准参考,具体可包括以下三个方面:首先,考虑当事人主观上是否存在恶意规避规范、损害社会公共利益的目的。其次,考虑商事主体的行为自愿。由于商事领域的高度意思自治,应当考虑差额补足协议系双方当事人的合意、自愿受合同约束的意思表示之现实。例如,合同另一方当事人以违背社会公共利益为由主张合同无效时,应当审查其在订立合同时对此是否明知。最后,考虑当事人规避监管行为的具体方式和违法违规的严重程度。基于私法自治优先原则,法官在适用"公序良俗"通道时应当严格把握裁量方法与尺度,为协议留有合理的有效空间。

第三,优化裁判技术。在考虑所有相关可能因素后,法官还应当充分论证说理其认定协议无效的结果确为恰当。此处的法律证成可从以下两个方面入手:一是应当说明该裁判结果是在尊重私人自治的前提下作出,且司法始终倾向于认定商事行为有效,该无效结果系作为例外或最后救济手段的特殊性情况;二是说明被商事主体规避的监管规章具有上位法的合法授权,并适用衡平原则论证其妨害金融市场安全,且案涉协议的主观意图、客观行为均与其规范意旨相悖,再综合规范法益、社会影响等方面,说明唯有认定协议无效方能维护社会公共利益。

结　论

综上分析,解决差额补足纠纷的司法困境以助金融市场发展,可从性质厘定和效力认定两个维度重构司法进路。统一性质厘定的步骤需要先判断协议是否具备形式独立性而排除借贷合同性质,其次判断协议是否具备内容从属性而排除保证合同或债务加入性质,最后判断协议是否具备内容关联性而排除混合合同性质,若以上要件均得以排除则可得出独立合同性质的结论。在完成性质确认的基础上,因混合合同和独立合同无现有制度可直接适用,故应当对其构建相应的效力认定规则:首先确定差额补足协议原则有效、例外无效准则,以构建协议效力免受过分压制的缓冲带。其次在上述准则确立的基础上,在理论层面引入比例原则,作为平衡协议所蕴含的私法自治价值和公共秩序价值的标准;在实践层面,明确当前"司法监管化"思维的司法运用边界。

同时,在完成协议定性及其效力认定后,对于具备独立合同或混合合同性质的有效差额补足协议中的责任分配,并不能完全按照协议内容作出判决结果,否则可能出现违背基本法理的错误结论。〔52〕因此,有必要对差额补足协议不同模式下的责任分配规则予以明确。在5类典型商业模式中,由于被投资者作为差额补足义务人时,协议内部仅存在权利人和义务人两个商事主体,二者之间的法律关系为相对简易的增信差补关系,仅按差额补足协议内容进行分配即可。如前文所述,投资顾问承担差额补足义务的模型通常出现在被动型资管业务中,其地位及作用等同于"实际管理人",故而本文将投资顾问和管理人作为差额补足义务人这二种商业模式归为同一部分展开讨论。

对于独立第三方承担差额补足义务的模式,为避免独立第三方作为差额补足义务人商业模式的公平内核缺失,可将融资方(资管合同义务人)与第三方(差额补足义务人)之间的关系定为信义关系,若义务人在差额补足条件达成后没有及时履行补足责任,造成融资方信用受损,则其不仅需要按照差额补足协议对投资者(资管合同权利人)承担差额补足责任,还需基于信义关系对融资方承担信义义务;若义务人依约履行差额补足责任,其可基于信义关系向融资方主张给付报酬、获得补

〔52〕 参见山西省高级人民法院(2016)晋民初18号民事判决书,现已被最高人民法院(2018)最高法民终421号撤销。该案中,审判法院虽支持资管产品管理人(差额补足义务人)完整履行忠实勤勉义务的主张,但仍判决其按案涉协议约定向投资者(差额补足权利人)偿还全部投资本金与预期收益差额,另解释其在偿还完毕后可向融资方主张权利。该案的判决结果不仅与信托制度中的受托人有限制度不符,其认定管理人在承担责任后享有向融资方追偿的权利亦无法理说明。

偿。[53] 同时，受托人有限责任制度亦可在此发挥作用，[54] 即差额补足义务人仅以自身固有财产为限承担差额补足责任，不能在事前约定或事后要求其无限填补投资本金及预期收益差额。对于劣后级投资者承担差额补足义务的模式，仅在其与优先级投资者之间存在指示约定时，信托法律关系方成立，此时由于劣后级投资者同时具备受益人和指示权人身份，其应当承担差额补足义务和相应的信义义务。具体的信义义务承担方式为，在差额补足协议约定的收益条件未达成或劣后级做出错误指示导致资管财产亏损的情况下，其不得主张资管财产利益的分配。若劣后级不属于指示权人，由于其仅承担差额补足义务，再考虑到各级投资者按照资管合同分享资管财产收益的特性，可借鉴域外不少国家的做法将各级投资者之间的关系认定为按份共有。[55] 但需要明确此处的"按份共有"与民法中的相关规定存在不同。劣后级投资者在满足差额补足条件后所履行的合同义务，实质上构成独立债务，且与其他任何法律关系及其责任承担形式无涉。对于管理人或投资顾问承担差额补足义务的两种商业模式，二者均因作为受托人操作运营资管财产，而与委托人(投资者)之间构成应然的信义关系。司法在判断二者承担差额补足责任的条件时，不仅需要关注差额补足协议中所约定的责任承担条件，还需考量其是否完全履行信义义务，即在满足责任承担条件且二者未完全履行信义义务时，才需要承担差额补足责任。

(编辑：吴紫君)

---

〔53〕 参见《信托法》第 57 条。

〔54〕 参见《信托法》第 34 条。

〔55〕 参见何宝玉：《信托法原理研究》(第 2 版)，中国法制出版社 2015 年版，第 222 页。

征 稿 启 事

《证券法苑》是上海证券交易所主办、面向国内外公开连续出版的法学学术著作,并已被中国社会科学评价中心收录为中文社会科学引文索引数据库(CSSCI)来源出版物。《证券法苑》致力于繁荣资本市场法治研究,弘扬资本市场法治理念,推动资本市场法治建设,促进资本市场健康稳定发展。

《证券法苑》坚持学术性与实践性并重、现实性和前瞻性兼顾,紧紧围绕我国资本市场的改革发展,密切关注资本市场法治动态,集中研究资本市场立法、监管执法和司法等法治活动,深入剖析资本市场法律制度和法律关系,积极探讨资本市场法治建设中的重点、难点、热点问题。

《证券法苑》设置“理论前沿”“专题研究”“名家论坛”“热点追踪”“制度研究”“市场监管”“域外法制”“法学随笔”“案例评析”等栏目,每卷根据实际情况略有不同。

2017 年起,《证券法苑》计划每季度出版 1 卷,视稿件质量全年出版 3 ~ 4 卷,诚邀各界惠赐稿件。现就征稿相关事项说明如下:

一、征稿范围

《证券法苑》选题范围包括:证券法、公司法、金融法等的法理研究,资本市场法治发展动态研究,资本市场监管的法律研究,资本市场创新的法律研究,资本市场典型法律案例研究,境外资本市场法律制度研究等。

参考选题如下(可不受此限):

1. 新《证券法》实施:我国新《证券法》实施的重大理论问题研究,《证券法》具体制度的实证研究,证券衍生品种、财资产管理产品、场外市场监管制度的完善,资本市场法律体系的构建与完善,境外资本市场法制动态及其对我国证券法制体系的借鉴意义。

2.《公司法》修订:优化营商环境背景下我国《公司法》修订的思路

与建议，上市公司控股股东、实际控制人等“关键少数”的规制路径，公司治理结构的职权与设置，非上市公众公司监管制度，股份发行与转让制度的改革方向，公司集团化趋势下的法律应对策略。

3. 注册制改革相关制度：各国（地区）证券发行注册制的比较研究，注册制的制度创新与实践评估，注册制下上市公司监管的制度实践、法律问题与对策，注册制司法保障的法律问题分析。

4. 信息披露制度：信息披露制度的完善方向，如何提高信息披露制度的有效性，如何界定信息披露的“重大性”，信息披露法律责任分配，自愿性信息披露制度的逻辑与建构。

5. 证券交易制度：多层次市场上市、交易、登记结算、转板制度的构建，错误交易撤销制度，交易技术发展（ATS、ECN、程序化交易、高频交易、暗池交易等）对传统证券交易制度的挑战与监管对策。

6. 证券监管执法：近年来境外资本市场监管体系与制度的发展变化，我国证券执法机制的完善，我国金融监管协调机制的完善，资本市场监管转型的配套制度建设。

7. 投资者保护：网络环境下的投资者保护，投资者适当性制度研究，新型证券违法行为研究，证券市场侵权民事责任与民事诉讼制度的完善，投资者保护基金制度的完善，证券市场多元化纠纷解决机制的完善。

8. 资本市场对外开放：红筹企业境内发行上市法律问题研究，证券法律冲突与法律适用，跨境监管协作机制的构建。

9. 资本市场创新法律制度：私募基金的法律规制，可交债的制度设计，市场创新对现有法律制度的冲击与立法完善。

10. 金融监管法律制度：金融业综合经营的法律问题，金融统合监管立法，全球金融监管法律制度的发展演变与最新动态，互联网金融的监管对策，金融消费者保护。

二、投稿要求

1. 论文应当立论科学、论据充足、论证严密、层次清晰、语言流畅，尤其欢迎贴近市场脉搏、具有学术深度和实践应用价值的文章。稿件篇幅以一万字左右为宜，特别优秀稿件不受此限。

2. 投稿请发送至以下电子邮箱:zqfy@ sse. com. cn(建议投稿后电话确认)。所有投稿应符合国家著作权规定、公认学术规范和本书“编辑体例”要求(详见上海证券交易所官方网站 http://www. sse. com. cn/“关于”栏目或《证券法苑》图书)。

3. 本书实行匿名审稿制度,作者投稿时请一律将作者简介(姓名、出生年月、工作单位、学位、职称、研究成果等)、通讯方式(地址、邮编、电话、电子信箱等)以及本文是否为何种课题成果等内容,另页单独注明,正文中不要出现任何个人信息。

4.《证券法苑》编辑部保留对来稿进行文字性和技术性修改的权利。《证券法苑》所载文章,均不代表上海证券交易所观点,文责由作者自负。除作者特别说明外,其文章均为其个人观点,与其所在单位、职务无关。

5. 向《证券法苑》投稿即视为授权本书将稿件纳入《中国学术期刊网络出版总库》及 CNKI 系列数据库、“北大法宝”(北大法律信息网)数据库、万方数据库以及本书确定的其他学术资源数据库,本书支付给作者的稿酬已包含上述数据库著作权使用费。如有异议,请在来稿时注明,本书将做适当处理。

6. 凡投给本书的稿件,请勿一稿多投。自投稿之日起 3 个月未接到本书用稿通知的,作者可以自行处理。稿件编辑过程中如拟被其他出版物采用的,请作者及时告知相关决定,以免重复出版。

7. 联系人:

姜沅伯　电话:021 - 68602370;

宋　澜　电话:021 - 68602679。

编辑体例

一、标题：宋体小三号字，居中。如有关于本篇文章的说明，注脚注，用上标(*)。

二、作者：宋体小四号字，居中，并用上标星号(*)作为介绍作者脚注的标志，在脚注中注明作者姓名、工作单位、职务、职称(为便于联系，另请作者向《证券法苑》联系邮箱提供通信地址、邮政编码、固定及移动电话、电子邮箱，本书对此予以保密)。如有两名作者，第二名作者用两枚上标星号(**)，依此类推。

三、中文摘要、关键词：楷体GB2312小四号字，摘要200字以内、关键词3~5个。

四、英文标题、摘要、关键词："Times New Roman"字体，标题小三号字居中，摘要与关键词小四号字。

五、正文：宋体小四号字，首行缩进，行距18磅。区分标题和要点，标题层级依次为"一、……""(一)……""1. ……""(1)……"，要点层级依次为"1. ……""(1)……""①……"，一段之内的要点列举使用"(1)……"一级标题采用四号宋体加粗；二级标题采用黑体小四号字不加粗；三级标题宋体小四号字，不加粗。引用具体法律文件应加书名号，如《证券法》《上市公司收购管理办法》。法条序号(第×条、第×款、第×项)、时间(世纪、年代、年月日等)、数量金额等用阿拉伯数字，但直接引用原文的从原文。

六、注释：采用脚注，全文连续注码，注码放标点之后，注码符号为"1、2、3、……"非引用原文者，注释前加"参见"；引用资料非原始出处者，注明"转引自"；数个注释引自同一资料者，可合并同注某。宋体小五号字。

注释示例如下：

1. 著作类

(独著作品)史尚宽：《民法总论》，中国政法大学出版社2000年版，第19页、第22页。

(合著作品)崔建远、韩世远:《债权保障法律制度研究》,清华大学出版社2004年版,第10页。

(多人合著作品)蔡守秋等:《可持续发展与环境资源法制建设》,中国法制出版社2003年版,第214~216页。

(编辑作品)张文显主编:《法理学》,法律出版社2004年版,第65~67页。

2. 论文类

(期刊)俞荣根、刘霜:《立法助理制度述论》,载《法学杂志》2007年第2期。

(论文集)尹田:《论动产善意取得的理论基础及相关问题》,载梁慧星主编:《民商法论丛》(第29卷),法律出版社2004年版。

(学位论文)刘晓华:《私法上的信赖保护原则研究》,山东大学2013年博士学位论文。

3. 译作类

[英]亚当·斯密:《国富论》,唐日松等译,华夏出版社2005年版,第224页。

4. 报纸类

李希慧等:《"轻轻重重"应成为一项长期的刑事政策》,载《检察日报》2005年5月26日版。

5. 古籍类

《明太祖实录》卷二十六。

6. 辞书类

《牛津法律大辞典》,光明日报出版社1988年版,第68页。

7. 网络类

梁慧星:《关于中国物权法的起草》,载北大法律信息网,http://article.chinalawinfo.com/article/user/article_display.asp?ArticleID=29283,2009年8月8日访问。

8. 判决书类

最高人民法院:上海大智慧股份有限公司与冯某雄证券虚假陈述责任纠纷二审民事判决书,案号:(2018)沪民终28号,2018年9月17日。

9. 外文类

从该文种注释惯例。英文注释体例如下：

著作类：

Harold U. Faulkner, *American Economic History*, New York, Harper & Brothers Publishers, 1960, pp. 23 – 25.

论文类：

Gavin Goh & Andreas R. Iiegler, *Retrospective Remedies in the WTO after Automotive Leather*, Journal of International Economic Law, Vol. 6, 2003.

网络类：

Impact Exchange, *Impact Exchange Board Listing Guide: A Board of the Stock Exchange of Mauritius*, https://iixglobal. com/wp – content/uploads/2017/04/Impact_Exchange_Listing_Guide – 2017 – 1. pdf, visited May 4, 2017.